Christiane Buhmann

Kind – Körper – Subjekt

Françoise Dolto (1908-88) - in Frankreich als unermüdliche Streiterin für die „Sache der Kinder“ (la cause des enfants) berühmt geworden - hat für die Therapie, Erziehung und Prävention Konzepte entwickelt, in denen die Anerkennung der kindlichen Subjektivität im Mittelpunkt steht. Es geht nicht um die Anpassung des Kindes an teilweise kinderfeindliche Verhältnisse, sondern um den Respekt der Originalität des Kindes. Diese bildet sich im Wechselspiel von Wünschen und Versagungen heraus. Da das Kind nicht nur von Geburt an, sondern schon davor in einer Beziehungsstruktur lebt, hat Dolto immer die Familienmitglieder in die Arbeit einbezogen. Ihr spezielles Interesse galt auch Kindern, die nicht bei ihren leiblichen Eltern aufwachsen, sondern in Pflege-, Adoptivfamilien und Heimen.

Die Originalität Doltos hat sich in ihren letzten Lebensjahren mit der Erarbeitung eines neuartigen Präventionsmodells erneut erwiesen. In den „Maisons Vertes“, den „Grünen Häusern“, werden Säuglinge und Kleinkinder im Beisein von Müttern, Vätern und eventuell anderen Bezugspersonen auf Trennungen vorbereitet, werden schwierige Situationen nachbereitet. Es gilt das Leiden von Kindern frühzeitig zu erkennen und Mißverständnisse in der Kommunikation aufzudecken. Der Körper ist zentrales Ausdrucksmedium. Seine Ausdrucksweisen zu verstehen, war das thrapeutische, pädagogische und wissenschaftliche Anliegen von Dolto.

Reihe »FORSCHUNG PSYCHOSOZIAL«

Christiane Buhmann

Kind – Körper – Subjekt

Therapie, Erziehung und Prävention
im Werk von Françoise Dolto

Psychosozial-Verlag

Die Deutsche Bibliothek - CIP-Einheitsaufnahme

Buhmann, Christiane:
Kind - Körper - Subjekt:
Therapie, Erziehung und Prävention
im Werk von Françoise Dolto / Christiane Buhmann. -
Giessen: Psychosozial-Verl., 1997
ISBN 3-930096-85-4

Friedrichstraße 35, 35392 Gießen

Satz: Psychosozial-Verlag
Umschlaggestaltung: Psychosozial-Verlag nach einem Reihenentwurf
des Ateliers Warminski, Büdingen
Titelbild: Françoise Dolto, © Photo Archives Dolto, Paris
Printed in Germany
ISBN3-930096-85-4

Inhaltsverzeichnis

Einleitung

Françoise Dolto (1908 bis 1988) gehörte in ihrem letzten Lebensjahrzehnt zu den bekanntesten Personen des öffentlichen Lebens in Frankreich. Wie ist es dazu gekommen?

Unermüdlich setzte sie sich in Zeitungen, Radiosendungen später auch im Fernsehen für die Belange der Kinder ein. Unermüdlich forderte sie den Respekt vor dem Kind, seine Anerkennung und den Beistand in den Schwierigkeiten seiner Entwicklung. Je jünger es ist, desto bedeutsamer sind seine Erfahrungen für seine Zukunft und damit für die Zukunft eines Landes. Sind es doch die Kinder von heute, die die Gesellschaft von morgen gestalten werden. Sie forderte, daß die Gesellschaft die Arbeit derjenigen, die mit Kindern arbeiten, besser honorieren, also besser bezahlen müsse, und zwar nach Alter des Kindes. Je kleiner die Kinder, desto größer die Verantwortung. Da Kinder die Unterstützung der vertrauten Erwachsenen brauchen und Trennungen schädlich für die Entwicklung sind, forderte sie eine Umgestaltung der Arbeitswelt, damit Mütter und Väter die Möglichkeit haben, ihre Arbeitspausen mit ihren Kindern gemeinsam zu verbringen. Bis kurz vor ihrem Tod arbeitete sie in einer Kommission mit, deren Ziel es war die UNO-Kinderrechtskonvention in die französische Gesetzgebung einzuarbeiten. Sie galt als die Vertreterin der Interessen des Kindes und zeigte immer wieder auf, welche Gefahren die Modernisierung der Lebensbedingungen für Kinder birgt.

Die Auflösung von traditionellen Familienbeziehungen, die Isolation von Müttern mit ihren kleinen Kindern, der Verlust von traditionellen Nachbarschaftsbezügen, die Diskrepanz zwischen den technischen Möglichkeiten prä- und postnataler Medizin und emotionaler Verarmung auf Frühgeborenenstationen und den unwürdigen Bedingungen auf normalen Entbindungsstationen, um nur einige Beispiele zu nennen, wurden von ihr thematisiert und sie zeigte die Konsequenzen für Eltern und Kinder auf. Kinder brauchen gute Startbedingungen und die gesellschaftlichen Institutionen, in denen der Start stattfindet, tragen dieser Notwendigkeit kaum Rechnung.

Dolto hat aber nicht nur angeklagt. 1979 gründete sie mit einigen anderen Mitstreitern das Maison Verte in Paris, ein Ort zum Zusammensein von Müttern, Vätern, Tagesmüttern, Pflegemüttern und -Vätern und ihren kleinen Kindern. Es ist ein Ort, an dem Kinder vor Eintritt in Krippe oder Kindergarten im Beisein ihrer Haupbezugspersonen das Zusammensein mit anderen Kindern erproben können. Es ist auch ein Ort, an dem Dritte Eltern und Kindern diskret und unkonventionell helfen, ihre alltäglichen harmlosen oder auch gravierenden Schwierigkeiten anders zu sehen und anders zu bewältigen. Das Maison Verte hat sich inzwischen in vielen Städten Frankreichs als Ort einer unkonventionellen Prävention psychosozialer Störungen etabliert und hat Modell gestanden für ähnliche Einrichtungen in Venedig, Jerusalem, Brüssel und Montreal.

Dolto hatte als Therapeutin erkannt, daß viele Störungen und auch Krankheiten in früher Kindheit entstanden sind. Mit der Gründung des Maison Verte wollte sie Familien von kleinen Kindern unterstützen und der Chronifizierung von Störungen in statu nascendi begegnen. Dort setzte sie ihre Ansicht um, daß auch kleinste Kinder schon einen Subjektstatus besitzen und auf ihre Art ein Wörtchen mitreden, bei den Dingen, die sie im Alltag betreffen. Das Kind ist ein Subjekt. Es gestaltet von Anfang an die Beziehungen aktiv mit. Es ist nicht nur Objekt elterlicher Zuschreibungen oder organischer (Erkrankungs-)Prozesse. Seine Äußerungen haben immer einen Adressaten. Symptome sind Fehlleistungen, die es nicht zu unterdrücken oder zu bekämpfen, sondern zu verstehen gilt.

Diese Auffassung von Symptomen weist Dolto als Psychoanalytikerin aus. Die Gründung des Maison Verte ist ihr Beitrag zur Geschichte der Begegnungen von Psychoanalyse und Pädagogik. Dolto ist Reformpädagogin und Psychoanalytikerin. Schon als Kind, als sie mit zahlreichen Geschwistern in einem gutbürgerlichen Hause aufwuchs, hatte sie den Eindruck, daß Erwachsene die Kinder oft nicht richtig verstehen und wollte Ärztin für Erziehung werden. Diese Berufung im wahrsten Sinne des Wortes hat sie zeitlebens nicht mehr losgelassen.

Dolto hat sich nach ihrer Ausbildung als Ärztin und Analytikerin, die sie beide 1939 abschloß, den Ruf erworben, ein klinisches Genie zu sein und eine besondere Begabung für die Behandlung besonders schwieriger Fälle zu besitzen. Erst einmal war sie jedoch schlicht die erste Kinderpsychoanalytikerin Frankreichs, die ihr Handwerk bei der polnischen Emigrantin Sophie Morgenstern erlernt hatte. Im ersten Teil meiner Arbeit geht es darum, Technik und Ethik von Doltos Psychoanalysekonzeption in der Arbeit mit verhaltensauffälligen, psychotischen und geistig behinderten Kindern und Jugendlichen herauszuarbeiten. Doltos Analysekonzeption beinhaltet die Einbeziehung der Familienmitglieder in die Arbeit. Sie schlägt damit eine Brücke zwischen dem klassischen psychoanalytischen Verfahren und der systemischen Therapie. Sie betrachtet die Familie auch als ein System, in dem verschiedene Plätze zu besetzen sind. Ziel der Therapie ist es, Festlegungen aufzubrechen und dem Subjekt einen größeren Spielraum in seinen intra- und extrafamiliären Beziehungen zu ermöglichen.

Im zweiten Teil der Arbeit geht es um Doltos Theorie des unbewußten Körperbildes. Dieser Begriff beinhaltet sowohl eine Entwicklungskonzeption als auch eine Erziehungstheorie. Durch ihre Arbeit mit frühgestörten Kindern hat Dolto eine besondere Sensibilität für die vor-sprachlichen Ausdrucksweisen des Kindes entwickelt und das Selbsterleben und die Wahrnehmungsformen des Kindes, die dem Primat des Sehens vorhergehen, untersucht. Geruch, Stimme, Rhythmuswahrnehmungen nehmen einen großen Platz darin ein. Das Kind entwickelt sich in der Beziehung zu seinen nächsten Bezugspersonen. Seine Interaktionserfahrungen haben großen Einfluß auf das Selbsterleben.

Doltos Vorgehen als Forscherin ist gekennzeichnet durch das Hineinversetzen in die kindliche Perspektive. Der Blick von unten auf den großen Erwachsenen kennzeichnet ihr Vorgehen. Die Untersuchung der motorischen Äußerungen, der schwierige Weg zur Bewältigung der Schwerkraft nimmt einen großen Teil ihrer Körperbildkonzeption ein. Die 'Trotzphase', in der das Kind oft begleitet von der Ungeduld des Erwachsenen seine Autonomie im Tun erprobt und sich abgrenzt von den Anforderungen das Erwachsenen und immer wieder 'Ich, Ich' sagt, 'Ich ganz alleine'- ohne deine Hilfe, gehört auch in diesen Lebensabschnitt.

Dolto hat besonders die Übergänge zwischen den verschiedenen Entwicklungsphasen thematisiert. Die Krisen, die mit dem Verlust von bestimmten Lust- und Erlebensformen verbunden sind, die épreuves, können einen Entwicklungsschub nach sich ziehen und die Potentiale des Kindes vergrößern, sie können aber auch zu Fixierungen führen und das Kind in seinen Entwicklungsmöglichkeiten beeinträchtigen. Doltos Erziehungstheorie beinhaltet diese verschiedenen Ausgänge von Krisen, die Teil der kindlichen Entwicklung sind.

In ihren letzten Lebensjahren, also ungefähr von 1975 bis 1988 hat Dolto die Ergebnisse ihrer Körperbildforschung in verschiedenen Bereichen der Prävention umgesetzt. Das dritte Kapitel dieser Arbeit beschäftigt sich mit ihrem Präventionskonzept. Ihre Erziehungsberatungssendungen im Radio und die sich daraus entwickelnde Korrespondenz mit Eltern bestimmter Kinder stellen die Anwendung ihrer Erziehungstheorie in der Praxis dar.

Dolto hat Eltern, deren Kinder sich in einem autistischen Rückzug befanden, geholfen, Brücken zu der Festung ihres Kindes zu bauen und durch das Wiederanknüpfen an gemeinsame Erfahrungen vor dem Trauma den Kindern eine andere Lösung als die des Rückzugs zu ermöglichen.

Kindern, die auf unterschiedliche Weise von einem Stigma, einem gesellschaftlichen Makel betroffen sind, sei es ihre Hautfarbe, sei es ihre Behinderung hat sie Wege gezeigt, wie ein Makel in eine positive Auszeichnung verwandelt werden kann. Die Ausgrenzung ist oft die Folge von Neid. Es geht für alle darum, das Leben in und mit der Differenz zu erlernen.

Dolto, deren spezielles Interesse immer auch Kindern galt, die nicht von ihren leiblichen Eltern erzogen werden, hat in ihren letzten Lebensjahren, als sie ihre eigene Praxis schon aufgegeben hatte, mit Heimkindern analytisch gearbeitet und aus diesen Erfahrungen Anregungen für die Arbeit mit von Adoption betroffenen Kindern und Familien entwickelt.

1979 wurde das 'Maison Verte' in Paris gegründet. In ihm vollendet sich Doltos Präventionskonzeption in einem eigens von ihr dafür geschaffenen Rahmen. Das Besondere der Arbeit in den 'Maisons Vertes', ihre Zielsetzung und deren Umsetzung wird ausführlich dokumentiert und analysiert.

Ein zentraler Begriff Doltos, ohne den das Kind und der Mensch schlechthin bei ihr nicht gedacht werden kann, ist der des Subjekts. Die 'Ethik des Subjekts' begründet ihre gesamte Praxis. Ein Anliegen dieser Arbeit ist es auch, diesem Begriff nachzuspüren, seine Bedeutung in ihrem Werk zu erfassen.

Auch wenn Dolto Theorien, also Verallgemeinerungen aus ihren Erfahrungen entwickelt hat, so ist ihr Ausgangspunkt immer die konkrete Erfahrung mit einem Kind, mit einem Fall. Sie hat die Kinder, mit denen sie gearbeitet hat, als ihre Lehrmeister bezeichnet. In ihrem Werk sind diese Lehrmeister immer präsent, immer hat sie ihre allgemeinen Aussagen aus Erfahrungen mit einzelnen Kinder abgeleitet. Diese Arbeit über ihr Werk kann sich diesem Vorgehen nicht entziehen. Einige Kinder sind auch durch ihre Worte präsent, andere, die noch nicht sprechen können, durch ihre Gestik, ihre Mimik und ihr Verhalten.

In den zwanziger Jahren hat es in deutschsprachigen Ländern zahlreiche Ansätze von psychoanalytischer Reformpädagogik gegeben. Alexander Neill war mit Wilhelm Reich befreundet gewesen, um ein Beispiel aus späterer Zeit zu nennen. Die Psychoanalyse hat sich nach 1945 in Deutschland als Therapieform wieder etablieren können. Ihren subversiver Charakter hat sie eher in den Gesellschaftsanalysen von Adorno, Horkheimer und Alexander Mitscherlich unter Beweis gestellt. Die Kinderanalyse ist in den Standesorganisationen und in der Öffentlichkeit kaum präsent. Für einen Teil der Kinder, mit denen Dolto gearbeitet hat, gäbe es in Deutschland keinen Analyseplatz.

Dolto und Lacan haben der Psychoanalyse in Frankreich einen Platz in öffentlichen und wissenschaftlichen Diskursen erobert, der mit der gesellschaftlichen Bedeutung der Psychoanalyse nach 1945 in Deutschland nicht zu vergleichen ist. Sie sind nicht den Weg der Anpassung gegangen, sondern haben das Querliegende zu Herrschaftsdiskursen betont. Dolto und Lacan haben arbeitsteilig Seite an Seite gestritten. Lacan hat die Bedeutung des Namens des Vaters bei der Entstehung von Psychosen untersucht, Dolto hat die Bedeutung der Mutter in der ersten Lebenszeit und den besonderen Wert des Vornamens hervorgehoben. Meine jüngeren Interviewpartner betrachten sich als 'Kinder' Lacans und Doltos. Lacans Theorien stehen Pate für die

Arbeit mit Erwachsenen, Doltos Werk begleitet sie in der Arbeit mit Kindern.

In der Schüler- und Studentenbewegung hatte ich erfahren, daß die Auseinandersetzung mit Freud es erlaubte, das kollektiv und das subjektiv Verschüttete und die Verbindungen von beiden zu Tage zu befördern. In Frankreich konnte ich an diese Erfahrung wieder anknüpfen. Während meines elfjährigen Aufenthaltes dort habe ich einige der bekanntesten und ältesten Vertreter der Lacan-Schule aus nächster Nähe bei der Arbeit erlebt. Auch dort gab es diese Verbindung von Psychoanalyse und Revolte. Lacan, Maud und Octave Mannoni, Leclaire und last not least Dolto haben gezeigt, daß auch einem subversiven Verständnis der Psychoanalyse Erfolg beschieden sein kann und daß es auch in fortgeschrittenem Alter noch möglich ist, ein professionelles und zugleich solidarisches Verhältnis zu den Störungen und den Gestörten zu haben.

Dolto, um auf die Hauptperson dieser Arbeit zurückzukommen, hat im Alter von 71 Jahren ein Haus eröffnet, in welchem sie 0-3jährige Kinder vor den langfristigen Schäden von Anpassungsleistungen schützen wollte. Sie hat gezeigt, daß es möglich ist, neue Rahmenbedingungen für die Praxis der Psychoanalyse zu kreieren, in welchem unkonventionelle Wege der Beratung beschritten werden. Durch sie ist die Psychoanalyse eine neue Verbindung mit der Pädagogik eingegangen. Und, ein nicht zu unterschätzender Faktor: Ihr ist es gelungen, die Medien für ihr Anliegen zu benutzen. Wenn es darum ging, 'la cause des enfants' zu vertreten, war ihr jedes Medium recht. Ob Fernsehen, Radio oder Printmedien, Dolto bekam in den letzten Jahren und über ihren Tod hinaus häufig die Titelseiten. Der Artikel auf der Titelseite von 'Le Monde vom 27. August 1988, in der ihr Tod mitgeteilt wird, trägt den Titel: 'Die Großmutter der Psychoanalyse' und zwei Zeilen weiter steht: 'Sie war die Lieblingsgroßmutter der Franzosen. Die einzige Psychoanalytikerin, deren Sprache für alle zugänglich war. ..Die Stimme von Françoise Dolto konnte das Herz und die Intelligenz des breiten Publikums erreichen.' Auf dem Titelblatt von 'L'express' vom 12. Januar 90 prangt ein Photo von ihr. Darunter steht: 'Françoise Dolto - Sie spricht immer noch mit unseren Kindern.' Was sie mit den Kindern gesprochen hat, und vor allem, was die Kinder ihr erzählt haben und was Dolto von ihnen gelernt hat, das möchte ich in meiner Arbeit darlegen

I. Der Fall Dominique

Technik und Ethik in der psychoanalytischen Kur von psychotischen und verhaltensgestörten Kindern und Jugendlichen

> Die Funktion der Sprache besteht
> nicht darin zu informieren,
> sondern zu evozieren.
> Was ich im Sprechen suche,
> ist die Antwort des anderen.
> Was mich als Subjekt konstituiert,
> ist meine Frage.[1]

Im folgenden Kapitel geht es darum, am und ausgehend vom Fall Dominique, der einzigen von Dolto integral veröffentlichten Behandlungsgeschichte eines psychotischen Jugendlichen das Spezifische ihrer klinischen Vorgehensweise herauszuarbeiten. Folgende Fragen sollen dabei bearbeitet werden: Welches ist das Setting von Dolto, welche Aussagen macht sie über die Rahmenbedingungen einer Kur mit verhaltensauffälligen und psychotischen Kindern? Welche technischen Ratschläge übermittelt sie in ihren Schriften? Welchen Platz gibt sie den Eltern und anderen Familienmitgliedern bei der Behandlung?

Welches ist der Verlauf von Dominiques Behandlung, worauf beziehen sich ihre Deutungen, worauf richtet sie ihre Aufmerksamkeit? Auch wenn die Grundbedingung der Analyse die freischwebende Aufmerksamkeit des Analytikers ist, heißt das nicht, das sein Hören und seine Deutungen nicht akzentuiert wären. Welche Akzente setzt sie und mit welchem Ziel?

Welche Psychosentheorie liegt ihren Deutungen und ihrer Vorgehensweise zugrunde? Welches sind ihre theoretischen Konstruktionen, die es ihr erlauben, den psychotischen Diskurs zu verstehen? Welchen Stellenwert hat die Übertragung in der Behandlung von Psychotikern, beziehungsweise, wo ortet sie die Übertragung, da doch der Psychose als narzißtischer Störung qua Definition die Fähigkeit zur Übertragung abgesprochen wird?

Das Erstgespräch - Anamnese

In diesem Abschnitt sollen ausgehend von dem Erstgespräch von Dominique und seiner Mutter mit Dolto grundlegende Fragen zu der Bedeutung des Erstgesprächs erörtert werden. Dolto gibt dem Erstgespräch die zentrale Bedeutung einer Weichenstellung für die nachfolgende Behandlung. Ihre technischen Ratschläge und deren Begründung sollen herausgearbeitet werden.

Der Fall Dominique ist der einzige in seiner Integralität veröffentlichte Fall von Françoise Dolto. Es handelt sich um die Behandlung eines schizophrenen 14-ährigen Jungen. Bei einer ersten stationären Untersuchung im Alter von sechs Jahren wurde eine geistige Zurückgebliebenheit diagnostiziert, die aber nicht organisch erklärt werden konnte. Es wurde eine Psychotherapie empfohlen, die nach sechs Monaten ergebnislos von der Therapeutin abgebrochen wurde. Den Eltern wurde geraten abzuwarten, da die Zeit eine Besserung des Zustandes mit sich bringen könne. Einige Monate vor dem Gespräch mit Dolto ist er zwei Tage lang von Ärzten der Krankenkasse untersucht worden, die wiederum eine geistige Behinderung bescheinigten, nicht zu einer Behandlung rieten und den Eltern empfahlen, Dominique so lange wie möglich zu Hause und in der Sonderschule zu lassen. Da Dominique diese Sonderschule nur besuchen kann, weil sein älterer Bruder ihn regelmäßig auf seinem eigenen Schulweg dort hinbringt und auch wieder abholt, dieser aber demnächst die Schule wechselt, ist die Mutter in die Beratungsstelle[2] gekommen, um ein passendes Heim für ihn zu finden. Die Diagnose einer drohenden schizophrenen Entwicklung ist bislang nur von seinen Lehrern gestellt worden, wie aus einem Bericht der Schule hervorgeht. Dolto wird die erste sein, die den Eltern diese Diagnose mitteilt. Der leitende Arzt der Beratungsstelle bittet Dolto um eine Stellungnahme zu dem Fall, ehe eine Heimunterbringung eingeleitet wird. Das sind die Ausgangsbedingungen für die erste Begegnung zwischen Dominique, seiner Mutter und Dolto. Dolto arbeitet als Psychoanalytikerin in der Beratungsstelle. Die Eltern zahlen jede Sitzung direkt im Sekretariat.

Dolto empfängt Mutter und Sohn, stellt sich vor und bittet Dominique in das Wartezimmer zurückzukehren, dort eine Zeichnung oder eine Knetfigur herzustellen, während sie mit seiner Mutter spricht.

Wenn ein Kind sich weigert, die Eltern mit dem Analytiker für dieses Gespräch allein zu lassen, teilt sie ihm mit, daß die Eltern vor ihm auf der Welt waren und daß sie darum erst allein mit ihnen sprechen müsse. Damit deutet sie dem Analysanten[3] schon an, daß es auch um seine Vorgeschichte geht, um die Zeit, die seiner Zeugung und seiner Geburt vorhergingen. Es geht aber auch darum, den Eltern schon in diesem Vorgespräch eine Kastration zu geben:

„Wenn ein Elternteil, der mit Ihnen sprechen will, erklärt: 'Mich stört es, wenn das Kind da ist', dann bitten Sie das Kind den Raum zu verlassen. Wenn das Kind erwidert: 'Aber ich will hierbleiben', dann sagen Sie ihm: 'Nein. Deine Eltern waren im Leben vor Dir da. Sie kommen vor Dir dran, um mit mir über Dich zu sprechen. Deine Behandlung kommt anschließend - solltest Du noch motiviert sein - wenn Du mit mir über Dich sprechen möchtest. ..Und Sie geben ihm in Anwesenheit der Eltern eine Deutung nach dem Muster: 'Es ist so, wie wenn sie im Bett sind und Du wissen möchtest, was sie sagen und machen.' Diese Arbeit bedeutet die Kastration der Eltern selbst. Sie soll die Eltern dazu bringen, ihr Kind als gleichberechtigt anzusehen, als einen Menschen, der Verständnis für die Dinge des Lebens besitzt, während sie ihn bisher als nervösen Körper betrachteten, der beruhigt werden muß, ..der auf jeden Fall konditioniert werden soll. Es ist ein Kind mit Wünschen, während sie in ihm nur einen schlecht funktionierenden Körper mit Bedürfnissen sehen."(FK 14/15)

Anamnese: Dominique ist das mittlere von drei Kindern, er hat einen Bruder, Paul-Marie, der zweieinhalb Jahre älter ist und eine zwei Jahre und neun Monate jüngere Schwester. Nach Aussagen der Mutter begannen die Schwierigkeiten mit Dominique, als er nach der Geburt seiner Schwester von seinen Großeltern väterlicherseits zurückkam, wo er zwei Monate gewesen war. Er kotete und urinierte wieder ein und wurde sehr aggressiv, weshalb er den Montessori-Kindergarten, in dem er schon einige Zeit vor der Geburt der Schwester war, wieder verlassen mußte. Sehr erregt hatte ihn der Anblick des Stillens, er hatte seine Schwester von der Brust weggerissen, weil er nicht wollte, daß „sie 'Mama ißt'."(FD 18) Dominique, der vorher im Schlafzimmer seiner Eltern geschlafen hatte, fand bei seiner Rückkehr sein altes Kinderbett mit der Schwester darin vor, er selbst erhielt ein neues,großes Bett im Zimmer seines Bruders. Dominique bekam dann auf seinen Wunsch wieder die Brust und wurde auch gewickelt, wie seine Schwester. Er, der schon vor dem Abstillen, als er ein Jahr alt war, sprechen konnte, verlor für zwei Monate das erste Mal die Sprache.

Die Sommerferien ca. neun Monate nach der Geburt der Schwester verbrachte die Familie bei den Großeltern mütterlicherseits. Dominique war dort erst extrem erregbar, sehr aggressiv, dann „folgte eine Zeit der Stummheit und Schlaflosigkeit"(FD 18), zu Hause beruhigte er sich wieder. Mit sechs Jahren wurde er eingeschult und die Schule veranlaßte dann die erste Untersuchung in einem neuro-psychiatrischen Krankenhaus. Die empfohlene psychotherapeutische Behandlung wurde abgebrochen, sie hatte das Augenmerk der Eltern auf die Eifersucht Dominiques gerichtet. Zum Abschluß hatte die Therapeutin den Eltern empfohlen, Dominique die gleiche Behandlung zukommen zu lassen, wie der Schwester, um seiner verzweifelten Eifersucht keinen Anlaß zu geben. Die Mutter hatte sich zu der Zeit der Therapie sehr mit dieser Eifersucht auseinandergesetzt, die sie vorher nicht bemerkt hatte.

Dominique blieb dann zwei Jahre in der Grundschule, ohne Lesen, Schreiben und Rechnen zu lernen und ohne irgendeinen Kontakt zu seinen Mitschülern. Zu seinem damaligen Verhalten sagt die Mutter: „Der Knabe war vor der Behandlung sehr lieb und war auch danach sehr lieb. Es hieß, sein geistiges Niveau sei gut. Er konnte sich gut ausdrücken. Nur war er nicht gesellig. Er mochte die Schule nicht. Noch immer urinierte er ins Bett und beschäftigte sich mit nichts. Verträumt und passiv verweigerte er alle Kontakte, ohne die anderen zu stören.“(FD 19) Da die Psychoanalytikerin den Rat gegeben hatte, ihn aufs Land zu schicken, weil er sehr tierlieb war, schickte man ihn, als er acht Jahre alt war in die Familie der Schwester seines Vaters in den Pyrenäen, wo auch seine väterlichen Großeltern lebten. Der Mann seiner Tante ist Viehhändler und Bauer. Während dieses Jahres lernte Dominique lesen und wurde sauber. Als er nach einem Jahr zurückkam, war seine Schwester ihrerseits in die Schule gekommen und hatte lesen gelernt. Er verlernte es wieder, fing wieder an sich zu beschmutzen, und lernte später mit Hilfe einer verständnisvollen Lehrerin wieder lesen. Er las dann ausschließlich Märchen- und Geschichtenbücher. Mit dem Rechnen hat er große Schwierigkeiten, er versucht verbissen, das Einmaleins zu lernen, aber er behält es nicht. Er hat auch keinen Sinn für Proportionen, nimmt keine räumlichen Größenunterschiede wahr.

Dominique hat die Grundschule absolviert und ist dann auf eine Sonderschule gekommen, wo er zwar nichts lernt, aber auch niemanden stört und die Lehrer ihn sympathisch finden. Zu Hause empfindet die Mutter ihn schon als störend, aber sie kann nicht sagen, weshalb. Er ist brav. „Seit dem achten Lebensjahr hat sich sein Charakter nicht verändert. Er ist immmer noch ein fügsames Kind, man muß alles für ihn tun, er ist zerstreut, kümmert sich überhaupt nicht um sich; er würde sogar vergessen zu essen, sich anzuziehen, sich zu waschen. .. Er ißt, was die Mutter ihm auf den Teller tut, ganz gleich was, zerstreut, sauber.“(FD 19/20) Dominique hatte nie einen Wunsch nach Zärtlichkeit, nur in Momenten panischer Angst flüchtet er sich zu ihr. Diese panische Angst wird durch Fahrräder, sich drehende Räder und Karussells ausgelöst. Er hat panische Angst vorm Baden, läßt sich allerdings waschen. Er hat überhaupt Angst vor Wasser, im Urlaub, wenn die ganze Familie Boot fährt, bleibt er am Strand zurück.

„Die Mutter sagt auch, daß er Ticks habe, immer dieselben sinnlosen Gesten (welche?), oder vielmehr Manien, merkwürdige Verhaltensweisen. Einige

> Dinge dürfen nicht von ihrem Platz verrückt werden und die schmutzige Unterwäsche muß man ungewaschen wieder in den Schrank legen. Ihm graut davor, daß seine Wäsche und seine Socken durchs Wasser gezogen werden."(FD 21)

Das Bettnässen hat aufgehört, als er dreizehn Jahre alt war und die ersten Pollutionen hatte. Das hat sie an den Laken gemerkt, gesprochen haben weder sie noch ihr Mann mit ihm darüber. Außerdem erzählt die Mutter noch, daß Dominique ihrem Vater ähnelt und ihr selbst, braun ist, wie sie, „worunter er ihr zufolge sehr leidet; der Vater, der Bruder und die Familie des Vaters, die Bels, sind groß und blond."(FD 22) Der Vater fügt in der nächsten Sitzung hinzu, daß Dominique bei seiner Geburt fast ganz behaart war, überall einen braunen Flaum hatte, und daß er seine Frau hatte trösten müssen, so entsetzt sei sie bei seinem Anblick gewesen. Bel, der Familienname heißt wörtlich übersetzt: Schön, Hübsch.

Auf die Beziehung zu ihrem Mann angesprochen, antwortet Frau Bel, daß ihr Mann als Ingenieur sehr viel auf Geschäftsreisen ist, meistens in Deutschland, da sein Unternehmen dort mehrere Baustellen betreut. Als Beispiel für seine kurze Anwesenheit zu Hause führt sie die letzte Nacht an, in der ihr Mann um Mitternacht kam und morgens um 6 Uhr schon wieder das Haus verließ, ohne daß die Kinder ihn gesehen hatten. Dabei war er schon 14 Tage nicht mehr zu Haus gewesen. Pfingsten wollten sie eigentlich zusammen verreisen, am Abfahrtstag kam morgens ein Anruf von seiner Arbeitsstelle, woraufhin er seinen immer gepackten Koffer nahm und verschwand. Diese Stelle im „'Industrieexport' hat ihr Mann seit der Geburt von Dominique. Seitdem ist sie sehr einsam; 'ich bin Vater und Mutter gleichzeitig.' Ihr Mann ist zu sehr wechselnden Zeiten zu Hause; man weiß nie, ob er am Abend heimkommt, manchmal bleibt er 14 Tage oder einen Monat weg, ohne es anzukündigen. Man darf ihn auch nicht im Büro anrufen, weil ihn das stört. 'Anfangs fiel mir das schwer, doch Gott sei Dank habe ich die Kinder. Da wir uns sehr gut verstehen, sehen die Kinder nicht den Unterschied, und außerdem, es fehlt ihnen an nichts, auch wenn der Vater nicht da ist."(FD 26) Als Dolto nach dem Gespräch mit Dominique am Ende der ersten Sitzung noch einmal kurz mit Frau Bel über die Notwendigkeit und Möglichkeit einer psychoanalytischen Behandlung spricht, weist diese sie auf die skeptische Haltung ihres Mannes hin.

> „'Mein Mann wird alles zugeben, was sie wollen, aber wissen sie, er glaubt nur an die Chirurgie, aber überhaupt nicht an die Medizin. Es sei schade, daß man solche Fälle nicht operieren könne.' Und sie fügt hinzu: 'Wenn wir eine Meinungsverschiedenheit haben, mein Mann und ich, dann sagen wir es nie den

Kindern, es sieht immer so aus, als seien wir gleicher Meinung. Mein Mann wird sicher nicht verhindern, daß sie Dominique wiedersehen, aber er hat eine schlechte Erinnerung an die Psychotherapie mit Dominique, als er klein war.'"(FD 35/36)

Dolto wird von Herrn Bel der Medizin zugerechnet, wo doch eigentlich nur die Chirurgie seinem Sohn helfen könnte. Dies sind genau die Argumente, mit denen er sich eineinhalb Jahre später, nach nur zwölf Sitzungen, gegen die Fortsetzung der Therapie entscheiden wird.

Zur Geschichte der Mutter: Sie ist im Kongo aufgewachsen, ihr Vater hat die Schwarzen dort sehr hart behandelt. Sie ist auf eine Nonnenschule gekommen und wäre gern dort Missionslehrerin geworden, aber bei Ausbruch des Krieges, des zweiten Weltkrieges, mußte die Familie nach Frankreich zurückkehren. Sie hat dann Deutsch studiert und schon vor Abschluß ihres Examens angefangen zu unterrichten. Vor dem Abschluß ihres Studiums hat sie ihren Mann kennengelernt, der in Deutschland in Kriegsgefangenschaft gewesen, von dort geflohen war, und gerade dabei war, in der gleichen Stadt im Osten Frankreichs sein Ingenieurstudium abzuschließen. Sie war sehr unglücklich, als sie erwachsen wurde: „Mit 18 Jahren fühlte sie sich so schlecht, daß sie sterben wollte und dick zu werden begann. Sie wog etwa 98 kg (bei 1,65m Körpergröße) und war sehr unglücklich, konnte sich weder anziehen noch kämmen, war äußerst schüchtern."(FD 24) Ihre Mutter hatte ihr damals gesagt, daß sei gut so, dann würde sie eben nicht heiraten und immer bei ihr bleiben.

Auch ihr Mann war damals an seinem Studienort sehr einsam, da er weit von seiner Familie entfernt war. „Sie meint, daß sie ungeheures Glück gehabt hat, ihrem Mann zu begegnen, sie seien beide 'Zwillinge im Leid der Jugend.'"(FD 24) Sie wurde dann sofort mit Paul-Marie schwanger, weshalb sie ihr Studium abbrach. Auf die Frage Doltos, ob sie Freunde habe, antwortet sie, daß die Kinder ihr genügen würden, daß sie regelmäßig ein Mal im Jahr bei dem Chef ihres Mannes eingeladen seien. Das sei ihr einziger Kontakt außerhalb der Familie. Die Familie hat sonst noch regelmäßigen Kontakt zu ihren eigenen Eltern und zu der Familie ihres Mannes. Sie erzählt auch, daß ihre eigenen Eltern sich eigentlich einen Sohn gewünscht hätten, und erst durch ihre Heirat mit ihrer eigenen Geburt versöhnt worden seien, dadurch hätten sie jetzt einen Schwieger-Sohn bekommen, den sie sehr gern hätten.

Als Frau Bel nach ihren Schwiegereltern gefragt wird, spricht sie von mehreren Tragödien. Ihr Mann ist der älteste Sohn eines Offiziers. „'Der nächstjüngere Bruder meines Mannes starb an einem Unfall, als er eineinhalb Jahre war, mein Mann war damals fünf. Das Baby hatte einen Teil der Eisenbahn verschluckt, mit der mein Mann gerade spielte. Ihr Mann hat ihr erzählt, daß er sich ganz genau daran erinnern könne und daß diese leere Wiege ihn furchtbar getroffen habe."(FD 28) Als Herr Bel bei der nächsten Sitzung von seiner Geschichte spricht, verspricht er sich und gibt als Altersunterschied zwischen sich und dem nächstfolgenden Bruder zwei Jahre an, zwei Jahre ist aber der Altersunterschied zwischen Paul-Marie und Dominique, sein Bruder war vier Jahre jünger als er. Außerdem erzählt er, daß man das besagte Eisenbahnteil auf einer Röntgenaufnahme im Magen seines Bruders habe erkennen können und daß dieser dann bei der Operation, bei dem chirurgischen Eingriff gestorben sei.

Als Georges Bel sieben Jahre alt war, wurde eine Schwester geboren, deren Spitzname, Monette, dem Namen von Frau Bel ähnelt. Die Schwester war die erste Tochter in der Famile Bel seit 150 Jahren. Sie lebt mit ihrem Mann und ihrer Familie bei den Eltern. Sie hatte fünf Kinder, eines ist an der „blauen Krankheit" gestorben, als Dominique für ein Jahr dort gelebt hat.

Ein zwölf Jahre jüngerer Bruder von Herrn Bel wurde in den Bergen vermißt, als er siebzehn war. Auf einer Bergwanderung hatte ein Freund einen Dolch an einem Abhang verloren. Der Bruder hatte die anderen aufgefordert weiterzugehen, während er ihn wieder holen wollte. Der Bruder kam aber nicht hinterher und wurde auch bei einer sofort eingeleiteten Suchaktion nicht wiedergefunden. Da dieser Unfall sich an der französisch-spanischen Grenze in den Pyrenäen ereignet hatte, hatte die Famile vermutet, daß er vielleicht auf spanischer Seite festgenommen worden wäre. Mehrere Jahre lang stellte die Familie Nachforschungen in spanischen Gefängnissen an, vergebens. Der Unfall hatte sich ereignet, als Frau Bel mit Dominique im sechsten Monat schwanger war. Drei Jahre lang war ihr Schwager gesucht worden und dann wurde als Zeichen der Erinnerung ein Gedenkstein auf dem Friedhof aufgestellt, etwa zeitgleich mit der Geburt von Sylvie, Dominiques Schwester.[4]

Frau Bel erzählt, daß Dominique gern Geist spielt und sich freut, wenn man mitspielt, sich erschreckt und Angst vor ihm hat. Bei einem Dorffest hatte er einmal gar keine Angst vor einem bestimmten Karussell. „Er war dort fasziniert von der Geisterbahn: geradezu ekstatisch, kein bißchen in Panik."(FD 21) Sie erzählt auch, daß Dominique ein Gefühl für Rhythmus hat, daß er allein im Nebenzimmer tanzt, wenn sein Bruder und dessen Freunde Tanzmusik hören. Er bricht aber ab, sobald jemand ihn bemerkt. Auch sonst ist er scheu. Auf der Straße geht er nie mit seiner Familie zusammen, sondern immer 10 Meter vor oder hinter den Familienmitgliedern.

Zum Schluß des Gespräches fragt Dolto die Mutter, was sie ihm über den Besuch der Beratungsstelle gesagt hat und wie er darauf reagiert hat. „Heute war Dominique sehr ängstlich. Man hatte ihm gesagt, daß er eine Frau Doktor sehen werde. Er hat Angst, daß es ein Arzt für Verrückte ist, und fürchtet sich, daß man ihn behält und einsperrt. Er hat seiner Mutter gesagt: 'Ich bin intelligent, aber nicht gebildet, und man schickt mich in eine Schule mit zurückgebliebenen Kindern', und sie sagt: 'Das beweist, daß er den Sinn der Sätze nicht versteht, die er wiederholt.'"(FD 31)

In einem Aufsatz von 1959, 'Die psychotherapeutische Arbeit' hebt Dolto die Bedeutung der Vorgespräche mit den Eltern hervor. Sie stellt dort einen Fragenkatalog mit sehr detaillierten Fragen auf, deren Beantwortung für den Therapeuten diagnostischen Wert hat und ihm dazu verhilft herauszufinden, ob eine Psychotherapie indiziert ist. Die in dem Aufsatz genannten Fragen könnten als Schablone für die Aussagen von Frau Bel in dem Vorgespräch dienen. Dolto gibt an, daß es sehr wichtig ist, daß schon im Voprgespräch Einzelheiten der Schwangerschaft, der Entbindung, die ersten Reaktionen des Kindes und der Eltern auf das Kind, die Vorfahren, ihr Charakter, ihr Einfluß auf die Eltern des Kindes zur Sprache kommen. Außerdem ist es wichtig das Zusammentreffen von Todesfällen in der Familie mit bestimmten Lebensdaten des Subjekts in Erfahrung zu bringen. Der Charakter der anderen Kinder der Familie, ihre Beziehungen untereinander sollten gleichfalls thematisiert werden. Die Sauberkeit des Kindes, seine Ernährungsgewohnheiten, die Körperpflege, seine Schlafgewohnheiten sollten evaluiert werden, sowohl was die Vergangenheit, als auch die Gegenwart betrifft, um herauszufinden, inwieweit das Kind selbständig für seinen Körper sorgt. Fragen zur Schule, das Verhältnis des Kindes zu seinen Mitschülern und zu seinem Lehrer sollten gestellt werden.

> „Welche Kenntnisse hat das Kind die Sexualität betreffend? Welche Meinung haben Sie dazu, aus welchen Gründen. Und dann, wem aus ihrer Familie oder aus der Ihres Gatten finden Sie, ähnelt das Kind? Seit wann machen Sie sich seinetwegen Sorgen? Haben Sie und Ihr Mann/Ihre Frau ähnliche Erziehungsvorstellungen?"(edm84/85)

Dolto mißt diesem Vorgespräch entscheidenden Wert für die nachfolgende Behandlung bei. Ihre Haltung ist nicht die der freischwebenden Aufmerksamkeit, sondern sie strukturiert das Gespräch sehr stark durch ihre Fragen. Diese Informationen dienen dazu, vorab die Geschichte des Kindes zu verstehen und sich ein Bild von den interfamiliären Beziehungen und Abhängigkeiten zu machen. Welche Reife haben die Eltern des Kindes, welchen Grad von Abhängigkeit bzw. Unabhängigkeit von ihren eigenen Eltern? Welche ödipalen Abhängigkeiten hat die Geburt dieses Kindes bei ihnen selbst wieder mobilisiert? Welche Wiederholungen gibt es generationsübergreifend, in die ihr Kind verwoben ist? Welche Stellung in der Geschwisterabfolge haben sie selbst, die jetzt bedeutsam werden könnte für die Position des zu behandelnden Kindes? Welches sind die Identifikationsfiguren ihres Kindes? Auf diese Fragen versucht die Analytikerin dank der Gespräche mit den Eltern eine vorläufige Antwort zu bekommen, um den affektiven Familienkontext und den identifikatorischen Hintergrund seiner Schwierigkeiten zu verstehen. Es geht letztendlich darum herauszufinden, welchen elterlichen Projektionen das Kind seit seiner Empfängnis ausgesetzt ist, welchen Platz sie ihm in ihrer libidinösen Ökonmie einräumen. Nur die Kenntnis dieser Mechanismen erlaubt es, die Symptome des Kindes zu verstehen. Die Symptome des Kindes haben eine Geschichte, das Symptom ist eine Art der Erinnerung. Die Vorgespräche mit den Eltern dienen dazu, diesen geschichtlichen Hintergrund zu erhellen.

Was die Ähnlichkeit mit bestimmten Familienmitgliedern angeht und den ersten Eindruck bei der Geburt eines Kindes, schreibt Dolto in ihrem Buch „Das unbewußte Bild des Körpers“:

> „Es gibt Anlaß darüber zu staunen, aber es ist dennoch so: der Einschnitt des Hörens und der Wahrnehmungen für ein Neugeborenes, wie es sie, eng verbunden mit seinen Eltern, aus der Freude oder im Gegenteil aus der Traurigkeit hat, in welche seine Geburt - weil es von dem oder dem Geschlecht ist oder weil es den oder diesen Aspekt darstellt - den einen Elternteil oder beide gebracht hat, findet sich immer wieder in den Psychoanalysen.“(UBK 85)

Bei Dominiques Geburt war zumindest die Mutter in zweifacher Hinsicht enttäuscht, sowohl was sein Geschlecht, als auch was sein Aussehen betraf. Sie hatte sich ein Mädchen gewünscht und Dominique entsprach absolut nicht ihren Wunschvorstellungen. Der Vater war bei der Geburt anwesend, die zu Hause ohne ärztliche Hilfe stattfand und erinnert sich sehr genau: „Bei seiner Geburt war Dominique über und über mit Flaum bedeckt, es sah sogar aus, als hätte er Haare, die bis zu den Augen und Wangen reichten. Er sah aus wie ein Affe, bemerkt er lachend, und seine Frau fand ihn so häßlich, daß er ihr Mut machen mußte.“(FD 41) Dominique heißt aber „Schön“, den Spott, den er deswegen von seinen Klassenkameraden ertragen muß, wird in seiner Analyse zur Sprache kommen. Als er in der sechsten Sitzung eine Phantasie von einem melkenden Nomaden und von der Milch erzählt, deutet er auf eine Intervention Doltos hin das Thema an. In bezug auf die Milch (lait) sagt sie zu ihm: „Die Milch (lait) ist eine Nahrung, aber man sagt auch laid, häßlich für etwas, was nicht hübsch, nicht schön ist. Was ist häßlich?’ Dominique: ‘Nein, ich hätte kein Mädchen sein wollen, aber ich mochte nicht häßlich sein, weil ich ein Junge war... Schweigen. Ich spiele gern Frau, aber ich möchte keine sein... Wen liebt man mehr, die Mädchen oder die Buben? .. Ja, wen wählt man aus?“(FD 101) Dolto sagt zu den Folgen dieser „Häßlichkeit“:

> „Dominique ist niemals er selbst gewesen. Von Geburt an war er gehandikapt, so könnte man sagen, durch sein physisches Äußeres, von seiner Mutter auf einer zoologischen Ebene eingestuft. Gehandikapt auch durch die Eifersucht des älteren Bruders ihm gegenüber: eine Eifersucht, von der niemand spricht, wenn es um Paul-Marie gegenüber den Nachgeborenen geht. Dominique ist von der Mutter und dem älteren Bruder immer parasitär behandelt worde; fetischisiert von der Mutter als Ebenbild ihres eigenen Vaters und Träger eines Penis, der in ihrem Besitz war, ein Trost für die Abwesenheit des Penis des Gatten; fetischisiert von seinem Bruder als Partialobjekt der Mutter, das es zu nähren und zu beschützen und als Zeuge beispielhafter Verhaltensweisen zu betrachten galt. Bis zum Auftauchen der Schwester hat Dominique nur als phallischer Fetisch Wertschätzung von dem Zwillingspaar Mutter-großer Bruder erfahren. Jedoch konnte er den Eindruck gewinnen, der wertvolle Ersatz des Vaters zu sein, weil der Vater nach seiner Geburt jene gutbezahlte Stellung angenommen hat, die ihn zu einem 'Nomaden' machte oder weil seine tierische Wärme die Mutter wärmte."(FD 139)

Nach Dolto ist der Empfang bei der Geburt, bilden die ersten Affekte, die das Kind als Reaktion auf sein Erscheinen wahrnimmt, die Matrix für alle weiteren Kastrationen, also Phasenübergänge. Diese erste Kastration, die Nabelschnur-Kastration hat eine vitalisierende oder devitalisierende Funktion. Und dennoch ist nicht die Tatsache, daß Dominique nicht den mütterlichen Schönheitsvorstellungen entsprach und nicht ihr Wunschgeschlecht hatte, entscheidend für diese erste narzißtische Kränkung, sondern die Bedeutung, die die Eltern diesen objektiven Gegebenheiten gegeben haben und Dominiques Wahrnehmungen davon. Nicht das Ereignis ist entscheidend, sondern seine symbolische Einschreibung in das Beziehungssystem. Das unbewußte Körperbild ist Ausdruck dieser Bedeutungen, die das Erscheinen des Subjekts für seine Familienmitglieder hatte.

Nach diesem anamnestischen Gespräch mit der Mutter, das mit ihrer Aussage endet, keine Entscheidung bezüglich Dominiques ohne ihren Mann zu treffen, verläßt sie das Sprechzimmer und Dolto empfängt Dominique.

Erste Begegnung mit Dominique - der Eröffnungsdialog

Dominique hat eine seiner stereotypen Knetfiguren hergestellt, die 40cm lang, extrem fragil ist, einen Kopf mit riesigen Ohren hat und von Dominique sehr vorsichtig hin- und herbewegt wird. Dominique spricht mit einer sehr hohen, näselnden Stimme, sieht ausschließlich zu seiner Knetfigur hin und vermeidet jeglichen Blickkontakt.

> „Ich stelle mich vor und frage ihn, ob er mir etwas zu sagen habe, um mir zu erklären, wie er sich fühlt. Er sagt mit einem ängstlichen, starren Lächeln: 'Nämlich ich bin nicht wie die anderen, *manchmal* beim Aufwachen, *denke ich, daß mir eine wahre Geschichte passiert ist.*'(FD 33 Hervorhebung von mir C.B.)
> „Die ersten Worte eines Kindes oder eines Psychotikers sind wie der erste Traum des erwachsenen Neurotikers."(FD 210)

Hier stellt sich die Übertragung her und der Analysant gewährt einen ersten Einblick in sein Unbewußtes. Dominique stellt in dieser Aussage die Frage nach der Wirklichkeit seiner Empfindungen und auch die Frage der Wahrheit ist von Anbeginn gestellt:

> „Manchmal, wenn ich aufwache, denke ich, daß mir eine wahre Geschichte passiert ist." Dolto fragt ihn: „'Wer hat Dich unwahr gemacht?' - Er: 'Ja, genau, das ist's! Aber woher wissen Sie das?' - 'Ich weiß es nicht, ich denke es mir, wenn ich Dich sehe.'"(FD 33)Er erzählt darauf hin, etwas von einem Saal mit Einbrechern: „'Ich dachte, ich bin wieder in dem Saal als ich klein war, da fürchtete ich mich vor den Einbrechern, die können das Geld nehmen und Silber nehmen, was meinen Sie, was die alles mitnehmen können.'"(FD 33)

An dieser Stelle macht Dolto ihre erste Deutung, bezüglich des Gleichklangs der Worte 'la salle' und 'la sale' - der Saal, oder auch die Schmutzige. Sie fragt ihn, ob er vielleicht seine kleine Schwester meint. Dolto hatte ihn gefragt, w e r ihn unwahr gemacht hatte, also eine Frage nach einer Person gestellt, nicht wodurch, oder was ihn unwahr gemacht hat. Und sie hört als Antwort: la sal(l)e, die Schmutzige.

Die Geburt der Schwester, des erwünschten Mädchens, die seinen Platz im elterlichen Schlafzimmer eingenommen hatte, aber vor allem die von den Eltern zugelassene Regression in Form des erneuten Gestilltwerderns und Gewickeltwerdens haben destrukturierend auf Dominique gewirkt. In ihrem erstmalig 1947 erschienen Aufsatz „Triebdynamik und sogenannte Eifersuchtsreaktionen bei der Geburt eines jüngeren Geschwisters"(ÄDB 117ff) stellt Dolto ausgehend von den Beobachtungen ihrer eigenen Kinder und eines von ihr betreuten Falles einer extremen Aggressivität als Reaktion auf die Geburt eines Geschwisters die These auf, daß nicht die Eifersucht das Entscheidende an der Krise, die durch die Geburt eines Geschwisters ausgelöst wird, ist, sondern die Gefahr der Identifikation mit einem unreiferen Wesen. Bis zu der Geburt eines jüngeren Geschwisters hat das Subjekt nur reifere Vorbilder für seine eigene Entwicklung gehabt, sein identifikatorisches Streben geht dahin, so zu werden, wie die geliebten Elternvorbilder oder wie die älteren Geschwister.

> „Nun sorgt aber ein primärer psychologischer Vorgang dafür, daß der Mensch sich mit seiner Umgebung identifiziert. Die erste Form der Liebe stellt sich über die Identifikation her: man möchte wie der Erwachsene, der Schutz und Vorbild ist, handeln und sein. So kommt es zu seiner Introjektion. Bis zur Geburt eines jüngeren Geschwisters brauchte das Kind sich .. nicht unbehaglich fühlen, weil es keine andere, im Vergleich mit ihm weniger entwickelte menschliche Gestalt wahrnehmen mußte."(ÄDB 150/151)

Bei der Geburt eines jüngeren Geschwisters, gibt es zum ersten Mal ein Vorbild, das bei der Identifikation die Gefahr einer 'biodynamischen Involution', also Rückentwicklung verkörpert. Diese Identifikation stellt eine Versuchung dar.

> „Zum ersten Mal sieht sich das Kind einer verlockenden Situation gegenüber, die seine Situation aufzulösen droht. Es war für das Kind schon immer ein Vergnügen gewesen, sich mit allen Menschen seiner Umgebung zu identifizieren... Und jetzt erweist sich ein solches Spiel als gefährlich. Das Kind ist fasziniert, gefesselt und hinweggerissen von dem Bild der eigenen Involution, das es aufsaugt und von seinem Körperbild abspaltet, wodurch es alles Erlernte verliert, sogar sein 'Fühlen'; das Kind 'vergißt sich' und 'entfremdet sich'... Wenn lieben in dem Begehren besteht, 'ein anderer zu sein' oder ihn 'für sich zu haben' oder auch 'so wie er zu handeln', dann kommt es durch die Begegnung mit dem Neugeborenen bei den unmittelbaren vitalen Reaktionen zu einer biologischen Absurdität, zu einer Sinnwidrigkeit hinsichtlich der Entwicklung."(ÄDB 153/154)

Diese Gefahr besteht nur in einer bestimmten Entwicklungs- und Altersphase, nämlich genau zwischen dem ersten und vierten Lebensjahr, wenn die ödipale Entwickung einsetzt. Es besteht die Gefahr, daß das Tabu des Kannibalismus wieder aufgehoben wird, die orale Kastration, die genau die Verinnerlichung diese Verbots beinhaltet, wieder rückgängig gemacht wird. Ein Beispiel dafür ist Dominiques Reaktion, der beim ersten Anblick des Stillens die Brust wegreißt und befürchtet, daß die Schwester die Mutter ißt. In den von Dolto untersuchten Fällen handelte es sich um vorübergehende Identifikationsstörungen, die auf je verschiedene Weise bewältigt wurden, hier aber nicht das Thema sind. Bei Dominique hingegen trat zu dieser Zeit endgültig eine Entfremdung seines Selbstbildes ein. Die Mutter hatte in der Realität die Regression zugelassen und ihm wieder die Brust gegeben, was bei ihm zu einer Fixierung auf den kannibalistischen Existenzmodus führte. Wie zu Beginn der Behandlung zu erkennen sein wird, lebt er in einer Welt der permanenten Bedrohung seiner Körperintegrität. Seine Phantasmen beziehen sich auf allmächtige weibliche Wesen, die mit magischer Gewalt den Körper

des anderen zerstören können. Er ist in einer dualen Beziehungsform geblieben, er hat keinen Begriff von einem dritten Element.
Doch zurück zu der ersten Sitzung: Nachdem Dolto 'la salle' für sich als die Schmutzige gehört hat und ihn laut fragt, ob er vielleicht seine Schwester meine, ist er wieder beeindruckt von ihrem Wissen, und bestätigt damit indirekt die Richtigkeit der Deutung. „Oh, also Sie, wieso wissen Sie alles?"(FD 33) Sofort wendet Sie die Gefahr ab, daß er ihr ein magisches Wissen unterstellt und antwortet: „'Ich weiß nichts im voraus, nur weil Du mit Deinen Worten Dinge sagst, und weil ich Dir zuhöre, so gut ich kann; nur Du weißt, was Dir passiert ist, ich nicht. Aber zusammen können wir das vielleicht verstehen.'"(FD 33) Hier deutet sie zum ersten Mal an, worum es in dem analytischen Prozeß geht. Es handelt sich um das Verstehen seiner Geschichte, wobei sie ihm helfen wird. „Nur Du weißt, was Dir passiert ist, aber zusammen können wir das vielleicht verstehen." Das Arbeitsbündnis bezieht sich auf eine Arbeit des Verstehens. Seine Symptome enthalten einen Sinn, der in der gemeinsamen Arbeit entziffert wird.

Er schweigt und sie fragt ihn, woran er denkt.

> „'Ich suche, was nicht stimmt im Leben. Ich möchte gern so sein wie alle. Zum Beispiel, wenn ich mehrmals eine Lektion lese, aber am nächsten Tag kann ich sie nicht. Manchmal finde ich mich dümmer als die anderen, ich sage mir: da stimmt was nicht, ich spinne ja! ('Je déraisonne' - wörtlich: ich rede Unsinn, dummes Zeug.)' Das Wort wird abgehackt und in überscharfem Ton ausgesprochen. Ich: 'Es stimmt, daß Du spinnst. Ich sehe, Du merkst es. Vielleicht hast Du Dich als Irrer verkleidet, damit man Dich nicht schimpft.' Er:'Oh, das muß es sein. Aber woher wissen Sie das?' Ich: 'Ich weiß gar nichts, aber ich sehe, daß Du Dich als Verrückter oder als Idiot verkleidest, aber daß Du keiner bist, denn Du merkst es ja und willst anders werden."(FD 33/34)

Nachdem Dominique mehrfach ansetzt, um von seinen Schwierigkeiten mit den Multiplikationstabellen zu sprechen, antwortet Dolto ihm:

> „Ich sage ihm ein für allemal, daß 'mir das egal wäre, daß diese Rechnungen für die Schule mich nicht interessieren, er sei nicht zu mir gekommen, weil ich eine Schullehrerin bin, sondern eine Ärztin, um zu erfahren, wie er nicht mehr verrückt sein könnte und dann wirklich werden könnte, wie alle, wenn er den Wunsch danach habe, und zwar überall und nicht nur in der Schule mit den Zahlen.' Ich sage auch: 'Wichtig im Leben ist nicht, was Du mit Deinen Lektionen, Deinen Heften und Schulbüchern machst, sondern die ganze Art, wie Du bist, unwahr bist und alles, was in Deinem Herzen vorgeht und was Du nicht sagen willst."(FD 34)

Daran anschließend teilt sie ihm noch einmal mit, daß sie schon mit seiner Mutter gesprochen hat, daß sie auch seinen Vater noch sehen wird, und daß ohne dessen Zustimmung nichts unternommen wird. „Er muß einverstanden sein, daß Dominique zu mir kommt und daß wir alle beide zu begreifen versuchen, warum er nicht sein kann wie alle anderen."(FD 34) Dolto teilt ihm auch das Berufsgeheimnis mit. Vor den Sommerferien findet noch eine Sitzung statt, zu der auch Herr Bel kommt und mit dessen Zustimmung wird beschlossen die Behandlung nach der Sommerpause, also ab Oktober im 14-tägigen Rhythmus regelmäßig fortzuführen. Zu Beginn dieser dritten Sitzung, bei der Françoise Dolto sofort Dominique ins Sprechzimmer holt, ohne sich vorher mit der ihn begleitenden Mutter zu unterhalten, teilt sie ihm noch einmal ihre gemeinsamen Arbeitsbedingungen mit: „Ich erinnere ihn, daß beschlossen war, alle 14 Tage ein Gespräch zu führen, in dem er mir alles sagen könne, was er denkt, auch Träume, an die er sich erinnert, mit Worten, Zeichnungen und Knetfiguren. Ich sichere ihm das Berufsgeheimnis bezüglich des Inhalts dieser Sitzungen zu, ein Geheimnis, dem er selbst nicht unterliegt."(FD 50) Zu Beginn der fünften Sitzung Anfang Januar empfängt Dolto auch wieder seine Mutter und seinen Bruder, Dominique hat den Wunsch, daß sie mit seiner Mutter spricht und daß sie seinen Bruder kennenlernt. Dolto schreibt dazu:

> „Wenn ein Patient wirklich wünscht, daß jemand aus seiner Umgebung seinen Psychoanalytiker sieht, denke ich, daß er diese Begegnung für notwendig hält und schlage nicht ab. Wenn es sich um die Eltern eines Minderjährigen oder um seine Großeltern handelt, willige ich während der Behandlung nur mit der Zustimmung des Kindes ein, in seiner Anwesenheit oder nicht, je nachdem, was ihm lieber ist und was der Elternteil akzeptiert. Wenn das Gespräch nicht in seiner Anwesenheit stattfindet, teile ich ihm den Inhalt, was ihn betrifft, mit."(FD 82 Fußnote 1)

Diese Äußerungen Doltos beziehen sich auf das Setting, den Rahmen, in dem die gemeinsame Arbeit von Analytikerin und Analysant stattfindet. Im folgenden sollen die Verben extrapoliert werden, mit denen sie ihre Tätigkeit gegenüber Dominique charakterisiert, als auch die Aufforderungen, die sie an ihn richtet, welches sein Beitrag zu der Arbeit ist.

„Ich stelle mich vor und frage ihn, ob er mir etwas zu sagen habe, um mir zu erklären, wie er sich fühlt." - „Ich weiß es nicht, ich denke es, wenn ich Dich sehe (daß er unwahr ist)." „Ich weiß nichts im voraus, nur weil Du mit Deinen Worten Dinge sagst, und weil ich Dir zuhöre, so gut ich kann. Nur Du weißt, was Dir passiert ist, aber zusammen können wir das vielleicht verstehen." - „Ich weiß gar nichts, aber ich sehe, daß Du Dich als Verrückter verkleidest, aber daß Du keiner bist..."

Ich stelle mich vor; Ich frage; Ich denke, wenn ich Dich sehe; Ich höre Dir zu, so gut ich kann; Ich sehe; „Ich muß alles besser verstehen lernen, was Du mir sagst"(FD 43); Sie sagt ihm auch, daß sie keine Lehrerin ist, sondern Ärztin, ihr Interesse liegt darin zu erfahren, wie er nicht mehr verrückt sein könnte, sondern wirklich, wie alle, wenn er den Wunsch danach habe. Sie zeigt ihm das Wesentliche ihrer Arbeit auf, nicht die schulische Anpassung und seine Leistungssteigerung seien von Wert, sondern wichtig im Leben ist seine Art zu sein, wahr oder unwahr zu sein, und alles was in seinem Herzen vorgeht, und worüber er nicht spricht.

Dieser Pakt, der zwischen der Analytikerin und dem Analysanten geschlossen wird, impliziert eine andere Sichtweise des Symptoms, als die eines zu beseitigenden Störfaktors. An dieser Stelle soll die gemeinsame Fragestellung für die Behandlung aus dem Erstgespräch einer anderen, von Dolto ausgebildeten Analytikerin, Catherine Mathelin, exemplarisch herangezogen werden. Auch hier geht es um das Herz. Alice ist ein siebenjähriges autistisches Mädchen, das immer nur mit monotoner Stimme eine einzige Frage wiederholt: „Es regnet?" Dies auch in der ersten Sitzung, wobei sie ihre Mutter fragend ansieht.

> „Die Mutter erklärt: 'Ständig fragt sie, ob es regnet und achtet dabei nie auf eine Antwort.' Sie antwortet ihr: 'Aber nein, guck doch mal aus dem Fenster, es regnet doch gar nicht, die Sonne scheint!' Da interveniere ich, wende mich Alice zu und sage zu ihr: 'Draußen scheint die Sonne, aber vielleicht regnet (weint) es ja im Herzen von Alice? Vielleicht möchte Alice gern wissen, ob es in Mamas Herzen auch manchmal regnet (weint)? Zum ersten Mal sehen ihre Augen mich an, ich frage sie, ob sie möchte, daß man ihr hilft, auf diese Fragen eine Antwort zu finden. Sie sagt: 'Ja, Alice möchte in ihrem Kopf wissen.' Auf diese Worte hin gebe ich ihr einen neuen Termin."[5]

Dem Symptom, der einzigen monoton wiederholten Frage, wird sofort ein Sinn zugestanden. Gleich im ersten Gespräch mit der Analytikerin wird deutlich, daß sie die Aussage nicht mit einer Realitätsaussage beantwortet, 'nun begreife doch, daß die Sonne scheint', sondern sie unterstellt dieser Aussage einen Sinn, der sich nicht auf die objektive Realität bezieht, sondern auf die subjektive psychische Realität von Alice. Ihre stereotype Frage ist eine tatsächliche Frage, die Analytikerin deutet sie als solche, unterstellt ihr einen subjektiven Sinn, der von Alice angenommen wird. Das Arbeitsbündnis, die Fortsetzung der Begegnungen gründet sich auf eine gemeinsame Frage. Vielleicht möchte Alice, daß man ihr hilft, auf ihre Fragen, ob es in ihrem Herzen und in dem der Mutter manchmal regnet/weint, eine Antwort zu bekommen. „Ja, Alice möchte in ihrem Kopf wissen." Der analytische Prozeß ist ein

Verstehensprozeß, sie möchte etwas wissen, etwas herausfinden. Am Anfang steht eine Frage, keine Antwort. Auch Dolto sagt zu Dominique, daß sie mit ihm arbeiten wolle, um herauszufinden, wie er wirklich werden könne. Nicht eine Verhaltensmodifikation wird angeboten oder thematisiert, sondern die gemeinsame Arbeit an einer Frage. Ein Symptom wird schon in der ersten Sitzung als Frage gewertet.

Dominique wird von Dolto aufgefordert, mit Worten, Zeichnungen und Knetfiguren alles zu sagen, was er denkt, auch seine Träume. Zeichnungen, Knetfiguren und Worte haben den gleichen Status, mit ihnen kann das Subjekt seine in der Gegenwart der Sitzung und der Analytikerin reaktualisierten Körperbilder ausdrücken. Die Bilder und Knetfiguren haben den gleichen Stellenwert wie die gesprochenen Worte, sie sind das Material, in dem sich die psychoanalytische Arbeit vollzieht.

In dem obengenannten Artikel zur Technik der Psychotherapie, weist Dolto daraufhin, wie wichtig es ist, in der ersten Sitzung klarzustellen, was eine psychotherapeutische Behandlung ist. Sie hatte die Mutter gefragt, mit welchen Empfindungen Dominique in die Beratungsstelle gekommen war. Diese Frage zielte auch darauf ab zu erfahren, was die Mutter ihm gesagt hatte. Nun wußte er, daß die Mutter wegen einer Heimunterbringung gekommen war und eigentlich vor dem Gespräch mit Dolto gar nicht an die Möglichkeit einer erneuten Therapie gedacht hatte. Mit seiner Bemerkung seiner Mutter gegenüber, daß er nicht dumm, aber ungebildet sei und man ihn in eine Institution für zurückgebliebene Kinder stecken wollte, hatte er zu verstehen gegeben, daß er wußte, wie wichtig dieses Gespräch für seine Zukunft sein würde. Er sollte abgeschoben werden, die Familie verlassen. Während der Behandlung wird er diese Thema mit Hilfe eines Hundes durcharbeiten, den man endlich los wird, der dann aber zur Enttäuschung seines Bruders doch wieder nach Hause zurückkehrt. Dominique wußte also, daß es darum gehen würde, ob er in der Familie bleiben könnte oder in eine Institution für geistig Behinderte käme. Vielleicht hat dieser Druck und sein Wunsch, eine solche Entscheidung zu verhindern, mit dazu beigetragen, daß er in der ersten Sitzung gleich die grundlegenden Fragen seiner Existenz ansprach.

In der Regel versucht Dolto auf diese Art zu erfahren, mit welchen Worten die Eltern von dem Therapeuten und der Therapie gesprochen haben.

> „Einige Eltern haben ihr Kind schon vorbereitet: 'Du wirst sehen, mach Dir keine Sorgen (warum sollte er daran denken), das bedeutet nur mit einem Mann oder mit einer Frau zu spielen und etwas für sie zu malen, die sehr nett sind und kleine Kinder gern mögen.' Oder wenn das Kind größer ist: 'Das ist jemand, der Dir zeigt, wie Du Deine Arbeiten erledigen kannst, der Dir Rat-

> schläge geben wird, der Dir Fragen stellen wird...' Das muß der Psychotherapeut als aller erstes in Erfahrung bringen, wenn er mit den Eltern spricht: 'Was haben Sie zu Ihrem Kind gesagt, welche Gründe haben Sie für den Besuch einer Beratungsstelle genannt. Was haben Sie ihm heute erzählt, wo er zu seiner ersten psychotherapeutischen Sitzung kommt.' Was hat Ihr Kind zu diesen Erklärungen gesagt?"(edm 82/83)

Die falschen Informationen der Eltern, 'eine nette Dame, die Kinder mag', 'der Therapeut wird Dir sagen, was Du für Deine Arbeit machen mußt', können von Anbeginn die ganze Arbeit kompromittieren, weil das Kind mit falschen Erwartungen zu seiner Behandlung kommt. Dolto spricht diese Möglichkeit mit Dominique sehr massiv an, als er immer wieder von seinen Einmaleins-Tabellen spricht. Bei einer psychoanalytischen Behandlung geht es nicht um seine schulischen Leistungen, für ihn steht bedeutend mehr auf dem Spiel, wie er es gleich in seinem ersten Satz gesagt hat. Es geht um das Gefühl der Irrealität seiner Existenz, daß er nicht wirklich sein kann. Dolto greift seinen Wunsch wieder auf, wie die anderen zu sein und nicht mehr zu 'spinnen'. Dabei kann sie ihm helfen, das ist das gemeinsame, zugegebenermaßen nicht gerade bescheidene Ausgangsprojekt ihrer Arbeit. Es geht um sein ganzes Leben, nicht darum, ob er in der Schule mitkommt. 'Ich bin keine Schullehrerin,' sagt sie ihm, sondern eine Ärztin, um zu erfahren, wie Du nicht mehr verrückt sein kannst.' Sie geht genausoweit, wie Dominique gleich in seinem ersten Satz gegangen ist, es geht um die Wahrheit. Die Wahrheit seines Herzens, um das, was er nicht sagt. Immer wieder sagt Dolto, daß es im psychoanalytischen Prozeß um das Sprechen geht. „Du sagst mit Worten, Zeichnungen und Knetfiguren, ich höre Dir zu und gemeinsam versuchen wir zu verstehen." Das ist auf einen kurzen zusammenfassenden Nenner gebracht Doltos Botschaft an Dominique, das ist das Wesentliche der psychoanalytischen Arbeit. Es geht dabei nicht um die Behebung von 'Teilleistungsstörungen', sondern um die Wahrnehmung seiner selbst in der Wirklichkeit. Dolto enthält ihm nichts vor, mystifiziert auch nicht, sondern mit klaren Worten formuliert sie in Bezugnahme auf die von ihm geäußerten Probleme und Wünsche das gemeinsame Projekt.

Dolto sagt, daß in dem Gespräch mit den Eltern und auch oft mit dem Kind eine funktionelle Störung im Vordergrund steht und der Analytiker den Anspruch an sich gerichtet sieht, das Symptom zu beseitigen. Die Tatsache, daß seine Fragen an die Eltern und das Gespräch mit dem Kind nicht sein Symptom in den Mittelpunkt stellen, setzt ein anderes Sprechen frei.

Dolto macht der Mutter eindeutig klar, daß nicht das Schulversagen das Hauptproblem Dominiques ist. Seine Probleme sind viel witgehender, seine gesamte Zukunft steht auf dem Spiel. Dolto sagt ihr nach dem Gespräch mit Dominique:

> „Es handelt sich keineswegs um eine leichte geistige Behinderung, sondern um ein intelligentes psychotisches Kind, und meiner Meinung nach liegen die Schwierigkeiten nicht in der Schule, sondern in seinem geistigen Gleichgewicht und seinen fehlenden sozialen Zukunftsaussichten. Meiner Ansicht nach muß unbedingt noch einmal eine Psychotherapie versucht werden, bevor man sich entschließt, ihn seinem Alter entsprechend irgendwo unterzubringen, d.h. nicht in einer Schule, sondern in einer Werkstatt für Behinderte; aber eine solche Entscheidung darf erst dann getroffen werden, wenn die Psychotherapie scheitern sollte."(FD 35)

Sie fügt hinzu, daß der Beginn der Pubertät eine günstige Situation für eine Psychotherapie ist. Die Mutter ist verwundert, früher hatte man ihnen immer gesagt, die Schwierigkeiten von Dominique würden sich mit der Zeit geben, aber er würde doch immer seltsamer und jetzt erst in der letzten Zeit fiele das richtig auf. „Ich sage: 'Eben darum meine ich, daß man versuchen müßte, die Entwicklung zum 'Wahnsinn' aufzuhalten."(FD 36)

Eine Woche später erhält Françoise Dolto einen Brief von Frau Bel, in dem sie von ihrem Schock spricht, von den vorhergegangenen Reaktionen der Ärzte auf Dominique und von seinen Veränderungen:

> „...Ich gestehe, ich war tief erschüttert, als Sie mir in aller Ruhe erklärten, daß Dominique verrückt ist und als solcher behandelt werden muß. Seit zwölf Jahren sagt man uns immer wieder: er ist zurückgeblieben und mit viel Geduld und Liebe wird sich das geben. Nachdem nun der erste Schock vorüber ist, glaube ich, daß ich Ihre Diagnose vorziehe, denn sie stimmt wirklich mit vielen Dingen überein, die uns Sorgen machen.... Und ich kann Ihnen sagen, daß Dominique, seit er Sie gesehen hat, in seinem Verhalten völlig verwandelt ist. Bisher lebte er wie ein Fremder im Haus, aber jetzt verbringt er seine Zeit damit, sich nützlich zu machen, ohne daß man ihn um irgend etwas bittet.. Er ist überaus gefällig und nett zu jedem von uns, er will uns nur Freude machen, lauert auf die kleinste Gelegenheit, um sich nützlich zu machen."(FD 36/37)

Es gehört zu Doltos Technik, die Eltern aufzufordern, ihr zu schreiben, oder den Kindern einen Brief mitzugeben, falls ihnen noch etwas ein- oder auffällt. Nach der zweiten Sitzung, also in der Sommerpause verändert sich Dominique weiterhin spektakulär, er lernt Fahrrad fahren, macht in der Förderklasse, in die er nur probehalber auf Grund eines Unterstützungsbriefes von Dolto aufgenommen wurde, große Fortschritte, er gehört zu den fleißigsten Schülern der Klasse. Die Lehrerin ist begeistert und hat den Eindruck, daß er seine Rückstände wird aufholen können. Dolto kommentiert diese Veränderungen folgendermaßen: „Als ich diese Nachrichten erhielt, sagte ich mir: der Knabe hat gespürt, daß man an seine Tiefenstrukturen rühren wird, und jetzt verteidigt er sich auf eine andere Weise."(FD 49) Sie warnt davor, bei solchen Veränderungen die Therapie abzubrechen. „Manche Therapeuten, über die offensichtlichen Erfolge des Kindes, seine bessere 'Anpassung' an das familiäre oder therapeutische Milieu befriedigt, sind versucht, die Behandlung abzubrechen. Dann besteht die Gefahr, daß sich unbewußte Widerstände einkapseln, die sich hinter für die Umwelt befriedigenden zwanghaften Ritualen des Über-Ichs verbergen."(FD 49 Fußnote 4)

Soweit also die erste Begegnung mit Dominique und seiner Mutter. Diese erste Sitzung ist darum so ausführlich wiedergegeben worden, weil in der Technik Doltos die erste Sitzung den Charakter eines Grundsteins für die folgende Behandlung hat. Wenn es dem Analytiker nicht gelingt, das Spezifische der psychoanalytischen Behandlung im Unterschied zu pädagogischen und medizinischen Vorgehensweisen deutlich zu machen, kann der ganze Prozeß von Anbeginn an verfälscht werden. Ein Kind, dem gesagt wurde, daß es mit jemandem spielen wird, der Kinder gern hat, könnte dem Irrtum erliegen, er kommt um jemandem einen Gefallen zu tun, weil derjenige gern mit Kinder spielt und ihm das Spaß macht. Die andere Klippe ist die auch schon angedeutete Gefahr des Anspruch auf eine rein symptomatische Behandlung, also daß das Kind seine Funktionsstörungen verliert. Dolto macht Dominique und seiner Mutter klar, daß es um mehr geht. Doch Dominique hat ja schon selber im ersten Satz den Begriff benutzt, der das analytische Vorgehen charakterisiert: die Suche nach der subjektiven Wahrheit. „Manchmal, wenn ich aufwache, denke ich, mir ist etwas wahres passiert." - Dolto fragt ihn: „Wer hat Dich unwahr gemacht." Später bietet sie ihm auch eine Erklärung dafür an, daß er sich als Irrer verkleidet hat, nämlich damit man ihn nicht ausschimpft. Seine Symptomatik hat eine Schutzfunktion.

Dominique spricht mit den ersten Worten, die er an Dolto richtet, sein falsches Selbst, in das er sich spätestens seit der Geburt der Schwester exiliert hat, direkt an. Dolto schildert seine Körperhaltung bei Behandlungsbeginn folgendermaßen:

> „Dominique hat die Statur seines Alters; er ist hochgewachsen, aber nicht mager, braun; .. er hält sich nicht gerade, sondern etwas primatenhaft. Sein Lächeln ist stereotyp und seine Stimme 'süßlich', sehr hoch und bitonal, als hätte er keinen Stimmbruch gehabt. Er folgt der Mutter mit angewinkelten Ellenbogen und abgeknickten Händen, wie Hunde es mit den Vorderpfoten tun, wenn sie darauf dressiert sind, auf den Hinterbeinen zu laufen. Der Knabe ist völlig desorientiert in Zeit und Raum... Ein rätselhaftes Lächeln huscht bei halbgeschlossenen Augen über sein starres, ausdrucksloses Gesicht."(FD 13) An anderer Stelle sagt sie, daß er durch diese Haltung den Eindruck von jemandem erweckt, der ständig um Verzeihung bittet.

Wie kommt es, daß dieser Junge, der seinen Körper nicht bewohnen kann und in einer extremen Entfremdung lebt, gleich in der ersten Sitzung diese Entfremdung, sein Falsch-Sein, seine 'Verkleidung als Irrer' zum Thema macht? Daß er die Grundfrage nach der Wirklichkeit seiner Empfindungen stellt?

Maud Mannoni hat ein Buch zu der Bedeutung der Erstgespräche veröffentlicht. Zum Abschluß ihrer Untersuchungen stellt sie fest: „Das erste Rendezvous mit dem Analytiker ist vor allem eine Begegnung mit sich selbst, mit einem Selbst, das versucht der Verfälschung zu entkommen."[6] Mannoni erklärt diesen enthüllenden Charakter der ersten Begegnung mit der Ausbildung und dem Selbstverständnis des Psychoanalytikers:

> „Die Ausbildung des Gesprächspartners bewahrt ihn vor der Allmacht, die mit einem bestimmten Berufsbild verbunden sein könnte, seine Fähigkeit besteht in der einfachen Tatsache, daß er sich als Ort der Begegnung akzeptiert: Durch ihn hindurch und jenseits seiner selbst kann eine Wahrheit vom Anderen erfaßt werden. Er ist weder Direktor des Bewußtseins, noch Leiter, noch Erzieher. Es geht ihm nicht darum, ein Rezept zu verschreiben oder einen Erfolg zu wünschen. Seine Rolle ist es zu erlauben, daß das Sprechen sei."[7]

Der Verzicht auf Allmachtsphantasien, das Absehen von den Symptomen, das Vertrauen in die Sprache, das Nicht-Eingehen auf normative Ansprüche würde also die Haltung des Analytikers charakterisieren, die ein solches Sprechen möglich macht. Wieder sind wir bei Doltos Worte an Dominique: Du sprichst, ich höre zu und gemeinsam können wir vielleicht verstehen. Mannoni hat sich in ihrer Aussage auf den großen Anderen bezogen: die Wahrheit, die vom großen Anderen erfaßt wird. Das ist die Wahrheit, die sich der Sprache verdankt. Der Analytiker hält sich nicht für den Adressaten einer Rede, sondern erlaubt durch seine Präsenz, daß das Subjekt zu seiner Wahrheit gelangt. Auch Doltos Äußerungen zu der Frage, wie es möglich ist, daß ein Subjekt im ersten Gespräch mit dem Analytiker die Frage seiner Wahrheit stellt, nennen die gleichen Bedingungen:

> „Diese Leute (die Eltern und ihre Kinder, die von einem Lehrer, einem Arzt, einem Erzieher zu einem Psychoanalytiker geschickt werden), fangen in der Gegenwart des Analytikers zu sprechen an, wie sie es mit jedem tun würden und doch ist es nur die Art des Analytikers zuzuhören, ein Hören im wahrsten Sinne des Wortes, die veranlaßt, daß ihr Sprechen sich verändert, in ihren eigenen Ohren einen neuen Sinn erhält. Der Psychoanalytiker gibt weder Recht, noch Unrecht, er hört zu ohne zu urteilen. Die Worte, die die Ratsuchenden verwenden, sind ihre gewöhnlichen, normalen Worte, aber die Art wie ihnen

zugehört wird, veranlaßt, daß sie den Sinn des Rufs nach einer Wahrheit erhalten."(ddv 237/238)

Dolto weist wie Mannoni auf die Ausbildung des Analytikers hin, die eigene Analyse, die ihn in die Lage versetzt, authentischer zu sein, anders zu hören, und nicht auf den Anspruch der Ratsuchenden einzugehen.

„Für den Psychoanalytiker sind nicht die Symptome, werden sie nun positiv oder negativ formuliert das Entscheidende.. Der Analytiker erlaubt, daß die Angst oder das Hilfegesuch der Eltern oder der Jugendlichen durch die persönliche und besondere Frage nach dem tiefsten Wunsch des Subjekts, das zu ihm spricht, ersetzt wird. Diese enthüllende Wirkung erreicht er durch sein aufmerksames Zuhören und seine direkte Nicht-Antwort auf das Verlangen, das ihm entgegengebracht wird, so zu handeln, daß das Symptom oder die Angst verschwindet. Der Psychoanalytiker ruft, indem er die Wahrheit des Subjekts hervorruft, zugleich das von dem Individuum vor den anderen verborgene Subjekt und seine Wahrheit hervor."[8]

Die Haltung des Analytikers, seine Art zuzuhören und seine Fähigkeit, sich den formulierten Ansprüchen zu entziehen und nicht auf sie zu antworten, bedingen diesen anderen Charakter des Erstgesprächs, in welchem Dominique seine Frage formulieren konnte: Die nach der Wirklichkeit seiner Empfindungen.

Der erste Teil der zweiten Sitzung besteht aus einem Gespräch mit dem Vater. Seine Ergänzungen zu den Aussagen der Mutter, beziehungsweise seine bezeichnende Fehlleistung bei der Angabe des Altersunterschiedes sind weiter oben schon aufgeführt worden. Wichtig ist vielleicht noch seine Antwort auf Doltos Frage, wie er Dominique empfinde: „'Das ist schwer zu sagen, er ist von einem anderen Stern. Er ist nicht jemand wie wir.' Etwas anderes vermag er nicht zu sagen."(FD 39) Einerseits zeigt diese Aussage, daß der Vater die tiefe Entfremdung Dominiques klarer wahrnimmt als die Mutter, andererseits drückt diese Aussage aber auch die Nicht-Existenz Dominiques für seinen Vater aus, mehr kann er zu ihm, bezogen auf die Gegenwart, nicht sagen. Wichtig bei den Aussagen des Vaters ist noch, daß er den Beginn der Schwierigkeiten Dominiques früher ansiedelt als die Mutter: „Über Dominique sagt er, daß er schon als kleines Kind, noch vor der Geburt seiner Schwester, schwierig und eigenwillig war; er schlug mit dem Kopf gegen seine Wiege, damit die Mutter kommt und bekam blaue Flecken davon, 'die uns so erbarmten, daß wir nachgaben.'"(FD 38)

Herr Bel ist nach dem Gespräch mit der psychoanalytischen Behandlung seines Sohnes einverstanden. Dolto bittet ihn, das gleich seinem Sohn mitzuteilen. Er tut das, nimmt seinen Koffer und muß gleich weiter nach Deutschland reisen, während Dolto dann Dominique empfängt.

Für Dolto ist es unerläßlich, daß der Vater eines Kindes, auch wenn die Eltern getrennt leben, die Zustimmung zu einer Behandlung gibt. In dem schon zitierten Artikel zu den Rahmenbedingungen und dem Verlauf einer Psychotherapie finden sich zwei Briefmodelle, die sie je nach den Umständen an die Väter schickt. Einer davon soll hier zitiert werden:

„'Ihre Frau sagt, daß Sie volles Vertrauen zu ihr haben (was die Entscheidung bezüglich einer Psychotherapie angeht), aber es handelt sich hier nicht um Vertrauen, es geht darum, daß eine Mutter um nichts auf der Welt einen Vater ersetzen kann und daß ich mich erst um Ihre Tochter kümmern werde, wenn Sie mit mir gesprochen haben, um mir Ihre Sicht der Dinge darzulegen und wir zusammen nach der besten Lösung gesucht haben', und wenn es um den Sohn geht: '..ich die Behandlung erst beginne, wenn Sie wirklich der Ansicht sind, daß er eine Psychotherapie machen sollte und wir zusammen darüber gesprochen haben, ob nicht ein männlicher Therapeut vorzuziehen sei. Für einen Sohn ist es unabdingbar, daß sein Vater den Psychotherapeuten kennt und die Entscheidung über eine Psychotherapie fällt, sonst besteht die Gefahr, daß Ihr Sohn denkt, einen Weg einschlagen zu müssen, auf dem nur Frauen über sein Schicksal zu entscheiden haben.'"(edm 88/89)

Wie wichtig es Dolto war, unter allen Umständen wenigstens ein Gespräch mit dem Vater des Kindes zu führen, mag die folgende Geschichte zeigen, die sie anläßlich eines Vortrages beim CFRP[9] erzählt hat. Sie wollte den Sohn eines Managers in Behandlung nehmen, dem es unmöglich war, innerhalb der nächsten drei Monate einen Termin zu finden. Dolto, die am Telefon mit ihm sprach, fragte ihn daraufhin, ob er sich die Zeit nehmen würde, um zu der Beerdigung seines Sohnes zu gehen. Vollkommen verdutzt und schockiert fragte der Vater sie, wie sie zu dieser Frage käme. „Es geht für Ihren Sohn um Leben und Tod", war ihre Antwort. Daraufhin kam der Vater zu einem zweistündigen Gespräch zu ihr, schrieb ihr einen langen Dankesbrief, bezahlte aber keinen Pfennig für das Gespräch, wie sie lachend hinzufügte.

Dolto meint, daß es auch wichtig ist herauszufinden, ob es andere Personen gibt, die im Leben des betroffenen Kindes eine große Rolle spielen und deren Haltung zu einer möglichen Therapie für das Kind von Bedeutung ist. Den Eltern sollten folgende Fragen gestellt werden:

„'Gibt es noch andere Personen, die von dieser Behandlung wissen? Was halten diese von Ihrer Entscheidung, ihr Kind behandeln zu lassen?' Wenn es um die Großmutter oder den Großvater, einen Onkel oder eine Tante geht, um Menschen, die im emotionalen Erleben des Kindes von Wichtigkeit sind und es

> auch weiter bleiben werden, unter Umständen auch eine Hausangestellte oder ein guter alleinstehender Freund oder Freundin der Familie, muß man es wissen und dem Rechnung tragen. Das ist sehr wichtig, weil die Integration einer anderen Person in die Familie immer ein Zeichen davon ist, daß sie dort eine Symbiose eingegangen ist... Man sollte diesem Menschen, wenn er der Psychotherapie gegenüber negativ eingestellt ist, eine kleine verständnisvolle Bemerkung übermitteln lassen oder sogar vorschlagen, daß sie das Kind einmal zu seiner Sitzung begleiten sollte, damit sie dem Therapeuten ihre eigenen Beobachtungen mitteilen kann."(edm 83)

Alle familiären oder extra-familiären Widerstände gegen eine Therapie des Kindes sollen also zu Beginn der Behandlung eruiert werden, um sie im besten Falle zu beseitigen oder zumindest zu neutralisieren. Alain Vanier hat mir erzählt, daß Dolto ihm gesagt habe, der Analytiker solle nicht neutral auf die Eltern wirken, sondern sie ruhig im Interesse der Kur ihres Kindes verführen, sie also zu Bündnispartnern machen. Der Verlauf von Dominiques Kur wird zeigen, wie schwierig das ist. Der Widerstand der Eltern richtet sich nicht nur gegen die Behandlung selbst, sie mögen also zu Beginn durchaus bewußt Bündnispartner sein. Aber ihr unbewußter Widerstand gegen die Veränderung ihres Kindes, weil diese ihre eigene libidinöse Ökonomie in Frage stellt, kann sehr viel schwerwiegender sein.

Last not least gibt es für Dolto nur eine Behandlungsindikation, wenn das Kind selbst die Therapie wünscht. Oben wurde ausgeführt, wie sich dieser Wunsch an einer gemeinsamen Fragestellung von Kind und Therapeut herstellen kann, z. B. für autistische und psychotische Kinder, die nicht in der Lage sind, eine eigene Meinung zu dieser Frage zu haben, geschweige denn sie zu artikulieren. Für weniger gestörte Kinder sollte die Frage nach ihrem eigenen Behandlungswunsch unbedingt direkt gestellt werden. Wenn beide Eltern mit der Behandlung einverstanden sind,

> „handelt es sich darum, mit dem Kind, mit dem ich darüber alleine spreche, die Dinge noch einmal direkt anzusprechen. Weiß es, wer ich bin? Warum ist es hierhergekommen? Wenn es auf diese Frage mit 'Nein' antwortet, schicke ich es zu seinen Eltern, damit sie es ihm erklären. Es kommt wieder und wiederholt, was sie ihm gesagt haben. 'So, das ist der Grund, warum Deine Eltern sich Sorgen machen und möchten, daß Dir geholfen wird, aber Du, wie denkst Du darüber? Brauchst Du Hilfe? Oder bist Du so zufrieden? Deine Eltern sind doch deinetwegen und nicht ihretwegen gekommen, aber vielleicht findest Du ja, daß Du gar keine Therapie brauchst?' So entsteht ein klarer Dialog, in dessen Verlauf das Kind sagen kann, was seiner Ansicht nach nicht geht und in dem es sich anvertrauen kann. Dann, noch bevor es eine Entscheidung gefällt

hat, die es auf keinen Fall auf die leichte Schulter nehmen sollte, biete ich ihm an, die Ergebnisse der Tests kennenzulernen, die es unter Umständen gemacht hat, als auch das Wesentliche dessen, was mir die Eltern über es mitgeteilt haben."(edm 89/90)

Das Mitteilen von Testergebnissen und eventuell bereits vorhandenen Diagnosen bezieht sich auf den Beginn einer Therapie in den CMPs, also therapeutischen Beratungsstellen, in denen das Kind sich oft einem psychodiagnostischen Verfahren aussetzen muß, ehe es seinen Therapeuten zum ersten Mal sieht. In ihrem öffentlichen Kontrollseminar hat Dolto einmal ein Beispiel dafür erzählt, was sie darunter versteht, daß der Therapeut dem Kind die Testergebnisse mitteilt: 'In deiner Akte steht für dich die Diagnose Schizophrenie. Derjenige, der das geschrieben hat, hatte von Dir den Eindruck, daß Du gespalten bist, daß Deine Herzseite nicht mit Deinem Geist/esprit übereinstimmt. Empfindest Du das auch so?"[10] Hier geht es einerseits darum, das Kind nicht auszuschließen und ihm auch die Ergebnisse eines diagnostischen Verfahrens in einer ihm verständlichen Sprache wieder zugänglich zu machen. Andererseits handelt es sich darum, mit dem Kind einen Dialog zu eröffnen, in dem es selbst über seine Schwierigkeiten sprechen kann, beziehungsweise über seine Wünsche in bezug auf die Behandlung. Mit diesem Vorgehen gibt Dolto diesen Kindern, die oft Objekte von diversen Zuschreibungen gewesen sind, über die gesprochen wird, ohne das mit ihnen gesprochen wird, von Anfang an ihren Subjektstatus wieder. Sie beteiligt sie an einem Diskurs, von dem sie ausgeschlossen waren. In der gleichen Sitzung ihres Seminars hat Dolto Vorschläge formuliert, wie der Therapeut auf den Anspruch des Kindes, seine Symptome oder das Leiden in einer bestimmten Situation sofort zu beseitigen, eingehen kann. Wenn ein Kind sich zum Beispiel als Opfer darstellt, der immer von den anderen in der Schule geärgert wird, und der darum eine Therapie machen möchte, kann der Analytiker sagen: „Ich kann an den anderen überhaupt nichts ändern, sie sind nun einmal wie sie sind. Was wir aber versuchen können, ist, Deine Haltung zu ändern."[11] Wenn ein Kind über sein Dicksein klagt und dieses Symptom sofort zum Verschwinden bringen möchte, kann der Analytiker sagen: „Die Tatsache, daß Du dick bist, die brauchst Du im Moment. Das müssen wir akzeptieren, bis wir die Wichtigkeit verstehen, die das für Dich hat."[12]

Wie mir sowohl Marie-Antoinette Descargues für das Centre Etienne Marcel als auch Annie Grosser und Juan-David Nasio für die Konsultation für Sozialwaisen mitteilten, hat Dolto der Lektüre der Akten einen großen Wert beigemessen. Marie-Antoinette Descargues erzählt, daß ihre Bemerkungen bei der Lektüre der Krankengeschichte noch vor dem ersten Gespräch mit den Eltern und dem Kind manchmal prophetischen Charakter hatten. So erinnerte sie sich an den Fall eines kleinen asthmatischen Mädchens. Dolto kommentierte ihre Lektüre vor den anwesenden Mitarbeitern und sagte: 'Da ist etwas mit Fischen. Diese Mädchen hat eine Problematik mit Fischen.' Und in der Tat brachte das Mädchen eine Zeichnung mit einem Fisch, die sie im Wartezimmer angefertigt hatte, zu ihrer ersten Sitzung mit. Die Erklärung könnte ganz banal sein, daß den Akten eine Zeichnung mit einem Fisch beigelegt war, die die Teilnehmer der Konsultation aber nicht gesehen hatten. Vielleicht gab es in der Krankengeschichte Elemente zu einer schwierigen Geburt, daß der Übergang vom Leben im Fruchtwasser zur Atmung von Beginn an mit respiratorischen Schwierigkeiten verbunden war. Vielleicht hatte sie auch die Erfahrung gemacht, daß asthmatische Kinder sich in ihren Zeichnungen häufig mit Kiemen darstellen. Hier kann nur spekuliert werden. Frau Descargues teilte in dem Interview mit, daß sie den Akten einen großen Stellenwert beimaß. Sie las sie aufmerksam und konzentriert vor der ersten Begegnung, um sich ein erstes Bild von den Problemen und der Geschichte des Kindes, das sie gleich empfangen würde, zu verschaffen. Offensichtlich befürchtete sie keine Fremdbeeinflussung oder eine Verzerrung ihrer eigenen Wahrnehmung, sondern sah die dort gelieferten Informationen und Beobachtungen als signifikantes Material für die Behandlung an, die genau wie die Mitteilungen der Eltern zu gegebener Zeit einen Stellenwert in der Kur bekommen würden. Juan David Nasio berichtet, wie Dolto die Akten während der Behandlung von Heimkindern verwendete.

> „Eine Modalität der Technik von Dolto bestand darin, daß sie die Geschichte des Kindes von der begleitenden Kinderfrau erzählen ließ - im Beisein des Kindes. Das heißt, wenn die Kinderpflegerin kam, gab sie Dolto ein Blatt, auf dem die Geschichte des Kindes festgehalten war. Dolto las das Papier, während das Kind ihr gegenüber saß und spielte. Die Kinderpflegerin saß dabei und Dolto stellte ihr, während sie las, Fragen, die sie beantwortete. Oder Dolto blickte von ihrem Papier auf, sah das Kind an und sagte zu ihm: 'Siehst Du, Deine Mutter, von der Du geboren bist, Deiner Mutter geht es nicht gut. Sie kann sich nicht um Dich kümmern. Sie trinkt. Siehst Du, darum kann sie sich nicht um Dich kümmern. Weißt Du, Deine Mutter hat großen Kummer. Sie muß sehr leiden, Deine Mama.' So sprach sie mit dem Kind. Sie brachte die Geschichte des Kindes auf diese Art ein."(AK 14, S.12)

Die in den Akten enthaltenen Informationen und die anamnestischen Mitteilungen der Eltern sind wichtig für die Behandlung. Das Studium der Akten ist sozusagen Teil des Erstgesprächs und wird von Dolto unter Umständen auch schon im ersten Gespräch mit dem Kind benutzt.

Mit ihrer Forderung, daß keine Behandlung ohne die explizite Zustimmung des Kindes selbst erfolgen soll, gesteht sie diesem das Recht zur Entscheidung zu, d.h. das Recht etwas anderes zu denken oder zu empfinden, als seine Eltern, Lehrer etc. Nicht das Leiden anderer an diesem Kind kann ein Behandlungsgrund sein, sondern nur sein eigenes Leiden bzw. sein Wunsch, etwas in seinem Leben zu verändern. Dies ist eine Haltung, die in der Analyse Erwachsener selbstverständlich ist. Niemand kann an der Stelle eines anderen eine solche Entscheidung fällen. Dolto gibt dem Kind das gleiche Recht. In 'Zwiesprache von Mutter und Kind' hat sie ein Gespräch wiedergegeben, das diese Position des Analytikers gut vermittelt. Es geht darum, schon im ersten Gespräch klarzustellen, daß nur das Leiden des Kindes Gegenstand der Behandlung ist. Sie führt durch diese Position eine Differenzierung zwischen den Wünschen der Eltern und denen des Kindes ein, es hat das Recht etwas anderes zu wünschen als seine Eltern.

> „Ich erinnere mich an einen kleinen Jungen, der in sein Bett urinierte. Die Mutter klagte: 'Es stinkt im ganzen Haus.' - 'Und Ihr Sohn, stört ihn das?' - 'Nein.' Ich wende mich dem Jungen zu: 'Es stört Deine Mutter?' - 'Ja.' - 'Gibt es etwas im Leben, was Dich stört?' Daraufhin sagt er mir: 'Ja, meine kleine Schwester, ich wünschte, sie wäre nicht geboren worden.' - Aber vielleicht könntest Du, wenn Du selbst bist, ein bißchen das Interesse an Deiner Schwester verlieren und allmählich weniger unglücklich über ihre Existenz sein. Wenn Du willst, werden wir versuchen, gemeinsam daran zu arbeiten.'... Man kann nur von dem ausgehen, an dem das Kind leidet, aber keinesfalls von dem, an dem die Mutter leidet."(cde 359;ZMK 144)

Mir ist ein Fall bekannt, bei dem die Mutter eines 15-jährigen Sohnes Dolto anrief, weil dieser die für seine Therapie bestimmte Zeit dazu benutzte, Orgelpartituren zu kaufen und diese auch mit dem ihm für die Therapie bestimmten Geld bezahlte. Die Mutter war sehr in Sorge und rief Dolto an, um einen Rat zu bekommen, wie sie ihren Sohn dazu bewegen könne, endlich seine Therapie zu machen. Doltos Rat an die Mutter lautete: „Lassen Sie ihn Orgel spielen." Er ist übrigens Organist geworden und hat Musikwissenschaften studiert.

Mit ihrer Frage an das zu behandelnde Kind, was es selbst von den Schwierigkeiten denkt, die die andern mit ihm haben, gibt sie ihm von Anfang an das Recht auf eigene Worte, auf eine andere Position in dem über ihn gesprochenen und geschriebenen Diskurs. Was nicht heißt, daß sie nicht auch eine eigene Meinung zu der Frage hat, ob ein Kind therapiebedürftig ist. In ihren technischen Ratschlägen, in denen sie ihre eigene Vorgehensweise beschreibt, vermittelt sie verschiedene Vorschläge, mit der Unentschlossenheit oder der Weigerung eines Kindes umzugehen. Kann ein Kind sich nicht entscheiden, schlägt sie drei Probesitzungen vor.

„Es gibt Fälle, bei denen das Kind, wenn es selbst die Verantwortung übernehmen soll, keinen Entschluß fassen kann, es weiß nicht ob es der Behandlung zustimmen oder sie ablehnen soll; aber es möchte gerne wiederkommen, weil es, nachdem es dachte, in eine Falle geraten zu sein von der Offenheit des Gesprächs überrascht ist, und die Möglichkeit, glücklicher sein zu können, interessiert es durchaus. Es gibt auch Fälle, in denen ein Kind sagt: 'Ich muß ihnen schließlich gehorchen.' In solchen Fällen schlage ich drei Probesitzungen vor, nach denen wir eine Entscheidung fällen werden."(edm 90)

Wenn das Kind dem Projekt einer Therapie offen ablehnend gegenübersteht, nimmt Dolto die Entscheidung auf sich, im Moment keine Therapie zu beginnen und schlägt statt dessen den Eltern vor, zu weiteren Gesprächen zu kommen und das Kind mitzubringen, falls es seine Einstellung bis zum nächsten Termin geändert haben sollte, was, wie sie sagt, oft der Fall ist. Sie sagt aber noch einmal explizit vor den Eltern, daß das Kind nicht gegen seinen persönlichen Wunsch behandelt wird. Der Vorschlag, statt mit dem sich weigernden Kind mit den Eltern Gespräche zu führen, zu denen das Kind dann schließlich doch selbst kommt, kann als therapeutische List Doltos gewertet werde, es auf Umwegen doch zu der von den Eltern und ihr gewünschten Zustimmung zu einer Therapie zu bringen, es kann aber auch die Vermutung implizieren, daß das Kind mit seiner Weigerung auch den Widerstand seiner Eltern zum Ausdruck bringt, über den zu sprechen sie ihnen durch weitere Gesprächsangebote nahelegt.

Wenn das Kind zwar eine Therapie wünscht, nicht aber seine Eltern, die die Beratungsstelle nur aufgesucht haben, weil es ihnen von der Schule nahegelegt worden ist, sie sich aber nach den Vorgesprächen gegen eine Therapie aussprechen, auch dann gibt Dolto dem Kind die Verantwortung für den weiteren Verlauf. „Deine Eltern wollen nicht, daß Du weiterhin kommst, um über Deine Probleme zu sprechen. Das müssen wir akzeptieren. Wenn Du aber nach wie vor eine Therapie wünscht, ist es Deine Aufgabe, sie von der Notwendigkeit zu überzeugen. Dann mußt Du erst einmal mit ihnen arbeiten."[13] Egal in welcher Version, das Kind soll mit seiner Entscheidung die Verantwortung für sich übernehmen.

„Wenn ich mich so ausführlich zu der ersten Sitzung geäußert habe, dann, weil sie meines Erachtens der Grundstein für die Behandlung ist. Ich habe Kinder gesehen, die zwei Jahre lang eine Therapie gemacht hatten, und denen es dann besser ging. Die Therapie wurde beendet. Dann wurden sie zu mir geschickt wegen der gleichen Symptome, die einige Monate nach Beendigung wieder auftauchten, weil das Kind nicht selbst die Verantwortung (prise en charge morale) für seine eigene Behandlung übernommen hatte. Es war nicht klar gesagt worden, daß der Therapeut einen bezahlten Beruf ausübt, und daß es, das Kind sein Wort zu sagen hat zu Beginn, wie zu jedem anderen Zeitpunkt über den Sinn der unternommenen Arbeit und daß es auch am Ende seine Meinung ausdrücken müsse und feststellen, daß die Arbeit beendet sei."(edm 93)

Verantwortung ist sicher ein Schlüsselbegriff der Doltoschen Ethik. Es geht nicht darum, Symptome zu beseitigen. Das ist unbestritten auch ein Anliegen des Therapeuten, aber es ist eine Wirkung der Kur, unter der Bedingung, daß es nicht ihre Absicht ist. Es geht vielmehr darum, das Kind aus seinem Objektstatus zu befreien und ihm zu ermöglichen seine Geschichte als Subjekt zu leben. Dominiques Weg dahin ist voller Verwirrungen. Im Moment ist er weit davon entfernt, für irgend etwas eine persönliche Verantwortung zu übernehmen. Dolto hat aber aus dem ersten Gespräch mit ihm seine Bereitschaft herausgehört, sich auf eine Therapie einzulassen. Sie selbst übernimmt ganz massiv die Verantwortung für diese Behandlung, indem sie der Mutter mitteilt, daß nur noch eine Psychoanalyse die manifest gewordene Psychose aufhalten könne, daß er andernfalls nicht weiter die Schule besuchen könne, sondern in einer geschützten Werkstatt arbeiten müsse.

Die symbolische Bezahlung

Um dem Kind, dessen Behandlung entweder von den Eltern oder via Beratungsstelle von der Krankenversicherung bezahlt wird, die Möglichkeit zu geben, immer wieder selbst seine Zustimmung bzw. Ablehnung der Behandlung oder einzelner Sitzungen auszudrücken, aber auch um die Bedeutung des Arbeitsvertrages herauszustellen, hat Dolto Ende der siebziger Jahre, also nach den hier zitierten Fallgeschichten die 'symbolische Bezahlung ' eingeführt. Nach den Probesitzungen, wenn das Kind die Zustimmung zur Behandlung gegeben hat, wird festgelegt, wie das Kind seine Sitzungen jedes Mal bezahlen wird: mit einem geringen Teil seines Taschengeldes, mit entwerteten Metrokarten, (die in Paris überall herumliegen), mit Kieselsteinen (die in Paris schwerer zu finden sind, das gilt eher für Banlieue-Kinder), mit von ihm selbst gefertigten Briefmarken oder mit entwerteten Briefmarken von der Post seiner Eltern etc. Diese Art der Bezahlung hat sie sogar von neun Monate alten Kindern verlangt. Die Eltern müssen versprechen, daß sie das Kind nicht danach fragen werden oder es beim Aufbruch zur Sitzung daran erinnern werden. Das Mitbringen der Bezahlung liegt allein in der Verantwortung der Kinder und sie haben das Recht auszudrücken, daß sie eine Sitzung nicht wünschen. Kommen sie dann zum zweiten Mal ohne ihre Bezahlung, ein Mal wird von Dolto akzeptiert mit der Aufforderung, die nicht bezahlte Sitzung beim nächsten Mal zu bezahlen, geht Dolto kurz darauf ein, indem sie sie zu ihrem Schritt beglückwünscht, der ein Schritt in eine größere Autonomie bedeuten kann und schlägt ihnen vor, in der nächsten korrekt bezahlten Sitzung über die Bedeutung dieses Nichtmitbringens zu sprechen.

> „.. wird oft eine wirkliche psychoanalytische Arbeit mit einem Kind notwendig, aber nur wenn es wirklich aus eigenem Wollen zu der Sitzung kommt. Die symbolische Bezahlung hat zum Ziel, diesen Wunsch nach der Sitzung zu manifestieren. Erst an dem Tag, wo es die Bezahlung nicht mitbringt, erhält der Vertrag seine volle Bedeutung der Freiheit des Subjekts gegenüber der psychoanalytischen Arbeit. Es wird dafür beglückwünscht, seine Freiheit zu nutzen und seine Angelegenheiten also selbst in die Hand zu nehmen.“(ddv 273)

Bei Jugendlichen aus wohlhabenden Familien ist sie so weit gegangen zu verlangen, daß die Behandlungskosten auf das Erbe angerechnet werden. D.h. daß eine notarielle Bescheinigung ausgestellt wird, daß dieser Jugendliche einen Teil seines Erbes vorab erhalten hat, welches bei der Pflichtaufteilung unter den Geschwistern berücksichtigt wird und welches zumindest nach Doltos Wünschen auch bei Antritt des Erbes versteuert wird. Ob der Gesetzgeber diesen Konstruktionen folgt, weiß ich nicht. Aber mir sind Fälle von Jugendlichen bekannt, bei denen solche Schreiben notariell aufgesetzt wurden.

Welche Funktion mißt sie diesen Maßnahmen zu? Dolto will damit wieder deutlich machen, daß das Kind für die Kur verantwortlich ist, daß es selbst für sich zahlen muß. Sie versucht, es aus einem Versorgungssystem herauszulösen, das für sie einer Entmündigung gleichkommt. Es würde zu weit gehen, hier auch die von französischen Soziologen, z.B. Baudrillard, formulierte Kritik an einer Versorgungsgesellschaft darzulegen, die jedes persönliche Risiko zu verbannen sucht. Bei den Bürgern spiegelt sich diese Versorgung als Anspruchshaltung, als gäbe es ein verbrieftes Recht auf Gesundheit und körperliche Unversehrtheit. Dolto gibt den Kindern durch dieses Verfahren ein Recht auf ihre Krankheit zurück. Es gibt keine Verpflichtung zur Gesundheit. Sie dürfen die Behandlung verweigern.

Die Psychose

Der Verlauf von Dominiques Behandlung wird nur auf dem Hintergrund von Doltos Psychosentheorie verständlich. Diese soll im folgenden ausgehend von Dominique dargelegt werden. Im Anschluß an die vierte Behandlungssitzung interpretiert Dolto den Eindruck, den sie von ihm hat. Es geht dabei um seinen mimischen und gestischen Ausdrucksmodus, dem archaische Zerstückelungsängste zugrunde liegen. Der nachfolgende Passus gibt in aller Deutlichkeit Doltos Auffassung von der infantilen Psychose wieder. Sie übersetzt seine Körperhaltung, seine Art sich mimisch und gestisch auszudrücken in eine Beziehungssprache. Welche Art von Objektwahrnehmung liegt Dominiques gestischem und mimischem Ausdruck zugrunde? Was sagen seine Augen und seine Stimme auch über seine eigene Ansiedlung in Raum und Zeit?

> „Wenn wir nun das klinische Bild zusammenfassen, das dieser Knabe aufweist, sehen wir eine Verkennung des Raums, eine Verkennung der Zeit und ihrer Wechselbeziehung.. Angesichts dieser Verkennungen begreifen wir besser den Sinn der Abwehrhaltungen gegen Gefahren des Angriffs; die Angst, zu sehen und gesehen zu werden: eben dies verleiht Dominique jenen fliehenden Blick, der sich auf niemanden richtet, der hinter gesenkten Augenlidern zur Seite abrutscht; und die Angst gehört zu werden und zu hören, was durch plötzliches Absinken der Stimme zum Ausdruck kommt, so als ob Dominique ein Geheimnis verriete oder von sehr weit her spräche und wieder näherkäme. All dies ist die Angst eingefangen, gebissen und angegriffen zu werden... Latent scheint er in Panik zu sein durch die Furcht ergriffen, gebissen, fortgebracht, getrennt zu werden. All dies führt zu Verhaltensweisen der Vermeidung, der Vermeidung von Begegnungen und verursacht bei den anderen Menschen wie bei den Tieren (ist es spiegelbildlich?) eine Haltung der Scheu und Nicht-Begegnung gegenüber seiner Person. Er läuft nie, fürchtet sich vor laufenden Kindern und vor Hunden. Alles Belebte, das sich ihm nähert oder dem er selbst sich nähern könnte, wird als eine räuberische, zerstückelnde Belebung empfunden: Dominique bezeichnet das Unerträgliche dieser Situation, an der eine ständige Folter schuld ist, durch die chronische Mimik, die seine versteinerten, reservierten Gesichtszüge mit dem Lächeln, das freundlich tut, zum Ausdruck bringt. Er vermeidet es, irgendeine Initiative zu zeigen, durch ein naives, entwaffnendes Verhalten von Apragmatismus; ..da unveränderlich.., erscheint es (dieses Verhalten) nicht mehr als mimischer Ausdruck, sondern als Maske geistiger Debilität; Dominique legt einen Habitus und eine Miene totaler Ohnmacht an den Tag. Eine Miene, die ebenso wie seine Haltung und seine Worte von einer magischen Versöhnungssprache herrührt."(FD 72/73)

An anderer Stelle präzisiert Dolto, was sie unter 'magischer Versöhnungssprache' versteht, welche Bedeutung die Artikulation von Lauten, also das Sprechen für Dominique bekommen hat.

> „Er lebt wie ein Schlafwandler. Er leugnet die distalen, taktilen, okulären Bezüge, die sein Körper ihm durch Wahrnehmungen liefert, die aber nicht als gül-

> tig anerkannt werden. Er leugnet, daß ihn die mit dem vegetativen Funktionieren seines Beckens einhergehenden Empfindungen, das Hungerbedürfnis oder der Selbsterhaltungsbetrieb etwas angehen."(FD 145)

So kommentiert Dolto Dominiques völlige Gleichgültigkeit in bezug auf Nahrung, Kleidung und Körperausscheidungen. Er ißt mechanisch, was ihm vorgesetzt wird, er würde im tiefen Winter in einem leichten Hemd auf die Straße gehen, wenn nicht die Erwachsenen ihm sagen, was er anzuziehen hat. Dieses Ignorieren seiner Körperempfindungen,

> „diese Ausgeschlossenheit führt zur Verleugnung der Beobachtungsgabe und zum Verlust des Gefühls für die zwischen Signifikat und Signifikant bestehenden Beziehungen. Zwar scheint er die Sprache nicht verloren zu haben, aber in Wahrheit hat er nur noch eine Fähigkeit zur Wortbildung masturbatorischen Stils, er kauderwelscht und deliriert, ohne mit anderen zu kommunizieren, ohne Fragen zu stellen, eine Sprache, die allerhöchstens dazu dient, in den Ohren der anderen magische Wirkungen zu erzielen. Immer stärker ignoriert er Richtung, Raum und Zeit. Da er nicht in seinem Körper wohnt, trägt er von ihm ein abstraktes Phantasiebild in sich, das dem Menschen, wie dem Tier gleichermaßen fremd ist."(FD 145)

Diese Aussage bezieht sich auf die zwei von Dominique jahrelang stereotyp reproduzierten Werke: ein gezeichnetes Auto, welches die Mutter zur ersten Sitzung mitgebracht hatte und die riesige, fragile Knetfigur mit den großen Ohren und der langen Nase, die auch auf dem Titelblatt des Buches abgebildet ist.

Festzuhalten ist die Aussage, daß Dominique nicht in seinem Körper wohnt. Er leugnet alle aus seinem Körper kommenden Regungen und Empfindungen und alle Wahrnehmungen seiner Sinnesorgane, die sich auf die Außenwelt beziehen. Er siedelt sich in einem phantasierten Körper an, der außerhalb von Raum und Zeit in einer imaginären Welt lebt. Dieses phantasmatische Exil hat eine Schutzfunktion. Die von der Mutter angegebenen Angstobjekte machen nur einen Teil dessen aus, was seine phobischen Ängste auslöst. Dolto findet die Gemeinsamkeiten dieser Objekte heraus und gibt im Schlußsatz des folgenden Zitats die zentrale Bedrohung an, in der sich Dominique befindet:

> „Dieses Kind weist noch Phobien auf, von denen einige ausgeprägt genug sind, daß alle Welt davon sprechen kann. Niemand spricht jedoch von seinen Verkennungen und der phobischen Struktur, die ihnen zugrundeliegt. Man sagt zwar, daß er sich verirrt, daß er so zerstreut ist, daß er nicht weiß, wie er angezogen ist, u.s.w. aber man sagt nicht, daß er latent von allem verfolgt wird, was

in der Zeit und im Raum existiert, sowie von allem, was sich in irgendeiner Weise bewegt. Bemerkt wurde seine Phobie vor allem, was sich dreht, vor Karussells, vor Fahrrädern.. Er ist voller Angst, wenn man Gegenstände von ihrem gewohnten Platz nimmt. Er hat die Phobie vor dem Waschen, vor dem Spülen. Alles, was sich bewegt, und alles, was modifizierbar ist, ist beunruhigend, befremdlich. Jedes dynamische Bild scheint ein Signal für Dominiques Existenz zu sein, insofern er noch lebt, also noch annuliert, getötet werden kann."(FD 74)

An dieser Stelle weist sie auch auf die signifikante Bedeutung des Namens seiner Schwester hin, in dem sie die Homophonie von 'Sylvie' und 's'il vit' - 'wenn er lebt' herausstellt.

So erklärt sich seine starre Maske, seine Passivität, sein 'Apragmatismus', seine Abwesenheit von Revolte, seine psychische Abwesenheit. „Dominique ist niemals räuberisch, macht nie eine gewalttätige Geste, schreit nicht, muckt nicht zielgerichtet auf, er hat keine Bitte und keinen Wunsch. In der Familie und in der Gesellschaft ist er 'abwesend'."(FD 74)

Dolto hat Dominiques Verhalten mit seinen phobischen Ängsten erklärt. Seine psychische Abwesenheit, die sich als geistige Zurückgebliebenheit ausgibt, ist ein Vermeidungsverhalten. Er ist ständig auf der Flucht. Jede Beziehung, die ihn in einem Hier verortet, ihn in der Zeit ansiedelt, würde ihn auch der Zerstörung preisgeben. Sein Fluchtverhalten ist nicht ein hypermotorisches, es äußert sich nicht in permanenter Bewegung, um einer als zerstörerisch erlebten Fixierung in Zeit und Raum zu entgehen, sondern er ist und bleibt, aber ohne anwesend zu sein. Sein Sprechen richtet sich an niemanden mehr, es sind eher beschwörende Formeln, um die Gefahr, die von jeder Begegnung ausgeht, zu annulieren. Worin besteht nun aber die Gefahr? Was manifestiert sich in Dominiques Phobien vor allem, was sich bewegt, vor Veränderungen?

Für Dolto ist die Psychose eine Phobie, die sie folgendermaßen definiert: „Die Phobie ist die Bedrohung der Auflösung (dissociation), die auf dem Basis-Körperbild lastet."(edm 18) Die Psychose ist der Ausdruck der Gefahr für die Verbindung einerseits von Körper und Subjekt und andererseits von Ich und Körper. Das Basiskörperbild, wie der mit ihm eng verbundene 'ursprüngliche Narzißmus' werden von Dolto folgendermaßen definiert:

„Das Basisbild ist das, was dem Kind erlaubt, sich in seiner 'Seins-Gleichheit' ('memeté d'etre') zu fühlen, d.h. in einer narzißtischen Kontinuität oder in einer räumlich-zeitlichen Kontinuität... Aus dieser... 'Seinsgleichheit' kommt der Grundbegriff der Existenz. Das Existenzgefühl eines Menschen, der seinen Körper an seinen Narzißmus bindet...kommt von dieser, ohne Zweifel illusori-

> schen Überzeugung von Beständigkeit... Ich muß anfügen, daß es (das Basisbild) von Grund auf 'bezogen ist, auf', 'begründend ist für' das, was ich den ursprünglichen Narzißmus nenne. Ich verstehe darunter den Narzißmus des Subjekts, als Subjekt des Begehrens zu leben... Dieser ursprüngliche Narzißmus bildet irgendwie eine erlebte Intuition des Auf-der-Welt-Seins für ein Individuum.. ."(UBK 45/46)

Existenz, Kontinuität des Seins in Raum und Zeit trotz räumlicher Veränderungen und des Verstreichens der Zeit, das Gefühl dauerhaft auf der Welt zu sein, zu existieren, die Gewißheit, daß ich es bin, die diese Veränderungen erlebt, ohne dadurch im Grundgefühl meiner Existenz erschüttert zu sein, all das zeichnet das Basis-Körperbild und den damit verbundenen primären Narzißmus aus.

> „Das Basisbild kann nicht erreicht, nicht verändert werden, ohne daß sogleich eine Repräsentation, ein Phantasma auftauchen, die sogar das Leben bedrohen... Wenn das Basisbild bedroht wird, erscheint ein phobischer Zustand, ein spezifisches Verteidigungsmittel gegen eine als verfolgend empfundene Gefahr, während die Repräsentation dieser phantasierten Verfolgung selbst an die für das Subjekt gegenwärtig vorherrschende erogene Zone gebunden ist."(UBK 46) An anderer Stelle führt sie diesen Gedankengang weiter aus. „Wenn der ursprüngliche Narzißmus schlecht mit dem Körper vertäut ist, das heißt, wenn das Basisbild, durch welches das Subjekt sich an sein Ich hängt, fragil ist, dann entsteht die Bedrohung, die dem phobischen Zustand eigen ist. Der phobische Zustand besteht darin, die ganze Zeit die Aufrechterhaltung des existentiellen Basisbildes zu überwachen. 'Das wird platzen' oder 'das wird verschwinden' sind die Formen, in denen sich die Bedrohung manifestiert."(edm 17) Die dritte Verbindung, deren Bedrohung sich in der Phobie manifestiert, ist die Verbindung zwischen dem Bild (I-ma-ge = ici-moi-je) und dem Körper.

Die erogene Zone, um die es in diesen archaischen Phantasien geht, ist der Mund. Die orale Kastration ist mißglückt. Diese zweite Trennung, durch die das Kind seinen Status als Partialobjekt der Mutter verliert und auch auf alle Phantasien verzichtet, die die Brusternährung begleitet haben. Diese Phantasien haben sowohl die Einverleibung des anderen zum Thema, als auch jede archaische Form vom Eindringen und von der Zerstörung des Körpers des anderen. „Jede Phobie entspricht partiell archaischen Bildern, welche Triebe des aktuellen Subjekts benützen, die es nicht als die seinen erkennt und die sich auf die ganze Umgebung projizieren. Diese phobisch sehr frühkindliche und abwehrende Symptomatik überfällt nach und nach die ganze Libido des Kindes."(FD 194) Ein Projektionsmechanismus ist dabei im Spiel, die Lust bei der Einverleibung, der Zerstückelung des anderen Körpers wird auf den anderen projiziert, die wegnehmenden und zerstörerischen Impulse werden auf die Außenwelt projiziert.

Dolto verwendet immer wieder den Begriff des Todestriebes, um die spezifisch psychotischen Abwehrmechanismen zu erhellen.

> „Die Todestriebe, bezogen auf die archaischen oralen Gemütsbewegungen verursachen eine Kontaktphobie und Angst vor Zerstückelung. Die Todestriebe bezogen auf die analen und urethralen archaischen Gemütsbewegungen verursachen Zwangsvorstellungen: ideative und verbale Vorstellungen schmachvoller Zurückweisung, oder motorische mit verifikatorischem Inhalt, skatologische, beschwörende oder blasphemische. Die Todestriebe, bezogen auf die genitalen Gemütsbewegungen, verursachen Ängste vor unheilbaren Krankheiten, sexueller Verstümmelung, Raub, Vergewaltigung, Mord."(FD 191)

Was sind nun aber diese Todestriebe? An dieser Stelle werden ihre Manifestationen je nach der vorherrschenden Libido- und Übertragungsdisposition beschrieben. Im allgemeinen manifestieren die Todestriebe sich im Schlaf. Sie bedeuten einen Zustand der Ruhe, das Vorherrschen des vegetativen Lebens verbunden mit dem Verschwinden jeglicher Wunschregung. „Das Atmungsbild ist das allertiefste Körperbild und eines der reinsten Ausdrücke der Todestriebe. Im Tiefschlaf herrschen die Todestriebe vor, wie ein In-Klammern-Setzen des Begehrens (la mise entre parenthËses du désir)."(edm 27) Diese beiden Definitionen des Todestriebes mögen widersprüchlich erscheinen, auf der einen Seite ein Zustand größter Angst, der Angst vor der Vernichtung des Subjekts, auf der anderen Seite der Schlaf, also der Zustand größter Ruhe. Beide Zustände sind Ausdruck der Vorherrschaft der Todestriebe. Ihr gemeinsamer Nenner ist die Abwesenheit des Begehrens. Im Tiefschlaf und in der Psychose gibt es kein Begehren. Im ersten Fall wird das Begehren in Klammern gesetzt, um eine biologische Regenerierung zu ermöglichen, im zweiten Fall beinhaltet das Begehren die Gefahr der Zerstörung.

Die Rückkehr zu den verschiedenen Aspekten des Körperbildes wird es erlauben, diesen Zustand von 'Wunschlosigkeit' genauer zu beschreiben. Oben wurde die Definition des Basiskörperbildes wiedergegeben. Das Basiskörperbild ist aber nur ein Teil des dynamischen Körperbildes, das dreiteilig ist. Das funktionelle Bild ist seine zweite Komponente. Im Gegensatz zum statischen Aspekt des Basisbildes ist es sthenisch, es erlaubt ein Funktionieren des Körpers zum Zwecke der Wunscherfüllung. „Dank des funktionellen Bildes können die Lebenstriebe, nachdem sie sich im Begehren subjektiviert haben, darauf abzielen, sich bemerkbar zu machen, um Lust zu gewinnen, sie können sich in der Beziehung zur Welt und zum anderen objektivieren."(UBK 50) Das erogene Bild bezieht sich auf den Ort, an dem die erotische Lust oder Unlust in der Beziehung zum andern empfunden wird.

Das unbewußte Körperbild ist die „lebendige Synthese im beständigen Werden dieser drei Bilder: des Basisbildes, des funktionellen Bildes und des erogenen Bildes, welche unter sich durch die Lebenstriebe verbunden sind, die für das Subjekt in dem, was ich dynamisches Bild nenne, aktualisiert werden." stellt.(UBK 52)

Die Aktualisierung dieser drei Komponenten findet also im dynamischen Bild statt. Das dynamische Bild an sich ist ohne Repräsentation, es bedeutet eher eine Spannung, eine Erwartungsintensität, die sich auf ein Objekt richtet. Seine Darstellung wäre eher ein Rhythmus, ein in Bewegung sein, eben die dynamische Äußerung des begehrenden Subjekts.

> „Das dynamische Bild entspricht dem 'Begehren zu sein' und auf eine Zukunft hin gerichtet zu sein... seine Repräsentation wäre das Wort 'begehren', welches wie ein aktives Verb, das am Subjekt teilhätte und ihm gegenwärtig konjugiert würde... Es ist das Bild, des Subjekts, das sich in Bewegung fühlt, das heißt sich in einem begehrenden Zustand fühlt."(UBK 52)

Das dynamische Bild beinhaltet das Vorherrschen der Lebenstriebe in der Synthese seiner drei Komponenten. Es ist der Ausdruck eines begehrenden Subjekts, das in Erwartungshaltung ist, das offen ist, das hoffend ist. *„Dieses Begehren, insofern es grundlegend vom Mangel betroffen wird, ist immer offen für das Unbekannte."*(UBK 52)

In der Psychose ist die Synthese dieser drei Aspekte des Körperbildes nicht gelungen. In ihr herrschen nicht die Lebenstriebe vor. Es handelt sich eher um einen Rückzug des Begehrens und des Subjekts. Wenn Dolto vorher von einem 'In-Klammern-Setzen des Begehrens' im Tiefschlaf gesprochen hat, so führt sie an anderer Stelle an, daß in der Psychose, das Subjekt in Klammern gesetzt ist, den Körper verlassen hat. Das funktionelle Bild ist in der Psychose extrem beeinträchtigt. Sowohl bei Dominique als auch bei Léon, von dem später noch die Rede sein wird, hatte sich das Körperschema entsprechend den funktionellen Reifungsprozessen entwickelt, ihr Körper war gesund, es gab bei den mehrfachen physiologischen Untersuchungen keinerlei negativen Befund. Keine Organläsion konnte festgestellt werden und doch verhalten sie sich jeder auf seine Art wie Behinderte. Die Psychose impliziert ein psychisches Verlassen des Körpers. Das Subjekt kann diesen Körper nicht mehr als den seinen anerkennen. Die von ihm ausgehenden Triebregungen werden als Gefahren in die Außenwelt projiziert. Seine Kohärenz ist nicht mehr garantiert. Das Subjekt kann seine Identität nicht in diesem Körper manifestieren. Sein Körper wird zum Fremdkörper, im wahrsten Sinne zum Körper eines Fremden.

An die Stelle des Begehrens, das die Subjektivität kennzeichnet, und das immer auf ein Objekt gerichtet ist, hat sich eine phobische Struktur etabliert. Die Phobie zeigt die permanente Gefahr an, in der sich der Psychotiker befindet. Sie erfüllt nach Dolto aber auch eine ökonomische Funktion. Die Angst selbst wird besetzt, sie ist es, die das Basisbild rettet. Die Erregung der Angst wird für ihn zum Ausdruck seines fundamentalen Narzißmus.

> „Auch nicht das reale Ereignis (ein Trauma) ist an sich selbst von Bedeutung; sondern die von Depersonalisierung oder Verzerrung des menschlichen Werts kontaminierte Erregung, die das Subjekt darüber empfunden hat, die es überlebt hat und auf die zu verzichten es akzeptieren muß. Denn auf diese Erregung, die auf ihre Weise narzißierend war, schon aufgrund der Tatsache, daß das Subjekt in seinem Körper am Leben blieb, kann das Subjekt in der Tat nur sehr schwer verzichten."(FD 217)

Es ist legitim, diese Aussage von Dolto, die sich auf ein reales traumatisches Erlebnis oder auf ein phantasmatisch erlebtes Trauma gleichermaßen bezieht, auf das Feld der Psychosen allgemein auszudehnen. Die Psychose ist für Dolto immer eine schwere Phobie:

> „Ich glaube, daß diese Gefahr (des Verlustes der Verbindung von Bild (I-ma-ge =hier-mich-ich) und Körper) am Ursprung der sogenannten „Psychotiker" ist, die wir in Wirklichkeit als Leute ansehen sollten, die mit einer Phobie ringen, die sie bei jeglichem Kontakt mit einem anderen überwältigt"(edm 19) Die Angst ist das Kennzeichen der Psychose. Die in der Angst erlebte Erregung ist für das Subjekt zum Synonym für seine Existenz geworden.

Auch wenn das Folgende in der Krankengeschichte Dominiques nicht direkt angesprochen wird, soll hier kurz auf 'die genetische Solidarität' als Ursache einer psychotischen Erkrankung eingegangen werden. Dolto vertritt die Auffassung, daß ein nicht ausgedrücktes Leiden der Mutter während der Schwangerschaft vom Fötus übernommen wird und sich bei ihm als Krankheit ausdrückt. Die Psychose wäre dann eine Erkrankung des Mitleidens. Sie wäre ein Akt der Solidarität, der allerdings auch wieder einer fehlenden Symbolisierung geschuldet ist:

> „Die Psychoanalyse hat aufgedeckt, was man als genetische Solidarität bezeichnen könnte. Sie hat die Voraussetzung für die Erkenntnis geschaffen, daß in der Familie eines Menschen eingetretene Ereignisse, sogar wenn sie noch vor seiner Geburt lagen, während der fötalen Existenz im Leib seiner Mutter, die unter

> jenem eingetretenen Ereignis leidet und es niemandem mitteilen kann, eine Psychose bei diesem werdenden Menschen auszulösen vermögen. Durch seinen Körper wird das Kind das Leiden ausdrücken, das die Mutter verschwiegen hat. Es trägt also die Wirkung eines Leidens, das die Mutter nicht gesagt hat. Die Psychoanalyse - und insbesondere die Kinderpsychoanalyse - hat die Solidarität der Generationen gegenüber lähmenden Wirkungen von gewissen traumatischen Erlebnissen, Überlastungssituationen und Schockerfahrungen, aber auch die vitalisierenden Wirkungen von Erfogserlebnissen und freudvollen Ereignissen verstehen gelehrt. Diese Erkenntnis der Weitergabe sowohl des Erbes als auch der Schuld auf der unbewußten emotionalen Ebene des Menschen ist hinsichtlich ihrer überragenden Bedeutung mit der Entdeckung der Vererbung von Krankheiten auf der pathogenetischen Ebene vergleichbar."(cde 397/398;ZMK 181/182)

Daß die Psychose sich einer generationsübergreifenden 'Transmission' verdankt, hat Dolto mehrfach gesagt. Sie ist das Ergebnis einer Kumulation von Verschwiegenem über zumindest drei Generationen. In dem Zitat erwähnt sie die Schuld, die gleich dem Erbe von einer Generation an die nächste weitergegeben wird. Diese Schuld muß die dritte Generation, wenn nicht der Kreislauf des Verschweigens gebrochen wird, durch die psychotische Erkrankung 'sühnen'. Die Psychose ist eine Erkrankung der symbolischen Funktion.

Zweite und dritte Sitzung

In der psychoanalytischen Situation werden die bedrohlichen Phantasien auf den Analytiker übertragen. Die zweite Sitzung beginnt nach dem Vorgespräch mit dem Vater zwischen Dominique und Dolto folgendermaßen:

> „Dominique tritt ein und sagt mit gekünstelter, näselnder und ziemlich schmetternder Stimme: 'Um Ihnen zu ersparen, daß Sie mir dauernd nachlaufen, muß ich wohl da herauskommen. Ich: Möchtest du da herauskommen? Er: O ja, unbedingt. Und dann habe ich Träume gehabt.. Und im Traum, da habe ich mich in einem Bahnhof verirrt, und da bin ich einer Hexe begegnet, und die sagte nur krack, krack, krack, (er drückt beide Hände in einer Geste des Zerquetschens gegeneinander)."(FD 42/43) Dolto kommentiert diese Sequenz der Sitzung folgendermaßen: „Heute in der Klinik (einer Art Bahnhof, Wartesaal, Schalter, man zahlt für einen Fahrschein) kommt man wegen einer Auskunft und findet eine Hexe (Madame Dolto), die von drei cracks redet. Ein crack ist jemand Tüchtiges. Kurz, für mich ist heute dieses crack mit der Geste des Zerquetschens die einzige Dynamik, die eine bildhafte Darstellung des for-

> malen Körpers ist: zwischen ein zermalmendes Gebiß zu geraten. Dies muß er wohl auf meine seltsame und tüchtige Person übertragen, wie im übrigen auf jeden Anflug eines Kontakts. Soviel begreife ich von dieser Art gefährlichen Kontakts, die er in bezug auf die Oralität empfindet."(FD 46/47)

Dolto bemerkt die Geste, die mit dem Laut crack verbunden wird. Mit diesem Wort bezeichnet er zu einem anderen Zeitpunkt auch seine Schwester, sie sei ein Crack, eine Kanone. Von all dem, was in dieser Sitzung von Dominique gesagt wird, ist diese Stelle die bedeutsamste, weil Dominique dort eine eigene Dynamik entwickelt: Für kurze Zeit belebt sich sein Körper. Und zwar vollführt er selbst, offensichtlich dynamisch, also nicht angstvoll gehemmt, die gefürchtete Geste des Zerquetschens. Vom Objekt einer Gefahrensituation wird er zu dessen Subjekt, er deutet mit seinen Händen die Geste des Zerquetschens an. Er vollzieht das Zerquetschen und spricht dabei ein Wort aus, mit dem er auch seine Schwester bezeichnet.

Bei der nächsten, der dritten Sitzung, die wegen der Sommerpause dreieinhalb Monate später stattfindet, thematisiert Dominique seine Angst vor starken, mächtigen Mädchen zuerst ausgehend von Pipi Langstrumpf:

> „'Da ist ein kleines Mädchen, das ungeheure Kraft hat, Fifi Brin d¥Acier. Sie hat viel Kraft in den Armen. Sie ist komisch, sie schläft mit verkehrtem Kopf. Sie ist nett, sie ist sehr amüsant, sie hat zwei kleine Freunde im Zoo. Zwei Tiger, die ausgebrochen sind. Der Wärter und dann zwei Polizisten, die wollten ihn wieder einfangen, aber Fifi hat dem Tiger gesagt: 'Wenn Du beißt, werde ich Dich auch beißen.' Er war verwegen, aber nicht mutig ..und er hatte große Angst vor ihr.ì (FD 50)

Hier wird in der Übertragung die Angst thematisiert. Dolto meint, daß er erst sie mit dieser mutigen, waghalsigen Tigerbändigerin identifiziert hat und dann sich selbst, als er sich anschließend selbst zum Freund des Tigers macht, vor dem die Mutter keine Angst zu haben braucht. Später erzählt er eine Phantasie von etwas, was er in den Schrank getan hat:

> „In den Schrank, da hatte ich Soldaten aus dem Mittelalter reingetan. Leute, die man nicht auf der Straße treffen möchte; ich tat sie in den Schrank. Und dann hatte ich Angst in der Nacht, und da wollte ich nicht schlafen gehen vor dem Schluß, weil ich sie doch wiedersehen will, sie wird nämlich auf mich einwirken.' Er schweigt. Ich denke: Er räumt auf, verschließt, was ihm Angst macht, in seine Phantasien; er selbst stellt das mittlere Alter in der Familie dar, zwischen dem Älteren und der Jüngeren. Schließt er vielleicht seine dentale phallische Aggression ein?"(FD 51)

Dolto fügt hinzu, daß die Phobie, die sich in den Ferien nicht mehr bemerkbar gemacht hat, er hat inzwischen Fahrradfahren gelernt und keine Angst mehr vor Hunden, jetzt in der Übertragung fokussiert ist. Dolto interpretiert seine Phantasie vom Einschließen damit, daß er vielleicht seine dentale Aggression einschließt. Für Dolto sind Dominiques Äußerungen nach wie vor bezogen auf die Phantasie des sich gegenseitigen Verschlingens und Zerstörens. Dominique hat auch wieder von seiner Angst gesprochen. Dolto fragt ihn dann, wer auf ihn einwirken könnte. Er antwortet nicht, sagt aber nach langem Schweigen zum ersten Mal etwas, was sich direkt auf ihre Person bezieht: „Angenommen, sie ist aus den Ferien zurück und ein bißchen braun geworden..."(FD 52) Er betrachtet dann seine Knetfigur, eine Art Lutscher mit zwei Stilen oder eine Zunge auf zwei Beinen, die Pipi Langstrumpf darstellen soll. Dolto fragt ihn: „'Was ist das für ein Kamerad, ein Junge oder ein Mädchen?' Er: 'Aber nein, ein Junge.' ...Und dann, welche Farben hatten seine Augen? Ja, welche Farbe?' Er denkt darüber nach: 'Na ja, sie hatten keine Farbe, sie waren lebhaft!' Das Wort bricht mit emotionaler Intensität aus ihm hervor."(FD 52) Er modelliert dann seinen Lutscher auf zwei Beinen in eine zum ersten Mal richtige menschliche Gestalt um, Pipi Langstrumpf zweite Version, die Zöpfe hat, Absatzschuhe, Taschenschlitze in ihrem Mantel, aber keine Hände. Dominique versucht die Figur aufzustellen, indem er sie hält. Er spricht dann von seiner Cousine Babette, die ebenso bedrohlich, aber auch sympathisch und verführerisch ist, wie Pipi Langstrumpf.

> „Und dann, wissen Sie, Babette, na ja, lieber stellt man sich gut mit ihr als schlecht. Zwei Jungen haben sich einmal über ihre roten Haare lustig gemacht, und da hat sie sie mit der Haut vom Hals an einen Baummast gebunden, und dann, also dann hat sie die großen Schuhe mit den Absätzen von ihrer Mutter angezogen... Sie trägt nämlich ein Pony unter dem Arm. .. Also, wie stark die ist, o lala!' Er betrachtet seine Knetfigur; die kleine, 15cm hohe Person liegt auf dem Tisch, ihre Beine würden sie nicht tragen."(FD 55/56)

Exkurs zur Technik: Diese relativ ausführliche Wiedergabe der ersten drei Sitzungen beinhaltet sowohl die Äußerungen von Dominique, als auch die Bemerkungen und Gedanken von Dolto. Die Fragestellung dieses Kapitels ist die nach der Arbeitsweise von Dolto. Offensichtlich notiert sie nicht nur die gesprochenen Worte von Dominique, sondern auch seine Art zu sprechen, seine Stimmlage, ob er laut oder leise, schmetternd oder näselnd oder manieriert spricht. Seiner Mimik und seiner Gestik, seiner Körpersprache wendet sie die gleiche Aufmerksamkeit zu, wie seinen gesprochenen Worten. Die Zeichnungen und Knetfiguren sind für sie Anhaltspunkte für die augenblicklichen Körperrepräsentationen von Dominique. Die Knetfiguren zeichnet sie während der Sitzung mit. Sowohl diese Zeichnungen als auch die sehr genauen Notizen sind, wie sie sagt, ihrer freischwebenden Aufmerksamkeit sehr förderlich. Und dennoch ist es kaum vorstellbar, daß sie gleichzeitig rezeptiv für alle Einfälle war und exakt Protokoll geführt hat. Bernard This hat mir erzählt, daß er in den fünfziger Jahren bei den Konsultationen im Trousseau-Krankenhaus auf Doltos Wunsch Protokoll geführt hat, und daß sie ihn auch gebeten hatte, Skizzen anzufertigen. Es ist anzunehmen, daß sie auch bei den anderen in der Öffentlichkeit stattfindenden Sprechstunden Protokollanten hatte, denen sich ihre Dokumentation verdankt.

Die Geschlechterdifferenz, die primäre Kastration, die Urszene

Schon in der dritten Sitzung wurde in bezug auf die Mädchen nicht nur die Angst vor der Zerstörung durch übermächtige starke Mädchen thematisiert, sondern auch deren Anziehung auf Dominique. Ganz vorsichtig deutete Dominique an, daß das weibliche Geschlecht auch verführerisch auf ihn wirkt. In der vierten Sitzung, Mitte November, vier Wochen nach der vorhergehenden Sitzung, knetet Dominique einen Schäferhund, der fest auf seinen Füßen steht. Es ist die erste von ihm modellierte Figur, die sich selbst aufrecht halten kann. Er hat dabei Schwierigkeiten, den Schwanz zu kneten. Er zögert, ob dieser nach unten hängen oder nach oben zeigen soll. Außerdem knetet er eine kleine längliche Form, eine Maus, die vom Hund gefressen wird. Der Hund wird dann in eine Kuh mit Hörnern umgestaltet.

> „Er: 'Da ist eine Fliege, die will sie ärgern, sie ist unsichtbar. Und dieser Ochse träumt, daß er eine Milchkuh ist.' Schweigen. Ich: 'Wie alt warst Du, als Du erfahren hast, daß es keine Pipimacher sind, was die Kühe zwischen den Beinen haben?' Er antwortet nach einer Pause und errötet: 'Ach ziemlich spät, wissen Sie. Ich glaubte nämlich, sie hätten vier davon.. O ja, aber diese Kuh, die träumt, daß sie ein Ochse ist. Die Kuh, das ist der Traum des Ochsen. Aber der Ochse von dem sie träumt, der träumt, daß er eine Kuh ist.' Ich interveniere: 'Meinst Du, die Kuh träumt von einem Ochsen oder von einem Stier?' Er: 'Also das, das, ich weiß nicht.' Ich: 'Weißt Du, daß es zwischen einem Ochsen und einem Stier einen Unterschied gibt?' Er: 'Ach, ja also, ich glaube die Stiere, von denen habe ich gehört, daß sie viel böser sind. Aber diese Kuh ist eine heilige Kuh, und was glaubt sie wohl, was sie ist!! Also!' Ganz leise: 'Sie glaubt, sie ist ein heiliger Ochse. Aber das ist ein Trugbild (mirage = Fata Morgana)!' Dann hebt er wieder den Ton und sagt mit einer Frauenstimme: 'Wissen Sie, die Trugbilder sind manchmal historisch.' Ich: 'Ich glaube, der heilige Ochse oder die heilige Kuh, das ist vielleicht, weil Du ein bißchen in Madame Dolto ver-

> knallt bist, Du willst sie zur Heiligen machen. Er wird rot bis über die Ohren und sagt: 'Ja' und schweigt. 'Das ja', wiederholt er mit dumpfer Stimme und konzentriertem Ausdruck. Ich: 'Vielleicht warst Du auch einmal in jemand anders verliebt?' Mit demselben Ausdruck sagt er ganz leise: 'Ja, in meine Lehrerin.' Dann ändert er den Tonfall: 'Aber ich, wissen Sie (sehr aggressiv), ich will nicht, ich will nicht! Das ist nicht gut, ich will nur meine Eltern liebhaben!' Sein Ton ist viel anteilnehmender, er scheint ängstlich, gereizt; die Stimme wird höher und schließlich sehr scharf. Ich sage: 'Du kannst doch Deine Eltern als Deine Eltern liebhaben, aber Du kannst nicht in Deine Eltern verknallt sein. Seine Eltern lieben und die anderen, oder die Frauen lieben, das ist nicht dasselbe.' Und ich erkläre ihm das Gesetz der Liebe außerhalb der Familie: 'Es ist schön, verknallt zu sein, das nimmt die Liebe zu den Eltern nicht weg, das ist nicht dasselbe; und später, wenn man öfter so verliebt gewesen ist, dann kommt eine stärkere Verliebtheit, damit man sich verloben und heiraten und Kinder haben kann. So hat Dein Vater Deine Mutter kennengelernt, als er ein junger Ingenieur war und sie eine junge Lehrerin; und dann haben sie geheiratet und Kinder bekommen.' Er hört sehr aufmerksam zu und sagt dann mit moduliertem Ton, wieder ruhig: 'Ach! Ach so!..Sieh da! Sieh da! Meine Kuh ist aufgewacht. Also, sie ist überhaupt nicht mehr heilig. Sie ist wie alle Kühe... Sie träumt, sie gehört einem Nomaden.'"(cD 64;FD 62/63)

In dieser Sequenz hat Dolto zum ersten Mal für längere Zeit das Wort ergriffen. Bis dahin beschränkten sich ihre Deutungen auf Fragen oder auf das Aufgreifen einzelner Signifikanten. Mit ihrer ersten Frage, seit wann Dominique wisse, daß es nicht Pipimacher sind, was die Kühe zwischen den Beinen haben, raubt sie ihm, wie sie es kommentiert, die Phantasie von urethralen Brüsten und gesteht seinen Äußerungen einen genitalen Sinn zu. Dominiques Assoziationen von der Kuh, die träumt sie sei ein Ochse, welcher wiederum von einer Kuh träumt, werden von ihr unterbrochen mit der Frage nach dem Unterschied zwischen Stier und Ochse. Auf seine Äußerung hin, 'sie glaubt, sie ist ein heiliger Ochse', und seinen Hinweis auf die historischen Trugbilder, die historischen mirages, die dort wahrgenommen werden, wo nichts ist, antwortet sie mit einer Übertragungsdeutung: 'Das ist vielleicht, weil Du ein bißchen verliebt bist in Madame Dolto, Du willst sie zur Heiligen machen.' Dominique akzeptiert die Deutung, sie verschiebt aber die damit verbundenen Affekte sofort auf eine andere Person, indem sie fragt, ob er das schon mit jemand anderem erlebt habe. Dominique spricht von der Lehrerin. Sein Abwehrkampf ist manifest. Dolto gibt ihm das Recht, in jemanden verliebt zu sein, spricht indirekt vom Inzestverbot und verknüpft die Verliebtheit mit seiner 'Urszene' im weiteren Sinne, mit dem Kennenlernen seiner Eltern. Die Urszene bezeichnet in der Doltoschen Verwendung des Begriffs sowohl die „Szene, die am Ursprung der Geburt des

Kindes steht", als auch „die unbewußten Phantasien des Kindes über die sexuellen Beziehungen seiner Eltern."(PK 130) Sie stellt damit Dominiques verliebten Zustand in eine Verbindung mit dem, was sie das 'Gesetz der Liebe außerhalb der Familie' nennt: dem Inzestverbot als Grundbedingung für eine spätere Liebesbeziehung außerhalb der Familie, die allein fruchtbar sein kann.

Diese Sequenz charakterisiert Doltos Vorgehensweise bei der analytischen Arbeit mit psychotischen, zurückgebeliebenen und verhaltensgestörten Kindern. In dieser kurzen Passage werden die zentralen Themen angesprochen, die bei ihr zu jeder analytischen Durcharbeitung der Geschichte des Subjekts gehören: die Geschlechterdifferenz, das Inzesttabu und die Urszene. Dolto interveniert hier sehr massiv. In kürzester Zeit verläßt Dominique vorerst seine historischen Trugbilder von der Undifferenziertheit der Geschlechter und der Vertauschung der Organfunktionen, der Äqivalenz von Euter und Penis als Urinierorgan. Sie spricht von der Differenz in der Liebe zu Eltern und zu anderen Menschen, speziell anderen Frauen und verknüpft diese Thematik mit dem Kennenlernen seiner Eltern, der Liebesbeziehung, aus der er hervorgegangen ist. Sie gibt einen ersten Vorgeschmack auf die ödipale Kastration, und erlaubt Dominique so, seine duale Beziehung zum anderen, in der er gefangen ist, zu verlassen. Diese Themen werden von jetzt ab systematisch von Dominique durchgearbeitet werden.

Im Anschluß an Doltos Intervention wacht seine heilige Kuh auf und verliert zugleich den Heiligenschein: 'Sie ist wie alle Kühe.' Sie träumt, daß sie einem Nomaden gehört. Dolto assoziiert stumm den Vater mit den ständig gepackten Koffern, der immer unterwegs ist. Dominique zerstört die Kuh und summt dazu eine Melodie, das Lied des Nomaden. Dominique knetet und erzählt dazu eine lange Geschichte von den Erlebnissen dieses Nomaden mit seinem Geißlein und seinen Kamelen. Der Nomade war erst ein Maharadscha, dann wurde er zum Bettler, der seine Kuh, bzw. sein Geißlein verkaufen muß, weil er ihm nicht mehr genug zu trinken geben kann. Zwischendurch knetet er Kamele, winzige foetusartige Gebilde, die durch eine dünne Schnur wie eine Nabelschnur miteinander verbunden sind.

Für Dolto gibt diese Geschichte vom heruntergekommenen Maharadscha Dominiques Geschichte während der ersten Lebensperiode wieder. Bis zur Geburt war Dominique Prinz im elterlichen Schlafzimmer. Indem er mit seinem Kopf gegen das Bett schlug, gelang es ihm, die Mutter vom Vater zu entfernen. Er war der Sieger, der König:

> „Da ist die Geschichte von einem .. heruntergekommenen Bärtigen, der ein Maharadscha, ein Prinz war. Es ist wirklich seine eigene Geschichte: klein, König seiner Mutter, behaart bei der Geburt, wie es hieß, mit seinen langen Haaren; er war sanft wie ein Schäfchen, Zicklein, Geißlein."(FD 68)

Dolto stellt das Kind von Geburt an in eine Dreierbeziehung. Nächtliches Aufwachen, Schreien oder hier sogar die Selbstverletzungen beinhalten eine Frage nach dem Platz in der Beziehung der Eltern. Sie sind Ausdruck einer Rivalitätsbeziehung zum Vater, zum anderen der Mutter. Das Kind möchte an seine Stelle treten, sicher nicht in einem ödipalen Sinne, aber im Sinne des Wunsches, das alleinige Liebes- oder zumindest Fürsorgeobjekt der Mutter zu sein. Für jede Frau ist eine Geburt eine komplexe Situation, ein Einschnitt. Sie beinhaltet die Frage nach dem Platz, den sie zukünftig diesen zwei Menschen in ihrem Leben geben wird, dem Mann und ihrem Kind. Herr Bel hatte von seiner Frau gesagt, daß sie eine 150%ige Mutter sei, worin impliziert ist, daß er sie mehr als Mutter ihrer Kinder, denn als Frau wahrnimmt. Dolto sagt von ihr, daß nicht ein genitales Liebesverlangen sie die Beziehung zu ihrem Mann hat eingehen lassen, sondern ihre Einsamkeitsphobie. Sie sah ihren Mann als Zwilling im Leiden, also als Bruder, in dessen Isolation sie sich projektiv spiegeln konnte. Nach Freud beendet die Frau ihren Ödipuskomplex unter Umständen erst mit der Geburt ihres ersten Kindes, dann bekommt sie das Penisäquivalent, an dem es ihr immer gemangelt hat. Das ist eine der möglichen Entwicklungsformen des Penisneides: Das Kind wird als Penisäquivalent angesehen, also als Körperteil der Mutter, als ihr Teilobjekt, ihr Partialobjekt.

Dominique ist es im elterlichen Schlafzimmer gelungen, seine Mutter von ihrem Mann weg zu sich zu rufen. Er war also der König, der Herrscher über die Mutter. Sylvies Geburt hat diese Konstellation vollkommen verändert. Sie hat ihn aus seiner privilegierten Rolle in bezug auf die Mutter vertrieben, und sie wurde zudem noch von der ganzen Familie im Gegensatz zu Dominique narzißtisch besetzt. Das weibliche Geschlecht gilt etwas. Sie als Mädchen wird verehrt, was für ihn eine Entwertung seines Geschlechts beinhaltete. Dieses, sein Partialobjekt, konnte von ihm nicht positiv besetzt werden. Dolto kommentiert seine Phantasien, die sich um den 'Kuhhandel' mit dem Geißlein zwischen dem Nomaden und einem anderen Mann beziehen folgendermaßen:

> „Als sich sein Trauma endgültig festgesetzt hatte, war er nur noch ein Geißlein (biquette), eine verdurstende quéquette (pissende Kuh, Argot-Ausdruck für das männliche Glied), denn die Mutter schränkte ihm das Trinken wegen des Bettnässens ein. Da sieht man nun eine magere, verdurstende Kuh, die vor Erschöpfung hinfällt,.. (und an ihrer Stelle ein Kamel, ein genügsames und widerstandsfähiges Tier.) (Es liegt auf der Hand, daß ich alle diese Überlegungen erst nach nochmaliger Lektüre dieser Sitzungen angestellt habe. In deren Verlauf war ich ganz Auge und Ohr, mir der Bedeutung einer Wahrheit bewußt, die mit all ihren Ausdrucksmitteln ans Licht drängte.) Dominique: 'Der Mann erzählt

alles dem Nomaden, und dann geht er zu seinem Kuh-Geißlein zurück und sagt: 'Mein armes Geißlein, dieser Mann will mir nur Wasser geben, wenn ich ihm mein Geißlein verkaufe, das den Ehrenplatz hatte. Adieu, mein Geißlein.' In dieser Geschichte, in der das Geißlein, alias quéquette, alias phallisches Partialobjekt geehrt wird, ein Objekt, dem das Subjekt Leben geben will, indem es ihm zu trinken gibt (lebendes, fließendes Wasser), ist er zu folgender Absurdität gezwungen: sein kostbares Objekt zu verkaufen, um Wasser zu haben, d.h. um das am Leben zu erhalten, was er nicht mehr braucht, wenn er dieses Objekt nicht mehr besitzt. Es ist ein betrügerischer Handel. Im Hinterkopf denke ich, daß diese Phantasie allegorisch wiedergibt, was sich für dieses Kind ereignet hat, nicht eine Kastration, die zur Kultur initiiert, sondern eine Verstümmelung. Nach dem Verzicht auf das Partialobjekt, die urethrale Rute, hat es keine Symbolisierung gegeben, sondern Betrug. In der Tat gab es keine Bewahrung des Zugangs zum Phallus durch den Verzicht auf eine erotische Lust oraler Absorption.., sondern die Befriedigung des Bedürfnisses verlangte die totale Aufgabe des Objekts, den Verzicht auf die Liebe und den Wunsch selbst, um zu überleben. Diese Geschichte eines Partialobjekts ist nicht nur die seiner Rute bezüglich des eigenen Körpers, sie ist auch die seine insgesamt, insofern er das Partialobjekt gewesen war, Fetisch des imaginären Penis seiner Mutter bis zur Geburt der kleinen Schwester. Dieses kostbare, vom Subjekt, seinem Besitzer getrennte Objekt kann nur überleben, wenn es verkauft, d.h. einem bösen Herrn ausgeliefert wird, der ihm nichts mehr zu leben (zu trinken) geben wird, sondern ihn an der Nase zieht (siehe die Nabelschnur, die Nasenspitze der Knetfigur). Dieses Geißlein ist sein Geschlecht zur Zeit des Stillens, von nun an abgeschlossen in seinem lebendigen Wunsch, und dessen totes Gewicht er folglich tragen muß. Anders gesagt, die mütterliche Instanz, die ihn an der Nase führt, ihn, Dominique, besteigt ihn gleichzeitig wie ein Reittier zwischen den Beinen; doch dies geschieht nur unter der Bedingung, daß dies berittene Objekt jegliche Initiative verloren hat. Es ist wirklich die Entfremdung des Wunschs des Subjekts für die Befriedigung eines perversen Wunsches des anderen, ko-narzißtisch, unfähig sich allein zu leiten... Dominique hatte nicht mehr seinesgleichen, keinen Mitmenschen mehr, niemand mehr, mit dem er sich identifizieren konnte; er war gezwungen, in seiner zwischenmenschlichen Beziehung in eine körperliche Abhängigkeit zu regredieren; war er selbst geworden in seinem Körper nur als Penis, Partialobjekt eines anderen, typische Metapher der fötalen Beziehung. Es sind Abwehrmittel angesichts der überschwemmenden Phobie des drohenden Todes in einer Situation fälschlicher Übertragung."(FD 69/70)

Dieses ist eine andere Version der Doltoschen Konstruktionen zu Dominiques Geschichte. Die vorhergehende Sequenz, hier noch einmal in Stichworten zusammengefaßt: das Geschlecht, verliebt sein = Verrat an den Eltern, das Recht verliebt zu sein, wie seine Eltern, als sie sich kennenlernten, die damit einhergehende Entweihung, also Sexualisierung der Kuh, hat bei Dominique eine Art Delirium entbunden, in dem er seine Geschichte rekonstruiert. Dominique produziert Phantasien, Dolto eine theoretische Konstruktion, die den Verzicht Dominiques auf einen eigenen Wunsch zum Inhalt hat. Sein Körperbild ist mehrfach verstümmelt worden: 1. durch die Verleugnung der Geburtszäsur durch die Mutter. Sie hat, dadurch daß Dominique ihrem Vater sehr ähnlich sieht, ihn nicht als Mitglied der Familie Bel einordnen können, sondern ihn fantasmatisch ihrer eigenen Linie zugeordnet, dann wäre er ein ödipales inzestuöses Kind. Sie hat ihn als Partialobjekt, als fantasmatischen, imaginären Penisersatz besetzt, als Teil ihrer selbst. Ein Fetisch hat die Funktion, die Kastration zu verleugnen, Dominique wurde von Frau Bel als Fetisch benutzt. Dolto scheint den Beginn von Dominiques Schwierigkeiten vor der Geburt von Sylvie anzusiedeln. Herrn Bels Erzählungen von den Selbstverletzungen Dominiques, daß er seinen Kopf so stark gegen sein Bettchen schlug, daß er blaue Flecke davon bekam, scheinen für sie ein Hinweis zu sein, daß Dominique schon früh die Rolle zugewiesen bekam, die Mutter vor dem ehelichen Verkehr zu schützen; er als Partialobjekt Penis, der stellvertretend das 'Bumsen' ausführt.

Diese lange zitierte Passage gibt einen anderen Aspekt von Doltos Psychosentheorie wieder. Der Status des Partialobjektes ist unvereinbar mit einem eigenen Wunsch und führt zur Verleugnung der Triebregungen und ihrer Projektion in die Außenwelt. Verleugnet wird auch die Trennung vom Körper des anderen, das eigene Getrenntsein. Diese Trennung, das Erleben der eigenen Differenz wird erst möglich durch den Eintritt in die symbolische Ordnung, die Ordnung der Geschlechterdifferenz und die Ordnung der Generationsabfolge. Im weiteren Verlauf der Kur, wie auch in dieser Sitzung werden sich die meisten Fragen und Deutungen Doltos auf diesen Komplex beziehen. Das Erkennen der Geschlechterdifferenz beinhaltet die Frage nach der Beteiligung des Vaters an seiner Zeugung. Die primäre Kastration ist ein erster Schritt für die Einführung des Vaters als Drittem in der Beziehung zur Mutter. Erst das Anerkennen seines Platzes erlaubt dem Subjekt, den Status des Partialobjektes der Mutter zu verlassen.

Dominiques nächtliche Wutanfälle waren aber zumindest mit einer neurotischen Entwicklung vereinbar. Der endgültige Zusammenbruch erfolgte bei seiner Wiederkehr aus den Pyrenäen nach der Geburt seiner Schwester. In seinem Bett fand er ein von allen bewundertes weibliches Wesen vor, eine wirkliche 'Belle', wo er nur noch 'das Biest' sein konnte. Seine regressiven Wünsche, wieder die Brust zu bekommen und gewickelt zu werden, wurden befriedigt und damit wurde seine vorübergehende Regression, die zu der

Identitätskrise bei der Geburt eines jüngeren Geschwisters gehört, festgeschrieben.

> Die Mutter hat ihn „um die Möglichkeiten strukturierender Abwehrprozesse betrogen, die nach einer wirklichen Prüfung daraus folgen. Das Trauma war nicht die Frustration an Zärtlichkeit: die Prüfung der Geburt der Schwester bedeutete wieder die Brust und die Preisgabe der erzieherischen väterlichen Anforderungen, welche die menschliche Identität bewahrt und unterstützt hätten."(FD 87)

Um so wie ein Säugling von der Mutter versorgt zu werden, mußte Dominique Doltos Interpretation folgend, auf sein Geschlecht verzichten. Im Alter, in der normaler Weise die primäre Kastration stattfindet, also das Erkennen des Geschlechtsunterschiedes und ein anfängliches Suchen nach seiner Bedeutung, wurde er um sein Geschlecht betrogen, amputiert. Die Empfindungen, die sein erwachendes Geschlechtsleben begleiteten, konnte er nicht als die seinen annehmen. Sie wurden neutralisiert. Dominique wurde kein Junge, sondern ein Neutrum. Dies ist die Eingangsproblematik der vierten Sitzung:

> „Dann folgt jener Übergang vom Hund zur Kuh über den 'Schwanz', wobei zuerst der Kopf und die Augen verlorengehen. Dann die Kuh, die träumt, sie sei ein Ochse, welcher Ochse im Traum der Kuh träumt, er sei eine Kuh. Es besteht ein Argwohn, ein Zweifel, eine Unfähigkeit, sich für das geträumte, d.h. das gewünschte Geschlecht zu entscheiden; zu wissen, welches Geschlecht die Leute haben und welches Geschlecht er selbst hat."(FD 68)

Ausgehend von dieser Eingangsfrage geht Dominique in der Folge der Sitzung noch einmal seine sukzessiven Identifikationen durch. Auch die Phantasie vom intra-uterinen Leben wird mittels der Föten-Kamele mit Nabelschnur dargestellt. Dies ist die letzte Zufluchtsstätte in einer gefährlichen phobischen Welt: Die Identifikation mit dem Fötus, ein Leben in der Mutter, ein Leben, in dem man nicht da ist, sondern nur als verborgener Teil eines anderen existiert. Dolto bezeichnet diese Sitzung als die entscheidende der ganzen Behandlung. Vielleicht weil Dominique hier in der modellierten und gesprochenen Darstellung, also in der symbolischen Durcharbeitung, nicht mehr in einem stummen Agieren, seine letzte identifikatorische Ruhestätte, die ihn vor jeder Verletzung schützt, aufsucht.

Nicht nur die heilige, schlafende Kuh ist in dieser Sitzung aufgewacht, auch Dominiques Geschlecht beginnt sich zu regen, Dominique beginnt, sich wünschend zu erleben.

Die nächste Sitzung findet sechs Wochen später statt, Frau Bel hat zwei Sitzungen ausfallen lassen. Sie spricht erst kurz mit Françoise Dolto. Sie ist begeistert von dem guten Verlauf der Weihnachtsferien, ihre Mutter war zu Besuch und hat Dominique, den sie nie mochte und dessentwegen sie ihrer Tochter immer Vorwürfe machte, richtig liebgewonnen.

Dominique beginnt seine Sitzung mit dem Bedauern, daß er die Uhr nicht lesen kann. „Da ist was, was mich ärgert. Weil ich doch krank war, so in meinem Kopf, da habe ich nie was gelernt. Und da ist was, das ich gern lernen will, nämlich wie man die Uhr liest."(FD 83) Dolto zeichnet ihm eine 'Wanduhr' auf, einen Kreis mit den zwölf Ziffern. Dominique knetet zwei Zeiger und in kürzester Zeit hat er gelernt, verschiedene Uhrzeiten richtig anzuzeigen. Dolto fragt ihn, was er ihr zu sagen habe. Dominique spricht von den Hunden, die nacheinander bei ihnen zu Hause waren. Ein Hund mußte weggegeben werden, weil es mit den Hunden des Hausbesitzers immer wieder zu Kämpfen kam.

> „'Also das war wie Hund und Katze....Man mußte ihn loswerden.. Ich glaube, das war vor sechs Jahren. Und sehen Sie, eine Zeitlang dachte ich bloß daran. Wenn ich einen Hund sah, dachte ich immer, das ist er, auch wenn er ihm gar nicht ähnlich sah, ich dachte immer, das ist er, in einen anderen Hund verkleidet oder sogar in eine Katze!' (Sylvie konnte also 's'il vit' sein, der als Baby verkleidete Bernard.)"(FD 84)

Nun war Bernard aber verschwunden, als Frau Bel mit Dominique schwanger war, und tauchte dann als 'Sylvie' wieder auf. Nicht nur Dominiques Identität ist unsicher. Ein verschwundener Hund, um den er getrauert hat, 'Oh ja, da hatte ich großen Kummer' (FD 84) kann sogar als Katze plötzlich wiederauftauchen. Er spricht dann von zwei Katzen bei seinen Großeltern, die er gern gestreichelt hat. Dabei macht er einen Versprecher, indem er einmal statt Katzen Buben sagt. Dominique hätte gern einen Schäferhund. Sie haben einen Teckel, der sich jetzt richtig freut, wenn Dominique nach Hause kommt. Dominique fährt fort:

> „'Wenn Mama mir was erklärt hat, das hat mich immer geärgert, weil ich es nicht wußte, und es hat mich vor allem geärgert, daß sie mir was erklärt. Früher mochte ich meinen Namen nicht, 'Bel', ich hätte gerne einen Namen gehabt, der mit O anfängt. Ich hätte gern 'Olax' geheißen, Olax ist gut. Und wenn die Lehrerin uns aufrief und dann kam ich an die Reihe und dann sagte sie 'Bel' und die anderen sagten: O wie ist er hübsch!' Und das hat mich auch geärgert..' und ganz leise: 'Warum haben sie nie schönes Mädchen gesagt?' Ich: 'Hättest Du das gewollt?' Er: 'O ja, aber sie haben sich lustig gemacht.'"(FD 85)

Dominique spricht hier zum ersten Mal über reale psychische Verletzungen, die er erlitten hat, über zwei Situationen, die er als demütigend erlebt hat: das er nichts weiß und die Mutter ihm alles erklärt und den Spott durch die Schulkameraden, die ihn, 'den Häßlichen' mit seinem Familiennamen, 'Hübsch' verhöhnen. Dolto bemerkt:

> „Ich habe noch nie einen Psychotiker erlebt, der nicht im Laufe der Psychotherapie reale Episoden oder eine reale Situation erlebt hätte, die als demütigend empfunden wurden - für etwas, das er nicht ändern kann: seine Herkunft, seinen Verwandtschaftsgrad, sein Geschlecht, seinen eigenen Körper - und von Personen kamen, die Träger des Ideal-Ichs waren."(FD 85 und Fußnote 3)

Dominique spricht zum ersten Mal von real erlebten Verletzungen und auch zum ersten Mal von seinen Wünschen. Das ist kein Zufall: die Annahme der Verletzbarkeit ist Voraussetzung für die Fähigkeit zu wünschen. Die Flucht in eine Fötalidentifikation oder in eine Identifizierung mit einem Toten, was letztlich auf das gleiche hinausläuft, die Verleugnung der Geburt und des eigenen Lebens hat die Funktion, der Verletzbarkeit zu entgehen. Das Anerkennen der geschlechtlichen Differenz beinhaltet das Anerkennen des eigenen Körpers als verletzlichem. Verletzlich sein heißt nicht vollständig sein, nicht perfekt, wie ein Toter, heißt dem Mangel unterstellt sein. Das Anerkennen dieser Verletzlichkeit, des Mangels ist Voraussetzung für das Auftauchen des Wunsches. Es ist auch kein Zufall, daß sein Familienname, sein Vatername an dieser Stelle zum ersten Mal genannt wird. Er hätte statt Bel lieber Olax geheißen, also einen Hundenamen getragen. Und er hätte sich gewünscht, daß die Schulkameraden ihn zärtlich schönes Mädchen nennen. Die Verwerfung des Namens des Vaters und die Phantasie, sich in eine Frau zu verwandeln, also die Kastration im Realen, der Verlust des männlichen Geschlechts, sind nach Lacan konstitutive Bestandteile der Psychose. Das Verworfene wird hier thematisiert. Dominique spricht zum ersten Mal in der Analyse seinen Vaternamen, Familiennamen aus. In der weiteren Entwicklung der Kur wird er sich mit ihm versöhnen.

Auch Dolto thematisiert in diesem Zusammenhang die Bedeutung des Vaters, aber auf andere Weise. Sie interpretiert die von Dominique benannten Demütigungen, seinen Ärger über die Belehrung durch die Mutter und den Spott in bezug auf seinen Nachnamen als Deck-Ärger, anlog zu den 'Deckerinnerungen' aus Sigmund Freuds gleichnamigen Aufsatz.

> „Die hinter diesem Deck-Ärger verborgene Demütigung ist anderer Ordnung. Es handelt sich bei Dominique um eine Vergewaltigung der menschlichen Person (ihm wurde der menschliche Sinn versagt, den er seiner Ohnmacht vor der Natur und der Kultur geben konnte), doch vor allem um eine Verweigerung der

> ödipalen Kastration in ihrer initiatorischen Funktion: diejenige, die als Prüfung empfunden wird, welche in die Gesellschaft der Knaben einführt."(FD 86)

Dolto führt dies Mißlingen der ödipalen Kastration wieder auf das Trauma der durch Sylvies Geburt annullierten Entwöhnung zurück. Diese wiederbelebte Innigkeit der Körper an Körper-Beziehung von Mund zu Brust hat den Vater als Dritten, der das Kind von der Mutter trennt, annulliert. Das Trauma bestand darin, daß Dominique in der Realität wieder Eins mit seiner Mutter werden konnte.

Im weiteren Verlauf der Sitzung wird Dominiques Verwirrung hinsichtlich der Geschlechterdiffernz noch einmal ganz manifest. Nachdem er den Vaternamen und seinen Wunsch, von seinen Schulkameraden als schönes Mädchen bezeichnet zu werden, thematisiert hat, knetet er einen menschlichen Körper, zuerst ohne jegliches Geschlechtsmerkmal. Dolto befragt ihn zu seiner Knetfigur.

> „'Wer soll das sein?' Er: 'Vielleicht ein Schwarzer von Mama, als sie klein war. Sie waren alle nackt und man sah das.' Ich: 'Was das?' Er: 'Oh, ich habe ihn angezogen, da sieht man es nicht.' Ich: 'Warum, Du hast mir doch gesagt, daß man es sieht?' Er: 'Ja, sie zeigen es, sie finden das nicht schlimm. Er klebt ihm einen Penis an und sagt: 'Da ist es, sein Euter.' (Wirklich sieht es so aus wie ein erigiertes Kuheuter.) 'Nein, das ist kein Schwarzer von Mama, es ist ein Baby, das auf den Topf muß. Ich habe nämlich lange ins Bett gemacht, wissen Sie (er sagt es ganz leise). Und dann, auch das heißt das Geschlecht des Mannes.' Und er klebt diesem Männchen zwei Kugeln an, die die Brüste vorstellen. Ich: 'Nein, das heißt nicht das Geschlecht. Das ist das, was Du vorhin drangemacht hast. Diese beiden Kugeln sind etwas anderes, was?' Er schweigt eine Weile und sagt dann: 'Mama, eine Zeitlang hat mich das Pantheon interessiert...,wo NapoLéon begraben ist,.. ein Hospital des Grabs."(FD 87/88)

Dolto hilft ihm dann, das richtige Wort zu finden, l'hopital des Invalides, der Invalidendom. Dies sind seine Assoziationen zu der Frage nach den Brüsten, den Kugeln, die er an seiner Gestalt zum erigierten Penis hinzugefügt hat. Dolto assoziiert stumm: „Seine Mutter: ganz Gott, Form, Brüste und Tote. Ganz Napoleon, ganz Krankenpflegerin, ganz Invalidenwärterin."(FD 88) Die Mutter als Pantheon, als Grabstätte, als Hopital des Invalides, also als Ruhestätte der Verstümmelten, der Kriegsversehrten, aber 'invalide' heißt auch ungültig, entwertet, wertlos. All das fällt ihm ein, nachdem er eine Gestalt mit erigiertem Penis und zwei Brüsten geknetet hat, eine phallische Mutter, die ihrem Sohn als Teil ihrer selbst, als ihr Partialobjekt ansieht und ihn damit verstümmelt, wertlos macht, zum Invaliden.

Dominique spricht dann von den Studien (les études) seines Cousins und sagt, daß ein Schulkind keine Studien macht, Multiplikationen seien keine Studien. Für ihn hatte das Wort nur Bedeutung in Zusammenhang mit Ingenieurschulen, sein Vater ist Ingenieur. Dolto thematisiert wieder das Kennenlernen seiner Eltern, die sich als Studenten in der Stadt kennengelernt haben, in der sie beide die Universität besucht haben und dort auch geheiratet haben. Dominique spricht von seinen Fortschritten bei den Multiplikationen und teilt Dolto daran anschließend mit, daß sein Bruder im Wartezimmer sitze und mit ihr sprechen wolle. Das hatte Dolto nicht gewußt. Sie empfängt den Bruder allein, weil Dominique nicht dabeisein will.

Dolto empfindet Paul-Maries Körperhaltung als sehr steif, und er wirkt auf sie noch sehr jung. Er ist siebzehn und hat weniger Bartwuchs als sein Bruder. Dolto stellt ihm im wesentlichen zwei Fragen: Ob er seinem Bruder helfe müsse und wie er die häufige Abwesenheit seines Vater empfinde. Paul-Marie sagt, daß er ihn überallhin 'transportieren' mußte und daß er unter den Blicken und dem Spott der Leute gelitten hat. Die Antwort auf Doltos zweite Frage wirft ein ganz neues Licht auf Dominiques Probleme. Paul-Marie bedauert, daß sein Vater nur so selten zu Hause ist, da seine Mutter dann bekümmert sei. Dolto fragt ihn, woran er das merkt. „'Weil ihr kalt ist im Bett. Dann müssen immer wir hingehen. Also ich, ich will das nicht, und dann ist es entweder Dominique oder meine kleine Schwester, die hingehen.'“(FD 90)Dolto fragt ihn noch, ob er mit seinen Freunden und mit seiner Ausbildung zufrieden sei. Er erzählt das gleiche, was auch schon seine Mutter und sein Vater befriedigt über ihn erzählt haben: Daß er gegen voreheliche sexuelle Beziehungen sei, gegen Flirt und daß er einen intelligenten Mitschüler sehr verehre. Er sieht Sexualität als notwendiges Übel zum Kinderkriegen an.

Dolto empfängt erneut Dominique und teilt ihm mit, was sie von seinem Bruder erfahren hat: daß ihre Mutter sie gern zu sich ins Bett holt, um sich zu wärmen, und daß sein Bruder das nicht mehr wolle. Dominique ist peinlich berührt und spricht erst nach längerem Nachdenken von seinem Bruder und seiner Schwester, die er auf der Eisbahn gesehen hat, als er selbst mit seinem Freund da war.

> „'Und meine Schwester, wissen Sie, sie hat komische Freunde, und mein Bruder, na ja, er war mit komischen Leuten zusammen.' Angesichts dieser Abwehrhaltung bei der Anspielung auf das Schlafen mit der Mutter, als er über die sogenannten Freunde seiner Geschwister klagt und lästert, denke ich, daß der Freund, mit dem er zusammen war, ein Freund ist, mit dem er 'komische Sachen' macht, und das sage ich ihm.. Da senkt er die Stimme und sagt: 'Ja, wir amüsieren uns mit dem Hintern und dann mit dem Spalt. Wir machen es wie die Kühe mit ihrem Euter.“(FD 92)

Dominique scheint tatsächlich auf die regressive Stillerfahrung fixiert zu sein, genitale und anale Spiele mit seinem Freund werden nach dem Schema der Brust-Mund-Beziehung bezeichnet. Euter ist seine einzige Bezeichnung für das vorstehende männliche Glied. Die Brüste hatte er bei der vorhergehenden Skulptur als Geschlecht des Mannes bezeichnet. Dolto fährt mit ihrer sexuellen Aufklärungsarbeit fort:

> „Was in Deinem Körper passiert und mit dem, was Du Dein Euter nennst, das ist kein Kuheuter, Du weißt genau, daß das Dein Geschlecht ist. Gerade vorhin haben wir davon gesprochen, als Du Dein Männchen geknetet hast und gesagt hast, das sei ein Schwarzer Deiner Mutter. Siehst Du, es gibt Augenblicke, wo es ist wie mit dem Schwanz des Hundes beim letzten Mal, einmal ist er oben und einmal ist er unten. Und das hängt auch davon ab, was Du in Deinem Körper spürst, wenn Du Dich damit amüsierst.' Er: 'Ja, das ist ein komisches Gefühl. Na ja, meine Schwester, die geht zu meiner Mama ins Bett, und ich auch, wissen Sie. Kann Mama uns hören?' Er senkt die Stimme. Ich: 'Ich glaube nicht, daß Deine Mutter uns hören kann, aber Du kannst trotzdem leise sprechen, wenn Du willst. Aber wenn Du im Bett Deiner Mutter schläfst, weiß sie es doch. Warum es dann leise sagen? Damit sie nicht hört, daß Du es mir erzählst?' Er: 'Nämlich, weil ich jetzt nicht mehr mit ihr schlafen will. Als ich 7 war, da wollte sie es, und ich wußte ja nicht, und dann war es ein komisches Gefühl, wie Sie vorhin gesagt haben' (er meint Erektionen). 'Und dann hat Mama gesagt: 'Komm, das hält mich warm.' Und es ist auch angenehm. Aber wissen Sie (er senkt die Stimme), sie will das nicht, wenn Papa da ist. Sie sagt, nur wenn Papa nicht da ist. Weil sie Kummer hat, verstehen Sie; es wäre viel besser, wenn er Krämer wäre, nämlich dann könnte er sie immer in ihrem Bett wärmen. Mama sagt, die Mädchen müssen immer mit den Frauen schlafen, und meine Schwester, die schläft immer mit Mama. Aber ich, wissen Sie, na ja, ich möchte wohl noch manchmal in Mamas Bett gehen, aber dann weiß ich nicht.'"(FD 92/93)

Die Mutter hat auch noch gesagt, daß die Jungen mit den Jungen schlafen und auch die erwachsenen Männer mit den Männern wie sein Vater, wenn er in Deutschland ist. Dominique beginnt, sich für die Beziehungen zwischen den Geschlechtern zu interessieren, die im mütterlichen Diskurs vernebelt werden. Er spricht dann von 'dem' Großmutter, der im Restaurant immer alles aufschreibt, das Gedeck, den Kellner, das Menü, so wie Dolto alles aufschreibt, was er sagt und die auch, wie Dolto den Sohn „von der zudringlichen, pervers überschützenden Mutter trennt. 'Ich möchte eine Tankstelle haben. Ich würde gern den Leuten Benzin verkaufen. Ich würde ihnen gern Benzin einfüllen in ihr Auto. Und dann habe ich Mama gesagt: 'Und wenn

Papa da wäre, was würde er sagen?' Es stimmt, sie hat recht, Mama, aber ich weiß nicht, da kriege ich ein komisches Gefühl, und da weiß ich nicht."(FD 93)

Dolto fühlt sich in diesem Konflikt zu einer Stellungnahme herausgefordert. Sie hat durch ihre Intervention, die Benennung seiner Körpervorgänge bei der Erektion, die sie mit der von ihm modellierten Knetfigur in Verbindung bringt, dem Schwanz des Hundes aus der letzten Sitzung, die Exterritorialität seiner genitalen Körperempfindungen aufgelöst und sie aus der oralen Eutermetaphorik befreit. Erst danach kann Dominique nun über die Empfindungen sprechen, die er in der Tat hat, wenn er bei seiner Mutter im Bett liegt. Er ist ambivalent, einerseits gesteht er, daß es angenehm ist, andererseits fragt er sich, was sein Vater dazu sagen würde. Dolto kann nun also ihrer Funktion voll nachgehen, sie kann das Inzestverbot aussprechen, und damit ihren Beitrag zu Dominiques ödipaler Kastration leisten:

> „'Nein, du bist es, der völlig recht hat, und Dein Vater würde dasselbe sagen. Deine Mutter hat keinen Bruder gehabt, sie ist immer im Heim bei den Nonnen gewesen; und ich glaube, deswegen weiß sie nicht, daß ein kleiner Junge, wenn er im Bett seiner Mama schläft, wenn er ganz dicht bei ihr ist, an ihrem Nachthemd, und wenn er auch nur wenig anhat, daß ihm das etwas ausmacht. In seinem Herzen spürt er, daß es sehr schlecht für ihn ist, wenn er sich für den Mann seiner Mutter hält, weil er seinem Papa den Platz wegnimmt und in seinem Körper macht ihm das etwas aus. Dann weiß er nicht mehr, ob er ein Tier ist oder ein kleines Baby, ein Junge oder ein Mädchen, er wird ganz blöd davon, daß er nicht mehr weiß, was er ist. Du siehst ja, Mama sagt, daß Du nicht in ihr Bett kommen darfst, wenn Papa da ist; aber überall auf der Welt, sogar bei den Schwarzen, die ganz nackt herumlaufen, ist es verboten, daß die Buben mit ihrer Mutter schlafen. Niemals kann ein Junge der wirkliche Mann seiner Mutter sein, nie kann er sie so lieben, um wirkliche Kinder zu machen. Die wirklichen Kinder, die werden mit dem Geschlecht von beiden Eltern gemacht. Es ist das Gesetz der Menschen, daß das Geschlecht des Sohnes niemals dem Geschlecht seiner Mutter begegnen darf. Was Du sagst, ist die Wahrheit, und Deine Mutter will, daß Ihr die Wahrheit wißt.., frage Deinen Vater, er wird dasselbe sagen, wie ich; das ist das Gesetz aller Menschen."(FD 93/94)

Es ist bemerkenswert, wie es Dolto gelingt, an Dominiques Körpererfahrungen und an seine geäußerten Zweifel anknüpfend, in einfachen Worten das Inzestverbot auszusprechen. Der 'Schwarze von Mama' wird auch wieder aufgenommen, an dem er die Geschlechtsproblematik zu Beginn der Sitzung entfaltet hatte, der in seinen Phantasien als Nackter und als Wunschobjekt der Mutter einen besonderen Status hatte. Dolto teilt ihm mit, daß das

Inzestverbot, das Gesetz der Menschen, für alle Gültigkeit hat, auch für die sogenannten Wilden. Außerdem spricht sie seine Verwirrung an, in der Dominique hinsichtlich seiner Identität lebt, daß der Junge, wenn er den Körper seiner Mutter spürt, nicht mehr weiß, ob er ein Tier, ein Baby, ein Junge oder ein Mädchen ist. Während Dolto ihm das Inzestverbot erklärt, knetet Dominique stumm zwei Formen, eine runde Kugel mit einer phallischen Verlängerung und einen Ring.

Frau Bel fragt, ob Dolto ihr noch etwas zu sagen habe. Dolto fragt Dominique, ob er damit einverstanden sei. Er freut sich darüber und die Sitzung endet mit einem letzten Gespräch von Dolto mit Frau Bel. Dolto teilt ihr erst mit, daß Paul-Marie die 'erzwungene Zwillingschaft' mit seinem Bruder peinlich ist und dann, daß beide Söhne unter der Abwesenheit des Vaters sehr leiden. Sie sagt ihr, daß Paul-Marie nicht zu prüde sei, sondern daß es normal sei, wenn er sich in seinem Alter gegen gewisse Intimitäten mit ihr sträubt. Auch zu Frau Bel sagt sie, daß es vielleicht daran liege, daß sie keinen Bruder gehabt habe und bei den Nonnen aufgewachsen sei,

> wenn sie sich „über den Grad der Intimität nicht im klaren sei, bei dem eine Mutter bei ihren Söhnen haltmachen muß.' Mit dem verschmitzten Gesicht eines ertappten Mädchens, einem neckischen Getue sagt sie: 'Ja, nicht wahr, ich habe sie gern in meinem Bett, und ich geniere mich auch nicht, mich nackt vor ihnen zu zeigen, weil ich finde, daß die Kinder die Wahrheit wissen müssen, daß alles schön ist.'"(FD 96)

Offensichtlich war 'die Wahrheit' für Dominique so schön, hat ihn so geblendet, im Sinne von blind machen, daß er nicht in der Lage ist, die Geschlechtsmerkmale richtig zuzuordnen und zu benennen. Erst während Doltos Inzestverbots-Intervention hat er das männliche und weibliche Geschlecht darstellen können. Die vermeintliche 'Natürlichkeit' von Frau Bel entspringt im besten Fall einer gewissen Naivität, ihrer eigenen infantilen Sexualhaltung, im schlimmeren Fall entspringt sie bewußten Verführungsabsichten. Die Folgen für Dominique sind jedoch in beiden Fällen die gleichen gewesen. Sein Geschlecht wurde verleugnet, seine Erregung galt als nicht existent und er flüchtete sich in die geistige Zurückgebliebenheit.

Dolto bemerkt noch, daß es vielleicht auch für Sylvie unangenehm sein könnte, mit der Mutter im Bett zu liegen, was bei Frau Bel auf vollkommenes Unverständnis stößt. „'Sylvie neben mir, verstehen sie, das hält mich warm, aber sie ist nicht glücklich, wenn mein Mann da ist, braucht man die Kinder nicht...Paul-Marie sagt, es würde ihm jetzt lästig. Er versteckt sich vor mir, dabei bin ich doch seine Mutter! Also, wenn man sich vor seiner Mutter verstecken muß.'"(FD 96)Dolto muß schärfer interveniert haben, als sie es hier wiedergibt, weil sie bei einer der nächsten Sitzungen empört reagiert, als sie erfährt, daß Sylvie nach wie vor bei ihrer Mutter schläft, obwohl die Mutter ihr doch versprochen habe, keines ihrer Kinder mehr zu sich ins Bett zu nehmen. Doltos Intervention bewirkt bei Frau Bel, daß sie sich - ein Heizkissen kauft! Dominique wird an ihrer Seite durch ein Heizkissen ersetzt, so daß dieses als drittes Element zwischen Frau Bel und Sylvie im Bett, ein neues Eifersuchtsobjekt für Dominique wird. Die Tatsache, daß Frau Bel die aufgetauchte Inzestproblematik mit dem Kauf eines Heizkissens beantwortet, stützt Doltos Hypothese, daß ihre Einsamkeitsphobie am Ursprung der Beziehung zu ihrem Mann stand und nicht ihr genitales Verlangen. Sie zeigt sich verschlossen gegenüber der erotischen Problematik ihrer Kinder bei ihrer 'Warmhaltepraxis'. Im Bett zusammenliegen ist für sie äquivalent mit sich wärmen.

Dolto resümiert die Wiedergabe dieser Sitzung mit folgenden Worten: „Wir entdecken eine sexuell infantile Mutter: und wieder einmal ist der verführerische Inzest Hauptursache für die Regression, für die Verwirrung der Arten, der Geschlechter und für die Ausschließung des ödipalen Ichs, all dessen, was wir im Augenblick mühsam in den von Dominique als verstümmelnd erlebten Episoden zu erkennen beginnen."(FD 96/97)

'Familienkonferenz'

Diese Sitzung zeigt exemplarisch, wie Dolto die Familienmitglieder in ihre Arbeit einbezieht. Sie hält eben gerade keine Familienkonferenz ab, in der sich alle Familienmitglieder gleichberechtigt zu einer Problematik äußern, eine Praxis, die sie übrigens auch offen kritisiert hat, sondern sie hört jedem Familienmitglied zu in bezug auf ihren Analysanten, Dominique. Paul-Marie hatte gleich zu Beginn der Therapie den Wunsch geäußert, sie kennenzulernen, was wiederum Indiz für die 'Zwillingschaft' zwischen den beiden ist. Sie hatte der Mutter daraufhin mitgeteilt, daß Dominique darüber zu entscheiden habe, ob und wann sie seinen Bruder sehe. Jetzt, zu dieser Sitzung hatte Dominique die Präsenz seines Bruders gewünscht. Dolto sagt, daß ihre Analysanten, die Kinder selbst die Notwendigkeit verspüren würden, daß ihr Analytiker zu einem bestimmten Zeitpunkt mit dem Vater, der Mutter oder einem anderen Familienmitglied spricht. Es sieht so aus, als wenn Dominique geahnt hätte, daß sein Bruder ihm jetzt bei der Therapie helfen könnte, wenn er über die Bettgewohnheiten seiner Mutter spricht, was ihm selbst nicht möglich war. Der Analysant selbst spürt es, wenn der Analytiker für die Fortsetzung der Arbeit Informationen braucht, die nur andere Familienmitglieder ihm geben können. Dolto verspricht dem Kind zu Beginn der

Behandlung, daß alles, was Dritte ihr mitteilen, von ihr an das Kind weitergegeben wird, soweit es mit ihm zu tun hat. Das Kind hat ohnehin jedes Mal das Recht zu entscheiden, ob es selbst bei dem Gespräch zugegen sein will oder nicht. Diese Haltung ist eine ethische Grundhaltung dem Subjekt gegenüber, um das es in der Kur geht, sie verhindert damit zugleich paranoische Effekte für den Patienten, der sonst Verbündungen phantasieren könnte, die hinter seinem Rücken zwischen den Eltern und dem Analytiker stattfinden.

Sie läßt in dieser Sitzung, die aus fünf Einzelgesprächen besteht, mit der Mutter, mit Dominique, mit dem Bruder, erneut mit Dominique und zum Schluß noch einmal mit der Mutter, die entscheidende Information, die inzestuösen Praktiken der Mutter von einem Gespräch zum anderen zirkulieren. Die Information hatte sie allerdings auch bekommen, weil sie das von ihr wahrgenommene Hauptproblem der Familie, die häufige Abwesenheit des Vaters gleich zum Gesprächsgegenstand mit Paul-Marie gemacht hatte. Hier wird noch einmal die Bedeutung der anamnestischen Gespräche mit den Eltern zu Beginn der Behandlung klar, in denen sie den familiären Kontext, in dem das Kind aufwächst, zu erfassen sucht. Außerdem fragt sie nach der Vorgeschichte der Eltern, ihren eigenen familiären Fixierungen und nach der Geschichte ihrer Beziehung, unter welchen Umständen sie sich kennengelernt haben. Diese Informationen gibt sie während der Behandlung an Dominique weiter. Aufgrund dieser Vorgespräche hat sie Paul-Marie die Frage nach seinem Vater stellen können und die Information erhalten, die für den weiteren Verlauf von Dominiques Kur so entscheidend ist. Sie hat mit dem Aussprechen des Inzestverbots Dominique im Ringen um eine eigene, sexuelle Identität beigestanden, obwohl dieses Ringen, wie der Verlauf der weiteren Sitzungen zeigt, noch längst nicht abgeschlossen ist. Er wird seine libidinöse Ökonomie vollkommen umgestalten müssen, das ist ein langwieriger Prozeß, der durch die Mitteilung des Bruders und ihre Intervention erst eingeleitet wird.

Doch Dolto wartet nicht nur, bis ein Kind, und sei es nur durch seine Weigerung, selbst in das Behandlungszimmer zu kommen, zu verstehen gibt, daß es ein Gespräch zwischen seinem Therapeuten und seiner Begleitperson wünscht. Wenn ihr bei den Äußerungen des Kindes etwas auffällt, was sie nicht versteht, und wozu das Kind auch nichts sagen kann, so fragt sie von sich aus die Mutter, in den meisten Fällen werden die Kinder ja von ihren Müttern begleitet, was ihnen dazu einfällt. Drei Beispiele sollen dieses Vorgehen verdeutlichen. Ein Junge namens Frédéric, der in die Therapie kommt, weil er in der Schule zwar sehr präsent ist, sich aber weigert, lesen und schreiben zu lernen, malt in seine Zeichnungen immer wieder ein A hinein.

> Als Dolto ihn fragt, ob das ein A ist, antwortet er „mit 'Ja' unter Einatmen, während er sonst immer ausatmend spricht... Ich suche danach, wer mit diesem A bezeichnet sein könnte, denn es gibt in seiner Familie keinen Vornamen, der mit diesem Buchstaben beginnt. Die Interpretation, daß es sich um die Aufsichtsperson in der Konsultation dienen könnte, deren Namen mit A beginnt, bleibt ohne Wirkung."(iic 47;UBK 42)

Dolto fragt dann die Mutter, ob ihr das A etwas sagt, ob sie eine Idee hat, warum Frédéric immer wieder als einzigen Buchstaben ein A in seine Zeichnungen einfügt. „Die Adoptivmutter enthüllt mir dann das, was wir nicht wußten: daß das Kind, als sie es adoptiert hat, den Vornamen Armand trug."[14] Diesen Vorname Armand hatte seine leibliche Mutter für ihn ausgesucht. Sie hatte dem Korb, in welchem sie den Säugling vor einer Kirche abgestellt hatte, einen Zettel beigefügt. Diesen Vornamen hatte er bis zu seiner Adoption im Alter von 11 Monaten getragen und die Mutter hatte es der Therapeutin nicht mitgeteilt.

Das zweite Beispiel ist eine etwas skurile Beziehung zwischen einer Mutter und ihren adoleszenten Söhnen. Dolto empfängt in ihrer Konsultation einen 14-jährigen Jungen, der ein ausgezeichneter Schüler ist, aber durch eine bestimmte Zwangshandlung auffällt. Er versetzt den Tischen in der Schule so lange heftige Fußtritte, bis sie auseinanderbrechen. Sowohl die Beine des elterlichen Ehebettes auf der Seite der Mutter, als auch ihre eigenen Beine sind Angriffspunkte seiner Attacken. Die Beine der Mutter sind voller Blutergüsse. Zu seinem Symptom hat er nur zu sagen, daß das stärker sei als er, daß er die Fußtritte nicht mit Absicht geben würde. In seiner Sitzung knetet er einen antiken Brunnen. Es fällt ihm nur dazu ein, daß es ein Brunnen aus einer früheren Zeit ist, und daß ganz tief unten Wasser ist, was man nicht sehen könne. Dolto fragt ihn:

„'Ja, wovon sagt man noch, daß es sich im Brunnen verstecke?' Und so gelingt es uns, zusammen über den Brunnen und die Wahrheit zu sprechen, von der man annimmt, sie trete ganz nackt aus ihm hervor."(UBK 12) Als Dolto ihn am Ende der Stunde bittet, mit ihr den Termin für die nächste Sitzung festzulegen, verweist er sie auf die Mutter, die für seine Terminplanung zuständig sein. Dolto holt die Mutter herein, und während sie mit ihr über die nächsten Termine spricht, nimmt der 'junge Mann', so bezeichnet sie ihn, den Zeigefinger seiner Mutter, führt diesen

> „in den modellierten Brunnen und liebkost ihn damit, ohne daß die Mutter, die weiterredet, etwas davon zu bemerken scheint. Anstatt sie zusammen weggehen zu lassen, sage ich zur Mutter: 'Würden Sie bitte noch einen Moment warten, ich muß noch etwas mit ihrem Sohn besprechen.' Sie geht, und ich sage

zu dem Jungen: 'Was bedeutet es, daß Sie den Zeigefinger ihrer Mutter in Ihre modellierte Figur einführen?' - 'Ich, wie? Ich weiß es nicht.' (Er scheint überrascht, ja sogar verblüfft.) Er antwortet, als ob er es vergessen hätte, als ob er sich dessen nicht bewußt wäre; ich beschreibe ihm daraufhin das, was ich ihn habe tun sehen. Und füge hinzu: 'Woran werden Sie erinnert, wenn sich der Finger ihrer Mutter im Loch dieses Brunnens befindet?' - 'Äh, ich darf nicht auf die Toilette gehen.., die Mutter erlaubt mir nicht, im Gymnasium auf die Toilette zu gehen, weil sie immer meinen Kot sehen und kontrollieren muß.' - 'Weshalb, haben Sie seit langem eine Darmkrankheit?' - 'Nein, aber sie will es einfach nicht, sie macht mir eine Szene, wenn ich es einmal im Gymnasium tue.' - 'Gehen Sie Ihre Mutter holen!' Die Mutter kommt zurück, und es bestätigt sich, daß auch sie nichts von dem Spiel mit dem Finger im Brunnen bemerkt hat. Ich sage ihr, daß ihr Sohn, (der immer noch anwesend ist,) zu mir von der Notwendigkeit, von ihr seine Exkremente untersuchen zu lassen, gesprochen habe. 'Aber Madame, ist es nicht die Aufgabe einer Mutter, für das gute Funktionieren der Körper ihrer Kinder zu sorgen? Sogar meinem ältesten Sohn (ein einundzwanzigjähriger Mann) massiere ich jedes Mal den Anus, wenn er Stuhlgang hat.' - 'So, und weshalb?' -'Der Arzt hat verlangt, daß ich es tue. Als mein ältester Sohn 18 Monate alt war, hatte er einen Darmvorfall, und der Arzt hat mir gesagt, ich solle den Anus nach jedem Stuhlgang massieren, damit sich der Prolaps zurückbilde.'"(UBK 12/13)

Der Patient Doltos war eifersüchtig auf den Bruder, darum hatte er als Symptomhandlung mit dem Finger seiner Mutter die Geste vollzogen, die ihm im Unterschied zum Bruder in der Realität versagt blieb. Bei ihm beschränkte sich das anale Interesse der Mutter auf die visuelle Kontrolle seiner Exkremente. Die im Brunnen verborgene Wahrheit trat in unvermuteter Gestalt zu Tage: „Der Brunnen war das Abbild eines partiellen Körperbildes. Er stellte den Darm des Jungen dar, der die Wahrheit über die Sexualität der Frau der Lust am Exkrement zuordnete. Er war im Ganzen gesehen in einer anal fixierten Sexualität steckengeblieben."(iic 14;UBK 13) Die anale Kastration war ihm nicht gegeben worden, er konnte seine Motorik, seine Beinmuskulatur in bestimmten Augenblicken nicht beherrschen. „Die Motorik, die, wenn sie an die Gesellschaft angepaßt ist, Ausdruck einer sublimierten analen Lust ist, war bei diesem Jungen entstellt. Seine beiden unteren Glieder agierten in seinen Symptomen als Substitut des dritten unteren Gliedes: des Penis. Mit dem Fuß trat er nach den Beinen seiner Mutter, weil er nicht mit seinem Penis in ihre Vagina eindringen konnte."(UBK 13) Soweit die Auflösung dieser seltsamen Symptomhandlungen.

Es gibt noch einen dritten spektakulären Fall, der Dolto wirklich markiert hat. Ein schizophrener Junge, der noch nie in seinem Leben ganze Nächte durchgeschlafen hatte, produziert eines Tages in einer Sitzung ein Delirium mit zwei verschiedenen weiblichen Stimmen. Die eine Stimme beschimpft die andere als Hure und sagt ihr, daß sie das Hurenkind nicht behalten dürfe, die andere fleht darum, ein Kind bei sich behalten zu dürfen. Nach dieser Sitzung schläft der Junge 36 Stunden. Dolto bittet die Mutter um Aufklärung, ob sie die Bedeutung dieses Dialogs verstehe, und dabei stellt sich heraus, wieder ist es eine Adoptionsgeschichte, allerdings eine inoffizielle, daß sie ihr Kind aus einer Entbindungsklinik in der Schweiz geholt hat, und selbst Zeugin dieser von dem Jungen in seinem Delirium reproduzierten Dialoge geworden war. Die Mutter der Gebärenden, also die Großmutter des Kindes hatte ihre minderjährige Tochter gezwungen, dieses Kind, dessen Vater ein angesehener, verheirateter Mann in ihrer Stadt war, wegzugeben. Die 'Adoptivmutter' hatte sich schuldig gefühlt, der jungen Frau, die ihr Kind behalten wollte, es wegzunehmen. Sie war selbst so traumatisiert, daß sie auch nicht mit ihrem Mann über die Umstände dieser 'falschen Adoption' gesprochen und sie dann auch vergessen hatte. Erst durch die Erzählung Doltos fielen ihr die tragischen Umstände, unter denen sie ihr Kind von einer anderen Frau bekommen hatte, wieder ein. Der Junge selbst hatte sein Delirium in einem Zustand der Bewußtlosigkeit gesprochen. Er hatte in der nächsten Sitzung keinerlei Erinnerung daran. Dolto hat ihm den von ihm gesprochenen Dialog dann mitgeteilt und ihm die Umstände seiner 'Adoption' erklärt. Dieser Fall ist zweifelsohne die Grundlage für den folgenden Satz in dem Kapitel über die Nabelschnur-Kastration, es geht um die Wahrnehmung des Neugeborenen von der Stimmung und den Stimmen, die ihn empfangen:

> „Dieser Vorname und diese Bezeichnung, die Bezeichnung seines Geschlechts, werden durch Stimmen ausgestoßen, die von Freude oder Zurückhaltung bewegt sind, die dabei der Umgebung Befriedigung ausdrücken oder nicht; und wir entdecken jeden Tag, wieviel diese ersten Bedeutungen an narzißierender Freude oder bereits Zurückhaltung, wenn nicht sogar Leid und entnarzißierende Angst für den Säugling ausdrücken. Sie behalten sie, wie Tonbandaufzeichnungen, die irgendwo in ihrem Gedächtnis gespeichert sind."(UBK 126)

Diese drei klinischen Beispiele zeigen, wie Dolto die Beteiligung der Eltern an der Behandlung handhabt. Wenn Material in der Behandlung auftaucht, das von großer Bedeutung zu sein scheint, das aber auch durch die Assoziationen des Kindes nicht verständlich wird, wendet Dolto sich an die Eltern, um Aufklärung zu erhalten. Sie benutzt dann die Assoziationen der Eltern zu dem Material des Kindes. Nun handelt es sich in den drei klinischen Beispielen um Ereignisse in der Realität des Kindes, die seine Symptomatik begründet haben, und die in den Vorgesprächen von den Eltern nicht mitgeteilt wurden: Die Änderung des Vornamens im Alter von 11 Monaten bei Frédéric, die perversen Praktiken der Mutter im zweiten Fall und die tragischen Umstände einer Adoption im letzten Fall. Immer geht es darum, daß das Material der Kinder sich auf Erlebnisse bezieht, die entscheidend für sie waren, die aber für sie und in ihrer Familie einer Symbolisierung nicht zugänglich waren, weil ihre Bedeutung auch von den Eltern verleugnet worden war. Die Mutter hatte vergessen zu erwähnen, daß sie den Vornamen des Kindes geändert hatte, die zweite Mutter hatte die Geste ihres Sohnes nicht einmal bemerkt, sondern weiter gesprochen, als wäre nichts, die dritte Mutter war durch die Umstände der Adoption so traumatisiert worden, daß sie sie vergessen hatte. Das Symptom des Kindes enthält eine Wahrheit, die aus dem Bewußtsein der Beteiligten ausgeschlossen war.

Um auf die Bedeutung der Eltern in der Technik von Dolto zurückzukommen, soll hier herausgestellt werden, daß die Eltern nicht regelmäßig in bestimmten Abständen, zu Gesprächen zu ihr kommen, also nicht die Zeit das einzige Kriterium für ihre Beteiligung an der Kur ist, wie es häufig gehandhabt wird, also ein Mal im Monat etwa. Sie werden hinzugezogen, wenn das psychische Material des Kindes, seine Arbeit mit dem Unbewußten es verlangt. Wenn sein Material nach einer Deutung verlangt, die zu einem bestimmten Zeitpunkt weder von ihm selbst noch von dem Analytiker gegeben werden kann. Die Eltern als Zeugen der Geschichte ihres Kindes können dann durch ihre eigenen Einfälle zur Entschlüsselung von Symptomen, Fehlleistungen und signifikanten Wiederholungen beitragen. Die so gewonnenen Informationen werden von Dolto in der Kur dem Kind zurückgegeben, so daß ihm ein Teil seiner im Unbewußten verschlossenen Geschichte wieder zugänglich wird und es sich im besten Fall davon lösen kann. Erinnern und durcharbeiten statt an das Trauma fixiert zu bleiben, das ist die Zielsetzung der Kur.

Dolto geht in ihren Schriften noch auf eine spezielle häufig vorkommende Komplikation in der Zusammenarbeit mit den Eltern ein: Nämlich die Gefahr, daß sie den Analytiker für sich in Anspruch nehmen und dem Kind seinen Platz wegnehmen, indem sie sich an seine Stelle setzen. Dolto fordert, diesen Mechanismus sofort anzusprechen. Der Analytiker muß dem betreffenden Elternteil mitteilen, daß er der Therapeut seines Kindes ist, und daß sie, wenn sie ihre Geschichte für sich aufarbeiten wollen, es mit einem anderen Therapeuten tun müssen. Eventuell kann er ihnen auch bei der Suche danach behilflich sein, indem er ihnen eine Adresse gibt.

Wenn Kinder große Angst haben, allein mit dem Therapeuten zu bleiben und die Anwesenheit ihrer Mutter oder ihres Vaters wünschen, sollte dem Rechnung getragen werden. Die Behandlung findet dann solange in ihrer Anwesenheit statt, bis das Kind in der Lage ist, die Trennung während der

Dauer der Sitzung zuzulassen. Der Therapeut sollte sie dann allerdings darauf hinweisen, daß zwar ihre Anwesenheit durchaus erwünscht ist, aber nicht ihre aktive Beteiligung. Zu Beginn sollte man ihnen Papier und Bleistift geben, so daß sie ihre Einfälle aufschreiben können. Diese kommen dann am Ende der Sitzung zur Sprache.

Die Eltern werden von Dolto als Bündnispartner angesehen, soweit sich das Bündnis allein auf den analytischen Prozeß ihres Kindes bezieht, also nicht als Bündnispartner in einem normativen Sinne. Sie sind Zeugen, die in bestimmten Momenten der Kur durch ihre Mitteilungen die Entschlüsselung der Äußerungen ihres Kindes ermöglichen.

Dolto schlägt in ihrem Artikel zur Technik der Kinderanalyse in Erziehungsberatungsstellen vor, den Eltern von Anfang an mitzuteilen, daß eine Therapie kein erzieherischer Eingriff ist, sondern sich ausschließlich auf die Aufarbeitung vergangener Konfliktsituationen beschränkt, an die das Kind durch seine Symptomatik noch gebunden ist.

> „Der Psychotherapeut ist nur dazu da, dem Kind zu helfen, um sich von den emotionalen Schäden zu befreien, die sich auf etwas beziehen, was sich in der Vergangenheit ereignet hat, sei es nun vergessen oder nicht. Aber auf das gegenwärtige Leben bezogen ist die Psychotherapie das nebensächlichste Element, weil es sich dabei ja nur um reale Tatsachen handelt und diese in die Sitzungen einzubringen, ist das lebendigste Mittel, um ihnen jede Gefahr zu nehmen. Das muß immer wieder gesagt werden.“(edm 86) Dementsprechend schlägt sie vor, den Eltern nahezulegen, im Alltag mit ihren Kindern sich nicht anders zu verhalten, nur weil ihr Kind eine Therapie macht. Sie sind und bleiben verantwortlich für die Erziehung ihres Kindes. „Am Schluß des Erstgesprächs kommt oft die große Frage: die der Eltern, die glauben in der Erziehung ihres Kindes versagt zu haben und die Ratschläge möchten. 'Was sollen wir jetzt machen,' fragen sie. 'Sollen wir ihn nicht mehr ausschimpfen? Ihn nicht mehr bestrafen? etc.' Die einzige Antwort darauf ist: 'Bleiben Sie Eltern, demissionieren Sie nicht, weil Ihr Kind eine Psychotherapie macht!'“(edm 85)

Mit diesen Aussagen macht Dolto auch den Eltern gegenüber deutlich, daß die Psychotherapie etwas anderes ist als ein erzieherischer Prozeß. Ihre Zeit ist nicht die Gegenwart und ein Psychotherapeut ist kein Elternsubstitut von Eltern, die bei der Erziehung versagt haben, der es also besser macht als sie. Seine Funktion ist eine andere, er hilft dem Kind, sich zu verstehen, um mehr Authentizität zu erlangen, nicht um so zu werden, wie andere es wünschen. Der Analytiker gibt sich selbst eine andere Position. Er gibt keine Erziehungsratschläge. Bei Dominique haben wir nun eine Ausnahme von dieser Regel gesehen. Dolto hat der Mutter ganz offensichtlich nahegelegt, auf die Körperwärme zumindest von

Dominique, wenn nicht auch von der Schwester in ihrem Bett zu verzichten. Offensichtlich gibt sie ihre Abstinenz in bezug auf Ratschläge auf, wenn es sich um perverse Praktiken handelt. Dann greift sie ein, genauso, wie sie der Mutter des 'Brunnenbauers' gesagt hat, daß es nicht ihre Aufgabe sei, die Ausscheidungsfunktionen ihrer erwachsenen Söhne zu überwachen und in sie einzugreifen. Doch das Feld ihrer Arbeit sind die libidinösen Fixierungen, die aus solchen perversen Praktiken entstehen. Mit Dominique wird sie arbeiten, um seine Sehnsucht nach dem mütterlichen Bett zum Verschwinden zu bringen.

Trauma und Fixierung

An dieser Stelle soll auf Doltos Traumabegriff eingegangen werden. In zwei Fällen gab es gravierende Ereignisse im Leben der Kinder, die niemals wieder zur Sprache kamen. Bei Dominique und bei dem jungen 'Brunnen-Mann' waren es andauernde perverse Praktiken der Mütter, die zu ihren Symptomen geführt hatten, und über die nie gesprochen worden war. Für Dolto ist nicht das Ereignis traumatisierend, sondern das Fehlen einer Symbolisierung. Freud definiert das Trauma in den 'Vorlesungen zur Einführung in die Psychoanalyse' als ökonomisch nicht zu bewältigende Reizüberflutung: „Wir nennen so ein Erlebnis, welches dem Seelenleben innerhalb kurzer Zeit einen so starken Reizzuwachs bringt, daß die Erledigung oder Aufarbeitung desselben in normalgewohnter Weise mißglückt, woraus dauernde Störungen im Energiebetrieb resultieren müssen."(GW XI,284) Die Reizüberflutung und das Versagen gewohnter Erledigungsformen führen zu einer als traumatisch charakterisierten Situation. Die Fixierung auf dieses Ereignis, an diese traumatische Situation ist eine der 'Lösungsmöglichkeiten' des Subjekts. Es würde zu weit gehen, hier die gesamte Freudsche Traumatheorie nachzuzeichnen. Feststeht, daß auch in der Doltoschen Analysekonzeption die Aufhebung der Fixierung und die Entbindung der in ihr festgesetzten psychischen Energie unabdingbar für das Gelingen der Analyse sind. Doch für sie ist nicht das Ereignis an sich traumatisch, sondern die Bedingungen, unter denen das Ereignis stattfindet.

> „In der Geschichte eines jeden Menschen, sei er nun ein Neurotiker oder nicht, gibt es viele besondere Ereignisse. Nicht diese Ereignisse sind psychoanalytisch bedeutsam, d.h. bedeutsam in der unbewußten Dynamik, welche die Entwicklung des Subjekts strukturiert; sondern die Art und Weise, wie das Subjekt aufgrund seiner derzeitigen Trieb- und Persönlichkeitsorganisation auf sie reagiert hat. Die in der Familie erlebten Ereignisse erhalten nur dann eine traumatische Bedeutung, wenn das Subjekt ihretwegen auf den verschiedenen Ebenen seiner libidinösen Entwicklung die humanisierende Kastration verpaßt."(FD 10)

Doltos Traumabegriff hängt eng mit ihrer Reifungskonzeption zusammen. Ein Erlebnis oder eine bestimmtes Verhalten der Erziehungspersonen wirkt traumatisch, wenn sie die gewünschte Triebbefriedigung zuläßt, statt den Wunsch mit Worten anzuerkennen, seine Realisierung aber zu untersagen. Die Reizüberflutung ist die unmittelbare Folge einer zugelassenen Triebbefriedigung, die nicht mehr dem Entwicklungsstadium des Kindes entspricht. Für Dominique waren die Rückkehr an die Brust und das erneute Gewickeltwerden traumatisch. Er kehrte zu einer Form der Triebbefriedigung zurück, die er überwunden hatte, da er bereits sprechen konnte.

Schon die Geburt Sylvies war für ihn traumatisch, weil sie eine Entwertung seiner selbst zur Folge hatte. Er war der entthronte Prinz, der seine Orientierungspunkte verloren hatte.

> „Vom Tag der Geburt seiner Schwester an hat Dominique seine Bezugspunkte verloren; er entdeckte, daß er im Vergleich zu seiner Schwester einen häßlichen Körper hatte, der beim Rivalenspiel der Sphinkter-Passivität und der Stummheit keinerlei Wert gewann, daß im Vergleich zu seinem Bruder seine Intelligenz gleich Null war, daß er keine Freunde, keine Zuflucht besaß. Seine Großmütter zogen Paul-Marie vor. Dominique war verwirrt von der Triebexistenz in seinem Körper und seinem Geschlecht, dem keinerlei Wert zugesprochen wurde. Er hat eine vollständige Entnarzißierung erfahren."(FD 141)

Für Dolto ist prinzipiell nicht ein Ereignis selbst traumatisierend, sondern die Einsamkeit, die daraus resultiert, daß der Schmerz oder die Verwirrung oder der Haß oder der Neid nicht durch Worte oder Gesten anerkannt werden, daß es keinen Zeugen gibt, der das Kind versteht und damit seinen Zusammenhalt und seinen Selbstwert garantiert. Die Üerflutung wird in der Einsamkeit erlebt und das Subjekt kann ihr durch das Ausbleiben eines Austausches über sein Erleben keinen Sinn geben. Traumatisch ist ein Ereignis, wenn es den Status einer Enklave im Symbolischen bekommt, etwas, das in den Beziehungen zu den anderen ausgeklammert bleiben muß, und das das Subjekt dementsprechend auch nicht mehr als zu sich gehörend empfindet. „Von dem Augenblick an, da seine Sätze für Dominique einen persönlichen Sinn verloren, als er sich für keine Person mehr als Person fühlte, konnte er in seine Worte nicht mehr den Ausdruck der sensoriellen Erfahrungen, die er erlebte, eingehen lassen."(FD 142)

Das Trauma als solches wird abgespalten, das traumatische Erlebnis findet keine symbolische Einschreibung. Die erlebte Angst wird zum vorherrschenden Beziehungsmodus.

> „In diesem Fall haben die Instanzen der sich herausbildenden Persönlichkeit in

der elterlichen Umgebung nicht die verbale oder gestische Stütze gefunden, die für eine menschliche Symbolisierung kennzeichnend ist, eine Stütze für die verstümmelnde Ohnmacht, die in ihm Angst hervorrief. Im Gegenteil, seine Angst hat den Wert einer prinzipiellen Realität der familiären und sozialen Umwelt angenommen, für ihn ein Leidensbild der Angst, aber ein Bild ohne Worte und Gesten anderer.“(cD 12;FD 10/11)

Zusammenfassend kann gesagt werden, daß ein Ereignis durch das Fehlen seiner Anerkennung, durch das Ausbleiben eines Austausches, der dem Ereignis Sinn geben könnte, traumatisch wird. Das Fehlen seiner symbolischen Einbindung führt zum Besetzen der Angsterregung als Beziehungsmodus und als letztes Zeichen des verbleibenden Narzißmus.

Die Reizüberflutung ist eine Folge der das Ereignis begleitenden Sprachlosigkeit. Beziehungsweise das Fehlen einer anschließenden Symbolisierung führt zu der symptomatischen Fixierung an das Trauma. Das Aussprechen der traumatischen Situation in der Kur führt zur Aufhebung der Fixierung und zu der Befreiung der in ihr gebundenen Energie. Der schizophrene Junge war 13 Jahre lang beherrscht von den haßerfüllten Worten seiner Großmutter und der verzweifelten Reaktion seiner Mutter, die ihn nicht zur Ruhe kommen ließen. Er konnte keinen Schlaf finden. Erst die Wiedergabe des Dialogs in einem quasi-bewußtlosen Zustand erlaubte es ihm zum ersten Male in seinem Leben richtig zu schlafen und seine psychische Gesundheit wiederzufinden. Dies ist einer von Doltos spektakulären Erfolgen. Immer wieder geht es in ihren Fallgeschichten um traumatische Ereignisse, die, auch von der Familie verleugnet, zum ersten Mal in der Kur zur Sprache kommen. Es sind oft reale, tragische Ereignisse, deren Entdeckung und die damit verbundene Wiederherstellung des Subjekts fast unglaublich klingen. Vielleicht hat sie die Erfahrung ihrer eigenen Analyse zu dieser Üerzeugung gebracht, daß nichts undenkbar ist, und daß gerade die schwersten Symptome sich durch die Erinnerung und das Aufdecken des Verdrängten oder Verleugneten verstehen und damit auflösen lassen. Diese unbeirrbare Sinnsuche, ihre Üerzeugung, daß es etwas zu verstehen gibt, muß sich ihren Patienten mitgeteilt haben. Vielleicht ist das eine Erklärung für ihr klinisches Genie.

Sie selbst träumte in ihrer Analyse mit Réné Laforgue wiederholt von einem Vorhang aus roten Haaren, hinter denen Champagnergläser sichtbar waren. Dieses Bild war verbunden mit der Wortassoziation ‘rue Vineuse’. Laforgue forderte sie auf, ihre Mutter zu der rue Vineuse zu befragen, und es stellte sich heraus, daß sie im Alter von 3-6 Monaten wiederholt von ihrem rothaarigen, irischem Kindermädchen in ein Luxusbordell mitgenommen worden war, wo die Irin offensichtlich einem Nebenerwerb nachging, um ihren Heroinkonsum bezahlen zu können. Da der Schmuck von Doltos Mutter regelmäßig verschwand und dann doch wieder auftauchte, hatte man einen Detektiv beauftragt, die junge Frau zu beobachten. So stellte es sich heraus, daß sie die kleine Françoise nicht im Park spazierenfuhr, wie ihr aufgetragen worden war, sondern sie woandershin entführte. Die plötzliche Trennung von ihrem Kindermädchen, das nach dieser Entdeckung fristlos entlassen wurde, hätte Dolto fast das Leben gekostet. Sie bekam eine beidseitige Lungenentzündung und meint, daß sie ihr Überleben nur der Tatsache verdankt, daß ihre Mutter sie für 48 Stunden zu sich ins Bett genommen und gewärmt hat.(EK 40ff und 80) An Lungeninsuffizienz ist Dolto im Alter von 79 Jahren gestorben.[15]

Sie hatte also in ihrer eigenen Analyse die Erfahrung gemacht, daß ihre Traumbilder die Reproduktion einer in ihrem ersten Lebensjahr wiederholt gemachten Wahrnehmung entsprachen. Einer Wahrnehmung, die für eine Tochter aus gutbürgerlichem Hause in der Tat unerhört war. Vielleicht hat sich die Gewißheit der Rekonstruierbarkeit einer unvorstellbaren Szene auf ihre Arbeit übertragen. Wie ein Detektiv hat sie sich bemüht, mit den zu behandelnden Kindern den Ort und die Zeit des 'Verbrechens' wieder aufzusuchen. Das ist eine Erklärung für ihr klinisches Genie, daß es für sie vielleicht weniger als für andere keine Unmöglichkeit einer Erfahrung gab. Auch ihr Kampf gegen den sexuellen Mißbrauch erklärt sich vielleicht auch, abgesehen von den schwerwiegenden Folgen, die sie in ihrer Praxis kennengelernt hat, aus dieser sehr frühen Verführung. Sie wird ja nicht unbeteiligt gewesen sein an den erregenden Vorgängen in ihrer unmittelbaren Bordell-Umgebung.

Die Gewißheit eines realen Traumas, also eines oder mehrerer Ereignisse, die traumatisch gewirkt haben, und die ebenso große Gewißheit, daß es nichts gibt, was nicht erinnerbar wäre, kennzeichnen den Verlauf ihrer Fallgeschichten. Das charakterisiert auch das Spektakuläre, das immer wieder etwas Undenkbares aufgedeckt wird. Auch im folgenden Interview geht es um diese Überzeugung, daß es etwas aufzudecken gibt, daß ein Kind durch sein Symptome ein unbewußtes Wissen ausdrückt. In der Einleitung zu dem dritten Band ihres Seminars zur Kinderpsychoanalyse 'Inconscient et destins' (Unbewußtes und Schicksale) beantwortet Françoise Dolto Fragen von Jean-Francois de Sauverzac zu ihrer Praxis. Er fragt sie, ob es nicht ihre Art zu hören ist, die bestimmte Prozesse möglich macht. Sie antwortet:

> „Eine gewisse Disponibilität, ja... Aber das ist das Ergebnis einer persönlichen Analyse, einer Lehranalyse, diese Überzeugung, die ich habe, daß das Kind weiß. .. J.F.S.: Was Sie da sagen, erinnert an den Fall des Kindes, welches das Wort 'Nutte', das es verdrängt hatte, wiedergefunden hat. Dieses Kind zeichnete Rosetten und Sie erzählen, daß Sie insistiert haben, damit er die verdrängten Namen all jener Personen, die er mit dem Bild assoziiert, wiederfindet.

F.D.: Ich habe insistiert, weil ich mich auf Freud stützte. Freud sagt, daß es keine Erinnerung gibt, die nicht wiederkommt, wenn der Widerstand aufgehoben ist. Darum habe ich auf der Grundlage der vertrauensvollen Übertragung, die das Kind auf mich hatte, zu ihm gesagt: 'Doch, Du weißt. Du hinderst Dich daran, die Erinnerung wiederkehren zu lassen.' Und sie ist wiedergekehrt."(id 8/9)

Das Traumatische eines Ereignisses besteht im Fehlen einer symbolischen Bindung durch Worte, diese wird erst in der Kur hergestellt. Die Implikationen dieser Annahme für ihre Erziehungstheorie und ihr Präventionskonzept werden im dritten Kapitel dieser Arbeit erörtert.

Zu Dominique sagt Dolto mehrmals, daß es um das geht, was er nicht sagt, und macht ihn dadurch darauf aufmerksam, daß erst das Verschwiegene die Erklärung seiner Symptome zu Tage fördern wird. Er muß auf den Genuß durch die Angst verzichten, indem er die Symbolisierung zuläßt. Und er muß auf den Genuß verzichten, den die körperliche Nähe zu seiner Mutter ihm auch gibt. Das Ringen geht weiter. Das Kind ist immer auch Komplize einer ihn zerstörenden elterlichen Haltung. Die Fixierung an ein Trauma oder an eine perverse Position ist auch mit einem Genuß verbunden. Erst das Aussprechen ermöglicht den Verzicht auf diesen Genuß.

Fortführung der Kur

Die sechste Sitzung findet zwei Wochen später statt, am 18. Januar, einen Tag vor Dominiques 15.Geburtstag. Dominique sagt, daß er das Geheimnis aufgeklärt hat. Das Geheimnis besteht darin, daß seine Schwester wegen der neu erworbenen Heizdecke in das Bett der Mutter geht. Sie ist nach seinen Worten verliebt in die Heizdecke, die an der Stelle des Vaters da ist. Nachdem er von seiner Schwester gesprochen hat, fragt Dolto ihn:

„'Und Du?' -Schweigen. Er: 'Warum? Glauben Sie, ihr Geschlecht kann platzen? Ich: 'Das meinst D u. Erzähle.' Schweigen. Er: 'Na, ja, z.B. ein Bub von 6 oder 7 Jahren, der mit seiner Mutter geschlafen hat, als er klein war, da hat sich das Geschlecht des Babys an seine Mutter geklebt, und dann kann sein Geschlecht doch platzen?' Ich: 'Glaubst Du? Aber Du redest von einem Buben von 6 oder 7 Jahren, das ist doch schon ein großer Junge, und dann redest Du vom Geschlecht des Babys.. Das habe ich nicht verstanden.' Er: 'Aber doch, der Bub' kann doch nicht in den Körper seiner Mutter rein.. Aber er kann sich nicht davon losmachen...' Schweigen. Ich: 'Was kann nicht in den Körper der Mutter rein?' Er: 'Na, das Geschlecht! Weil es dran festklebt. Ein Mann ist von der Seite, es ist ein Mann ein wenig wie eine Seite; und eine Frau ist eine weibliche Seite, und das Geschlecht, das in die Frauen reingeht.. Sie haben jede ihre Seite.. Und dann geht das Geschlecht rein, sie haben Babys zuerst und dann wachsen sie. Bei den Buben ist das genauso, besonders wenn sie Babys sind und klein bleiben..' Pause ..'Wissen Sie noch, die Kuh, die einem Araber gehörte, und er mußte sie einem Nomaden verkaufen?' Ich: 'Ja, ich weiß noch.' Er: 'Der Nomade mochte die Milch so gern, daß er sie jeden Tag melkte."(cD 102;FD 100/101)

Dominique kreiert hier einen Neologismus, 'traisait' setzt sich zusammen aus traire - melken und baiser - küssen oder 'vögeln'. Der Sexualakt verschmilzt in seinen Phantasmen nach wie vor mit dem Akt des Gestilltwerdens. Er thematisiert im Anschluß daran wieder die sexuelle Identität, in bezug darauf, ob die Mädchen oder die Jungen mehr Milch bekommen. Dolto deutet an dieser Stelle 'lait' - 'Milch' als 'laid' - 'häßlich':

'Was ist besser, die Mädchen oder die Buben...für die Milch?' Ich: 'Die Milch ist eine Nahrung, aber man sagt auch lait - häßlich für etwas, was nicht hübsch, nicht schön ist. Was ist häßlich?' Er: 'Nein, ich hätte kein Mädchen sein wollen, aber ich mochte nicht häßlich sein, weil ich ein Junge war...' Schweigen. 'Ich spiele gern Frau, aber ich möchte keine sein... Wen liebt man mehr, die Mädchen oder die Buben, ja, wen wählt man aus?' Ich: 'Sag mir zuerst, wer man ist, dann findest Du die Antwort vielleicht ganz von selbst.'"(FD 101)

Dominique spricht dann über verschiedene Eifersuchtssituationen: Daß die Mutter einmal einen König ausgesucht hat, sie hat eine kleine schwarze Katze in ihr Hemd getan, und er befürchtete vergessen worden zu sein, nicht mehr ihr Sohn zu sein. Zu Beginn der Sitzung hatte er über seinen Kummer gesprochen, daß seine Patentante vergessen hatte, ihm zu Weihnachten ein Geschenk zu schicken. Dolto greift das wieder auf und fragt ihn, ob er sich so fühle, wie jemand, der von seiner Katzenmutter, seiner Kuhmutter oder seiner Patentante vergessen wird.

Er sagt, daß er „'nicht froh, gar nicht froh war.' Dolto: 'So, wie wenn Deine Schwester zu Deiner Mutter ins Bett geht, wegen der Heizdecke.' Dominique: 'Ja genau, Sylvie hat mir gesagt, sie tut das nicht, um bei meiner Mutter zu sein, sondern wegen der Heizdecke, ist sie dann auch meine Mutter?' (sic!) Dominique verwechselt Sein und Haben. Ich: 'Vielleicht möchte Sylvie auch Deinen Vater nehmen, wenn er da ist?' Er: 'Oh ja!' Er lacht. Dann brauchte sie Mama nicht mehr, weil Papa, sagt Mama, der ist noch besser als wir und die Heizdecke.' Ich: 'Also, wenn Mama mit Papa im Bett war, dann dachtest Du, sie vergißt Dich und Du warst nicht froh, gar nicht froh.'"(FD 102)

Dolto benutzt hier die gleichen Worte wie Dominique und stellt sie in einen anderen Kontext. In dieser kurzen Sequenz gibt es eine Reihe von Objekten, die sich in der Aussage 'ich bin eifersüchtig auf', oder in Dominiques Aussage 'ich war nicht froh, gar nicht froh, weil..' einander substituieren: Weil ich von meiner 'Patentante - maraine', 'ma reine - meiner Königin' kein Paket bekommen habe; die schwarze Katze unter Mutters Hemd, die er als Wölbung in Brusthöhe mimisch darstellt; die Heizdecke als drittes Element von Sylvie und der Mutter und zum Schluß durch Doltos Intervention den Vater als Liebesobjekt der Mutter. So gleiten die Assoziationen von der Vertreibung von der Brust zur Vertreibung aus dem Bett, wenn der Vater da ist. Dominiques Schwierigkeiten das Teil und das Ganze zu unterscheiden, das Attribut und seinen Träger, Sein und Haben, drücken sich in seiner Frage zu Sylvies Position aus. Sie geht wegen der Heizdecke, also wegen des Attributs der Mutter zu ihr ins Bett und Dominique fragt, ob sie dann die Mutter ist? Wenn sie das hat, was der Mutter gehört, ist sie dann auch die Mutter? Darin drückt sich auch eine Anspielung auf den Ersatzcharakter des Heizkissens für den Vater aus. Dolto fragt auch direkt, ob Sylvie nicht lieber den Vater nehmen würde und führt so die ödipale Problematik in die Kette der Eifersuchts- und Identifikationsobjekte ein.

Durch diese Intervention hat der Vater in dem fantasmatischen und realen Szenario einen Platz bekommen. Dominique stellt wieder die Frage nach dem Wert von Frauen und Männern:

> „'Mein Vater findet Mädchen und Buben gleich gut, dem ist das egal.. Die Frauen, die machen auch die Babys.' Dolto: 'Glaubst Du, sie machen die Babys ganz allein? Meinst Du nicht, die Väter geben den Frauen die Kinder?' Er: 'Ach ja, davon hab' ich mal was gehört, aber ich war nicht sicher, ob man sich nicht über mich lustig macht. Wissen Sie, man erzählt so viele unwahre Sachen."(FD 101/102)

Wieder endet die Sitzung mit der Thematik der Urszene. Dolto bemüht sich, durch ihre Fragen Dominiques Vorstellungen von einer partheogenetischen Fortpflanzung, in der die Mütter die Kinder ohne Beteiligung des Vaters bekommen und haben, und in der das männliche Geschlecht bedeutungslos ist, zu modifizieren. Als Dominique im Anschluß an das obige Gespräch einen letzten Versuch wagt, seinen Mutterkult weiter zu pflegen: 'Aber eine Mutter ist doch wichtig, oder?' stellt Dolto ihm eine Frage, die wiederum das 'Gesetz der Menschen' zum Inhalt hat:

> „'Was ist wichtiger für Deinen Vater, seine Mutter oder seine Frau, Deine Mutter?' Er: 'Ach ja, das ist wahr. Nicht meine Großmutter aus Perpignan, aber er

> hat auch meine Oma und meinen Opa lieb.' (Die mütterlichen Großeltern.) Dolto: 'Ja, aber welche Frau ist seine Frau?' Er: 'Na, meine Mutter, wo er doch ihr Mann ist. Also dann ist das also natürlich?' Ich: 'Ja, es ist natürlich, und deswegen ist für die Buben, wenn sie groß werden, nicht mehr die Mutter das wichtigste, sondern die Mädchen; sie suchen sich ihre Frau aus, mit der sie sich verheiraten und dann haben sie Kinder.' Er: 'So ist das! Aber muß man Student und Studentin sein?'"(FD 103)

Wieder stößt Dolto ihn auf die ödipale Problematik und das Inzesttabu und stellt seine Problematik in das Gesetz der Generationenfolge: daß der Sohn seine Mutter verläßt, um mit einer anderen Frau selbst Vater zu werden.

Der Verlauf dieser Sitzung ist exemplarisch für den Verlauf ganzen Behandlung. Statt Dominique in seinen Phantasien hinsichtlich mütterlicher Teilobjekte zu belassen und ihn sich lange bei der Trauer um das, was die Mutter ihm von sich vorenthält, verweilen zu lassen, gibt sie seinen Fragen und Phantasien einen ödipalen Sinn und führt damit den Vater ein, der ihm die Mutter vorenthält - in der Konstruktion Doltos, leider nicht genügend in der häuslichen Realität. Auch zu Beginn der Behandlung hätte man nach Doltos Aussagen über die Psychose, in der die Angst davor, in einer dualen Beziehung vom andern verschlungen zu werden vorherrscht, erwarten können, daß Dominique in seiner Kur die Phantasmen, die sich auf eine kannibalistische, orale Beziehung zum anderen gründen, lange durcharbeitet, ehe er zu einer ödipalen Fragestellung gelangt. Dem war nicht so. Dolto hat zwar in seiner Gestik die Repräsentation einer solchen Vorstellung bemerkt (2.Sitzung), sie ist aber nicht durch eine Deutung von ihr aufgegriffen worden. Dominique hat dann seine Angst vor den phallischen, starken Mädchen mit den magischen Kräften, die auf ihn einwirken können, in der Gestalt von Pipi Langstrumpf zum Ausdruck gebracht. (3.Sitzung.) Auch hier hat Dolto ihre Beteiligung auf inhaltliche Fragen beschränkt. In der vierten Sitzung schon sieht sie den Zeitpunkt gekommen, seine archaischen Bilder über die Geschlechterdifferenz und die damit zusammenhängende Entsexualisierung seiner Übertragungsäußerungen zu zerstören. Sie thematisiert mit ihren Fragen und Äußerungen die Differenz zwischen Frauen und Männern, spricht das Inzestverbot an und führt damit den Vater in seine Phantasien ein. Sie verläßt also sehr schnell das Feld der oralen, dualen oder symbiotischen Beziehung, in der das Geschlecht nur als Euter vorkommt und stellt Dominiques Probleme in einen ödipalen, also genitalen Zusammenhang. Auch in der zuletzt wiedergegebenen Sitzung, der siebenten, läßt sie Dominique nicht lange bei seiner imaginären Eifersucht auf die Schwester hinsichtlich der Brust bzw. des Heizkissens verweilen, sondern führt den Vater als Dritten ein, als denjenigen, der, wenn er da ist, die Mutter raubt, sie ihren Kindern vorenthält. Dominiques

Fragen, ob es besser ist, ein Junge oder ein Mädchen zu sein, werden nicht in Zusammenhang mit einer imaginären und real erlebten Höherbewertung der Schwester thematisiert, sondern auch in einen direkten genitalen Zusammenhang gestellt. Indem Dolto zum ersten Mal durch ihre sokratischen Fragen Dominique die Bedeutung des Vaters bei der Fortpflanzung erkennen läßt, wird das männliche Geschlecht aufgewertet. Die Phantasie von einer rein weiblichen Fortpflanzung wird zerstört. Die Frage nach dem Wert des Geschlechts wird auf einer symbolischen Ebene beantwortet. Das Geschlecht des Mannes ist unabdingbar für das Entstehen der Generationen. Es geht bei der Frage nach dem besseren Geschlecht nicht um imaginäre oder wirkliche Schönheit oder um eine größere Bedeutung der Frau beim Kinderkriegen, sondern die Verwiesenheit der Geschlechter aufeinander wird herausgestellt. Die Urszene, bei der Mann und Frau beteiligt sind, wird thematisiert. Die Urszene, in der es um die Entstehung des Subjekts geht, ist in der psychoanalytischen Theorie aber zugleich die Szene, auf der auch das Entstehen, der Ursprung des sexuellen Begehrens thematisiert wird.[16]

In der nächsten Sitzung knetet Dominique verschiedene Rochen und spricht in den sie begleitenden Assoziationen über die sexuellen Empfindungen seines Körpers beim Anblick der Schwester und bei sexuellen Spielen mit einem Freund, mit dem er gegen den Austausch von Zigaretten Huckepack spielt. Einer der Rochen hat ein riesiges offenes Maul und Kugelaugen, ein anderer lauter blasenartige Flecken oder Saug-Knöpfe auf seinem Körper. Dominique kommentiert:

> „'Also ich finde dieses Tier schauderhaft!...Schweigen. ..Es hat lauter Knöpfe auf dem Körper, Knöpfe auf den Flossen und außerdem einen Schwanz, wo ein Strom durchfließt. Meine Schwester fand ich auch widerlich, als sie am Meer Knöpfe hatte.' Auf mehreren Ebenen erkennen wir die Kastrationsangst. Mit 'raie' (Rochen, Rille) bezeichnen die Kinder die Furche des Gesäßes oder der Vulva. Beachten wir auch die Verschiebung der komplementären Formen der Geschlechtsteile an den Mäulern dieser Tiere...Der elektrisierte und elektrisierende Schwanz soll die Angst vor der Berührung mit dem weiblichen Geschlecht ausdrücken, einem sexuellen Maul, das das Geschlecht des Knaben elektrisiert. Sind die Knöpfe vielleicht die Brustwarzen oder die Klitoris?"(FD 107/108)

Dolto deutet ihm diese Einfälle als Ausdruck seiner Empfindungen, wenn er in der Nähe seiner Schwester oder seiner Mutter ist. Daraufhin erzählt er von den Huckepack-Spielen mit seinem Freund, die in dem Freund 'einen Strom erzeugen' und vom gemeinsamen heimlichen Zigarettenrauchen. Von beiden Beschäftigungen ahnt seine Mutter zu Dominiques großem Vergnügen nichts. Dolto wertet diese Geständnisse als Zeichen von Dominiques Vertrauen ihr gegenüber und als positiven Beginn eigener sexueller Initiative, die losgelöst von seiner Mutter stattfindet.

Zu Beginn der Sitzung hatte Dominique erneut über seine Rechenschwierigkeiten geklagt, er könne nicht zählen. Dolto hatte ihm daraufhin erwidert, *daß Zählen auch eine andere Bedeutung hat, nämlich für jemand zählen im Sinne von „für jemand Wert haben oder nicht für jemand zählen.*"(FD 105)Zu Beginn der nächsten Sitzung erzählt er als erstes von seinen Fortschritten bei den Rechenaufgaben. Dann gibt er einen Traum wieder, in dem seine Großmutter väterlicherseits wie eine Katze aussah, aber wie ein Hund gebellt hat. Er mußte lachen, aber auch ein bißchen aus Angst, wie er sagt. Dolto deutet ihm diese Angst bzw. die Hund-Katze-Identität der Traumfigur in bezug auf das 'Mädchenspielen' eines Jungen. Er assoziiert Traumspiele mit seinen Cousins, seiner Cousine und seiner Schwester, bei denen das Wort 'El-Morue' auftauchte. In seinen Assoziationen ist es der Name eines unsichtbaren Flusses, der durch den Gestank der Kabeljaue verpestet ist. Über 'morue - Kabeljau, auch Dirne' gelangt er in seinen Assoziationen schließlich zu Frauen, die abends auf die Polizeiwache gebracht werden und ihre Kennkarte vorlegen müssen. Zwischendurch kündigt er die Mitteilung eines Geheimnisses an. Dolto befragt ihn danach.

Das Geheimnis beinhaltet die Frage nach den drei Brüdern, bzw. acht Brüdern oder Bäumen im Wald. „'Die Bäume, das waren die Brüder... Drei Bäume, die auf demselben Stamm sein könnten. Nein, das sind nicht die drei Brüder, sondern die acht Brüder. Drei Bäume auf demselben Stamm, das hätte mich gewundert... Schweigen.. Ist das nicht verwunderlich, drei Bäume auf demselben Stamm?'"(FD 110) Die Frage bezieht sich einerseits auf den Körper, auf die Wölbungen des Körpers und andererseits auf die Brüder der Familie, des Familienstammes und die Schicksale der Bel-Söhne. Beide Themen werden nacheinander von Dominique bearbeitet. Erst einmal deutet Dolto seine Frage in bezug auf den Körper: „Nun interveniere ich bezüglich dessen, was sich auf dem Stamm, dem Rumpf des Menschen befindet, drei Penisse oder drei Brüste, indem ich ihn daran erinnere, daß er mir gesagt habe, die Brüste seien das Geschlecht des Mannes, und daß er ein Euter für den Penis geknetet hatte." Sie teilt ihm mit, daß das Wort Penis der richtige Ausdruck ist und nicht das argot-Wort 'bitte', wie er es genannt hatte und auch nicht 'pis', Euter, wie er auch gesagt hatte. Er assoziiert spontan, 'Ach, ja, das Geißlein (biquette)'(FD 110) und bestätigt damit, daß er in einer der vergangenen Sitzungen mit der Erzählung von dem verdurstenden Geißlein tatsächlich das Schicksal seines Geschlechts allegorisch benannt hatte. Dann teilt er mit, daß er geglaubt hatte, daß die Frauen auch so etwas, das Glied, hätten. Ein Freund hätte ihm aber gesagt, daß sei nicht so. Er will wissen, was

Dolto zu dieser Frage weiß. Sie fragt ihn, ob er denn nicht seine Schwester und seine Cousine gesehen habe. Er erzählt dann von Nachlaufspielen, Katz- und Mausspielen, wo sie sich nachgelaufen seien, 'um zu suchen.'(FD 112)Wieder spricht er davon, daß er einmal einen Freund am Strand gefragt hat, ob er die Buben oder die Mädchen lieber habe. „'Er hat mir gesagt: 'Ach weißt Du, ich sehe so viele!' Schweigen, dann: 'Ich finde den Körper der Mädchen gar nicht so übel, aber mit den Mädchen Auto spielen, das ist nicht lustig. Mit den Mädchen spiele ich gern Papa und Mama.'"(FD 112) Dominique erzählt dann von den Vater- und Mutterspielen mit seiner Schwester, bei denen sie sich jeweils die Vornamen der Eltern geben und ihre Puppenkinder die Namen von ihnen selbst erhalten. Am Ende dieser Sequenz der Spiele, in denen er die Rolle seines Vaters übernimmt, spricht er wieder von seinem Familiennamen: „'Eine Zeitlang fand ich, daß Bel zu albern klingt; man nannte mich immer 'o wie ist er hübsch.' Komisch, das ärgert mich, warum man mich noch nie ein schönes Mädchen genannt hat.'"(FD 113)

Im Anschluß daran assoziiert er zu dem Vornamen seiner Schwester, Sylvie, wenn er lebt, und zu seinen verstorbenen Onkeln. Er erzählt genau die Umstände ihres Todes und erinnert sich daran, daß, als er für ein Jahr bei seinen Großeltern in den Pyrenäen war, die Großmutter ihn oft auf den Schoß nahm und mit ihm die Photos ihrer verstorbenen Söhne ansah. Diese Großmutter hat ihn auch ausgeschimpft, wenn er etwas Verbotenes tat. Hier klärt sich sein Traumbild vom Anfang der Sitzung auf, der Großmutter, alias Katze, die wie ein Hund bellt:

> „..und sie hat geschimpft mit mir. Ich weiß noch, das war mit einem Schlauch zum Spritzen. Ich hatte ein Loch gegraben, und dann habe ich die Spritze hineingetan, damit sie hineinfällt. O je, wie hat die mit mir geschimpft und mich angebrüllt. Genau wie eine Katze, die bellt. Und eine Stimme hatte die, meine Großmutter! Bei meiner Großmutter, wenn ich irgend etwas genommen habe, dann habe ich immer was abgekriegt von ihr. 'Wenn Du etwas willst, dann bitte mich gefälligst um Erlaubnis.' Meine Mutter ist nicht so, was ihr gehört, gehört auch mir.' Dolto: 'Und sogar Mamas Bett.' Er schweigt, wird ernst und sagt dann: 'Ich möchte ja immer noch gern mit ihr schlafen, in ihrem Bett, wissen Sie, aber ich weiß, daß man das nicht soll.'"(FD 114)

Dolto kommentiert, daß die verbietende Großmutter durch ihre Verbote und die damit einhergehende Triebunterdrückung die Möglichkeit kulturellen Lernens freigesetzt hatte: In dem Jahr, in dem er bei ihr war, hatte er Lesen und Schreiben gelernt. Als er jedoch danach zu seiner permissiven, inzestuösen Mutter zurückkehrte, hat er diese Fähigkeiten wieder verloren. Es ist bezeichnend, daß nach der Erinnerung an die Verbote der Großmutter, die

Inzestproblematik wieder auftaucht und sein Ringen um den Verzicht auf die Mutter. Das Begehren ist konstitutiv an ein Verbot geknüpft, erst durch die Versagung kann der Wunsch entstehen, der immer auch ein Wunsch nach Übertretung ist. Das perverse Zusammensein mit seiner Mutter hatte in Dominique nie einen genitalen Wunsch entstehen lassen, im Gegenteil, die damit verbundenen Empfindungen seines Körpers waren abgespalten worden und führten zu einem völligen Unwissen über die sexuelle Differenz. Diese Vorgänge bezeichnet Dolto als Betrug, er war um seine Geschlechtlichkeit betrogen worden.

Hier noch einmal eine Zusammenfassung der zentralen Themen dieser Sitzung: Er schafft die Rechenaufgaben (für jemanden zählen) - Traum von der bellenden Katzen-Großmutter, Traum von Elmoru, dem Kabeljau, der Dirne - der Stamm mit den drei Bäumen darauf, ob das möglich ist - die Frage, ob Frauen einen Penis haben - die Elternspiele mit der Schwester, wobei sein Beruf Tankstellenbesitzer ist, die Schlauchspiele in den Pyrenäen, also Koitusvorstellungen - der Familienname Bel und sein Wunsch, schönes Mädchen genannt zu werden - die Todesumstände der Brüder seines Vaters - die verbietende Großmutter, bei der er um Erlaubnis fragen muß - die alles gewährende Mutter - sein Ringen mit dem Inzestverbot. Die entscheidenden Themen: die Geschlechterdifferenz, heterosexuelle Spiele mit der Schwester, die Übernahme der männlichen Position darin, die Bedeutung des Familiennamens, das tragische Schicksal von einigen Bel-Nachkommen, die Auseinandersetzung mit dem Inzestverbot sind in dieser Sitzung zur Sprache gekommen. Bemerkenswert ist, daß Dominique in dem Maße, in dem seine Verwirrung hinsichtlich seiner genitalen Empfindungen und der Geschlechterdifferenz nachläßt, die objektiven Fakten der Familiengeschichte realistisch wiederzugeben vermag und dadurch indirekt seine Identifizierung mit den verstorbenen Bel-Kindern aufgeben kann. Die Großmutter hat mit ihm auf dem Schoß um ihre verstorbenen Söhne getrauert und ihm die Faszination für die Toten nahegelegt. Durch das Aussprechen der Situation und die Rekonstruktion des Verschwindens, kann die Identifikation allmählich abgebaut werden.

Dolto gibt zum Schluß der Sitzung keine Deutungen. „Ich betone nur, daß dies eine wichtige Sitzung war und daß er Dinge gedacht und gesagt hat, die für seine Behandlung wichtig sind.“(FD 115) Dolto stellt mit diesen Worten die Behandlung als drittes Element von ihnen beiden heraus. Nicht sie ist zufrieden über den Verlauf der Sitzung, sondern die von ihm ausgedrückten Gedanken sind wichtig für die Fortsetzung der Behandlung. Zugleich nimmt sie ihm damit die Schuldgefühle für seine Annäherungen an das Verbotene in seinen Assoziationen. Das verbotene Wissen um die sexuelle Differenz, die verbotene Lust bei den Suchspielen, die Übernahme der väterlichen Position bei den Elternspielen. Diese Annäherungen an das Geschlecht und die eigene genitale Lust werden erst möglich durch die allmähliche Integration eines Verbots, nämlich des Inzestverbotes, des Verbotes an der Mutter und mit der Mutter Lust zu empfinden. Die Distanznahme zur Mutter erlaubt die Annäherung an die Lust in den Spielen mit Gleichaltrigen. Die Frage nach der Beschaffenheit der Körper ist eng verbunden mit der Frage nach dem Familiennamen. Dieser wird in der Folge nicht mehr hauptsächlich in seiner klanglichen Wortbedeutung zur Sprache kommen, 'die Schöne', 'der Hübsche', sondern wird als Vatername thematisiert werden. Er beinhaltet die symbolische Bedeutung der Strukturierung der Generationen. Doch dies geschieht erst in der übernächsten Sitzung. In der folgenden Sitzung kommen wieder das Inzestverbot und seine Widerstände dagegen zur Sprache

In der neunten Sitzung spricht Dominique davon, daß einige Sachen, die Dolto sagt, ihm gefallen und andere nicht. Wieder andere hört er nicht gern. Er fragt sich, ob das ein Glück oder ein Unglück ist, daß ein Glück ein Unglück bedeuten könnte und umgekehrt, ohne direkt zu benennen, worum es geht. Dolto deutet nicht direkt in bezug auf seine Situation, seinen Wunsch in der Nähe der Mutter zu verharren bzw. den Platz seiner Schwester oder seines Vaters in ihrem Bett einzunehmen, sondern macht ihm das Angebot, diese Problematik am biblischen Urmythos zu thematisieren:

> „'Die Geschichte, die Du mir da erzählst, erinnert ein bißchen an Adam und Eva; es ist das Verbotene und das ist sehr verlockend. Kennst Du die Geschichte vom irdischen Paradies, von Adam und Eva?'" Dominique reagiert begeistert auf das Angebot. Zum ersten Mal stellt er szenisch eine Situation dar und genießt das Spiel: „Er: 'Und ob ich die kenne!' (In diesem Augenblick beginnt er sie zu mimen. Es ist das erste Mal, das er lebendig wird, er spielt die drei Personen, und er selbst ist der Baum zwischen Adam und Eva.) Und ob ich sie kenne! Hier ist Adam (rechts) und hier Eva (links; er dazwischen wäre also der Baum, aber er spricht nicht davon). Dann sieht 'er' (wer?) rechts ein Glas Bier (Adams Seite, Glas Bier, flüssig) und dann links, da sieht er einen Sack Brot oder Wein (Sack Brot oder Wein, die Form, es sind auch die Sakramente des katholischen Kultus). Also und dann hat er Lust, Schneebälle auf den Baum zu werfen (er knetet eine Kugel und sagt, daß er sie nach dem Baum wirft, der für ihn vom Fenster dargestellt wird). 'Der Dämon vielleicht, der Dämon sagt sich: 'Die wissen doch, daß ich böser bin als die anderen und wie sehr ich mich freuen werde. Also dann will ich sie mal ein bißchen ärgern.' Manchmal versteckt er sich in einem Baum.' (Die Autos, die Murmeltiere in den Bäumen vom Beginn der Behandlung)."(FD 117)

In der Folge phantasiert er zu einem Film, den er über das Leben Ludwigs des XIV. gesehen hat, mit dem Titel 'Meine Frau ist eine Hexe'. Darin gab es ein

Gewitter, ein Baum krachte und zwei Rauchsäulen kamen heraus. Dominique bearbeitet in dieser Sitzung viel Material aus dem Beginn der Behandlung: die Hexe, alias Zauberin, alias Dolto kommt wieder zur Sprache, der krachende Baum, das Crack, die entscheidende Geste aus der zweiten Sitzung, die Autos, die in den Bäumen versteckt sind aus dem delirierenden Sprechen der ersten Sitzung. Der Baum scheint für ihn eine wichtige Metapher für den Körper zu sein. Schließlich gelangt er über die Filme, die etwas aus der Vergangenheit darstellen und Erinnerungen aus dem Rechenunterricht zur Urszene:

> „'Was ich an der Schule mag, das ist, wenn alle Leute still sind, dann hört man plötzlich die Fliegen schwirren, die Leute reden und hop!, mit einem Mal sind alle ruhig. Der Wechsel daran ist komisch.' (Ist das eine Anspielung auf das Schweigen, das zwischen den Eltern eintritt, wenn sie im Bett miteinander reden und im Augenblick des Sexualverkehrs schweigen?) 'Komisch ist auch, wenn ich Soldaten sehe.' (Sexuelle Phantasien über die deutschen Soldaten.) 'Ich frage mich, wie er aussehen würde, wenn er auf dem Pferd sitzt. (Die Assoziationen führen ihn zur Urszene.) Ich: 'Du meinst, wenn er huckepack säße?' Er: 'Ja, ich frage mich.. das ändert die Leute. Was ich gern mache mit meinem Freund, wenn ich huckepack mache, daß ich ihn fallen lasse. Man meint wirklich, man wäre im Krieg...'"(FD 118/119) Im Anschluß daran spricht er wieder von den Frauen, die auf die Wache mitgenommen wurden und es stellt sich heraus, daß es dabei um seine Mutter geht, die mit den Deutschen sympathisiert hatte und wohl nach der Sperrstunde noch auf der Straße war. Andere Assoziationen zum Krieg tauchen auf: Die Lebensmittelmarken, die seine Großmutter ihm gezeigt hat, die Rationierung der Lebensmittel; die Deutschen, die alles für sich behalten haben; drei Raucher: der Vater, ein Großonkel und der Großvater; sadistische Handlungen des Großvaters; eine Kanone, die in ein Dach (toit, toi - Dach oder Du, Dich) hineinschießt; der Löwe von Belfort, dem Studienort seiner Eltern, schön und stark, bel und fort, in den man hineingehen kann: „'Ja, man kann durch den Mund heraus, und man kann durch den Hintern heraus. Dann ist es, als wäre man Gekotztes oder als wäre man Kacke.' (Identifizierung des eigenen Körpers mit einer Körperausscheidung.) Er lacht zaghaft. 'Und dann wissen Sie, unter dem Bauch ist ein Pfeil, der zeigt nach Deutschland und auf dem steht: Die Deutschen kommen nicht durch.'"(FD 120)

Er spricht dann weiter über Mussolini; über jemanden, der gerade in jener Woche in Spanien hingerichtet wurde, Grimau; von Hitler, der nach den Aussagen seiner Mutter sehr intelligent war, aber das Böse wollte, und von den Amerikanern, die Frankreich zu Hilfe gekommen sind. All diese Themen werden in den nächsten Sitzungen wieder aufgenommen. Er wird daran die Hinwendung zu seiner väterlichen Linie bearbeiten. Sein Großvater väterlicherseits und sein Vater waren nämlich Mitglieder der résistance, hatten also während der Besetzung eine andere Einstellung zu den Deutschen als die mütterliche Familie, die mit ihnen sympathisiert hatte und sich zudem als Kolonialherren den Schwarzen gegenüber sadistisch verhalten hatte.

Während dieser Einfälle hat Dominique einen Schäferhund geknetet. Dolto gibt ihm eine lange Deutung in bezug auf das sich darin zeigende Körperbild:

> „Dominique: '..Sein Kopf ist ein bißchen schmal, genau wie ein deutscher Schäferhund. Also, ich finde, daß sie mir gelungen ist.' (Seine Knetfigur.) Dolto: 'Ja, der Kopf Deines Tieres ist wirklich gut gelungen. Aber es hat nur die Hälfte eines Körpers, dem Volumen nach. Der Kopf scheint zu einem Hund zu gehören, der doppelt so groß sein müßte, damit er mit den Körperproportionen übereinstimmt; auch der Länge nach ist er nur eine Hälfte, denn er sieht aus wie ein Briefbeschwerer in Hochrelief, flach liegend und sein Körper ist in Pfeilrichtung durchgeschnitten, so daß er nur zwei Pfoten hat, eine rechts vorn und eine rechts hinten, aber einen Kopf und einen Schwanz mit Volumen.' Dominique: 'Oh, das habe ich nicht gesehen!' Er will es ändern. Dolto: 'Es ist gut so, das macht nichts, sicher heißt das irgend etwas. Vorhin hast Du mir gesagt, daß Du dickköpfig bist, und Du siehst, der Hund hat einen sehr gewichtigen Kopf, er ist dickköpfig. Wenn man dickköpfig ist, dann hat man vielleicht viele Dinge in seinem Kopf, man will groß sein, alle Rechte der Großen haben, der Männer, die Rechte des Vaters, aber man hat nicht ganz den Körper eines Großen. Das hier ist keine Person, es ist ein Hund. Vielleicht gibt es etwas in Deinem Herzen, das keine Person werden will und lieber bleiben will wie die Hälfte eines braven Tiers, und auf der Erde liegen, wie der Hund in seinem Körbchen... Ein Tier, das kann nicht sprechen, und manchmal, wenn Du sprichst, sagst Du nicht, was Du denkst. Es wäre viel einfacher, nicht zu sprechen. Der Hund sieht alles, er hat Augen, Nasenlöcher, Ohren, ein riesiges schönes Maul; er hört alles, riecht alles, aber er sagt es nicht, und dann kann er sich auch nicht bewegen, weil er nicht vollständig ist. Auch Du hast Ideen und behältst für Dich, was Du denkst. Das nächste Mal arbeiten wir weiter, damit wir besser verstehen, was in Deinem Herzen ist und Deiner Knetfigur ähnlich sieht, die groß und gleichzeitig klein ist, die fühlt und hört und einen Schwanz hat wie ein Großer, aber es nicht sagen kann und sich nicht rührt.'"(FD 121/122)

Wieder befragt sie ihn hinsichtlich des Nicht-Gesagten: Daß es in seinem Herzen Dinge gäbe, die sich in seiner Knetfigur ausdrücken, Einfälle, die er nicht sagt, weil er auch noch mit einem sprachlosen, braven Tier identifiziert ist. Dominiques Körperhaltung hatte Dolto ja gleich in der ersten Sitzung an die eines dressierten Hundes mit abgeknickten Vorderpfoten erinnert. Ihre Deutung bezieht sich auch auf seine Stellung in bezug auf den Koitus der Eltern, die Faszination, die die Wahrnehmung aufsaugt: alles hören, alles riechen und nichts sagen können. Außerdem spricht sie seine Darstellung des Hundes an, dem eine Hälfte fehlt, der bis auf Kopf und Schwanz nur eine Körperhälfte hat. Ist es vielleicht die amputierte väterliche Seite, die in der Repräsentation fehlt? Dolto spricht auch den ödipalen Konflikt hinsichtlich seines Wunsches, den Platz des Vaters bei der Mutter einzunehmen, an und die Unzulänglichkeit seines Körpers, der sich den Sexualakt vorstellt und wünscht, ihn aber mit seinem Körper noch nicht vollziehen kann. All das spricht sie in Form von Fragen aus, die sich auf seine Hundeskulptur und auf seine Assoziationen während der Sitzung beziehen. Wieder beschließt sie die Sitzung mit der Erinnerung an die gemeinsame Aufgabe, den von ihm modellierten Hund, wie auch seine Äußerungen als signifikantes Material zu werten, daß einem Verstehensprozeß von beiden unterworfen wird, von ihr und von Dominique. Es geht nicht darum, den Hund realistischer zu modellieren, sondern zu verstehen, was er mit dieser Darstellung in bezug auf sein subjektives Körperbild aussagt. Es gilt herauszufinden, was er in seinem Herzen empfindet, wie Dolto es ausdrückt, was er zwar darstellen kann, worüber er aber noch nicht spricht.

Zu Beginn der nächsten Sitzung, der zehnten, gibt es die einzige körperliche Berührung zwischen Dominique und Dolto während einer Sitzung. Da durch das offene Fenster zu viel Lärm von der Straße hereindringt, fordert Dolto ihn auf, das Fenster zu schließen. Da er den Mechanismus allein nicht versteht, nimmt sie seine Hände und läßt ihn mit den Fingern das Profil des linken und dann das entsprechende konkave Profil des rechten Fensterflügels abtasten, die ineinandergreifen müssen, um anschließend mit dem Hebel das Fenster schließen zu können.

> Dominique ist begeistert, „die Komplementarität zusammenpassender Formen verstanden zu haben, und schließt selbst sehr geschickt das Fenster. Er setzt sich wieder hin, und ich verbalisiere für ihn diesen Fensterverschluß mit Hilfe bekannter Ausdrücke der männlichen und weiblichen Seite des Schließens... Eine Verbalisierung meinerseits war nicht nur geboten, um ihn die sensorische Erfahrung integrieren zu lassen, sondern auch deshalb, damit dieser körperliche Kontakt - im übrigen der einzige im Lauf der Behandlung - nicht als Versuch der Verführung empfunden werden konnte."(FD 124)

Dominique spricht dann sehr erregt über den Tod des Papstes, Johannes

XXIII. Die Sitzung findet also im Juni 1963 statt, Dominique ist im Januar 15 geworden, er ist also Jahrgang 48. Dominique vermutet, daß Dolto in Rom war und fragt, ob sie eine Cäsar-Statue gesehen habe. Dolto beantwortet seine Frage mit einer Gegenfrage: Er soll die Cäsarstatue, an die er denkt, beschreiben. Dominique sagt, daß er Huckepack auf seinem Pferd sitzt und schön ist. Dolto bejaht: „'Ja, er ist schön.'"(FD 125) Dominique ist verwirrt, weil man den Papst, nachdem alle gesagt hatten, daß er gestorben sei, doch wieder im Fernsehen am offenen Fenster gesehen hatte, von wo aus er die versammelten Menschen gesegnet hat. Er vollzieht bei seiner Erzählung selbst die Geste des Segnens. Er weiß nicht, ob er den anderen Glauben schenken darf. Er glaubt nicht an die Wiederauferweckung der Toten, und es kann doch nicht sein, daß jemand zweimal stirbt. Dolto erklärt ihm den Hergang der Ereignisse: die schwere Krankheit, die plötzliche Besserung und den einige Tage später folgenden Tod Johannes des XXIII. Dominique gibt dann einen Teil der Geschichte der Päpste wieder, ein Produkt seines kürzlich entstandenen Interesses für das Fernsehen. Dieser Zweifel hinsichtlich des Todes des Papstes ruft in ihm Erinnerungen an den verschollenen Onkel wach. Wenn er lebt. Er sprich von einem Ausflug zum Sankt Bernhard und von einem kleinen Grenzdorf. Bernhard war der Name des verstorbenen Onkels und der Bergunfall ereignete sich in der Nähe der spanischen Grenze.

Er spricht von seiner neuen Taucherbrille und Schwimmflossen, die er für seine guten Leistungen in der Schule von seinen Großeltern bekommen hat und davon, daß er jetzt schwimmen lernen kann und keine Angst mehr hat zu ertrinken. Er zeichnet einen sehr genauen Plan von Sankt Raphael, der Stadt am Mittelmeer, wo die Familie ihren Urlaub verbringt und anschließend eine genaue Skizze ihres Wohnwagens. Er ist sehr stolz, daß sein Vater für den Wohnwagen ein zweites Auto gekauft hat, einen Buick, der vorher einem bestimmten Herzog gehörte. Dominiques Behandlung wird später abgebrochen werden, weil der Vater die finanzielle Belastung als zu hoch empfindet.

Dann kritisiert Dominique zum ersten Mal seinen Bruder, daß dieser sich zu sehr um die Kleidung seiner Schwester und seiner Mutter kümmern würde.

> „'Und dann sagt meine Mutter, er soll sich um seine Angelegenheiten kümmern. Und Sie, finden Sie nicht, daß sie recht hat?' Dolto: 'Doch vollkommen. Es steht einem Sohn nicht an, seiner Mutter zu befehlen, was sie anziehen soll. Du weiß ja, was ich Dir schon einmal gesagt habe, die Mutter ist nicht dazu da, um ihren Söhnen zu gefallen, sondern um ihrem Mann, den Männern ihres Alters zu gefallen...'"(FD 127)

Sie fordert ihn auf, weiter von seinem Bruder zu sprechen. Er kritisiert, daß der Bruder eine Gitarre und einen Plattenspieler besitzt, den er nicht benutzen darf, obwohl er mit seinen Freunden auch gern Musik hören möchte. Sein Vater läßt ihn manchmal seinen Plattenspieler benutzen. Aber der Vater ist nicht oft da, und wenn er da ist, spricht er sehr viel mit seiner Frau über seine Reisen oder aber er arbeitet in seinem Büro und möchte nicht gestört werden. Dolto kommentiert diese Sequenz folgendermaßen:

> „Es besteht auch ein Anerkennen der durch den Vater begründeten Kastration. Dominique akzeptiert die Versagungen - die geschlossene Tür -, wenn sie vom Vater kommen und nicht vom Bruder. Er begründet, daß man in Abwesenheit des Vaters mit dessen persönlichen Sachen nicht tun darf, was man will, er akzeptiert, daß die Mutter ihrem Mann enger zugehört als den Kindern. Wenn der Vater wenig Zeit hat, dann ist er für seine Frau da und für seine Arbeit. Zudem besteht eine Aufwertung der väterlichen Linie."(FD 131/132)

Nachdem Dominique in der letzten Sitzung über die Sympathien der mütterlichen Vorfahren für Hitler und die Deutschen gesprochen hat, gelangt er jetzt über verbotene Spiele auf dem Dachboden der väterlichen Vorfahren, bei denen sie die Uniform ihres Großvaters, eines Generals der Résistance angezogen haben, zu der entgegegesetzten Haltung der väterlichen Vorfahren. Er erzählt, daß sein Großvater Anführer der résistance in Perpignan war und zugleich Direktor einer Munitionsfabrik. Er spricht von der Notwendigkeit konspirativer Arbeit und von den Schlüsselworten, die dabei notwendig sind. Sein Großvater ist einmal mit knapper Not den 'Opas' entkommen, ein Versprecher. 'Opa' nennt er seinen Großvater mütterlicherseits. Auch sein Vater war aktives Mitglied der Résistance

> „'Mein Vater hat Bomben in die Mülleimer der Deutschen getan, und dann, verstehen Sie, die Deutschen' (in diesem Augenblick ahmt er im Sitzen die Bewegungen der Arme, die im Rhythmus des Marschs hin- und herpendeln; dabei singt er rhythmisch), 'so sind sie marschiert, die Deutschen, hat meine Mutter gesagt. Also die Deutschen sind vorbeimarschiert, und dann sind sie in die Luft geflogen. Ich habe eine Schallplatte mit einem Militärmarsch, eine Fanfare.'"(FD 130/131)

In dieser Sitzung hat Dominique zum ersten Mal ausführlicher über seinen Vater und über die Verdienste der väterlichen Linie, der Familie Bel gesprochen. Er, der bis dahin auf Grund seines körperlichen Aussehens von beiden Familien dem mütterlichen Großvater zugeordnet wurde, kann jetzt auch die väterliche Familie in sein Selbstbild integrieren. Der Beruf des Vaters und seine Aktivitäten in der *résistance* sind zur Sprache gekommen. Diese Integration des Vaters und dessen Abkunft verändert Dominiques Haltung im Gespräch mit Dolto:

> „Interessant an dieser Sitzung ist der völlig andere Ton des Gesprächs. Dieses Gespräch hat absolut nichts Delirierendes. Es gibt Selbstkritik. Außerdem sieht mir Dominique voll ins Gesicht, wenn er mit mir spricht. Manchmal macht er eine verlegene Mine, wenn er sich einer Sache nicht sicher ist, oder ich ihm sage, daß ich etwas nicht verstehe... doch er schaut mir wieder ins Gesicht, sobald er gefunden hat, was er sagen will. Wir sehen, was sich völlig verändert hat: nämlich das Recht auf Aggression gegenüber dem Bruder, obwohl die Mutter das nicht gerne sieht; die Möglichkeit zu Kritik und Kampfgeist gegenüber diesem Bruder; die Identifizierung mit den Männern - Geste des Papstes oder Geste der Deutschen -, die Vergegenwärtigung des Ideal-Ichs durch die Person des Vaters und des väterlichen Großvaters."(FD 131)

Nachdem Dominique in der letzten Sitzung noch einen etwas melancholisch daliegenden Hund geknetet hatte, kann er jetzt Aggressivität positiv besetzen und die unterwürfige Haltung gegenüber seinem Bruder ablegen. Dominique beginnt, Männlichkeit positiv zu besetzen.

> „Die beiden interessanten Teile der Sitzung sind nunmehr der Augenblick, da er vom Papst spricht und sich mit ihm identifiziert, indem er seine segnende Geste andeutet, die er im Fernsehen gesehen hat, sowie derjenige, da er seine Bewunderung für eine Reiterstatue Cäsars zum Ausdruck bringt. Diesmal ist es nicht mehr ein mit seiner Mutter assoziiertes Pantheon des Napoleon der Invaliden, sondern ein mit seinem Vater assoziierter schöner General zu Pferde."(FD 133)

Der General sitzt 'huckepack', sein Schlüsselwort für die Koitusvorstellung bzw. für die sexuell gefärbten Spiele mit seinem Freund. Bemerkenswert ist auch der Beginn der Sitzung, bei der Dolto Wert darauf legt, daß er eine Vorstellung von der Komplementarität der beiden Fensterflügel mit ihren männlichen und weiblichen Seiten bekommt. Dolto spart kein Mittel aus, um ihm den Zugang zu seiner Geschlechtlichkeit zu ermöglichen.

Zu Beginn der nächsten Sitzung will Frau Bel alleine mit Dolto sprechen, womit Dominique einverstanden ist. Sie teilt ihr mit, was der Schuldirektor und die Lehrerin ihr zum Schuljahresende gesagt haben. Beide sind der Ansicht, daß Dominique noch ein Jahr in der Förderklasse bleiben sollte, um seine Rückstände ganz aufzuholen, da er dann wahrscheinlich den Hauptschulabschluß, in Frankreich ist das eine Prüfung, schaffen würde. Dominique kann jetzt Brüche verwandeln, er kennt die Oberflächeneinheiten und er beherrscht die Dreisatzrechnung. Dominique gehört zu den besten Schülern der Klasse und der Direktor bedauert, daß nicht auch andere Kinder eine Psychotherapie machen. Auch Frau Bel selbst ist zufrieden über die Veränderungen von Dominique: „'Und zu Hause ..da ist die große Veränderung, daß er auf derselben Ebene lebt wie wir. ..Er interessiert sich für alles, er hört zu, fragt, nimmt an der Unterhaltung teil...Und auf der Straße gehört er zur Familie; früher lief er dauernd zehn Schritte voraus oder hinterher, als wollte er nicht, daß es so aussieht, als gehöre er zu uns."(151/152) Sie erzählt auch, daß er sich von seinen Geschwistern nicht mehr alles gefallen läßt, daß sie sich nicht mehr so über ihn lustig machen können, wie es früher der Fall war. Er kritisiert sie. Doch es gibt einen, für den Dominique nicht verändert ist: „'Mein Mann, er sagt, wir verlieren unsere Zeit und unser Geld. Er meint, wir sollten ihn in eine Lehre für Zurückgebliebene schicken, wir würden völlig sinnlos unser Geld verschwenden. Mein Mann findet, daß sich nichts oder fast nichts geändert hat...Diese ständigen Reisen nach Paris, diese Sitzungen, er sieht nicht ein, wie man mit Worten etwas verändern kann. Er sagt: solange die Chirurgie nichts gefunden hat, was diese Kinder heilt, solange ist nichts geschehen. Für ihn ist Dominique ein Anormaler. Man muß sich damit abfinden, das ist alles."(FD 152) Frau Bel möchte einen Rat von Françoise Dolto. Sie soll ihr sagen, ob Dominique weiter zur Schule gehen soll, wie die Lehrer es wünschen, oder eine Lehre beginnen, wie der Vater es möchte. Dolto gibt den gewünschten Rat nicht, sondern teilt ihren Wunsch mit, nämlich den, daß Dominique in jedem Falle die Behandlung fortsetzen solle, unabhängig davon ob er eine Lehre machen oder den Schulbesuch fortsetzen wird.

Sie empfängt Dominique und teilt ihm den Inhalt des Gesprächs mit der Mutter mit. Auch zu ihm sagt sie, daß sie hofft, ihn nach den Ferien wiederzusehen. Dominique geht erst nicht darauf ein, sondern erzählt, daß er lieber statt die ganzen Ferien am Meer zu bleiben, wenn der Urlaub seines Vaters zu Ende ist, zu seinen Verwandten auf dem Bauernhof fahren würde, um dort zu helfen. Er zögert, ob er lieber Bauer werden will und sich um Tiere kümmert oder Tankwart und Autos Benzin einfüllt. Nach längerem Schweigen fährt er fort:

> „'Sehen Sie, es wundert mich nicht, daß meine Mutter Ihnen das von meinem Vater erzählt hat. Er hat es mir nie richtig gesagt, aber ich dachte schon, daß er denkt, es nützt nichts, daß ich hierherkomme, weil es Geld kostet, wissen Sie. Vorher dachte ich auch, daß es nichts nützt, aber jetzt meine ich, daß es sehr viel für etwas nützt. Es ist ärgerlich für Papa, daß es viel Geld kostet, und für Mama auch. Sie sagt, ich könnte nicht allein kommen, aber das stimmt nicht,

ich könnte das sehr gut. Aber sie sagt das so, wissen Sie, die Mütter... Und außerdem freut sie sich sehr, nach Paris zu kommen.“ (FD 154)

Er fügt noch hinzu, daß sein Bruder der Meinung ist, daß er immer 'ein Trottel' bleiben wird, und Dolto fragt ihn, was er dazu meint. Er meint, daß es ihm gut geht, daß er froh ist, daß er in der Schule jetzt alles versteht, und daß es ihm egal ist, wenn die anderen ihn ärgern. Er spricht auch von seinen Freunden. Er erwähnt eine Ausstellung von Salvadore Dali. Er mag die Schubladen in den Körpern, die Löcher und die Flecken nicht so. Dann spricht er von einer Quizsendung im Fernsehen, wahrscheinlich, aus dem Erzählten zu schließen, dem 'Spiel ohne Grenzen', bei dem ein Bürgermeister dabei ist und man ein Auto gewinnen kann.

„'Ja, der richtig antwortet und es ist der Bürgermeister (maire) des Dorfes, nicht seine Mutter (mÈre), das schreibt sich anders, ich glaube, so etwas nennt man ein Homonym, es ist m-a-i-r-e und ein Mann, es könnte auch eine Frau sein und dann würde es immer noch Bürgermeister heißen, das ist ein Titel, und da ändert sich nichts.“(FD 156)

So integriert Dominique sein Wissen um die Kastration der Mutter, mÈre, der maire kann weiblich oder männlich sein, er ist Bürgermeister, ein Titel, während die Mutter im Gegensatz zum maire nicht beiderlei Geschlechts sein kann. Die Bilder von Dali hatten seine Fragen hinsichtlich der anatomischen Beschaffenheit der Körper beider Geschlechter wieder aufgeweckt.

Er wiederholt seinen Wunsch, in den Ferien auf dem Bauernhof seines Onkels zu arbeiten. Diesen Wunsch unterstützt Dolto, indem sie ihm vorschlägt, selbst an den Onkel zu schreiben. Dominique ist skeptisch, daß seine Eltern die Einwilligung dazu geben. Seine Mutter möchte nicht, daß er sie verläßt, und außerdem müßten die Eltern ja die Bahnfahrkarte bezahlen, die seiner Ansicht nach für sie zu teuer ist. An dieser Frage, ob es ihm gestattet ist, seine Eltern zu verlassen, um zu arbeiten, wird das Problem der Fortsetzung seiner Behandlung aktualisiert. Die Mutter möchte ihn nicht allein reisen lassen, weder zur Therapie noch zu den Verwandten. Für den Vater ist die finanzielle Belastung zu groß, er möchte nicht für seinen Sohn zahlen.

Dominique führt während und nach diesen Gesprächssequenzen eine Operation an der von ihm hergestellten Knetfigur durch.

„'Sehen Sie, dieser Mann ist krank.' Ich: 'Ach?' Er: 'Er hat eine Herzkrankheit von klein auf. Er kommt ins Krankenhaus, er kriegt eine blaue Spritze in den linken Ellenbogen.' (Er mimt eine Spritze in die Beuge des linken Arms.) 'So. Und dann wird er operiert, damit er gesund wird.' (Er öffnet den Körper des

Knetmännchens von oben bis unten und legt tief in diesen mittleren Schlitz einen gelben Bleistift, ohne ein Wort dazu zu sagen.) '... o lala, was ist denn in seinem Bauch los? ..hier, das ist das Herz.'(Er knetet das Organ und setzt es ein) 'Tick,tick,tick' (er sagt es ganz leise und klopft dabei mit dem Zeigefinger), 'es schlägt .. gut! Jetzt die Lungen,' (er setzt die beiden lungenförmigen Organe ein), 'So!' Dann trällert er den Takt der 5.Symphonie von Beethoven - Pausenzeichen der Sendungen des freien Frankreich während der Résistance. 'Pum, pum, pum, pum!'.. und er macht eine Geräusch: 'MMMMMMM .. Aber, was ist denn da los? O lala! Zuerst hat ihm nichts gefehlt, und jetzt das alles!' Er lacht. 'Ich weiß nicht, ob er aus dieser Affäre heil herauskommt .. Das Messer, mein Lieber! (Sein Vater möchte, daß er unters Messer kommt.) Wieder das Pausenzeicher der fünften, dann Herzgeräusche. 'Gut, alles läuft bestens! .. Wissen Sie, wir haben im Fernsehen eine Operation am offenen Herzen gesehen.' Unterdessen hat er eine Art Nudel eingesetzt, die von einer Wurst umrahmt ist. 'Das sind die Därme, sehen Sie. (Sehr gut imitiert.) Man muß sie ein bißchen hochheben, um arbeiten zu können .. Sein Herz ist ein bißchen schwer (gros). Man muß einen Teil herausnehmen; die Leute, die zuviel Herz haben, über die macht man sich lustig. Die sind nicht wie die anderen .. das ist eine Krankheit. (Die ganze Zeit über mimt er Herzgeräusche mit seiner Zunge und 'operiert' weiter.) 'Ja, sein Herz war zu schwer, viel zu schwer. Aber da gibt es viele Dinge, die nicht gut gehen, als wenn es nur das Herz wäre!.. Aber man muß ihn auch am Blinddarm operieren, weil er zuviel ißt und das geht alles in den Blinddarm, das ging alles hinein, es hätte platzen können.' (Wie erinnern uns an das Geschlecht des inzestuösen Kindes, Junge oder Mädchen, das platzt...) 'He, mein Herr, Sie sind ja Alkoholiker! Jetzt werde ich aber böse! Was soll denn das! Ein großer Junge wie Sie!' Ich: 'Das ist einer, der gern aus der Flasche trinkt. (biberonner von Dolto eingeführter Neologismus, biberon - Nuckelflasche) Dominique lacht schallend und sagt: 'Aber wo tut er das bloß alles hin, was er schluckt .. er hat ja nichts .. er braucht einen Magen.. Ich habe vergessen, ihm einen Magen zu geben! So, das wäre repariert.' (Er hat eine kleine, sehr realistische Dudelsackform geknetet und sie eingesetzt.) 'Ja, aber ein Teil des Magens ist durchlöchert, der Alkohol hat ihm den Magen kaputtgemacht, o lala! ... und diese Lunge da kann ihm nie mehr etwas nützen. Man muß sie ihm rausnehmen, sie ist nicht nur zu groß, sondern auch ganz zerfressen und könnte versagen; seine eine Lunge ist völlig von einer Mikrobe zerfressen. Ah! Ja, da muß etwas wirklich Modernes her, eine neue Operation. .. Diese Lunge ist von einer Mikrobe zerfressen, und die Mikrobe hat auch den Magen angegriffen,.. er konnte sich nicht mehr gegen die Mikroben wehren. Es ist der Cancirus!' Er lacht anhaltend. (Er genießt seine sadistische Phantasie.) '..So, jetzt haben wir's! ..wir haben eine Lunge weggenommen und das Herz ein bißchen kleiner gemacht. Und das alles (alle aus den Eingeweiden des Männchens geholten Stucke) sind Abfälle. Wir werden ihm eine Plastiklunge einset zen, seine war vom Cancirus zerfressen...' Er trällert. 'Aber wenn das alles wäre, aber das ist noch nicht alles. Er hat sich das Bein verbrannt, als er einen Mann aus dem Brand retten wollte. So, das ist auch in Ordnung. Jetzt ist er ein richtiger Kerl geworden. Man näht das Ganze wieder zu.'"(FD 157-159) Er spricht dann über den Eingriff der Hauttransplantation, und Dolto erinnert ihn daran, daß sein Vater an die Chirurgie glaubt, aber nicht an die Medizin. Dominique geht nicht darauf ein und stellt sein Männchen auf. Dolto will die Sitzung beenden, da fällt Dominique ein, daß in dem Männchen ja noch der gelbe Stift ist. „Er greift sich an den Kopf: 'Was für ein Unglück! Ich habe meinen Schirm in seinem Bauch vergessen, er hing am Mantelständer und leider sehr schlecht! Hoffentlich hat er ihn noch nicht verdaut!' Dolto: 'Das gäbe eine schöne Kacke! (Er tut wieder so, als hätte er nicht gehört, öffnet das Kerlchen geschickt, findet alle Organe wieder, bewegt sie zart und holt den gelben Stift heraus, den er als erstes ganz tief hineingesteckt hatte, ohne ein Wort zu sagen.) Dolto: 'Dieses Gelb ist so hellgelb wie die Kacke der Babys, wie die von Deiner kleinen Schwester, wenn Mama sie trockengelegt hat.' Er: 'Ja, und sie pinkelte noch drauf...' Er schließt das Ganze und sagt: 'So, jetzt ist er tot, eine Sorge weniger!' Er zerknetet die Figur und legt sie in die Schachtel zurück, sagt mir 'Auf Wiedersehen.'"(FD 160) Beim Weggehen fragt er noch ängstlich seine Mutter, ob er nach den Ferien wiederkommen dürfe. Die Mutter verspricht es ihm. Solange es nötig ist, dürfe er wiederkommen.

Dolto ist zufrieden über den Verlauf der Sitzung mit Dominique. Er ist und bleibt eine originelle Persönlichkeit,

> „er findet den Weg des sozialen Anderen im Austausch und im Sinn der Realität wieder, ohne sein imaginäres Leben zu verlieren. Die außerordentliche Geschicklichkeit seiner Hände in dieser Sitzung hat mich erstaunt, auch die Genauigkeit der Beobachtung, die Ausführung der wohlproportionierten anatomischen Teile, die er richtig in die Knetfigur einsetzte. Dies läßt, unabhängig von den schulischen Leistungen, eine außergewöhnliche manuelle, praktische Anpassung erwarten. Bemerkenswert ist auch das freie Lachen, das natürliche Mienenspiel und die nicht näselnde, normal klingende und modulierte Stimme."(FD 162)

Dolto zeigt Verständnis für die Bedenken des Vaters, der selbst aus finanziellen Gründen nicht das von ihm gewünschte Studium absolvieren konnte, und der Dominique für die Befriedigung seines eigenen Narzißmus abgeschrieben hat. Sie ist allerdings etwas erstaunt, daß der Vater nach nur elf Sitzungen die Behandlung schon für zu kostspielig hält. Auch, daß er einen chirurgischen Eingriff für Dominique wünscht, macht sie etwas stutzig. War es doch ein chirurgischer Eingriff, bei dem sein jüngerer Bruder starb. Dominique hat in der Sitzung auch seinen Patienten, der 'an zu viel Herz litt, unters Messer gelegt und ihn zu Tode operiert, 'eine Sorge weniger.' Auf die Bedeutung der Phantasien, die diesem Eingriff zugrunde liegen wird später eingegangen werden.

Dolto hält die Entscheidung des Vaters in jedem Fall für positiv für Dominique: „Ich meine, daß dieser Wille des Vaters, wenn er sich der Fortsetzung der Therapie widersetzt, von Dominique als eine Entwöhnung von mir betrachtet werden könnte, eine Trennung ohne allzugroßes Trauma; denn Dominique reagiert sehr positiv auf alles, was von seinem Vater kommt, und für seine Struktur muß dieser Augenblick bewahrt werden. Ich denke auch, daß dieser Knabe früher oder später erneut eine Psychotherapie aufnehmen wird, wenn er Hemmungen oder Symptome spürt. Fest steht, daß er sich schwerlich ohne Neurose in einem Familienmilieu entwickeln kann, das sich so gut mit seiner Psychose abgefunden hat; seine Heilung und seine Rückkehr ins tägliche Leben muß seinen Vater und seinen Bruder vor ernste libidinöse Probleme stellen, so daß beide ihm wohl kaum helfen können."(FD 163)

Dolto bemerkt auch noch, daß Frau Bel unabhängiger wird. Sie hat im Gespräch angedeutet, daß sie gerne wieder arbeiten möchte, halbtags in einer Sonderschule. Dolto meint, daß auch diese Entwicklung bei seiner Frau für Herrn Bel schwierig ist, der seinerseits ihre phobische Struktur gewünscht hat, und ihr dankbar war, daß sie immer bei der Familie zu Hause war und keinerlei andere Interessen und keine Freunde hatte.

Die zwölfte und letzte Sitzung von Dominiques Behandlung findet vier Monate später, im Oktober 1963 statt. Da Dominique nicht zu dem nach den Ferien vereinbarten Termin kam, schrieb die Sozialarbeiterin der Beratungsstelle an die Familie, um zu fragen, ob die anderen Termine eingehalten werden würden. Die Mutter schrieb einen langen Brief zurück und kündigte einen letzten Besuch an. In dem Brief berichtet sie erneut von den Veränderungen Dominiques. Er war zwei Monate mit ihnen in Sankt Raphael, seinem Wunsch, zu den Verwandten auf den Bauernhof zu fahren, war also nicht stattgegeben worden. Am Strand und auf dem Campingplatz war Dominique anders als die Jahre zuvor. Er spielte nicht mehr nur mit den kleinsten Kindern, sondern mit zwölf- und dreizehnjährigen Kindern, und war beliebt. „Die Eltern, die ihn in früheren Jahren verjagten und verachteten wie alle zurückgebliebenen Kinder (die man mit ansteckenden Ungeheuern vergleicht), haben mich beglückwünscht, weil dieser große 15-jährige Junge so nett und geduldig ist und eine ungewöhnliche Phantasie hat, mit den Jüngeren zu spielen. Sie haben seine Zurückgebliebenheit nicht bemerkt! Es war das erste Mal, daß so etwas vorkam."(FD 164) Dominique besucht weiter die Förderklasse. „Die Fortschritte in Französisch sind unbestreitbar. In Orthographie gewinnt er jeden Tag Punkte dazu. Nur das Rechnen bleibt noch ein schwacher Punkt. Er zeichnet sehr viel, immer Personen in voller Aktion."(FD 165) Die Mutter hofft, der Direktor und die Lehrerin sind überzeugt, daß er am Ende des Schuljahres die Hauptschulabschlußprüfung bestehen wird. Dann könnte er eine Landwirtschaftsschule besuchen.

Dann schreibt Frau Bel von ihrem Mann. Es wird offensichtlich, daß sie ihm gegenüber kritischer geworden ist. Die in den Anfangsgesprächen erwähnte Harmonie scheint es nicht (mehr)? zu geben. Die Familie ist gespalten.

> „Was die Termine mit ihnen betrifft, so meint mein Mann, wie ich schon sagte, daß alles, was mit Seelenmedizin zu tun hat, reiner 'Quatsch' ist. Er ist ein Geschäftsmann, der das ganze Jahr mit Zahlen und Maschinen lebt, im übrigen nur zwei Tage in der Woche zu Hause ist und dort nur Zeit hat, um über seine Arbeit nachzudenken. Wenn einer seiner Söhne Ingenieur geworden wäre, hätte er sich vielleicht für ihn interessiert. Aber der älteste ist nur ein Künstler (totale Verachtung) und Dominique für ihn nur ein Sorgenkind. Was Sylvie betrifft, so ist sie für ihn nur ein Mädchen, nicht von sonderlichem Interesse für einen Mann wie ihn, und außerdem wirft er mir vor, ich hätte sie verdorben und eine Literatin aus ihr gemacht.. Dabei ist mein Mann in seiner Arbeit ein hochintelligenter Mensch und ein ausgezeichneter Geschäftsmann, aber Zeitgeschehen, Literatur und Kunst interessieren ihn überhaupt nicht.. Er hat seine Welt und wir haben die unsere. Mein Mann ist der Ansicht, daß Dominique überhaupt keinen Nutzen davon hat, daß er sie sieht... Also aus, fertig, Schluß, reden wir nicht mehr davon. Wenn man schon Geld für ihn ausgibt, sollte man ihm lieber Rechenstunden geben. Ich für meinen Teil bin Ihnen zutiefst dankbar für alles, was Sie für ihn getan haben, denn sie haben ihn sozial (sociable) gemacht, wie die andern. Ich denke oft, statt Ihnen meinen Sohn zu bringen, hätte man Ihnen den Vater schicken sollen, damit er ein normaler Familienvater wird!"(cD 168/169;FD 165/166)

Dolto empfängt Dominique, dem sie noch im Wartezimmer in Anwesenheit der Mutter den Inhalt des Briefes kurz zusammenfaßt. Dominique wußte nichts davon, daß dies seine letzte Sitzung sein würde, seine Eltern hatten nicht mit ihm darüber gesprochen. Ohne Aggressivität in der Stimme, spricht er davon, daß der Vater die Behandlung für überflüssig hält. Hätte man ihn, wie vorgesehen in einem Heim untergebracht, hätte die Behandlung nicht bezahlt zu werden brauchen. Auch Dominique nimmt den mütterlichen Diskurs wieder auf, daß der Vater enttäuscht ist, daß keiner seiner Söhne Ingenieur geworden ist.

> „Er sagt halt so, eine unheilbare Krankheit, die muß man einfach hinnehmen. Nun ja, ich sage nicht, daß er nicht recht hat, er ist mein Vater, ich weiß wohl, daß er auch nicht unrecht hat, so was soll man von seinem Vater nicht sagen, und außerdem mag ich ihn gern. Aber ich bin furchtbar froh, daß sie mich behandelt haben.. Aber ich verstehe ihn.. Da ich nie Ingenieur sein werde, lohnt es sich für ihn nicht, sein Geld auszugeben. Ich werde genug davon verdienen (ich weiß es, ich weiß nicht, wieso ich es weiß, aber ich weiß es), und dann wird nicht mehr er es bezahlen, wenn ich sie wiedersehe. Aber das ist noch nicht jetzt! Geduld!"(FD 167)

Dominique hat, während er das sagt, eine normale Stimme und wie schon bemerkt, keinerlei Aggressivität in der Stimme. Er nimmt die Entscheidung seines Vaters hin, und tröstet sich mit der Hoffnung, später seine Behandlung selbst bezahlen zu können. Im zweiten Teil seiner Sitzung werden noch einmal seine kannibalistischen Phantasien ausgesprochen. Er verarbeitet die blonden Bel-Männer zu Sauerkrautkonserven:

> „'Heute werde ich Menschenkonserven machen! Das ist sehr böse! Wer sich auf so etwas einläßt, dem wird was Schreckliches passieren!' Er knetet einen Mann. 'Das ist ein ruhiger Spaziergänger, er bekommt ein Schlafmittel und fällt in eine Falle, von wo er in eine Konservenfabrik kommt. Am Ende der vielen Maschinen gibt es menschliches Sauerkraut.' (Er mimt es zu essen, und bietet mir welches an, dann mimt er, daß er ein Haar darin findet.) 'Ein blondes Haar. Das ist eine Fabrik, wo man nur blonde Männer in Konserven tut. Nur die sind für den Konsum geeignet und ihr Fleisch kann mit dem von Schweinen konkurrieren! Außer den Blonden werden in diese Fabrik auch alle Stänker geschickt, die per-cepteurs (Steuereinzieher) und mer-cédËs (vgl. pËre/Vater, mËre/Mutter).' Er lacht schallend. 'Und auch die Schuldirektoren und die Pfarrer!' Dolto: 'Hast Du schon einmal den Ausdruck gehört 'bouffer du curé'? (wörtl.: 'Pfarrer fressen'.) Er: 'Nein, noch nie.. Ich sage das, um zu erklären, daß man schwarze Punkte in dem Sauerkraut sah, das aus den Blonden gemacht ist. Es ist sehr lustig, wenn man spielt, daß man es sich wie Kannibalen schmecken läßt. Die Kannibalen, die fressen die Missionare, das sind Pfarrer, sie finden das gut. Aber dort ist durch Zufall ein Pfarrer darunter geraten, es war für die Blonden.' ... Er knetet die Silhouette eines Pfarrers, redet vom Fernsehen und von Küchenrezepten, die ein Koch dort gibt: 'Das ist ein Frauenberuf, der ins Maskulin gesetzt wird.' Er hat dieser Silhouette einen großen Schwanz angeklebt und sagt: 'So, mein Meister Schwanz,' und schneidet ihn ab und fährt dann fort: 'Es war ein Mal ein Mann, den ein anderer gezwungen hat, zu den Deutschen zu gehen. Das ist ein Film oder wie ein Film. Dann kommt eine Geschichte von Frauen, die wurden von einem Deutschen mitgenommen, aber

die anderen, die mit ihm waren, wollten keine Frau...Dann hat man einen Knaben gesehen, der ein Mädchen küßte, und dann haben alle gesagt, er ist verrückt, man muß ihn erschlagen, wie einen Hund, weil sie und die Deutschen fanden, daß Mädchen, Frauen, daß die nichts taugen...' Dolto: 'Ich glaube, daß sind wichtige Geschichten über die Art, wie Du denkst, anders als Dein Vater und Deine Großväter. Der Mann, der den anderen zu den Deutschen geschickt hat, das bist vielleicht Du bei Deiner Geburt, alles vermischt sich bei Deinem Vater, weil Dein Vater damals die Stellung angenommen hat und weil Deine Mutter die ganze Zeit an ihn dachte, und daß er sie verlassen hat. Du glaubst vielleicht, daß Dein Interesse an den Mädchen nichts taugt, weil Dein Vater sich nicht für Frauen interessiert, wie es scheint. Trotzdem hat er Deiner Mutter Kinder gemacht..'"(FD 167-169)
Beide schweigen. Dolto will die Sitzung beenden, doch Dominique hat noch etwas zu tun: „Er: 'Warten Sie, bevor ich gehe, will ich Ihnen die zwei Konservenbüchsen machen.' Und er knetet sie in aller Eile, mit offenem Deckel, wirft die Knetreste hinein und schließt sie. 'Das sind zwei Blonde als Sauerkraut.' Ich lache und sage: 'Dein Vater und Dein Bruder.' Er lacht schallend und steht auf. Ich begleite ihn ins Wartezimmer, um mich von ihnen zu verabschieden."(FD 169)
Frau Bel möchte noch einmal mit Dolto sprechen. Alle drei gehen zurück in ihr Sprechzimmer. Frau Bel möchte von Dolto wissen, ob sie dem Ende von Dominiques Behandlung zustimmt. Dolto gibt ihr die Frage zurück. Sie sagt, daß sie unbedingt ihrem Mann gehorchen muß. Dolto wendet sich mit der gleichen Frage noch einmal zu Dominique. Dieser wiederholt, daß er die Behandlung fortsetzen würde, wenn er zu entscheiden hätte, daß sein Vater aber nicht mehr bezahlen will. Daraufhin sagt die Mutter: 'Ach nein, Frau Doktor, mein Mann will das nicht wegen dem Geld, für ihn ist das alles Quatsch, ich schrieb es ihnen schon in meinem Brief. Er sagt, wenn er einen Chirurgen fände, wenn es den gibt, der die notwendige Operation macht, dafür würde er jeden Preis zahlen!' - 'Was für eine Operation?' - 'Na ja, die Operation des Rechenzentrums! So was soll es geben. Nur daran glaubt er, nicht an die Sache mit den Wörtern.'"(FD 170)

Während dieser Worte seiner Mutter knetet Dominique eine über einen Meter lange blaue Schlange, auf deren roten Kopf er ein gelbes Kreuz macht, das Lothringer Kreuz, weil seine Mutter aus Lothringen stammt, oder das Kreuz der Befreiung, wie das Pausenzeichen der BBC, fragt sich Dolto. Er sagt dann noch einmal, daß er jeden Freitag zu seinen Sitzungen allein kommen könne, daß seine Mutter dem aber nicht zustimmen könne, weil sie dann seinem Vater nicht gehorchen würde.

„'Aber das macht nichts, Papa hat ja zu bestimmen, und wo Madame Dolto nicht böse ist, kann ich ja warten, bis ich groß bin und mein Leben selbst verdiene, dann werde ich wiederkommen, damit es mir ganz gutgeht, wenn ich noch schüchtern bin.'"(FD 178)

Familienwiderstände

So endete Dominiques Kur mit einem Behandlungsabbruch. Dominiques Hoffnungen, daß er eines Tages selbst über sein Leben bestimmen könne und selbst die Fortführung der Kur bezahlen könne, ist langfristig nicht erfüllt worden. Acht Jahre nach dem Abbruch der Behandlung ruft seine Mutter erneut im Centre Etienne Marcel an und bittet für ihren Sohn um eine Einweisung in eine psychiatrische Klinik, da er homosexuell geworden sei. Dolto empfängt die beiden in ihrer Sprechstunde - Dominique hat keine Erinnerung an sie - und erfährt folgendes: Nach seinem Hauptschulabschluß ist er dem Wunsch der Mutter gefolgt und Maler geworden, er selbst wäre lieber Töpfer geworden. Auf den Baustellen war er geschickt und hat vor allem schwierige Stuckarbeiten in alleiniger Verantwortung ausgeführt. Er blieb allerdings extrem naiv und wurde in der letzten Zeit häufig von portugiesischen und spanischen Gastarbeitern um eine 'charité chretienne' gebeten, um eine Fellatio, die er auch bei diversen Anlässen ausführte. Die Mutter ist darüber entsetzt. Dolto unterhält sich danach mit Dominique. Dominique sieht aus wie ein Hippie, hat extrem lange, ungepflegte Haare und trägt um seinen Hals eine Kette mit einer riesigen 5, die er selbst geschmiedet hat. Dolto assoziiert 'cinq' - 'sein' (Busen). Sie erklärt ihm, daß man im Namen der christlichen Moral durchaus das Recht habe, nein zu sagen und sich nicht mißbrauchen zu lassen. Da er gern als Töpfer arbeiten möchte, und sie wohl eine Trennung vom häuslichen Milieu für günstig hält, findet sie im Süden einen Erzieher, der eine Gruppe von Jugendlichen betreut und ihn in seine Gemeinschaft aufnimmt. Sie teilt ohne sein Wissen die Autorenhonorare für die Fallveröffentlichung mit ihm und läßt dafür einen Brennofen anschaffen, der in einer bestehenden Töpferwerkstatt für ihn aufgestellt wird. Er lernt dort das Töpferhandwerk. Später zieht er nach Belgien zu Freunden des Erziehers und macht dort eine künstlerische Zusatzausbildung. Am Ende der Ausbildung wird ihm nahegelegt, die belgische Staatsbürgerschaft anzunehmen. Er zögert und seine Mutter fordert ihn auf, statt dessen lieber nach Hause zurückzukehren, was er auch tut.

Schon vor der Wiederbegegnung von Dolto und Dominique hatte der Vater am Tage der Heirat seines ältesten Sohnes seine Familie verlassen und hatte sich nie wieder sehen lassen. Paul-Marie hatte mit seiner Frau eine

Tochter. Die Frau verließ ihn, als das Kind ein Jahr alt war, so daß Dominique dann mit seiner Mutter und seiner Schwester, die beide als Lehrerinnen arbeiteten, seinem Bruder und seiner Nichte zusammenlebte. Er durfte das Haus nicht verlassen und Dolto sagt von ihm, daß er von seiner Mutter als 'boy für die Wäsche' gehalten wurde.[17]

Dolto sagt von ihm, daß er bei den Begegnungen mit ihr acht Jahre nach Abbruch der Kur nach wie vor einen extrem gutmütigen, naiven Eindruck machte und unfähig war, Kritik an seinen Eltern zu üben. Das ist wahrscheinlich ihre Art zu sagen, daß er nach wie vor etwas geistig behindert wirkte. Sie hat dann von dem Erzieher erfahren, daß Dominique, als er erfuhr, daß es in Belgien noch einen König gibt, sagte, daß er ihn umbringen werde, später fand er es gut, in einer Monarchie zu leben und einen guten König zu haben. Für Dolto sind das Hinweise, daß Dominique auch als Erwachsener in einer recht rudimentären Ödipusproblematk gefangen war. Sie hat ihm in dem Interview von 1984 die Zukunft in einem psychiatrischen Krankenhaus in Aussicht gestellt: „Ich weiß nicht, was aus einem solchen Jungen werden kann, er wird in einem psychiatrischen Krankenhaus enden und das Faktotum der Station werden, ein Arbeitsboy, wie er es bei seiner Mutter ist."[18]

Nach Aussagen von Catherine Mathelin lebt Dominique heute in einer Anstalt. Sie begründete damit ihre Kritik an Dolto, die auch von anderen Interviewpartnern ausgesprochen wurde, von Alain Vanier und Claude Boukobza, daß sie zu früh ihre Behandlungen beendete, sich mit der Behandlung der psychotischen Regression zufrieden gab und sich nicht mehr für die neurotischen Schwierigkeiten ihrer jungen Patienten interessierte. Auch Marie-Antoinette Descargues erzählte mir während des Interviews, daß Dolto sich eigentlich nur für schwere Fälle interessiert habe und neurotische Probleme, derentwegen die Eltern in die Beratungsstelle kamen, nicht ernst genommen, d.h. nicht als behandlungsbedürftig angesehen hat. Nun kann in Dominiques Fall nicht Dolto die Schuld für das Behandlungsende gegeben werden. Sie wünschte eindeutig die Fortsetzung der Behandlung, hat aber nichts unternommen, um Dominiques Vater von dieser Notwendigkeit zu überzeugen. Zweifellos ist es ihr gelungen, bei der Mutter eine positive Übertragung auf sie herzustellen. Den Vater sah sie zwar zu Behandlungsbeginn, danach gab es aber nie mehr einen persönlichen Kontakt. Es ist offensichtlich, daß der Vater die Veränderung Dominiques nicht wünschte. Aber auch die Mutter war der Behandlung und den Veränderungen Dominiques gegenüber zumindest ambivalent eingestellt. Obwohl zu Beginn der Behandlung Sitzungen im Abstand von 14 Tagen vereinbart worden waren, fanden von Oktober 1962 bis Juni 1963, also während eines französischen Behandlungsjahres neun Sitzungen statt. Die Mutter hat mehrere Sitzungen ausfallen lassen und einige haben nur stattgefunden, weil Dolto gewartet hat, wenn die Mutter mit

Dominique den Zug verpaßt hatte, was zwei Mal vorkam. Dolto sagt, daß die Kastration des Analytikers, also die Beschränkung seiner Einflußnahme sich darin äußert, daß er die Entscheidungen einer Familie bezüglich der Kur akzeptieren muß. Das zeichnet die Arbeit eines jeden Analytikers aus, daß er seine Analysanten nicht zur Behandlung zwingen kann, sondern die Entscheidung über die Fortsetzung immer der Analysant treffen muß. Hier ist diese Tatsache problematisch, weil Dominique selbst ja die Fortsetzung gewünscht hat, er sich aber dem väterlichen Willen beugen mußte. Dieses Problem ist ein spezifisches der Behandlung von Kindern. Dolto geht entsprechend im Nachtrag zu dem Bericht von Dominiques Kur darauf ein.

Die Krankheit eines Kindes hat eine bestimmte Funktion innerhalb seiner Familie. Der Vater konnte sich in seine Arbeit flüchten und wurde von der Mutter in Ruhe gelassen, weil die Kinder an seiner Stelle besetzt wurden. Er wurde zum Komplizen des Mißbrauchs, der es ihm erlaubte, sich zu entziehen. Aus eigener Erfahrung durch meine mehrjährige Arbeit in der von Maud Mannoni gegründeten Versuchsschule Bonneuil, kenne ich derartige Familienstrukturen. Häufig waren die psychotischen Kinder nur auf ihre Mütter verwiesen. Die Väter entzogen sich den häuslichen Problemen durch Flucht in oft angesehene und sehr verantwortungsvolle berufliche Positionen. Sie versagten in ihrer Position als anderer der Mutter, der diese vor parasitären Ansprüchen ihrer Kinder schützt, und als dritter aus Mutter und Kind zwei getrennte Wesen macht. Lacan hat in seiner Psychosentheorie die fehlende Anerkennung durch den Vater als Ursache für die Psychose benannt. Bei ihm ist es eine strukturelle Aussage. Es geht nicht um das Verhalten des Vaters, sondern um den Platz, den der Vater in der Familienstruktur einnimmt. Diesen Platz bekommt er in der traditionellen Familie durch den Diskurs der Mutter. Sie, die für die Erziehung der Kinder verantwortlich ist, bezieht sich oder bezieht sich nicht auf den abwesenden Dritten. Wie aus dem Brief der Mutter, den sie am Ende von Dominiques Behandlung schreibt, hervorgeht, sind die Kinder ihrem Vater entfremdet. Sie haben sich die künstlerischen, literarischen Interessen ihrer Mutter zu eigen gemacht und zum Verdruß des Vaters konnten sie seine Interessen nicht besetzen. 'Kein Sohn ist Ingenieur geworden.' Der Platz des Vaters wird bestimmt auch durch das Begehren seiner Frau und vice versa. An dieser Stelle hebt Dolto die genitale Unreife beider Eltern hervor, die sich eher als Zwillinge im Unglück verstanden haben, denn als einander begehrende sexuelle Wesen. Sicher haben die Vermutungen über die sexuelle Beziehung von Dominiques Eltern hypothetischen Charakter, waren doch nicht sie Gegenstand von Dominiques Kur. Manifest war die Bereitschaft von Frau Bel, sich mit der häufigen Abwesenheit ihres Mannes abzufinden und ihn gegenüber den Kindern zu ersetzen. Auf Doltos diesbezügliche Frage antwortete sie, daß sie ihren Kindern Vater und Mutter zugleich sei. Manifest war auch Frau Bels Unfähigkeit, das Alleinsein auszuhalten, die Einsamkeitsphobie, wie Dolto es nennt, und die Fetischfunktion der Kinder, die das Fehlen des Mannes durch ihre Körperwärme ausgleichen sollten. Die Anschaffung eines Heizkissens nach dem von Dolto ausgesprochenen Verbot, sich ihre Söhne als Mannersatz ins Bett zu nehmen, ist eindeutig. Es ist also müßig, die Schuldfrage in der Form zu stellen, ob der Vater oder die Mutter Dominiques Psychose veranlaßt haben. Auf Seiten der Mutter gibt es die aktiv durchgeführte inzestuöse Versuchung. Auf Seiten des Vaters besteht die Annullierung von Dominiques Subjektivität, die Tatsache, daß er nicht für ihn zählt, in dem Sinne auch, daß er nicht für ihn zahlen will, sondern ihn der öffentlichen Gesundheitsfürsorge überlassen wollte und die Rede vom zu operierenden Rechenzentrum, die Dominique seiner Subjektivität beraubt. Also liegt hier im Lacanschen Sinne das Fehlen der väterlichen Anerkennung vor. Herr Bel kann Dominique nicht als seinen Sohn anerkennen. Seine Aussage zu Beginn, daß Dominique von einem anderen Stern sei, ist als richtige Beschreibung von Dominiques Verhalten zu verstehen, ist nachträglich aber auch als eine Aussage über seine Beziehung zu Dominique zu lesen: Er kann in Dominique keinen 'Nebenmenschen' erkennen, ihn nicht als Menschen anerkennen. Dolto sieht in dieser Familieneingebundenheit eine besondere Schwierigkeit der Behandlung von Kindern, da der Analytiker es immer auch mit der Familie des Kindes zu tun hat.

> „Die Darstellung dieses Teils der Behandlung eines psychotischen Kindes wird den Leser, der sich in der Psychoanalyse von Kindern im Familienmilieu wenig auskennt, über die Schwierigkeiten aufklären, die neben der Behandlung des Subjekts auftreten, Schwierigkeiten aufgrund der Spannungen und des drohenden Verlusts des Gleichgewichts, das sich in einer Familiengruppe hergestellt hat, in der Eltern affektiv unreif oder neurotisch sind. Die Kinder werden in ihrer Person vernichtet, damit sie teilhaben an der schwach ausgeglichenen Ökonomie der unbewußten libidinösen Dynamik der betreffenden Familie: einer Familie, deren Gesetz das Kind zwingt, die Autorität zu achten und sich ihr zu unterwerfen. Wir sehen, daß die Nachwehen der psychischen Traumata, wiewohl sie diesem bestimmten Subjekt absolut eigentümlich sind, ihren spezifischen Aspekt nur als dialektische Resultate der ständig gegenwärtigen Eingriffe der Libido eines jeden Mitglieds der Gruppe erhalten. Man kann sagen, daß die narzißtischen Modifikationen des Subjekts in der psychotherapeutischen Kur ebenfalls Anlaß zu Fragen geben, die sich dem Narzißmus der Person, die mit ihr in Berührung kommen, stellen. Wenn sich ein Kind in Behandlung befindet, zeigt seine ganze Familie gegenüber dem Psychoanalytiker übereinstimmende oder nichtübereinstimmende Übertragungsreaktionen, die berücksichtigt werden müssen."(FD 172)

Mit dem Satz von der Familie, 'deren Gesetz das Kind zwingt, die Autorität zu achten und sich ihr zu unterwerfen,' deutet Dolto sowohl das Dilemma an, in dem sich die Behandlung eines Kindes vollzieht, als auch ihr eigenes. Sie wirkt durch ihre Behandlung daraufhin, daß der Vater einen Platz in Dominiques Leben bekommt und akzeptiert auch die Entscheidung des Vaters, die Behandlung abzubrechen mit dem Hinweis darauf, daß das väterliche Wort, soweit es von ihr als Analytikerin und Frau geachtet wird, einen strukturierenden Wert für Dominique hat. Sie unterwirft sich damit der Autorität des Vaters, wie Dominique, der fast zu brav am Schluß sagt, daß es einem Sohn nicht ansteht, seinen Vater zu kritisieren. Was ihn übrigens nicht davon abhält, ihn in seinen Phantasien zu einer Sauerkrautkonserve zu verarbeiten. Doch diese Sauerkrautverarbeitung und die begleitenden Assoziationen des zu verspeisenden Pfarrers/Paters verweisen auch auf den Totemvater:

> „Die Identifizierung ist eben von Anfang an ambivalent, sie kann sich ebenso zum Ausdruck der Zärtlichkeit wie zum Wunsch der Beseitigung wenden. Sie benimmt sich wie ein Abkömmling der ersten oralen Phase der Libidoorganisation, in welcher man sich das begehrte und geschätzte Objekt durch Essen einverleibte und es dabei als solches vernichtete.. Das Schicksal dieser Vateridentifizierung verliert man später leicht aus den Augen.“[19]

Letzteres Zitat weist auf die besondere Schwierigkeit der Kinderanalyse im Verhältnis zur Erwachsenenanalyse hin: Bei der Erwachsenenanalyse handelt es sich nurmehr um Vater- und Mutterimagines, die ins Spiel kommen, kein Analytiker von Erwachsenen wird auf die Idee kommen, die Modifikation der realen Eltern zu verlangen. Obwohl auch in der Kur der Erwachsenen immer wieder die Schwierigkeit besteht, das Subjekt zu den introjizierten Objekten zurückzurufen, da auch hier die Beziehung zu den realen Eltern oft als Widerstand agiert wird. Bei der Behandlung von erwachsenen Psychotikern führt das unter Umständen dazu, daß vom Analytiker eine 'Kontaktsperre' verlangt wird. Der Kinderanalytiker hat es aber nicht nur mit den Elternimagines zu tun, sondern mit den realen Eltern, die direkt auf das Kind einwirken und die selbst von den Wirkungen der Kur betroffen sind. Aus dieser Problematik resultiert für Dolto die Notwendigkeit einer längeren Ausbildung für Kinderanalytiker:

> „An einem Fall wie diesem wird verständlich, daß die Kinderpsychoanalyse eine weit längere Ausbildung erheischt als die Erwachsenenanalyse, auch wenn man immer noch das Gegenteil hört. Das Zuhören des Psychoanalytikers unterscheidet sich nicht vom Zuhören in der Erwachsenenanalyse; doch die Rolle der Eltern - zahlende Dritte und gegenüber der Gesellschaft für ihr Kind ver-

> antwortlich - prägt den Ablauf der Kur. Ihre affektive Rolle stellt deshalb für das Kind den Träger des Ideal-Ichs dar: einen Träger, den es zu respektieren gilt, denn er vermischt sich mit seiner gegenwärtigen Realität und ist Teil der notwendigen kastrierenden Mächte."(FD 172/173)

Die realen Eltern sind die lebenden Ideal-Ichs, durch deren Versagungen dem Subjekt strukturierende Grenzen gesetzt werden. Das ist ihr positiver Beitrag, daß sie kastrierend wirken. Insofern kann Dolto die väterliche Entscheidung von Dominique gutheißen. Sie bedeutet eine Versagung, die ihn von seiner 'Ersatzmutter', seiner Analytikerin trennt. Das Ergebnis, nämlich daß Dominique nicht selbstbestimmt sein Leben gestalten kann und in einer Anstalt lebt, zeigt, daß sie sich geirrt hat. Die väterliche Autorität hat im negativen Sinne kastrierend gewirkt, hat seine Autonomie verhindert.

Das tragische Ende, als solches möchte ich den Ausgang von Dominiques Kur und die Umstände seiner Beendigung bewerten, hat diesen Exkurs über die Probleme mit den realen Eltern notwendig werden lassen. Um den Verlauf der Kur nun genauer zu untersuchen, müssen wir uns Dominiques psychischer Realität zuwenden, der Arbeit an den Phantasien in der Kur. Diese Frage des Verhältnisses von realen Eltern und Eltern- oder Objektimagines ist eine Grundfrage dieser Arbeit. Polarisiert sich doch auch an dieser Problematik das Verhältnis von Psychoanalyse und Pädagogik: das Feld der Psychoanalyse ist die psychische Realität des Subjekts. Das Feld der Pädagogik ist die Erziehungsrealität, das heißt das Verhalten und die bewußten und unbewußten Motivationen der am Erziehungsprozeß Beteiligten, d. h. auf die Familie bezogen, von Eltern und Kindern. Die Pädagogik interessiert sich notwendig für die Folgen von Erziehungsverhalten, während die psychoanalytische Behandlung sich auf die subjektive Verarbeitung äußerer und innerer Gegebenheiten bezieht. Die Psychoanalyse als Behandlungsmethode arbeitet retrospektiv, d.h. sie hilft dem Subjekt vergangenes Erleben aufzuarbeiten und erlaubt ihm, vermittels eines Verstehensprozesses eine andere Position in seinen Beziehungen einzunehmen. Pädagogisches Handeln ist absichtsvolles Handeln, daß sich auf die Folgen in der Zukunft bezieht. Die Verknüpfung dieser beiden Aspekte wird im letzten Kapitel unter dem Stichwort 'Prävention' behandelt werden.

Zum Behandlungsende

Dominiques Behandlung war ein teilweiser Mißerfolg. Wie Francois Peraldi in einer Frage an Dolto hervorhebt, gab es durch die Kur durchaus Sublimierungsmöglichkeiten, die Dominique vorher nicht hatte. Seine Fähigkeit, als

Anstreicher feinste Stilarbeiten zu machen, seine rudimentären Schulkenntnisse und seine Kreativität in der Töpferei zeugen davon. In seinem Buch über Françoise Dolto bemerkt Jean-Francois de Sauverzac zu Recht, daß sein Wunsch, Töpfer zu werden, mit einer nicht aufgelösten Übertragungsbeziehung zu Dolto zusammenhängen könne.[20] Seine Töpferarbeiten sind an die Stelle der in den Sitzungen geformten Knetfiguren getreten. Aber auch da hat er sublimieren können, indem er nicht mehr nur seinen Phantasien Ausdruck gab, sondern serienmäßig Gebrauchsgegenstände herstellte. Jean-Francois de Sauverzac zieht eine Parallele zwischen dem Wolfsmann, dem Freud durch einen Spendenaufruf innerhalb der Wiener Vereinigung zu einem minimalen Lebensunterhalt verhalf, und der Anschaffung des Brennofens durch die geteilten Autorenhonorare. Dieses Beispiel zeigt zumindest, daß Dolto sich nicht immer an die selbst aufgestellten Regeln gehalten hat. Sie hat ihm nicht zu einer weiteren Therapie geraten, als er als junger Mann zu ihr kam, sondern hat ihn durch ihre Vermittlung zumindest vorübergehend aus dem häuslichen Milieu befreit. Wahrscheinlich hat sie im nachhinein die Grenzen von Dominique und von seiner Familie und damit ihre eigenen als Analytikerin erkannt, und ihm auf anderem Wege geholfen. Daß eine solcher Art unvollendete und zum Teil gescheiterte Kur als Paradigma ihrer Behandlungsweise herangezogen wird, ist kein Widerspruch. Auch Freuds sechs Fallgeschichten sind zum Teil Mißerfolge und dienen auch dadurch der Forschung. Dolto hat mit extrem schwierigen Fällen gearbeitet. Daß nicht jeder ihrer Fälle ein Erfolg war, ist nicht ihr Fehler, sondern weist auf Faktoren hin, die außerhalb ihrer Beeinflußbarkeit liegen. Daß sie an Dominique gezeigt hat, daß auch der Wahn einem Verstehensprozeß zugänglich ist, und ein völliger Rückzug von sozialen Kontakten kein irreversibler Vorgang ist, ist schon ein bedeutsamer Schritt in der Erforschung der analytischen Psychosenbehandlung. Die Behandlung hat Dominique Sublimierungsmöglichkeiten gegeben und Möglichkeiten von sozialen Kontakten, die er vorher nicht hatte.

In ihrem öffentlichen Kontrollseminar für Kinderanalytiker hat Dolto über Kriterien für das Ende einer Kinderanalyse gesprochen. Ein Teilnehmer berichtet von einem zehnjährigen Jungen, der seit zweieinhalb Jahren in Behandlung ist, nachdem er im Alter von drei bis sechs Jahren hauptsächlich im Krankenhaus gelebt hat, wo ihm schließlich eine Niere entfernt wurde. Seine Mutter hat ihrerseits nach seiner Rückkehr aus dem Krankenhaus selbst eine Niere verloren. Der Junge hat eine gleichaltrige Freundin, die ihm bei den Schularbeiten hilft, die er sehr gern mag und später heiraten möchte. Der Therapeut schätzt diese Freundschaft als solide ein. Außerdem habe der Junge in der Therapie die Trauerarbeit um seine Niere und um seine häufigen Trennungen von den Eltern durch die Krankenhausaufenthalte geleistet. Dolto stimmt ihm zu, daß der Moment für den Abschluß der Therapie gekommen ist: „'Mit andern Worten: Er hat Pläne, er hat auch seine Vergangenheit akzeptiert und lebt zugleich in der Gegenwart. Das ist nun in der Tat der Augenblick, bei dem man sagen kann, daß die Psychotherapie für ein Kind, das weit über die ödipale Situation hinaus ist, beendigt werden muß.'"(FK 222) Für Kinder, die während der Latenzperiode behandelt werden, gibt sie noch ein anderes Indiz für das Ende an: die realistische Wiedergabe der Herstellung eines Produktes. Der zehnjährige Junge, von dem die Rede war, möchte Koch werden und backt gern Kuchen. Dolto fragt den Therapeuten, ob der Junge darüber spricht und ob man nach seinen Rezepten backen könnte. Der Therapeut bejaht.

> „'Wenn bei seinen Rezepten etwas Eßbares herauskommt, dann, so glaube ich, muß man das Ende der Behandlung ankündigen. Wenn die Kuchen in seinem Imaginären tatsächlich einer Realität entsprechen, dann heißt das, er vergißt beim Backen keinen einzigen Arbeitsvorgang. Denn es gibt auch noch den Backofen. ..Man muß auch die Wirkung des Feuers kennen. Sie müssen sehr ernsthaft mit ihm darüber reden. Es gibt Kriterien, die das Gleichgewicht bei einem Kind aufzeigen.. Fordern Sie das Kind auf, ein Fahrrad zu zeichnen oder es aus Knete zu formen. An dem Tag, an dem die Repräsentanz des Rades wirklich beherrscht wird, und wo es den Größenverhältnissen wirklich so entspricht, daß es jemand besteigen kann, an dem Tag hat das Kind alles, was es für seine weitere Entwicklung braucht. Dann kann es weggehen, denn es hat zwischen den Beinen etwas, das gut funktioniert.'"(FK 226)

Sie fordert den Therapeuten auch auf, mit dem Jungen über den Tod zu sprechen. Der Junge selbst hatte es bedauert, daß sein Vater ihn nicht zur Beerdigung seines Vaters mitnehmen wollte.

> „'Ich wollte gerade noch hinzufügen, daß man beim Kind wie beim Erwachsenen, welche das ödipale Stadium hinter sich gelassen haben, zunächst das Problem des in der Zukunft liegenden sexuellen Lebens und das Problem des Todes anschneiden muß. Ging der Junge auf das Problem seines Todes ein? In klarer Weise? Und hat er sich, als seiner Mutter eine Niere entfernt wurde, mit ihrem möglichen Tod auseinandergesetzt? Denn er wird auch von Ihrem Tod sprechen müssen? Er hat mit der Beerdigung des Großvaters angefangen; in diesem Moment haben Sie ihn jedoch nicht gefragt: 'Was denkst Du über den Tod?' Ich glaube nicht, daß man eine Behandlung beenden kann, ohne mit dem Kind über den Tod zu sprechen, und ohne daß er ihn sich in seinen unbewußten Phantasien vorstellt - seinen eigenen Tod natürlich, aber auch Ihren Tod und den von Vater und Mutter.'"(FK 224/225)

Das Ende der Therapie ist der Tod einer Beziehung. Der Junge muß sich damit auseinandersetzen. Seine Weigerung, dieses Ende zu akzeptieren hängt für Dolto damit zusammen, daß er sich diesem Problem nicht stellen will. Offensichtlich ist Dolto für einen direktiv strukturierten Behandlungsabschluß, bei dem bestimmte grundlegende Fragen zur Sprache kommen müssen. Das Kind muß Pläne für die eigene Zukunft haben, die über seine Familienzugehörigkeit hinausweisen, die Fähigkeit Projekte in der Gegenwart zu realisieren und sich mit der zukünftigen Sexualität und mit dem Tod auseinandersetzen. Wenn diese Bedingungen erfüllt sind, ist die Kur beendet. Dann hat das Kind sich mit der eigenen Zukunft und deren Endlichkeit auseinandergesetzt und kann in der Gegenwart seinen Platz finden.

Die Haltung Doltos zum Tod ist meines Erachtens eine der Grundlagen ihrer Erfolge. In zahlreichen von ihr zitierten Fällen, die in dieser Arbeit nicht zur Sprache kommen, hat Dolto Kinder in Behandlung gehabt, die früh ihre Eltern verloren, deren Geschwister vor ihrer eigenen Geburt starben etc. Doltos gesamtes Schreiben ist von einer Gelassenheit dem Tod gegenüber gekennzeichnet, die ihresgleichen suchen kann. Der Tod ist für sie integraler Bestandteil des Lebens. „Il a finit de vivre. - Sein Leben ist zu Ende gegangen." Mit diesem lakonischen Satz soll man ein Kind über den Tod naher Angehöriger oder Freunde informieren. Keine Tragik liegt für Dolto darin, lediglich die Feststellung einer Tatsache, daß jemand sein Leben zu Ende gelebt hat, was für sie offenbar keine Trauer um das Nicht-Gelebte impliziert. Vielleicht verdankt sie diese Gelassenheit ihrer bis zu ihrem eigenen Tod anhaltenden Überzeugung, daß der Tod nur eine Metamorphose ist, daß das Subjekt eternel ist...

Basaler Narzißmus und Oedipuskomplex - Léon

In diesem Zusammenhang soll auf einen Aspekt der Doltoschen Trauma-Theorie noch einmal kurz eingegangen werden. Ist das Trauma ein Äußeres, das durch das Verhalten der 'Erziehungspersonen' hervorgerufen wird, oder ist das Trauma ein intrapsychisches, das sich allein auf die Unfähigkeit des Subjekts bezieht, Ereignisse adäquat zu verarbeiten, so daß sie dauerhafte Spuren in Form von Läsionen seines Körperbildes hinterlassen? Dolto ist in dieser Frage nicht eindeutig. Auf der einen Seite sagt sie, daß nicht ein bestimmtes Ereignis an sich traumatisierend wirkt, so z. B. die Geburt seiner Schwester bei Dominique, auf der anderen Seite wirkt in ihrem Verständnis die Rückkehr an die Brust, das Ausbleiben der Versagung traumatisierend. Desgleichen hat für sie ohne Zweifel die permanente Verführung Dominiques durch seine Mutter, wenn er bei ihr im Bett liegt, die Bedeutung eines traumatischen Erlebens. Traumatisch ist das Ausbleiben eines Verbots, einer

Untersagung von Lust, die notwendigerweise ein bestimmtes Verhalten und Erleben zuläßt. Bezogen auf die Brust bedeutet das erneute Gestilltwerden den Verlust von Sublimierungen, d.h. kurzzeitig den Verlust des Sprechvermögens, bezogen auf die Verführung durch die Mutter bedeutet es die Abspaltung Dominiques von seinen genitalen Regungen, die Verleugnung seines Geschlechts. Die Wirkung des Traumas besteht darin, daß das Subjekt die mit bestimmten Erfahrungen verbundenen Triebregungen nicht mehr als die seinen anerkennen kann und sie, wie oben dargelegt, als feindselige in die Außenwelt projiziert. Auf seine Objektbeziehungen legt sich ein Schleier der Irrealität, der auch sein Selbsterleben irreal erscheinen läßt. Von daher Dominiques Eingangsfrage, 'manchmal denke ich, mir ist etwas Wahres passiert' und Doltos Gegenfrage: 'Wer hat Dich unwahr gemacht?', in diesem kurzen Wortwechsel wird dieses Problem der Irrealität seiner Wahrnehmungen angesprochen, die Tatsache, daß er seine Körperwahrnehmungen nicht als die seinen anerkennen kann, sich als Fremdkörper empfindet. Zu Beginn dieses Kapitels bei der Psychosentheorie Doltos wurde dieses Fremdkörperdasein mit dem fehlenden basalen Narzißmus in Verbindung gebracht. Um den Verlauf von Dominiques Kur zu verstehen, wird zu untersuchen sein, wodurch diese Entfremdung aufgehoben wird, wie der Narzißmus, also die Gewißheit der eigenen Existenz und das Recht zu wünschen, rekonstruiert wurden.

Dolto sieht die Rolle des älteren Bruders als pathogen für Dominique an. Der Ödipuskomplex und die mit ihm einhergehende ödipale Kastration sollte in bezug auf einen genitalen Partner der Mutter gelebt werden. Dieser Partner der Mutter nimmt die Position des männlichen Ideal-Ichs für den sich entwickelnden Jungen ein. In Dominiques Fall war der andere der Mutter aber durch die Abwesenheit des Vaters bedingt der ältere Bruder, der Vertraute der Mutter, mit dem sie alle Sorgen besprach und von dem sie eine nachsichtige Haltung gegenüber Dominique verlangte.

> „In der Tat spielt die bei jedem Kind besondere ödipale Situation allein die determinierende, humanisierende Rolle. In der Familie aber erlaubt es das Verhältnis unter den Geschwistern, daß sich die Beziehungen zu den Erzeugern, die phantasierten oder zuweilen sogar realen emotionalen Entschädigungen für den Inzest auf diese Geschwister verschieben, Entschädigungen, die mit fälschlich versichernden, in Wahrheit traumatisierenden brüderlichen Beziehungen verknüpft sind; was im Schutze solcher Entschädigungen vermieden wird, sind die auf gesunde Weise Angst machenden elterlichen Beziehungen, die zur Konfrontation der Lebenstriebe und der Todestriebe sowie zur ödipalen Kastration, zur Urszene führen müßten: Knotenpunkt der um die Ethik des Wunsches zentrierten humanisierenden symbolischen Funktion, deren unbewußte Kraftlinien die Kohäsion des grundlegenden Narzißmus bilden."(FD 175)

Die Kohäsion des grundlegenden Narzißmus wird also durch die ödipale Kastration hergestellt, die im vorhergehenden Zitat mit der Urszene gleichgesetzt wird. Im Lichte dieses Zitats wird der Verlauf von Dominiques Kur verständlich. Der grundlegende Narzißmus, also die Gewißheit der Kontinuität der eigenen Existenz durch unterschiedliche Erfahrungen in Zeit und Raum hindurch, baut sich durch die Rekonstruktion der Urszene und die damit verbundene ödipale Kastration auf. Sie beinhaltet den Verzicht auf die Mutter als begehrtem Sexualobjekt. Dolto ist nicht lange bei der Durcharbeitung prägenitaler, oraler Einverleibungsphantasien bzw. entsprechender Zerstückelungsphantasien als Angstvorstellungen geblieben. Diese setzt sie in der Psychose voraus, nämlich, daß jede Annäherung vom Subjekt als zerstörerisch empfunden wird und entsprechend gemieden oder verleugnet wird. Nicht die Durcharbeitung der auf die orale Phase bezogenen Ängste, also die duale, symbiotische Beziehung zur Mutterimago können den zerstörten Narzißmus wiederherstellen, sondern die Rekonstruktion der Urszene, der Bezug auf den Vater als Erzeuger und als anderen der Mutter. Die Urszene verweist auch auf die Geschlechterdifferenz, durch sie wird die Geschlechterdifferenz thematisiert.

Jetzt wird es um ein anderes Kind gehen, Léon, der geistig stark beeinträchtigt wirkt und große Bewegungsstörungen zeigt. Dolto ist durch ihre Erfahrung zu der Einstellung gelangt, den ärztlichen Diagnosen, wenn sie sich auf das Verhalten des Kindes, also auf beobachtbare Phänomene gründen, und kein organischer Befund eines geistigen Defektes vorliegt, keinen Wert für die Indikation einer Behandlung zuzugestehen. Ob psychotisch, geistig behindert oder stark verhaltensgestört, die Kuren mit diesen Kindern folgen den gleichen Prinzipien.

Maud Mannoni beschreibt in der Einleitung zu ihrem Buch 'Das zurückgebliebene Kind und seine Mutter', wie sie allmählich dazu übergegangen ist, auch Kinder mit extrem niedrigem IQ zu behandeln. Es hat sich dabei erwiesen, daß ihre geistige Zurückgebliebenheit einer Hemmung entspricht, einer Verleugnungsstrategie, die durch die Arbeit an den abgewehrten Phantasien aufgehoben wird. Das heißt, daß unabhängig von der ausgebildeten Symptomatik bestimmte Phantasien den Umgang mit den Objekten bestimmen. Die Arbeit an den Phantasien erlaubt die Aufhebung libidinöser Blockierungen und führt die durch Verdrängungs- und Verleugnungsmechanismen aufgebrauchten Energien wieder in Austauschprozesse mit den Objekten zurück. Maud Mannoni hat mir erzählt, daß Dolto diejenige war, die sie ermutigt hat, mit geistig zurückgebliebenen Kindern zu arbeiten und den bei Tests erreichten IQ nicht mehr als Kriterium für eine Behandlungsindikation zu werten. Das bemerkenswerte Buch über die psychoanalytische Arbeit mit geistig zurückgebliebenen Kindern verdankt sich so, außer der klinischen Begabung Maud Mannonis auch der Kontrolle durch Dolto.

Bei Léon handelt es sich um eine Kur mit einem achtjährigen Jungen, der zwar keinen neurologischen Positivbefund aufweist, aber einen Intelligenzqotienten von 63 hat. Léon ist unfähig, sich aufrecht auf zwei Beinen fortzubewegen. Er geht, indem er sich an Wänden und Stühlen mit dem Rücken abstützt und liegt auch beim Sitzen mit seinem Oberkörper auf dem Tisch, so als wenn er den Oberkörper nicht alleine halten könnte. Er spricht sehr langsam, jede Silbe abgehackt betonend, und kann weder lesen noch schreiben. Er kann jedoch schon seit seiner frühen Kindheit Lieder summen und hat Klavierunterricht bei einem Nachbarn, der in Léon einen Virtuosen sieht. Der Klavierlehrer stützt ihn beim Spielen, hält seine Ellenbogen und hat Pedalverlängerungen gebaut, damit Léon sie mit seinen Füßen erreichen kann. Léon spielt Partituren, kann also Noten lesen und sie auf die Tasten übertragen, allerdings ohne sie zu benennen. Der Klavierlehrer war es auch, der den Eltern nahegelegt hatte, eine Beratungsstelle aufzusuchen.

Bei Dominique war viel vom Krieg die Rede, ohne daß er diesen selbst erlebt hätte. Léons Behandlung findet während des Krieges unter deutscher Besatzung statt. Léons Vater ist ein aus Osteuropa eingewanderter Jude, der zur Zeit seiner Behandlung schon versteckt lebt und gegen Ende die besetzte Zone verläßt, um für sich und seine Familie im nichtbesetzten Teil Frankreichs eine Wohnung und für sich eine Arbeitsstelle zu suchen. Der Vater spricht französisch mit starkem Akzent. Beide Eltern sind Schneider und arbeiten bis zur Besetzung Frankreichs in einer kleinen Konfektionswerkstatt, einem Familienbetrieb. Dort haben auch Léon und seine zwei Jahre jüngere Schwester bis zum Kindergarteneintritt den größten Teil ihrer Zeit verbracht. In dem Atelier wurde beim Nähen viel gesungen. Die Mutter ist Katholikin aus der Bretagne und hat als Hausangestellte in Paris gearbeitet, bis sie durch ihren Mann eine Arbeit in der Schneiderwerkstatt erhielt. Léon hat dort bis zum Alter von dreieinhalb Jahren in einem Hochstuhl gesessen, also in Tischhöhe, angebunden an den Stuhl, in dem zugleich ein Topf war. In bestimmten Abständen wurde das Zwischenbrett entfernt, so daß er in den Topf urinieren und defäkieren konnte. Als er dann mit dreieinhalb Jahren aus dem Stuhl herausgenommen wurde, saß er auf der Erde und bewegte sich so fort, wie er es auch bei der Behandlungsbeginn tut, sich mit dem Rücken an der Wand oder an Möbeln abstützend. Léon ist passiv, ermüdet leicht und kennt außer dem Klavierspiel keinerlei motorische Aktivitäten. Bevor er zu Dolto kommt, hatte er im gleichen Zentrum zwanzig Sitzungen bei einer Psychomotorik-Therapeutin (psychomotricienne), bei der er immer das gleiche Bild malte, ein quadratisches Haus mit trapezförmigem Dach und leeren Fenstern, einem Schornstein, aus dem kein Rauch aufsteigt und einer Tür, darüber ein langgezogenes n, den Himmel. Zwischen Haus und Erde gibt es keine Trennung. Der untere Teil des Hauses ist identisch mit dem Ende des Blattes. Die

Psychomotoriktherapeutin ist mutlos, da sich keinerlei Veränderung in seiner Motorik und in seinem langsamen Ausdruck gezeigt hat. Dies ist der Ausgangspunkt für die Behandlung bei Dolto. Es wurde den Eltern nahegelegt, Léon in ein spezialisiertes Internat zu geben. Die Mutter befürchtet allerdings, daß er wegen seiner Gutmütigkeit und Passivität dort unter der Aggressivität der anderen verhaltensauffälligen Kinder sehr leiden würde. Auch hier hat die Therapie die Funktion, diese Trennung von der Familie zu verhindern.

Dolto rekonstruiert im Nachhinein, daß Léon in der Werkstatt seiner Eltern die ihn auszeichnenden Fähigkeiten erworben hat. Zur Reglosigkeit verdammt, hat er mit den Augen die schnellen und geschickten Nähbewegungen der Erwachsenen aufgesogen und später mit großer Geschicklichkeit die Fingerfertigkeit auf das Klavier übertragen. Auch die Hände waren ihm übrigens in der Säuglingszeit festgebunden worden, da die Mutter nicht wollte, daß er am Daumen nuckelt. Außerdem herrschte in der Werkstatt eine musikalische Atmosphäre, dort wurde viel gesungen, und die Mutter hat nach Doltos Angaben eine angenehme, melodische Stimme. Die sich in Musik umsetzende Fingerfertigkeit ist die einzige Äußerung, die Léon von seinem unbewußten Körperbild her erlaubt ist.

Zu Beginn seiner Kur spricht Léon langsam, monoton ohne jeglichen mimischen Ausdruck. Auf Doltos Frage, was er gemalt hat, antwortet er stereotyp: 'Das-Dach-der-Himmel-die-Türe.'

> „Wenn ich ihm über diese Zeichnung oder über das, was mir seine Mutter über ihn erzählt hat, und was ihn betrifft, einige Fragen stelle, so antwortet er nicht. Und erst in der vierten Sitzung verstehe ich, was vor sich geht. Ich hätte es schon seit der dritten Stunde verstehen können, verstehe es aber erst in der vierten oder noch deutlicher in der fünften: In Wirklichkeit antwortet Léon acht Tage später, wenn er in die Sitzung kommt, auf die Fragen, die ich ihm acht Tage vorher gestellt habe. Als ich dies verstanden und es ihm gesagt habe, indem ich ihn dazu beglückwünsche, nicht zu antworten, bevor er gut überlegt habe, da dies ein Zeichen von Intelligenz sei, beginnen seine bis dahin runden, ein wenig kugeligen, ausdruckslosen Augen zu leuchten und Freude auszustrahlen. Ich bitte ihn dann, etwas zu modellieren."(UBK 266/267)

Léon tut dies nicht, bleibt regungslos sitzen, nimmt aber in der nächsten Sitzung die Knete und formt vier gleich aussehende Würste. In der sechsten Sitzung formt er wieder vier gleiche Würste und zwei dünnere und versucht diese zusammenzufügen. Dolto versteht nicht, was er ausdrückt, und sagt es ihm:

> „Gleiche Erklärung von meiner Seite, er versuche sicher etwas zu tun und damit etwas zu sagen: ich verstände es nicht, möchte aber verstehen, vielleicht sehe man das nächste Mal besser. Als Antwort schaut er mich an."(UBK 267) In der nächsten Sitzung formt er aus den sechs Zylindern und einer modellierten Platte einen Stuhl und sagt: Ñ'Das ist ein Stuhl.' Dolto fragt ihn, ob der Stuhl zufrieden ist, mit seiner Art Stuhl zu sein und er, Léon ihn für jemanden gemacht habe. Léon antwortet nicht und knetet in der nächsten Sitzung wieder den gleichen Stuhl und sagt: „'Er ist zufrieden, ein Stuhl zu sein.' (Dies ist die Antwort auf meine Frage vom letzten Mal.) Ich sage: 'Erwartet er jemanden.'- 'Ja.' - Vielleicht kommt sich jemand darauf setzen?' In diesem Augenblick beginnt er ein Männchen zu modellieren... Er legt das liegende Männchen auf den Boden vor den Stuhl. 'Was ist das?' Keine Antwort. 'Ein Männchen? .. Du?' - 'Ja.'- 'Willst Du Dich auf den Stuhl setzen?' - Keine Antwort. - 'Will der Stuhl, daß Du Dich auf ihn setzt?' Ohne etwas zu sagen setzt er das Männchen auf den Sitz und, indem er beide Beine krümmt, läßt er sie den Boden vor den Beinen des Stuhls berühren; dann lehnt er sehr heftig den Rücken des Männchens an die Stuhllehne. 'Ist dieses Männchen zufrieden?' - 'Ja.' Zusammen betrachten wir beide still und lange das Objekt, das er geschaffen hat. Ich: 'Was denkt er, dieser kleine Mann?' Keine Antwort. 'Ist er ein Freund des Stuhles?' Keine Antwort. 'Ist der Stuhl zufrieden?' - 'Oh, ja', sagt Léon schnell mit einem Ausdruck der Überzeugung. Und fügt hinzu: 'Er ist zufriedener als das Männchen.' Ich schaue ihn fragend an: 'Nun ja, wenn es wegginge, würde er den Rücken des Männchens behalten, und dieses hätte keinen Rücken mehr.' Er lächelt sarkastisch. Ich frage ihn: 'Hätte er aber seinen Kopf, sein Gesäß, seine Beine behalten?' Keine Antwort, jedoch eine Mimik, die mir derjenigen eines Kindes ähnlich scheint, das auf seinem Topf drückt, um zu defäkieren, indem es seinen Bauch aufbläst. Ende der Sitzung ohne Worte."(UBK 268/269)

Die letzte Passage hat die gleiche Bedeutung, wie die 'crack-Geste' in der 2.Sitzung Dominiques. Léon lächelt sarkastisch, als er davon spricht, daß der Stuhl in einem sadistischen Akt den Rücken des Männchens behalten würde, er identifiziert sich kurzzeitig mit dem sadistischen Genuß des Stuhles. Dominique erzählt eine Phantasie, in der er einer Hexe begegnet, die 'Crack,Crack,Crack' sagt und drückt selber beide Hände in einer Geste des Zerquetschens gegeneinander. In den Äußerungen beider Jungen wird aktiv ausgedrückt, was sie passiv erlitten haben, wie bei Léon, oder worum ihre Phantasien in der Begegnung mit dem andern kreisen. Sie drücken beide den Genuß des Sadismus aus, der ihnen phantasmatisch widerfährt. Diese sadistische, aktive, genußvolle Handlung hat ein kathartisches Moment. Es ist eine Inszenierung, die ihr Körperbild verändert, da auch das masochistische

Genießen dieser Position ausgedrückt werden kann. Léon kann sich von dieser Sitzung ab fortbewegen, ohne die Unterstützung einer Wand oder eines Möbelstücks. Er durchquert bei der nächsten Sitzung direkt den Raum und bleibt aufrecht sitzen, ohne sich anzulehnen und auch ohne den Vorderkörper auf den Tisch fallenzulassen. Er hat seinen an den Stuhl abgegebenen Rücken wiederbekommen und hat seit der letzten Sitzung Durchfall. Nur im Deutschen gibt es die lautliche Übereinstimmung von 'Stuhl' und 'Stuhl'. Seitdem der Stuhl ihm den Rücken genommen hat, kann er seinen Stuhl nicht mehr halten. So hat er offensichtlich die ihm so lange aufgezwungene Reglosigkeit in dem Hochstuhl mit Topf erlebt: daß dieser ihm mit seinem Stuhlgang auch den Rücken weggenommen hat. Mit Hilfe seines Knetens und der dazu geäußerten Einfälle hat er diese Phantasie kathartisch in Szene gesetzt und dadurch das Bild eines vollständigen, aufrecht sich fortbewegenden Körpers wiedererlangt. Der masochistische Genuß, der mit dem dem Stuhl unterstellten sadistischen Genuß einhergeht, wurde symbolisiert und braucht jetzt nicht mehr in seinem Unvermögen sich fortzubewegen, agiert zu werden. Die dem Symptom zugrundeliegende Phantasie ist inszeniert und durchgearbeitet worden.

> „Der Psychoanalytiker wußte nichts über die passive, masochistische, gleichzeitig faszinierende und gefürchtete Lust, die Léon erlebt hatte, und die ihn am Leben erhalten hatte. Der sadistische Ausdruck seines Lachens und die Schnelligkeit seiner Reaktion, über die erfahrene Lust des Raubes zum Schaden eines Lebenden zu sprechen, gaben die Wendung in seiner Kur."(UBK 282)

Dolto siedelt die seiner motorischen Störung zugrundeliegende Phantasie sowohl auf der oralen als auch auf der genitalen Ebene an. Sein Körperbild ist zerstückelt und erlaubt von daher nicht die Ausschöpfung der Möglichkeiten des Körperschemas.

> „Dieses Körperbild eines Subjekts, dem die Motorik verboten war, hat das Körperschema selbst beeinträchtigt, indem es die gesunden neurologischen Potentiale, die dennoch erhalten geblieben waren, gehemmt hat. Die Motorik, die Gewandtheit der distalen Teile, der Hände, der Finger, des Kehlkopfes, der Augen, der Füße war möglich, nicht aber der Zusammenhalt der Bilder unter sich und die artikulierte Spannung des Körperschemas. Außerdem versteht man, indem man Léon zuerst die Rückenlehne und den Sitz in seiner Darstellung eines Stuhles weglassen sieht - eine Illustration der Abwesenheit seines eigenen Gesäßes und Rückens in seinem Körperschema -, daß dieses Kind, das nie Spielzeug zur Verfügung hatte und das, an seinen Stuhl festgebunden, nur beobachtet hatte, wie die Erwachsenen leben, eine mental scheinende, ideen-

> bildende, verbale und körperliche Zurückgeblicbenheit entwickelte; daß es aber nach dem Beispiel der Erwachsenen eine potentielle Gewandtheit seiner Finger bewahrte und sogar entwickelte, indem es alle diese geschickten Hände im Konfektionsatelier arbeiten und nähen sah und, indem es das, was es sah, introjizierte."(iic 306/307;UBK 275)

Das zerstückelte Körperbild drückt sich in seiner Unfähigkeit aus, die verschiedenen Teile seines Körpers miteinander zu artikulieren. Dazu bedarf es einer äußeren Stütze, des haltenden Körpers des Lehrers beim Klavierspiel, der Hände seiner Begleiter im Freien oder der Wände und Möbel in Innenräumen. In seinem Körperbild wird der zerstückelte Körper durch eine äußere Kraft zusammengehalten, die ihm aber in seinen Phantasien zugleich auch den Rücken und das Gesäß raubt.

> „Sein Körperschema war durch ein Körperbild für ungültig erklärt worden, wo er, um für seine Mutter bedeutsam zu sein, akzeptieren mußte, ihr erotisches, orales oder anales Partialobjekt zu sein, das heißt, zerstückelt zu sein, wobei die Stücke durch einen äußeren, oral raubenden Sitz zusammengehalten wurden. Dieses Körperschema war, um die Stücke zusammenzuhalten, um sich als ganzes zu bewahren, genötigt, ständig eine Stütze, einen Gegenstand oder eine Person zu finden, einen äußeren physischen Beschützer seines Körpers, welcher immer bereit war, sich wie ein Puzzle zu zerlegen."(iic 310;UBK 278)

Bei Dominique wurde ja schon gezeigt auf welcher Ebene Dolto die oralen Zerstückelungsängste ansiedelt, in Form von Eindringen, Zerreißen, Wegnehmen, Rauben eines Körperteils. Diese Angst wurde zugleich in jeder Begegnung wieder mobilisiert und führte zu der Léon charakterisierenden Starrheit in seinen Äußerungen. Auf der analen Ebene hatte er den raubenden Stuhl erlebt, der ihm nicht nur die Möglichkeit, sich zu bewegen, sondern auch den Inhalt seines Darms wegnahm. Diese Bedeutung äußert sich in dem an die Sitzung anschließenden Durchfall. Auf eine zusätzliche Veranlassung des Durchfalls wird später eingegangen werden.

Nun zur genitalen Bedeutung seiner Phantasie: Dolto vermutet, daß in ihr auch ein Sexualakt vorgestellt wird. Léon hatte den Stuhl zweifelsohne lebendig phantasiert, konnte dieser doch zufrieden sein und das Wegreißen des Rückens sadistisch genießen. Auch Léon hatte, wie Dominique regelmäßig direkten körperlichen Kontakt mit der Mutter. Als der Vater 1940, als Léon vier war, für fast ein Jahr eingezogen wurde, war die Mutter mit ihren zwei Kindern zu ihrer Mutter in die Bretagne übergesiedelt. Dort gab es eine Hündin, die Junge mit einem ihrer 'Kinder' hatte. Die Beobachtung dieser Hundefamilie hatte dazugeführt, daß die Mutter in der Abwesenheit ihres Mannes häufig Hund mit ihnen spielte: Sie hockte sich auf allen Vieren im Bett über sie und die Kinder kuschelten sich an sie. Dieses Spiel hatte sie auch nach der Rückkehr nach Paris als sonntägliches Vergnügen beibehalten. Die Mutter und die Kinder spielten es im Ehebett, während der Vater das Frühstück zubereitete. Die Mutter genoß das Spiel sehr, und die Kinder wahrscheinlich mit ihr.

> „Die Mutter spielte ein Spiel der Identifikation mit den Hunden, und die Kinder übernahmen das Phantasma der Mutter."(UBK 280) Dolto verknüpft dieses inzestuöse Spiel mit der Phantasie von der raubenden Stuhllehne: „Das fortwährende Spiel mit der Mutter hatte die Identifikation mit einem Hund sich dauerhaft installieren lassen, die zu jener Zeit begann, als die Hündin der Großmutter Junge bekam, von denen man sagte, sie seien die Jungen ihres Sohnes. Dies hatte in der familiären Beziehung Léons und seiner Mutter, der allein mit ihr, also ohne Anwesenheit eines Mannes war, die imaginäre Erlaubnis zum Inzest gegeben, jedoch ohne, daß darüber gesprochen wurde. Er hatte dieses Phantasma auf den Stuhl verschoben, welcher langsam aus zusammengefügten Elementen phallischer Form aufgebaut wurde und der, indem er von dem Knetmännchen, (das vorsichtig gezögert hatte, sich ihm auszuliefern) Besitz ergriff, eine sadistische Lust daran hatte, es seines Beckens und seines Rückens zu berauben. Durch die auf Papa bezogenen Assoziationen, der es nicht wissen durfte, habe ich verstanden, daß dies einen Bezug zum Ödipus haben mußte, es wurde aber weder von ihm, noch von mir ausgesprochen."(iic 308;UBK 276/277)

Dolto assoziiert ein französisches Kinderlied dazu, in dem es um die Homophonie einer Musiknote mit dem Rücken geht und darum, daß der Vater etwas nicht wissen darf: 'J'ai perdu le do (dos) de ma clarinette, ah, si Papa, y savait ca?' - 'Ich habe das d (den Rücken) meiner Klarinette verloren, ach wenn Papa das wüßte.' In der von Léon verbal und mimisch ausgedrückten Phantasie von der Beziehung des Stuhls zu dem Knetmännchen waren also mehrere Stadien seiner libidinösen Entwicklung verdichtet. Orale, anale und genitale Zerstörungs-Ängste und -Wünsche fanden hier einen Knotenpunkt. Die Zerstörung des Knotens durch die sich darin äußernde sadistische Lust hatte eine große Veränderung Léons zur Folge. Er konnte sich jetzt nicht nur frei bewegen, sondern auch freier sprechen. Er spricht leichter und artikulierter. Die dramatischen äußeren Umstände der Behandlung bewirken eine Beschleunigung der Kur. Schon in der nächsten Sitzung wird Dolto die obligatorische Frage nach seiner Wahrnehmung des Geschlechtsunterschiedes stellen und Léons Antwort ähnelt der Dominiques sehr.

Der Vater hatte bisher seit der beginnenden Judenverfolgung im Norden Frankreichs versteckt zu Hause gelebt, wohin ihm die Mutter Näharbeiten aus der Schneiderwerkstatt brachte. Nachts schlief er im Garten ihres Hauses in einer selbst ausgehobenen Grube, da die Razzien in der Regel nachts oder im Morgengrauen durchgeführt wurden. In der Tat wurde er dann in der Woche nach der entscheidenden Sitzung eines Morgens gesucht und sollte abgeholt werden. Die Mutter sagte, wie vorher mit der ganzen Familie verabredet, daß ihr Mann in die freie Zone geflüchtet sein und sie nichts von ihm wüßte. Die Suche wurde daraufhin eingestellt, so daß Léons Vater dann wirklich sofort in den Süden Frankreichs flüchten konnte. Die Kinder waren während der Razzia vollkommen verschlafen, Léon hatte sich ausziehen müssen und seiner Mutter war geraten worden, sich scheiden zu lassen. Léons Durchfall war noch stärker geworden und seit dieser Razzia hatte er wieder begonnen, nachts in sein Bett zu urinieren.

Dolto erklärt der unwissenden Mutter, warum Léon sich ausziehen mußte und erläutert ihr die Bedeutung des Beschneidungsritus. Nach diesem Gespräch mit der Mutter beginnt die Sitzung mit Léon. Dolto ruft ihm noch einmal den Verlauf der letzten Sitzung ins Gedächtnis zurück, und verknüpft die Szene mit der Erfahrung des Festgebundenseins auf dem Stuhl-Topf. Léon kann sich noch daran und auch an die Proteste seiner kleineren Schwester erinnern, der das gleiche widerfahren sollte, die sich aber vehement und erfolgreich dagegen gewehrt hatte. Dolto erklärt den Unterschied in den Reaktionen der beiden Geschwister damit, daß Léon als Junge eher bereit war, sich seiner Mutter zu fügen, um ihr zu gefallen. Diesem zustimmenden Verhalten lag schon eine heterosexuelle Objektwahl zugrunde, während die Schwester qua Geschlecht der Mutter gegenüber ambivalent war, also ihre Opposition leichter zeigen konnte.

Dolto fragt Léon dann nach den Ereignissen der letzten Woche. „Ich spreche mit ihm über sein Pipi, das er kürzlich ins Bett gemacht hat. 'Mama sagt, das sei deshalb, weil die Soldaten Papa holen wollten, und weil sie mir Angst gemacht haben.' - 'Ist das wahr? Hast Du Angst gehabt?' Er weiß es nicht. 'Was wollten die Soldaten?' - 'Sie wollten meinen Pipi sehen,' sagt er mit einem etwas verlegenen Ausdruck."(UBK 270) Dolto erklärt dann auch ihm den Beschneidungsritus, nicht ohne das rassistische Vorgehen der Soldaten und die Ideologie, auf die sie sich berufen, aufs Schärfste zu verurteilen, und benutzt dabei die genauen Begriffe Penis, Vorhaut und Eichel. Außerdem vergleicht sie die Bedeutung der Beschneidung mit der Namengebung und dadurch mit der Taufe. Léon und seine Schwester waren während ihres Aufenthaltes in der Bretagne mit der schriftlichen Zustimmung ihres Vaters, jedoch in seiner Abwesenheit getauft worden.

> „Ich benütze die Gelegenheit, als ich vom Glied und der Vorhaut spreche, um von der Erektion des Gliedes zu sprechen und sehe, daß mir Léon mit großer

Aufmerksamkeit zuhört. .. Ich schweige, nachdem ich von seinem Glied und der Beschneidung gesprochen habe und sage dann: 'Kennst Du den Unterschied, der zwischen den Mädchen und den Jungen besteht?' Er antwortet mir: 'Die Mamas haben Brüste, die Mädchen haben keine, und die Papas auch nicht.' - 'Und Du, hast Du welche?' - 'Ich ja, ich habe ein wenig Brüste, ich habe mehr als meine Schwester, aber nicht so viel wie meine Mutter.' - 'Und hast Du nicht bemerkt, daß Deine Schwester nicht so wie Du Pipi machen kann? Daß sie dort nicht so gemacht ist wie Du?'"(UBK 271)

So wie er vorher die Unterschiede an mehr oder weniger Brüsten festgemacht hat, macht er sie jetzt an mehr oder weniger Körperbehaarung und den unterschiedlichen Haarfarben fest. Dolto erklärt ihm daraufhin den wirklichen sexuellen Unterschied, das Fehlen des Penis bei den Mädchen und Frauen und fragt ihn, was er darüber wisse:

„'Er antwortet mir, daß er es sehr gut finde, daß es bei seiner Schwester nicht wachse, aber bei seiner Mutter glaube er, daß sie einen habe. Ich frage, ob er sie denn gefragt habe. 'Nein, ich habe sie nicht gefragt. Aber die Kühe haben vier davon, mit Milch, man kann sie da melken. Das ist aber nicht das gleiche, die Ziegen haben, glaube ich zwei. Die Hündinnen sind so wie die Mamas. Sie haben hier keine Haare.' Er zeigt den Ort seines Nabels, mitten auf seinem Bauch. 'Sie haben viele Junge und es braucht, um sie zu nähren, viele Zitzen auf dem Bauch; man ertränkt sie aber nachher.'"(UBK 271)

Dolto kommentiert: „Ich zitiere im genauen Text das, was ich nach und nach aufschreibe, während er in einem normalen Rhythmus spricht. Wir erleben ein Sich-Ergießen von Worten wie ein - so könnte man sagen - exkrementelles Sich Ergießen; dies betrifft die Phantasmen von verwirrten und unzusammenhängenden Körperbildern. All dies ist von einem Sitz ausgegangen, von einem Möbelstück und einem verdinglichten Rücken. Die Modellierungen standen für ungenaue und ängstigende Gedanken von Raub, Kastration, wobei sich Geschlecht, Haare, Brüste, Nabel und moralische Urteile vermischten. Genausogut wie seine Schwester kein Pipi und keine Brüste hat, genausogut ist er wie seine Mutter; es wäre doch unglaublich, daß seine Mutter keinen Penis jedoch Brüste hätte."(iic 303;UBK 272)

Teilkörper - Partialobjekte, das Genitalprimat

Auch hier bei Léon finden wir die Äquivalenzaussage von 'Wiwimacher' und Kuheuter. Sowohl in der Fallgeschichte von Dora als auch in der des 'kleinen Hans' werden diese infantilen Sexualkonstruktionen von Freud erwähnt: Hans ruft kurz vor seinem dritten Geburtstag, als er beim Melken zusieht, aus:

> „'Schau aus dem Wiwimacher kommt Milch.' Schon diese ersten Beobachtungen machen die Erwartung rege, daß vieles, was uns der kleine Hans zeigt, sich als typisch für die Sexualentwicklung des kleinen Kindes herausstellen wird. Ich habe einmal ausgeführt (in Bruchstück einer Hysterie-Analyse, also der Falldarstellung von Dora), daß man nicht zu sehr entsetzt sein braucht, wenn man bei einem weiblichen Wesen die Vorstellung vom Saugen am Gliede findet. Diese anstößige Regung habe eine sehr harmlose Abkunft, da sie sich vom Saugen an der Mutterbrust ableitet, wobei das Euter der Kuh, -seiner Natur nach eine Mamma, seiner Gestalt und Lage nach ein Penis - eine passende Vermittlung übernimmt. Die Entdeckung des kleinen Hans bestätigt den letzten Teil meiner Darstellung."(GW VII,245)

Ich selbst habe eine ähnliche Vorstellung meines damals zweieinhalbjährigen Sohnes berichtet, der nach der Beobachtung des Stillens seiner kleinen Schwester auf seinen Penis zeigte und sagte: „Da - Milch."[21] Nun waren Hans und auch mein Sohn noch keine drei Jahre alt, als sie diese Vorstellungen äußerten. Sie waren also noch nicht in die genitale Phase eingetreten, oder standen zumindest am Beginn derselben mit ihren diesbezüglichen Beobachtungen. Sie fingen gerade an, sich für ihre Genitalien zu interessieren, während Léon und Dominique bedeutend älter sind. Bei ihnen hat also die Unterwerfung unter das Genitalprimat nicht stattgefunden. Die verschiedenen Körperbedeckungen oder -Vorsätze werden auf quantitative Weise miteinander verglichen. Haare, Brüste, Nabel stehen gleichgeordnet nebeneinander. Entsprechend ist ihr Körperbild zerstückelt, was sich in jeweils sehr verschiedenen Symptomen zeigt. Der Verleugnung des Geschlechtsunterschiedes entspricht die phantasierte Möglichkeit, ein Körperteil im Realen also wirklich verlieren zu können, bzw. des Zusammenhalts der einzelnen Teile beraubt zu werden. Hans reagiert auf die Erklärung des Vaters hinsichtlich des von ihm beobachteten, aber von der Mutter verleugneten Geschlechtsunterschiedes (Hans: 'Mama, hast Du auch einen Wiwimacher?' Mama: 'Selbstverständlich. Weshalb?' Hans: 'Ich hab nur gedacht.') mit einer Reduzierung seiner Angst.(GW VII,245) Er begreift, daß der Penis angewachsen ist, er ihn also nicht verlieren wird und daß er mit ihm wachsen, also auch einmal so groß wie der seines Vaters sein wird.

Man könnte konstruieren, daß nur die Anerkennung des Primats des Phallus, der Eintritt in die phallische Ordnung die Kohäsion des Körperbildes garantiert. Jede sexuelle Konstruktion, die sich im Vorfeld bewegt, läßt den eigenen Körper als Teilkörper erscheinen. Er ist als Teil eines anderen zu dessen Genuß bestimmt, wie es in der Doltoschen Konstruktion des Partialobjektes von der Mutter anklang. Die genitale Kastration führt die Unterscheidung von Sein und Haben ein, die bei Dominique nicht vorhanden war. Dies drückte sich in seiner Frage bezüglich des Heizkissens aus. „'Sylvie hat mir gesagt, sie tut das nicht, um bei meiner Mutter zu sein, sondern wegen der Heizdecke, ist sie dann auch meine Mutter?' (sic!) Dominique verwechselt Sein und Haben."(FD 102)

Die Kohäsion des Körperbildes wird durch den Eintritt in die phallische Ordnung garantiert, das Anerkennen der Geschlechterdifferenz und das Auftauchen der mit ihr verbundenen sexuellen genitalen Erregung. Dieses Eintreten in die genitale Phase und die Durcharbeitung der damit verbundenen Regungen ist der wesentliche Bestandteil der von Dolto durchgeführten analytischen Kuren mit schwer gestörten Kindern. Dolto verhilft diesen Kindern dazu, den Ödipus zu setzen, wie sie es nennt, d.h. das geschlechtliche Begehren in bezug auf den gegengeschlechtlichen Elternteil durchzuarbeiten, d.h. das Verbot der Realisierung dieses Begehrens anzuerkennen. Das ist der Inhalt der genitalen, ödipalen Kastration. Sie beinhaltet den Triebverzicht bezüglich der inzestuösen Objekte und erlaubt die Sublimierung oder Verdrängung der diesbezüglichen Triebregungen.

Dolto verläßt dabei auch die sich selbt auferlegte Abstinenz hinsichtlich Verhaltensratschlägen an die Eltern. Sie legt Frau Bel nahe, ihre Kinder nicht mehr zu sich ins Bett zu nehmen, sie rät Léons Mutter, auf das sonntägliche Hundespiel mit ihren Kindern zu verzichten. In beiden Fällen handelt es sich um verführende Mütter, die ihre Kinder auf naiv, schuldige Weise zu ihrem eigenen Lustgewinn mißbrauchen. Doch die Kinder sind nicht nur Opfer, sie beteiligen sich als Komplizen an diesen pervertierenden Spielen. Die analytische Arbeit besteht genau darin, ihre Beteiligung zu thematisieren und sie in der Abwehr ihrer inzestuösen Wünsche zu unterstützen. Ihre Libido ist gefangen in der Verleugnung ihrer genitalen Regungen, von denen jemand anders, ihre Mutter Besitz ergriffen zu haben scheint. Sie leben in einer Konfusion der Körper. Die genitale Kastration, die Annahme des Inzestverbots ermöglicht die Trennung der Körper und die Befreiung eines subjektiven Begehrens, welches sich auf andere Objekte beziehen darf und muß.

Die oben erläuterte Psychosentheorie Doltos ist differenzierter als die Freuds, stimmt aber in den Grundannahmen mit dieser überein. Das Subjekt hat die äußere Realität durch die Innere ersetzt, die Verleugnung tritt an Stelle der neurotischen Verdrängung, die Libido des Subjekts ist von den äußeren Objekten abgezogen und heftet sich ausschließlich an introjizierte Objekte. Sie leben in einem Austausch mit halluzinierten Objekten. Die psychoanalytische Arbeit besteht darin, sie ihre vorgestellten Objektbeziehungen in der Beziehung zum Analytiker darstellen zu lassen. Dies geschieht durch ihre Mimik, ihre Gestik, nicht umsonst nimmt die Beschreibung der entsprechenden Ausdrucksformen einen großen Platz in Doltos Wiedergabe der Sitzungen ein, und wesentlich in der graphischen und skulpturalen Darstellung der jeweils in der Übertragung aktivierten Körperbilder. Dolto betrachtet diese Repräsentationen des Kindes als Material, das von beiden gemeinsam interpretiert wird. Beide beugen sich über die Äußerungen des Kindes und versuchen, den darin enthaltenen Sinn zu entziffern. Doltos Grundannahme ist, daß in dem von dem Kind Dargestellten ein Sinn ist. Immer wieder endet ja eine Sitzung mit dem Hinweis darauf, daß Léon versucht hat, etwas zu sagen, und daß sie versuchen wird zu verstehen. Ihre Grundannahme besteht darin, daß auch der psychotische Diskurs sinnvoll ist. „Der aufmerksame, beharrliche und rezeptive Zeuge, der Psychoanalytiker, vermutet, daß die unverständliche, delirierende Sprache oder das Schweigen einen Sinn hat; er deutet sie stets als Sonderfälle der Sprache, die zu entziffern ihm obliegt."(FD 192) Der Sinn wird oft erst durch den Rekurs auf archaische Beziehungsmodi, auf das Verstehen von oralen und analen Zerstörungsphantasien erkennbar. Vielleicht besteht ihr klinisches Genie gerade darin, daß sie extrem rezeptiv war für diese Art von Körper- und Beziehungsrepräsentationen, die sie zwar verstanden, aber wie man bei Dominique sehen kann, nicht gedeutet hat. Sie hat sie zugelassen, konnte die angedeuteten Ängste und Befriedigungsformen verstehen, sie wird aber erst aktiv und deutet massiv, wenn das Subjekt sich seinen genitalen Regungen nähert. Dort greift sie ein und leistet so etwas wie eine Aufklärungsarbeit, indem sie die Genitalien bem Namen nennt, über die Geschlechterdifferenz spricht, über die Rolle des Vaters bei der Fortpflanzung und über das Verhältnis der Eltern. In beiden Fällen, also bei Dominique und Léon war es den Müttern nicht möglich gewesen, die Genitalien korrekt zu bezeichnen. In Dominiques Familie wurde die gesamte Körperregion, also sowohl der Harn-, als auch der Anal- und der Genitalbereich für beide Geschlechter gleichermaßen als Popo bezeichnet. Léons Mutter war so hilflos, als Léon nach der oben zuletzt wiedergegeben Sitzung auf Anraten von Dolto ihr konkrete Fragen stellte, („..er es sehr gut finde, daß das bei seiner Schwester nicht wachse, aber bei seiner Mutter ..glaube er, daß sie einen habe..Ich frage, ob er sie denn gefragt habe.") daß sie Dolto darum bat, in ihrem Beisein Léons Fragen zu beantworten. Zu der letzten Sitzung vor ihrer Übersiedlung nach Südfrankreich brachte sie dann auch Léons Schwester mit, damit auch sie aufgeklärt werde.

Eine Charakteristik Doltos besteht darin, daß sie ihre sexuelle Aufklärungsarbeit unter Bezugnahme auf das Material des Kindes leistet. So, wenn sie mit Dominique über die Erektion spricht und sich auf den von ihm in der vorigen Sitzung gekneteten Hund bezieht, bei dem Dominique gezögert hatte, ob er einen stehenden oder einen hängenden Schwanz habe und den Schwanz mehrfach abgeändert hatte. Der von Dominique geknetete Hund entspringt seinem Körpererleben und daran arbeitet sie, vermittelt über die Sprache.[22] Bemerkenswert ist auch ihre lange Interpretation seines Knethundes in der neunten Sitzung, der einen großen Kopf hat, einen voluminösen Schwanz, aber ansonsten im Halbrelief dargestellt ist, große Sinnesorgane hat, aber regungslos flach auf der Erde liegt und sich nicht aufrichtet, auch von den Beinen nicht getragen werden könnte. Sie zieht Parallelen zwischen Dominiques Situation und der Position des von ihm modellierten Hundes und verweist wieder darauf, daß er noch nicht alles gesagt hat, das es noch ein Wissen gibt, das er, wie der nicht sprechende Hund, für sich behält. Dolto gibt überhaupt als ein Charakteristikum der Psychose die Identifikation mit dem Tier an. Ab einem bestimmten Alter haben auch neurotische Kinder anthropomorphe Formen der Selbst-Repräsentation, bei psychotischen Kindern kann jedes Lebewesen und jeder Gegenstand zur Darstellung von Selbst-Repräsentationen benutzt werden, siehe den mit menschlichen Empfindungen ausgestatteten Stuhl Léons. Doltos Fragen beziehen sich auf diese Erfahrung, wenn sie ihn fragt, ob der Stuhl jemanden erwartet und ob er zufrieden ist, mit seiner Art, ein Stuhl zu sein. Es gibt in ihrer Arbeitsweise nur einen Punkt, an dem sie korrigierend auf die Realitätswahrnehmung Einfluß nimmt. Dies ist die Wahrnehmung der Geschlechterdifferenz, über die sie spricht. Ansonsten arbeitet sie strikt analytisch im wahrsten Sinne des Wortes und nimmt die geäußerten Phantasien als gegebene psychische Realität, an der zu arbeiten ist, die aber nicht einer objektiven Realität gegenübergestellt werden. Ihr Ziel ist nicht das Ersetzen einer psychotischen Realitätswahrnehmung durch eine objektive Realitätsprüfung, also die Normierung von Wahrnehmung und Erlebnisweisen, sondern das Freilegen eines subjektiven Begehrens. Voraussetzung dafür ist das Anerkennen der Geschlechterdifferenz und des Inzestverbots. Sie setzt eine Struktur, ein Verbot und führt so die psychotischen Subjekte in die ödipale Problematik ein.

Das Setting, Repräsentation statt Unmittelbarkeit - Katja

Die von dem Subjekt gemalten oder gekneteten Objekte haben für Dolto den Stellenwert von Phantasien, die der Entzifferung und nicht der Korrektur bedürfen. Ich stelle das deshalb heraus, weil der Fallbericht einer bedeutenden deutschen Kinderanalytikerin damit beginnt, daß sie darüber beunruhigt ist, daß ein Kind einen Baum auf ein Haus stellen will, wo das doch nicht möglich ist.[23] Nun ist gerade dies das Bild, an dem Freud darstellt, wie die Traumarbeit funktioniert, allerdings ist in seinem Beispiel nicht ein Baum auf einem Haus, sondern ein Schiff:

> „Der Trauminhalt ist gleichsam in einer Bilderschrift gegeben, deren Zeichen einzeln in die Sprache der Traumgedanken zu übertragen sind. Man würde offenbar in die Irre geführt, wenn man diese Zeichen nach ihrem Bilderwert statt nach ihrer Zeichenbeziehung lesen wollte. Ich habe etwa ein Bilderrätsel (Rebus) vor mir: ein Haus auf dessen Dach ein Boot zu sehen ist, dann ein einzelner Buchstabe, dann eine laufende Figur, deren Kopf wegapostrophiert ist u.dgl. Ich könnte nun in die Kritik verfallen, diese Zusammenstellung und deren Bestandteile für unsinnig zu erklären. Ein Boot gehört nicht auf das Dach eines Hauses, und eine Person ohne Kopf kann nicht laufen... Die richtige Beurteilung des Rebus ergibt sich offenbar erst dann, wenn ich gegen das Ganze und die Einzelheiten desselben keine solchen Einsprüche erhebe, sondern mich bemühe, jedes Bild durch eine Silbe oder ein Wort zu ersetzen, das nach irgendwelcher Beziehung durch das Bild darstellbar ist. Die Worte, die sich so zusammenfinden sind nicht mehr sinnlos."(GW II/III,283/284)

Diesen Zeichencharakter der Produktionen in der Analyse unterstreicht Dolto durch die Reduzierung der in der Therapie verwendeten Materialien. Blätter, Filzstifte, Buntstifte und Knetmasse sind die einzigen Materialien, die sie anbietet. Kein Spielzeug, kein Wasser, kein Sand gehören zu ihrem Setting. Das Kind produziert Zeichen. Es spielt nicht, sondern arbeitet. Gemeinsame Aufgabe von Analytiker und Kind ist es, die Produktionen zu übersetzen, genauso wie es Freud für die Arbeit am Traum aufzeigt. Nasio hat einen Vortrag über das Setting ihrer analytischen Arbeit mit Heimkindern gehalten. Er teilt darin mit, daß wenn die Kinder sich von Doltos Gegenwart absorbieren ließen und keinen Strich auf dem Papier machen konnten, ohne eine sofortige Bestätigung von ihr zu erwarten, sich also nicht ihren Einfällen überlassen konnten, dann hat Dolto mit einem Taschenmesser Bleistifte angespitzt. „Diese Geste, den Stift anzuspitzen, als eine ihr zukommende Aufgabe, rief das Kind dazu auf, sich um seine Zeichnung oder um seine Skulptur zu kümmern. 'Jeder macht hier das, was er zu tun hat,' sagte sie zu Laetitia, die ständig nach ihrem Blick verlangte."[24] Diese Bemerkung weist auf den Arbeitscharakter hin, jeder hat hier eine Aufgabe. „Wir sind nicht dazu da, um Gefallen aneinander zu finden und um uns gegenseitig zu befriedigen, sondern Deine Aufgabe ist es zu malen, um Dein Unbewußtes zu verstehen, nicht um mir zu gefallen."[25] Wenn das Kind in seinen Äußerungen durch die

Gegenwart des Analytikers absorbiert war, konzentrierte sich Dolto auf etwas anderes, nämlich auf das Anspitzen eines Bleistiftes, um dem Kind Raum für die eigenen Äußerungen zu geben. Die Anwesenheit der Gruppe der auszubildenden Analytiker hatte sicher auch eine ähnliche Funktion, nämlich etwas Drittes darzustellen in der Beziehung zwischen Kind und Analytiker. Oft wendete sich Dolto mit einer Frage, einer theoretischen Erklärung oder der Aufforderung etwas zu singen an sie.[26] Dieses Setting hatte neben den Ausbildungszwecken die Funktion, Kind und Analytiker aus der dualen Spiegelbeziehung zu befreien, und sie dadurch in einen Raum der Differenzen zu stellen. Jeder hatte dort eine bestimmte Aufgabe.

Das analytische Terrain ist die psychische Realität. Für Dolto besteht grundsätzlich kein Unterschied zwischen der Analyse eines Erwachsenen und der eines Kindes, zwischen der eines Psychotikers und der eines Neurotikers. Aufgabe des Analytikers ist es, dem Subjekt zu helfen, sich zu verstehen. Die Objektbeziehungen beider sind über Phantasien vermittelt. Die Neurotiker zeichnen sich dadurch aus, daß ihre Schwierigkeiten einer ödipalen Problematik entspringen, sie haben den Status des Partialobjektes verlassen. Bei den psychotischen und zurückgebliebenen Kindern und Jugendlichen führt Dolto selbst durch ihre Fragen und Erklärungen das ödipale Moment ein. Sie interpretiert hinsichtlich genitaler Triebregungen und gibt diesen damit eine Existenzberechtigung, indem sie ihnen gleichzeitig duch das Sprechen über das Inzestverbot das begehrte Objekt entzieht. Das Begehren ist erlaubt, aber die Realisierung nicht. Dieses Vorgehen soll den Eintritt in die symbolische Ordnung ermöglichen.

Das psychotische Subjekt wird von ihr behandelt wie ein neurotisches, das sich an bestimmte Spielregeln zu halten hat. Es wird nicht agiert, sondern repräsentiert. Das Subjekt drückt sich mittels seiner Zeichnungen, seiner Knetfiguren, seiner Worte aus. Die psychoanalytische Situation läßt keine Befriedigung zu. Der Psychoanalytiker wird für seine Enthaltsamkeit bezahlt, er benutzt seinen Analysanten nicht für seine Triebbefriedigung. Der Analysant repräsentiert seine Objekte und die gewünschte Triebbefriedigung. Er bekommt weder das gewünschte Objekt, noch wird die Befriedigung in der Sitzung zugelassen.

Dolto hat in ihrem Buch 'Praxis der Kinderanalyse' eine vollständige Sitzung wiedergegeben, in der es um diese Problematik geht. Nämlich darum, daß dem Kind durch die Analyse etwas vorenthalten wird. Katja ist ein vierjähriges, gehbehindertes Kind, das Beinprothesen trägt. Sie war von der Schule (école maternelle, der Schuleintritt in Frankreich erfolgt im Alter von drei Jahren) wegen großer Verhaltensauffälligkeit, wenn nicht Psychoseverdacht, zurückgestellt worden und wurde von Dolto im Trousseau-Krankenhaus in Anwesenheit ihrer Eltern und einer Gruppe junger Analytiker behandelt. Aus dem Protokoll geht auch hervor, wie Dolto sich während der Sitzung an ihre Kollegen wendet. Auch bei diesem Mädchen geht es um die Frage der Geschlechtszugehörigkeit. Die folgende Sitzung ist die zweite ihrer Behandlung:

„'F.Dolto zu Katja: 'Erinnerst Du Dich an Madame Dolto?'
Katja: 'Ich will eine Medaille.'
F.D.: 'Du willst was? Du läufst ja noch gar nicht.'"

Katja hält in der Hand eine Kinderrassel, die aus verschiedenfarbigen Kugeln besteht und sagt, während sie auf die einzelnen Kugeln deutet, 'Erdbeereis, Vanilleeis, Schokoladeneis und fügt hinzu: Himbeereis.'

Dolto kommentiert diese Sequenz in ihrem Seminar an die Zuhörer gewandt: 'Ich glaube, sie ist von der blauen Schokoladenkugel und deren weiblicher Farbe übergegangen zur Assoziation 'framboise (Himbeere) zu Françoise', das heißt sie hat eine Beziehung zu mir hergestellt, die es ihr ermöglicht, Frau zu werden, statt ein Zombie zu bleiben, also ein Kind, das weder Junge noch Mädchen ist. In der Gesellschaft hatte Katja den Status eines gehbehinderten Kindes, der sie von anderen Kindern unterschied. Und wenn ein Kleines nicht ist wie die anderen, so ist es weder Junge noch Mädchen, es ist für die gesamte Gruppe ein heterogenes Partialobjekt.'

F.D. zu Katja: 'Eiskugel!' Katja: 'Eiskugel - der schmeckt gut!'
F.D.: 'Du bist ein Mädchen, Du sagst nicht: Er ist die liebe Katja. Und auch nicht: Er ist der gute Katja. Die Katja ist eine Nicht-Madame Dolto.' Katja: 'Ja, Madame Dolto.'
F.D.: 'Ja? Sie ist ja worauf?' Katja: 'Auf die Erdbeere.'
F.D.: 'Aber ja, auf die Erdbeere!' Katja: 'Kaka! Kaka!'
F.D.: 'Um ein Junge zu sein, denkt Katja.' Katja: 'Auf die Erdbeere.'
F.D.: 'Auf die Erdbeere. Und Schokolade, welche Farbe?' Katja: 'Blau, gelb das ist Vanille.'
F.D.: 'Es könnte auch Zitrone sein. Du kannst Madame Dolto ruhig widersprechen. Es ist erlaubt, nein zu sagen und mich zu ärgern.' Katja: 'Der kleine Junge, er nimmt ein großes Vanilleeis.'
F.D.: 'Und das kleine Mädchen?' Katja: 'Ich will eine Medaille.'
F.D.: 'Was, eine Medaille?' Katja: 'Eine Medaille wollen wir machen.'
F.D.: 'Ja, und was soll obendrauf sein?' Katja: 'Une ficelle (Bindfaden).'
F.D.: 'Une fils-elle (Eine Sohn sie), aber nein, niemals. Wer hat eine Medaille?' Katja (schweigt, da sie nicht antworten will, sagt sie schließlich verärgert): 'Ja.'

F.D.: 'Sie will nein sagen!'
F.D.: 'Wie hat es angefangen mit der ersten Medaille? Ein Hund?' (Im französischen kann Medaille auch Hundemarke bedeuten.) Ist es eine Medaille oder ein Anhänger?' Katja: 'Eine Medaille.'
F.D.: 'Ich bin leider zu dumm, um eine Medaille zu machen. Aber Du, Du kannst es. Eine Medaille ist rund wie ein Geldstück, mit einem Ring dran. Sie wird mit einer Kette am Hals getragen.' In dem Moment sieht Katja eine Teilnehmerin der Konsultation, die einen Anhänger an einer Kette trägt. Dolto fragt dann die Eltern, ob sie zur Geburt eine Medaille bekommen hat. Der Vater verneint, sagt aber, daß sie sich schon immer eine Medaille gewünscht hat. Dolto zeichnet ihr daraufhin eine.
Katja (deutet auf die gezeichnete Medaille): 'Ich will sie haben.'
F.D.: 'Wenn man etwas zeichnet, so hat man es ein bißchen in seinem Herzen. Erzähl' mir von der Medaille. Wer hatte die Medaille, die Du haben möchtest, um jemand zu sein?'
Katjas Vater: 'Meine Mutter trägt Anhänger.' Katja: 'Mammika!' (In dem Moment steht eine Teilnehmerin auf und gibt Dolto einen rosa-farbenen Anhänger.) Katja: 'Ich will sie mir umhängen.'
F.D.: 'Es ist erlaubt, etwas zu wollen, aber Du bekommst die rosa Medaille nicht. Du bist hier, um Dich von Deinem Kummer zu heilen, nicht um ihn zu ersetzen.'

Dolto kommentiert an die Teilnehmer ihres Seminars gewandt: Es ist sehr wichtig, das auf diese Weise zu sagen: Es gehört zur Kastration, niemals den Ersatz von der Sache zu geben, die das Kind haben will, sondern sie von ihm darzustellen zu lassen und darüber zu reden. Wenn wir ihm die reale Sache geben, die es verlangt, dann sind unsere ganze analytische Arbeit und die für den Entwicklungsfortschritt notwendige Spannung ruiniert. Was Katja haben will - die Medaille -, ist ein Objekt, das ganz offensichtlich den Wunsch verkörpert, die Mutter des Vaters zu werden.. Sie möchte Mammika werden für ihren Vater, der zweifellos stark an seine Mutter gebunden ist, auf die Art fils-‡-elle (ihr Sohn), die bekannte ficelle , von der zuvor die Rede war. Katja befindet sich in einer ödipalen Rivalität zu ihrer Mammika, das heißt zu der Person, mit der ihr Vater seinen Ödipus nicht abgeschlossen hat. Ihr Vater besitzt Triebe, die weiterhin in einer Beziehung 'fils-‡-elle' mit seiner Mutter verwickelt sind.

Katja: (beginnt zu weinen) 'Morgen werde ich sie mir umhängen, morgen werde ich sie mir umhängen.'
F.D.: 'Ja morgen, wenn Du groß bist. Was macht Dir solchen Kummer. Daß jemand etwas hat, das Du nicht hast? Deine Mammika, die Mutter Deines

Vaters ist es, sie hat die Medaille. Zeichne mir doch ein kleines Mädchen, das alle Medaillen besitzt, die Du haben möchtest.'
Katja: 'Kann man die Medaille umhängen? ' F.D.: 'Man, wer ist man? Du sagst doch gewöhnlich ich.'
Katja: 'Ich will mir die rosa Medaille umhängen.' F.D.: 'Ich weiß, es ist ärgerlich, wenn man etwas tun möchte, das man nicht tun kann. Es gibt viele Dinge Katja, die Du möchtest, aber nicht hast. Zum Beispiel bist Du zornig, das Du nicht richtig laufen kannst. Die rosa Medaille ist ein falscher Trost. Weißt Du, warum Du nicht laufen kannst?'
Katja: 'Nein. (nach einem Schweigen:) Ich will die rosa Medaille.'
F.D.: 'Nein! (Dann an Katjas Eltern gewandt): Haben Sie mir, seitdem wir uns das letzte Mal gesehen haben, etwas mitzuteilen? Madame, haben Sie Katja gesagt, daß sie heute hierher kommen würde?'
Katjas Mutter: 'Ja, wir sprechen regelmäßig mit ihr darüber.' Katjas Vater: 'Sie hat es dringend gewünscht, damit Madame Dolto ihr hilft, ihre Beine zu beherrschen.'
F.D. zu Katja: 'Ja, so ist es. Katja, hast Du Freunde?
Katja (sieht erst in die Luft, dann schaut sie Françoise Dolto an und sagt): 'Dolto, vinguit.'" (Das ist ein Neologismus, eine Verdichtung, mit der Dolto die Freundin Valerie assoziiert und außerdem spielt sie auf das Einknicken ihrer Beine an, die sie nicht beherrscht.)
F.D.: 'Deine Hände sind kräftig, sie können die Knetmasse bearbeiten.' Katja: 'Das tut weh.'
F.D.: 'Nein, das tut nicht weh! Die Knetmasse, das ist ein Ding; Du kannst es sehr kräftig drücken, das tut ihr nicht weh, das kann nicht leiden.' (Sie macht sich angriffslustig über die Knetmasse her.)
F.D.: 'Wie alt bist Du?' Katja: 'Vier Jahre.' F.D.: 'Das ist schon groß.'"
Katja knetet wohl erst eine Ente, dann geht es um einen Hund.
„F.D.: 'Wie heißt der Hund, den Du kennst?' Katjas Vater: 'Wir wollten ihm einen schenken ..(verbessert sich).. äh, ihr meine ich ..aber sie hatte große Angst davor.' F.D.: 'Ein Männchen?' Katjas Vater: 'Ja.'"
Dolto erklärt den Teilnehmern: 'Ein Männchen, weil es für i h n war.'
Katja: 'Ein Hundbaby.' F.D.: 'Wenn es groß sein wird, ist es dann ein Hunde-Papa oder eine Hunde-Mama?' Katja: 'Eine Mama.' F.D.: 'Und wenn Du groß bist, was wirst Du dann sein?'
Katja: 'Eine Dame, wie Mama.' (Sie schweigt) F.D.: 'Es ist erstaunlich, daran zu denken.'
Katja: 'Chiat.'(Chien - Hund, chat - Katze; außerdem ist chiot ein Hundbaby)
F.D.: 'Chiat? Hund oder Katze? 'Chiat', das bedeutet gar nichts. Katze oder Hund, Junge oder Mädchen, nicht beides gleichzeitig. Kaka-machen, dazu kann man auf französisch auch manchmal chier (scheißen) sagen. Ein chiat, das

ist vielleicht ein Hundebaby, ein chiot, das Kind von einer Hundemama und einem Hundepapa. Du weißt nicht, was Du willst. Willst Du Katja sein, die ein Mädchen sein will? Als Du im Brutkasten lagst, da wußtest Du nicht, wem Du in Deinem Herzen ein bißchen näher warst, Deinem Papa oder Deiner Mama.'
Katja: 'Eine Kugel.' F.D.: 'Eine Papa-Kugel? Eine Mama-Kugel?'
Katja lutscht und saugt an ihrem Daumen.
F.D.: 'Auf Wiedersehen. Ja, Lutschen und Saugen, das ist so wie damals, als Du noch ganz klein warst. Bis in zwei Wochen oder in vier Wochen?'
Katja: 'Zwei Wochen. Das Spielzeug ist hingefallen, da darf man nicht weinen.'
F.D.: 'Weinen ist nichts Schlimmes, Katja, Du darfst ruhig weinen.' Katja: 'Man darf nicht weinen.'
F.D.: 'Weinen ist sogar sehr gut; ganz gleich, ob es die andern Leute stört. Weinen, das ist wie Wasser, das aus den Augen kommt. Madame Dolto sagt nicht, daß man nicht weinen darf.'

Katja verläßt den Raum."

Anschließend kommentiert Dolto vor den Teilnehmern des Seminars die letzte Sequenz: „Was mir bei der erneuten Lektüre besonders interessant erscheint, ist die Tatsache, daß Katja auf das Vorstellungsbild einer Kugel zurückfallen mußte, das heißt auf die archaischste ihrer Vorstellungen von sich selbst. Das war notwendig, denn für ihre Mutter schienen alle Kinder Valerie zu heißen. Ihre Freundinnen, ihre Puppen und so weiter. Für ihre Mutter nämlich war Katja auch eine Puppe ohne eigenen Namen; sie erhielt keinen, weil sie körperbehindert war - ein Zustand, der für ihre Eltern einen schweren Schicksalsschlag bedeutete. Das ist sicherlich auch der Grund, warum Katja versucht hat, Mammika zu sein und zu leugnen, daß man die beiden Geschlechter in der Urszene vereinen und die beiden Erwachsenen werden kann. All das, um zu diesem archaischen Bild von der Kugel zurückkehren zu können, am Daumen zu lutschen und zu weinen, das heißt zurückzukehren zu den Augen, die im Fruchtwasser gebadet sind. Sie hat also vorübergehend auf eine sehr weit zurückliegende Stufe regredieren können, nachdem sie im Verlauf der Therapiestunde die sukzessiven Einführungen in die Kastration erfahren hatte. Ihre Therapiestunde ist sehr positiv verlaufen, da Katja zwei Wochen später wiederkommen wollte. Dies war bereits ein enormer Fortschritt im Vergleich zur ersten Stunde, bei der sie unfähig schien, eine Beziehung aufzunehmen, und aufs Geratewohl Worte hervorstieß, die in keinem Zusammenhang mit dem von mir gesagten standen."

Dolto wird dann von den Teilnehmern ihres öffentlichen Kontrollseminars gefragt, was sie nachträglich noch zu dem Verlauf der Stunde sagen könne:

„Vor allem illustriert sie, daß immer eine Identifizierung mit einer Person im Spiel ist, wenn ein Kind nach einem Partialobjekt verlangt. Viele Psychotherapeuten vergessen das. Wenn ein Kind Blumen pflückt, so tut es das immer für jemanden. Wenn ein Kind redet, so spricht es immer für jemanden und ganz sicher nicht, um für sich allein zu sprechen. Das heißt jedoch nicht, daß das Gesprochene immer an die anwesende Person gerichtet ist. *Alle Gesten, Handlungen oder Worte von Kindern werden im Zusammenhang mit einer imaginären Beziehung zu einer Person ausgeführt beziehungsweise gesprochen.*

Sagt Ihnen ein Kind zum Beispiel: 'Ich will das', so antworten Sie ihm: 'Um was zu tun? Das Kind: 'Ich will es.' Sie: 'Um zu sein wie wer? Um zu tun wie wer?' Und dann wird es Ihnen das sagen. *Wenn ein Kind etwas sagt oder tut, dann immer mit dem Ziel, sich mit jemandem zu identifizieren, der ein progressives Bild für es darstellt oder eines, das durch andere im Wert erhöht wird.*"[27]

Soweit die integrale Wiedergabe einer Sitzung mit einem körperbehinderten und zumindest verhaltensauffälligem Kind. In dieser Passage handelt es sich um mehrere Diskurse gleichzeitig: Szene A ist die Situation in der Psychotherapeutischen Ambulanz eines Pariser Kinderkrankenhauses in welchem Dolto 40 Jahre lang jeden Dienstag Sprechstunde gehalten hat. Und zwar innerhalb des oben beschriebenen Rahmens, das heißt das sie sowohl das Kind mit seinen Eltern empfing und gleichzeitig Analytiker ausgebildet hat, die an ihrer Beratung teilnahmen und dort auch miteinbezogen wurden. In dieser Sitzung gab eine Teilnehmerin Dolto das Objekt, um das Katjas Rede zentriert war, die Medaille.

Anschließend berichtete Dolto in ihrem Seminar in der Ecole Freudienne de Paris von der Sitzung und kommentierte sie vor den Teilnehmern des Seminars. Das Protokoll dieses Seminars, also Sitzungsbericht und Kommentar wurde dann einige Jahre später in ihrem Kontrollseminar für Kinderanalytiker verlesen und nun einem zweiten Kommentar von ihr unterzogen, den sie am Schluß auf die Aufforderung eines Teilnehmers hin hinzufügt. Dieser Vorgang wirft ein Licht auf ihren Wunsch, Kinderanalytiker auszubilden, die, wie es ja zu verstehen ist, wie sie arbeiten sollten, läßt aber andererseits dieser Sitzung einen großen Stellenwert in ihrer klinischen Elaboration zukommen, da sie dort entscheidende Grundlagen ihrer Methode dargelegt hat. Sonst hätte sie diese Sitzung nicht an zwei Stellen als Ausbildungsmaterial verwendet und es außerdem auch noch in ihr Buch über die Praxis der Kinderanalyse aufgenommen, um ihr Anliegen einem noch größeren Publikum mitteilen zu können.

Dolto wollte vermitteln, daß es in der Analyse darum geht, dem Kind die reale Befriedigung zu versagen, ihm das gewünschte Objekt vorzuenthalten. Diese Versagung ist die Voraussetzung der Repräsentation. Sie fordert Katja auf, die gewünschte Medaille zu malen und darüber zu sprechen. Nur so ist es möglich die Identifizierungen, die diesem Wunsch zu Grunde liegen zu erkennen und durchzuarbeiten.

Identifizierungen, die symbolische Kastration

In diesem Sitzungsprotokoll mit Kommentaren werden wesentliche Grundlagen ihrer Klinik berührt. Katja will eine Medaille, dann hält Dolto sogar einen solchen Anhänger in den Händen, gibt ihn ihr aber nicht, sondern fordert sie auf, darüber zu sprechen, beziehungsweise ein Mädchen mit Medaillen zu malen. Sie erklärt auch in ihrem Seminar, warum sie so vorgeht: Es handelt sich um die Aktualisierung einer Triebregung, die in der analytischen Arbeit, repräsentiert, nicht befriedigt wird. Sinngemäß sagt sie zu Katja, 'Du wirst eine solche Medaille haben, wenn Du groß bist. Jetzt kannst Du vieles noch nicht, was Du möchtest.' Dieses Vorgehen heißt bei Dolto, dem Kind eine Kastration geben, beziehungsweise in dieser Sitzung gleich mehrere. Brutal eröffnet sie die Sitzung mit der Feststellung, daß Katja noch nicht einmal laufen kann, während Katjas erste Worte waren, daß sie eine Medaille wolle. Diese Forderung wiederholt Katja mehrfach im Lauf der Sitzung, und setzt mit ihr oft einem anderen Gespräch ein Ende. Es ist zu vermuten, daß dieser Satz auch sonst von Katja in stereotyper Weise wiederholt wird, unabhängig vom Gesprächskontext, etwa so wie der schon erwähnte Satz Alices: 'Es regnet.'

Dolto, die offensichtlich aus der Akte oder aus dem ersten Gespräch mit den Eltern weiß, wie sehr die Geburt dieses behinderten Mädchens sie traumatisiert hatte, vermutet, daß Katja, wie so oft behinderte Kinder von ihren Eltern als geschlechtliches Neutrum angesehen wird. Die Behinderung wird als Zeichen eines 'Nicht-Geschlechts' angesehen. Sie bringt das Kind um den symbolischen Wert der sexuellen Differenz. Dolto interveniert ganz massiv in diese Richtung, um Katja die primäre Kastration zu geben, das heißt sie zur Anerkennung der Tatsache zu bewegen, daß es keine zweigeschlechtlichen beziehungsweise geschlechtsneutralen Menschen gibt. Dolto greift die von Katja geäußerten Brüche zwischen Artikel oder Personalpronomen zu diesem Zweck auf. Sie hört ihren Satz 'Eiskugel - der schmeckt gut' wie eine Fehlleistung, die Katjas Verwirrung in bezug auf ihre Geschlechtszugehörigkeit wiedergibt und antwortet ihr: 'Du bist ein Mädchen, Du sagst nicht: 'Er ist die liebe Katja..' Das gleiche wiederholt sich als Katja sagt, daß auf der Medaille eine ficelle, ein Bindfaden sein sollte. Dolto hört den Signifikanten, fils - elle, sie - ein Sohn und antwortet ihr entsprechend: 'nein, niemals' (wird sie ein Sohn sein). Katjas Neologismus 'chiat' - 'Hundkatze' wird entsprechend interpretiert. Auch die Fehlleistung des Vaters 'wir wollten ihm einen Hund kaufen' deutet in die gleiche Richtung, daß Katjas Geschlecht den Eltern Schwierigkeiten bereitet.

Ganz massiv und in Katjas Monolog hinein bringt Dolto immer wieder die Frage des Geschlechts ins Spiel und macht ihr klar, daß es einen Status außerhalb der Geschlechterordnung nicht gibt. Wenn sie zu ihrer Subjektivität gelangen möchte und ihren Status als Fürsorgeobjekt, als behindertes Teilobjekt von 'schlecht kastrierten Eltern', wie Dolto es formulieren würde, aufgeben will, muß sie die Geschlechterdifferenz anerkennen, das heißt die reale Unmöglichkeit beiderlei Geschlechts zu sein. Ihre Körperbehinderung wird nicht hinsichtlich der realen Beeinträchtigung ihrer motorischen Möglichkeiten, sondern als symbolische Verstümmelung, als Beschädigung ihrer sexuellen Identität gedeutet.

Auch in dieser Sitzung bringt Dolto wieder die Urszene ins Spiel, und zwar in der Hundesequenz, als sie darauf hinweist, das wenn Katja sich ein Hundebaby wünscht, dieses von einem Hundepapa und einer Hundemama stammt. Am Ende der Sitzung geht Dolto auch auf eine andere Problematik in Zusammenhang mit ihrer geschlechtlichen Identifikation ein. Sie vermutet, daß Katja, als sie als kleines Baby im Brutkasten lag, nicht wußte, ob sie in ihrem Herzen ihrem Vater oder ihrer Mutter näher war. Dolto spielt damit auf den Beginn ihres Lebens an und Katja antwortet entsprechend mit Daumennuckeln und spricht von der Möglichkeit bzw. Unmöglichkeit zu weinen. Durch dieses Thema wird sogar eine Regression in den Uterus angedeutet. Das Weinen bedeutet in ihrer Körperbildkonstruktion das Wiederfinden der intra-uterinen Empfindungen, als die Augen in unmittelbarem Kontakt mit dem Fruchtwasser waren.

An diesem Beispiel kann man erkennen, daß es für Dolto den Zustand einer Objektlosigkeit bzw. eine nur autoerotische Tätigkeit nicht gibt. Der andere, das Objekt wird immer mitgedacht, beziehungsweise durch eine solche Regression wiederhergestellt. Das durch das Weinen wiederhergestellte Objekt ist das Fruchtwasser als Bindeglied zwischen Mutter und Fötus. Auch in Dominiques Kur gab es ja eine Sequenz, die sich auf Fötusdarstellungen bezog, die von ihm gekneteten winzigen Kamele mit Nabelschnur in der Sitzung von dem Nomaden, der seinen Bock verkaufen muß, um Wasser zu haben - für seinen Bock.[28] Auch Regressionen zu Momenten der fötalen Entwicklung beinhalten in der Doltoschen Konstruktion noch den Bezug auf ein Objekt.Es geht für den Analytiker darum herauszufinden, in welcher Art der Objektbeziehung der Analysant in seinen Vorstellungen lebt, welchen Modus der Beziehung er in der analytischen Situation reaktualisiert. Zum Ende der Sitzung sagt sie bezugnehmend auf Katjas Daumennuckeln: 'Ja, Lutschen und Saugen, das ist so wie damals, als Du noch ganz klein warst.'

Die entscheidende Passage der ganzen Sitzung ist aber dennoch die 'Auseinandersetzung' um die Medaille. Erst zeichnet Dolto ihr eine Medaille, über die man sprechen kann, die sie ihr aber nicht gibt. Sie versucht auf ihre Art herauszufinden, woran Katjas stereotyp vorgebrachte Forderung anknüpft und fragt die Eltern, ob sie zu ihrer Geburt einen Anhänger bekommen habe. Nach einiger Zeit teilt der Vater schließlich mit, daß seine Mutter Ketten mit Anhänger trägt. Daraufhin ruft Katja 'Mammika' aus, Bestätigung dafür, daß ihre Forderung tatsächlich mit der Großmutter zu tun hat. Doltos Schlußkommentar zu dieser Sequenz, verdichtet wie keine andere Passage in ihrem Werk die Prämissen ihrer Arbeit.

> „Wenn ein Kind redet, so spricht es immer für jemanden und ganz sicher nicht, um für sich allein zu sprechen. Das heißt jedoch nicht, daß das Gesprochene immer an die anwesende Person gerichtet ist. *Alle Gesten, Handlungen oder Worte von Kindern werden im Zusammenhang mit einer imaginären Beziehung zu einer Person ausgeführt beziehungsweise gesprochen. .. Wenn ein Kind etwas sagt oder tut, dann immer mit dem Ziel, sich mit jemandem zu identifizieren,* der ein progressives Bild für es darstellt oder eines, das durch andere im Wert erhöht wird."(PK 60)

In diesen beiden von mir herausgestellten Sätzen geht es um die Hauptarbeit des Analytikers. Mit wem identifiziert sich das Kind in seinen (stereotypen) Reden, in seinen Gesten, in seinen Handlungen? Zu wem möchte es damit in Beziehung treten? Es ist eine zweifache Bewegung, die eine andere Beziehung voraussetzt. Katja möchte eine Medaille haben, um von dem Platz ihrer Großmutter aus ihren Vater zu lieben. Ihre ödipale Situation bezieht sich auf das Paar Großmutter-Vater, welches ihr von ihrem Vater aus mehr libidinös besetzt zu sein scheint als die Beziehung zu ihrer Mutter. Sie möchte an der Stelle des Liebesobjekts des von ihr geliebten Wesens sein. Als Mädchen, Frau, ist ihr Vorbild die Großmutter als diejenige, die vom Vater geliebt wird.

In der Regel oder zu Beginn der menschlichen Entwicklung ist das Identifikationsmodell der andere der Mutter. Das Kind introjiziert eine Liebesbeziehung, es identifiziert sich mit dem Wesen, zu dem die libidinösen 'Ströme' seines Liebesobjekts hingehen. Darin ist die Frage enthalten, wie muß ich werden, um so geliebt zu werden, wie dieser andere der Mutter. Bei Dominique konnte man sehen, was für verheerende Folgen es haben kann, wenn das von der Mutter oder dem Vater besetzte Objekt ein verstorbenes ist. Dominiques väterlicher Onkel war gegen Ende der Schwangerschaft seiner Mutter mit ihm verschwunden. Dieser Tod warf Schatten auf sein Leben voraus, da die Frage, ob er noch lebt, bei seiner Geburt im Raum stand. Er wurde in die Zeit der Trauer und Ungewißheit hineingeboren. Seine Identifikationsfigur, dadurch daß diese Person im Mittelpunkt der elterlichen Sorge stand, war ein Verschwundener, gleichzeitig verschwand der Vater aus dem Kreis der Familie und tauchte nur noch unregelmäßig auf. Im Verlauf seiner Analyse phantasiert Dominique an einer Stelle wegzusein und genießt die Vorstellung. Einige seiner, nicht alle Identifizierungsmodelle zeichneten sich durch Abwesenheit aus, durch eine Abwesenheit, die ihm wahrscheinlich nicht erklärt wurde. Bei Dominique bestand ja nicht nur eine Konfusion hinsichtlich der Geschlechtsmerkmale und seiner sexuellen Identität, sondern er muß sich in seiner Analyse auch mit der Vorstellung auseinandersetzen, daß jemand der verschwunden ist, als jemand anders wieder auftaucht. In der Sitzung, wo er davon spricht, daß er nicht wußte, ob der weggegebene oder wie Dolto vermutet, getötete Hund nicht in Gestalt einer Katze wiederauftauchte. Für ihn gab es nicht nur die Zweifel hinsichtlich seines Geschlechts, sondern auch Zweifel ob Lebende wirklich lebendig, und Tote wirklich tot sind. Diese Frage kann er anläßlich der Ereignisse mit und um den Papst in der vorletzten Sitzung noch einmal durcharbeiten, da dieser erst für tot erklärt wurde und dann plötzlich wieder segnend an seinem Fenster stand.

Ein anderer Toter, der Dominique beschäftigt hat, war der jüngere Bruder des Vaters, der als Kleinkind starb, der zweite Sohn der Familie Bel in der vorherigen Generation, so wie Dominique der zweite Sohn seiner Generation ist. Das Beharren des Vaters darauf, daß nur ein chirurgischer Eingriff Dominique helfen könne, der bei seinem Bruder zum Tod führte, läßt beim Vater Todeswünsche in bezug auf Dominique ahnen. Zumindest läßt sein Leugnen der Veränderungen durch die Therapie und seine Weigerung diese weiter zu bezahlen, obwohl er sich als Zweitwagen einen Buick halten kann, zumindest vermuten, daß er Dominique als 'Zombie' vorzieht, als jemand von einem anderen Stern, ein lebender Toter, ein toter Lebender. Das unbewußte Gefühl, an dem Tod des Rivalen Schuld gewesen zu sein, er war es ja, der mit der Eisenbahn spielte, als der Bruder ein Teil davon verschluckte, hat sich auch bei ihm als Erwachsener nicht aufgelöst. Er hatte panische Angst davor, daß seine Söhne mit einer Eisenbahn spielen könnten und hat auch keine für sie angeschafft. Dominique wurde vielleicht in den Phantasien seines Vaters als Wiedergeburt seines verstorbenen Bruders erlebt. Das sind sicher Spekulationen, aber Tatsache ist, daß Dominique sich im Laufe seiner Analyse an mehreren Verstorbenen abarbeiten mußte. Auch ein Cousin, wieder der Zweitgeborene der anderen Familie Bel war ja in der Kindheit an der 'blauen Krankheit' gestorben, kurz bevor Dominique für ein Jahr zu den Großeltern und zur Familie seiner Tante übersiedelte. Dort hat die Großmutter mit ihm auf dem Schoß die Photos ihres verstorbenen Enkels und ihrer verstorbenen Söhne angesehen.

Die Identifikationsfiguren sind also außer den Eltern auch diejenigen, die einen großen Platz im Unbewußten der Eltern einnehmen, mit denen die Eltern, unbewußt vielleicht mehr als bewußt, beschäftigt sind, wenn sie ihr Kind anblicken. Das Kind orientiert sich an diesen unbewußten Projektionen. Es ist als Neugeborenes Projektionsfläche für die elterlichen Imagines. Die Analyse hat die Funktion, diese verschiedenen Identifikationsfiguren nach und nach abzutragen. Octave Mannoni hat den psychoanalytischen Prozeß als einen Prozeß der Entidentifizierungen (désidentification) bezeichnet.[29] Dolto hebt aber auch die Bedeutung der positiven Identifizierungen hervor. Dominiques positive männliche Identifikationsfiguren waren sein Onkel, der Bauer und Viehhändler und sein Cousin. Dominiques Berufswunsch deutet auf die Bedeutung seines Onkels hin und auf die positiven Erfahrungen, die er in dieser Familie gemacht hatte. Dominiques Kur endet damit, daß er seinen Vater und seinen Bruder zu Konserven verarbeitet. Schon in der vorletzten Sitzung stirbt das Knetmännchen, das einen Regenschirm verschluckt hatte, zum Schluß nach vielfältigen Eingriffen in seinen Körper. 'Eine Sorge weniger.' Dolto assoziiert seinen Bruder, der sich kerzengerade und etwas steif hält, so als hätte er einen Stock verschluckt. Die Endszene, das Verarbeiten der blonden Männer und eines Priesters/Paters zu Sauerkraut läßt an die primäre Introjektion des Vaters aus Freuds 'Massenpsychologie und Ich-Analyse' denken. Dort beschreibt Freud die ödipale Identifizierung als kannibalistische Introjektion des Vaters:

> „Der Kleine merkt, daß ihm der Vater bei der Mutter im Wege steht; seine Identifizierung mit dem Vater nimmt jetzt eine feindselige Tönung an und wird mit dem Wunsch identisch, den Vater auch bei der Mutter zu ersetzen. Die Identifizierung ist eben von Anfang an ambivalent, sie kann sich ebenso zum Ausdruck der Zärtlichkeit wie zum Wunsch der Beseitigung wenden. Sie benimmt sich wie ein Abkömmling der ersten oralen Phase der Libidoorganisation, in welcher man sich das begehrte und geschätzte Objekt durch Essen einverleibte und es dabei als solches vernichtete."(GW XIII, 116)

Dieses totemistische Mahl des industriellen Zeitalters, die beiden Männer, mit denen Dominique um die Gunst der Mutter rivalisiert, sein Vater und sein Bruder werden zu Sauerkrautkonserven verarbeitet, ist das Ende von Dominiques Analyse. Er ist damit in den Ödipuskomplex eingetreten, das ist das Ziel der Arbeit Doltos mit psychotischen und verhaltensgestörten Kindern. Der Vater und seine Linie wurden erst positiv besetzt, in den Erzählungen von ihren Aktivitäten in der Résistance und dann kannibalistisch vernichtet und zugleich im wahrsten Sinne des Wortes konserviert.

> „Es ist leicht, den Unterschied einer solchen Vateridentifizierung von einer

Vaterobjektwahl in einer Formel auszusprechen. Im ersten Fall ist der Vater das, was man s e i n , im zweiten das, was man h a- b e n möchte. Es ist also der Unterschied ob die Bindung am Subjekt oder Objekt des Ichs angreift... Man erkennt nur, die Identifizierung strebt danach, das eigene Ich ähnlich zu gestalten, wie das andere zum 'Vorbild' genommene."(GW XIII, 116)

Es geht darum, die Identifikationsvorbilder und die Objekte zu orten, wobei die Objekte des Liebesobjekts zu Identifizierungsvorbildern geworden sind. Dolto berichtet von der Therapie eines autistischen Kindes, das als stereotype Geste die Hand abwechselnd schräg aufwärts und wieder waagerecht hielt. Dieses Kind lebte allein mit seiner Mutter, die in Heimarbeit Näharbeiten mit der Nähmaschine machte. Die einzige Person, die sonst regelmäßig zu ihnen kam, war der Unternehmer, der die Mutter barsch zur Eile antrieb und einen Hungerlohn daließ. Diesen Mann als anderen der Mutter konnte der kleine Junge nicht zum Vorbild nehmen. Sein Vorbild, und das drückte er mit seiner stereotypen Geste aus, war der Fuß der Nähmaschine, mit der die Mutter in ständigem Kontakt war. Ihr Objekt war die Nähmaschine und der Junge drückte mit seiner Geste diese Beziehung aus. Er identifizierte sich mit dem Pedal der Nähmaschine. Man muß schon ein bißchen verrückt sein, wie Dolto es von sich selbst sagte, um auf solche Ideen zu kommen. Nichtsdestotrotz hat diese Interpretation Doltos den Jungen aus seiner Stummheit gerufen.

Es geht also darum, in der Analyse die identifikatorischen Vorbilder und die Liebesobjekte herauszuschälen, auf die sich der psychotische Diskurs bezieht. Doltos unbewußtes Körperbild ist ein Konstrukt, das sich auf gelebte oder vorgestellte Objektbeziehungen gründet. Das Subjekt lebt in Beziehungen, auch wenn diese nicht wahrgenommen werden und nur in seinen Phantasien existieren. Dem Analytiker obliegt es, diese Objekte ausfindig zu machen, auch um zu erkennen, welchen Platz er selbst in der Übertragungssituation einnimmt. „Alle Gesten, Handlungen oder Worte von Kindern werden im Zusammenhang mit einer imaginären Beziehung zu einer Person ausgeführt, beziehungsweise gesprochen."(PK 60) Katjas erste Sitzung war so verlaufen, daß Dolto an keiner Stelle den Eindruck hatte, daß ihr Sprechen sich in irgendeiner Weise auf sie bezog. Erst in der zweiten Sitzung, der oben zitierten, gibt es Ansätze von Dialogen zwischen Katja und Dolto. In der Regel wird die Fähigkeit zur Übertragung als Unterscheidungskriterium zwischen den narzißtischen Störungen, den Psychosen und den Neurosen angegeben. Die Fähigkeit Objektbeziehungen einzugehen wird als Synonym für die Übertragungsfähigkeit genannt. Narzißtische Störungen sind objektlos, ihr Modus der Befriedigung ist der Autoerotismus. Auch Dominique lebt bei Analysebeginn in einer halluzinatorischen Welt mit nur sehr rudimentären Beziehungen zu den realen Objekten seiner Umgebung. Dolto hat sicher durch ihre Praxis in Anwesenheit von jungen Analytikern und durch die Veröffentlichung ihrer Fälle das Feld der psychoanalytischen Therapie für jene Kinder eröffnen wollen, denen eine solche Fähigkeit, eine Übertragungsbeziehung herzustellen, anscheinend fehlt. Im Anschluß an die Fallgeschichte Dominiques und im Anschluß an den Fallbericht von Léon hat sie so ausführlich, wie sonst an keiner anderen Stelle in ihrem Werk zu dieser Frage Stellung genommen. Diese Tatsache mag meine Auswahl ihrer Fälle legitimieren. Ihnen kommt in ihrem Werk eine Schlüsselposition zu. Dominique, Léon und Katja haben paradigmatischen Charakter, an ihnen wollte Dolto das Wesentliche ihrer Arbeit aufzeigen.

Die Ethik des Subjekts - eine Haltung

In diesem Abschnitt geht es darum, die Haltung von Dolto in ihrer Arbeit mit gestörten Kindern und Jugendlichen herauszuarbeiten. Diese Haltung gründet sich auf zwei Grundannahmen: erstens auf die Sinnträchtigkeit jeder menschlichen Äußerung, das heißt, daß jeder Äußerung eine Bedeutung hat; zweitens auf ihre Überzeugung von dem Vorhandensein eines Subjekts. In den folgenden Textauszügen hat Dolto so klar und eindringlich wie an keiner anderen Stelle ihres Werkes ihre Grundeinstellung dargelegt.

> „Beim Analytiker gibt es eine spezifische Übertragung, denn er glaubt an den Menschen, sein Gegenüber, ein in seiner Art einzigartiges Wesen, Subjekt der symbolischen Funktion, ein Subjekt, dem seine Geschichte unbewußt ist, ein Subjekt das sich zu bezeichnen wünscht, ein Subjekt, das eine Antwort auf eine Frage erheischt. Diese stumme Frage kann entweder noch nicht bewußt sein, wie beim Kleinkind, oder nach einer Periode des Bewußtseins durch eine Verdrängung wieder unbewußt geworden sein. In diesem Fall hat die Verdrängung eine Spur hinterlassen, eine Deckerinnerung, ein wiederholt vorkommendes Traumelement, ein phobisches oder zwanghaftes Symptom. Diese Spur kann auch ein Habitus sein, eine Somatisierung, ja sogar eine Allergie. Dies sind Störungen der Körpersprache, die an die Stelle der imaginären, mimischen oder verbalen Sprache tritt.
>
> Der aufmerksame, beharrliche und rezeptive Zeuge, der Psychoanalytiker, vermutet, daß die unverständliche, delirierende Sprache oder das Schweigen einen Sinn hat; er deutet sie stets als Sonderfälle der Sprache, die zu entziffern ihm obliegt. Er vermutet, daß hinter den Gesten oder der Reglosigkeit ein Sinn steckt, der dieses hinter dem psychotischen Aspekt verborgene, hier präsente Subjekt bezeichnet. Der Psychoanalytiker ist ein Vermittler der symbolischen

> Funktion, insofern er für den, der schweigt, der vorbeiredet, der seine Gegenwart oder die Gegenwart von anderen passiv ignoriert oder aktiv leugnet, die Erfahrung einer wirklichen Begegnung darstellt. Für den Psychoanalytiker ist jeder andere, unabhängig von seinem Verhalten, zugleich der vollständige Vertreter der menschlichen Gattung, und der 'Psychotiker' ist für ihn das Subjekt einer unbewußten Geschichte, die er aktualisiert, statt sie, wie diejenigen, die man 'normal' oder 'neurotisch' nennt, in strukturierten Erzählungen zu symbolisieren."(FD 192/193)

Diese Zeilen beinhalten Doltos Glaubensbekenntnis, die Überzeugung, die ihrer Arbeit zugrundeliegt, nämlich daß es keinen Menschen gibt, der außerhalb eines symbolischen Austauschs steht. Alles, was ein Mensch äußert, richtet sich an einen anderen. Jede Äußerung, auch die eines psychotischen Subjekts ist eine Mitteilung.

> „Das, was ich unbeholfen darlege, scheint mir notwendig zu sein, um das Befremdliche und jedesmal Besondere - eigentlich eine archaische zwischenmenschliche Art der Begegnung, bei der die Sprache fehlt, total oder zum Teil - in der Begegnung mit jenen Subjekten zu verstehen, die wir 'psychotisch' nennen, welches Alter sie auch haben mögen. Die Schwankungen ihrer inneren Spannungen unterliegen nicht so sehr Wahrnehmungen aus der Umwelt als vielmehr physiologischen oder emotionalen Zuständen ohne Signalisierung, vor allem ohne Sprache, die sie ausdrücken könnte. Merkwürdige Eindrücke, Phantasien aus der Vergangenheit, die für Signale aus der Gegenwart gehalten werden, beeinflussen ihre Kontakte mit der Umwelt. Auf diese Weise sind ihre unmotiviert erscheinenden Ausdrücke stets motiviert, jedoch nur durch ihre Phantasien, d.h. durch ein imaginäres Leben, das alle ihre Energien absorbiert und ihnen nicht gestattet, die Realität zu umfassen, die sie umgibt. Ihre zuweilen totale Reglosigkeit, ihr zuweilen totales Schweigen, ihr Lächeln, ihre an die aktuelle Situation unangepaßten Abwehrmechanismen, ihre Schreie, ihre Gesten, ihre delirierenden, stereotypen beschwörenden Worte sind für sie sehr wohl Äußerungen einer Sprache: d.h. ein symbolischer Ausdruck ihrer inneren Spannungen; doch diese Sprache scheint nicht mehr auf die Mitteilung ihrer Gemütsbewegungen an jenen gegenwärtigen Anderen abzuzielen, der wir ihnen gegenüber sind. Diese für andere unverständliche Art des Ausdrucks ist im Gegensatz zu dem, was die Sprache ursprünglich war, zu einem Mittel schützender Isolation geworden, in einem Habitus der Vereinsamung, an dem die Gegenwart anderer nichts zu verändern vermag. Die Kommunikation scheint endgültig abgerissen und durch einen undurchdringlichen Vorhang ersetzt worden zu sein. Scheint: denn dies sind falsche Schlußfolgerungen."(FD 190)

Die Verweigerung des psychotischen Subjekts ist Ausdruck seiner in der analytischen Situation reaktualisierten Ängste: „Jedes menschliche Wesen, gleich welchen Aussehens und welchen Verhaltens, nimmt die Gegenwart des anderen wahr; doch für einige von ihnen ist sie ein Signal für Lebensgefahr. Die Gegenwart des anderen, der wir sind, weckt bei den Psychotikern das Gefühl der Gefahr, das um so intensiver ist, als wir ihnen gegenüber einen Kontakt herzustellen wünschen, den sie meiden, oder daß wir die Art des Kontakts zu fliehen scheinen, den sie wünschen und der uns unangenehm, unpassend oder gefährlich zu sein scheint. Wenn es uns gelingt, für sie auszudrücken, und zwar in einer Sprache, die für uns selbst so genau wie möglich das bedeutet, was wir von ihnen wahrnehmen, sofern es uns selbst klar ist, strukturieren wir gleichzeitig das Kommunikationsfeld. Die stereotype Reaktion oder die offensichtlich fehlende Reaktion eines menschlichen Wesens in Gegenwart eines anderen ist keineswegs Zeichen für eine perzeptive Empfängnislosigkeit; sie ist vielmehr bezeichnend für ihre aktive Annullierung."(FD 191)

In der Dolto gewidmeten Nachrufnummer des Coq Héron schreibt Marie-Antoinette Descargues, daß Dolto eine besondere Fähigkeit hatte, auch noch so winzige Gesten als Kommunikationsangebot wahrzunehmen und darauf zu antworten.

> „In ihrem Wesen (dans sa chair) ist diese Ethik des Subjekts begründet, die Françoise Dolto von Anfang bis Ende ihres Werkes entwickelt hat. All diejenigen, die an ihren Konsultationen im Trousseau-Krankenhaus oder im Centre Etienne-Marcel teilgenommen haben, waren zutiefst beeindruckt von ihrem Talent, die geringste Belebung eines abwesenden Blicks, die kleinste Spur einer Aufforderung in einem Körper, aus dem jegliche Lust verbannt schien, das winzigste Zeichen von Kommunikation in dieser oder jener Geste, dieser oder jener Haltung, die scheinbar nur stereotyp waren, aufzunehmen."[30]

Die von Descargues und auch von Dolto selbst so bezeichnete Ethik des Subjekts besteht auf Seiten des Analytikers in der Fähigkeit, ein Subjekt, das sich in ihrer Theorie als wünschend konstituiert, auch da vorauszusetzen, wo es nur die Leugnung vom Wunsch und die Vermeidung von Kontakten gibt. Ein solches Verhalten wertet sie schon als aktive Vermeidung, also als Ausdruck eines Wunsches. Diese Anstrengungen eines Kindes, seine Präsenz und die seines Gegenübers zu leugnen, sind Zeichen einer Wahrnehmung, sind nonverbale Aussagen über eine Situation. In seiner Art zu leugnen, drückt es, und sei dieser Ausdruck auch noch so verstellt, seine Individualität aus. Diese besondere Art gilt es zu erkennen und in eine Beziehungssprache zu übersetzen.

Denis Vasse, ein enger Freund und Kollege Doltos, hat für diese Art von

Begegnung in der Verleugnung, als Beginn der Übertragung ein anschauliches Beispiel veröffentlicht:

> „Als ich Hubert das erste Mal sehe, stellt er sich wie ein schwer geistig Behinderter dar. Er hat kein Gesicht, so entstellt wirkt es: starkes Schielen, aus seinem offenen Mund rinnt ununterbrochen Speichel, es ist schwer zu sagen, ob er etwas hört. Er antwortet auf keine Aufforderung durch eine minimale Veränderung seiner Mimik. Er spricht nicht und er hat niemals gesprochen. Er ist da, aufrecht und reglos. Seine Eltern sprechen seit einer dreiviertel Stunde über ihn. Es scheint, daß ich wirklich nichts für ihn tun kann und ich will sie gerade hinausbegleiten, da bemerke ich, daß sein Schielen kurzzeitig noch stärker wird, wenn ich ihn anblicke. Als 'Antwort' auf den Anruf meines Blicks löst sich seiner noch stärker auf. Das läßt mich an jemanden denken, der sehend nicht gesehen werden will und der den Kopf abwendet; aber bei Hubert wendet sich das Auge."[31]

Dolto setzt voraus, daß die Leugnung des anderen in der analytischen Situation schon eine Übertragungsreaktion ist. Sie ist die Reaktion auf die Gegenwart eines anderen, des Analytikers, der eine andere Art von Begegnung wünscht, und darum um so größere Ängste in ihnen wachruft. Diese Leugnung kann der Ausdruck einer symbiotischen Teilhabe am anderen sein, die Nichtdifferenzierung zweier Körper. Dolto hat zu Katja ziemlich zu Beginn der Sitzung gesagt: „Die Katja ist eine Nicht-Madame Dolto." An Dominique gewandt sagt sie, seine Worte wieder aufgreifend: 'Wer hat Dich unwahr gemacht?' Und fügt hinzu, als er über ihr Wissen erstaunt ist, 'Ich weiß es nicht, ich denke es mir, wenn ich Dich sehe.' Das ist es, was sie meint, wenn sie sagt, daß der Analytiker mit seinen Worten möglichst genau den Eindruck wiedergibt, den er vom anderen empfängt. Mit Léon wurde die Übertragungssituation in dem Moment hergestellt, als Dolto ihn dazu beglückwünscht, daß er immer eine Woche nachdenkt, bevor er ihr eine Antwort gibt. Sie sagt ihm, daß reifliches Überlegen ein Zeichen von Klugheit sei. Das, was gemeinhin als Langsamkeit interpretiert wurde und es ja auch war, als Zeichen geistiger Zurückgebliebenheit, wird von Dolto ins Gegenteil verkehrt und als Zeichen positiver Besonderheit gewertet. Statt als Zeichen intellektueller Verarmung wird es als Zeichen großer Klugheit gewertet. Dadurch fühlte sich Léon narzißtisch aufgewertet und verstanden. Sie teilt ihm dadurch mit, daß seine eigene Ausdrucksweise, auch oder gerade wenn sie sich extrem von als 'normal' angesehenen Verhaltensweisen unterscheidet, einen besonderen Platz in der Analyse hat und anerkannt wird.

Mehrere Interviewpartner haben darauf hingewiesen, daß Dolto in ihren Begegnungen mit den Kindern diese narzißtisch aufwertete.[32] Gérard Séverin hat während einer Tagung zu Françoise Dolto, die ein Jahr nach ihrem Tod stattfand, eine persönliche Mitteilung gemacht.[33] Sie hatte ihm eines Tages von einem kleinen autistischen Jungen erzählt, einem ihrer Analysanten, der von seiner Mutter aus einem Heim für eine mehrstündige Begegnung abgeholt wurde. Sie ging mit ihm in ein Bistro, setzte ihn dort auf einen Stuhl, teilte dem Caféinhaber mit, daß sie schnell zu einem Bäcker gehen würde, um etwas zu knabbern zu holen und wart nicht mehr gesehen. Der Junge wurde schließlich von der Polizei abgeholt, in ein anderes Heim gebracht und kam erst nach drei Tagen in sein Heim zurück, welches inzwischen eine Suchanzeige aufgegeben hatte. Der Junge selbst sprach nicht, konnte also keinen Beitrag dazu leisten, daß er schnell wieder in sein Heim zurückkam. Als Dolto ihn dann zu seiner nächsten Analysesitzung empfing, war er dekompensiert. Die Arbeit, die sie schon mit ihm geleistet hatte, war zunichtegemacht. Der Junge verletzte sich wieder selbst und schien unansprechbar. Von der Mutter berichtete Dolto, daß sie, wenn sie mit ihrem Jungen in Kontakt war, sehr klebrig war, ihn völlig vereinnahmte. Was sagt nun Dolto, als sie den Zustand des Jungen sieht und ihr die Kinderpflegerin die Ereignisse der letzten Woche mitteilt? „Du warst wunderbar, Du hast das Richtige gemacht, damit Deine Mutter Dich nicht mehr braucht.“ (Tu as été formidable, tu as fait en sorte que ta mÈre n'aie plus besoin de toi.“) Der Junge war schlagartig verwandelt und hatte seinen Narzißmus zurückgewonnen. Er strahlte Dolto an.[34]

Was hat Dolto in dieser Sequenz gemacht? Wodurch hat sie den Jungen narzißtisch aufgewertet? Sie hat ihn als Subjekt angesprochen, er, der Opfer der Unzuverlässigkeit seiner Mutter war, die ihn ansonsten durch ihre Präsenz erdrückte, war durch die Worte Doltos zum Subjekt des Geschehenen geworden. Er hatte seiner Mutter gezeigt, daß sie ohne ihn auskommen dürfe. Er hatte ihr erlaubt zu gehen. Dolto hatte kein Mitleid, diese Fähigkeit wird ihr von allen Zeugen abgesprochen. Sie macht ihn zum Akteur eines Ereignisses, dessen Opfer er war und gibt ihm dadurch sein Selbstwertgefühl zurück. Dies ist der richtige Ausdruck für den basalen Narzißmus. Dolto definiert ihn an anderer Stelle als den „Stolz, auf der Welt zu sein.“(PK 19) Indem sie den Jungen beglückwünschte, hat sie ihn als aktiven wünschenden Part angesprochen, der durch sein Verhalten das Loslassen der Mutter ermöglichte. Man könnte diese Intervention auch als paradoxe bezeichnen, da sie auf überraschende Weise das Gegenteil von dem akzentuiert, was passiert ist. Nicht 'Du bist von Deiner Mutter im Stich gelassen worden', sondern 'Du hast es Deiner Mutter möglich gemacht, Dich als selbständiges Wesen anzuerkennen.'

Annie Grosser, die sowohl an den Konsultationen Doltos im Hopital Trousseau teilnahm, als auch an ihrer Konsultation für Heimkinder, hat mir erzählt, daß Dolto die Fähigkeit besaß, vollkommen von dem Körper des vor ihr sitzenden oder liegenden Kindes abzusehen und direkt zu dem Subjekt in ihm zu sprechen. Sie erzählte das Beispiel eines mehrfach behinderten Kindes, dessen Aussehen bei allen Teilnehmern der Konsultation tiefes Mitleid auslöste. Grossers spontane Reaktion wäre es gewesen, sich ihm gegenüber sehr fürsorglich zu verhalten. Dolto wendete sich an das Kind als zukünftigen Erwachsenen seines Geschlechts, sie siezte die Kinder übrigens häufig und sprach sie als Monsieur oder Madame an. Sie wandte sich direkt an das Begehren in ihm, an sein Geschlecht und abstrahierte von den Mißbildungen seines Körpers.

Auch bei der schon erwähnten Tagung ein Jahr nach ihrem Tod ging es um diese besondere Haltung Doltos. Gérard Guilleraut[35] sagt dazu folgendes:

> „Könnte ich es wagen zu sagen, daß es in ihrer Position als Analytikerin überhaupt keine Zärtlichkeit bei Françoise Dolto gab? Verstehen Sie mich richtig, ich möchte aus ihr nicht jemanden machen, der in der Grausamkeit arbeitet, obwohl selbst das nicht ausgeschlossen ist... Man ist dort (in der analytischen Situation) nicht in einer Liebesbeziehung, von der man weiß, daß sie ewig ist. Man ist dort gerade in der Vergänglichkeit, in der Flüchtigkeit (fugacité) dessen, was voranschreiten muß (aller de l'avant); das heißt, gut, Du wirst Deinen Weg weitergehen, Du mußt Deinen Weg weitergehen. Ich würde sagen, daß die Botschaft.. konstant diese ist. Also ich darf Dir als Analytiker nichts von meiner Zärtlichkeit geben, die sicher auch in dem Respekt, den ich dem Kind gegenüber habe, nicht ausgeschlossen ist, aber es ist ein Respekt für ihn als demjenigen, der verurteilt ist, seinen Weg weiterzugehen und ganz bestimmt nicht in der Stasis zu verweilen, die die Liebe zu ihm ermöglichen würde."[36]

Guilleraut schließt die Grausamkeit in Doltos Behandlungstechnik nicht aus. In der Sitzung Katjas gab es dafür ein anschauliches Beispiel: „Katja: 'Ich will eine Medaille.' Dolto: 'Du willst was? Du läufst ja noch gar nicht.'" Damit stößt sie Katja unweigerlich auf ihre Körperbehinderung, einer der Gründe für die Therapie. „Du bist hier, um Dich damit auseinanderzusetzen, nicht um die Behinderung zu vergessen oder zu verleugnen," gibt sie ihr damit zu verstehen. Ist diese Tatsache im Widerspruch zu dem, was Annie Grosser in bezug auf das mehrfach behinderte Kind sagte? Im einen Fall abstrahiert sie von der Behinderung, im anderen rückt sie diese, allerdings sehr kurzzeitig, in den Mittelpunkt der Aufmerksamkeit. Aber auch bei Katja geht es darum, ihre zukünftige Sexualität anzusprechen. Der Großteil der Dialoge handelt sich darum, daß Dolto sie als Mädchen anspricht und ihr vermittelt, daß es kein Zwitterdasein, beziehungsweise keine Geschlechtsneutralität gibt. Dieser imaginäre Status hängt mit ihrer Körperbehinderung zusammen. Sie spricht auch mit Katja in Hinsicht auf ihr zukünftiges Frau-Sein. Wenn Guilleraut herausstellt, daß sie das Kind als jemanden sah, der seinen Weg zu gehen habe und der keine falsche Befriedigung aus einer Liebesbeziehung zu seinem Analytiker zu ziehen habe, meinte er damit diese Tatsache, daß sie ihre infantilen Patienten als Subjekte ihres Lebensweges ansah, als diejenigen, denen durch die Analyse geholfen wird, die Verantwortung für ihr Leben zu übernehmen.

Auch Nasio stellt heraus, daß sie kein Mitleid für die Kinder empfand. Bezugnehmend auf die Worte Guilleraults sagt er: „Das ist auch mein Eindruck, den ich mehrmals hatte, wenn ich Dolto arbeiten sah. Es gab bei ihr kein Mitgefühl, kein Mitleid, ja nicht einmal Liebe oder Zärtlichkeit.“[37] An anderer Stelle führt Nasio aus, daß sie bei ihrer Arbeit nicht verführend gewesen sei, eher streng. Ich habe Nasio nach der Haltung gefragt, die Dolto den Eltern der Kinder gegenüber hatte, und dabei das Wort Wohlwollen benutzt.

> „Interviewer: 'Könnten Sie etwas zu der Haltung sagen, die Dolto gegenüber den Eltern eingenommen hat? Dem, was andere Autoren über sie schreiben und ihren eigenen Äußerungen ist zu entnehmen, daß sie die Eltern nie verurteilt hat. Manchmal fragt man sich, wo sie dieses Wohlwollen hergenommen hat, weil es ja Situationen gibt, in denen man geneigt sein könnte, den Eltern Vorwürfe zu machen oder darauf zu bestehen, daß sie anders hätten handeln müssen. Es gibt auch Situationen, die an der Grenze des Unerträglichen sind, wenn ein Kind mißhandelt oder verstoßen wird. Haben Sie Situationen erlebt, in denen sie Vorwürfe gemacht hat? Oder hat sie sich immer außerhalb gestellt und eher das Leiden gehört als die Ungeschicklichkeit und Aggressivität der Eltern? (Die Fragen beziehen sich auf Doltos Konsultation für Heimkinder, an denen Juan-David Nasio teilgenommen hat.) Nasio: 'Es ist sehr schwierig, darauf zu antworten, Sie werden sehen, warum. Ich habe das Privileg gehabt, sie in vivo arbeiten zu sehen, und das jahrelang. Ich habe sie also mehrmals mit den Eltern sprechen hören. Die Antwort ist weder ja noch nein. Die Antwort ist voller Nuancen, weil ich sie gesehen habe, in diesem Fall der Mutter, die Alkoholikerin war. Dolto hat ihr nichts vorgeworfen. Dolto verstand das Leiden der Frau sehr gut. Aber sie war nicht wohlwollend. Ich erinnere mich übrigens sehr gut, das Gespräch hat sehr lange gedauert. Sie hatte einen unnachgiebigen, fast strengen Ton. Sie hatte nie eine negative Haltung den Eltern gegenüber. Das ist sicher, nie. Diese sehr unnachgiebige Haltung den Eltern gegenüber ist sehr viel wirksamer als eine ausdrückliche negative Haltung. Diese Frau hat während des Gesprächs sehr gelitten. Sie ist weinend weggegangen, weil sie sich in Frage gestellt fühlte, ohne daß Dolto sie jemals in Frage gestellt hätte. Aber sie fühlte sich in Frage gestellt um ihres Alkoholismus und ihrer Depression willen. ..Aber wie hat Dolto ihr das gesagt? Sie hat sie nicht gefragt, warum trinken Sie? Sondern zu einem bestimmten Zeitpunkt hat sie sie gefragt: 'Was war denn los? Warum haben Sie nicht abgetrieben, Madame? Warum nicht an dem Tag, als Sie wußten, daß sie von einer Vergewaltigung schwanger sind?' Das war kein

Vorwurf, eher eine herausfordernde Frage. Interviewer: 'Sicher auch, um herauszufinden, wie dieses Kind ins Leben gekommen ist, welches der Wunsch der Mutter war, warum sie den Fötus behalten hat. Nasio: 'Ja, sie hat geantwortet, daß sie durcheinander war, daß sie sich verloren gefühlt hat, daß sie sich sehr desorientiert gefühlt hat, und daß sie dachte, daß das Kind ihr vielleicht würde helfen können. Dolto hat ihr geantwortet: 'Das heißt, daß sie das Kind für sich behalten haben, damit es sie erretten kann.' Die Mutter hat geantwortet: 'Ja.' 'Sie haben sich nicht geirrt,' hat Dolto daraufhin zu ihr gesagt, 'Sie haben sich nicht geirrt, vielleicht wird Gérard Ihnen helfen, wenn er erwachsen ist.' Das ist Doltos Art zu intervenieren."(AK 14, S.13/14)

Auch hier hat Dolto die Mutter des betreffenden Kindes, nachdem sie sie erst ihr Leid hat aussprechen lassen, narzißtisch wieder aufgebaut. Indem sie ihr ein Recht gab auf ihre Hoffnung, daß ihr Sohn ihr eines Tages würde helfen können.

Unnachgiebigkeit, Strenge, die Kompromißlosigkeit könnte man zu den Charakterisierungen von Nasio hinzufügen. Unnachgiebig hat sie die unbewußten Prozesse bei dem ihr gegenübersitzenden Kind erforscht. Dazu gehörte auch unter Umständen die Befragung der Eltern. Bei diesem Jungen galt es herauszufinden, welchen Wunsch seine Mutter mit seiner Geburt verband. Weshalb sie dieses Kind trotz der Vergewaltigung bekommen hatte. Dolto stellt ihr diese Frage, um Gérard seine Urszene rekonstruieren zu können, um ihm mitzuteilen, aus welcher Begegnung er hervorgegangen ist. Taktvoll hat sie dann in dieser Mitteilung an Gérard das Wort Vergewaltigung vermieden: „'Weißt Du, Dein Papa, Du weißt nicht, wer das ist, weil er dann weggegangen ist. Er hat Deine Mutter in der Metro gekannt, er hat mit ihr geschlafen, ohne daß sie es wollte.' So sprach sie; statt das Wort Vergewaltigung zu benutzen, beschrieb sie die Szene."(AK 14, S.12)

Dolto war nicht mitfühlend, sie hatte kein Mitleid, sie konnte grausam sein. Sie war streng und unnachgiebig, sie war nicht wohlwollend. In der Tat wäre Dolto mit den Kindern, mit denen sie gearbeitet hat, mit Liebe und Mitgefühl nicht weit gekommen. Sie hatte ein Ziel. Dieses Ziel besteht darin, dem Subjekt zu helfen, seine persönliche Wahrheit zu finden.

„Wie sieht nun diese Arbeit aus, die der Psychoanalytiker zu unterstützen wünscht? Daß derjenige, der hier und jetzt ihm gegenübersitzt, zur gegenwärtigen, dynamischen Wahrheit gelangt. Sein Mittel dafür ist die Gegenwart des Psychoanalytikers, der die verdrängten unbewußten Triebe des Analysanten, dem er zuhört, wieder aktualisiert. Bei der psychoanalytischen Begegnung gilt die Aufmerksamkeit des Analytikers ..vor allem, wiewohl vielleicht nicht ausschließlich, der verborgenen Wahrheit, die der Faden der Assoziationen der gesprochenen Sprache übermittelt. Der Psychoanalytiker leiht der Rede des Analysanden sein Ohr; er weicht auch konstruierten Geschichten nicht aus, aber er lauscht besonders dem unbewußten Sinn, der wahrhaften Grundlage dieses 'Subjekts', dessen Träger die bewußte Rede des Patienten ist, die häufiger von der sozialen Person eines Menschen zeugt, als von seiner irreduziblen Authentizität als Subjekt seiner Identität durch seine Geschichte hindurch. Die vom Analysanden verschwiegenen begleitenden Phantasien scheinen in den Pausen auf, in den Themenwechseln, in den Versprechen, kurz in den Klüften der bewußten Rede. Diese Phantasien sind es, welche die gegenwärtige, unbewußte Dynamik des Wunsches enthüllen."(cD 200/201;FD 195/196)

Das Subjekt ist charakterisiert durch die unbewußte Dynamik des Wunsches. Nun ist eine Charakteristik der Psychose gerade die Abwesenheit des Wunsches, sein Fehlen. Doch Dolto unterstellt auch dem Psychotiker die Fähigkeit zu wünschen. Sie unterstellt sie und läßt sich nicht auf die Verleugnungen ein, die der Psychotiker in bezug auf die innere und äußere Realität aufgebaut hat. Für Dolto birgt auch die konfuse, Sinnzusammenhänge leugnende Rede des psychotischen Patienten einen Sinn. Der Sinn wird entschlüsselt, indem die der Verleugnung zugrundeliegenden Phantasien in der Übersetzungsarbeit des Analytikers zur Sprache kommen und vom Patienten aufgegriffen werden können.

Der Doltosche Subjektbegriff ist nicht einfach zu eruieren. Sie setzt ihn eher voraus, als daß sie ihn explizit definieren würde. Was heißt es, wenn Annie Grosser sagt, sie wende sich direkt an das Subjekt und abstrahiere von dem Zustand seines Körpers? Was meint Gérard Séverin mit der Aussage, daß Dolto sich nicht an das Ich, sondern an das Subjekt des von seiner Mutter verlassenen Kindes gewendet hat? [38] Warum ist diese 'Ethik des Subjekts' zu einem Schlüsselbegriff in dem Diskurs über Dolto geworden?

Doltos Denken ist durch einen gewissen Hang zur Dichotomie ausgezeichnet. Gerne artikuliert sie sich in oppositionellen Denkmodellen. Diese dichotomische Schematisierung soll hier übernommen werden, um eine Annäherung an ihren Subjektbegriff zu ermöglichen.

Die eine Gegenüberstellung ist die zwischen Körper und Subjekt. Das Subjekt transzendiert den Körper. Die entsprechend zuzuordnende ist die Gegenüberstellung von Bedürfnis und Begehren. Das Bedürfnis hat die Körpererhaltung zum Inhalt, es dient der biologischen Selbsterhaltung. Das Begehren hingegen bezieht sich auf den anderen und ist an die symbolische Funktion geknüpft. Das Begehren ist bei Dolto wesentlich das Begehren nach einem symbolischen Austausch, das Begehren nach Bedeutungen, nach Bezeichnungen. Die Symptome sind Ausdruck davon, daß dieser Wunsch nach Bezeichnungen nicht anerkannt worden ist, daß die Personen seiner

Umgebung seine Äußerungen als Bedürfnisäußerungen angesehen haben und entsprechend beantwortet haben, während das Kind nach einem symbolischen Austausch verlangt. Dieses Verlangen nach symbolischem Austausch charakterisiert das Subjekt. „Ein Subjekt, das sich zu bezeichnen wünscht, ein Subjekt, das eine Antwort auf eine Frage erheischt.ì(FD 192)

Eine andere Unterscheidung besteht zwischen Objekt, Partialobjekt und Subjekt. Das Subjekt zeichnet sich durch die Fähigkeit zur Differenz aus, durch die Differenzierung vom anderen, durch die Trennung vom Körper des anderen. Die Autonomie, das Leben im eigenen Namen und nicht in der Identifizierung mit einem anderen sind Zeichen des Subjekt-Seins. Entsprechend verwendet Dolto auch häufig die Metapher der Maskierung, hinter der sich ein authentisches Subjekt verbirgt. „Wir wissen - und ein Fall wie derjenige von Léon, der ein Verhalten von Stumpfsinn, von Debilität bzw. Psychose hat, beweist es, daß hinter diesem Aspekt immer das begehrende Subjekt vorhanden ist."(UBK 282) Das Subjekt ist hinter dem Schein verborgen, die Metaphorik, die sich auf das Sehen, das Sichtbare bezieht, soll bei Dolto oft das Gegenteil des Subjekts ausdrücken. Das Sichtbare wird dem Schein zugeordnet, während sich das Subjekt hinter diesem Schein, hinter dieser Maske verbirgt, also unsichtbar ist. Entsprechend fordert sie die Analytiker auf, sich nicht vom Schein trügen zu lassen. Der Subjektbegriff beinhaltet entsprechend auch eine Gegenüberstellung von falsch und wahr und nähert sich damit der Winnicottschen Theorie des falschen Selbst. Die Lacansche Unterscheidung von leerem und vollem Sprechen zielt in die gleiche Richtung, die Authentizität einer Äußerung des vollen Sprechens von einer leeren, nichtssagenden Äußerung zu unterscheiden.[39] Letztendlich geht es bei dem Subjektbegriff darum, das Unbewußte in eine anthropologische Konzeption aufzunehmen. Dem Ich als Hort der bewußten Wahrnehmungen von sich selbst, als bewußtem Bild seiner Selbst, als Ort des Selbstbewußtseins wird das Subjekt des Unbewußten gegenübergestellt. Dessen Äußerungen verraten Absichten, welche die bewußten Intentionen unterlaufen. Nicht umsonst gelten Träume und Fehlleistungen oder wie Dolto sagt, Klüfte in der bewußten Rede des Patienten als Wegweiser für die Aufmerksamkeit des Analytikers. Dort wird das Subjekt angesiedelt, in den Brüchen seines Diskurses scheint es auf. Das Subjekt ist Träger einer Geschichte, die dem Bewußtsein nicht (mehr) zur Verfügung steht. Die Entzifferung der verschiedenen Äußerungen des Analysanten erlaubt die Rekonstruktion dieser unbewußt gebliebenen Geschichte.

Der Analytiker soll sich nicht täuschen lassen von dem Habitus seines Patienten, von dem Anschein einer Kontaktverweigerung. Für sie steht es außer Frage, daß es dahinter, hinter dem Schein einen authentischen Wunsch nach Kontakt gibt. Die Psychose, die geistige Behinderung haben die Funktion, diesen Kern der Persönlichkeit, der sich durch den Wunsch auszeichnet, zu schützen. Mir fällt dazu ein 'Dialog' zwischen einem autistischen Jugendlichen und Martine Loiseau, einer Mitarbeiterin der von Maud Mannoni gegründeten Versuchsschule in Bonneuil ein, dessen Zeugin ich war. Dieser Junge brüllte immer wieder sehr laut, neben anderen Symptomen, die das Zusammensein mit ihm an der Grenze des Erträglichen erleben ließen. Eines Tages sagte sie zu ihm: 'Du erinnerst mich an einen Tintenfisch, der, wenn er sich bedroht fühlt, seine Tinte ausspritzt, damit ihn der Gegner nicht mehr sehen kann. Deine Schreie sind wie die Tinte, sie hüllen Dich ein.' Der Jugendliche war offensichtlich einverstanden mit ihrer Interpretation. Er sah sie dankbar an. Er hatte sich verstanden gefühlt.

> „Auf diese Weise sind ihre unmotiviert erscheinenden Ausdrücke stets motiviert... Ihre zuweilen totale Reglosigkeit, ihr zuweilen totales Schweigen, ihr Lächeln,.. ihre Schreie, ihre Gesten, ihre delirierenden, stereotypen, beschwörenden Worte sind für sie sehr wohl Äußerungen einer Sprache; d.h. ein symbolischer Ausdruck ihrer inneren Spannungen...Diese für andere unverständliche Art des Ausdrucks ist im Gegensatz zu dem, was die Sprache ursprünglich war, zu einem Mittel schützender Isolation geworden."(FD 190)

Diese Mittel der schützenden Isolation gilt es als solche zu erkennen und nicht für das Eigentliche der Begegnung zu halten. Dahinter, immer wieder benutzt sie das Wort dahinter, hinter diesem Schutzwall gilt es, das Subjekt aufzuspüren.

Sie wendet sich mit ihrer Akzentuierung des Subjektbegriffes auch gegen Strömungen in der strukturalistischen Analyse, die das gestörte Kind nur als Symptom seiner Eltern sehen. Sie geben ihm dadurch wieder nur einen Objektstatus und schreiben ihm nur die Funktion zu, durch seine Symptome stabilisierend auf die Eltern zu wirken. Das Kind hat für Dolto von Anbeginn, d.h. für sie von der Konzeption an einen eigenen Wunsch. Das Subjekt verdankt sein Entstehen, der Vereinigung von drei Wünschen, dem seines Vaters, seiner Mutter und seinem eigenen. „..der Mensch (l'etre humain) ist die symbolische Verkörperung (incarnation) von drei Wünschen, derjenige seines Vaters, seiner Mutter und dem seinen, insofern alle drei sprachbegabte Wesen sind."(FD 198) Es hat in der Doltoschen Ursprungsmythologie seine Eltern gewählt. Für Dolto gibt es von der Empfängnis bzw. Zeugung an etwas eigenes, was die Kinder von ihren Eltern differenziert. Die Geburt bedeutet für sie, daß das Kind sein Leben gewünscht hat, von und mit diesen Eltern als seine Erzeuger. Auch oder gerade weil sein physisches Überleben so lange von der Fürsorge und Körperpflege seiner Bezugspersonen abhängt, gesteht sie ihm durch diesen Subjektstatus eine eigene Beteiligung an seiner Entwicklung zu.

Sie konstruiert damit auch ein Bild der Verantwortlichkeit: Das Subjekt ist es sich schuldig, seine Entscheidung zu leben, auf sich zu nehmen. Es ist verantwortlich für die Beziehungen, die es zu anderen eingeht, für seine Art zu antworten. Ihre Intervention an den kleinen autistischen Jungen, daß er es ermöglicht hat, daß seine Mutter ihn verläßt, verdeutlicht diese Haltung. Jedes Kind und sei es noch so gestört, strukturiert aktiv die Beziehungen zum anderen. Auch diese ihm unterstellte Autonomie kennzeichnet Doltos Subjektverständnis. „Ich sage nicht, daß man die Kinder wie Erwachsene behandeln soll, das heißt, daß sie sich vor dem Gesetz für ihre Handlungen verantworten müssen, aber auch wenn sie auf der Ebene des Bewußtseins nicht verantwortlich sind, sind sie es vollständig auf der Ebene des Unbewußten, das heißt, daß das Subjekt in ihnen Komplize ist, der Art zu leben, die sie akzeptiert haben."[40]

Damit wird das Paradox von Doltos Konstruktion deutlich: Sie setzt voraus, was die analytische Arbeit auch erst hervorbringt, nämlich die Fähigkeit zur Verantwortung, zur Autonomie. Die Bereitschaft seine Geschichte auf sich zu nehmen, das Schicksal, aus der Begegnung dieser zwei Menschen, seiner Eltern hervorgegangen zu sein, anzunehmen und sie nicht zu verleugnen ist immer auch das angestrebte Ziel der Therapie. Die Anerkennung beider Eltern ist die Bedingung für die Möglichkeit, sich von ihnen zu lösen. Die Arbeit an der Urszene, die Rekonstruktion der eigenen Entstehung soll den basalen Narzißmus wiederherstellen, den Stolz, auf der Welt zu sein, als Subjekt und Objekt dieser Entstehungsszene.

Die Subjektkonzeption beinhaltet von daher auch die Frage nach dem Ursprung des Subjekts. Seine antizipatorische Bedeutung kann ohne die Einbettung in eine Ursprungsszene nicht gedacht werden. Insofern hat der Subjektbegriff auch eine retrospektive Bedeutung. Das Subjekt ist aus einer Urszene hervorgegangen. Der Subjektstatus enthält auch die Annahme und Anerkennung der Herkunft des Subjekts. Wesentliches Moment der Durcharbeitung der Geschichte des Kindes, ist es, ihm seinen Ursprung wieder zugänglich zu machen. Ihm zu erlauben, sich mit dieser, seiner Entstehungsgeschichte zu versöhnen. Für psychotische Kinder impliziert das, die Bedeutung des Vaters in ihrer Geschichte wieder aufzufinden. Die Durcharbeitung der väterlichen Signifikanten erlaubt das Verlassen einer partheogenetischen Ursprungskonzeption, die immer mit prägenitalen infantilen Sexualtheorien einhergeht. Die Subjektkonzeption enthält auch den Aspekt seiner Entstehung. Die zukünftige Geschlechtlichkeit ist verankert in der Anerkennung der geschlechtlichen Vereinigung, aus der das Subjekt hervorgegangen ist.

Ihre Subjektkonstruktion zielt darauf ab, dem zu behandelnden Kind von Anbeginn an, d.h. einerseits von Anbeginn seines Lebens an, als auch von Anbeginn der analytischen Behandlung an, einen eigenen Wunsch zu unterstellen und den zu respektieren. Die Bedeutung der Erstgespräche mit den Eltern und dem Kind, um den Kreis dieses Kapitels zu schließen, besteht darin, ihm von Anbeginn an das Recht auf die Differenz zu garantieren, das Recht etwas anderes zu wünschen, als Eltern, Lehrer und Therapeuten. Dolto gesteht dem Kind das Recht auf die Differenz zu, auf seine Originalität. Subjekt zu sein, heißt in und mit der Differenz zu leben, sich zu unterscheiden. Das ist ihre Position, ihre Grundhaltung bei der analytischen Arbeit - nicht nur, aber vor allem - mit gestörten Kindern und Jugendlichen.

Zusammenfassung

1. Für Dolto gibt es keine Unterschiede in der psychoanalytischen Behandlung von Erwachsenen und psychotischen Kindern, was die Zielsetzung und die Indikation angeht. Eine Indikation ist auch bei verhaltensgestörten und psychotischen Kindern nur gegeben, wenn das Subjekt selbst seine Behandlung wünscht und selbst leidet. Das Leiden anderer an seiner Person ist kein hinreichender Behandlungsgrund. Auch die Zielsetzung ist nicht die einer Anpassung an die Wünsche seiner Umgebung bzw. seine soziale Integration, sondern der Zugang zum Begehren des Subjekts, seiner subjektiven Wahrheit und die damit einhergehende Vergrößerung oder Herstellung seiner Authentizität.

2. Dieses Vorgehen erfordert eine Haltung, die der Analytiker durch seine eigene Analyse erwirbt. Er muß frei sein von normativen Ansprüchen, er urteilt nicht, sondern hört, welche Bedeutung die Symptome, Fehlleistungen, mimischen und gestischen Ausdrucksweisen des Subjekts haben. Er unterstellt ihnen einen Sinn, auch wenn dieser Sinn seinen Äußerungen sowohl durch seine Umgebung, als auch von ihm selbst abgesprochen wird. Diese Haltung impliziert auch die Abstinenz in bezug auf den Wunsch, die Realität des Kindes verändern zu wollen.

3. Die Arbeit des Analytikers besteht in der Entzifferung dieses Sinns und der Vermittlung dieser Sinngewißheit an das Subjekt. Analytiker und Analysant sind Bündnispartner in bezug auf die gemeinsame Aufgabe des Verstehens.

4. Bei der Arbeit mit Kindern ist die Beteiligung der Eltern an der Arbeit unerläßlich. Sie bezieht sich auf ihre Kenntnisse von seiner ihm unbewußten Vor- und Früh-Geschichte. Insofern haben die Eltern die Funktion, an dieser Entschlüsselung mitzuarbeiten. Im Zentrum der Aufmerksamkeit steht dabei das zu behandelnde Subjekt, nicht die Aufarbeitung familiärer Konflikte. Auch den Eltern gegenüber ist der Analytiker abstinent bezüglich ihres Wunsches nach Ratschlägen oder Verhaltensvorschriften, es sei denn die Schwie-

rigkeiten des Kindes resultieren aus offen inzestuösen, also perversen Praktiken der Eltern.

5. Diese den unbewußten Konflikten des Subjekts zugewandte Haltung ist eingebettet in eine strenge Beachtung der Rahmenbedingungen der Kur, des Settings. Die Vorgespräche mit den Eltern sind unabdingbare Voraussetzung für die Rekonstruktion der Geschichte des Subjekts. Sie bilden den Hintergrund für den Verstehensprozeß in der Kur. Bei Sozialwaisen wird die mündliche Erzählung von den Eltern durch die Lektüre der institutionell verfaßten Akte des Analysanten ersetzt oder ergänzt. Bestandteil des Settings ist auch die Schweigepflicht gegenüber den Eltern und anderen Dritten und die Verpflichtung des Analytikers, die von Dritten erworbenen Kenntnisse, an den Analysanten weiterzugeben.

6. Das Medium der Behandlung ist die Sprache. Die Zeichnungen und Skulpturen des Kindes haben die Bedeutung von Worten, die sein unbewußtes Körperbild und seine Übertragungsbeziehung ausdrücken. Die analytische Arbeit ist eine Arbeit an Re-Präsentationen. Nicht die objektive Gegenwart ist ihr Feld, sondern die psychische Realität des Kindes, die in der Übertragungssituation aktualisiert wird.

7. Dem Analytiker obliegt es, auch die archaischsten Beziehungsmodi wahrzunehmen und zu erkennen. Die Psychose ist Ausdruck einer Fixierung auf oder einer Regression zu frühen Modi der Objektbeziehung, bis hin zum fötalen Stadium, in dem die Plazenta oder die Nabelschnur die Bedeutung von Objekten haben.

8. Diese Fixierungen oder Regressionen sind Ausdruck von mißlungenen Kastrationen. Das Körperbild ist verstümmelt, statt sich den Möglichkeiten des Körperschemas entsprechend weiterentwickeln zu können. Die Aufgabe des Analytikers ist es, dem Subjekt bei der Überwindung regressiver und archaischer Befriedigungsmodi zu helfen und ihm die symbolischen Kastrationen zu geben.

9. Das Nadelöhr, der Knotenpunkt der Individuation ist der Ödipuskomplex. Das Anerkennen der Geschlechterdifferenz, des Inzesttabus und des Eingeschriebenseins in eine Generationsabfolge erlauben allein dem psychotischen Subjekt, wie auch jedem neurotischen Subjekt den Status eines Teilobjekts zu verlassen und den Genuß seines Geschlechts auf sich zu nehmen.

10. Die Rückkehr des psychotischen Subjekts in seinen Körper, die Annahme der diesem Körper zugehörigen Empfindungen als die seinen, die Beendigung von Verleugnung und Projektionen, die Annahme der Grenzen von Zeit und Raum sind an die Durcharbeitung des Ödipuskomplexes gebunden. Hauptaufgabe des Analytikers ist es, aktiv diese Durcharbeitung, diese 'passage' zu einem Leben im eigenen Namen zu ermöglichen.

II. Das unbewußte Bild des Körpers - ein vieldeutiges Konzept

„Ich habe dann gedacht, daß wir noch weit davonentfernt sind, die Frühreife der menschlichen Intelligenz in ihrer Tragweite zu erfassen."[1]

„Ich glaube, daß die Frau anders denkt als der Mann. Die Frau denkt in Bildern. Also ich, ich kenne das abstrakte Denken nicht gut. Ich denke in Analogien, in Bildern, durch Annäherung von Gefühlen, von Affekten, von Formen, von Klängen, von Wahrnehmungen, von Farben. Also, das ist immer vorgestellt (imagé): Klangbilder, visuelle Bilder, Berührungsbilder, biologische Bilder, formale Bilder."(sol 326)

‘Das unbewußte Bild des Körpers’ ist der Titel eines wichtigen Buches von Dolto, in welchem sie sowohl ausgiebig die Entwicklungsphasen in der frühen Kindheit darlegt, als auch ihre Erziehungstheorie entwickelt. Durch die klinische Praxis mit psychotischen und auf unterschiedliche Weise gestörten und behinderten Kindern und Jugendlichen und später mit Säuglingen und Kleinkindern war sie gezwungen, rezeptiv für nicht-sprachliche Ausdrucksweisen zu sein. Welche Ausdrucksformen benutzt ein Kind, das nicht oder noch nicht in der Lage ist, sein Erleben diskursiv zu vermitteln? Im Laufe ihrer 45 Jahre währenden klinischen Praxis hat sie die Formen dieser nicht-sprachlichen Ausdrucksweisen systematisch untersucht. Das Konzept des unbewußten Körperbildes ist das Ergebnis dieser Untersuchung, wobei zu zeigen sein wird, daß die Bilder nicht nicht-sprachlich, sondern eine besondere Art des Diskurses sind.

Es geht bei dem Konzept des unbewußten Körperbildes um das klassische Verhältnis von Soma und Psyche, von Körper und Seele. Im folgenden Kapitel möchte ich untersuchen, wie Dolto dieses Verhältnis bestimmt, wie sich das Konzept des unbewußten Körperbildes diesem Verhältnis annimmt. Die folgenden Abschnitte sollen bei Akzentuierung jeweils einer Fragestellung versuchen, sich diesem vielschichtigen, komplexen Begriff anzunähern.

Körperschema und Körperbild

Die erste Annäherung an den Begriff des Körperbildes wird durch seine Abgrenzung zum Körperschema ermöglicht. Das Körperschema ist nach der Doltoschen Definition der Körper der biologischen Reifungsprozesse, der biologische Körper, der artspezifisch ist, der sich entsprechend eines neuro-physiologischen Programms entwickelt. „Das Körperschema spezifiziert das Individuum als Vertreter seiner Gattung, welches auch immer der Ort, die Zeit und die Bedingungen seien, in denen es lebt."(UBK 20) Das Körperschema wäre das allgemeine, das gleiche für alle Menschen, während das Körperbild die individuelle Ausarbeitung des Körperschemas meint, der besondere Umgang eines jeden Menschen mit seinem Körper. „Wenn das Körperschema im Prinzip für alle Individuen der Gattung Mensch das gleiche ist (ungefähr im gleichen Alter, im gleichen Klima), so ist das Körperbild jedem Einzelnen eigen: Es ist an das Subjekt und seine Geschichte gebunden."(UBK 20) Wieder wird der Begriff des Subjekts mit dem der Geschichte verknüpft. Das Körperbild trägt die Spuren der Geschichte des Individuums. „Das Körperbild ist die lebendige Synthese unserer emotionalen Erfahrungen. ..Es kann als unbewußte symbolische Verkörperung des begehrenden Subjekts betrachtet werden und dies sogar, bevor das fragliche Individuum fähig ist, sich selbst durch das Personalpronomen 'Ich' zu bezeichnen. Ich möchte es so verstanden haben, daß das begehrende unbewußte Subjekt in Beziehung zum Körper seit der Empfängnis existiert. Das Körperbild ist in jedem Augenblick unbewußte Erinnerung an alles in Beziehung zu anderen Erlebte, und gleichzeitig ist es aktuell, lebendig in einer dynamischen Situation... Nur dank unserem Körperbild, das getragen und gekreuzt wird von unserem Körperschema, können wir mit anderen kommunizieren..; denn im Körperbild kreuzen sich Zeit und Raum; in ihm ertönt die unbewußte Vergangenheit in der gegenwärtigen Beziehung. In der aktuellen Zeit wiederholt sich immer in Filigranarbeit etwas aus einer Beziehung einer vergangenen Zeit."(UBK 20/21)

Das Körperbild ist das besondere, das Ergebnis einer Geschichte, einer Beziehungsgeschichte. Das Körperbild entwickelt sich wesentlich in der Beziehung zum anderen des Kindes. Das Körperschema ist monadisch angelegt, während das Körperbild das Ergebnis von Kommunikationserfahrungen ist, es ist das Bild dessen, der in Kommunikation ist.

Die Unterscheidung von Körperschema und Körperbild ist eine idealtypische, denn sie sind nicht trennbar, sie kreuzen sich. Das Körperschema enthält die Reifungspotentialitäten der Gattung Mensch, das Körperbild beinhaltet die Erfahrungen des Subjekts mit seinem Körper, die Hemmungen oder die Möglichkeiten, die es in der Entwicklung seines Körperschemas erlebt hat.

Léon, der 'psychische Myopath', ist ein anschauliches Beispiel für die Dissoziation von Körperschema und Körperbild. Sein Körper war neuro-physiologisch gesund, Léon hatte also alle Bewegungsmöglichkeiten eines gesunden Körpers und dennoch konnte er sich nur durch Hilfsmittel fortbewegen. Die Theorie des Körperbildes ist eine Antwort auf die Frage, wie es kommt, daß trotz eines nicht beeinträchtigten Körperschemas dennoch schwerste Störungen der grundlegenden Funktionen des Körpers auftreten können.

Für Dolto ist der Körper ein Vermittler, ein Medium, ein Werkzeug zwischen dem Subjekt und der Welt. Er ist der materialisierte Träger des Subjekts, durch den er in Beziehung zur Welt tritt. An anderer Stelle wird der Mutter diese Bedeutung zugeschrieben, Vermittlerin zwischen dem Subjekt und der Welt zu sein. Das Körperbild ist im Gegensatz zum Körperschema nicht ein individuelles, sondern ein relationelles Bild, das Ergebnis oder der Ausdruck von Beziehungserfahrungen.

Dolto überträgt die Freudsche Unterscheidung von Trieb und Triebrepräsentanz auf das Verhältnis von Körperschema und Körperbild: „Wenn das Körperschema der Ort, die Quelle der Triebe ist, so ist das Körperbild der Ort ihrer Repräsentation."(UBK 34)

Körperrepräsentationen in der Klinik

Der Begriff Körperrepräsentation meint hier die Art und Weise, wie ein Kind sich in der Übertragungssituation in seinen Bildern und Knetmodellierungen darstellt. Das Körperbild ist eine Repräsentation eines Subjekts in einer Beziehungssituation. Das Bild ist kein statisches, sondern drückt eine aktuelle Beziehungsform aus. Das Körperbild bezeichnet in diesem Kontext das Zusammenspiel von dem gemalten Bild oder der modellierten Skulptur und den gesprochenen Assoziationen des Kindes.

> „Bei Kindern (und bei Psychotikern), die über ihre Träume und ihre Phantasmen nicht direkt sprechen können, wie es die Erwachsenen durch freie Assoziationen tun, ist das Körperbild für das Subjekt ein Vermittler, um sie mitzuteilen, für den Analytiker ist es das Mittel, sie zu erkennen. Es ist also ein Sagen, ein enthüllendes Sagen, zu dem nicht allein der Analytiker den Schlüssel besitzt. Die Assoziationen des Kindes bringen den Schlüssel, was bedeutet, daß es eigentlich selbst der Analytiker ist..Damit man es recht verstehe: *Das Körperbild ist nicht das Bild, das gezeichnet oder modelliert wird; es muß im analytischen Dialog mit dem Kind herausgeschält werden.*"(UBK 14/15)

Die Zeichnungen und die gesprochenen Worte des Kindes, also seine Assoziationen zu den Zeichnungen, bilden zusammen das Körperbild. Das Körperbild beinhaltet die Phantasien des Kindes über eine Beziehungssituation. Es stellt dabei sich selbst dar, wie es sich in einer Beziehung *erlebt.* Das Körperbild beinhaltet seine Affekte, seine Gefühle, seine Phantasien, wie sie in der Übertragungssituation als Reminiszenzen vergangener Objektbeziehungen reaktualisiert werden. Dolto gibt ein anschauliches Beispiel für diese Beziehungsdimension des Körperbildes. Ein Mädchen zeichnet, während sie allein mit Dolto spricht, eine Vase mit einem üppigen Blumenstrauß und ausreichend Wasser darin. Als die Mutter gegen Ende der Sitzung dazukommt und sich mit Dolto unterhält, zeichnet das Mädchen wieder eine Vase mit einem Blumenstrauß. Dieses Mal enthält die Vase kaum Wasser und die Blumen sind verdorrt und lassen ihre Köpfe hängen. Innerhalb von wenigen Minuten hatte sich ihr Körperbild verändert. Dolto interpretiert, daß sie sich allein mit einem Gesprächspartner narzißtisch wertvoll fühlt, voller Dynamik ist, daß im Beisein der Mutter sie aber ihre ödipale Realität in der Form erlebt, daß sie nichts mehr wert ist, im wahrsten Sinne des Wortes verkümmert. Dieses Beispiel zeigt die Ambiguität des vorherigen Zitats, daß das Körperbild nicht das gezeichnete Bild meint, sondern das Bild und die Assoziationen des Kindes. Dolto hat sicher nach langjähriger Erfahrung und Untersuchung von Kinderbildern einen bestimmten Code, um die Bedeutung der Bilder zu entschlüsseln, auch ohne Kommentar des Kindes. Sie interpretiert ja die Veränderung der Blumensträuße in Bezug auf die ödipale Situation des Kindes, das sich in der Präsenz von zwei Personen, von denen eine die Mutter ist, als verkümmert erlebt.

Sie gibt in ihrem Werk viele Beispiele für ein unmittelbares Verständnis von Bildern. Dolto hat im Rahmen der 'Ecole freudienne', der von Lacan gegründeten psychoanalytischen Vereinigung jahrelang ein Seminar über Kinderzeichnungen abgehalten, das auch für Nichtanalytiker zugänglich war. Nach den Angaben von Jean-François de Sauverzac gab es für dieses Seminar bis zu 500 Einschreibungen pro Jahr. Dort wurden die Zeichnungen, die die Seminarteilnehmer aus ihrer Praxis mitbrachten, interpretiert und dort entwickelte sie auch teilweise ihre Theorie des unbewußten Körperbildes. Das folgende Beispiel mag die Arbeitsweise des Seminars und die genaue Beobachtung von Dolto verdeutlichen. Die Krankenschwester einer Station, auf der Lungenkrankheiten behandelt werden, brachte die Zeichnungen der Kinder mit. Auf allen waren Bäume mit feinen Verästelungen zu sehen, die sehr sorgfältig ausgearbeitet waren. Nur ein Bild war über und über mit leuchtender roter Farbe bedeckt. Dolto bezweifelte, daß dieses Kind wegen einer Lungenkrankheit im Krankenhaus war und bat die Seminarteilnehmerin, dieser Frage nachzugehen. Es stellte sich dann heraus, daß der Junge, der das Bild gemalt hatte, wegen Bettenknappheit auf dieser Station aufgenommen worden war, obwohl er wegen einer Hodenoperation im Krankenhaus lag.

Ein anderes Beispiel, diesmal aus ihrer Praxis als Kontrollanalytikerin, mag ihren Umgang mit Kinderzeichnungen in einem anderen Kontext verdeutlichen. Claude Halmos spricht mit Dolto über den Fall eines zehnjährigen Mädchens, das sie seit zwei Jahren in Behandlung hat. Zu Beginn der Kur machte sie einen zurückgebliebenen Eindruck, war extrem schüchtern, klebte an ihrer Mutter, hatte keine Freunde und große Schwierigkeiten in der Schule. Inzwischen ist sie zumindest außerhalb der Behandlung gesprächiger geworden, ist lebhaft und hat Freunde gefunden, an ihren schulischen Schwierigkeiten hat sich jedoch nichts geändert. Dieses Mädchen malt immer wieder zwei gleiche Bilder. Claude Halmos legt sie Dolto vor und eines erweist sich als das entscheidende. Es ist ein Schiff, auf dem zwei ähnliche Personen zusammen sind.

> „Sie (Dolto) sah sie sich lange aufmerksam an und erklärte plötzlich: 'Sie schläft mit ihrem Bruder.' - 'Wie, sie schläft mit ihrem Bruder?' - 'Ja, sie hat eine sexuelle Beziehung mit ihrem Bruder.' - 'Woran wollen Sie das erkennen?' -'Sehen Sie sich doch diese Personen an, Sie haben Wasserhahnhände. .. Die Hände haben die Form von Wasserhähnen.' - 'Ja, und?' - Ich hatte eines Tages ein Mädchen in Behandlung, das mir sofort gestand, daß sie mit ihrem Bruder schlief. Ich habe mir ihre Zeichnungen genau angesehen. Die Personen, die sie malte, hatten Wasserhahnhände, darum nehme ich an, daß bei ihrer Patientin das Gleiche vorliegt.' Das war, muß man es noch hinzufügen, genau richtig und die Symptome verschwanden sofort.“[2]

Dolto hat also durch ihre jahrelangen Beobachtungen einen direkten Zugang zum Verständnis von Kinderzeichnungen gehabt, das sie an andere weitergeben konnte.

Was die analytische Situation angeht, ist es richtig, daß die Zeichnungen keinen Wert haben, ohne die Arbeit, die damit stattfindet. Es sind sehr wohl die Assoziationen, die das Verständnis und die Durcharbeitung der Bilder ermöglichen. Genau wie es in der Traumdeutung ein Kapitel über typische Träume gibt, gibt es auch typische Bilder. Wenn diese nicht nur diagnostischen Wert haben sollen, ist ihr subjektiver Sinngehalt im Dialog mit dem Analytiker zu entfalten.

Wie ist Dolto dazu gekommen, den gemalten und gekneteten Äußerungen des Kindes einen so großen Wert beizumessen? Als Dolto 1936 zum ersten Mal Kinder psychotherapeutisch behandelte, übernahm sie die Technik von Sophie Morgenstern, unter deren Anleitung sie die ersten Therapien durchführte, den Kindern Papier und Buntstifte zur Verfügung zu stellen. Später fügte sie selbst Knetmasse hinzu, damit die Kinder auch die räumliche

Dimension darstellen können. Kinder brauchen ein anderes Ausdrucksmittel als die Sprache, um ihre Phantasien mitteilen zu können.

> „Die Erfahrung lehrt uns, daß in der Kinderanalyse der verbale Ausdruck nicht die einzige Vermittlung sein darf... Man braucht ein Material, das zwischen dem Körper des Kindes und ihm selbst vermittelt, damit es zur symbolischen Suche nach der komplementären Ergänzung kommt, solange die Struktur noch nicht voll ausgebildet ist. „(ÜDB 83/84)

Die letzte Bemerkung bezieht sich auf die Gefahr, daß ein Kind ohne Vermittler direkt mit seinem Körper agiert und unter Umständen in der Sitzung masturbiert. Das Kind wird durch Doltos Technik gezwungen, auf unmittelbare Triebbefriedigung zu verzichten und die begleitenden Vorstellungen zu repräsentieren, darzustellen, was einen Beginn von Sublimierung, von Symbolisierung bedeutet. Die gewünschte oder gefürchtete Beziehung zum anderen wird repräsentiert, nicht agiert (siehe die Bemerkungen zu Katjas Sitzung in Teil 1). Das Kind wird aufgefordert, seine Empfindungen und Gefühle darzustellen und aus dem unmittelbaren Erleben herauszutreten, nur so werden sie einer Bearbeitung zugänglich. In seinem Nachruf auf Françoise Dolto gibt Juan-David Nasio ein Beispiel für dieses Vorgehen: „Zu einem kleinen Mädchen, das auf dem Boden hockend abwechselnd brüllte und schluchzte, sagte sie: 'Komm, komm Dein Unglück malen.'"(AK 10, S.9) Ihre Aufforderung am Anfang jeder Kur, die Mitteilung ihrer Grundregel hat die gleiche Funktion: „Du drückst in Worten, mit Zeichnungen oder mit der Knetmasse alles das aus, was Du denkst oder empfindest, während Du hier bist, selbst das, von dem Du weißt oder glaubst, daß man es in Anwesenheit anderer Personen nicht sagen soll."(ÜDB 84) Die Zeichnungen und Knetproduktionen, sind wie die Worte Repräsentationen eines Erlebens, das Kind muß auf den unmittelbaren Genuß verzichten, um sein Leiden bearbeiten zu können.

Wie sieht aber das Verhältnis der Bilder zu den gesprochenen Worten aus? Welcher Ausdrucksweise gibt Dolto in ihren Deutungen die Priorität?

> „Zwar kann ein Kind vom Bewußtsein her verbal behaupten: 'Eine Mama ist eine Frau, die zu essen gibt', aber in seiner unbewußt erlebten Beziehung zu ihr, wenn sie in den Zeichnungen zum Ausdruck kommt, zeigt das Kind, daß es seine Mutter als Hexe empfindet, die es vergiften will. .. Ein anderes Kind sagt vielleicht, daß sein Vater 'arbeitet, um für uns Geld zu verdienen, und daß er auch da ist, um uns zu bestrafen, wenn wir nicht brav sind'; dennoch ist vom emotionalen Erleben gesehen nichts richtiger, als beim Modellieren diesen Vater als unnütz herumstehendes Möbelstück darzustellen, nämlich als wenig soliden Sessel, dessen Füße nicht halten, wenn man sich in den Sessel setzt."(ÜDB 86)

In diesen Beispielen, die wiederum etwas idealtypisch sind, wird ein bewußter Diskurs, der der sozialen Position der Elternfiguren Rechnung trägt und damit den vermeintlichen Erwartungen des anderen gerecht wird, wird den gesprochenen Worten die authentischere Aussage der Bilder, die das Erleben der Kinder wiedergibt, gegenübergestellt. Die Zeichnungen spiegeln eine unbewußte Wahrheit, während die gesprochenen Worte eine soziale Norm wiedergeben. Doch in der klinischen Realität sind die Zeichnungen und die Worte nicht so klar geschieden, wie es an Dominiques Modellierungen erkennbar war. Es liegt eine Wechselwirkung vor, die Beziehung eines gegenseitigen Kommentars. Die Bilder kommentieren die gesprochenen Worte und umgekehrt. Die Bilder haben den Stellenwert von Träumen, deren latenter Inhalt durch die Assoziationen erschlossen wird. Träume können aber auch Antwort geben auf Fragen, also selbst direkter als die kontrollierte Rede eine Deutung beinhalten.

Meine These ist, daß in der klinischen Arbeit das unbewußte Körperbild als Produktion innerhalb des analytischen Settings eine spezifische Bildung des Unbewußten ist, und als solche einen direkten Zugang zu der unbewußten Wahrheit des Subjekts ermöglicht. Die Bilder haben in der Kinderanalyse den gleichen Stellenwert wie Fehlleistungen und Träume in der Erwachsenenanalyse. Sie zeigen dem Subjekt sein nicht-bewußtes Wissen, sein Unbewußtes, die verborgenen Absichten hinter den manifesten Äußerungen des Bewußtseins. Durch die Bilder äußert sich das Subjekt des Unbewußten, in ihnen drücken sich unbewußte Wahrheiten aus, die dem bewußten Diskurs widersprechen können, bzw. ihm fremd sind. Doch auch hier muß wieder vor voreiligen Idealtypologien gewarnt werden, genau wie es eine stereotype Rede gibt, deren Absicht es ist, den anderen zu verwirren, so gibt es natürlich auch stereotype Zeichnungen, die dem leeren Sprechen gleichzusetzen sind, solange sie nicht in die Dynamik einer Übertragungsbeziehung eingebunden sind. Es ist also schwer, wenn nicht unmöglich, eine klare Grenze zwischen den Zeichnungen und den Worten zu ziehen. Sie stehen in einem wechselseitigen Bezug. Den enthüllenden Charakter haben die Zeichnungen nur, wenn das Subjekt bereit ist, in der Durcharbeitung die verborgene Wahrheit zuzulassen. Dies ist ein langwieriger Prozeß, der die Bereitschaft erfordert, die eigene Fremdheit anzunehmen, d.h. die Tatsache, daß Träume, Fehlleistungen und Bilder mehr sagen, als der bewußte Diskurs, dessen Träger das grammatikalische Ich ist. Die Bilder ermöglichen einen Zugang zur unbewußten Wahrheit nur unter der Bedingung der Bereitschaft, das Unheimliche zuzulassen. Guillerault merkt in seinem Buch an, daß das Zeichnen in der therapeutischen Sitzung oft selbst schon eine kathartische Funktion hat, daß die Kinder im wahrsten Sinne erleichtert und manchmal glücklich weggehen, ohne jeden Verstehensprozeß von Seiten des Analytikers oder des Analysanten, weil es ihnen gelungen ist, etwas darzustellen, wofür ihnen die Worte fehlen.

Zusammenfassend kann man sagen, daß das Verhältnis von Bild und Wort ein dialektisches ist, daß es keine eindeutige Hierarchie für ihre Lektüre gibt, daß das Wahrheitszeichen sowohl dem Bild, als auch der gesprochenen Sprache, als auch dem Zusammenspiel von beiden zugeordnet werden kann.

Es geht also nicht um eine statische Lektüre der Bilder, das Erschließen bestimmter Positionen des Kindes durch den Analytiker, sondern es geht um den Ausdruck innerhalb einer Übertragungsbeziehung. Das Kind drückt in den Bildern sein Erleben in dieser Übertragungsbeziehung aus. Da für Dolto das Spezifische der Übertragung in der Wiederholung vergangener Erlebnismodi liegt, eine Geschichte reaktualisiert wird, geht es um das Auffinden von Situationen, in denen das Kind diesen Modus der Beziehung herausgebildet hat.

> „Mit Hilfe der den Körper darstellenden Zeichnungen und Modellierungen, .., kristallisierte sich im Laufe der Jahre nach und nach ein neues Verständnis heraus .. für jenes Kind, das sich mit seinem Körper in einer Beziehungssituation befindet. Die in den Zeichnungen und im freien Modellieren auftauchenden unbewußten Phantasien sind emotional an die Übertragungssituation mit dem Analytiker gebunden."(ÜDB 85)

Die Bilder weisen auf eine vergangene reaktualisierte Geschichte, darum müssen sie entziffert werden. Wie Dolto diese Entzifferungsarbeit versteht und wie sie die Eltern darin einbezieht, ist hinreichend im ersten Teil dieser Arbeit gezeigt worden.

Für Dolto repräsentieren die Zeichnungen aber nicht nur vergangene Erlebnismodi, sondern es werden auch aktuelle Konflikte zwischen den psychischen Instanzen dargestellt. Sie bezieht sich dabei auf die zweite Topik Freuds. „Solche Beispiele zeigen, wie die abstrakten Begriffe der Topik, das Es, das Ich, Das Ideal-Ich, das Ich-Ideal und das Über-Ich - auf allegorische Weise dargestellt werden."(ÜDB 87) Diese Instanzen werden von ihr nicht statisch verstanden, sondern als dynamische Kräfte, die durch ihre Antagonismen dem Subjekt Konflikte bereiten. Diese Konflikte zwischen den Instanzen werden auf den Bildern dargestellt, wobei jeweils einem Element des Bildes eine Instanz entspricht. Sowohl die dargestellten Konflikte und die begleitenden Phantasien als auch die mimischen und gestischen Äußerungen erlauben eine Dynamisierung von erstarrten Strukturen und somit eine Veränderung der fixierten Triebkräfte (siehe dazu die gestische Dynamik, die Dominique bei einzelnen Repräsentationen entfaltet).

Bei diesem Aspekt des Körperbildes kommt also noch zu der Zeichnung und zu den gesprochenen Worten ein anderes Moment hinzu, das der gestischen und mimischen Inszenierung der dargestellten Elemente.

> „Das Körperbild stellt eine gegenwärtige lebendige Synthese unserer emotionalen Erfahrungen dar, die wiederholt über spezielle erogene, archaische und weniger archaische Empfindungen unseres Körpers erlebt werden; eine bedeutsame aktuelle innere Erregung lenkt die unbewußte Wahl der latenten emotionalen Assoziationen und erlaubt ihnen, zum Vorschein zu kommen."(ÜDB 89)

Der Begriff des Körperbildes ist in der Tat ein synthetischer Begriff: er hat einen historischen und einen aktuellen Aspekt, er spiegelt die psychischen Instanzen in ihrer Konflikthaftigkeit wieder und er stellt Beziehungen zwischen Teilobjekten und ganzen Objekten dar, er repräsentiert Partialtriebe und er gibt das emotionale Erleben in einer Beziehungssituation wieder. Es setzt sich aus Zeichnungen und Worten zusammen und es umfaßt die mimischen und gestischen Ausdrucksweisen des Kindes. Im Grunde ist es der Begriff, der alles subsumiert, was sich in der Übertragungssituation ereignet. Das Körperbild ist die Konstruktion Doltos, die es ihr erlaubt, die Vorgänge in der Übertragungssituation zu verstehen und zu deuten, wobei die Wahl des Terminus besagt, daß es immer auch um den Körper geht. Der Trieb, dessen organische Quelle ein Reiz im Körper ist, wird von Dolto immer auch an seiner Quelle mitgedacht, auch wenn es sich im wesentlichen um eine Arbeit an der Repräsentation handelt.

Die Genese der Körperbilder - die Metapher der Mutter

Die Bedeutung der somatischen Quelle bei der Herausbildung der Körperbilder wird deutlich, wenn man sich ihren Anfängen zuwendet. Wieder mag ein klinischer Fall die früheste Dimension des Körperbildes verdeutlichen. Agnès ist sechs Tage alt und wurde regelmäßig gestillt, als ihre Mutter wegen plötzlicher starker Blutungen hospitalisiert werden mußte. Agnès' Vater und die auch seit ihrer Geburt anwesende Tante versuchen vergebens, ihr die Flasche zu geben. Agnès kann nicht mehr saugen. Auf Grund der Gefahr der Deshydratation und des damit verbundenen Todes, bittet der behandelnde Arzt den Vater, Dolto um Rat zu fragen. Diese Vorgänge ereigneten sich während des zweiten Weltkrieges in der Provinz weit entfernt von Paris. Dolto rät dem Vater also per Telefon, ein getragenes Nachthemd seiner Frau aus dem Krankenhaus zu holen, dafür zu sorgen, daß der Geruch erhalten bleibt und es um die Flasche zu wickeln. Agnès trank die Flasche und überlebte.

Dieses Beispiel, das in beiden Schriften über das Körperbild wiedergegeben ist, ist der Schlüssel zum Verständnis der Entstehung der Körperbilder. Agnès brauchte den Geruch ihrer Mutter, um saugen zu können. Der Saugreflex ist also nicht nur ein biologischer Reflex, sondern beinhaltet schon das Wiedererkennen, die Erinnerung an wiederholte Erfahrungen mit der Mutter. Die Mutter wiederum ist nicht als ganze Person gemeint, sondern wird durch ihren Geruch repräsentiert. Das Körperbild entwickelt sich im und durch den Geruch des anderen. Mit dem Fortgehen der Mutter hatte Agnès ihren Mund verloren, der Mund war aus ihrem Körpererleben verschwunden. Durch den Geruch der Mutter erhielt sie ihren Mund wieder. In der Sprache Doltos von 1960 wird dieser Vorgang folgendermaßen interpretiert: „Sein digestives, für eine komplementäre Ergänzung aufnahmebereites Körperbild war nicht mehr vorhanden, weil seine olfaktorische Mundhöhle zuvor nicht durch den Geruch der Mutter seine spezifisch komplementäre Ergänzung fand."(ÜDB 95) 23 Jahre später kommentiert Dolto den Vorgang so:

> „Es war die Arbeit über den Begriff des Körperbildes, die mich auf diesen Vorschlag gebracht hatte. Was fehlte diesem Baby, um trotz der Abwesenheit seiner Mutter etwas hinunterschlucken zu können? Es war nicht krank, verlor aber sein Gewicht, es hatte Hunger. Nachdem es drei oder vier Tage lang gestillt worden war, konnte es nur das Bild der Geruchsempfindung der so plötzlich nicht mehr anwesenden Mutter sein, das ihm fehlte. Der fundamentale Narzißmus des Subjekts (welcher dem Körper erlaubt zu leben) ist in den ersten sich wiederholenden Beziehungen verwurzelt, welche gleichzeitig die Atmung, die Befriedigung des Nahrungsbedürfnisses und die Befriedigung von Teilbegehren begleiten - Teilbegehren, wie diejenigen des Geruchs, des Gehörs, des Sehens, des Berührens, welche, wie man sagen könnte, die Kommunikation von Psychischem zu Psychischem des Subjektes-Baby mit dem Subjekt-seine-Mutter illustrieren."(ÜBK 61)

In der Äußerung von 1960 liegt der Schwerpunkt der Interpretation auf der komplementären Ergänzung, der das Kind bedarf, um seine Körperfunktionen wahrnehmen zu können. In dem zweiten Zitat wird herausgestellt, wie sich das Körperbild wesentlich in und durch die Wahrnehmung des anderen herausbildet. Das Psychische ist verankert in Teilbegehren, die sich auf das Hören, das Riechen, das Fühlen des anderen beziehen. Das Riechen hat zu Beginn des Lebens Priorität vor allen andern Sinneswahrnehmungen, es ist das Sensorium, worüber das Wiedererkennen stattfindet. Nach Aussagen von de Sauverzac sprach Dolto in den fünfziger Jahren von einer olfaktorische Phase vor der oralen Phase. Diesen Terminus benutzte sie später nicht mehr.

Das Körperbild als psychische Elaboration ist begründet in der existentiellen Abhängigkeit des Neugeborenen von anderen. Der Mensch als Frühgeburt in bezug auf die biologisch-physiologische Möglichkeit, selbst sein Überleben zu garantieren, bedarf des anderen. Das Körperbild konstruiert sich durch die Wahrnehmungen des Kindes in einer Beziehung. Was heißt es, wenn Dolto sagt, daß dem Säugling das Bild der Geruchsempfindung fehlte, um saugen zu können? Diesen Geruch brauchte es, um seinen Mund benutzen zu können. Seine Fähigkeit zu überleben hing an diesem Geruch. Der Geruch gab ihm den fundamentalen Narzißmus wieder. Das Körperbild des Babys bestand aus dem Geruch der Mutter. Der Geruch wurde zum Zeichen der eigenen Existenz. Das Körperbild entwickelt sich aus den wiederholten Erfahrungen, die das Kind mit und in seinem Körper in der Beziehung zur Mutter macht.

> „Greifen wir die vorige Beobachtung wieder auf. Nachdem es zum Bruch in der offenkundig symbiotischen Mutter-Kind-Beziehung gekommen war, wurde die erogene olfaktorische Zone durch den Geruch der Mutter komplementär ergänzt, obgleich sie abwesend war. Der Geruch steht nun symbolisch für die Mutter. Durch ihn wird die Mutter vergegenwärtigt und die beim früheren Stillen introjizierte Mutter ist durch ihn in ihrem kreativen Einfluß anwesend. Die vollkommene Ergänzung in olfaktorischer Hinsicht ruft die phantasierte Gegenwart der abwesenden mütterlichen Brust hervor und gleichzeitig diejenige des ebenfalls fehlenden hungrigen und saugbereiten Verdauungsapparates."(ÜDB 96)

Letzteres bedeutet, daß Agnès nicht nur ihren Mund verloren hatte, sondern auch ihren Verdauungsapparat. Der Geruch der Mutter wurde zum Symbol des Still- und Verdauungsvorgangs, durch ihn wurde das aufgesplitterte Körperpuzzle wiederzusammengesetzt. Doch das Zitat enthält noch mehr: Schon am fünften Lebenstag bedarf das Kind einer Erinnerung, um ein lebensnotwendiges Bedürfnis befriedigen zu können. Das meint Dolto mit der frühzeitig entwickelten symbolischen Funktion, die der Frühzeitigkeit der menschlichen Geburt entspricht. Der Körper funktioniert dank der Wiederbelebung eines Erinnerungsbildes. Außerdem beinhaltet dieses Zitat einen Hinweis auf die Introjektion. Die beim früheren Stillen introjizierte Mutter ist durch den Geruch in ihrem kreativen Einfluß anwesend. Die Mutter ist bei früheren Stillerfahrungen introjiziert worden. Sie 'sitzt im Verdauungskanal' und kann durch das Wiederbeleben der Erinnerung an sie diesen wieder in Gang setzen.

Für Dolto gibt es ein zwiefaches Bild der Mutter. Die Mutter ist als ganzes Objekt dem Körper des Kindes äußerlich, gibt ihm die Brust und nimmt ihm das Ausgeschiedene wieder ab. Als introjizierte Mutter, im wahrsten Sinne einverleibte Mutter ist sie ein Teilobjekt, das am Eingang des Verdauungskanals zerstückelt wird, durch den ganzen Verdauungskanal hindurchgeschoben wird und am Ausgang, am Anus wieder ausgeschieden, abgestoßen wird.

Beide Vorgänge, das Einverleiben und das Ausscheiden sind von spezifischen Gerüchen begleitet, die mit der Mutter verbunden werden. Die Erinnerungsbilder beziehen sich auf die Körperstellen, an denen ein Kontakt mit der Mutter stattfindet, der Austausch. Die Körperöffnungen sind die privilegierten Erinnerungsstellen, weil an ihnen der Austausch stattfindet. In der oralen Logik des Kindes, die sich analog seiner lustbetonten Wahrnehmung seiner Körpervorgänge herausbildet, nimmt die Mutter die Körperausscheidungen, um sie ihrerseits zu fressen. Die erste Beziehung auf dieser Ebene ist eine Beziehung des gegenseitigen Fressens.

Die Körperstellen, an denen der Austausch mit der Mutter stattfindet, sind nicht neutrale Orte der Wahrnehmung. Durch den Wechsel von An- und Abwesenheit der Mutter und durch den Genuß, die Lust, die mit ihrer Anwesenheit verbunden ist, werden sie zu erogenen Zonen:

> „Die erogene Zone entsteht dadurch, daß sie der ultime Ort der Lust und der Trennung von der Lust ist. Die erogene Zone konstruiert sich aus der Tatsache, daß sie der Ort der Trauer um die Mutter ist; der letzte Ort des Kontakts, wo die Trennung erlitten wird.. Die zugespitzte Wahrnehmung der Lust in dem Moment, wo sie an diesem Ort aufhört, empfunden zu werden."(sol 27)

> Mund, Anus und Blasenausgang sind die entscheidenden Körperöffnungen im Austausch mit der Mutter. „Es gibt zwei Pole: Den oralen Pol am Kopf (le pole oral céphalique) und den Pol des Gesäßes. Am oralen Pol gibt es den Mund für die Bedürfnisse und es gibt die Orte für die Sondierung (discrimination) der erwünschten Person durch die subtilen Sinne, das heißt durch den Geruchssinn, den Hörsinn, den Geschmackssinn und die Taktilität der Haut- und Schleimhautzonen, die mit der Brust der Mutter in Berührung sind. Und die andere Zone, das ist die Zone des Wohlgefühls (bien-etre) durch die Ausscheidung und die Sauberkeit am Ort des Austauschs bei der Körperpflege. .. Diese Befreiung von inneren Spannungen beim Urinieren und beim Stuhlgang läßt den Anus und die Gesäßregion, den Penis und den Hodensack beim Jungen und die Vulva beim Mädchen zu einer ausgedehnten erogenen Zone werden, weil es der Ort der wiederholten Rückkehr der Mutter für die Körperpflege ist."(sol 28) Das Kind genießt den Geruch seiner Ausscheidungen, weil sich durch sie die baldige Rückkehr der Mutter ankündigt. „Der Geruch der Exkremente ist ein Geruch der Sicherheit für das Kind."(sol 29)

Die Mutter spaltet sich also auf in eine äußere Mutter, die erhalten bleibt, und mit der das Kind mit seinen verschiedenen Sinnesorganen auch auf Distanz in Kontakt bleibt und einer inneren Mutter, die den Körper des Kindes durchquert. Wenn die äußere Mutter nicht präsent genug ist, dem Kind in einer sublimen Kommunikation nicht genug Zeichen gibt, die das Kind auch in ihrer Abwesenheit memorieren und in Phantasien umsetzen kann, dann tritt die Sprache der Eingeweide an die Stelle eines Austausches mit der äußeren Mutter. Das Kind lebt dann von der Wahrnehmung seiner visceralen Empfindungen, die Repräsentation der Mutter findet dann ausschließlich im Körper statt. Der Kontakt mit der äußeren Mutter wird abgebrochen und durch eine 'Unterhaltung' mit der im Körper angesiedelten inneren Mutter ersetzt. Dieser Vorgang ist sowohl bestimmend für den frühen autistischen Rückzug als auch für im Erwachsenenalter auftretende psychosomatische Erkrankungen. Die Schmerzen und Beschwerden haben dann die Funktion, eine Beziehung zur Mutter aufrechtzuhalten, durch sie erlebt das Subjekt eine Beziehung zur inrojizierten Mutter.

Die Erforschung der Körperbilder hat für Dolto die Funktion, die pathologischen Erscheinungen auf ihren Ursprung zurückführen zu können. Das Studium der Körperbilder in diesem frühen post-natalen Stadium dient dazu, die narzißtischen Störungen zu erfassen, die sich durch ihre vermeintliche Objektlosigkeit auszeichnen. Sie helfen Dolto zu verstehen, wo jemand sein Objekt situiert, an welcher Stelle ein Austausch stattfindet. Auf die Hypochondrie des Erwachsenenalters bezogen heißt das folgendes:

> „Das physiologische Mißbehagen kann so zum spezifischen Signifikanten des imaginären Beziehungsstatus des Subjekts zu allen anderen werden, aus Mangel an anderen. Die Phantasie bewirkt, daß ein Teil seines Körpers wie ein anderer ist und daß sich die beiden gegenseitig miteinander beschäftigen, er mit seinem Unbehagen und sein Unbehagen mit ihm... Man muß die Hypochondrie, welche eine Neurose an der Grenze zur narzißtischen Psychose ist, so verstehen: ..Sie (die Ärzte) sind Zeugen seiner endlosen Diskussion mit dem Schmerz in seinem Körper, welcher unmöglich zu heilen ist und das aus gutem Grunde. .. Die Heilung wäre Symbol für den narzißtischen Verlust, für den sie bedrohenden Tod. Sie sind zu sehr ganz allein. Dieses chronische Sich-unwohl-Fühlen, das nach medizinischer Diagnose nicht schlimm ist und das das Leben der Kranken nicht in Gefahr bringt, beeinträchtigt ihre Existenz und ihre Beziehungen ganz erheblich, ist für sie aber notwendig. Es ist eine Art Liebe zu sich selbst, bei welcher sie zugleich die Mama und das Kind sind. Es ist eine Liebe, die besetzt."(UBK 224)

Dieser Abstecher in die Erwachsenenpathologie mag verdeutlichen, worum es bei der Elaboration der Körperbilder als theoretische Konstruktion für das archaische Erleben geht, um das Verständnis dafür, welche Art von 'Liebesbeziehung' das Verhältnis des Subjekts zu seinem Körper determiniert. Für Dolto stellt jede Art von Pathologie eine Regression zu einem bestimmten

Entwicklungsstadium dar. Die psychotischen oder wie sie sagt, die hypochondrischen als an der Grenze zur Psychose liegenden Störungen benutzen eine Symbolsprache, die der archaischen Beziehung zur Mutter entspricht. Die Abwendung von den äußeren Objekten beinhaltet die Besetzung eines inneren Objekts auf der Körperebene. Ein Teil des Körpers wird zum Objekt, zum Muttersubstitut. Die Regression hat die Funktion, das Gefühl des Lebendigseins aufrechtzuerhalten. Der organische Schmerz wird zum Synonym für das Gefühl zu leben, der basale Narzißmus hängt an dieser Schmerzempfindung, die die letzte Erinnerung an eine Beziehung ist. Die Theorie der Körperbilder soll es ermöglichen, in einer therapeutischen Beziehung die Art der Objektbeziehung, die sich in den Symptomen äußert, verstehbar zu machen. Die Symptome verweisen dabei auf eine Art gelebte Beziehung zu introjizierten Objekten. Diese Beziehungen drücken sich im Kleinkindalter nur auf der Ebene der Körpersprache aus. Wohlsein und Unwohlsein sind für Dolto beides Metaphern einer Beziehungssprache. Psychosomatische Gesundheit ist Ausdruck einer gelingenden Beziehung zur Mutter, psychosomatische Krankheit wird auch verstanden als eine Beziehungssprache, bei der sich das Kind direkt seines Körpers zur Äußerung bedient, weil es gar keine anderen Möglichkeiten hat. Das Kind spricht mit seinem Körper, sein Körper ist das Mittel seines Ausdrucks. Wenn Dolto mit einem Buchtitel bekennt: 'Alles ist Sprache', dann meint sie damit, daß jede körperliche Äußerung als Metapher für eine bestimmte Art der Beziehung verstanden werden kann, daß psychosomatische Krankheit und Gesundheit den Wert von Beziehungsaussagen haben und daß, wenn es sich um körperliche Symptome im präverbalen Alter handelt, sie durch die sprachliche Übersetzung aufgelöst werden können. 'Alles ist Sprache' bedeutet, daß schon im vorsprachlichen Alter körperliche Symptome einen symbolischen Wert haben, Zeichen sind für einen anderen, dem damit etwas gesagt werden soll. Diesen symbolischen Wert gilt es zu entziffern. Der Körper selbst wird zum Zeichenträger, das Körperbild ist eine Theorie, die diesem symbolischen Gehalt der körperlichen Äußerungen Rechnung trägt. Sie übersetzt auf einer theoretischen Ebene die frühesten Äußerungen des Kindes in eine Sprache, damit ist sie eine Symbolisierung des Körpers.

Guillerault stellt in seiner Monographie über die Doltosche Theorie des Körperbildes die These auf, daß diese Theorie des Körperbildes als Metapher der Mutter zu verstehen ist.[3] Das Konzept des Körperbildes wäre dann eine Metaphorisierung der Mutter bzw. der frühen Mutter-Kind-Beziehung, während Lacan in seiner Psychosen-Theorie das Konzept der Metapher des Vaters entwickelt hat. 'La métaphore du père' bezeichnet eine Metaphorisierung, die gerade in der Psychose nicht stattgefunden hat. Das Körperbild als Theorie erlaubt eine Metaphorisierung von archaischen, vorsprachlichen

Ausdrucksweisen im klinischen Bereich. Die Lacansche Konstruktion ist eine strukturalistische, es geht um den Platz des Vaternamens bei der Ausbildung der psychischen Struktur, Doltos Theorie enthält eine Mischung aus strukturalistischen und phänomenologischen Elementen. Strukturalistisch ist der Zeichencharakter, den sie jeder Äußerung unterstellt, phänomenologisch ist die Prävalenz der Form, der Gestalt in ihrer Ausarbeitung der Körperbilder und ihre Übersetzung physiologischer Vorgänge in eine Bildersprache, wenn sie zum Beispiel den Verdauungsvorgang auf psychischer Ebene mit den Bewegungen eines Sandwurms vergleicht. Sie baut in ihre Theorie auch das medizinische Wissen um die Vorgänge innerhalb des Körpers ein, die sie als Erleben unterstellt und metaphorisiert.

Bisher wurden die Geruchswahrnehmungen und die Verdauungsvorgänge bei ihrer Metaphorisierung der frühen Mutter-Kind-Beziehung thematisiert. Um das Körpererleben in dieser subjektiven Ur-Zeit genauer zu erfassen, bedarf es der Untersuchung der Geburtszäsur und der sie begleitenden Veränderungen. Dolto hat einen ausführlichen Katalog dieser Veränderungen erstellt.

> „Die Zäsur der Abnabelung begründet das Körperschema in den Grenzen seiner Umhüllung, der Haut, indem sie von der Plazenta und den Umhüllungen, die im Uterus bleiben, getrennt wird. Das Körperbild, das seinen Ursprung teilweise in den Rhythmen, der Wärme, den Tönen der fötalen Wahrnehmungen hat, verändert sich durch die plötzliche Modifikation dieser Wahrnehmungen; besonders der Verlust des doppelten Herzschlages, den das Kind im Uterus hörte, wird für seine passiven auditiven Triebe bedeutsam. Diese Veränderung wird begleitet vom Eintreten der Lungenatmung und der Aktivierung der Peristaltik des Verdauungstraktes, wobei das geborene Kind das im fötalen Leben angesammelte Kindspech ausscheidet. .. Die Geburt wird dank den physiologischen Veränderungen, die sich im Körper des Kindes vollziehen, von einem klangvollen Schrei begleitet, durch welchen es sich bemerkbar macht; gleichzeitig reagiert es mit Ausscheidung des substantiellen Darminhaltes aus der embryonalen Kloake, während es vorher durch das Schlucken von Fruchtwasser und das sich Mischen des Urins mit dieser Flüssigkeit ein nur auf den Ausgang des Nabels zentrierter Fötus war.
>
> Zur gleichen Zeit wie seine Atmung und sein eigener Schrei, den es hört, beginnt der Geruch (der mütterliche Geruch), der unbewußt für den Neugeborenen den ersten Impakt des Aufspürens seiner eigentümlichen Beziehung zur Mutter darstellt. Das vorgeburtliche, gedämpfte Hören verschwindet, um dem intensivierteren Hören der schon bekannten Stimmen Platz zu machen; derjenigen des Vaters, der Mutter und der anderen Familienangehörigen. ...An

> Stelle des Blutes der Plazenta, welches das symbiotische Leben des Fötus im mütterlichen Organismus passiv ernährte, ist nun die Luft das neue allgemeine Element für alle Kreaturen der Erde... Es erscheint auch die Empfindung der Körpermasse, welche der Schwerkraft unterliegt und der Art und Weise, wie sie von dem empfangenden Händen betastet wird; und die Fläche des Bettes oder der Körper der Mutter, auf dem das Kind ruht. Das Licht blendet seine Netzhaut, der Geruch seiner Mutter füllt seine Hohlräume, die Stimmen der Helfer und der Lärm lassen sich deutlich hören, während bis dahin die Klänge der Welt nur durch diese Wand von Wasser und Fleisch, auf diesem Hintergrund, wo der rasche pendelartige Rhythmus des fötalen Herzens sich mit dem zweieinhalb mal langsameren Rhythmus des mütterlichen Herzens vermischte, wahrgenommen wurde. Den Tagesstunden gemäß wechselten sich die verkürzten Rhythmen mit jenen der Schritte des tragenden Körpers und mit dem Lärm seiner geschäftigen Aktivitäten ab, die manchmal von klangvollen Vibrationen gekennzeichnet waren, welche die Worte, vor allem die tiefen männlichen Stimmen gedämpft bis zum sich entwickelnden Ei oder Fötus trugen. Die Nacht bedeutete Ruhe dieses doppelt gehörten Rhythmus, welchem sich das Dröhnen des mütterlichen Atmens im Schlaf und das Kollern der Bewegungen des Verdauungstraktes der schlafenden Mutter anfügten."(UBK 81-83)

Das Körperbild hat seinen Ursprung teilweise in den Rhythmen, der Wärme und den Tönen der fötalen Wahrnehmungen. Hier setzt sich das Körperbild aus den fötalen Wahrnehmungen zusammen. Den Ursprung des Körperbildes bilden die Wahrnehmungen des Rhythmus, der Wärme und die auditiven Wahrnehmungen von den Stimmen außerhalb des Mutterleibes.

Dem Rhythmus, den Dolto auf die Wahrnehmung der unterschiedlichen Herzrhythmen von Mutter und Fötus bezieht, hat sie bei der Entstehung des basalen Narzißmus einen großen Wert beigemessen. Nasio berichtet von einer Therapiestunde in der Konsultation für Heimkinder, in der es ihr gelang, mit einem Kind in Kontakt zu treten, das immer seinen Kopf auf den Boden schlug, indem sie selbst mit der Hand im entsprechenden Rhythmus auf den Tisch schlug. Sie kommunizierte durch einen Rhythmus mit dem Kind. Die beiden Rhythmen differierten, näherten sich an, stimmten überein und entfernten sich voneinander, bis das Kind plötzlich mit seinem Kopfschlagen einhielt und sie erstaunt ansah. Sie hörte die Selbstverletzungen des Kindes auch als Ausdruck eines Rhythmus und antwortete entsprechend darauf.

Dolto beschreibt das Körperbild in diesem langen Zitat über die Geburtszäsur und die vorgeburtlichen Wahrnehmungen als vorwiegend aus Lautwahrnehmungen bestehend. Weder die französische noch die deutsche Sprache enthält einen Begriff für diese 'Perspektive'. Die Perspektive bezieht sich auf ein sehendes Subjekt, die Sehwahrnehmungen werden dort metaphorisiert. Das archaische Körperbild sowohl vor als auch nach der Geburt zeichnet sich durch das Vorherrschen, wenn nicht die Ausschließlichkeit anderer Sinneswahrnehmungen aus. Die Wahrnehmungen des Fötus werden von Dolto bezogen auf das Ohr wiedergegeben. Wenn sie von dem Kollern der Verdauungsgeräusche der Mutter spricht, hört man diese förmlich mit.

Ihre 'Perspektive' ist die des hörenden Fötus. Nasio bezieht sich, allerdings in dem Kontext einer Therapie auf diesen Vorgang:

> „Sie versetzt sich an die Stelle des Ohres des Kindes. Ihre Intervention des Rufens kann sie nur unter der Bedingung machen, an der Stelle des Ohrs, der hörenden Empfindung des Kindes zu sein. ..Das ist das unbewußte Bild des Körpers bei ihr. Das unbewußte Bild des Körpers ist das des hörenden Körpers. In einem solchen Moment gelingt es ihr, an diesen Platz des unbewußten Hör-Körperbildes des Kindes zu gelangen, zu empfinden, was der Säugling seinerzeit empfunden haben mag, und es in der Gegenwart zu sagen, die etwa acht Jahre später liegt. Das ist der Mechanismus ihrer Identifikation."(AK 14, 42)

Die Theorie des Körperbildes entwickelt sich aus ihrer Fähigkeit, sich mit dem Kind in archaischen Stadien zu identifizieren und seine Wahrnehmungen zu bezeichnen. Der Repondant des hörenden Ohres des Kindes ist die Stimme. Im Fall, auf den sich Nasio bezieht, hatte sie sich mit einer Stimme 'aus dem Off' an das Kind gewandt, mit einer Stimme, die sich quasi anonym an eine Gruppe von Kindern wendete, und ihn so gerufen, wie sie vermutete, daß er acht Jahre zuvor in einem Säuglingsheim gerufen worden war. Darauf hatte er reagiert, nicht als sie ihn direkt bei seinem damaligen Vornamen ansprach. Ich erinnere mich an eine Therapeutin aus dem Kontrollseminar, die von einem Kind sprach, das nur auf Gesang reagiert. Dolto ermunterte sie, die ganze Behandlung singend durchzuführen und das Kind schon singend im Wartezimmer anzusprechen. 'Warum sollten Deutungen nicht gesungen werden?', fragte sie. Sie berichtet auch von einem Kind, das sich während seiner Therapie hauptsächlich auf dem Klavier ausdrückte. Sie hörte ihm zu und übertrug das, was sie gehört hatte in Worte.

> „Nun, es machte seine Analyse, indem es auf dem Klavier alle Bilder vorspielte, die ihm in den Sinn kamen. Von Zeit zu Zeit teilte ich ihm mit, was ich selbst dabei empfand. Dann antwortete es, wenn das seiner Meinung nach zutraf, spontan: 'Ja, genau, das habe ich gemeint:' War das nicht der Fall, so spielte es unerschütterlich weiter, und ich sagte zu ihm: 'Siehst Du, ich habe es nicht verstanden, aber was will denn Dein Bild nun wirklich ausdrücken? ' Und es antwortete, während es weiterspielte: 'Braun - rot- viereckig - spitz.'"(PK 21)

Dies ist ein Exkurs zu der Anwendung des Körperbildes in der Klinik. Sie zeigt, welche Auswirkungen ihre Orientierung an den frühesten Wahrnehmungen des Kindes in der Praxis gehabt hat. Der Rhythmus, die Stimme und ihre Modulationen erhalten ihre Bedeutung aus der vorwiegend akustisch orientierten Wahrnehmung des Fötus und des Neugeborenen.

Ein anderer 'Aspekt' des Körperbildes ist die Wahrnehmung der Körperschwere, der Masse. Die ganze Sprache ist durchdrungen von Begriffen, die sich auf das Sehen beziehen, darum ist es so schwer eine Begrifflichkeit zu finden, die diesen vor-okularen Wahrnehmungen gerecht wird. Schon der Begriff des Körperbildes ist ein Paradox, weil es in diesem frühen Stadium nicht um ein sichtbares Bild geht, sondern um akustische Wahrnehmungen, um Lautbilder, um Geruchsempfindungen und nun um den durch die Geburt ausgelösten Verlust der Schwerelosigkeit und die damit verbundenen neuen taktilen Empfindungen. Die Empfindungen des Fötus waren um den Nabel zentriert, nun erlebt das neugeborene Kind auf seiner gesamten Hautoberfläche neue Empfindungen.

Die Schwere, das Erleben seiner Selbst als Masse führt dazu, daß das Kind sich, bevor es seine ersten Gehversuche macht, als Partialobjekt des betreuenden Erwachsenen fühlt. Seine Erfahrungen mit dem Raum sind an tragende Arme und verschiedene Hilfsmittel der Fortbewegung gebunden. Das Kind selbst ist immobil. Diese Angewiesenheit auf die Beine eines anderen zur Fortbewegung führt dazu, daß das Kind sich als Teilkörper empfindet, als Teil eines anderen sich fortbewegenden Körpers.

Dolto gibt wieder ein bewegendes Beispiel für diesen Vorgang aus ihrer klinischen Erfahrung. Sie hatte eine Analytikerin in Behandlung, die an der Hoppkinschen Krankheit litt und wegen einer starken Cortisonbehandlung an einer verminderten Triebkontrolle litt. Um ihren Beruf trotzdem weiter ausüben zu können, begab sie sich bei Dolto auf den Diwan. Eines Tages, schon in einem fortgeschrittenen Krankheitsstadium, erzählte sie einen Traum, der aus rätselhaften Lauten bestand und sagte, daß ein bisher nicht gekanntes Glücksgefühl mit dem Hören dieser Laute im Traum verbunden gewesen sei. Dolto schrieb die Laute mit, gab sie ihr nach der Sitzung und forderte sie auf, indisch sprechende Menschen aufzusuchen und nach der Bedeutung zu fragen. Muriel Cahen hatte während ihrer ersten neun Monate in Indien gelebt. Sie erfuhr dann in der 'Cité Universitaire'[4], daß ihre 'sinnlosen Laute' eine Strophe aus einem indischen Wiegenlied wiedergaben, welches ihr Kindermädchen ihr wahrscheinlich vorgesungen hatte: 'Die Augen meines kleinen Mädchens sind schöner als die Sterne'. Dieser Traum war zugleich die Ankündigung ihrer Rückkehr zu diesem Stadium, in dem man von einem anderen getragen wird. Einige Tage nach dem Traum verschlimmerte sich ihre Krankheit, sie konnte sich nicht mehr allein fortbewegen und starb einige Zeit später. Insofern könnte man den Traum auch als Zeichen einer unbewußten Auseinandersetzung mit der ultimen Trennung sehen, als die Reminiszenz an eine glückselige Zeit vor dem Verlust ihres Kindermädchens, von dem sie sich im Alter von neun Monaten trennen mußte. Für Dolto ist die Glückseligkeit, die sie beim 'Klang' der unbekannten Laute erlebte, mit der Erinnerung an das Getragenwerden verbunden.

> „Repräsentierten diese Worte mit dem seltsamen Klang aus dem Traum Muriels nicht den Zusammenschluß, die Verbindung zwischen dem Körperbild des Babys, - das auf der Ebene des Körperschemas des Beckens und der Beine noch unvollendet ist - und dem Trägerbild (l'image support) der jungen Inderin; eine wirkliche tragende Mutter des Kindes, bevor es laufen kann. Das Kind geht mit den Beinen seiner Mutter, so muß man die Logik des Körperbildes verstehen, daß es ein Bild ist, das auf das Körperbild eines anderen gepfropft ist (greffée): der obere Teil des Körpers des Kindes ist für die Fortbewegung im Raum an den unteren Körperteil eines Erwachsenen geschweißt. So war dieses unsagbare Glück, das sie während des Traumes empfand, nichts anderes als die Rückkehr der fusionellen Zärtlichkeit zwischen einer tragenden Mutter, die spricht und einem unreifen Baby, das zu verstehen vermag."(edm 75/76)

Dolto rekonstruiert aus dem Sinn der Worte und der auf den Traum folgenden Bettlägrigkeit eine Szene, ein Kind in den Armen einer jungen Inderin, die ihm ein Liebeslied singt. 'Deine Augen sind schöner als die Sterne.' Der Kosmos wird ja in dem Lied auch evoziert, darum noch ein kurzer Exkurs zu einem anderen Zusammenhang, in dem die Gestirne in der Metaphorik Doltos auftauchen. Vergegenwärtigt man sich die soeben rekonstruierte Szene aus der Perspektive des Kindes, dann befindet sich der Kopf des Erwachsenen in unmittelbarer Nähe der Gestirne. Dolto hat beobachtet, daß aus der Perspektive eines kleinen Kindes, das zu einem Erwachsenen aufschaut, dieser Kopf in der Nähe des Mondes oder der Sonne im Himmel zu sein scheint. Die Kinder müssen förmlich immer Richtung Himmel schauen, wenn sie sich im Freien einem Erwachsenen zuwenden. Das ist für Dolto der Grund dafür, daß die Eltern in einem bestimmten Lebensalter qua räumlicher Kontingenz unter den Gestirnen angesiedelt werden. Auch dieser Exkurs verdeutlicht wieder, wie sehr Doltos Forscherhaltung durch das Hineinversetzen in die kindliche Perspektive, diesmal im wahrsten Sinne des Wortes, charakterisiert ist.

Das Körperbild beinhaltet nicht nur die Sinneswahrnehmungen des Kindes von sich selbst, das Gefühl der Schwere, der Masse, sondern auch die Haltung im doppelten Sinne des Wortes des ersten anderen diesem Kind gegenüber. Das Kind fühlt sich getragen, was Auswirkungen auf seine Schwere hat, seine Masse, es introjiziert auch die Art und Weise, wie es gehalten wird. Diese Haltung des Erwachsenen übernimmt es seinem Körper gegenüber. Um im Bilde zu bleiben: Es kann die Schwere als Last empfinden, den eigenen Körper als unerträgliche Last oder im anderen Extrem die 'Leichtigkeit des Seins' in dem Armen des anderen erleben.

Das, was hier in Bezug auf den Umgang mit der Körperschwere, das Getragen- und Gehalten-Werden entwickelt wurde, hat Gültigkeit für alle anderen Ebenen der Beziehung. „Um seine körperliche und seelische Gesundheit, seine Spannkraft, seine physiologische Existenz zu erhalten und zu bewahren, verinnerlicht der Mensch mit Hilfe seiner Symbolisierungsfähigkeit das Muster (le code) seiner Beziehung zum anderen: er liebt sich selbst so, wie er vom anderen geliebt wird. Der Mensch ist vom elementaren Wunsch durchdrungen, das wiederzufinden, was ihn an die letzte lustvolle Beziehung erinnert, bei der er-der andere, er-seine Mutter durch das übereinstimmende Begehren eins waren. Dieses Wiederfinden (retrouvaille) scheint für den Menschen notwendig zu sein, damit sich beim Prä-Subjekt die Intelligenz, der Körper, das Herz und die Sprache auf kohäsive Weise strukturieren."(jdd 279;ÜDB 345)

Diesem Zitat geht eine lange Passage über die Erfahrung von Trennungen und Wiederfinden in der Beziehung des Säuglings zu seiner Mutter voraus. Der Code, der in der deutschen Übersetzung mit Muster wiedergegeben wurde, beinhaltet die Tatsache, daß es einen Schlüssel gibt, eine Art Geheimcode, an denen das Kind die Mutter wiedererkennt. Das ist wieder der Rhythmus, diesmal ihrer Schritte, den das Kind auch in der Entfernung hören kann, ihr Geruch, ihre Stimme, ihre Körperhaltung, ihre Art, das Kind zu berühren, es aufzunehmen etc. Dieser Code wird zum Symbol für die Mutter, auch wenn sie räumlich nicht in unmittelbarer Nähe ist. Das Kind verarbeitet die Trennungen von der Mutter, den Abbruch des unmittelbaren Körperkontaktes durch die Memorisierung ihrer Präsenz. Wenn es wach ist, und auch im Schlaf kann es sich durch seine Vorstellungen ihre Präsenz erschaffen, die immer zum Teil Erinnerung, zum Teil Vorwegnahme eines gewünschten Verhältnisses ist.

Die Erinnerungsfähigkeit setzt Dolto schon vor der Geburt an. Störungen des Wohlbefindens des Kindes in den ersten neun Lebensmonaten haben oft die Bedeutung von Reminiszenzen an intrauterine 'Erlebnisse'. Diese 'Erlebnisse' sind Veränderungen in der Haltung der Mutter, Krisen, Sorgen, Schwierigkeiten, die sie während der Schwangerschaft durchmacht, und die das Kind mitbekommt. Wie es sie mitbekommt, ist unmöglich zu sagen, dazu äußert sich Dolto auch nicht. Für sie ist es aber selbstverständlich im Gespräch mit einer Mutter, deren Kind jünger als neun Monate ist und die über besondere Veränderungen im Zustand ihres Kindes spricht, sie nach den

Vorfällen zu dem entsprechenden Zeitpunkt während der Schwangerschaft zu fragen. Für Dolto beginnt der Zyklus der Wiederholungen mit der Geburt.

> „Der Analytiker weiß, daß der Wunsch zu sterben manchmal so groß ist, wie der zu leben. Wenn die Eltern über ein Verhalten sprechen, mit dem das Kind sich schadet, darf man es nicht versäumen, zu ihnen zu sagen: aber vielleicht ist ihr Kind seit einer bestimmten Zeit, seit seiner Geburt oder vielleicht schon seit ihrer Schwangerschaft nicht ganz entschlossen zu leben, vielleicht sind Sie es, die wollen, daß es lebt, daß es aber versucht, ihnen zu sagen: 'Ich möchte wissen, warum ich lebe.' Es ist wichtig, daß der Analytiker weiß, daß der Wunsch zu sterben existiert und zu den Gründen für ein bestimmtes Verhalten gehört, weil wenn es gesagt wird, verschwindet das Symptom. Es geht ja nicht darum, das Symptom zum Verschwinden zu bringen, es geht vielmehr darum, daß durch das Symptom etwas gesagt wurde, das nicht gehört worden ist. Das ist gerade in der Kinderanalyse sehr wichtig, weil in Frankreich die Abtreibung schon seit einigen Jahren nicht mehr unter Strafe steht, was nicht heißt, daß sie legalisiert worden ist. Das heißt, daß das Kind, sobald die Mutter weiß, daß sie schwanger ist, was ja auch heute schon sehr früh möglich ist, schon sehr früh in den Gedanken der Mutter, in ihren Phantasien hin- und hergerissen ist, zwischen es leben lassen und es sterben lassen, und das eine gewisse Zeitlang, dadurch wird das Kind markiert. Sich entwickeln heißt dann ebensogut zu leben wünschen, wie zu sterben wünschen, weil es sich ja dank dieser Gedanken oder besser gesagt mit diesen Gedanken, die seine Mutter beschäftigten, entwickelt hat und Tag für Tag an Gewicht zugenommen hat."[5]

Dieser schwerwiegende Gedanke besagt, daß das befruchtete Ei, es geht ja um eine sehr frühe Fötalphase, die Zweifel der Mutter, ob sie abtreibt oder nicht, mitbekommt und in seinem Wunsch zu leben beeinträchtigt wird. 'Sie wünscht mich tot, sie wünscht mich lebendig' mit diesen Gedanken wächst das Kind im Mutterleib heran.

Hier stellen sich mehrere Fragen: Wie sieht die Form der Mitteilung aus, die an den Fötus herangetragen wird? Welcher Art ist diese Mitteilung? Gibt es eine pränatale Todesvorstellung, wo es ja schon schwer vorstellbar ist, daß ein Säugling eine solche besitzt. Welche Repräsentation des Todes gibt es in diesen prä- und postnatalen Stadien? Ehe ich versuche, auf diese Fragen einzugehen, möchte ich ein Beispiel aus eigener Erfahrung zitieren, welches das Problem deutlich macht. Auf einem Spielplatz hatte ich Gelegenheit mehrere Stunden lang, zwei extrem ausgeglichen wirkende Kinder und ihre Mutter zu beobachten. Die Kinder waren 6 Monate und drei Jahre alt. Als die Mutter sich irgendwann in meine Nähe setzte, sprach ich sie an, um das Rätsel dieser Ausgeglichenheit zu ergründen. Daraufhin teilte sie mir erstens mit, daß zumindest ihre ältere Tochter zu Hause ganz anders sei und dann erzählte sie mir die Vorgeschichte des in ihren Armen liegenden sechs Monate alten Säuglings. Sie hatte wegen ihres fortgeschrittenen Alters zu Beginn der Schwangerschaft eine Chorionzottenbiopsie machen lassen und erfuhr dann einige Tage vor dem Verstreichen der Drei-Monatsfrist, daß ihr Kind eine genetische Krankheit hätte, einen Chromosomenmangel, der eine schwere geistige Behinderung, Zwergwuchs und eine stark reduzierte Lebenserwartung zur Folge hätte. Sie schilderte mir dann eine dramatische Woche, in der sie hin und hergerissen war zwischen dem Wunsch, das Kind trotz allem zu behalten und es abzutreiben. Die Ärzte hatten ihr gesagt, daß die Diagnose 100prozentig sei, daß es ausgeschlossen sei, daß ihr Kind gesund geboren werden würde. Nachdem sie bereits ein Kind bekommen hatte, war es für sie nicht mehr wie früher selbstverständlich abzutreiben. Gleichzeitig war sie sich des Risikos bewußt und antizipierte es in ihren Gedanken, daß das Leben mit einem schwerstbehinderten Kind wahrscheinlich die Beziehungen zu ihrem Mann und zu ihrer Tochter sehr beeinträchtigen würde, wenn nicht sogar die Ehe zerstören würde. Nach mehreren Tage und Nächte währenden Zweifeln entschied sie sich, dieses Kind zu behalten.... Es kam gesund zur Welt. Die sofort nach der Geburt durchgeführte Untersuchung zur Überprüfung der pränatalen Diagnose zeigte deren Unrichtigkeit. Die Ärzte erklärten dann, daß bei der Übertragung des Serums auf die Glasplatte zur Untersuchung ein Chromosom hätte verschwinden können, ein technischer Fehler, dessen Möglichkeit der Mutter doch zumindest hätte mitgeteilt werden können. Statt dessen war eine hundertprozentige Diagnose gestellt worden. Die Mutter erzählte dann, daß die ersten drei Monate mit diesem Kind extrem schwierig gewesen seien. Es sei nicht zur Ruhe gekommen, nachts sehr häufig aufgewacht, kurz, hatte mit seinem vielen Schreien für alle Beteiligten das Leben sehr schwer gemacht. Dann, kurz nach ihrem dritten Monatsgeburtstag sei sie schlagartig zur Ruhe gekommen, und seitdem eben dieses ausgeglichene, zufriedene Kind geworden, das ich beobachtet hatte.

Nach Doltos Theorie hat dieses kleine Mädchen nach ihrer Geburt drei Monate lang gelitten, weil sie die ersten drei Schwangerschaftsmonate reproduzierte, in denen die Mutter eine Abtreibung in Erwägung zog. Die genetischen Untersuchungen waren ja gemacht worden, um sich im Falle eines Krankheitsbefundes von dem Fötus zu trennen. Sie kam schlagartig zur Ruhe, als ihre Mutter die Entscheidung fällte, sie unter allen Umständen auszutragen, auch mit der Sicherheit, daß sie Zeit ihres vorhergesagten kurzen Lebens schwerbehindert sein würde. Die Tatsache, daß die Mutter sie also trotz der fatalen Prognostik behalten hatte, war ein Liebesbeweis, 'egal wie, ich möchte daß Du lebst.' Die Ruhe und Ausgeglichenheit, die sie von ihrem vierten Lebensmonat an, ausstrahlte, spiegelte diese Sicherheit, die sie von da an in der Gebärmutter erlebt hatte und das trotz all der Sorgen, die die Mutter sich natürlich bis zur Geburt hin weiter machte. Sie ist in dieser Zeit durch all die Literatur und die Gespräche, die sie mit Ärzten führte zu einer Spezialistin für genetische Krankheiten mit Chromosomenmangel geworden. Der Vater, um ihn auch noch kurz zu erwähnen, hatte die Untersuchung zu Beginn der Schwangerschaft für überflüssig gehalten. Er befürchtete nicht, daß ihr Kind krank oder behindert sein könnte. Nach der ärztlichen Diagnose hatte er seiner Frau die Entscheidung der Abtreibung überlassen.

Diese Geschichte stellt erneut die Frage nach der intrauterinen Informationsübermittlung zwischen Mutter und Kind. Handelte es sich nur um die Übertragung von Emotionen, von Sorgen, bedrückenden Affekten, die sich in den ersten neun Lebensmonaten wiederholen, dann hätte das kleine Mädchen ja erst in ihrem neunten Lebensmonat zur Ruhe kommen dürfen. Für die Mutter war mit der Entscheidung nicht abzutreiben, keine Ruhe eingekehrt. Im Gegenteil, je mehr sie sich mit der Thematik dieser Krankheit beschäftigte, desto sorgenvoller blickte sie der Zukunft entgegen. Erst als im achten Schwangerschaftsmonat durch die Ultraschalluntersuchungen klar war, daß der Embryo sich normal entwickelte, daß keine Wachstumsstörung vorlag, begann sie an der Richtigkeit der Diagnose zu zweifeln. Das Kind hat also nicht die Emotionen der Mutter wiedererlebt, sondern nur die ersten drei Monate als beunruhigend erlebt, in denen keine Sicherheit bestand, daß es weiterleben würde.

Bleibt die Frage, wie teilt sich der Gedanke der Mutter, die eine Abtreibung in Erwägung zieht, dem Fötus mit? Um es gleich zu sagen, diese Frage findet auch bei Dolto keine Antwort. Sie weiß es nicht. Sie hat nur immer wieder die Erfahrung gemacht, daß das Aussprechen der Erlebnisse der Mutter während der Schwangerschaft, wenn man sie in Beziehung setzt zu den Symptomen, die das Kind während der ersten Lebensmonate zeigt, diese Symptome zum Verschwinden bringt, wie sie sagt. Die sprachliche Übersetzung seiner sich auf somatischer Ebene zeigenden Ängste beruhigt die Kinder und läßt den Organismus sich wieder entsprechend der Möglichkeiten des Körperschemas sich weiterentwickeln.

Die zweite Frage war die nach der Todesvorstellung. Welche Vorstellung gibt es für einen Embryo, für ein befruchtetes Ei vom Tod? Wie kann es ein Nicht-Sein vorstellen? Auch da gibt es keine theoretische Antwort, sondern nur eine pragmatische. Und selbst die bezieht sich ausschließlich auf geborene Kinder, also Kinder deren Verhalten als Todeswunsch gedeutet wurde, beziehungsweise wie das Zitat zeigt, als Frage nach dem Grund des Lebens. Dadurch, daß man mit ihnen darüber gesprochen hat, konnten sie ihren Wunsch zu leben auf sich nehmen. Dolto hat in ihrer Konsultation für Sozialwaisen, also für Kinder, die in den ersten drei Lebensjahren in ein Heim kommen, weil sich ihre Eltern nicht um sie kümmern können oder wollen, immer wieder mit extremen Fällen zu tun gehabt. Säuglinge von drogenabhängigen, aids-kranken Frauen, Kleinkinder, die selbst Opfer brutaler Übergriffe ihrer Eltern geworden waren oder Zeugen von Gewalthandlungen gegen ihre Geschwister gewesen waren, wenn nicht sogar Zeugen von Mord geworden waren, außerdem mit kleinen Kindern, die zur Adoption freigegeben werden würden. Diese Kinder hatten also durchweg mit Müttern Erfahrungen, die extrem unreif waren oder ihren Kindern nur bis zur Geburt eine Mutter waren. Dolto hat mit diesen Kindern gearbeitet, indem sie mit ihnen immer wieder über ihren Wunsch zu leben, bzw. über die Gegenkräfte dieses Wunsches, die sie schon in Utero erlebt hatten, gesprochen hat. Sie macht keine Angaben darüber, wie denn die Todesrepräsentation von Säuglingen sein könnte, sie schließt nur aus Verhaltensweisen und Symptomen dieser Kinder, die ihnen selbst schaden, daß in ihnen starke destruktive Wünsche walten.[6] Mit diesen Kindern geschieht oft eine große Veränderung, wenn der Analytiker über ihren Wunsch zu sterben mit ihnen spricht.

Es gibt im Säuglingsalter aber nicht nur einen Todeswunsch, sondern auch eine Todesbefürchtung, die sich häufig in großen Schlafstörungen äußert. Der Schlaf wird als eine Art 'kleiner Tod' gewertet und die Kinder finden keine Ruhe, weil es in ihren unbewußten Vorstellungen die letzte sein könnte. Ich möchte nur kurz wieder ein Gespräch mit einer Mutter wiedergeben, deren Sohn bis zum Alter von zwei Jahren nachts sehr häufig aufwachte. Sie brachte ihn in das Centre Etienne Marcel und er wurde dort von Bernhard This behandelt. Die Geburt dieses Kindes war sehr schwierig verlaufen, mit zeitweiliger Gefahr für das Leben des Kindes und der Mutter, da man erst während der Geburt, also fast zu spät bemerkte, daß der Mutterkuchen dem Fötus vorgelagert war. Er wurde dann in letzter Not mit Kaiserschnitt zur Welt gebracht. Seine Geburt hatte in Todesnähe stattgefunden und war von beiden Eltern in großer Angst erlebt worden. All das wurde in der Therapie mit dem gerade zwei-jährigen Jungen besprochen. Nach vier Sitzungen konnte er endlich durchschlafen und er forderte dann seine Mutter auf, noch einmal mit ihm zum Doktor zu gehen und ihm das mitzuteilen. Die Mutter erzählte mir diese Geschichte auf einem Flug von Paris nach Berlin, als sie hörte, daß ich über Dolto arbeitete. Zu diesem Zeitpunkt war sie erneut schwanger und wieder gab es die gleiche Schwangerschaftskomplikation, die aber rechtzeitig diagnostiziert worden war. Nach der Diagnose stellten sich wieder Schlafstörungen bei ihrem Sohn ein, der inzwischen dreieinhalb war. Sie bemerkte dann selbst, daß er ja in den Gesprächen zwischen ihr und ihrem Mann immer wieder die gleichen Worte hörte, die Umstände bezeichneten, die auch für seine Geburt so bedrohend gewesen waren. Sie sprach mit ihm darüber und teilte ihm mit, daß bei seinem Bruder Vorsorge für die

Geburt getroffen würde, da man die Gefahr ja rechtzeitig erkannt hatte, daß er sich also keine Sorgen zu machen brauchte. Von diesem Gespräch an konnte er wieder schlafen.

Das häufige Aufwachen der Kinder im Säuglingsalter kann aber nicht nur eine Todesbefürchtung ausdrücken, sondern auch eine Antwort auf starke derartige Ängste der Mutter sein. Mit jedem Schrei zeigt das Kind ihr doch, daß es noch lebendig ist. Eine Mutter hat mir, als ihr Sohn schon erwachsen war, diesen Mechanismus selbst eingestanden: „Ich habe ihn mit meiner Angst, als ich immer wieder bei ihm am Bett stand, um zu hören, ob er noch atmet, förmlich geweckt. Er mußte ja aufwachen und schreien, um mir zu zeigen, daß er noch lebt." Dieses Beispiel zeigt auch, wie schwer es ist, in dem in Frage stehenden frühen Lebensalter Mutter und Kind klar zu trennen, wessen Todesfurcht wird denn da beschwichtigt? Wer ist es, der sterben könnte oder gestorben ist, und für den die Mutter nicht die Trauerarbeit vollzogen hat? Die andere abgründige Seite dieses Themas ist die Nähe von Todeswünschen und Todesbefürchtungen in Bezug auf das Kind.

Soweit zum Thema Todesvorstellungen im Säuglingsalter. Der Tod ist eine Repräsentation, die sich auf somatischer Ebene zeigt. Das Kind, und das ist das Spezifische dieser Phase, um die es hier geht, hat keine diskursiven Fähigkeiten, um seine Wünsche oder Ängste auszudrücken. Es drückt sie mit seinem Körper aus, mit diversen funktionellen Störungen, die als Krankheit, Unruhe, Schlaflosigkeit oder Unzufriedenheit von den Erwachsenen wahrgenommen werden. Die verbale Formulierung von Vermutungen über den subjektiven Sinn dieser Störungen von Seiten des Therapeuten läßt sie ihre psychosomatische Gesundheit wiederfinden. Es ist ein Dialog in zwei Sprachen, bei denen der Erwachsene, der Therapeut Worte benutzt und das noch nicht sprachmächtige Kind antwortet mit seinem Körper, mit Gesundheit oder Krankheit, mit Mimik und Gestik. Dolto schließt daraus, daß die Kinder von Geburt an den Sinn der Worte verstehen, wenn diese sich auf etwas beziehen, was das Kind empfunden hat, was seinen Erfahrungen entspricht. Wenn die Worte seine Befindlichkeit wiedergeben, seine Fragen, seine Zweifel, dann versteht das Kind sie. Dieses Verstehen drückt es durch seinen Körper aus, seine Körperhaltung, seinen Blick, die Veränderung eines Schreis, die Modulationen seiner Stimme und eben, wenn es ich um eine schwerwiegende Frage gehandelt hat, im Wiederfinden seiner Gesundheit. Nur daraus schließt Dolto, daß die Kinder verstehen. Es gibt keine empirische Überprüfbarkeit im eigentlichen Sinne. Diese ganze Lebensperiode unterliegt der infantilen Amnesie. Die von Dolto und ihren Mitarbeitern behandelten Säuglinge können nicht später zu ihren Erinnerungen befragt werden. Aus der Tatsache, daß die Kinder auf Worte reagieren, daß die sprachliche Wiedergabe von Ereignissen, die bedeutsam für ihr Leben waren, Wirkungen zeigt, schließt

Dolto auf ihre Sprachfähigkeit. Das Wort infans, das wörtlich übersetzt heißt nicht sprechen können, ist darum auf diese Lebensphase bezogen nur teilweise richtig. Sie können nicht sprechen und doch sind sie in der Sprache, unterliegen sie den Wirkungen der Sprache und verstehen die Worte, die an sie gerichtet werden, wenn diese etwas von ihrem Erleben wiedergeben.

Diese Entdeckung Doltos bedeutet eine narzißtische Kränkung für das Selbstbild des Erwachsenen. Nachdem Freud mit seiner Entdeckung der infantilen Sexualität das Kind seiner Unschuld beraubt hat, kommt nun Dolto daher und behauptet, daß Kleinkinder obwohl sie nicht sprechfähig sind, dennoch sprachfähig sind. Wieder fällt eine Bastion, ein Umstand, aus der der Erwachsene sein Überlegenheitsgefühl gegenüber dem Kinde bezog. Wieder wird der Mythos der kindlichen Unschuld angekratzt. Die in das Kind projizierte Unvernunft, als Gegenteil der Vernunft, die der Erwachsene für sich beansprucht und aus der er seine Überlegenheit und seine Macht ableitet, wird durch diese Entdeckung Doltos in Frage gestellt. Sie zeigt, daß das Unbewußte der Kleinkinder sich nicht wesentlich von dem Unbewußten des Erwachsenen unterscheidet. Freud hat gezeigt, daß das Kind in seinen Liebesbeziehungen ebenso große Leidenschafts- und Schmerzerfahrungen machen kann wie der Erwachsene, daß seine Fähigkeit zu lieben dem des Erwachsenen durchaus ebenbürtig ist. Dolto zeigt, daß auch das Kind schon in einer Beziehung zum Tod lebt, die schlechthin für unvorstellbar gehalten wurde.

Dolto entmystifiziert die Kindheit in einer Weise (was nicht heißt, daß sie nicht auch neue Mythen schafft), daß daraus notgedrungen eine Veränderung in den Beziehungen zwischen Erwachsenen und Kindern erfolgen muß. Wie sie sich diese veränderten Beziehungen vorstellt, darauf wird im dritten Teil dieser Arbeit eingegangen werden. In den sechziger Jahren stand an einer Hauswand der Spruch: „Wir brauchen Schwarze, um weiß sein zu können, wir brauchen Frauen, um Männer sein zu können, wir brauchen Kinder, um Erwachsene sein zu können." Es geht Dolto nicht um eine Nivellierung aller Differenzen zwischen Kindern und Erwachsenen (auch dazu im dritten Kapitel), es geht ihr darum, aufzuzeigen, daß das, was das Kind in seinen ersten Lebensmonaten so unbeholfen und mit so spärlichen Mitteln ausdrückt, die Qualität von Aussagen hat, die von einer tiefen Kenntnis von den Grundfragen des Lebens zeugen, daß seine Motivationen und die Variation seiner Empfindungen dem anderen gegenüber denen der Erwachsenen ebenbürtig ist. Die Ebenbürtigkeit ist bei Dolto ein immer wieder geäußerter Begriff, wenn es um das Kind geht. Diese Ebenbürtigkeit macht sich eben gerade auch an seiner Sprachfähigkeit fest. Insofern ist die Doltosche Theorie eine Kränkung für ein Erwachsenenselbstverständnis, das seine Überlegenheit aus der Sprachlosigkeit des Kindes bezieht. Die Schutzlosigkeit des Kindes, seine

Angewiesenheit auf den anderen, um zu überleben, macht es um so empfindlicher und verletzbarer, wenn es um die Mißachtung seiner Person geht, wenn seine Verständnismöglichkeiten nicht erkannt und anerkannt werden. Für Dolto sind die infantile Psychose und der Autismus gleichermaßen Zeichen einer symbolischen Frühreife, die nicht erkannt wurde. Sie litten mehr als andere daran, daß nur ihr Körper gesehen wurde und nicht die emotionalen Wünsche an den anderen.

Die Psychose oder auch minder drastische Störungen sind das Zeichen eines chronischen Mißverständnisses, das sich zwischen dem Kind und den Erwachsenen etabliert hat. Dort, wo das Kind mit seinem Körper spricht, werden nur seine Bedürfnisse gesehen, bzw. seine Krankheiten führen zu einer übergroßen Ängstlichkeit der Mutter, die dadurch unfähig wird, ihr Kind gelassen anzunehmen. Es etabliert sich in der Beziehung eine Spirale zwischen der Angst der Mutter und der Erregung des Kindes, die sich wiederum in somatischen Beschwerden zeigt. Diesen Vorgang bezeichnet Dolto als Falle für das Begehren, das dadurch fehlgeleitet wird, daß die den körperlichen Symptomen unterliegenden Wünsche nach Kontakt nicht mehr gesehen werden. Ein Beispiel für diese Fehlleitung des Begehrens ist das frühe Erbrechen der soeben getrunkenen Milch, das oft keine organische Ursache hat, wie man an dem Zustand der geronnenen Milch erkennen kann. Das Kind verwechselt bei diesem Vorgang Luft- und Speiseröhre. Statt wie beim Schreien Luft auszustoßen, und dadurch seinen Wunsch nach Präsenz kundzutun, wird Nahrung ausgestoßen. Dadurch wird zwar auch die gewünschte Präsenz des anderen hergestellt, weil das Kind erneut angezogen und gefüttert werden muß. Doch diese Präsenz ist schon von Angst begleitet, weil die Mutter sich Sorgen macht und sofort Ärzte einen Arzt aufsuchen wird, der Untersuchungen einleitet und die Symptome des Kindes ausschließlich auf einer körperlichen Ebene ansiedelt. Es etabliert sich eine Art falscher Austausch, in welchem der Wunsch des Kindes zu kommunizieren permanent mißverstanden wird.

Frühe Beziehungsstörungen können sich in chronischer Bronchitis, Atembeschwerden, Hautkrankheiten oder Verdauungsstörungen zeigen. Die Theorie des Körperbildes erlaubt es, diese Störungen hinsichtlich der Beziehungsaussagen, die darin enthalten sind, zu verstehen. Der Beitrag Doltos besteht darin, gezeigt zu haben, daß die Genußfähigkeit des Säuglings nicht nur oral zentriert ist, daß also nicht nur der Mund die Körperzone der Lust- und Unlusterfahrungen ist, sondern daß die Erinnerungsfähigkeit des Säuglings auch an anderen Stellen lokalisierbar ist. Die genaue Beschreibung der Geburtserfahrung und der durch sie eingeleiteten physiologischen Modifikationen zeigt, daß genau an diesen Modifikationsstellen Einbruchmöglichkeiten für pathogene psychosomatische Entwicklungen liegen. Die Atmungsorgane, die Verdauungsorgane und die Haut sind die Stellen, an denen ein Austausch mit der Mutter stattfindet. An diesen Stellen äußert das Kind sein Behagen dadurch, daß alles funktioniert oder sein Unbehagen, indem es durch seine Symptome seine vor der Geburt liegenden Empfindungen wieder wachruft. Bronchitis und chronischer Schnupfen erlauben das erneute Erleben von Schleim und Flüssigkeit in den Atmungsorganen und an der Nase, Verdauungsbeschwerden führen einerseits zu einer größeren Präsenz der äußeren Mutter, besetzen aber auch die inneren Organe durch die einverleibte Mutter. Die taktilen Empfindungen der Haut und sind per se Quellen für Erinnerungsbilder an die Mutter. Die pathologischen Symptome dieser Körperfunktionen drücken unterschiedliche Wünsche aus, die sich aber auf den anderen beziehen, auf die Erfahrung mit der Mutter. Der Körper ist kein autonomer Organismus, sondern wird im Säuglingsalter Träger des Erinnerungsvermögens, er funktioniert entsprechend einem unbewußten Beziehungsbild. Es gibt prädestinierte Zonen der Körpergeographie, an denen eine erfahrene oder gewünschte Beziehungsform aktualisiert wird. Der Säugling halluziniert nicht nur, er erinnert auch durch Körpersensationen. Wichtig ist, daß es sich immer um ein zwiefaches Bild der Mutter handelt, um eine introjizierte, die sozusagen im Innern des Körpers wirkt und um die äußere, als ganzes Objekt, dic den Körper des Kindes von außen berührt und deren prädestinierte Stellen Mund, Nase und Anus sind.

Diese äußere Mutter zeichnet sich auch durch den Wechsel von An- und Abwesenheit aus. Hier finden sich die ersten Erfahrungen der Skandierung und der Trennung, die äußere Mutter ist nicht immer da. Sie verschwindet, um wiederzukommen, sie kann da oder nicht da sein. Ihre Abwesenheit mobilisiert die Besetzung der inneren Bilder, die Erinnerung an ihre Anwesenheit.

Die Falle des Begehrens besteht in dieser Lebensphase, in der es keinen diskursiven Überbau gibt, in der jede Aussage mit einer körperlichen Veränderung einhergeht, in der Möglichkeit, daß die eintretende Wirkung im Gegensatz zu der erwünschten steht. Die Ausdrucksweise des Kindes ruft Angst oder Aggressivität, zumindest Unsicherheit auf seiten der Bezugsperson hervor, wo die Motivation des somatischen Ausdrucks in der Wiederherstellung eines gekannten Gefühls von Sicherheit lag. Die Unsicherheit der Bezugsperson erhöht wiederum das Sicherheitsbestreben des Kindes und damit seine Regressionsbereitschaft, die wiederum falsch verstanden wird. Das ist die Spirale von Mißverständnissen, die sich von Anbeginn einstellen kann. Statt des erwünschten Kontakts erfolgt eine vergrößerte Sorge um das leibliche Wohl des Kindes, eine Vergrößerung der Unsicherheit, die wiederum Auswirkungen auf das Selbsterleben des Kindes hat. Für Dolto gibt es keine guten und schlechten Mütter, jedes Kind hat per se die Mutter, die es braucht, es schafft sie und hat sie gewählt und dennoch gibt es eine Aussage von Dolto, wo sie eine Definition der 'hinreichend guten Mutter', um den Winnicottschen Begriff zu gebrauchen, gibt: es ist die Mutter, die sich nicht zu leicht ängstigen läßt, und die darum ihrem Kind genügend Sicherheit gibt. Wenn es bei Dolto zwei Primärwünsche gibt, die ohne jede Vermittlung strukturell bei jedem neugeborenen Menschen vorhanden sind, dann sind diese der Wunsch nach Sicherheit und der Wunsch nach Kontakt. Der Wunsch in Sicherheit zu sein ist der letzte Wunsch, auf den sich auch Doltos gesamte Regressionstheorie bezieht. Letztendlich geht jede regressive Äußerung des Kindes auf den Wunsch zurück, zu dem zuletzt gekannten Zustand von Sicherheit zurückzukehren. Im Säuglingsalter bedeutet das eben oft, die intrauterinen Körperempfindungen wiederzuerleben. Das Wiegen und Herumtragen, das viele Mütter ja fast automatisch machen, um ein Kind zu beruhigen entspricht diesem Vorgang. Das Kind findet den Zustand wieder, indem es in Utero ständig von der Mutter 'geschaukelt' wurde. Das Baden als beruhigende Maßnahme entspricht dem gleichen Mechanismus, auch wenn es den Müttern natürlich nicht bewußt ist. Der zweite Wunsch ist der nach Kommunikation, wobei die beiden nicht klar zu trennen sind, weil der Wunsch nach Sicherheit auch mit einer bestimmten 'Vorstellung' von Kommunikation verbunden ist, die Sicherheit gibt. Letztendlich findet bei jeder Begegnung von Mutter und Kind ein Austausch statt. Auf die von Dolto etablierte Hierarchie der Objekte, die dort ausgetauscht werden, wird später eingegangen werden. Aufgrund der absoluten Abhängigkeit des Säuglings von seiner Mutter oder einer anderen primären Bezugsperson sind diese Wünsche immer an einen anderen gerichtet, das Kind kann weder aus sich heraus die Sicherheit finden, die es braucht, noch kann es sich mit sich selbst austauschen. Wenn das Kind allein ist und die vergangene Beziehung memoriert, dann immer auf der Grundlage dessen, was es mit dem anderen erlebt hat. Seine Phantasien und Halluzinationen sind Reproduktionen eines gekannten Zustandes von Sicherheit und Austausch mit einer anderen Person, beziehungsweise mit deren Teilobjekten.

Die Konstitution des Körperbildes als Niederschlag der Beziehung zur Mutter macht sich für Dolto bei Eintritt des Kindes in die Lautsprache auch an der Doppelung der Laute fest. Das Kind erlebt sich als Teil der Mutter, als ihr Doppel/double, bevor es sich getrennt wahrnimmt. Die Fähigkeit sich zu unterscheiden ist das Ergebnis von sich wiederholenden Trennungserfahrungen, denen ein Zusammensein vorausgeht. Das Kind erlebt sich erst als Doppel, bevor es sich getrennt erlebt.

> „Die ersten sich wiederholenden zweisilbigen Wörter, die dem Gefühl des Kindes zu existieren entsprechen, sind, wenn es wie ein ihr Gleiches mit seiner

Mutter verbunden und eine Verdoppelung ihrer Empfindungen ist, durch welche die erste Sprache beginnt: Ma..Ma, da..da; es ist immer es-das andere, gleiche, angeglichene, das den Anfang des Sprechens in diesen beiden gleichen, sich wiederholenden Silben hervorruft. Die kleinen Kinder beginnen fast immer so zu sprechen. Ich glaube, daß gerade diese Verdoppelung seiner Mutter und diese von der Dyade gefolgte Symbiose mit vorzugsweise zweimaligen Rhythmen aus diesem Zeitabschnitt einen Abschnitt der zweimaligen Rhythmen werden läßt. Ganz sicher hat das seine Wurzeln im Herzschlag, aber vor allem in der Tatsache, daß es doppelt sein muß, sich mit Unlust aufzuteilen hat/dédoubler, wenn die Mutter weggeht, sich mit Lust wiederfinden kann, wenn man wieder zu zweit doppelt ist und sich dann plötzlich wieder von neuem entdoppeln, entzweien muß, damit das Symbolische zum Begriff der unterschiedlichen Gefühle, je nachdem ob sie mit oder ohne die Mutter erlebt werden, gelangt. Empfindungen, die von zurückbleibender Lust beim Abziehen einer - von der Mutter weggetragenen - Empfindung und von einer zusätzlichen Freude beim glücklichen Wiederfinden begleitet werden. Es ist das Zusammengehen dieser Metaphorisierung der Anwesenheit von Partialobjekten, welche durch die An-/ Abwesenheit der Mutter gedoppelt wird, was mir die doppelte Silbenbildung zu erklären scheint, welche die ersten Signifikanten zwischen den Kindern und ihrer Ernährerin bilden."(iic 103;UBK 92/93)

Beachtenswert ist hier Doltos Argumentationsstrang: Wenn das Kind beginnt, sich anders als durch Schreien zu manifestieren, geschieht das in der Tat immer durch eine Verdoppelung der ersten Laute. 'Mama, dada, baba, papa' das sind wirklich die ersten Worte, die sich durch die Verdoppelung eines Lautes auszeichnen. Dolto rekurriert einerseits auf den Herzrhythmus, um diese Verdoppelung zu erklären, der auch in einem Zweitakt ertönt, also auf eine von dem Kind in Utero gemachte Hörempfindung, die es in der Verdoppelung wiedergibt, andererseits benutzt sie diesen Umstand, um die Mutter als Doppel zu charakterisieren. 'Mama, moi-ma maman, ich-meine Mutter'. Dolto versteht dieses Verhältnis nicht als Einheit sondern als Verhältnis der Verdoppelung. Wenn die Mutter verschwindet, verschwindet mit ihr ein Teil der Empfindungen, ein Teil verschwindet. Kehrt sie wieder, findet die Verdoppelung von neuem statt. Es ist eine Zweiheit, die konstruiert wird, und die bei jeder Trennung eine Entzweiung bewirkt. Wieder geht Dolto von einem beobachtbaren, hörbaren Phänomen aus: der doppelten Lautbildung. Sie rekurriert auf ein anderes hörbares Phänomen, den Herzschlag und konstruiert von da ausgehend eine späte Frühphase des Infans. Auf die anfängliche Symbiose, also Einheit folgt die Dyade, ein Zweier-Bezugssystem: nicht mehr vereint, aber auch noch nicht geschieden. Es ist eine Übergangsphase zur Individuation, zur individuellen Identitätsfindung. Das Kind empfindet die Mutter als sein Double. Diese Beziehung gibt Dolto immer mit Hilfe des Bindestrichs wieder: 'Ich-Meine Mutter'.

Der Differenzierung geht also eine Gleichheitsbeziehung voraus, das Kind ist 'es-die andere', 'gleich', angeglichen, 'apareillé' (ein Neologismus, der sowohl auf den Apparat, die Prothese, als auch auf das gleiche, das Angeglichene verweist). Die eigene Identität, das Gefühl der Kontinuität in Zeit und Raum, die Gleichheit des Seins, la memeté de l'etre, entwickelt sich aus dem Gefühl der Gleichheit mit der anderen. Die andere gibt dem Kind das Gefühl der eigenen Existenz, die Sicherheit zu sein, gleich zu sein, unabhängig von oder trotz der unterschiedlichen Empfindungen und Erfahrungen. Die Identität baut sich auf in einer zwiefachen Gleichheit mit der anderen und das trotz der notwendigen Diskontinuität in der Zweiheit. Dolto zentriert ihre Identitätskonzeption nicht um die Erfahrung der Abwesenheit, des Mangels und der Diskontinuität, sondern um das Gefühl der Gleichheit, der Doppelung im Zusammensein mit dem anderen. Trotz ihrer häufigen Verweise auf die Partialobjekte, gibt es bei ihr nicht einen prähistorischen Zustand der Zerstückelung, des corps morcelé wie bei Lacan: „Vom Standpunkt des unbewußten Körperbildes aus ist das Kind niemals zerstückelt; es sind die anderen, die zerstückelt sind."(edm 7) Die Empfindung der Zerstückelung ist schon die Folge einer pathologischen Entwicklung. Der Zusammenhalt, nicht der Riß ist konstitutiv für das Infansstadium.

Es gibt bei Dolto einen ursprünglichen Zustand der Kohäsion, der durch das adäquate Verhalten des anderen ermöglicht wird. Diese Aussage ist nur dann ein Paradoxon, wenn man sich einen Säugling losgelöst von einer Beziehung vorstellt, der sich für sich kohäsiv empfindet. Das tut Dolto aber nie. Die ganze Theorie des Körperbildes entsteht aus dem Hineinversetzen in die Perspektive eines Säuglings, der von außen kommende Wahrnehmungen in sich aufnimmt und als Erinnerungsspuren bewahrt. Der Säugling ist sozusagen 100prozentig rezeptiv. Aus den Erinnerungsspuren konstituiert sich das Körperbild. Dolto setzt eine Beziehung, die ja schon der Geburt vorausgeht und aus der sich die Körperbilder entwickeln. Die Kohäsion verdankt sich einer Beziehung, die durch die Sicherheit, die sie gibt, den primären Narzißmus, also das Gefühl, dauerhaft zu existieren, vermittelt. Die pathologischen Entwicklungen, die das Gefühl der Kohäsion beeinträchtigen, resultieren aus Beziehungserfahrungen, in denen dem Kind nicht genügend Sicherheit vermittelt wurde.

Es gibt noch etwas anderes, was letztlich die Kohäsion, die Identität in einem Körper hervorbringt. Es ist der Vorname. In Bezug auf die Geburt schreibt Dolto:

> „Das durch die Wiederholung markanteste auditive Element wird dasjenige seines Vornamens sein, dem Signifikanten seines Auf-der-Welt-Seins für die

> Eltern... Die ersten Silben, die uns bezeichnet werden, sind für jeden von uns als gehörte Botschaft Symbol unserer Geburt, Synonym der Gegenwart im doppelten Sinne des Aktuellen und der Gabe, die das tatsächliche Leben für dieses Kind ist, das - einst Vorstellung für die Eltern - Realität wird."(UBK 83)

> Bezüglich der Einschreibung in das Geburtsregister auf dem Standesamt fügt sie hinzu: „Diese Schrift, deren Spur auf dem Standesamt gelassen wird, verbunden mit einem Familiennamen, gibt ihm für sein ganzes Leben den Hauptsignifikanten seines Seins auf der Welt, denjenigen, den sein Körper bis zum Tod tragen wird."(iic 94; UBK 85)

Sowohl der gleich nach der Geburt und später immer wiederholt gehörte Vorname, diese ersten Silben, die das Kind als erstes Geschenk von seinen Eltern erhält, und die Einschreibung auf dem Standesamt als der öffentlich-rechtlichen Identitätsfixierung bilden zusammen die Identität. Der Vorname ist als gesprochener und als geschriebener identitätsstiftend. Der Anruf mit dem Vornamen ist der erste akustische Eindruck des Kindes nach der Geburt und er bleibt bis zum Schluß der letzte Signifikant, der das Lebendig-Sein symbolisiert. Annie Grosser hat im Rahmen einer Informationsveranstaltung des 'Maison Verte' auf die von Dolto herausgearbeitete Bedeutung des Vornamens hingewiesen. Sie hat dabei auch auf Lacan bezug genommen, der die Bedeutung des Familiennamen, des 'Namens des Vaters' in der Konstitution des Subjekts herausgestellt hat. Annie Grosser wies in diesem Zusammenhang auf Zustände großer geistiger Verworrenheit und auf Erfahrungen mit im Koma liegenden Patienten hin, bei denen ausschließlich die Anrede mit dem Vornamen eine Wirkung zeigt, als wenn der Vorname bei diesem Zustand zwischen Leben und Tod die letzte Verbindung mit dem Leben symbolisieren würde.

> „Dieser Signifikant ist es, der den Sinn der sozialen, symbolischen Identität stiftet. Dort haben der Wert und die Wichtigkeit des Vornamens ihren Sitz, der im Augenblick, wo der Fötus zum Säugling wird, dem Subjekt von den beschützenden Instanzen gegeben wird, der für die anderen sichtbar an seinen Körper gebunden ist und der für es seinen existentiellen Fortbestand in der Realität bedeutet; dies ist der Beweis - wenn es sich in den Phonemen dieses Wortes wiedererkennt - für die Herrschaft seiner Lebenstriebe über die Todestriebe."(UBK 46)

Dolto hat in zahlreichen Fällen nachgewiesen, was für destrukturierende Wirkung eine in den ersten Lebensjahren erfolgte Vornamensänderung, z.B. durch Adoptiveltern hat:

„Von allen Phonemen, von allen vom Kind gehörten Worten, gibt es eins, das eine erstrangige Wichtigkeit haben wird, indem es den narzißtischen Zusammenhalt des Subjekts sicherstellt: seinen Vornamen. Seit seiner Geburt trägt der Vorname - der an den Körper und die Anwesenheit der anderen geknüpft ist - auf bestimmte Weise zur Strukturierung der Körperbilder bei, auch was die ganz archaischen betrifft. Der Vorname stellt das Phonem oder die Phoneme dar, welche das Sensorium des Kindes zuerst in seiner Beziehung zu den Eltern, dann zu den anderen, von Geburt an bis zum Tod begleiten. .. Sein Vorname ist das erste und das letzte Phonem, das mit seinem Leben für es selbst und für die anderen in Beziehung steht und das dieses unterstützt, weil es auch seit seiner Geburt der Signifikant der Beziehung zu seiner Mutter war."(UBK 41)

Diese Gedanken zum Vornamen machen deutlich, inwieweit die Identitätstiftung ein symbolischer Vorgang ist. Das Aussprechen des Vornamens bei der Geburt und auch niemals sonst hat Informationscharakter. Es ist immer ein Anrufen oder ein Aufrufen, die Modulationen der mütterlichen und auch der väterlichen Stimme sind niemals so vielfältig, wie bei dem Aussprechen des Vornamens. Alle Register der Möglichkeit von Beziehung verdichten sich in dem Aussprechen des Vornamens. Der Vorname bei der Geburt wird von Dolto als 'présent' bezeichnet, im doppelten Sinne als Gabe und als Zeichen der Gegenwart, der Existenz. Dieser Charakter des Lebens und des Vornamens, die gleichermaßen als Gabe angesehen werden, zeigt die tiefe Bedeutung der Intersubjektivität bei der Konstitution der Identität. Die Identität ist nicht, sie wird gegeben in der frühen Beziehung der Eltern zu ihrem Kind und sie kann nur in einem Austausch, in einem fortwährenden Prozeß der Entäußerung bewahrt werden. Die Identität ist ursprünglich eine Identität für einen anderen, im Anruf des Namens von einem anderen liegt die Garantie der Existenz. Das Körperbild trägt die Spuren dessen, der ich für einen anderen gewesen bin.

Das folgende Zitat mag noch einmal abschließend verdeutlichen, wie Dolto vom Vornamen ausgehend das Körperbild als Spur von intersubkjektiven, emotionalen Erfahrungen beschreibt:

„Die Prägnanz der archaischsten Phoneme, von denen der Vorname das Modell ist, zeigt, daß das Körperbild die strukturelle Spur der emotionalen Geschichte eines Menschen ist. Es ist der unbewußte Ort (wo anwesend?), von wo aus sich der ganze Ausdruck des Subjektes ausbreitet; der Ort des Aussendens und des Empfangens der zwischenmenschlichen sprachlichen Regungen. Es zieht das, was es an dauerhafter Kohäsion gibt, aus der Aufmerksamkeit und dem Stil der Liebe, die dem Kind gegeben werden. Es versteht sich daher von selbst, daß das Körperbild vom affektiven Umgang mit der Mutter und den anderen vertrauten Menschen abhängt. Es ist eine Struktur, die aus einem intuitiven Organisationsprozeß der Phantasmen, der affektiven und erotischen prägenitalen Beziehungen folgt. Phantasma bedeutet hier Erinnerung an olfaktorische, auditive, geschmackliche, visuelle, taktile und Druckempfindungen und Empfindungen von Behagen oder Unbehagen, die als subtil, schwach oder intensiv wahrgenommen wurden, die wie eine Sprache des Begehrens des Subjekts in Beziehung zu einem anderen empfunden worden sind, Wahrnehmungen, welche die verschiedenen substantiellen Spannungen, die im Körper empfunden wurden, begleitet haben."(UBK 43/44)

Subtil und substantiell - Bedürfnis und Begehren

Der dichotomische Konzeptualisierungsmodus von Dolto äußert sich auch in zwei grundlegenden Unterscheidungen, die die Basis ihrer Reifungskonzeption ausmachen: Die Unterscheidung von substantiellem und subtilen Austausch einerseits und die von Bedürfnis und Begehren andererseits. Diese zwei Unterscheidungen sind eng miteinander verquickt. Die Unterscheidung von subtil und substantiell führt Dolto mittels der Entwöhnung ein:

„Die Entwöhnung von der Brust trennt das Kind von seiner Mutter als substantieller Nahrung, indem der Mund des Kindes von der milch-spendenden Brust getrennt wird. ...Der 'kurze Kreislauf' des Begehrens vom innigen Verschmelzen von Mund und Brustwarze verwandelt sich .. in einen langen Kreislauf der Kommunikation von Psychischem zu Psychischem: einer in Zeit und Raum viel ausgedehnteren und subtileren Kommunikation, als es die sich wiederholende Kommunikation im Körper-an-Körper-Sein der dem Begehren beigefügten Bedürfnisse war. Man kann sagen, daß das von der Brust, vom Saugen entwöhnte Kind (ein kommunizierendes, phantasmatisch menschenfressendes Gefäß) um so mehr das Subtile, das es von seiner Mutter wahrnimmt, erogenisiert. Die Erogenisierung des Subtilen ist schon ein mehr sprachlich Symboligenes als das Substantielle, die geschluckte Milch, die Sauglust; denn das Substantielle ist an das sich in seinen Lustarten wiederholende Bedürfnis ohne Überraschung gebunden."(UBK 75) Der Austausch von Substanzen ist mit einem unmittelbaren Körperkontakt verbunden und dient zugleich den Bedürfnissen und dem Begehren. Im substantiellen Austausch beim Gestilltwerden findet eine Übereinstimmung zwischen der Bedürfnisbefriedigung und den erotischen Wünschen des Kindes statt. Freud nennt diesen Vorgang Vergesellschaftung: „Wir würden sagen, die Lippen des Kindes haben sich benommen wie eine erogene Zone, und die Reizung durch den warmen Milchstrom war wohl die Ursache der Lustempfindung. Anfangs war wohl die Befriedigung

> der erogenen Zone mit der Befriedigung des Nahrungsbedürfnisses vergesellschaftet. Die Sexualbetätigung lehnt sich zunächst an eine der zur Lebenserhaltung dienenden Funktionen an und macht sich erst später von ihr selbständig."[7]

Das Bedürfnis hat bei Dolto diese lebenserhaltende Funktion. Die Bedürfnisse dienen der Lebenserhaltung, das heißt der Erhaltung des Körpers. Die Bedürfnisse sind darum mit dem Körperschema verschweißt, die Befriedigung der Bedürfnisse unterliegt der immer gleichen Wiederholung. Die Bedürfnisse sind für Dolto per se repetitiv, man könnte fast sagen stereotyp. Sie dienen der Erhaltung des Körpers, ihre Befriedigung ist von daher unabdingbar, lebensnotwendig, sie haben aber keine intersubjektive Bedeutung und beinhalten keine Potentialitäten der psychischen Weiterentwicklung. Den intersubjektiven Austausch, die Kommunikation von Psychischem zu Psychischem siedelt Dolto auf der Ebene des Begehrens an. Das Begehren ist grundsätzlich ein Begehren nach Kontakt, ein Wunsch nach mehr als nur der Befriedigung des Körpers und dem Lindern der physischen Spannung des Hungergefühls. Der substantielle, stoffliche Austausch dient der Erhaltung des Körpers. Der subtile Austausch, der nicht materialisierte Austausch, stillt das Begehren nach Kontakt, letztendlich den Wunsch, geliebt zu werden. Dolto unterscheidet sich in dieser Einschätzung von Freud, der die wesentlichen Charaktere der infantilen Sexualäußerung folgendermaßen zusammenfaßt: „Dieselbe (die infantile Sexualäußerung) entsteht in Anlehnung an eine der lebenswichtigen Körperfunktionen, sie kennt noch kein Sexualobjekt, ist autoerotisch und ihr Sexualziel steht unter der Herrschaft einer erogenen Zone."(GW V,83) Bei Dolto gibt es einen ursprünglichen Wunsch nach Kontakt mit dem Objekt, das sich von der lebensnotwendigen Bedürfnisbefriedigung abtrennt. Die von Freud ursprünglich angenommene Vergesellschaftung von Bedürfnis und Triebbefriedigung wird bei ihr differenziert. Der Bereich des subtilen Austauschs kann dem des substantiellen überlagert sein. Der Fall von Agnès, dem sechs Tage alten Kind, das den Geruch der Mutter brauchte, um saugen zu können, zeigt diese frühe Differenzierung. Der Geruch gehört dem Bereich des subtilen, nicht materialisierbaren, nicht sichtbaren Austausches an. Es war nicht die Brustwarze, die ihr fehlte, sondern der Geruch der Mutter, um das lebensnotwendige Bedürfnis nach Nahrung befriedigen zu können. Das Subtile, Nicht-Stoffliche bildet die Grundlage einer möglichen Metaphorisierung. Der Geruch wird zum Zeichen des anderen. Dolto spricht von einem langen Kreislauf des Begehrens im Gegensatz zum kurzen Kreislaufes des Bedürfnisses, der von Körper zu Körper befriedigt wird. Der lange Kreislauf ermöglicht die Kommunikation in der räumlichen Distanz. Der Geruch der Mutter, ihre Stimme, ihr Gehrhythmus, den das Kind auch in der Entfernung wahrnimmt, später auch das Sehen ihres Gesichts und ihrer Körperbewegungen in der Entfernung, also alle nicht nur auf den Mund bezogenen Sinneswahrnehmungen erlauben sowohl einen Kontakt auf Distanz als auch eine Erweiterung der Kontaktmöglichkeiten mit anderen Personen, also vor allem dem Vater und den Geschwistern, die durch die Entwöhnung ermöglicht wird.

Doltos gesamtes Denken ist durchzogen von einer Hierarchie der Sinneswahrnehmungen. Das Bedürfnis, das der Körpererhaltung dient, ist repetitiv, erlaubt keine neuen Erfahrungen, ist stereotyp und bedarf des unmittelbaren Körperkontakts. Was für den Körper notwendig ist, ist zugleich unten angeordnet in ihrer Wertskala. Es ist notwendig, aber nicht wertvoll. Wertvoll ist hingegen die Kommunikation auf Distanz, der Austausch von Nicht-Stofflichem. Die Nahrung, die Ausscheidungen, Urin, Faeces, und später der Samen sind für den Stoffwechsel und die Reproduktion notwendige Objekte, die interpsychische Kommunikation erhält ihren Reichtum aus dem Subtilen. Das Substantielle dient der Erhaltung des körperlichen Stoffwechsel, das Subtile entspricht dem psychischen Stoffwechsel. Ohne Liebe keine Nahrungsaufnahme. Die frühe Pathologie zeigt, daß es von Anbeginn an einen Wunsch nach Kontakt, nach einem psychischen Austausch gibt, der der Erhaltung des Körpers übergeordnet ist.

Catherine Mathelin arbeitet als Analytikerin auf einer Station für Frühgeborene. Sie wurde von der kindertherapeutischen Ambulanz des gleichen Krankenhauses dorthin gerufen, als eine Mutter sich weigerte, ihr Kind, das erfolgreich behandelt worden war und das für die Entlassung notwendige Gewicht erlangt hatte, mit nach Hause zu nehmen. Nach einigen Gesprächen mit der Mutter änderte sie ihre Haltung und nahm das Kind zu sich. Sie hatte die medizinische Behandlung als Enteignung erlebt. Das Kind war ein Kind der Technik, der Station geworden, es war nicht mehr ihr Kind. Catherine Mathelin versteht ihre Arbeit so, daß die medizinische Betreuung für das Überleben des Körpers notwendig und zuständig ist, ihr Bereich ist der Wunsch zu leben. So stellt sie sich den Eltern beim Erstgespräch vor.[8] Sie versucht im Gespräch mit den Eltern und im Gespräch mit den Säuglingen und den Krankenschwestern daran zu arbeiten, daß der von der 'Anfangsmutter' erlebte Enteignungsprozeß sich für die anderen Mütter von zu früh geborenen Säuglingen nicht wiederholt und daran, daß das mit der medizinischen Behandlung verbundene Leiden gemildert wird. Der Wunsch zu leben unterscheidet sich von der ärztlichen Pflicht zur Erhaltung des Körpers. Darin findet die Medizin ihre Grenzen. Im Doltoschen Verständnis gibt es einen ursprünglichen Wunsch nach Sinn, der stärker ist, als das Bedürfnis der Lebenserhaltung. Das ist die symbolische Funktion. Ein Säugling braucht Zeichen, die ihm den Sinn seiner Existenz enthüllen. Diese Zeichen werden auf der Ebene der Affekte vermittelt, auf der Ebene des nicht-stofflichen Austauschs mit dem Körper.

> „Es scheint, daß die symbolische Funktion alle vitalen menschlichen Prozesse begleitet und daß sich so, jenseits unserer Akte als materielle eine psychische Ebene bahnt und elaboriert. .. Parallel zu seinem körperlichen Leben und das schon seit der Schwangerschaft erhält der Mensch im Rhythmus der Austauschprozesse, die sein fleischliches Sein (son etre charnel) konstituieren, die Marke von symbolischen Prozessen, die die Materialität dieser zwischenmenschlichen Beziehungen begleiten."(ddv 129/130)

> Das Kind nimmt schon in Utero die Affekte seiner Mutter auf, die Spannungen, die seine Entwicklung begleiten. „So sind die engsten Beziehungen, die man sich überhaupt vorstellen kann, die zwischen der Mutter und ihrem Kind, das noch ein Fötus ist, reich an symbolischen Erfahrungen von Sicherheit oder von Gefahr, die grundlegenden Erfahrungen der Begriffe von Leben und Tod. Es scheint paradoxal zu sein, da von symbolischen Erfahrungen zu sprechen, wo das Bewußtsein noch nicht erwacht ist. Und doch lädt die Tatsache, daß die psychoanalytische Behandlung von Störungen heilen kann, die durch solche disharmonischen Erfahrungen entstanden sind, dazu ein, den Bereich des rein Ererbten (du pur héréditaire) zu verlassen. Vielleicht muß man die Erklärung in der Tatsache einer tiefen Einschreibung in den Menschen (dans l'etre) der Materialität der symbolischen Zeichen finden... Die völlige Teilhabe, die im fötalen Stadium seiner Entwicklung zwischen dem Kind und seiner Mutter existiert ist konstituierender Bestandteil seiner Existenz. Sie ist nicht nur eine organische und instinkthafte. Es ist schon eine menschliche Beziehung von symbolischer Art. Es können Kinder geboren werden, die physisch gut entwickelt sind, die aber durch Angstzustände, die ihre Mutter erlebt hat, dazu determiniert sind, auf jede Aufforderung des Lebens, das heißt auf konstruktive Austauschprozesse mit der äußeren Welt ablehnend zu reagieren."(ddv 132)

Wieder findet eine Rückkehr zu vorgeburtlichen Austauschprozessen statt. Je gravierender die Störungen sind, desto früher werden sie angesiedelt. Hier wird das Erleben des Fötus als disharmonisches beschrieben. Das Kind erlebt eine Beeinträchtigung auf der symbolischen Ebene, wenn seine Mutter unsicher ist. Sicherheit wird zum Synonym für Leben, Gefahr zum Synonym für Tod. Die Angst der Mutter überträgt sich auf den Fötus. Wieder bleibt die Frage offen, auf welchen Wegen diese Übertragung stattfindet, wieder wird sie begründet mit dem therapeutischen Erfolg durch das Aussprechen der vorgeburtlichen Geschichte des Kindes. Doltos Argumentation stützt sich auf die Wirkungen der Behandlung.

Die primordiale symbolische Funktion besteht in einem Wunsch nach Bedeutungen, die den erlebten körperlichen Sensationen einen Sinn geben. Es gibt einen frühen Code für den Bereich des Zugelassenen und des Ausgeschlossenen in der Beziehung zur Mutter. Eine körperliche Wahrnehmung wird gültig, wenn der andere auf sie reagiert, wenn das Kind eine bestätigende Antwort erhält. Jenseits des körperlichen Austauschs, der der Lebenserhaltung dient, gibt es eine Variation von Mitteilungen, die sich auf die begleitenden Empfindungen beziehen:

> „Jede Tatsache kann für den Menschen zu einem Signal werden. Aus jedem sich wiederholenden Signal kann der Mensch ein Symbol machen. Der Mensch kann sich jedes Symbols als Mittel der Beeinflussung eines anderen Menschen bedienen durch die Tatsache der erinnerten sensorisch-mentalen Artikulation des Signals, das die originelle Tatsache begleitet hat. Jeder Mensch hat also durch die symbolische Funktion das Mittel, um andere Menschen zu beeinflussen, indem es bei den anderen eine sensorielle rezeptive Resonanz erzeugt, die mit der eigenen übereinstimmt. Diese Simultaneität von Gefühlen, die durch ein vermittelndes Signal geweckt wird, bringt eine zwischenmenschliche Anerkennung hervor, eine emotionale Kommunion."(ddv 130)

Die Gültigkeit, den Wert der eigenen Empfindungen erhält der Säugling durch eine mimische, affektive oder verbale Anerkennung. Bleibt diese aus, gibt es keine Reaktion, die ihm das Erlebte spiegelt, wird der Ausdruck, der die Empfindung begleitet, aus seinem Ausdrucksrepertoire verbannt, die Empfindung oder Wunschregung verleugnet. Der kleine Mensch bedarf der Bestätigung durch den anderen, um sein Erleben als seines zu integrieren.

> „- Alles, was vom Menschen ausgeht, ist Bejahung seiner Existenz. Alles, was der Mensch empfindet, sei es angenehm, neutral oder unangenehm, ist Bestätigung seiner Existenz.
>
> - Alles, was der Mensch empfindet, aber von dem er das Erleben eines anderen vermißt, bleibt für ihn als gelebte Erfahrung unbrauchbar, weil es nicht in Raum und Zeit integriert wird.
>
> - Alles, was vom Menschen als Bejahung seiner Existenz ausgeht und das, wenn es von einem anderen aufgenommen wird, keine Ähnlichkeit des erlebten Gefühls weckt, keine Resonanz, bestätigt ihn nicht in dem Gefühl von seiner Existenz; er fühlt sich allein.
>
> - Alles, was von ihm ausgeht und das beim anderen eine Reaktion hervorruft,

mit der er nicht in Resonanz treten kann, beeinträchtigt ihn vollkommen in dem Gefühl des Wertes seiner Existenz, er verleugnet sich oder beschneidet sich seiner Ausdrucksmöglichkeiten, er erkennt sich nicht wieder."(ddv 131)

Diese Zeilen geben Doltos Erklärung für die frühe Psychose und den Autismus wieder, den Rückzug auf eigene Körperempfindungen oder auf stereotype Bewegungsabläufe, die einen partiellen oder totalen Kommunikationsverlust begleiten. Die Primordialität der symbolischen Funktion bezeichnet dieses Angewiesensein auf eine Bestätigung, auf eine Übereinstimmung von eigenem Erleben und der Reaktion der Umwelt. Die Integration der Ausdrucksweisen und Triebregungen des Kindes benötigt ihre Anerkennung durch den anderen. Ausbleibende Reaktionen oder Reaktionen, die in keiner Weise mit dem, was der Säugling empfunden hat, in Resonanz treten, berauben ihn seiner Ausdrucks- und Empfindungsmöglichkeiten und im extremen Falle seines Gefühls zu existieren. 'Der Mensch lebt nicht vom Brot allein', und der Säugling nicht von der Milch allein, könnte man im Sinne Doltos hinzufügen. Doltos Anliegen ist es immer wieder zu zeigen, daß das psychische Überleben von der Anerkennung des anderen abhängt Um den primären Narzißmus auszubilden, das Gefühl des Wertes der eigenen Existenz, bedarf der Mensch der Bestätigung durch einen anderen. Das ist der Bereich der subtilen Kommunikation.

Für Dolto gibt es nicht nur den Hunger auf Nahrung, sondern auch den Hunger nach Zeichen. Dieser Hunger, den sie Begehren nennt, ist so groß, daß wirklich jedes Signal zum Symbol werden kann: In ihrem Seminar zur Kinderanalyse wird sie von einem Teilnehmer gefragt, welche Bedeutung rhythmische Vorgänge für die psychotischen und autistischen Kinder haben.

„Sie sind sehr wichtig, denn die innere Sprache solcher Kinder baut sich auf sprachlichen Elementen dieser Art auf. Ein autistisches Kind ist ein Kind im Besitz einer imaginären Gesellschaft, und zwar auf Grund der Veränderungen in seinem Körperinnern, die wegen bestimmter Wahrnehmungen in der Außenwelt einen Sinn bekommen. Für ein Subjekt besteht die symbolische Funktion darin, daß sie dem zur gleichen Zeit und am selben Ort stattfindenden Zusammentreffen von einigen seiner partiellen sensorischen Wahrnehmungen der Außenwelt und der daran gebundenen angenehmen oder unangenehmen körperlichen Empfindung Sinn verleiht. Wenn ein Kind, das mit seinen oralen Trieben angespannt auf die Rückkehr seiner Mutter als Repräsentantin seines undifferenzierten Zustands 'Es-Sie' wartet, darunter leidet, sie nicht zu sehen, so kann es auf halluzinatorische Weise versuchen, die Illusion ihrer Anwesenheit in den Wahrnehmungen zu suchen, von denen es überrascht wird.

> Das Kind verspürt zum Beispiel im Körper ein Hungergefühl; zur gleichen Zeit sieht es, wie der Vorhang im Zimmer vom Wind bewegt wird, und hört draußen eine Sirene ertönen. Das gleichzeitige Zusammentreffen dieser visuellen und auditiven Wahrnehmungen mit dem körperlichen Hungergefühl wird ihm als mütterliches Trugbild dienen und die Illusion vom Herannahen der Mutter schaffen. Auf diese Weise vergißt es vorübergehend sein physiologisches Bedürfnis nach mütterlicher Fürsorge und seinen psychischen Wunsch nach einer Begegnung mit der Mutter als ganzer Person. Dieses Kind wird versuchen, den Wind im Vorhang und den Ton der Sirene nachzuahmen, um jenes Hungergefühl des Körperinnern wiederzufinden, das für das Kind von nun an das Trugbild der unmittelbar bevorstehenden Gegenwart der Mutter und folglich eine Quelle von Sicherheit darstellt. Der vereinsamte Säugling kann so in eine Falle gelockt werden und kann zulassen, daß sich in ihm in bezug auf den sprachlichen Code eine absurde Semiotik aufbaut. Viele zwanghafte Gesten autistischer Kinder besagen, daß diese Gesten für sie die Bedeutung der Anwesenheit der Mutter oder der Begegnung mit unsichtbaren Lebewesen haben, die Ersatzpersonen für ein Wesen von Fleisch und Blut sind, das allzusehr fehlte, um ihre Psyche gemäß dem mimischen, akustischen und visuellen menschlichen Code aufzubauen. Vermag man diese triebhaften, stereotypen Gesten zu entziffern, indem man den Kindern mit Hilfe der Sprache die Bedeutung dessen mitteilt, was sie getäuscht hatte, dann werden wir Analytiker zur mütterlichen Ersatzperson, die sie wieder in die zwischen Menschen gebrauchte Sprache einführt."(PK 160/161)

Der 'Zeichenbedarf' ist also unermeßlich und jede auditive oder visuelle Wahrnehmung kann zum allerdings trügerischen Zeichen der Präsenz des anderen werden. Das, was Dolto hier über die stereotypen Gesten der psychotischen und autistischen Kinder gesagt hat, gilt meines Erachtens auch für Geräusche. Das Repertoire von Geräuschen, die psychotische Kinder zur Eigenstimulierung in der Verleugnung der Einsamkeit hervorbringen können, ist überraschend groß. Ich erinnere mich an einen Jungen in der 'Versuchsschule Bonneuil', der unnachahmlich immer wieder das Geräusch, das beim Öffnen einer Flasche entsteht, imitierte. Es ist erstaunlich, welche Möglichkeiten der Lautproduktion mit dieser 'absurden Semiotik' verbunden sind. Es gibt in der infantilen Psychose also so etwas wie ein leergelaufenes Zeichensystem. Dieses Zeichensystem dient der imaginären Kommunikation mit halluzinierten Lebewesen. Doltos Überzeugung gemäß kann es durch den, der es zu entziffern vermag, wieder in den allgemeinen Code zurückübersetzt werden. Diese Geschichte zeigt, wie unendlich groß der Schatz der Wahrnehmungen ist, die die symbolische Funktion erfüllen. Nur ist die symbolische Funktion in der infantilen Psychose eine vereinzelte ist, eine einsame, die sich gerade dadurch auszeichnet, daß sie aus dem intersubjektiven Raum der Verständigung herausfällt.

Bemerkenswert ist hier, daß Dolto diesen Wunsch nach Zeichen am Hungergefühl festmacht, am oralen Trieb. Sollte es doch eine Phase geben, in welcher das Bedürfnis nach Nahrung und der Wunsch nach der affektiven Präsenz der Mutter ungeschieden beieinander wohnen, also im Freudschen Sinne vergesellschaftet sind? Ist das Bedürfnis nach Nahrung, also die Notwendigkeit zu überleben, doch größer als der Wunsch nach Kommunikation? Sein und Bewußtsein, Körper und Psyche, die von Dolto wiederholt gemachte Trennung ist wieder eine ideale.

Der subtile Austausch beinhaltet die affektive Kommunikation zwischen Mutter und Kind. Das Kind nimmt sich selbst so wahr, wie es von der Mutter empfunden wird. Das Gesicht der Mutter, ihre Gefühle von Zufrieden- oder Unzufriedenheit, ihre emotionalen Antworten auf die Äußerungen des Kindes haben die Bedeutung eines Spiegels. Das Kind empfindet sich so, wie es von der Mutter empfunden wird. Die Emotionen der Mutter teilen sich im Bereich der subtilen Kommunikation mit, in der Art und Weise wie sie außerhalb der unmittelbaren Bedürfnisbefriedigung auf ihr Kind eingeht. In diesem affektiven Bereich teilt sich dem Säugling mit, welche seiner Äußerungen erwünscht sind und welche nicht. Das Körperbild entwickelt sich aus den zugelassenen, von der Mutter anerkannten Empfindungen.

Die erste Ausgabe des Aufsatzes „Personologie und Körperbild" erschien 1961, später wurde er in den Sammelband „Über das Begehren" (1981) aufgenommen und leicht überarbeitet. Dabei hat Dolto eine Fußnote hinzugefügt, in der sie die Begriffe substantiell und subtil noch einmal kurz definiert und einen Grenzbereich nennt:

„Unter substantiell verstehe ich die konkrete Beschaffenheit der Nahrung und der Exkremente, jener der Kommunikation dienenden Teilobjekte; unter subtil verstehe ich das Riechen, das Hören und das Sehen, wodurch das Objekt aus der Ferne wahrgenommen wird. Schläge und Zärtlichkeiten gehören beiden Kategorien an."(ÜDB 77)

Schläge und Zärtlichkeiten zeichnen sich dadurch aus, daß beide die Hautoberfläche reizen, im ersten Fall stärker, im zweiten Fall weniger. Diese lakonische Aussage, in der nicht qualitativ, affektiv unterschieden wird, ob das Kind gestreichelt oder geschlagen wird, spiegelt Doltos Einschätzung vom direkten Körperkontakt wieder. Der direkte Körperkontakt, sei er heftig oder sanft, erregt das Kind und bindet es an denjenigen, von dem dieser Kontakt ausging. Doltos Wunschbeziehung zwischen Eltern und Kindern ist eine Beziehung der Entsagung und der Sublimierung. Die Unterscheidung zwischen subtilem und substantiellem Austausch beinhaltet die Aufforderung an die Erziehungspersonen, das Kind zunehmend in einen subtilen Austausch einzuführen. Doltos ideale Beziehung ist eine Beziehung auf Distanz, in der ein wohltemperierter Austausch stattfindet, das Kind aber nicht übererregt wird, genauer gesagt, so wenig wie möglich erregt wird. Ihre pädagogische Zielsetzung des Buches über das unbewußte Körperbild zeigt sich an unzähligen Stellen, an denen sie die Mütter davor warnt, ihre Kinder auf der oralen Ebene mit Küssen und Zärtlichkeiten zu überhäufen und später in bezug auf das Anale den Ausscheidungsfunktionen zu viel Bedeutung beizumessen.

Für Dolto siedelt sich der substantielle Austausch auf der Ebene der Teilobjekte an, wie in dem obigen Zitat die Nahrung und die Exkremente. Beide befinden sich noch in einer Logik des Kannibalismus. Ein Teil der Mutter wird gefressen und an der Afteröffnung als Teil des Kindes wieder ausgeschieden, um seinerseits der Mutter als Nahrung zu dienen. Die kannibalistische Logik ist eine des gegenseitigen Verzehrs, der Absorption des anderen für den eigenen Genuß. Küsse und Zärtlichkeiten sind eine Erweiterung dieses Beziehungsmodus, aber noch keine qualitative Veränderung. Diese findet erst in der Kommunikation auf Distanz statt, in der das Objekt als Ganzes wahrgenommen wird und seine Äußerungen nicht mehr den Stellenwert von Teilobjekten haben, sondern von Repräsentationen. Die Laute der Mutter, die das Kind sich allmählich zu eigen macht und in seinen Eigenproduktionen zu reproduzieren versucht, werden zu Metaphern für die mütterliche Präsenz, für die Beziehung zu ihr, auch in ihrer Abwesenheit. Die subtile Kommunikation bildet die Grundlage für eine mögliche Metaphorisierung, sie führt aus der Logik der Teilkörper heraus, die zusammen und ungetrennt ein Ganzes bilden. Das Kind bedarf der Metaphorisierung der Beziehung, der Herausführung aus der Unmittelbarkeit des Körperkontakts, um zu dem Zustand der Getrenntheit zu gelangen, um sich und den anderen als ganzes Objekt wahrnehmen zu können. „Die Erogenisierung des Subtilen, der Geruchswahrnehmung, des Gehörs, des Sehens ist schon ein mehr sprachliches Symboligenes, als das Substantielle, die geschluckte Milch, die Sauglust."(UBK 75) Diese Komparativbildung drückt aus, daß es sich hier um ein Zwischenstadium, um einen Übergangsraum zwischen der unmittelbaren Präsenz des mütterlichen Körpers und seiner Symbolisierung in der Abwesenheit handelt. Die subtile Kommunikation bildet den Übergang zwischen dem Körper-zu-Körper-Kontakt und der Fähigkeit zur Symbolbildung, die sich im Spracherwerb zeigt. Die Memorisierung der Wahrnehmungen von der Mutter in der Entfernung, ihrer Laute, ihres Anblicks, ihres Geruchs erlaubt dem Kind, auch wenn die Mutter nicht anwesend ist, nicht ganz allein zu sein. Das Subtile der Mutter scheint für Dolto per se eher erinnerbar zu sein, als der substantielle Austausch. Die Repräsentation durch das Subtile ist die Vorstufe der Symbolbildung, die Annahme der Abwesenheit des Objekts. Die subtile Kommunikation ist der Zwischenbereich zwischen An- und Abwesenheit, nicht mehr ganz da, aber auch noch nicht ganz fort. Das Körperbild konstruiert sich mit diesen Erinnerungsspuren an eine vergangene Präsenz. Die Entwöhnung beinhaltet den Verzicht auf die orale Absorption der Mutter, dadurch wird der Mund frei für die Bildung von Phonemen, die an die Stelle der Brust-Präsenz treten. Die subtile Kommunikation ermöglicht das Erkennen des anderen als ganzes Objekt, und nicht mehr als ein Teilkörper. „Die Mundhöhle und der Mund des Kindes werden, natürlich auf unbewußte Weise, der subtilen Kommunikation mit der Mutter in der Distanz von Körper zu Körper dienen, d.h. mit der Mutter als ganzer Person und nicht mehr als substantielles Partialobjekt.“(UBK 95) Die subtile Kommunikation ist die Voraussetzung für das Wahrnehmen von Getrenntheit, für das Verlassen der Teilkörper-Logik. Sie erlaubt die Metaphorisierung der Mutter als Vorstufe der Symbolisierung ihrer Abwesenheit.

Der Eintritt ins Spiegelbild - das Primat des Visuellen

Für Dolto ist das erste Erkennen des eigenen Spiegelbildes weit davon entfernt ein jubilatorischer Moment der Antizipation .. zu sein.[9] Im Gegenteil, es gibt in ihrer ganzen Konzeption der psychosexuellen Entwicklung wohl keinen Zeitpunkt, der per se so ent-täuschend ist, im wahrsten Sinne des Wortes.

Das Kind reflektiert sich bis dahin in allem, was es umgibt. Alle seine Sinne informieren es über sein Sein. Der erste Spiegel ist das mütterliche Gesicht, deren Blick ihm zeigt, wer es ist. Die Worte der Mutter, ihre Laute, ihr Lachen, ihre Stimme und auch diejenigen der anderen vertrauten Personen bilden einen Lautspiegel (miroir sonore), in dem sich das Kind reflektiert findet. Das Kind identifiziert sich mit dem, was es wahrnimmt. In seinen Vorstellungen ist es jede Person und jeder Gegenstand, die es libidinös besetzen kann. All das, was es in seiner relativen Hilflosigkeit von anderen erlebt, bildet die Grundlage für seine antizipatorischen Phantasien darüber, wie es nicht nur zu sein wünscht, sondern wie es zu sein meint. Die Einheit in der Vielfalt der Wahrnehmungen wird hergestellt durch den Bezug auf das Körperinnere, auf den Verdauungstrakt, den es in der Vorstellung Doltos wahrnimmt.

> „Dennoch fühlte sich das Kind schon vor dem Spiegelstadium dank den Bezügen zu den Eingeweiden kohäsiv: z.B. die subtilen fortwährenden peristaltischen Empfindungen seines Verdauungskanals, in welchem es den Durchgang des oralen Partialobjektes fühlt, indem es auf seinen Magen zeigt, wenn es das Gegessene als gut empfunden hat. Dann das Wahrgenommene des Bauch-

> durchgangs; .. All das errichtet ein inneres verbindendes Kontinuum."(iic 157;UBK 140/141)

> Das Gefühl des Zusammenhalts, der Kohäsion, verdankte sich den Wahrnehmungen aus dem Körperinnern. Nach außen ist das Körperbild vor der Spiegelerfahrung nicht begrenzt und abgeschlossen: „Das Körperbild hat sich also wie ein Geflecht sprachlicher Sicherheit mit der Mutter herausgebildet. Dieses Geflecht macht die Erfahrungen des Kindes, was den Geruchssinn, das Sehen, die Modalitäten des Berührens anbelangt, gemäß den spezifischen Rhythmen des mütterlichen Habitus zu etwas Persönlichem. Es individualisiert das Kind jedoch nicht in Bezug auf seinen Körper; denn die räumlichen Grenzen seiner sprachlichen Wahrnehmungen sind verschwommen: es ist sowohl seine Mutter, wie seine Mutter es ist; denn sie ist sein Frieden, sein Leiden oder seine Freude."(iic 150;UBK 133/34)

Das Kind ist vor der Spiegelerfahrung noch nicht in den Grenzen seiner Körperhülle verankert. Es hat zwar als Ergebnis der Trennungserfahrungen eine rudimentäre Ich- Bildung stattgefunden. Das Kind hat aber keine Wahrnehmung von sich selbst in den Grenzen seiner Körperhülle, sondern lokalisiert sich in den Quellen seiner Wahrnehmungen. Dieses rudimentäre Ich nennt Dolto Vor-Ich, es hat Ansätze der Individuation gegeben. Zwischen der anfänglichen Symbiose mit der Mutter und der Individuation als endgültige Anerkennung der Getrenntheit liegt ein ganzer Bereich von Übergangsphänomenen. Diese Übergangsphänomene finden ihr Ende mit der Spiegelerfahrung. Vorher gab es eine Verbindung von Körperschema und Körperbild, die Dolto an einen Vor-Ichhaften Narzißmus knüpft.

> „Diese Bindung des Subjekts an den Körper stellt sich durch die Ausarbeitung eines vor-ichhaften Narzißmus her. ..Der Begriff der eigenen Individuation, welcher sich für jedes Kind auf die Grenzen der Haut in ihrer vereinigenden taktilen und visuellen Wirklichkeit bezieht, kommt jedoch von einer anderen Erfahrung her, von der des Spiegels."(UBK 134)

Diese Individuation, das Erkennen des eigenen Bildes im Spiegel ist eine Quelle unzähliger Verlusterfahrungen, von daher die Enttäuschung. Die Spiegelerfahrung wird vom Subjekt als Schock erlebt und impliziert eine völlige Veränderung des Körperbildes: Das Körperbild war bis dahin kein gesehenes Bild. Es setzte sich aus den taktilen, motorischen, auditiven, okularen und ganz früh auch den Geruchswahrnehmungen zusammen. Das Sehen war eine Wahrnehmungsform unter anderen. Das wird jetzt anders:

> „Diese Erfahrung des Bildes, das es im Spiegel sieht, wenn es es als sein eigenes erahnt, nimmt das Subjekt plötzlich durch einen Mehrwert der Schautriebe zu allen anderen Trieben in Beschlag, durch einen Mehrwert, der sich nicht von selbst versteht und sich den Werten des Austausches wie den narzißtischen Werten der anderen Triebe entgegenstellt: denen des Geruchssinns, den auditiven und den taktilen. Erinnern wir uns daran, daß die Schautriebe in der Beschaffenheit des Körperbildes und für die Organisation des Narzißmus einen sehr bescheidenen Platz einnehmen, wenn sie nicht überhaupt fehlen."(UBK 134)

Die Spiegelerfahrung etabliert das Sehen als vorherrschende Sinneswahrnehmung. Die Katastrophe besteht nach Dolto für das Kind darin, daß zum ersten Mal ein lebendiges Wesen auf einer kalten Oberfläche erscheint und nicht mehr zu einem warmen Körper gehört. Das Kind glaubt erst, ein anderes Baby im Spiegel zu sehen, und wenn es sich ihm nähert, zuckt es vor der kalten Oberfläche zurück, die ihm nur das eigene Bild seitenverkehrt wiedergibt. Zum ersten Mal begegnet es einem Wesen, das keine Antwort gibt auf die Kontaktversuche. Das ist der erste Schock. Der zweite besteht darin, daß das Kind allmählich begreift, daß die anderen es so sehen, wie es sich selbst im Spiegel sieht. Es gibt einen radikalen Bruch in der Wahrnehmung seiner selbst und der Wahrnehmung der anderen von ihm. Dieses ihm unbekannte Wesen im Spiegel reflektiert die Wahrnehmung der anderen von ihm.

> „Es entdeckt sich also hinter der Form eines solchen Säuglings, wie es andere sieht, während bis jetzt der andere, mit welchem es kommunizierte, der einzige Spiegel war: was es glauben machen konnte, daß es dieser andere sei, aber ohne zu wissen oder wirklich zu wissen, daß dieser andere ein Spiegelbild hatte und es ebenso. Nur die Erfahrung des Spiegels vermittelt dem Kind den Schock zu begreifen, daß sein Körperbild nicht genügt, um für die anderen aus seinem ihm bekannten Sein zu antworten... Diese nicht wieder gut zu machende Wunde der Erfahrung mit dem Spiegel kann man als das symbolische Loch bezeichnen, aus welchem für uns alle die Unangepaßtheit des Körperbildes und des Körperschemas hervorgeht."(UBK 135)

Für Dolto stellt dieses Moment einen Verlust der Authentizität dar. Bis dahin stimmten für den Säugling Absicht und Ausdrucksmittel überein. Es gab eine Harmonie zwischen dem Erlebten und dem Ausdruck. Das Kind empfand sich so, wie es glaubte von den anderen empfunden zu werden. Durch das Primat des Sehens und das Erkennen des eigenen Bildes, das nicht identisch ist mit dem Erlebten, entsteht ein Bruch zwischen Sein und Schein. Das Kind macht die Erfahrung des Trügerischen, erkennt die Möglichkeit zu täuschen, verliert die ursprüngliche Übereinstimmung zwischen Erleben und Ausdruck. „Die Erscheinung beginnt wichtig zu werden, manchmal sogar das Gefühl des Seins zu überwiegen."(UBK 141) Es sieht sich zum ersten Mal bewußt mit den Augen der anderen und erkennt die Kluft zwischen dem, wie es gesehen wird und dem, wie es sich selbst empfindet.

> „Mit diesem Loch, dieser Kluft, will ich von einer 'Leere' sprechen, einer seltsamen, unharmonischen Beziehung des Schauens sprechen, welche für das Subjekt als lebende, immer mehr oder weniger falsche Maske dient. Das Subjekt entdeckt dann durch den Bezug zum andern, daß es nur in seinem unbewußten Körperbild authentisch ist."(UBK 135/136)

Das Sehen, der damit verbundene Schautrieb, ist der Sündenfall in der Doltoschen psychosexuellen Entwicklungstheorie. Er beinhaltet die Vertreibung aus dem Paradies: Der Mensch wird sich seiner als solcher gewahr und verliert die Unschuld der polymorphen Selbstrepräsentation. Er wird anthropomorph.

> „Der Anblick seines Bildes im Spiegel auferlegt dem Kind die Offenbarung, daß sein Körper eine kleine Masse neben so vielen anderen Massen unterschiedlicher Dimension und vor allem der großen Masse der Erwachsenen ist. Er wußte dies nicht. Es gibt noch etwas neues: die Entdeckung eines Gesichts und eines Körpers, deren eines fortan untrennbar vom anderen ist. Das Kind kann sich also in der Realität, von der Erfahrung des Sehens an, die es mit anderen teilt, nicht mehr verwechseln, weder mit dem anderen noch mit dem anderen des anderen, ich will sagen: weder mit dem Vater noch mit der Mutter noch mit einem älteren Kind, was es vorher mit Vergnügen tat. Es kann sich auch nicht mehr mit den narzißtischen Phantasmen verwechseln, die es dazu führten, sich so vorzustellen, wie es zu sein wünschte; denn das Kind bildet sich leicht ein, ein Autobus zu sein, ein Flugzeug, ein Zug, ein Pferd, ein Vogel; man bemerkt es, wenn es lautmalerisch spielt und dabei auf tönende Art seine angenommene Identität übersetzt; gelegentlich spielt es eine Person und glaubt wirklich, sie zu sein. Von der Erfahrung mit dem Spiegel an wird es nie mehr wie zuvor sein."(UBK 137/138)

Letztere Aussage zeigt, daß die Spiegelerfahrung nicht ein einmaliger Vorgang ist, sondern den ganzen Erfahrungsbereich zwischen der erstmaligen Entdeckung, daß das Gesicht im Spiegel nicht zu einem anderen Baby gehört, der Erfahrung des kalten Planspiegels und der Erkenntnis der eigenen Unverwechselbarkeit, der eigenen Identität, die den Verzicht auf die bewußten Identifikationen mit allem gesehenen impliziert, absteckt. Das Spiel, ein anderer zu sein, setzt diese Erkenntnis voraus. Vorher war es ein anderer, konnte es also nicht spielen. Auf der Sprachebene geht diese Aufnahme der Begrenztheit der Identität mit dem Erwerb des Konjunktivs einher: „In diesen imaginären Spielen, in denen es gern eine andere Identität phantasiert, erscheint in seinem Sprechen die Möglichkeitsform. „Ich wäre ein Flugzeug. Du wärest..“(UBK 138) Der Gebrauch des Konjunktivs deutet an, daß das Kind seine Phantasien als solche erkennt und nicht mehr mit dem vorgestellten Objekt identisch ist. Die Doltosche Spiegelphase umfaßt die ganze Zeitspanne zwischen dem Erkennen eines vorerst anderen Gesichts im Spiegel und der Aufnahme des Konjunktivs in den eigenen Sprachgebrauch. In dieser Zeitspanne erkennt sich das Kind allmählich als von anderen unterschiedenes und getrenntes Individuum an. Das Kind entdeckt seine Verschiedenheit. Es ist nicht wie sein Vater, seine Mutter, seine Geschwister, es ist anders. Die entscheidende Entdeckung im Spiegel ist die seines Gesichts.

> „Überlegen wir: Das Kind hat bisher mit eigenen Augen nur die vordere Seite des Körpers, die Brust, den Bauch, die oberen und unteren Glieder gesehen. Das Volumen seines Körpers, die Löcher, die Vorsprünge, das Relief, das Gesicht, den Hals, den Rücken hat es zuerst durch den Kontakt mit den Händen der Mutter, dann durch den Kontakt seiner eigenen Hände an allen Körperstellen, die sie erreichen können und durch die Empfindungen von Lust und Schmerz gespürt. Aber bisher kannte es weder sein Gesicht noch seinen eigene Ausdrucksweise. Es betastete seinen Kopf, konnte mit dem Finger Ohren, Augen, Mund, Nase, Stirne, Wangen und die Haare zeigen, in jenen Spielen, die die Mütter gern mit ihren Kindern machen; aber es wußte nicht, daß sein Gesicht für die anderen sichtbar ist, so wie es das Gesicht der anderen für es selbst ist. Dies lernt es vor allem durch den Spiegel.“(iic 157;UBK 140)

Seine Identität ist von nun an an ein unverwechselbares Gesicht gebunden, das von dem der anderen verschieden ist. Seine Körpergrenzen und sein Körperschema sind von jetzt ab an das Bild von seinem Körper gebunden. Das Körperbild als relationelles Substrat erlebt einen Einschnitt, es wird auf die Grenzen eines Körpers verwiesen.

Die Entdeckung des sichtbaren Bildes des eigenen Körpers zu einer Aufspaltung von Bewußtsein und Unbewußtem. Das Entdecken des eigenen reflektierten Bildes im Spiegel führt zu einer völligen Veränderung der eigenen Körperwahrnehmung. Die Körperrepräsentation wird ein sichtbares Bild, während die vorherigen Körperbilder, die eben nicht visuelle waren, verdrängt werden. Von jetzt ab gibt es ein unbewußtes Körperbild, das die Erfahrungen von vor dem Spiegelstadium aufbewahrt und ein bewußtes Körperbild, das der Sichtbarkeit und Getrenntheit des eigenen Körpers entspricht:

> „Wenn die Spiegelerfahrung integriert ist, welches auch immer die Art der Integration sei, so verändern sich die Darstellungen der Personen. Die Anschauung, die das Kind von seiner Wahrheit und vom Primat seines unbewußten Körperbildes, von der Ordnung des Unsichtbaren hatte, die es aber in seinen Zeichnungen und Modellierungen darstellte,, macht Vorstellungen von bewußten .. und sichtbaren Bildern Platz. Das Kind zeichnet Personen, .. menschliche Figuren."(iic 162;UBK 145)

Die Ordnung des Unsichtbaren, nichts gibt wohl besser den Inhalt der Zäsur wieder, die durch die Annahme des Spiegelbildes stattfindet. Die Ordnung des Unsichtbaren weicht der Ordnung des Sichtbaren. Gesicht und Gestalt als menschliche, das ist das Erbe der Spiegelerfahrung und die Zentrierung aller Sinneswahrnehmungen um das Sehen. Für Dolto ist das Erkennen der eigenen Gestalt kein Grund zum Jubeln, sondern eher das Erlebnis einer Katastrophe.

Sei es nun eine jubelnde oder eine enttäuschende Annahme, die Selbstreflexion im Spiegel ist die Basis für die Herausbildung des Selbst. Keine Individuation ohne die Spiegelerfahrung, sie bildet die Grundlage für eine Zentrierung im Körper und die Relativierung der Erfahrungen mit der Umwelt. Keine adäquate Selbstrepräsentation ohne den Blick auf den einen Körper als einzigartiger und als Teil der Gattung. Die Erkenntnis der eigenen Individuation geht einher mit der Entdeckung der menschlichen Gestalt. Unsere Kultur ist eine Kultur des Auges. Alle schon in den vorherigen Kapiteln benutzten Metaphern sowie der auch von Dolto bemerkte Sprachgebrauch der Blinden zeigen es. Das Sehen ist schlechthin nicht nur die Metapher für die Orientierung im Raum, sondern wird synonym für den Vorgang des Begreifens, des Erfassens benutzt, zwei Metaphern, die sich von den taktilen Körperwahrnehmungen ableiten. Die Wahl des Terminus Bild für das unbewußte Körpererleben zeigt, daß auch Dolto sich dem Primat des Sichtbaren nicht entziehen kann. Ihre Untersuchung des Spiegelstadiums erinnert aber daran, das es eine prähistorische Zeit gibt, die diesem Primat nicht unterworfen ist. Mit der Theorie des unbewußten Körperbildes zeigt sie, daß die Wahrnehmung des Menschen sich ursprünglich auf andere Sinne bezieht. Sie rehabilitiert die anderen Sinne und weist auf den Verlust hin, der mit dem Primat des Sehens und der Sichtbarkeit verbunden ist.

Die Ikonographie des Körpers

Im letzten Abschnitt wurde gezeigt, daß die Annahme der Spiegelerfahrung, die Herausbildung des 'Ich' sich in der graphischen Darstellung spiegelt. Die

Kinder können vollständige Personen malen. Dolto hat durch die systematische Untersuchung von Kinderzeichnungen herausgefunden, daß jedem Entwicklungsstadium eine bestimmte graphische Repräsentation des Körpers eigen ist. Diese Zeichnungen sind aber nicht synchron zu der Entwicklungsstufe, in der sich das Kind befindet, sondern werden nachträglich geliefert. Das Kind muß ja erst eine minimal entwickelte Feinmotorik haben, ehe es Striche zu Papier bringen kann. „Die graphische Darstellung, die man vorbewußt oder bewußt nennen könnte, liegt zeitlich erheblich später, als die vom Subjekt noch nicht darstellbare unbewußte Symbolisierung."(ÜDB 91)

Dolto hat zeitlebens nicht auf die Verwendung der Begriffe der Instanzen verzichtet. Am Ursprung des Terminus Körperbild ist ihre Erfahrung, daß die psychischen Instanzen durch verschiedene Arten des Körpers graphisch dargestellt werden.

> „Durch Beobachtungen und eine langfristig angelegte Dokumentation stießen wir auf die Existenz eines in der Erinnerung verankerten erlebten Körperbildes, welches zunächst das Vor-Ich, dann das Ich hervorbringt; mit dem Körperbild ist stets ein doppeltes Empfinden verbunden, ein aktives und ein passives. Beide Körperbilder sind wie Kette und Schuß eines Gewebes gekreuzt und beide sind für das Empfinden eines gesunden Subjekts gleich unentbehrlich; sie können durch Widerstände des Über-Ichs beeinträchtigt werden, beide über die vom Ich-Ideal ausgehende Anziehung im Wert gesteigert oder vom Es überschwemmt werden."(ÜDB 93)

In einer einzigen Passage benutzt Dolto hier die Instanzen der zweiten Topik, Es, Ich, Über-Ich und Ich-Ideal, die Freudsche Unterteilungen der Triebregungen in solche mit passivem und solche mit aktivem Ziel, die Existenz eines in der Erinnerung verankerten Körperbildes, das Empfinden des Subjekts und ihre Dokumentation, d.h. ihre Sammlung von Kinderzeichnungen. In ihrem Aufsatz 'Personologie und Körperbild', in welchem sie zum ersten Mal ihre Theorie des Körperbildes entwickelt hat, bezieht sich dieses eben auf die Instanzen, auf das Körpererleben und auf die graphische Repräsentation von beidem. Der Terminus Körperbild leitet sich sicher auch daraus ab, daß sie ihrer Theorie die Bilder von Kindern zu Grunde legte. Das Körperbild ist dann zuerst vor der Erweiterung seiner Bedeutungen das Bild, das das Kind von sich und seinen Objekten zeichnet. In diesen Bildern hat Dolto sowohl Hinweise auf die Strukturierung der psychischen Instanzen als auch Erinnerungsspuren vom Erleben des Körpers in der Vergangenheit und in der aktuellen Übertragungssituation gefunden. Da dieses Vorgehen der Interpretation der graphischen Darstellungen der Kinder die Quelle ihrer Theorie des Körperbildes ist, werden hier kurz einige typische Darstellungen und Doltos Erklärungen dazu wiedergegeben.

> „Zum archaischsten Erleben des Körperbildes gehören Merkmale wie Rhythmus, Masse, Intensität und Geschwindigkeit; auf diese Weise könnte man als Vertreter des Es die Rhythmen in der Linienführung ansehen, ebenso die abstrakten Linien,..und die nachdrückliche Akzentuierung des einzelnen Strichs. Die Qualität des Affekts drückt sich in den Farben aus, seine Intensität in den Farbwerten."(ÜDB 93)

Außerdem kann alles, was vom Es kommt durch die vier Elemente und durch Tiere und Pflanzen dargestellt werden. „Die ersten und frühesten graphischen Darstellungen des Gefühls im Körper zu leben, bestehen aus feinen geraden Linien, die wie dünne Grashalme aussehen, am Anfang etwas dicker sind und dann wie verlängerte Kommata nach oben auslaufen."(ÜDB 99)

Aus mehreren solcher 'Grashalme' bildet sich das erste Gekritzel. Das Funktionieren der Wahrnehmungsintegration, der ersten Intelligenz wird durch ein spiralförmiges Gebilde angezeigt. Im Anschluß daran werden offene oder geschlossene Ovale gemalt, die von geraden Linien gekreuzt sind. Die Knetfiguren der gleichen Periode sind langgezogene, einzelne Teile.

> „Die erste, aus Knete geformte und dem imaginären entstammende Darstellung des lebenden Körpers, zu der sich das Kind bekennt und die sie später auch als solche erkennt, ist ein länglicher peristaltischer Zylinder (eine Schlange mit Ausbuchtungen); er ist aus Einzelstücken zusammengefügt, stellt das Körperbild der Verdauung und der Schleimhäute dar und bewegt sich sowohl durch die Mutter wie durch das Kind."(ÜDB 100)

Dolto projiziert in die geformten Figuren des Kindes ihre Interpretation der Empfindung der frühen Mutter-Kind-Beziehung. Diesen Zuordnungen von Körpererleben und graphischer oder skulpturaler Darstellung haftet natürlich ein Hauch von Willkür an. Die Bilder sind als Produkte der Kinder immer auch Illustrationen der Entwicklung der Körperbilder, wie Dolto sie konzeptualisiert. Zumindest fehlt in diesem Teil ihres Werkes der Hinweis auf die gesprochenen Worte der Kinder. Ihre Bilder sind entsprechend einem von Dolto aufgestellten Code interpretierbar, vergleichbar etwa dem Kapitel der Traumdeutung über die typischen Traumbilder, die sich dem Interpreten ohne die Assoziationen des Träumenden entschlüsseln. Den Code haben sowohl Freud als auch Dolto aus der Wiederholung bestimmter Bilder bezogen, die immer wieder in ähnlichen Situationen oder zur Darstellung gleicher Motive verwendet wurden. Es sind typische Bilder. Dolto hat diese Erfahrung der Wiederholung bestimmter Bilder in Bezug auf die Symptome der Kinder gemacht. „Über die Beobachtung von Kinderzeichnungen und der klar zutage liegenden Übereinstimmung zwischen den Symptomen und der Zeichnung kam es schließlich zu der Vorstellung einer imaginären Körperbeziehung von der ersten Skizze an bis zum vollendeten Bild."(ÜDB 100)

Vor der Herausbildung des Ich durch die Spiegelphase versieht Dolto alle Instanzen bis auf das Es mit dem Präfix Vor. So gibt es das Vor-Ich, von dem schon die Rede war, das Vor-Ideal-Ich das Vor-Ich-Ideal und das Vor-Über-Ich. Generell ordnet sie dem Ich synthetische, aber auch verleugnende Funktionen in der Gegenüberstellung von Ich und Subjekt, dem Über-Ich hemmende Wirkungen und den Ideal-Instanzen narzißtisch aufwertende Funktionen zu. „Das Vor-Ideal-Ich zur Zeit der Dyade wird durch eine starre Kugelform, die mit einem spitzen Schwanz versehen ist, dargestellt... Auf der Zeichnung ist es ein Kreis mit einem Schwanz, in geknetetem Form eine Kirsche, eine Kugel oder ein Pilz."(ÜDB 100/101) Für beide Arten der Darstellung dieses Vor-Ideal-Ichs gibt es eine Form, die Sicherheit ausdrückt und eine Unsicherheit repräsentierende Darstellungsform: Bei der Darstellung, die Sicherheit ausdrückt, sind Stil und Kreis bzw. Kugel miteinander verbunden. Die Unsicherheit ausdrückende Darstellungsform zeigt eine Aufsplitterung der einzelnen Linien, sie bilden keine ganze Form. Bei der Knetfigur wird die Unsicherheit durch einen Riß zwischen Stil und Kugel sichtbar.

Die Zerstückelung der Formen, die aus einem Gefühl der Unsicherheit hervorgeht, resultiert aus einer Angst, die Mutter zu verlieren. Die Teile der Dyade zerfallen dann. Diese Angst hat in der fötalen Periode das Zerreißen der Fruchtblase zum Inhalt, den Verlust der schützenden Hülle, später bei der Geburt ist es die Angst vor dem Verlust von Nabelschnur und Mutterkuchen, die beide die Verbindung zur Mutter garantieren. Das Vor-Über-Ich ist das Erbe dieser Angst und wird durch „einen Roder dargestellt, der die beiden komplementären Teile trennt: als Gebiß, Klaue, Messer oder Schere. Der Auslöser der Angst ist magischer Natur, es kann Gift sein oder auch ein Gespenst etc."[10](‹DB 101) Die Deutung dieser Darstellung von archaisch erlebter Zerstückelungsangst resultiert sicher aus der Häufigkeit von Zeichnungen dieses Inhalts bei psychotischen Kindern. Das archaische Körperbild ist ja bei Dolto im Gegensatz zu der Theorie Lacans nicht per se zerstückelt. Das Gefühl der Zerstückelung ist Zeichen einer pathologischen Entwicklung. Im Normalfall geht bei Dolto alles auf, die Dyade bildet sich aus zwei komplementären Ergänzungen. Die Komplementarität liegt ihrer gesamten Objektbeziehungstheorie zugrunde. Das Objekt ist die komplementäre Ergänzung. Es gibt eine Adäquatheit zwischen dem gesuchten und gefundenen Objekt, zwischen dem Begehren und dem Objekt, auf das es zielt. Die Übereinstimmung, die Harmonie, die Komplementarität sind Grundmuster des Doltoschen Beziehungsdenkens, sowohl in der frühen Mutter-Kind-Beziehung als auch in der reifen genitalen Beziehung. Auch das Geschlechterverhältnis ist bei Dolto qua Natur in Ordnung.

Das Vor-Ich-Idealwird folgendermaßen dargestellt: „Das Vor-Ich-Ideal bedeutet Allmacht in einer allumfassenden Sicherheit; es kann dargestellt werden durch grenzenlose Ausbreitung, durch Ausfüllen von Flächen, durch ein schönes Haus oder ein schönes Schiff."(ÜDB 102) Wenn ein Kind sich wohl fühlt, wenn das, was es bekommt und empfindet 'gut' ist, ist sowohl das subjektive Gefühl davon, als auch die graphische oder plastische Darstellung die des Anschwellens. Die Darstellung des primären Narzißmus und das Wohlbefinden darin geschieht durch die Verbindung von zwei kugeligen und eventuell noch damit verbundenen phallischen Schwellformen. Das ist die dem Pilz folgende Darstellungsphase. Auf diesen beiden Schwellkugeln werden auch Körperöffnungen dargestellt, in Form von Kreisen oder Punkten bei der Zeichnung oder durch Einbuchtungen oder hinzugefügte kleine Kugeln bei den Knetfiguren. Die obere Kugel wird mit Augen und manchmal auch mit dem Mund versehen, auf dem Bauch ist es erst ein Punkt an der Stelle des Bauchnabels, später zwei oder drei Punkte. Noch später werden auch die Ohren und die Nase und die Haare oder die Kopfbedeckung dargestellt.

Bei der zeichnerischen Darstellungsform bilden die Kopffüßler die Zwischenform von den durch das geschlossene oder halbgeschlossene Oval gehenden Linien und dem Kreis-Strich oder der Pilzdarstellung. Der senkrechte Strich oder überhaupt Striche dienen zur Darstellung der Gliedmaßen, wobei die Jungen dazu neigen, sich realistisch mit fünf Gliedern oder Gliedmaßen darzustellen.

Die Kinder haben die Tendenz, die oberen Gliedmaßen, also Arme und Hände erst wie Zähne darzustellen. Es gibt eine Analogie in der Körperrepräsentation der Arme und Hände mit den Funktionen der Beiß- und Kauwerkzeuge. Die Hände werden zum Substitut für die ersten Zugreiforgane, nämlich das Gebiß und die Zähne. Anschließend werden aus den Zähne-Palpen Blütenblätter, welche die fünf Finger verkörpern, wobei der Daumen noch nicht gesondert dargestellt wird. Diese Beobachtung Doltos von einer frühen Körperlogik, in der der Mund und die Hände analoge Funktionen haben, hat sie zu einer häufig zitierten Intervention einem Mädchen gegenüber veranlaßt, das unfähig war, mit seinen Händen etwas zu greifen.

> „Das war ein Mädchen, das nicht mehr wußte, daß es Hände hatte, noch daß die Hände orale und anale Körperöffnungen waren. Erinnern Sie sich daran, daß das Kind in der oralen Phase das Orale überallhin verschiebt, und es sind gerade die Hände, die wie ein Mund nehmen, loslassen und sprechen können. Aus diesem Grund habe ich ihr, als ich ihr Knete reichte, gesagt: 'Du kannst sie mit Deinem Hand-Mund nehmen (ta bouche de main).' Sie hat genau reagiert, indem sie sie nämlich mit ihrer Hand nahm und sofort zum Mund führte. Du kannst Dir vorstellen, wie verschieden die Reaktion ausgefallen wäre, wenn ich

ihr die Knete mit folgenden Worten gereicht hätte: 'Nimm die Knetmasse in die Hand' oder 'Mach doch bitte eine Knetfigur.' Diese Worte wären sinnentleert gewesen und hätten überhaupt keine Wirkung gezeigt. Während ich ihr mit meinem Satz 'nimm mit Deinem Hand-Mund' den Mund in die Hand gelegt habe, als wenn meine Worte die Verbindung zwischen dem Mund und der Hand wiederhergestellt hätten."[11]

Die unteren Gliedmaßen werden erst den Ausscheidungsorganen zugeordnet, bis das Kind durch wiederholte Erfahrungen lernt, den Kot als abtrennbares Teil vom Körper von den dauerhaft festsitzenden, aber mobilen Teilen, den Beinen zu unterscheiden.

Erst die Annahme eines sexuierten Körperbildes durch die primäre Kastration führt zu der geschlechtsspezifischen Darstellung vollständiger Körper, wobei den geschlechtsspezifischen Details viel Aufmerksamkeit bei der Dar- oder Herstellung gewidmet wird. „Taucht implizit, wenn nicht gar explizit, die Vorstellung von den Geschlechtsteilen auf, dann schlägt sich das unmittelbar in der Darstellung nieder, und zwar sowohl bei den Zeichnungen wie bei den Knetfiguren; die männlichen Figuren haben einen Stock oder eine Pfeife, die Mädchen eine Tasche, manchmal einen Ballon."(jdd 88;ÜDB 107)

Die Integration des Spiegelstadiums führt überhaupt zu einer Akzentuierung der Detaildarstellungen beim Zeichnen von Personen. Die Kinder statten durch die Details die Personen mit charakteristischen Merkmalen aus. Die Attribute dienen einerseits der Kennzeichnung, andererseits drücken sie die von dem Kind gewünschte damit verbundene Macht aus. Analog zur Veränderung der Selbstrepräsentation durch die Aufnahme des Spiegelbildes verändert sich auch die graphische Darstellungsweise. Haben die Kinder einmal die menschliche Gestalt in ihrer Ganzheit integriert, dann liegt der Akzent der Darstellung auf den Attributen, denen die Kinder symbolischen Wert zuordnen.

Auf der schon erwähnten von Nasio organisierten Konferenz hat Dolto sich auch grundsätzlich zur Bedeutung der Kinderzeichnungen geäußert:

> „Es ist eine Sprache, die sich von der gesprochenen unterscheidet. Die Zeichnung ist eine Körperstruktur, die das Kind projiziert und mittels derer es seine Beziehung zur Welt artikuliert. Ich will damit sagen, daß das Kind durch die Vermittlung der Zeichnung seine Beziehung zur Welt in eine zeitliche und räumliche Ordnung bringt. Eine Zeichnung ist mehr als das Äquivalent eines Traumes, sie ist in sich ein Traum oder wenn Sie so wollen, ein lebendig gewordenes Phantasma. Die Zeichnung läßt das unbewußte Bild des Körpers in seiner vermittelnden Funktion konkret existieren."(edm 37)

Die Reifungskonzeption - der Kastrationsbegriff

Der Begriff der symboligenen Kastration ist ein zentraler Begriff Doltos. Sie subsumiert auch diesen Begriff ihrer Körperbildtheorie. Es gilt im folgenden, den Zusammenhang zwischen beiden Begriffen herauszuarbeiten. Vorab noch etwas Grundsätzliches zu Doltos Anthropologie: das Erhalten der symboligenen Kastrationen ist für sie identisch mit dem Begriff der Menschwerdung. Der Mensch wird nämlich für Dolto nicht als Mensch geboren, sondern er wird erst dank der Kastrationen zum Menschen gemacht. Diesen Prozeß im weitesten Sinne der Erziehung bezeichnet sie als 'humanisation', als Menschwerdung. Der Mensch wird zum Menschen vermittelt durch die Sprache, durch die Bezeichnung. Was bezeichnet wird, ist die Einschränkung seines Trieblebens.

> „In der Psychoanalyse legt das Wort Kastration Rechenschaft ab über den sich bei einem Menschen vollziehenden Prozeß, wenn ein anderer Mensch ihm kundtut, daß die Erfüllung seines Begehrens in der Form, die er ihr geben möchte, durch das Gesetz verboten ist. Diese Mitteilung erfolgt durch die Sprache, sei diese nun durch Gestik, Mimik oder verbal ausgedrückt."(UBK 70)

Der Begriff der Kastration ist bei Dolto das Bindeglied zwischen Psychoanalyse und Pädagogik. Vermittels des Kastrationsbegriffes entwickelt sie eine psychoanalytisch fundierte Erziehungstheorie. Die Kastration ist aber nicht schlechthin positiv. Der Erziehungsprozeß kann mißlingen, er kann scheitern. Das ist die Wirkung von Kastrationen, die nicht symboligen waren, nicht in die Symbolisierung eingeführt haben. Dafür hält sie den Begriff der verstümmelnden Kastration bereit. Entwickelt sich das Körperbild nicht entsprechend der Möglichkeiten des Körperschemas, dann ist das Ausdruck eines verstümmelten Körperbildes. Auf welche Körperteile, auf welche Funktionen des Körpers sich diese Verstümmelung bezieht, hängt von der Entwicklungsphase ab, in der die Kastration mißlungen ist. Das wird in Bezug auf die einzelnen Phasen entwickelt werden.

Ein anderer Begriff, den Dolto fast synonym für den der Kastration gebraucht, ist der der 'épreuve', der nicht von allen Übersetzern gleich übersetzt wird.[12] Ich möchte in Anlehnung an den 'Sachs-Villate' einige ‹bersetzungsmöglichkeiten nennen: „Probe, Prüfung, Bewährungsprobe, Prüfungsarbeit, Schicksalsprüfung". Es handelt sich um entscheidende Abschnitte, um Wendepunkte. Es geht um Erlebnisse, die für das Werden des Subjekts einschneidenden Charakter haben. Die Erlebnisse sind einschneidend im übertragenen, aber auch im konkreten körperlichen Sinne. Sie bestimmen das

Schicksal dieses Körpers. Im weitesten Sinne könnte man den Begriff épreuve mit Krise übersetzen. 'Krinein' das griechische Herkunftsverb bedeutet trennen, entscheiden, richten. Mit der Hervorhebung der Begriffe Kastration und épreuve hat Dolto im Gegensatz zu Freud die Aufmerksamkeit auf die Phasenübergänge gelenkt. Sie konzeptualisiert weniger den vorherrschenden Befriedigungsmodus in einer bestimmten Phase, als vielmehr die Übergänge zwischen den Phasen. Der Verzicht auf eine bekannte Befriedigungsform stürzt das Kind, von dem der Verzicht verlangt wird, in eine Krise. Die Versagung löst Ängste aus. Der Ausgang dieser Krise ist entscheidend für seine weitere Entwicklung. Es geht dabei um Trennungen von bekannten und geliebten Teilobjekten, um den Verzicht auf bekannte, vertraute Genußfomen, um Verlusterfahrungen. Der Erwachsene, der die Kastration gibt, richtet, ur-teilt, verurteilt. Er führt das Kind in das Gesetz ein. Der Doltosche Erziehungsprozeß ist kein harmonischer, es gibt - zumindest an den Übergängen - kein Gewährenlassen, kein Nachgeben, keine gleitenden Übergänge. Der Erziehungsprozeß ist eine zunehmende Einführung in Verbote. Doch am Ende der harten Bewährungsproben wartet immer ein Gewinn - diesen bezeichnet Dolto als die Frucht der Kastration. Als Motto für diesen Vorgang könnte das Sprichwort 'Qui perd, gagne. - Wer verliert, gewinnt' stehen. Welcher Gewinn, oder welche Frucht das in Bezug auf das Ende jeder Phase ist, wird für jede Phase gesondert aufgezeigt. Kurz vorwegnehmend kann gesagt werden, daß die Frucht jeder einzelnen Kastration die Integration bestimmter Gesetze ist. Menschwerdung heißt bei Dolto sozial werden, die Gesetze des Zusammenlebens respektieren. Erziehung ist synonym mit Sozialisation, der Einführung in das soziale Leben. Letztendlich geht es im Erziehungsprozeß um das Schicksal der Triebregungen. Doch das entsprechende Kapitel in ihrem Werk heißt nicht 'Triebe und Triebschicksale', sondern 'Die Körperbilder und ihr Schicksal: Die Kastrationen.'(UBK 57)

Die Nabelschnurkastration (castration ombilicale)

Dieser Terminus bezeichnet die Geburtszäsur und ist von der Durchtrennung der Nabelschnur abgeleitet.

> „Die Zäsur der Abnabelung begründet das Körperschema in den Grenzen seiner Umhüllung, die die Haut darstellt, indem es von der Plazenta und den im Uterus eingeschlossenen und ihm überlassenen Umhüllungen getrennt wird. Das Körperbild, dessen Grundstein teilweise in den Rhythmen, in der Wärme, der Klangfarbe der fötalen Wahrnehmungen gelegt wird, ändert sich durch die plötzliche Veränderung dieser Wahrnehmungen ebenfalls."(UBK 87)

Entscheidend ist der Verlust des Mutterkuchens und der Hüllen, die in Utero gelassen werden und von der Mutter anschließend herausgepreßt werden, die Nachgeburt. Das Kind verliert das, wodurch bis zur Geburt sein Überleben abhing und wird es nie wiederfinden.

> „Überflutende Veränderungen kennzeichnen also unsere Geburt, unsere erste sich wandelnde Partitur, durch welchen wir einen wichtigen Teil dessen, was in der Gebärmutter unseren Organismus konstituierte, zurücklassen, die Fruchthüllen, die Plazenta, einen Teil der Nabelschnur; einen Teil, dank dem wir für einen anderen Raum lebendig sein konnten, für einen neuen Raum, der, indem er uns empfängt, eine Rückkehr in einen vergangenen Raum, zu der Art zu leben und zu genießen, wie wir sie dort gekannt haben, für immer unmöglich macht."(iic 91/92;UBK 82/83)

Ethnologische Untersuchungen geben Auskunft darüber, welche symbolische Bedeutung dem richtigen Umgang mit der Nachgeburt zugestanden wird. Bei den Aché in Uruguay z.B. hat die Nachgeburt eine große Anziehungskraft auf böse Götterwünsche, weshalb sie unmittelbar nach ihrem Ausstoßen rituell beigesetzt werden muß. In anderen Stämmen wiederum werden der Nachgeburt sehr positive Eigenschaften zugesprochen, so daß sie wie eine Art Glücksbringer in der Nähe der Hütte gut sichtbar aufbewahrt wird. In unserer Ökonomie gilt die Plazenta als Grundstoff für Produkte des Hautschutzes. Entscheidend ist die Tatsache, daß es einen Rest gibt. Die Geburt bezeichnet nicht nur die Trennung von Mutter und Kind, diesen Einschnitt, sondern den Verlust des gemeinsamen Mediums, des Mutterkuchens eben, der schon in Utero ein Drittes ist, weder ganz zum Kind, noch ganz zur Mutter gehört. Dieses Verbindungsteil zwischen beiden geht verloren, für beide. Bei Gesprächen über die Geburt kann man feststellen, daß das Ausstoßen des Mutterkuchens von Müttern subjektiv sehr verschieden erlebt wird, unabhängig von den objektiv unterschiedlichen Schmerzen, die damit verbunden sein können.

Der Mutterkuchen wird durch diese Charakteristik, abtrennbares Bindeglied zwischen Mutter und Kind zu sein, zum Prototyp des Partialobjektes, von dem das Kind sich durch die Nabelschnurkastration trennen muß.

> „Die Narbe der Abnabelung und der Verlust der Plazenta können aus Gründen der Fortsetzung des menschlichen Schicksals als eine Vorwegnahme (préfiguration) aller späteren Prüfungen (épreuves) - wir werden sie später als Kastrationen bezeichnen - angesehen werden. Diese erste Trennung wird deshalb Kastration durch Abnabelung genannt. .. Sie ist die Begleiterscheinung der Geburt und begründet die Arten von Freude oder Angst, die die Geburt des Kindes in seiner Beziehung zu dem Begehren der anderen begleitet haben. Die Art der

Geburt, dieser ersten verändernden Kastration, wird als Matrix für die Art und Weise der späteren Kastrationen dienen."(iic 91;UBK 82)

Oben wurde ein anderer Faktor genannt, der die Kastration durch Abnabelung zur 'Urform' der Kastrationen erhebt, es ist die Unmöglichkeit der Rückkehr in den vorangegangenen, verlassenen Lebensraum, die Unwiderruflichkeit dieses Übergangs. Das Subjekt muß den Verzicht auf die gekannte Art des Lebens und des Genießens auf sich nehmen. Die Geburt impliziert diesen Verzicht. Daß dieser Verzicht nicht ganz angenommen wird und bei jedem Menschen der Wunsch der Rückkehr wieder auftauchen kann, zeigt die Klinik. Die Nostalgie nach dem Mutterschoß bleibt ein psychisches Residuum, das in dieser Arbeit schon öfter Erwähnung gefunden hat.

Diese Prüfung der Geburt, diese Verlusterfahrung wird in späteren Kastrationen, doch vor allem während der Adoleszenz noch einmal durchlebt. Dolto stellt die These auf, daß die Adoleszenz, dieser Übergang von der Kindheit zum Erwachsenenalter eine zweite Geburt darstellt, deren Risiken mit denen der Geburt vergleichbar sind. Das Kind stirbt als Kind, um erwachsen werden zu können. Die Unmöglichkeit der Rückkehr ist der der Geburt vergleichbar. In ihrem Buch 'La cause des adolescents' beantwortet Dolto Fragen einer Untersuchungskommission. Auf die Frage nach der Bedeutung der Pubertät antwortet sie:

„Das ist eine Phase der tiefgreifenden Verwandlung (mutation). Sie ist für den Jugendlichen genauso bedeutsam, wie es die Geburt und die ersten 2 Wochen für das kleine Kind sind. Die Geburt ist eine Verwandlung, die den Übergang des Fötus zum Säugling und seine Anpassung an das Leben in der Luft und an die Verdauung erlaubt. Der Jugendliche erlebt eine Häutung/ einen Stimmbruch, zu der er nichts sagen kann."[13]

Dolto hat diesen ‹bergang als 'Hummerkomplex' bezeichnet, ein Begriff, der sich sowohl aus der Mehrdeutigkeit des Wortes 'mue' ableitet, als auch aus der extremen Fragilität des Jugendlichen in dieser Entwicklungsphase. „Um die Hilflosigkeit und Schwäche des Jugendlichen richtig zu verstehen, benutzen wir das Bild des Hummers oder der Languste, die ihre Schalen verlieren: Sie verstecken sich für den Zeitabschnitt, in dem sich ihre neue Schale zu ihrem Schutz bildet, unter Felsen. Aber wenn sie während dieser verletzbaren Zeit Schläge erhalten/Erschütterungen erleben, werden sie für immer verletzt sein, ihr neuer Panzer wird die Narben verdecken, sie aber nicht auslöschen."[14] In dem Buch „Von den Schwierigkeiten erwachsen zu werden", das von FranÁoise Dolto und ihrer Tochter Catherine Dolto-Tolitch gemeinsam erarbeitet wurde und sich direkt an Jugendliche wendet, wird diese Parallele zwischen der Geburt und der Pubertät folgendermaßen gezogen: „Die Adoleszenz ist die Übergangszeit zwischen der Kindheit und dem Erwachsenenalter. .. Er (dieser Lebensabschnitt) läßt sich wohl am besten mit der Geburt vergleichen. Bei der Geburt wird die Nabelschnur durchschnitten, und wir werden von unserer Mutter getrennt. Oft vergißt man jedoch, daß es zwischen Mutter und Kind noch ein besonderes Verbindungsorgan gab: die Plazenta. Die Plazenta versorgte uns mit allem, was für unser Leben notwendig war, und sie filterte viele für uns schädliche Stoffe, die im mütterlichen Blut zirkulieren. Ohne sie gäbe es kein Leben vor der Geburt, aber wenn wir geboren werden, müssen wir uns unbedingt von ihr lösen, um zu leben. Die Adoleszenz ist wie eine zweite Geburt, die sich ganz allmählich vollzieht. Schritt für Schritt muß man sich aus dem familiären Schutz lösen, so wie man sich einst von der schützenden Plazenta gelöst hat. Die Kindheit zu verlassen, das Kind in sich zum Verschwinden bringen, das ist eine tiefgehende Verwandlung. Man hat dabei mitunter das Gefühl zu sterben.“[15]

Hier wird das theoretische Konstrukt eines ‹bergangs, der die Bedeutung des Todes hat, als erlebbares Gefühl den Jugendlichen unterstellt. Deutlich wird hier auf alle Fälle wieder, daß die ‹bergänge von einer Entwicklungsstufe in die andere den Charakter einer Krise haben, als Brüche verstanden werden und nicht als gleitende ‹bergänge. Dolto betont die Nicht-Reparierbarkeit von Verletzungen, die während dieser exponierten ‹bergänge stattfinden. So wie der Empfang des Kindes bei seiner Geburt unauslöschliche Spuren hinterläßt, so auch die Art und Weise, in der die Veränderungen des Jugendlichen von seiner Umgebung angenommen oder abgelehnt werden.

Bei der Geburt ist die Schwere der Krise durch einen physiologischen Umstand markiert, die Gefahr zu ersticken. Wenn sie von kataklystischen Veränderungen spricht, die die Geburt auszeichnen, ist damit vor allem diese Erstickungsangst gemeint, die für den Beginn der Atmung unabdingbar ist.

Auch die Eltern erleben die Geburt als Prüfung, als Kastration.. Das Geschlecht des Kindes, sein Aussehen bedeutet für sie eine Kastration. „Es ist unabänderlich, es ist ein Junge oder ein Mädchen, so ist es nun einmal, das ist eine Tatsache außerhalb der Macht der Eltern. In dieser Sache erleiden auch sie eine Kastration.“(UBK 84) Diese Aussage enthält ein wesentliches Merkmal der Kastrationserfahrung, nämlich die Erkenntnis, daß die eigenen Wünsche nicht unbegrenzt realisierbar sind. Kastration bedeutet letztendlich die Anerkennung der eigenen Begrenztheit, den Verzicht auf Omnipotenzphantasien. Nebenbei bemerkt empfiehlt Dolto den Eltern, mit ihren Kindern auch so darüber zu sprechen, d.h. wenn statt des gewünschten Jungen oder Mädchens ein Kind des anderen Geschlechts geboren wird, den älteren Geschwistern mitzuteilen, daß sie sich zwar ein anderes Geschlecht gewünscht hatten, darauf aber keinen Einfluß haben. Der Umgang der Eltern mit ihren Begrenztheiten hat für die Kinder Vorbildcharakter.

Dolto siedelt den Beginn der menschlichen Reifungsprozesse bei einem Übergang an, der in der Regel eben nicht als Übergang, sondern als Anfang verstanden wird. Auch die in Anlehnung an Karl Abraham entwickelte Phasentheorie Freuds beginnt mit der oralen Phase, also mit einem Zustand nach der Geburt. Doltos gesamtes Denken der Körperbilder beginnt bei der Konzeption. In den vorgeburtlichen Wahrnehmungen des Fötus siedelt sie ja den Ursprung der Körperbilder an. In ihrer Subjekttheorie ist das Subjekt qua Begehren an seiner Konzeption beteiligt, es ist nur konsequent, wenn die Geburt für sie nicht den Beginn des Menschseins darstellt, sondern als ein Übergang aufgefaßt wird, als Zustandsveränderung.

Die orale Kastration

> „Der zweite große typische Verzicht, der dem Kind auferlegt wird, die orale Kastration, bedeutet für das Baby die Entsagung gegenüber dem Kannibalismus in Bezug auf seine Mutter. Das heißt, die Entwöhnung und auch die Verhinderung, das zu konsumieren, was für seinen Körper tödliches Gift wäre, das Verbot etwas zu essen, wodurch es nicht ernährt wird, was für seine Gesundheit und sein Leben gefährlich wäre. Diese Kastration führt, wenn sie sinnvoll gegeben wird, zum Begehren und zur Möglichkeit zu sprechen und folglich zur Entdeckung neuer Kommunikationsmittel in verschiedenen Lustformen mit Objekten, deren Einverleibung nicht oder nicht mehr möglich ist. Alle diese Objekte sind Übertragungshilfen (supports de transfert) der nährenden Brust oder der gesaugten Milch für ein noch größeres Vergnügen mit der schützenden Macht (puissance tutélaire), der Mutter, dem Vater, den Angehörigen geteiltes Vergnügen.“(iic 99;UBK 89)

Dieses Zitat enthält alle Charakteristika der Kastrationen: den Verzicht auf eine gekannte Lust, hier die des Saugens an der Mutterbrust oder ihres Ersatzes, also den Verzicht auf den unmittelbaren Genuß des Teilobjektes der Mutter, der Brust, also auch den Verzicht auf ein Objekt. Wieder betrifft der Verlust ein gemeinsames Objekt.

Die orale Kastration erhält ihren Namen durch die erogene Zone, in der der Verlust erfahren wird, den Mund. Dies ist auch der Bereich, in welchem die Früchte der Kastration angesiedelt werden. Die erste Frucht ist der Verzicht auf den Kannibalismus, das heißt die Art der Liebe, die sich im Verschlingen des anderen ausdrückt und ihn vernichtet. Im weitergefaßten Sinne enthält die Kastration den Verzicht auf den Verzehr von Stoffen, die für den eigenen Körper gefährlich sind oder langfristig werden könnten. Sie beinhaltet also die Fähigkeit, Stoffe in bezug auf die Eßbarkeit zu unterscheiden und stellt die auf den Mund bezogenen Handlungen des Subjekts in den Dienst der Selbsterhaltung. Sie belegt diese Handlungen mit dem Verbot der Selbstzerstörung. Die weitreichendste Frucht der oralen Kastration ist die Fähigkeit zu sprechen, den Mund nicht nur zur Nahrungsaufnahme zu benutzen, sondern erst zur Bildung von Lauten und später von artikulierten Worten. Jede Kastration beinhaltet eine soziale Dimension, die sich der Symbolisierung verdankt. In diesem Fall wird der kurze Kreislauf zwischen dem Körper des Kindes und dem Körper der Mutter aufgehoben zugunsten eines langen Kreislaufs, der es dem Kind erlaubt, mittels der Laute zu anderen Menschen in Beziehung zu treten, also die völlige Abhängigkeit von der Mutter während des Gestilltwerdens zu verlassen. Das Verbot des Kannibalismus, das Verbot der oralen Selbstzerstörung und die Fähigkeit zu sprechen sind die langfristigen Früchte der oralen Kastration. Kurzfristig beinhaltet sie erst einmal das Kennenlernen fester Nahrung und den Gebrauch anderer Instrumente, als der Flasche zur Nahrungsaufnahme. Langfristig geht es um die Einführung in die Eßkultur der familiären und sozialen Umgebung.

Die Ergebnisse zeigen schon an, daß es sich um einen langen Prozeß handelt, der mit der direkten Entwöhnung beginnt und mit der Integration kultureller Normen endet. Das Gelingen dieser Integration hängt aber von den Umständen der direkten Entwöhnung ab. Dolto liefert zu jeder Kastration eine Aufstellung von Verhaltensweisen der Erziehungspersonen, die das Gelingen begünstigen, bzw. für das Gelingen sogar notwendig sind. Hier ein kurzer Auszug dieser Verhaltensempfehlungen an die entwöhnende Mutter. Es geht um die Vorbereitung der Entwöhnung, das allmähliche Einführen in den Umgang mit 'Ersatzobjekten' für die Brust und die Ausweitung des Austauschs zwischen Mutter und Kind auf gesprochene Worte:

> „An diesem Punkt sieht man die Symbolisierung am Werk: Wenn die Mutter darauf bedacht ist, dem Kind von diesem Moment an ...während den dem Stillen folgenden Minuten und bevor es einschläft, irgend etwas, das seine Hände ergreifen können, und das es an seinen Mund führt, anstelle der Brust in den Mund zu stecken. Wenn sie ihm die Worte gibt, die bezeichnen, was es beim Berühren empfindet, z.B. 'Das ist die Klapper, es ist kalt, es ist aus Metall, es ist aus Knochen, das ist Dein Plüschteddy, er ist aus Stoff, dies ist Deine Faust, das ist der Finger von Papa, das ist die Wolle Deines Hemdchens'. All diese Worte bewirken, daß das Kind sie, wenn die Mutter nicht da ist, wiedererinnert und versucht, die Töne, die sie begleiten zu wiederholen. Und daß es sich auch im Handeln üben kann, wie sie es mit den kleinen Objekten ihres gemeinsamen Lebens tut oder im Feiern der Phoneme, Schreie, Gesten und des glücklichen Lachens, der Ankunft des Vaters und der Angehörigen seiner Umgebung, ohne

bei der Mutter deshalb ein Gefühl der Eifersucht oder der Verlassenheit hervorzurufen."(UBK 91/92)

Hier wird in einem beiläufigen Satz die Hauptbedingung für das Gelingen der Kastration genannt, nämlich die Bereitschaft der Mutter auf die Ausschließlichkeit der Beziehung zu ihrem Kind zu verzichten, es zu ertragen, daß das Kind auch im Austausch mit anderen, vor allem mit dem Vater, Freude erleben und zeigen kann.

Die orale Kastration beinhaltet den Verzicht auf die unmittelbare Lust am Partialobjekt Brust. Einerseits geht es um den Ersatz dieses Objektes durch andere Formen der Nahrung und andererseits um die Einführung in die Sprache. Die orale Kastration beinhaltet eine Zunahme und Differenzierung der taktilen Wahrnehmungen des Mundes und bereitet den Weg für die Anfänge der Symbolisierung. Wenn Dolto den Müttern nahelegt, nach dem Stillen, also wenn das Kind gesättigt ist, andere Gegenstände an den Mund des Kindes zu führen und sie zu benennen, dann, sowohl um dem Kind materielle Ersatzobjekte für die Brust zugänglich zu machen, als auch um die Worte seiner Muttersprache im Gespräch mit ihm selbst zu erleben und nicht nur in Gesprächen zwischen anderen Personen. Die Mutter bietet materielle und immaterielle Ersatzobjekte an, die memoriert werden können. Das Kind wird versuchen, die Worte auf seine Art nachzuahmen und dabei Erinnerungen an befriedigende Erlebnisse mit der Mutter haben, die nicht an die Nahrungsaufnahme geknüpft waren. Die Vorbereitung der Entwöhnung besteht darin, erinnerbare Substitutionen zu schaffen, die reproduzierbar werden, wenn die Entwöhnung stattgefunden hat. Das Kind kann bei gelingender Entwöhnung auf diese Erfahrungen mit der Mutter zurückgreifen. Es ist nicht gezwungen, mit der Mutterbrust auch seinen Mund zu verlieren. Auf diese Weise wirkt die orale Kastration symboligen. Sie ermöglicht die Annahme von Substituten, die die verlorene Mutterbrust repräsentieren. Außerdem ist damit die Erfahrung verbunden, daß der Mund nicht nur dazu dient, Milch, d. h. Nahrung aufzunehmen, sondern auch der Bildung von Lauten dient. Er kann auch dazu benutzt werden, Phoneme hervorzubringen, Laute, die an die Stelle des unmittelbaren Körperkontaktes treten. Die Laute erweitern den Kommunikationsraum zwischen Mutter und Kind und ermöglichen die Teilnahme anderer Menschen an der Kommunikation mit dem Kind. Der kurze Kreislauf des substantiellen Austauschs zwischen Mutter und Kind wird langfristig durch einen langen Kreislauf des subtilen Austauschs mit allen Menschen seiner Umgebung ersetzt. Die Bildung von Phonemen stellt die Grundlage für den späteren Spracherwerb dar.

Für das Gelingen der oralen Kastration ist es unabdingbar, daß die Mutter auch nach der Entwöhnung präsent bleibt. Sie muß für ihr Kind mindestens ebenso lange und intensiv da sein, wie zu der Zeit, als sie es noch gestillt hat. Der zeitliche Zusammenfall von Entwöhnung und Aufnahme in einer Krippe hat verheerende Folgen, da das Kind eben nicht nur die Brust, sondern auch die Mutter verliert und damit den gemeinsamen Erlebnisbereich, der sich nicht auf den Vorgang der Nahrungsaufnahme beschränkte.

Dolto entwickelt von jedem verfehlten Übergang ausgehend eine Pathologie der Körperbilder, die Ausdruck des Mißlingens der Kastration sind.

> „Die Entwöhnung ist verfehlt, wenn sie das Kind nicht zu einer Kommunikationsbeziehung zu seiner Mutter geführt hat, einer Beziehung, die noch reicher ist, als jene, die es an der Brust erlebte; und nicht nur mit seiner anwesenden Mutter, sondern mit seiner vorgestellten Mutter, wenn sie abwesend ist; einer Mutter, mit welcher es durch sein Lallen bei seinen Spielen dauernd in Konversation ist durch seinen Versuch, zu allen Beobachtungen und taktilen Empfindungen Phoneme zu bilden, wie wenn es mit seiner Mutter in ständiger Konversation wäre."(UBK 225)

Wenn die Mutter nicht als Sicherheitsgewährende introjiziert wurde, resultieren daraus Ängste, die sich aus dem Charakter der 'Eßwerkzeuge' ableiten. Diese Intentionen werden in den umgebenden Raum projiziert:

> „Sagen wir es noch einmal: Die Wirkungen der schlecht symbolisierten Entwöhnung können sich beim Kind durch große Angst vor dem Verschlungenwerden zeigen... Wie wenn erogene Zonen, die nicht genügend symbolisiert worden sind, im Raum spazierengehen und sie packen könnten, sie als Objekte ihrer Wünsche."(UBK 225)

Das Negativ des Kannibalismusverbots ist die Phobie, die Angst verschlungen zu werden, oder zwischen ein zermalmendes Gebiß zu geraten, wie es bei Dominique ausgeführt wurde, als psychotische Version. Die neurotische Version wären Angst vor Dunkelheit oder Ängste in bestimmten Situationen, die nicht integrierte Anteile oraler Triebe mobilisieren und sie als nach außen projizierte sichtbar werden lassen. Dolto führt noch das Stottern als Folge der mißlingenden Kastration an und siedelt bemerkenswerterweise auch das Daumenlutschen und die Benutzung eines Übergangsobjektes im Bereich der Pathologie an. Beide, der Daumen und das Übergangsobjekt zeigen an, daß das Kind einer Selbsttäuschung bedarf, um auf die Mutter verzichten zu können. Die Illusion der Präsenz wird an die Stelle ihrer Symbolisierung gesetzt.

Explizit benennt Dolto keine weiteren pathologischen Erscheinungsformen einer mißlungenen Entwöhnung. Da die Früchte der gelungenen oralen Kastration aber sehr weitgehend sind, und die Integration einer bestimmten

Eßkultur, den Spracherwerb, das Tabu des Kannibalismus und den Verzicht auf die Aufnahme von Stoffen, die den Körper zerstören würden, umfaßt, müssen deduktiv alle Manifestationen, die eine mangelnde Annahme dieser Verbote und Gebote anzeigen, auf ein Mißlingen dieser Kastration hinweisen: z.B. Suchtverhalten im oralen Bereich, Erscheinungen von Anorexie und Boulemie, Sprachstörungen und ein Beziehungsmodus, der den anderen liebend (oder hassend) vernichtet, ihn also vereinnahmt, statt ihn getrennt existieren zu lassen.

Die anale Kastration - Substitutionen

Der Begriff der analen Kastration beinhaltet im weitesten Sinne alle Funktionen der Muskelbeherrschung. Die sich an den Ausscheidungsorganen zeigende Fähigkeit zur Muskelkontrolle, die Beherrschung der Ausscheidungsorgane statt ihrer spontanen Entleerung wird übertragen auf die Fähigkeit, den gesamten Muskelapparat zu beherrschen, also willentlich zu tun. Die anale Kastration siedelt sich auf der Ebene des Machens, des Tuns, des Handelns an. Die anale Kastration beinhaltet das Verbot der Zerstörung und Schädigung des anderen.

> „Der Sinn des Begriffs anale Kastration würde dann in einem dem Kind bezeichneten Verbot jedes schädlichen 'Handelns' liegen und in dem Verbot, einem anderen das 'anzutun', was es von einem anderen nicht angetan haben möchte... Die anale Kastration ist also das Verbot, seinen eigenen Körper, wie die belebte und unbelebte Welt, die das anfängliche Dreieck Vater-Mutter-Kind umgibt, durch motorisches Treiben, gefährliches oder unkontrolliertes Umherwerfen zu beschädigen. Es ist tatsächlich und in seiner Wurzel das Verbot des Tötens und des Vandalismus."(iic 108;UBK 96/969

Der Begriff der analen Kastration bezeichnet die von der Sphinkterbeherrschung abgeleitete Fähigkeit, seine Muskeln willentlich einzusetzen, also seine Motorik zu beherrschen. Die anale Kastration subsumiert die gesamte Phase, in der das Kind eine eigenständige Mobilität entwickelt. Diese Phase beginnt mit 18 Monaten und endet im Alter von 4 bis 5 Jahren.

Die Vielfalt der in dieser Phase stattfindenden Veränderungen kann in zwei Bereiche gegliedert werden:: erstens die Wirkungen der Kastration, zweitens die Bedingungen, unter denen die anale Kastration gelingen kann.

> Zu den Wirkungen: „Es gibt zwei Annahmen des Begriffes anale Kastration. Zum einen bezeichnet sie eine zweite Entwöhnung, ist Synonym der Trennung zwischen dem zu eigenwilliger und gewandter Motorik fähig gewordenem Kind und dem helfenden Beistand seiner Mutter bei allem, was in der familiären

Gruppe zu 'tun' notwendig ist: es handelt sich um den Erwerb der Autonomie, 'Ich ganz allein, ich, nicht Du'... Der zweite Sinn des Begriffs 'anale Kastration' würde zwischen diesen beiden Personen, dem in seinem Handeln autonom gewordenen Kind und dem erziehenden Erwachsenen - dann in einem dem Kind bezeichneten Verbot jedes schädlichen 'Handelns' liegen und in einem Verbot, einem anderen das anzutun, was es von einem anderen nicht erleben möchte... Die anale Kastration ist also das Verbot, seinen eigenen Körper wie die belebte und unbelebte Welt .. durch motorisches Treiben, gefährliches und unkontrolliertes Umherwerfen zu beschädigen. Es ist tatsächlich und in seiner Wurzel das Verbot des Tötens und des Vandalismus im Namen der gesunden Harmonie der Gruppe."[16]

Der Begriff der analen Kastration bezeichnet also sowohl die Entwicklung des Körperschemas in dem bezeichneten Lebensabschnitt und die damit einhergehende Autonomie; die von den Erwachsenen ausgesprochenen Verbote und ihre Wirkungen, als auch die Beherrschung der durch die entwickelte Motorik möglich gewordenen Destruktivität. Wirkungen der analen Kastration sieht Dolto im Respekt des Besitzes des anderen an, im Verbot jemandem etwas wegzunehmen, also zu stehlen und in der Fähigkeit zwischen den eigenen imaginären Wünschen und denen der anderen zu unterscheiden. Das Kind weiß am Ende um die Folgen seiner Handlungen. Es muß sich eine Beschränkung auferlegen, um den anderen und sich selbst nicht zu schaden.

Die Sphinkterbeherrschung ist der Prototyp der Beherrschung der gesamten Motorik. Genauso wie das Kind in dieser Phase lernt, die Sphinktermuskeln zu beherrschen, lernt es allmählich, seine ganze Motorik zu beherrschen. Das vergrößert einerseits seine Bewegungsmöglichkeiten, seine Freiheit, was die Mobilität angeht, begrenzt aber im gleichen Zuge seine Freiheit hinsichtlich der Handlungsweisen, durch die ein anderer geschädigt wird. Das Kind muß die Folgen seines Handelns erkennen lernen. Der willkürlichen und unwillkürlichen Motorik sind durch diese Folgen Grenzen gesetzt.

Die Autonomie, von der Dolto zu Beginn des Zitats als erstem Bestandteil dieser Kastration sprach, ergibt sich aus der Fähigkeit des Kindes, seine Bewegungen seiner Willkür zu unterwerfen. Das Kind erlangt durch diese Möglichkeit ein großes Stück Freiheit von den ersten Bezugspersonen. Mit dem Laufenlernen kann es sich selbständig von diesen entfernen. Außerdem gehört in diesen Bereich die ganze Sorge um den eigenen Körper. „Indem das Kind ein Subjekt wird, hört es auf, ein in der Abhängigkeit von der beschützenden Instanz zurückgehaltenes Partialobjekt zu sein, das ihrem Besitzanspruch und ihrer totalen Überwachung (Nahrung, Kleidung, Pflege, ins Bett gehen, umherführen) untergeordnet ist."(UBK 96) Das Kind ist durch die eigenständige Mobilität nicht mehr auf den Körper des anderen verwiesen, um den

Raum zu erkunden. Es ist nicht mehr ein auf die Beine des anderen aufgepfropftes Partialobjekt. Diese Autonomie, die sich erst einmal seiner größeren Bewegungsfähigkeit und seiner Geschicklichkeit verdankt, läßt es zugleich einen eigenen Willen und den Wunsch, etwas allein zu tun, entwickeln. Am Ende dieser Exploration seiner motorischen und taktilen Möglichkeiten steht die Fähigkeit, für sich selbst zu sorgen, was den Umgang mit seinem Körper angeht. Die Nahrungsaufnahme, das Anziehen, das Waschen kann das Kind für sich übernehmen und verspürt den starken Wunsch, es ohne die Hilfe eines anderen zu machen. Dolto verwendet nicht den Begriff der Trotzphase, doch das Beharren des Kindes, alles selbst zu machen, auch wenn der Erwachsene es noch viel besser und vor allem schneller machen würde, entspricht dieser Phase. Dolto spricht von den Aussagen des Kindes 'Ich, nicht Du' , 'Ich ganz allein', die genau die Zeit meinen, in der das Kind eigensinnig seine Autonomie einklagt und sich gegen die Hilfe und Unterstützung des Erwachsenen wehrt. Am Ende dieser Reifungsphase ist das Kind in der Lage, sich selbst zu bemuttern:

> „Dieser Narzißmus, der das Kind antreibt, sich mit den Erwachsenen zu identifizieren, drückt sich durch die Tatsache aus, daß es fähig geworden ist, sich selbst zu bemuttern (s'auto-materner), wenn es Hunger hat, sich etwas zu essen zu nehmen, sich etwas anzuziehen, seine Socken anzuziehen, wenn es ihm auch noch nicht gelingt, seine Schuhe zuzuschnallen oder seine Schnürsenkel zu binden. Es kann sich vor Unannehmlichkeiten für seinen Körper in Sicherheit bringen, ganz so wie es seine Mutter getan hätte. ..Außer in emotionalen, es verwirrenden Zuständen kann es nun einem anderen keinen Schaden mehr zufügen; ebenso kann es sich ernähren und auf die Toilette gehen."(UBK 124/125)

Die Phase der analen Kastration umfaßt die allmähliche Introjektion der Mutter auf der Ebene des Tuns, das Kind kann das gleiche machen wie sie, es kann so für den eigenen Körper sorgen, wie es vorher die Mutter gemacht hat.

Auch in dieser Entwicklungsphase spielt die Sicherheit eine große Rolle. Diesmal geht es nicht mehr darum, daß die Mutter ausreichend Sicherheit geben muß, damit das Kind nicht auf der Ebene seines Seins durch Ängste beeinträchtigt wird, sondern es geht um die Sicherheit bei der Eroberung der Welt, also auf der Ebene des Tuns. Tatsächlich sind die Anfänge der eigenen Fortbewegung ja mit unzähligen Gefahren verbunden, die der Erwachsene beiseite schaffen muß, oder um derentwegen er die Motorik des Kindes einschränken muß. Die beschriebene Phase ist also die Phase, in der das Kind die Gefahren kennenlernen muß und am Ende verhält es sich so, daß es sich selbst und andere nicht mehr in Gefahr bringt. Das Kind introjiziert mit dem Verhalten der Mutter auch das Wissen um die Gefahren.

Diese Lebensphase ist auch mit einer Reduktion magischen Denkens verbunden. Das Kind unterscheidet nämlich zu Beginn nicht zwischen Belebtem und Unbelebtem. Das Herunterfallen von einer Leiter oder das Stoßen gegen einen Tisch wird als böse Absicht des betreffenden Objektes gewertet, das dem Kind Schaden zufügen wollte. Diese den Gegenständen unterstellte Willkür, das magische Denken wird verstärkt, wenn der Erwachsene sein Verbot mit einer Drohung belegt und beim Eintreten des angekündigten Mißgeschicks eben dieses als Bestrafung auslegt.

> „Das Kind hat unter der Erfolglosigkeit seines Übertretungsversuchs gelitten (z.B. des Verbots auf einen hohen Gegenstand zu klettern, und ist dabei heruntergefallen C.B.), und der Erwachsene, voller Angst, daß das Kind einen Unfall riskiert.. greift es seinerseits an und freut sich oft in einer sadistischen Weise verbal: 'Siehst Du, Du hast nicht gehorcht, also wirst Du bestraft.' Diese Art die anale Kastration zu geben, ist sehr unheilvoll und vollkommen inhuman. Dem Kind scheint es, daß es der Erwachsene selbst ist, der durch seine magischen Worte, in denen sich sein Begehren ausdrückt, der Agent seines Mißgeschickes sei."(UBK 106/107)

Das Kind wertet so das eintretende Mißgeschick, also z.B. das Herunterfallen von einem Hocker, das ja meistens auch mit Schmerzen verbunden ist, als Wirkung der Absicht des Erwachsenen. Der Erwachsene hat diese 'Bestrafung' prophezeit. Sie ist eingetreten, also hat er sie erwünscht. Die andere Variante, die sich aus dem Mißgeschick ableitet, ist die Unterstellung, daß der betreffende Gegenstand den Schmerz herbeigeführt, also absichtlich zugefügt hat. Diese Interpretation auf Seiten des Kindes entspricht seiner Fähigkeit, auch Unbelebtes, also Gegenstände mit Absichten auszustatten. Die eigenen menschlichen Absichten werden den Gegenständen unterstellt, an denen das Kind sich gestoßen hat, oder die dem Vollzug seiner beabsichtigten Handlung im Wege standen. Insofern gehört in diese Altersphase auch die zunehmende Fähigkeit des Kindes, zwischen Belebtem und Unbelebtem zu unterscheiden, als auch zu einer realistischen Einschätzung der Welt zu gelangen. Dolto gibt als eine Wirkung der analen Kastration das Unterscheidungsvermögen zwischen dem Imaginierten und der Realität an. Die Gesetzmäßigkeiten der äußeren Welt werden erlernt, das magische Denken wird ersetzt durch die realistische Einschätzung der eigenen Möglichkeiten hinsichtlich des eigenen Tuns.

Nun zum zweiten Punkt, den für das Gelingen der Kastration notwendigen Bedingungen: Im wesentlichen handelt es sich dabei wieder um die Einstellung und das Verhalten der Bezugspersonen. Man kann ruhig im Plural von ihr sprechen, da die Ausschließlichkeit der Beziehung zur Mutter während dieser Phase aufgegeben wird und andere Personen die Aufgabe der Erziehung mit übernehmen. Für Dolto sind die erziehenden Erwachsenen in dieser Phase erst einmal technische Ratgeber. Sie müssen dem Kind die eigene Gesetzmäßigkeit der es umgebenden Dinge erklären und ihm Ratschläge geben, wie es mit zunehmender Geschicklichkeit diese Gesetzmäßigkeiten beherrschen kann, ohne sich zu schaden. Einige von ihr genannte Beispiele möchte ich herausgreifen: Die Tatsache, daß man eine Leiter oder eine Treppe sinnvollerweise mit den Füßen nach unter wiederheruntersteigt, liegt erst einmal nicht in der Logik des Kindes, das am Anfang die Tendenz hat, vorwärts weiterzugehen, also mit dem Oberkörper zuerst. Die Gefahren eines Autos kann man ihm veranschaulichen, indem man eine Papiertaube faltet, sie auf die Straße fliegen läßt und dann beobachtet, was passiert, wenn ein Auto darüberfährt. Dolto hebt außerdem hervor, daß die Erwachsenen dem Kind vermitteln müssen, daß sie selbst den gleichen Grenzen ausgesetzt sind, wie das Kind. Auch sie müssen sich den Gesetzmäßigkeiten der Physis, also im weitesten Sinne der Physik unterwerfen, um ihren Körper nicht in Gefahr zu bringen. Insofern besteht die anale Kastration in dem Verzicht auf die Allmacht der eigenen Wünsche und bezeichnet die zunehmende Integration der Gesetzmäßigkeiten der Natur und der Apparate, die die Menschen geschaffen haben, um die Unzulänglichkeit ihrer Natur auszugleichen. Die anale Kastration besteht im weitesten Sinne in der Erforschung des Raumes und der Gesetzmäßigkeiten der darin vorhandenen belebten und unbelebten Körper. Das häufige Fallen, das in dieser Altersphase vorkommt, zeigt an, daß es erst einmal um die Integration der Schwerkraft geht.

Auch hier leitet Dolto den Erfahrungshorizont des Kindes von seinen Körpererfahrungen ab. Die Dinge, die das Kind im Raum umherschiebt, Hocker, Autos, die Karre, sind Repräsentanten der aufgenommenen Nahrung, die durch den Verdauungskanal geschoben wird:

> „Die Verschiebung von äußeren Objekten und sein Sich-Fortbewegen im Raum bedeuten für das Kind eine sprachliche Metapher - in der Dimension des motorischen Ausdrucks, dank den Möglichkeiten seines Skelettes und seiner Muskeln - der Verdauungsperistaltik, die das eßbare Objekt vom Mund zum Anus befördert."(UBK 117)

Erst waren es die Hände, die in Anlehnung an den Mund die Dinge ergriffen, nahmen, zerstörten, wegwarfen. Jetzt erweitert sich die Verschiebbarkeit einerseits auf die Füße, an denen das Kind neue taktile Erfahrungen macht, dank deren Beweglichkeit es Dinge holen und vor sich herschieben kann. Andererseits erlebt es, daß es seinen Sphinkter kontrollieren kann, also das Fäkalobjekt willentlich zurückhalten oder loslassen kann. Insofern sind auch die Hände Substitute des Sphinkters oder funktionieren analog dem Sphinkter. Die Kinder können mit den Händen das gleiche tun wie mit dem Sphinkter. Daraus leitet sich die Bedeutung der analen Phase für den Bereich des Tuns ab. Die Erziehung gelingt in Doltos Augen, wenn die Erzieher dem Kind ausreichend Gelegenheit und Material geben, um diese Substitutionen zu erproben. Das Kind braucht Materialien, mit denen es die Darmtätigkeit und die urethralen Vorgänge metaphorisch darstellen und agieren kann: Hocker, Autos, Fahrzeuge zum Umherschieben im Raum, Wasser und Sand. Die derart eingeübte Beherrschung der Muskeln und der Elemente erlaubt später die Beherrschung des Sphinkters. Dolto gibt eine Faustregel, ab wann das neuro-muskuläre System so weit ausgebildet ist, daß das Kind den Sphinkter von seiner körperlichen Reifung her wirklich kontrollieren kann, nämlich wenn es in der Lage ist, eine kleine Haushaltsleiter korrekt zu besteigen und wieder hinunterzuklettern.

Der vom Kind dank seiner Muskeln zu erobernde Raum ist ersteinmal eine Projektion seines Körpers. Es verschiebt Dinge im Raum, wie es die Nahrung durch seinen Körper hindurch schiebt, insofern sind die Dinge im Raum erst einmal Ersatzobjekte für die inkorporierte Mutter. Dem Kind gelingt durch spielerischen Umgang mit den Objekten eine Sublimierung der direkten Beziehung zur Mutter. Der Austausch mit der Mutter wird durch Objekte erweitert, die man in die Hand nehmen, loslassen, wegwerfen, wieder aufnehmen kann. Die ersten Objekte sind 'mamaisierte' Objekte, sie repräsentieren die Mutter und das, was mit der Mutter ausgetauscht wird. Wenn die Bezugsperson den spielerischen Umgang mit diesen Ersatzobjekten erlaubt und keine allzugroßen Ängste entwickelt, ermöglicht sie die zunehmende Muskelbeherrschung und Sublimierung der analen Lust in spielerischem und zunehmend auch nützlichem Handeln.

Der Erwachsene, der die anale Kastration gibt, muß dem Kind ausreichend Autonomie bei der Eroberung der Gegenstandswelt gewähren. Er darf das Kind nicht mehr als sein Teilobjekt ansehen und muß auf die Kontrolle der Ausscheidungsorgane verzichten. Sowohl die Nahrungsaufnahme als auch die Ausscheidung gehen in dieser Zeit in den Entscheidungsraum des Kindes über, der Erwachsene muß auf die Lust verzichten, die mit der Nähe zum Körper und der Aufsicht über die Körpervorgänge des Kindes verbunden war. Der Erwachsene muß das Kind seine Erfahrungen machen lassen und darauf verzichten, an Stelle des Kindes zu handeln. Er erklärt und gibt Ratschläge und unter Umständen Verbote, aber er gewährt dem Kind den Erfahrungsraum, den es braucht, um die Grenzen und Möglichkeiten seines Körpers und die der Gegenstandswelt zu erkunden.

Damit das Kind Respekt vor dem Besitz des anderen erwirbt, muß der erziehende Erwachsene seinerseits den Besitz des Kindes respektieren. Der

Besitz des Kindes ist sein Spielzeug und Dolto warnt die Eltern eindringlich davor, hinter dem Rücken des Kindes dieses wegzugeben oder wegzuwerfen. Das Kind hat die Verfügungsgewalt darüber und muß entscheiden können, was es mit seinem Spielzeug macht. Das ist die Voraussetzung dafür, daß es seinerseits den Besitz seiner Eltern und seiner Spielkameraden schont. Insofern gehört auch die Integration des Eigentums und der Besitzverhältnisse in den Bereich der analen Kastration.

Die unter dem Begriff anale Kastration subsumierte anale Phase inklusive dem adäquaten Erziehungsverhalten hat entscheidenden Wert für die zukünftige Autonomie und das Sozialverhalten des erwachsenen Menschen. Die Bedeutung, die Dolto ihr gibt, ließe sich schon rein quantitativ aus der Länge des entsprechenden Kapitels ableiten. Es ist mit 35 Seiten das längste Kapitel in dem Buch 'Das 'unbewußte Bild des Körpers.' Die Beherrschung der Motorik erlaubt die autonome Fürsorge für den eigenen Körper und den Verzicht auf die Lust aus unkontrolliertem Handeln. Das Recht auf die Unversehrtheit des Körpers und der Verzicht auf mutwillige Schädigung werden im Zuge der analen Kastration vermittelt, insofern ist sie die Kastration, die zur Einhaltung des Grundgesetzes führt und Kenntnis und Achtung der Grundrechte vermittelt. Die anale Kastration macht aus dem Menschen ein soziales Wesen.

Das Mißlingen der analen Kastration äußert sich auf der analen Ebene in Verstopfung oder Durchfall. Beide Störungen zeigen an, daß es dem Subjekt nicht erlaubt war, den Körper-zu-Körperaustausch mit der Mutter auf spielerische Weise zu sublimieren und zu einer interpersonalen Kommunikation über Ersatzobjekte zu gelangen.

> „Wenn die Symbolisierung der Motorik in nützlichen oder spielerischen Handlungen aus Mangel an Einführung, an Kontrolle, an Worten und spielerischer Fröhlichkeit nicht erreicht werden kann, kann das Kind die anal-rektale Lust .. nicht sublimieren... Es kehrt aus Mangel an analer symboligener Kastration zur ersten Anfangskommunikation zurück, die es mit seiner inneren Mutter hatte: d.h. damit zu spielen, durch Verstopfung die Fäzes zurückzuhalten oder auszustoßen, vielleicht in Diarrhöe. ..Die Mutter bleibt als innere vorgestellt, anstatt unbewußt durch alle äußeren Objekte repräsentiert zu sein, die sie genannt hat und von denen sie erlauben muß, sie zu handhaben.“(UBK 99)

Die Verstopfung kann ein Zeichen von Hemmung der Motorik sein, Durchfall läßt auf eine Übererregung der Darmperistaltik schließen, durch die „die imaginär inkorporierte mütterliche Gefahr“ wieder ausgestoßen wird. (UBK 100)

Das Mißlingen der analen Kastration zeigt sich auf weniger harmlose

Weise in Gewalthandlungen. Der mit der willkürlichen Motorik einhergehende Triebverzicht ist nicht erreicht worden und die Muskeln werden direkt in motorischer Abfuhr zur Triebbefriedigung eingesetzt. Alle Formen von Körperverletzung bis hin zu Mord und Totschlag und von Vandalismus sind für Dolto Folgen einer mißlungenen analen Kastration, da sie unmittelbare Triebbefriedigung statt Aufschub und kontrollierte Muskelbetätigung bedeuten.

Die primäre Kastration

Mit dem Terminus primäre Kastration bezeichnet Dolto die Entdeckung des Geschlechtsunterschiedes durch das Kind. Nachdem das Kind einerseits eine gewisse Geschicklichkeit im Umgang mit seinem Körper erlangt hat, andererseits sein Gesicht im Spiegel entdeckt hat und diese Erfahrung integriert hat, macht es eine neue Wahrnehmung, die Anlaß zu vielen Fragen gibt.

> „Kurz nachdem die Spiegelerfahrung fruchtbar geworden ist, entdeckt das Kind, daß wenn alle Kinder auf ihrem Körper einen Kopf mit vorne einem Gesicht und hinten Haare haben, wenn sie oberhalb ihrer Beine hinten ein Gesäß (wenn die Kinder von hinten alle gleich sind) haben, sie von vorne nicht gleich sind. Von der Seite des Gesichts her gesehen, haben einige unten einen Spalt, wie wenn sie dort ein kleines Gesäß hätten, andere eine Verlängerung. Wie ist es bei seinem eigenen Körper? Hat es gut geschaut?"(UBK 143)

Die Spiegelerfahrung beinhaltet die Entdeckung des eigenen Gesichts als ein von allen anderen verschiedenes und zugleich menschliches (siehe oben). Die primäre Kastration bedeutet die Entdeckung des Geschlechts und damit der sexuellen Differenz zunächst auf der Ebene des Sehens. Diese Entdeckung wird gemacht, bevor die Genitalien zur primären genitalen Zone werden. Das Kind entdeckt einen faktischen Unterschied, bevor die eigenen Genitalien zur hauptsächlichen Lustquelle werden. Dolto unterscheidet zwischen der primären Kastration, die sich auf diese mehr oder weniger neutrale Entdeckung des Geschlechtsunterschiedes bezieht und der anschließenden ödipalen Kastration, in denen die ödipalen Wünsche des Kindes unzweideutig genitaler Natur sind. Es ist nicht ganz einsichtig, warum diese 'neutrale', funktionale Entdeckung beim Anblick anderer nackter Kinder der Entdeckung der Lust an den eigenen Genitalien vorausgehen sollte, und dennoch situiert Dolto beides in einem Nacheinander. Die primäre Kastration verdankt sich dem Sehen eines Unterschiedes, die Entdeckung der genitalen Lust ist eine taktile Erfahrung. Dolto geht davon aus, daß das Kind erst einmal qua Beobachtung die verschiedenen Formen der Geschlechter entdeckt und Theorien entwickelt, die noch keinen Bezug zur Fortpflanzung haben.

Das Kind hat sich im Spiegel als Mensch erkannt und entdeckt kurze Zeit später, daß die Menschen, was ihre vordere Hälfte angeht, nicht gleich sind. Auch diese Entdeckung ist erst einmal ein Schockerlebnis:

> „Der erste deutliche Anblick der Seltsamkeit des Geschlechtes eines Mädchens ist ein Schock für einen Jungen, desgleichen die erste deutliche Beobachtung des Geschlechtes eines Jungen für ein Mädchen. Es gibt keine Fälle, bei denen die Kinder, wenn sie frei sind zu reden, nicht heftig auf diesen ersten Anblick reagieren. Der Junge denkt, daß die Mädchen einen Penis haben, daß er aber versteckt, für den Augenblick zurückgezogen ist, und die Mädchen machen alle sofort eine unüberlegte raubende Geste. Wie viele von ihnen sagen doch gemäß der Aussage der Eltern: 'Das gehört mir, Du hast es mir genommen.'"(UBK 148)

Nach der Doltoschen Aussage zweifeln die Jungen noch an der Richtigkeit ihrer Wahrnehmung, während die Mädchen versuchen, das Geschlecht des Jungen in ihren Besitz zu bringen. Die Entdeckung des Geschlechtsunterschiedes führt nach dem ersten Schrecken zu einer intensiven Forschungstätigkeit, die auch mit der inzwischen empfundenen genitalen Lust in Zusammenhang gebracht wird:

> „Und hier lassen es seine Beobachtung und sein Begehren nach Wissen - ein grundlegender Trieb jedes Menschen, welcher ihn in Bezug auf alles danach suchen läßt, wozu das dient, wie es gemacht wird, wie es funktioniert und weshalb - klar den sexuellen Unterschied entdecken, eine überraschende Entdeckung, welche sogleich auf die spezifische Lust, die diese Region herbeiführt, wenn sie erregt ist, bezogen wird. Es ist gut, es ist angenehm, weshalb? Wozu dient das? Und das wäre nicht gut? Weshalb?"(UBK 152)

Die zweite Bedeutung des Begriffes der primären Kastration ist wieder das Verhalten des Erwachsenen in bezug auf die vom Kind gemachte Entdeckung.

> „Im Zusammenhang mit dieser Erfahrung der Entdeckung und den indirekten oder direkten Fragen, betreffend den sexuellen Unterschied, müssen dem Kind wahre Worte über die beiden Geschlechter gegeben werden, die die Richtigkeit seiner Beobachtung bestätigen und es dazu beglückwünschen, einen Unterschied zu bemerken, den es schon immer gegeben hat. Die wahren Worte sind es, welche sich auf die Übereinstimmung seines Geschlechts mit einer Zukunft als Frau oder Mann beziehen, und dies ist es, was seinem Geschlecht und ihm selbst sprachlichen und sozialen Wert verleiht; und es ist das, was eine gesunde

Zukunft für seine Genitalität in einem Alter vorbereitet, in dem die genitalen Triebe noch nicht vorherrschend sind."(UBK 148/149)

Die wahren Worte, die der Erwachsene sagen soll, sollen die drei Aspekte der Sexualität beinhalten: die Reproduktion, die Lust, „welche nicht unbedingt immer im Dienst der Fruchtbarkeit steht,"(UBK 156) und die Verantwortung für die daraus möglicherweise erfolgende Elternschaft. Lust, Reproduktion und Verantwortung bilden eine Einheit, die dem Kind nicht früh genug, d.h. sobald es die sexuelle Differenz beobachtet hat, vermittelt werden müssen.

Dolto legt nahe, dem Kind dies an seiner eigenen Herkunft darzulegen und dabei auf die Notwendigkeit beider Geschlechter bei der Fortpflanzung hinzuweisen. Das Kind selbst hängt in dieser genitalen Frühphase nämlich noch parthenogenetischen Fortpflanzungsvorstellungen an, die entweder oraler oder analer Natur sind: 'das Kind entsteht dadurch, daß die Mutter etwas schluckt.' 'Die Mutter macht das Kind.' Die Bedeutung des Vaters bei der Fortpflanzung ist dem Kind noch nicht einsichtig, darum muß dieser Mangel an Wissen durch sachgemäße Aufklärung ausgeglichen werden.

Die sexuelle Aufklärung anhand der Herkunft des betreffenden Kindes bedeutet auch das Eingehen auf die Besonderheiten seiner persönlichen Herkunftsgeschichte: Falls es nicht mehr mit dem Vater zusammenlebt, sollte ihm erzählt werden, welcher Art die Beziehung zwischen den Eltern war und ihm die Gründe für die Trennung mitgeteilt werden.

> „Jede Mutter könnte, wenn sie wüßte, wie wichtig es ist, ihrem Kind antworten. .. Aber die Wahrheit über die Zeugung kann auch vom Großvater, von jeder Person gesagt werden, die das Kind liebt und seine Geschichte kennt und die sie ihm mit Respekt vor der sexuellen Vereinigung, aus welcher es hervorgegangen ist, erzählt, ohne den einen oder den anderen Erzeuger zu mißbilligen. Es ist notwendig, die Wirklichkeit der Tatsachen zu sagen und wenn möglich, Einzelheiten über den Familiennamen, sogar über die Familie des Erzeugers, über die Gründe die sie, die Eltern sich vereinigen und dann trennen ließen, zu sprechen. Dieses menschliche Wesen, das Kind ist selbst am Anfang seines eigenen Lebens: es ist sein Begehren, das es sich verkörpern ließ, das es Tag für Tag in der Gebärmutter dieser Frau bleiben ließ, ob diese nun glücklich dabei war oder Schwierigkeiten hatte, es zu tragen. All das hat sein Körper erlebt, und alles kann daher ausgesprochen werden, damit alles humanisiert wird, damit nichts in einer Pseudo-Animalität und Organizität (organicité) verbleibt, *denn nichts ist nur organisch beim Menschen, alles ist auch symbolisch.*"(UBK 159)

Dolto rät auch, dem Kind zu erzählen, ob die Eltern bei ihrer sexuellen Begegnung schon wissentlich ein Kind gewünscht hatten, oder von der Schwangerschaft überrascht waren. Auch im Falle einer Adoption ist es ein günstiger Zeitpunkt, über die zwei Elternpaare, die biologischen und die Adoptiveltern zu sprechen. Kurz, dem Kind soll Auskunft darüber gegeben werden, wie seine Herkunft mit der Sexualität seiner Eltern zusammenhängt. Die Frage nach der Herkunft ist eine Frage nach der Bedeutung der Sexualität. Die Frage nach der Bedeutung der Genitalien ist nicht von der Genese des Subjekts zu trennen. Entsprechend sollen beide Fragen in einem Zusammenhang beantwortet werden.

> „Ohne eine verbale Erklärung der Verantwortung für die Empfängnis und die Aufzucht (élevage) des Säuglings, dann für die Erziehung des Kindes durch den Erzeuger oder durch einen väterlichen Vertreter, durch die Erzeugerin oder eine ernährende Vertreterin, kann das Kind den Wortschatz über die Vaterschaft, besonders den Wortschatz über die Beziehungen zwischen ihm und seinen Familienmitgliedern, nicht verstehen. Das Wissen um die sexuelle Vereinigung läßt es den symbolischen Sinn der Wörter über körperliche Elternschaft, die affektive - oder die Elternschaft des Herzens - und die soziale Elternschaft verstehen."(UBK 157)

Dolto empfiehlt auch, in der Grundschule Stammbäume mit den Kindern und ihren Eltern zu erstellen und mit den Kindern über die Bedeutung der Großeltern zu sprechen. Muttertage und Vatertage sollten dazu benutzt werden, um über verschiedene Arten von Müttern zu sprechen und über andere Möglichkeiten zu leben, als in einer Kleinfamilie. Die Stigmatisierung von Heim-, Pflege und Adoptivkindern kann dadurch verhindert werden. Die Entdeckung des Geschlechtsunterschiedes, dieses kleinen 'Unterschieds an der vorderen unteren Körperhälfte', bietet also Anlaß, die eigene Genealogie kennenzulernen und zudem die kulturellen Formen von Ersatzelternschaft, die in der Gesellschaft, in der das Kind lebt, möglich sind. Genitale Lust impliziert bei Dolto die Verantwortung für die Folgen, also für den Nachwuchs, der unter Umständen daraus resultiert. Der Grundstein für die spätere Übernahme dieser Verantwortung wird in dieser Entwicklungsphase gelegt.

Sie fordert die Erziehungspersonen jedoch nicht auf, besonders auf die von den Kindern bei der Masturbation erlebte Lust einzugehen. Die Kinder erleben sie und bringen sie von selbst in einen Zusammenhang mit dem, was ihnen die Eltern von der gemeinsamen Lust beim Geschlechtsakt erzählen. Nur an einer Stelle in ihrem Buch über die weibliche Sexualität sagt sie, daß wenn ein Mädchen exzessiv masturbiert, die Mutter mit ihr über die dabei empfundene Lust sprechen solle: „Da bist Du ein richtiges Mädchen, du bist wie die Mama."(lf 145) Doltos sexuelle Aufklärung beschränkt sich auf die Erläuterung der Bedeutung der sexuellen Vereinigung im Geschlechtsakt, die richtige Benennung der Genitalien und das Sprechen über ihre Funktionsweise. Das ist wichtig, da beide Geschlechter beim Penis erst einmal die Urinierfunktion wahrnehmen, und auch der Neid der Mädchen sich an der unterschiedlichen Art zu urinieren festmacht. In einem zweiten Schritt bezieht sich der Neid auf die Sichtbarkeit der Genitalien und ihrer Erregbarkeit beim Jungen.

> „Das Mädchen wünscht sich in der Tat einen zentrifugalen Penis an diesem auserwählten erogenen Ort, weil sie fühlt, seit sie existiert und Empfindungen hat, daß sie ein am Ort des Geschlechts zu lokalisierendes Empfindungsvermögen besitzt. Und nun zeigt der Junge diese Sensibilität, die sie auch bei sich verspürt, der bei ihr aber keine äußere Zeigbarkeit entspricht."(lf 69)

Auch Dolto erwähnt die infantile Hypothese, daß der Geschlechtsunterschied die Folge eines kastrierenden Aktes seitens der Erwachsenen ist: „Das Kind, das sieht, daß das Geschlecht eines anderen von seinem eigenen verschieden ist, hat das Phantasma, daß es sich um eine Anomalie, eine Verstümmelung handelt: um eine erlittene?, eine akzeptierte?, eine durch die Eltern ausgeführte?"(UBK 153) Die Hypothese wird als berechtigt angenommen, wenn die Eltern den Fragen des Kindes ausweichen und/ oder ihre Leidenschaft nur noch in Form von Streitereien leben. Dann werden sie als Urheber dieser 'Verstümmelung' angesehen. Dolto siedelt zwar die Entstehung dieses Phantasmas auch in einer infantilen Sexualtheorie an, bezeichnet aber in einem zweiten Schritt das unadäquate Verhalten der Erwachsenen als Bestätigung dieser infantilen Hypothese.

Diese Mitteilungen bringen das Kind dazu, sich mit seinem Geschlecht zu versöhnen, die Eingeschlechtlichkeit des Menschen zu akzeptieren und die mit seinem biologischen Geschlecht verbundene Zukunft als Mann oder Frau anzunehmen. Die Versöhnung mit dem Geschlecht beinhaltet für das Mädchen den Verzicht auf den Penisneid, für den Jungen den Verzicht auf den 'Brustneid' und den 'Gebärneid.' Die letzten zwei Begriffe sind in Anführungszeichen gesetzt, weil Dolto zwar über die damit verbundenen Neidgefühle spricht, sie aber im Gegensatz zum Penisneid nicht so benennt.

> „In den meisten Fällen - welche wegen einer erzieherischen Umgebung, die dem Kind die Intelligenz dessen, was es beobachtet, erlaubt und das Kind als zukünftigen Mann oder als zukünftige Frau liebt, eine gesunde Entwicklung durchmachen - hat die Annahme der primären Kastration für die Kinder bei-

der Geschlechter die Aufwertung des Penis als schöne und wünschbare Form zur Folge. Diese schöne Form des Penis schreibt sich in Zusammenhang mit der schönen Form der Brust ein." (iic 172;UBK 154)

An dieser Stelle wird deutlich, daß Dolto in ihrer Geschlechtertheorie Phänomenologin ist. Die Beobachtbarkeit der Formen ist entscheidend für die den Kindern unterstellte Interpretation. Es sind die taktilen Erfahrungen mit den erektilen Vorsprüngen des Körpers, die ihnen ihre unterschiedliche Bewertung nahelegen. Die primäre Kastration nimmt Bezug auf die orale Kastration, der Penis wird zum Nachfolgeobjekt der Brust, bzw. der Brustwarze:

> „Der erste Phallus, was das Bild der Form und die Funktion angeht, wäre die tropfende Brustwarze. Seine erste sensorisch-emotionale und imaginäre, der Form nach komplementäre Wahrnehmung wäre die Zunge, die sich wie ein U dem Gaumen anpaßt, und seine erste Bedingung als vitalisierende Funktion wäre das Saugen, das ein Kontinuum der oralen Schleimhaut des Kindes mit den Schleimhäuten der mütterlichen Brust herstellt." (lf 232)

Der zweite Grund für die Höherbewertung des Penis durch beide Geschlechter, nach der oben ausgeführten Sichtbarkeit der Urinierfunktion und der sexuellen Erregung, ist die lustvolle Erfahrung beider Geschlechter mit der mütterlichen Brustwarze. Der Penis wird als Nachfolgeobjekt der Brust von beiden Geschlechtern positiv besetzt. Es ist die Wahrnehmbarkeit der Form und die damit in Verbindung gebrachte erogene Empirie, die Doltos Geschlechtertheorie bestimmt. Nicht ein struktureller Mangel liegt ihrer Geschlechtstheorie zugrunde, sondern die sichtbaren Formen und die taktilen Erfahrungen. Die Anatomie des Körpers bedingt die geschlechtsspezifischen Verhaltensweisen. Es ist nur logisch, wenn sie die verbale Überlegenheit der Mädchen, ihre 'wohlaufgehängte Zunge' (la langue bien pendue)[17] als Kompensation ihres Penismangels interpretiert. Mangels des unteren Appendix benutzen sie die Zunge (die Sprache), um ihre ‹berlegenheit an anderer Stelle zu markieren. Das Sprechen und die Lust am Sprechen kompensiert einerseits die 'Atrophie' ihres Geschlechts, ist andererseits Ausdruck einer größeren libidinösen Besetzung des Mundes. Oralität und Genitalität stehen beim Mädchen in einer viel engeren Beziehung zueinander als beim Jungen.

> Letztendlich arrangiert sich jeder mit dem Geschlecht, welches das seine ist. „Das Mädchen anerkennt es in zweiter Linie und nach Überlegung als gültiger für seinen Körper, keinen Penis zu haben um Pipi zu machen: denn einerseits kann es Pipi machen (nicht aufrecht natürlich, aber es kann es sehr gut); und

andererseits, indem es in der Region mit der Idee danach sucht, ob es vielleicht einen gehabt hat oder ob er wachsen werde, hat es die Klitoris entdeckt, und schließlich gibt sie ihm gute Befriedigung; und dann endlich, nachdem es gelernt hat, daß seine Mutter und die wie es gemachten Frauen zufrieden sind, schließt es daraus, daß dies die Bedingung ist, um Mama zu werden, um Babys zu haben oder zu machen (befruchtet werden ist noch nicht denkbar) und um den Papas zu gefallen. Also, es geht keinen Penis zu haben! Akzeptieren wir dieses Loch und diesen Knopf (die Vagina und die Klitoris), wie sie sie nennen. Dann hat es diese beiden anderen Knöpfe an der Brust. 'Wann werden daraus Brüste, um meine Babys zu stillen? Das ist eine Mädchenfrage. Diese verstärkt das Körperbild des Mädchens, das unbewußte Bild, und bestärkt das Mädchen bewußt darin, sein Körperschema zu akzeptieren."(UBK 154)

Auch der Junge wird, wenn man mit ihm über die Notwendigkeit beider Geschlechter bei der Fortpflanzung gesprochen hat, seinen Gebärneid überwinden. „Der Junge empfindet diese sogenannte Überlegenheit der Mädchen, die keinen Penis haben, die aber Babys haben werden, nur dann als ein Mißgeschick, wenn man sie nicht gleichzeitig wie die Mädchen, welche so glauben, mit ihrer sogenannten Überlegenheit im sichtbaren Geschlechtsunterschied triumphieren zu können, lehrt, daß eine Frau nur unter der Bedingung Kinder bekommen kann, daß der Vater des Kindes in der sexuellen Vereinigung der Frau die Möglichkeit es zu empfangen gibt."(UBK 155)

Kinder beiderlei Geschlechts erleben einen Schock und sind empört, wenn sie zum ersten Mal den Geschlechtsunterschied wahrnehmen. Die Worte der Erwachsenen versöhnen sie mit dieser in der Natur angelegten Ungleichheit und lassen sie die Unmöglichkeit, beide Geschlechtsmerkmale in einer Person zu vereinen, akzeptieren. Sie akzeptieren ihr Geschlecht der Doltoschen Logik entsprechend, weil der jeweils andere ja ihres Geschlechts zur Fortpflanzung bedarf. So wird die 'Unordnung' oder 'Ungerechtigkeit' der Natur dank der Ordnung der Worte und der Genealogien überwunden. Voraussetzung für die Annahme des eigenen Geschlechts ist aber auch, daß die Elternvorbilder mit ihrer Natur zufrieden sind und daß die jeweiligen Kinder so akzeptiert werden.

„Nachdem es (das Mädchen) gelernt hat, daß seine Mutter und die wie es gemachten Frauen zufrieden sind, schließt es daraus, daß das die Bedingung ist, um Mama zu werden und ..den Papas zu gefallen."(UBK 154) „Zahlreiche Beobachtungen bezeugen, daß, wenn das Mädchen weiß, daß es in Verbindung mit seinem Vornamen den Namen des Vaters trägt und von seinem Vater die Gewißheit erhält, daß es von ihrem Vater als Mädchen gewünscht worden ist, und damit - entsprechend dem (Vor-)Bild seiner Mutter ohne Penis - daß es dann sehr schnell seine sexuelle Charakteristik akzeptiert, die Form ihrer Vulva, 'Knopf mit einem Loch' als eine Auszeichnung durch den Vater und ein Versprechen der Mutter."(lf 69)

Die Akzeptanz des Geschlechts hängt von der Einstellung der Eltern ab. Entscheidend ist, ob sie das jeweilige Geschlecht positiv oder negativ bewerten. Wenn von einem Elternpaar oder in einer Familie ein Geschlecht sehr gering bewertet wird, oder wenn die Eltern nur den Kindern eines Geschlechts Wert zusprechen, dann führt das nach Dolto zu einem Gesichts- oder Geschlechtsverlust, zu einer Aufspaltung zwischen Gesicht und Geschlecht. Dann kann das Subjekt sein Geschlecht nicht annehmen, ohne das Gesicht zu verlieren, oder aber es wahrt sein Gesicht um den Preis des Verzichts auf sein Geschlecht:

„Es gibt Fälle, bei denen das Kind die Besonderheit seines Geschlechts, Junge oder Mädchen, nicht mit Stolz integrieren kann. 'Ich' ('Moi-Je') empfindet sich nicht wertvoll darin, ein Junge oder ein Mädchen zu sein, wegen einer in seiner Familie vorherrschenden eigentümlichen Beziehung zum Phallus, wegen seines Platzes unter den Geschwistern, wegen der bedingten Wichtigkeit des Vaters oder der Mutter in der Familie (wenn der Elternteil seines Geschlechts ihm durch den anderen entwertet erscheint, oder in Bezug auf den anderen, in den Gesprächen, die es hört oder durch das, was es von ihrem Austausch oder ihren Verhaltensweisen beobachtet). In diesen Fällen fühlen sich die Kinder entweder mit einem ihnen entsprechenden Gesicht, das eines Jungen oder eines Mädchens, aber einem anatomischen Geschlecht, dessen Empfindungen sie ableugnen (später werden sie sie verdrängen), ..oder im Gegenteil mit einem Geschlecht, das wirklich das ihre ist, das sie aber in ihrer Art zu sprechen und sich zu verhalten nicht übernehmen. Sie können in ihren sozialen Kontakten ihr Gesicht und ihr Geschlecht nicht miteinander vereinbaren."(iic 159/160;UBK 142/143)

Dolto hat vielleicht die primäre Kastration von der ödipalen, bei der es auch um das Geschlecht geht, abgetrennt, um die Bedeutung der Geschlechtsentdeckung mit der der Gesichtsentdeckung in Beziehung zu setzen. Das Kapitel über die primäre Kastration folgt dem Kapitel über den Spiegel, in welchem es ja um die Entdeckung des eigenen Gesichts geht. Die Entdeckung des Gesichts bedeutet den Verlust der imaginären Identifikation mit allem wahrgenommenen. Sie impliziert die Selbsterkenntnis als anthropomorphe. Nur ein Mensch, kein Vogel, kein Fisch, kein Flugzeug, kein Auto, mit all den Vorteilen in bezug auf den Raum, die damit verbunden sind. Die primäre Kastration beinhaltet den Verzicht auf die Zweigeschlechtlichkeit und verweist qua Genealogie auf die Zeitlichkeit des Menschen. Beide Entdeckungen sind strukturelle Desillusionierungen, die sich auf Wahrnehmungen von Körperteilen beziehen, die in diesem Zusammenhang nicht primär erogen sind. Sie bedeuten die Annahme von Unmöglichkeiten, die die Grundbedingungen menschlichen Daseins ausmachen. Die Anerkennung der Eingeschlechtlichkeit des Menschen und die über das Gesicht vermittelte Erkenntnis der Individualität haben einen anderen Erkenntnischarakter, als die sich an spezifischen erogenen Zonen und den entsprechenden Objekten ereignenden Verzichtserfahrungen.

Für Dolto hat die Entdeckung des Geschlechts ebenso herausragende Bedeutung wie die Entdeckung des Gesichts im Spiegelstadium. Darum widmet sie ihm in ihrer Körperbildtheorie ein eigenständiges Kapitel. Beide Entdeckungen werden mit Schrecken erlebt, und wieder sind es die Worte der erziehenden Erwachsenen, die mit der Desillusionierung versöhnen.

Mit jeder Kastration geht ein Stück Omnipotenzvorstellung verloren. Die letzte, nun folgende Kastration bedeutet den endgültigen Verzicht auf die primären infantilen Liebesobjekte.

Die genitale, ödipale Kastration - Das Inzestverbot

Die genitale ödipale Kastration bezieht sich auf den Wunsch des Kindes mit einem Elternteil ein sexuelles Verhältnis zu haben und ein Kind mit ihm zu bekommen. Der Verlauf ist auch bei Dolto in Anlehnung an Freud geschlechtsspezifisch.

Das bevorzugte Liebesobjekt des Mädchens ist erst einmal die Mutter. Es wird während des Ödipuskomplexes den Objektwechsel vollziehen müssen. Die Mitteilung des Inzestverbotes, also das Verbot das ödipale Begehren zu realisieren, führt bei ihr zu der Verstärkung des Wunsches, das Verbot zu übertreten. Sie versucht mit allen Mitteln, ihren Vater zu verführen und phantasiert sich als bessere Partnerin für ihren Vater, als es die Mutter ist. Die Triebe des Mädchens sind seiner Anatomie entsprechend zentripetal, es will den Vater als Träger des Phallus anziehen.

> „In den Phantasmen gibt die Übertretung des Inzestverbotes durch seinen Vater oder seinen Bruder ihr in ihrer Person und in ihrer Abstammung (filiation) Wert. Genommen, durchdrungen zu werden, wie es die Mutter vom Vater wird, sogar gewaltsam dieser verführerischen Macht unterworfen zu werden, das ist das, was seine Träume von Verfolgung, Raub, Gewalt durch einen Mann, dessen Kopf man nicht sieht, der aber gleiche Charakteristika wie sein Vater oder einer seiner Brüder hat, erklärt. In Wirklichkeit ist ihr Begehren dasjenige zu gefallen."(UBK 143)

Dieser Wunsch, auf der phantasmatischen Ebene gewaltsam besessen zu werden, auf der bewußten Ebene zu gefallen, führt zu einer verstärkten Identifizierung mit der Mutter und zu der Besetzung ihrer Fähigkeiten und Eigenschaften.

> „Das Aussprechen des Inzestverbotes läßt das Mädchen in den Ödipuskomplex eintreten, läßt sie die Spannung auf sprachlicher Ebene verstärken und in oralen und analen Sublimationen des Sagens und Machens, um dahin zu gelangen, das Verbot zu übertreten, oder es durch den Erwachsenen übertreten zu lassen."(iic 195;UBK 174/175)

Es ist wichtig, daß das Mädchen in dieser Zeit von seiner Mutter über den Geschlechtsakt aufgeklärt wird. Wenn das Mädchen zufällig einen Geschlechtsakt gesehen hat, oder in der Schule von anderen Kindern Informationen bekommen hat, sollte die Mutter offen mit ihr darüber sprechen.

> „Wenn sie die Fakten (das Gehörte oder Beobachtete) bestätigt, und den Begriff des Begehrens und der Lust hinzufügt, die Teil des Sexuallebens von Erwachsenen sind, so wie die eventuelle Fruchtbarkeit als Folge des Beischlafs, dann wird diese Aufnahme den Weg für eine gesunde, libidinöse, genitale Entwicklung öffnen. Je weniger positive Annahme und Aufklärung das Mädchen erhält, desto mehr Schuldgefühle wird sie wegen ihrer sexuellen Triebregungen haben."(lf 98)

Dolto legt den Müttern außerdem nahe, ihre Töchter über die Erektion aufzuklären, weil das Mädchen dann leichter die Komplementarität von Frau und Mann begreift. Wenn das Mädchen von der Mutter alle Informationen bekommt, die sie zum Verständnis der sexuellen Vorgänge braucht, dann wird auch ihr Verzicht eindeutig sein, bis sie selbst das Alter der Geschlechtsreife erreicht hat.

Der Junge tritt auf Grund der schon stattgefundenen Objektwahl früher in den Ödipuskomplex ein. Sein Liebesobjekt war und bleibt die Mutter.

> „Die aktiven genitalen Triebe, von denen man gesehen hat, daß sie im Uretralen verwurzelt sind, bleiben Partialtriebe des Penis, welche in einem zentrifugalen Sinn auf das Objekt des Begehrens gerichtet sind. Es sind diese Triebe, die der Junge auf die Partialobjekte überträgt, welche selbst partielle Bilder seines Körpers darstellen; im besonderen den Penis, den er auf alle aufschlagenden Werkzeuge, auf die zum Angriff und zur eindringenden Aggression bestimmten Waffen, in Schießspielen, in sadistischen Taten, in Aktionen des Zerplatzens mit Ziel auf die Mädchen, das heißt um sie zu töten, verschiebt. Er proji-

ziert dabei entweder sein Begehren, eine mörderische Flüssigkeit zu werfen, oder sein Begehren, das zu werfen, was Babys gibt."(UBK 168)

Der Junge agiert seine Phantasmen in aggressiven Spielen, während das Mädchen seine Wünsche phantasiert und sich pervers verführerisch verhält. Der Junge agiert seine Phantasmen in bezug auf seine Spielkameraden, während er sich der Mutter gegenüber zurückhaltender verhält. Das Mädchen zeigt klarer, auf welches Objekt ihr Begehren gerichtet ist.

Das Spiel zu töten hat noch den weiteren Sinn, die Frage nach dem Tod zu stellen, spielerisch zu erproben, was es mit dem Tod auf sich hat. Die Frage nach der Herkunft der Kinder ist eng mit der nach dem Tod verknüpft. Beinhaltet die Frage nach beidem doch die Einsicht in die Möglichkeit des Nichtseins. Nach Dolto ist es für das Kind erst einmal eine schwer zu akzeptierende Einsicht, nicht immer schon da und dabei gewesen zu sein. Das Spiel zu töten ist auch ein Spiel, um sich dem Unvorstellbaren spielerisch zu nähern.

Die Mitteilung des Inzestverbots läßt den Jungen den Ödipuskomplex verlassen. Der Vater sollte die ödipale Kastration geben, indem er das Inzestverbot direkt ausspricht: „'Ich verbiete Dir Deine Mutter, weil sie meine Frau ist und weil sie Dich auf die Welt gebracht hat. ..Deine Schwestern sind Dir ebenso sexuell verboten, wie Deine Mutter.'"(UBK 169) Dolto fordert auch die Einbeziehung der gleichgeschlechtlichen Mitglieder in das Inzestverbot. Das Aussprechen des Inzestverbotes führt unter der Voraussetzung, daß es auch von den Eltern nicht übertreten wird und sie sich ihrerseits in sinnlicher Zurückhaltung gegenüber ihren Kindern üben, bei den Jungen zu einer Sublimierung der aggressiven Komponenten ihres Sexualtriebes und zu dem Verzicht auf den Wunsch, eine Frau gewaltsam zu besitzen:

„Die Knaben übertragen die auf den Penis bezogene unbewußte oder vorbewußte begehrte zentrifugale Aggression auf die manuelle und intellektuelle Aktivität, die spielerische und geschäftige Aktivität ihres ganzen Körpers. Durch das Wort des Vaters und die von ihm gegebenen Beispiele für die Achtung der Frauen, seiner Frau und seiner Töchter, begreift der Junge den Unterschied zwischen seinem uretral-analen Begehren, Herr über den Körper des anderen zu sein, ihn aggressiv zu schlagen, um sich männlich zu fühlen (etwas von der Brunst der Tieres), und der Tatsache eines Tages das Leben zu erzeugen , mit der Wahl, die aus dem Begehren und der ihm beigefügten Liebe hervorgeht; mit dem Sinn der Verantwortung" für das gemeinsam erzeugte Kind.(UBK 169)

In nur wenigen Zeilen ist aus einem rauhbeinigen, brutalen, präödipalen - da eher durch uretrale und anale Triebe bestimmt - ein post-ödipales, einsichtsvolles, respektvolles männliches Wesen mit Sinn für Verantwortung für die Folgen seiner Sexualität geworden. Sicher ist der Modellcharakter der Väter und die sinnliche Zurückhaltung der Mutter bei dieser Art von Verlauf entscheidend. Dolto widmet auch dieser zentralen Bedeutung entsprechend mehrere Seiten über den Verlauf des Ödipuskomplexes beim Jungen den Söhnen jener Väter, die Alkoholiker, unbeherrscht und gewalttätig sind, also noch in einer uretralen, analen Sexualität befangen sind. Auch da sind es Worte, allerdings von anderen Personen, die sie von der Notwendigkeit sich mit solchen Vätern zu identifizieren, befreien. Mit dem Aussprechen des Inzestverbotes und dem Sprechen über die Not, die diesem Verhalten zugrundeliegt, sowie dem Aufzeigen der Illegitimität dieses Verhaltens kann den betroffenen Söhnen der Weg in eine den anderen achtende, verantwortungsvolle Sexualität gezeigt werden.

So mühelos wie Dolto sich die Überwindung des Ödipuskomplexes in ihrer teleologischen Denkweise vorstellt, und wie ich ihn hier wiedergegeben habe, ist er aber doch nicht. Immerhin impliziert die Lösung des Ödipuskomplexes den Verzicht auf die Phantasien in Bezug auf die ödipalen Liebesobjekte und die Einsicht in die Nichtrealisierbarkeit dieser Phantasien. Diese Einsicht ist ein schmerzlicher Vorgang.

> „Das Kind, ob Junge oder Mädchen, wird im Augenblick der Auflösung des Ödipuskomplexes geschwächt (fragilisé), denn egal, was es unternimmt, kann der Junge nicht die Mutter und das Mädchen nicht den Vater verführen, weil diese beiden Erwachsenen ihr Begehren durch sexuelle Objekte, welche woanders sind, besetzt haben, den Partner oder die Geliebte."(iic 196;UBK 175)

Das ödipale Verbot führt sie dann dazu, auf das ödipale Liebesobjekt zu verzichten und die rivalisierenden und Verführungs-Komponenten des Komplexes in ihren sozialen Beziehungen außerhalb der Familie zu leben. Das Kind muß definitiv auf seine Familienmitglieder als phantasierte genitale Liebesobjekte verzichten.

> „Vom Moment der ödipalen Kastration an muß das Kind bewußt, in der Realität wissen, daß sein Begehren, was das Genitale und seine Lust an der sexuellen Körper-an-Körper-Vertraulichkeit und der Fruchtbarkeit mit den nahen Verwandten anbelangt, ihm definitiv und für immer versperrt sind. ..Nun muß es wissen, und jedes Kind spürt es, daß es nur das inzestuöse Ziel war, das es während der ganzen Zeit bei seiner humanisierenden Weiterentwicklung unterstützt hat. Seit seiner Geburt waren seine Wünsche und seine Motivationen durch die Mutter, den Vater und die nahen Verwandten bestimmt."(iic 201;UBK 179)

Dolto gibt zwei Phänomene an, die die ödipale Krise begleiten, beziehungsweise ihr Ende anzeigen, ein körperliches und ein psychisches. Das körperliche Phänomen, das allerdings auch eine psychische Dimension hat, ist das Ausfallen der Zähne, das über einen langen Zeitraum das Gesicht des Kindes 'entstellt'. Träume vom Zahnausfall repräsentieren die Kastrationsangst. Das reale Ausfallen der Zähne begleitet die ödipale Krise wie ein körperlicher Ausdruck der darin enthaltenen Verlust- und Verzichtserfahrungen. Kein Ausgang aus dem Ödipus ohne die vollständige Erneuerung des Gebisses, also vor dem neunten bis zehnten Lebensjahr. Dolto räumt ein, daß die Überwindung des Ödipuskomplexes beim Mädchen unter Umständen erst durch ihre erste Liebesbeziehung in der Pubertät möglich wird. Das rein psychische Phänomen sind Träume vom Tod der Eltern.

> „Ob die ödipale Krise sich auflöst oder nicht, hängt davon ab, wieviel Unterstützung das Kind durch die verbalen Äußerungen seiner Eltern erfährt; nur eine wahrhaft keusche Einstellung dem Kind gegenüber kann den Konflikt entwirren. Sind die Bedingungen günstig, wird die Krise schnell gelöst, und zwar zum Zeitpunkt der größten Kastrationsangst. Dann taucht in der Regel ein Traum auf, der sich zwei bis dreimal wiederholt: der Traum, daß die Eltern gestorben seien."(ÜDB 280)

Dieser Traum drückt den endgültigen Verzicht auf die primären Liebesobjekte aus. Er macht dem Kind Angst, genau wie auch die Kastrationsangst. Diese Ängste zeigen die Intensität der Krise, sie sind nicht pathologisch. Das subjektive Gefühl nach der inneren Ablösung besteht in einem Gefühl der Befreiung. „Die Lösung des Ödipuskomplexes muß also von dem Gefühl innerer Freiheit begleitet sein, der Freiheit, die Kindheit hinter sich zu lassen und sich aus der schicksalhaften Abhängigkeit vom elterlichen Ideal-Ich zu lösen."(ÜDB 282) Wie immer ist die Möglichkeit dieser Befreiung an die Einstellung der Eltern gebunden. Auch sie durchleben eine Krise und müssen sich aus der Rolle, die sie bisher für ihre Kinder gehabt haben, zurückziehen und ihr Verhältnis zum Kind neu bestimmen. Sie müssen es ertragen, nicht mehr das Ideal-Ich ihrer Kinder und ihr primäres Liebesobjekt zu sein. Der Instanzenwechsel ist ein anderes, trieb-ökonomisches Nebenprodukt der ödipalen Ablösung. Das von den Eltern repräsentierte Ideal-Ich wird durch ein nicht mehr personifiziertes Ich-Ideal ersetzt. Der Traum vom Tod der Eltern hat also mehrfache Bedeutung. Er zeigt auch an, daß die Eltern als Ideale gestorben sind. Die Überwindung des Ödipuskomplexes beinhaltet auch den Verzicht auf die Idealisierung der Eltern. Aus Göttern (oder Dämonen) werden Menschen.

Die Früchte dieser letzten Kastration bestehen erst einmal in der Latenzzeit in einer Hinwendung zu außerfamiliären Beziehungen und zu intellektuellen, sportlichen oder manuellen Aktivitäten. Die Überwindung der infantilen Triebregungen und der libidinöse Verzicht auf ihre Objekte führt zu einer Zeit außergewöhnlicher Sublimierungsmöglichkeiten, für die die Gesellschaft eine Institution bereitstellt, die Schule. Bei ihr kritisiert Dolto allerdings systematisch die Reduktion auf intellektuelle Sublimierungsmöglichkeiten.

Die spätere Frucht der gelungenen ödipalen Auflösung besteht in der Freiheit, sein Liebesobjekt nunmehr woanders zu suchen und zu finden und mit ihm die lust- und verantwortungsvolle Beziehung zu leben, die ihm vor langer, langer Zeit versprochen worden war. „Daß sein Begehren nicht nur nicht verboten, sondern erlaubt und gültig ist, wenn es nicht mehr nach inzestuösen Objekten strebt, ist das, was den Kindern gesagt werden muß."(UBK 183)

Und wieder das Subjekt

Die Herausbildung der Körperbilder macht deutlich, wie weitgehend sie fremdbestimmt sind. Die totale Abhängigkeit des Neugeborenen, die der völligen Teilhabe an der Mutter während der Schwangerschaft folgt, führt dazu, daß sich seine Psyche wesentlich als Spiegel der Mitteilungen des anderen entwickelt. Der Subjektbegriff ermöglicht es, in dieser völligen Abhängigkeit und Fremdbestimmung so etwas wie einen originellen Kern, ein Minimum von Entscheidungsfreiheit zu retten. Und sei es die des Mythos, daß das Kind seine Eltern selbst gewählt hat, daß also seiner Entstehung schon ein eigenes Begehren zugrunde lag, das in sich die Potentialität der Autonomie birgt. Der Subjektbegriff beinhaltet antizipatorisch diese Autonomie, die das Ziel der Erziehung ist. Dieses Stückchen Freiheit, diesen kleinen Bereich des Nicht-Fremdbestimmten, des Erwünschten ist in der Subjektkonzeption erhalten. Wenn Dolto zu einem Kleinkind, das von extrem unreifen Eltern versorgt wurde, bevor es ins Heim kam, sagt:

> „Du hast diese Eltern gewählt, Du hast keine einfachen Bedingungen für Dein Leben gewählt, Du hast es wirklich nicht leicht gehabt, Dich diesen Eltern verständlich zu machen, doch wenn Du diese schwierigen Bedingungen gesucht hast, dann weil Du auch genügend Kraft in Dir hast, damit umzugehen."[18]

Der Subjektbegriff beinhaltet diesen Appell an die eigenen Möglichkeiten, an die Fähigkeiten letztendlich an den aus dieser Urszene hervorgegangenen primären Narzißmus, um auch aus den schwierigsten Bedingungen nicht zerstört hervorzugehen.

Der Subjektbegriff beinhaltet auf der Ebene des Ursprungsmythos bei der Zeugung die Entscheidung, dieses Leben gewünscht zu haben. Gleichzeitig antizipiert er eine zukünftige Freiheit jenseits der Abhängigkeit der Kindheit. Es beinhaltet das Versprechen auf einen eigenen Weg, der schon jetzt anvisiert wird und dem Kind das Recht auf die Ablösung zeigt. Es ist ein Appell an die Potentialitäten, an die Bestimmung durch die Abhängigkeit hindurch zu gehen, um sie von Kastration zu Kastration zu verringern.

Da Dolto sich stärker als Freud auf den prägenitalen Dschungel der Triebregungen eingelassen hat, auf die frühe Zeit der stärksten Abhängigkeit, hat sie sich und den Kindern, mit denen sie arbeitet, die Fiktion einer Freiheit gelassen. Der Subjektbegriff ist die Rettung aus einem völligen Determinismus. Er beinhaltet die Vorwegnahme der Potentialitäten, die dem Kinde innewohnen, die sich aber erst nach einer langen Periode der Latenz zeigen können. Das Subjekt ist das zukünftige Wesen, Mann oder Frau, an das sich Dolto im Hier und Jetzt seines noch neutralen Status eines Kleinkindes wendet. 'Homme ou Femme en devenir', die im Werden begriffene Frau, der im Werden begriffene Mann, Dolto wendet sich an das zukünftige Geschlechtswesen, das im Keim für sie schon vorhanden ist. Diese Sichtweise beinhaltet auch eine Vorwegnahme der Verantwortung. Für Dolto strukturiert der Säugling aktiv seine Beziehungen. Es gibt bei ihr nicht nur den Spiegel, den reinen Reflex auf die Affekte der Mutter oder der ersten Bezugspersonen. Der Subjektbegriff beinhaltet auch diesen Aspekt: Die Unterstellung einer Verantwortung für die Beziehungen, die der Säugling eingeht. Die Möglichkeit der Wahl impliziert die Pflicht zur Verantwortung. Da er dieses Leben gewählt hat, hat er sich gegenüber die Verantwortung, es auf sich zu nehmen.

Die analytische Arbeit besteht darin, diesen mythischen Punkt der Wahl wieder aufzufinden. Zu einem Kind, dessen Mutter lange gezögert hatte, ob sie abtreiben würde, sagt sie, als es die Therapie abbrechen wollte: „Als Du im Bauch Deiner Mutter warst, wußte sie nicht, ob sie Dich behalten würde oder ob sie Dir noch vor Deiner Geburt erlauben würde zu sterben. Darum möchte ich nicht, daß Du gehst, bevor Du mit mir über den Moment gesprochen hast, als Du Dich entschieden hast, zu leben.“[19] Es geht in der Analyse darum, an die Quelle seines Lebens zurückzukehren. Beachtenswert ist hier die Umkehrung der Formulierung: Die Mutter wollte abtreiben, das Kind hat sich entschieden zu leben. Es hat einen Beitrag dazu geleistet, daß die Mutter sich anders entschieden hat. Aus der Rolle des Objekts ist es in der Formulierung zum Subjekt geworden. In diesem Vorgang verdichtet sich ihre Subjektkonzeption. Jenseits des Partialobjekts, des Parasiten seiner Mutter gibt es ein Subjekt, das von Anbeginn an Einflußmöglichkeiten auf sein Leben hat. Die Subjektkonzeption beinhaltet diese Unterstellung einer Einflußnahme unter allen Umständen. Der Subjektbegriff unterstellt eine ursprüngliches

Bejahung des Lebens, jenseits aller im Verhalten sichtbaren Negativität oder Verleugnung. Diesen mythischen Zeitpunkt gilt es wiederzufinden, das 'Ja' als Quelle des Lebens.

Für Dolto ist das Leben Zeichen eines Vertrages. Jeder Atemzug zeigt, daß der Vertrag verlängert wird. Leben heißt, diesen Vertrag einst im eigenen Namen unterschrieben zu haben. Diese Schriftzüge gilt es wiederzufinden, auch wenn das Dokument, das Körperbild noch so entstellt ist. Jenseits aller Inschriften, die die Unterschrift annullieren oder für ungültig erklären, gibt es dieses Jawort zum Vertrag, gibt es diese unverwechselbaren Schriftzüge, die keinem anderen zugeordnet werden können.

Der individuelle Wunsch, der in sich die Möglichkeit der Differenz, der Differenzierung birgt, ist konstitutiv für das Subjekt. Der Subjektbegriff impliziert das Recht auf die Differenz, das Verlassen des reinen Objektstatus des anderen. Der Wunsch selbst beinhaltet eine Differenzierung, in ihm ist eine Trennung vom Körper des anderen enthalten. Siedelt Dolto doch die subtile Kommunikation in der Distanz an, in der räumlichen und übertragenen Entfernung vom Körper des anderen. Die subtile Kommunikation ist bei ihr die Sprache des Begehrens. Sie ermöglicht das Verlassen des Objektstatus, die Aufhebung der Entfremdung in den Wünschen des anderen. Das Subjekt bei Dolto ist letztlich die Garantie, nicht in den Wünschen eines anderen aufzugehen, nicht durch den anderen enteignet zu werden. Es ist die Garantie eines Eigensinnes, in einer doppelten Bedeutung des Wortes: eines Sinnes, der nicht vom anderen vorgegeben wird und die Garantie einer Sinnlichkeit, die nicht die des anderen ist. Einer Sinnlichkeit, die nicht mit der Mutter geteilt wird und von ihr absorbiert wird, wie es bei Dominique der Fall war. Mit dem Subjektbegriff erlaubt Dolto dem Kind, dieses Recht auf Eigensinn wahrzunehmen. Dieses Recht, etwas anderes zu wünschen, als seine Erzeuger und eine getrennte Sinnlichkeit zu erleben. Das meint Dolto mit dem Bezug auf den zukünftigen Mann oder die zukünftige Frau: Das Versprechen, die Eltern verlassen zu dürfen. Der Doltosche Subjektbegriff beinhaltet wesentlich ein Versprechen: Das Versprechen einer zukünftigen Autonomie, die in Worten antizipiert wird.

Versuch einer Synthese der Körperbildtheorie

Das Kind

Das Doltosche Paidos ist noch kein Mensch. Seine neuro-physiologische 'Spätreife' steht in einem krassen Gegensatz zu den antizipatorischen Möglichkeiten seines Vorstellungsvermögens. Noch bevor das Kind sich selbst im Raum fortbewegen kann, hat es qua Identifizierung mit den Personen seiner Umgebung schon deren Möglichkeiten in sich aufgenommen und stellt sich vor, so zu sein, zu gehen, zu handeln, wie sie. Je begrenzter die eigenen Handlungsmöglichkeiten, desto größer scheint die antizipatorische Macht des Vorstellungsvermögens zu sein. Die Entwicklung des Kindes impliziert eine permanente Ent-Täuschung. Allein die Eroberung des Raumes und die Integration der Schwerkraft, das Erlangen der motorischen Koordination zur Durchquerung des Raumes und zur Handhabung der Gegenstandswelt ist mit einer Unzahl von Mißerfolgserlebnissen verbunden. Diese Mißerfolgserlebnisse zeigen einerseits die tiefe Kluft zwischen den Wünschen des Kindes und seinen Realisierungsmöglichkeiten und sie bereiten - ein nicht zu unterschätzender Faktor - Schmerzen. Das Kind stößt mit seinem Körper ständig irgendwo an, fällt, wenn es klettern will, wird von anderen Kindern umgestoßen e.t.c. Kindsein heißt bei Dolto leiden. Leiden an der Unzulänglichkeit des Körpers, an der Langsamkeit seiner Entwicklung.

Ein extremes Bild für diesen Zustand des Infans hat Françoise Samson, eine Pariser Germanistin und Psychoanalytikerin auf einer Tagung in Kassel gezeigt:[20] Es ist Gregor Samsa aus Kafkas Erzählung 'Die Verwandlung.' Gregor Samsa macht die 'involutive' Entwicklung in die Kindheit zurück durch. Der Käfer ist das Infans. Bei der folgenden Passage geht es um ein Infansstadium noch vor der Möglichkeit der Fortbewegung, um den im Bett liegenden Säugling:

> „Zuerst wollte er mit dem unteren Teil seines Körpers aus dem Bett hinauskommen, aber dieser untere Teil, den er übrigens noch nicht gesehen hatte und von dem er sich auch keine rechte Vorstellung machte, erwies sich als zu schwer beweglich; es ging so langsam; und als er schließlich, fast wild geworden, mit gesammelter Kraft, ohne Rücksicht sich vorwärts stieß, hatte er die Richtung falsch gewählt, schlug an den unteren Bettpfosten heftig an, und der brennende Schmerz, den er empfand, belehrte ihn, daß gerade der untere Teil seines Körpers vielleicht der empfindlichste war. Er versuchte es daher, zuerst den Oberkörper aus dem Bett zu bekommen, und dreht vorsichtig den Kopf dem Bettrand zu. Dies gelang auch leicht, und trotz ihrer Breite und Schwere folgte schließlich die Körpermasse langsam der Wendung des Kopfes. Aber als er den Kopf endlich außerhalb des Bettes in der freien Luft hielt, bekam er Angst, weiter auf diese Weise vorzurücken, denn wenn er sich schließlich so fallen ließ, mußte geradezu ein Wunder geschehen, wenn der Kopf nicht verletzt werden sollte... Aber als er wieder nach gleicher Mühe aufseufzend so dalag wie früher, und wieder seine Beinchen womöglich noch ärger gegeneinander kämpfen sah und keine Möglichkeit fand, in diese Willkür Ruhe und Ordnung zu bringen, sagte er sich wieder, daß er unmöglich im Bett bleiben könne und daß es das Vernünftigste sei, alles zu opfern, wenn auch nur die kleinste Hoffnung bestünde, sich dadurch vom Bett zu befreien."[21]

Kindsein heißt ein Martyrium zu erleben. Die menschliche Frühgeburt ist eine Verdammung. Kindsein heißt exzessiv ohnmächtig sein. Das ist ein Aspekt des Doltoschen Kindes. Gregor Samsa erlebt die conditio infantis schlechthin. Das Kind an und für sich in den Grenzen seines Körpers befindet sich in einer 'détresse originelle', in einer ursprünglichen Not. Daher die Notwendigkeit des anderen, um seinen permanenten Mangelzustand auszugleichen. Es liegt nahe, Gregor Samsa mit Muriel Cahen zu vergleichen, die sich in dem fortgeschrittenen Stadium ihrer Hopkinschen Krankheit an dem Wendepunkt zu diesem Zustand befindet, in dem sie ihre Beine nicht mehr tragen werden und sie für die Fortbewegung auf Unterstützung angewiesen sein wird. In dem Traum, der diesem Zustand vorhergeht und ihn vielleicht ankündigt erlebt Muriel Cahen eine ungeahnte Glückseligkeit bei dem Hören unverständlicher Laute. Diese Laute 'Deine Augen sind schöner als die Sterne' geben dic Strophe eines indischen Wiegenliedes wieder, das ihr von ihrem indischen Kindermädchen sie in ihren Armen haltend, vorgesungen wird. Bei Gregor Samsa ruft der Zustand der motorischen Hilflosigkeit größte Verzweiflung hervor, bei Muriel Cahen Glückseligkeit. Die frühe Kindheit ist abgründig. Sie findet in Todesnähe statt. Die Fragilität dieses Körpers, seine Hilflosigkeit verursachen ein Leben in ständiger Bedrohung, wenn nicht der Erwachsene behutsam und selbstverständlich die Hilflosigkeit des Körpers durch seine Sorge und Pflege ausgleicht. Diese Beziehung zum Erwachsenen, der das Kind hält und wiegt ist zugleich die Quelle von Glückseligkeit. Doch der Doltosche Erwachsene pflegt und hält nicht nur, er spricht und singt. Die von Muriel Cahen im Traum erlebte Glückseligkeit wurde durch das Hören von Lauten ausgelöst. Da sie nur ihre ersten neun Lebensmonate in Indien verbrachte, bezieht sich die Erinnerung notwendig auf eine Zeit, in der sie zu ihrer Fortbewegung auf die Arme und Beine eines anderen angewiesen war. Die Glückseligkeit war die eines Traumes. Auf dem Gesicht von schlafenden Säuglingen kann man den Ausdruck der Glückseligkeit finden, sie halluzinieren nach der Aussage Freuds ein Befriedigungserlebnis. Auch bei Dolto gibt es das befriedigte, glückselige Kleinkind. Die Befriedigung schlägt in Glückseligkeit um, wenn sie sich einem subtilen Austausch verdankt. Muriel Cahen träumte nicht das Gehaltenwerden, den Körperkontakt mit ihrem Kindermädchen, sondern deren Gesang. Die gesungenen und gesprochenen Worte siedeln sich bei Dolto im Bereich der subtilen Kommunikation an, sie sind erinnerbar. Die subtile Kommunikation versöhnt das Kind mit der Unzulänglichkeit seiner körperlichen Konstitution. Sie läßt ihn die exzessive Last und Lust dieses Körpers ertragen.

Die Sprache ist kein Luxus, die die Natur oder der Schöpfergott dem Menschen als Zugabe hinzugesellt hat. Die Sprache gleicht die Unzulänglichkeit der menschlichen Natur aus, sie erlöst aus der Ohnmacht und Abhängigkeit.

Sie versöhnt den kleinen Menschen mit der Unzulänglichkeit und Exzessivität seines Körpers.[22] Das Doltosche Kind ist immer 'zurückgeblieben', immer unzureichend in Bezug auf die Realisierung seiner Wünsche. Seine Einbildungskraft steht im Widerspruch zu seinen realen Möglichkeiten. Es fehlen ihm immer die Mittel, um das zu tun, was es möchte. Die Sprache ist die Brücke, die sein Körperschema mit seinem Körperbild verbindet, die es mit diesem strukturellen Mangel versöhnt, und dies durch ihre Macht der Anerkennung und des Versprechens. Die Erwachsenen haben für Dolto ihren Kindern gegenüber die Aufgabe zu versprechen und Mut zu machen, den eigenen Weg zu finden und zu gehen. Der wesentliche Inhalt dieses Versprechens ist die zukünftige Autonomie.

Die Einbildungskraft hat aber nicht nur antizipatorisches Vermögen im positiven Sinne. Ihr bedrohlichster Aspekt, der sich in der Psychose zeigt, liegt in der Möglichkeit, die Annihilation zu phantasieren. Doch auch ihre gefährlichen Aspekte können nach Doltos Ansicht in der Kindheit aufgefangen werden, indem über sie gesprochen wird.

Die Lust, die mit der Körperpflege und der nährenden Nähe von Mutter und Kind verbunden ist, birgt in sich die Gefahr, das Kind an die Mutter zu binden und auf die Möglichkeiten der Weiterentwicklung, die seinem Körperschema inhärent sind, zu verzichten. Die Sprache, im weiteren Sinne die subtile Kommunikation, ermöglicht die Befreiung aus der Körpernähe des anderen. Die Sprache erlaubt den Verzicht auf die unmittelbare Körperlust und ermöglicht eine Art sublimer Lust, die nicht fixierend wirkt. Die Körper-an-Körperlust birgt in sich die Gefahr der Fixierung in einem doppelten Sinne. Fixierung an das lustspendende Objekt und Fixierung, Feststellung auf einen bestimmten Punkt der libidinösen Entwicklung. Die subtile Kommunikation ermöglicht einen Austausch in der räumlichen Entfernung der Körper und eröffnet eine Kette von Substituten, von Repräsentationen der ursprünglichen Objekte und damit eine Loslösung des Kindes von diesen Objekten.

Körper-Bild

Die Theorie des Körperbildes befindet sich an der Schnittstelle einer Theorie der analytischen Therapie und einer Entwicklungs- und Erziehungstheorie. Dolto hat mit dieser Theorie beiden Ansprüchen genüge getan. In dem ersten Aufsatz 'Personologie und Körperbild' von 1961 ging es ihr mit der systematischen Auswertung von Kinderzeichnungen einerseits darum, die 'Nachzeichnung' der kindlichen Entwicklung und Selbstrepräsentation nachzuvollziehen und darzulegen und andererseits aus den graphischen Produktionen der Kinder Schlüsse über ihre erlebte Beziehungsrealität zu ziehen. Die gemeinsame Lektüre dieser Produktionen mit dem Kind erlaubt, die phantasmatische Welt seiner Objekt- und Selbstrepräsentationen, die seinem Verhalten innerhalb und außerhalb der Übertragungssituation zugrunde liegen, zu erkunden und durchzuarbeiten. In dieser ersten Phase der Erforschung der Körperbilder geht es Dolto schwerpunktmäßig um einen therapeutischen, klinischen Zugang zu den Körperrepräsentationen des Kindes. Damit verbunden war eine Erforschung der Beziehungsrealität des Kindes in der Vor- und Frühzeit seiner Existenz. Die Körperbildtheorie beinhaltet die Erforschung der Modalitäten der Austauschformen zwischen Mutter und Kind vor dem Erlangen der Fähigkeit, artikuliert zu sprechen und vor dem Eintritt in den Ödipuskomplex. Die Körperbildtheorie ist damit zugleich eine Entwicklungstheorie. Sie zeigt auf, welche Folgen die Reifung des Körperschemas und die Prävalenz bestimmter Sinnesorgane für die Objektbeziehungen des Kindes und für seine Selbstrepräsentation hat? Die Körperbildtheorie ist eine Metaphorisierung des Körpers. Einerseits thematisiert sie die Bilder, die die Kinder von sich, von ihrem Körpererleben in einer Beziehung zeichnen, andererseits enthält sie eine Entwicklungstheorie, die der Intersubjektivität Rechnung trägt. Sie versucht nicht, das Infans aus einem Kontext herauszulösen, ohne den es nicht überleben könnte. Der Mensch ist ein Beziehungswesen, die Entwicklung seines Körperschemas, seines artspezifischen Körpers hängt von seinen Beziehungserfahrungen ab. Die Körperbildtheorie trägt dieser Abhängigkeit des menschlichen Organismus von seiner Umgebung Rechnung. Das Doltosche Kind reagiert aber auch nicht nur auf äußere und innere Reize, es ist nicht reiner Körper. Der Körper selbst ist schon Symbol, sei es für eine Liebesbeziehung, sei es für eine Zufallsbegegnung, in jedem Fall für eine Entäußerung. Die Körperbildtheorie thematisiert das Kapitel der menschlichen Entwicklung, das nicht in der biologischen Reproduktion und Entwicklung aufgeht. Das Körperbild wäre dann eine Art Schatten, Spiegelbild des Körpers, der seinerseits informierend und strukturierend oder destrukturierend auf die biologischen, organischen Potentiale wirkt.

Der Begriff des Körperbildes trägt dem subjektiven Erleben mit dem Körper Rechnung. Der Körper ist die Behausung für ein Subjekt. Er kann von diesem so feindselig, so fremd erlebt werden , daß das Subjekt seine Signale und seien es Schmerzen, nicht wahrnimmt. Die Körperbildtheorie versucht die Beziehung des Subjektes zu seinem Körper zu ergründen und nimmt sich der möglichen Dissoziation von Körper und Selbstrepräsentation an. Sie zeigt zugleich auf, daß die anthropomorphe Selbstrepräsentation nicht von Anfang an gegeben ist. Die Bilder, die der Mensch sich qua Vorstellung von sich selbst macht, entsprechen weder wissenschaftlichen Erkenntnissen über den Menschen, noch dem Primat des Visuellen unterworfenen Bildnissen. Das Körperbild ist kein Photo, es trägt den prä-okularen Wahrnehmungen Rechnung und liegt damit an der Grenze des Beschreibbaren, des Sprachlich-Faßbaren, da die Metaphern des okzidentalen Sprachraums sich weitgehend auf das Auge beziehen.

Die Körperbildtheorie ist der Versuch, einen sinnlichen Körper zu metaphorisieren, der nicht gesehen sondern erlebt wird. Dolto versucht Wahrnehmungsformen zu denken, die durch den Eintritt in das Spiegelstadium und die Unterwerfung unter das visuelle Primat teils zurückgedrängt, teils ins Unbewußte verdrängt werden und teils verloren gehen.

Hier noch ein kurzer Hinweis auf den metaphysischen Aspekt ihrer Theoriebildung: Es ist dies ihr Glaube, in welchem sich christliche und buddhistische Elemente zu vereinen scheinen. Der sinnhafte Determinismus ihrer teleologischen Entwicklungstheorie und ihrer Subjektkonzeption schließt jede Kontigenz auf der Ebene des Seins aus. Die menschliche Existenz selbst verdankt sich einer vorgängigen Sinnhaftigkeit.[23] Die Aufwertung der Stimme und des Ohrs und die Geringschätzung des Auges bei Dolto entsprechen wiederum jüdischen Glaubenselementen.

Erziehung

Wenn Dolto in den Anfängen der Entwicklung der Körperbildtheorie die kindliche Entwicklung thematisierte und daraus abgeleitet eine Behandlungstheorie der infantilen Pathologie entwickelte, so hat sie mit der Veröffentlichung des 'Unbewußten Bildes des Körpers' 1984 eine Wende vollzogen. Dieses Buch erweist sich als eine Theorie der Erziehung. Dolto hat den therapeutisch, klinischen Ansatz nicht aufgegeben, sie hat in Bezug auf ihre Körperbildtheorie aber einen neuen Interessen- und Forschungsschwerpunkt gesetzt. Wenn der Begriff der 'épreuve' noch einer Entwicklungstheorie zuzuordnen ist, so markiert ihr Kastrationsbegriff ihre Hinwendung zu einer Erziehungstheorie. Erziehen heißt symboligene Kastrationen geben. Die menschliche Entwicklung muß dirigiert werden. Ihr muß eine Richtung gewiesen werden. Sie birgt ein großes Risiko der 'Involution' oder der Stagnation. Das Infans entwickelt sich nicht von alleine zum Menschen. Sein Hang, in einer Entwicklungsphase zu verharren, den gekannten Objektgenuß nicht aufgeben zu wollen, sondern dauerhaft bei ihm zu verweilen, ist so groß, daß es einer Anleitung bedarf, um ihn zur nächsten Etappe seiner Entwicklung zu führen.[24] Das Infans muß aus dem Paradies der Genußsucht und symbiotischen Teilhabe am Körper der Mutter vertrieben werden. Seine neuro-physiologische Entwicklung allein reicht nicht aus, um ihn den Weg in die Welt finden zu lassen. Sie muß gestützt, unterstützt, gefördert werden, damit die Schritte von der Mutter weg auch gegangen werden. Sicher gibt es bei Dolto auch ein der Entwicklung inhärentes Streben zur Autonomie. Bei diesem muß die Erziehung dafür sorgen, daß es sich nicht auf Kosten der anderen realisiert. Die Sozialisierung oder Menschwerdung, wie sie es nennt, bedarf der Verbote. Der infantile Egoismus muß überwunden werden, die Gesetze des Zusammenlebens sind mit Einschränkungen verbunden.

Auf der anderen Seite gibt es bei Dolto auch das von Anfang an soziale Wesen, das das Leid eines anderen, in der Regel der Mutter, auf sich nimmt. Es gibt den Säugling, der durch sein Schreien trösten möchte oder der durch sein Schreien die stummgebliebenen Hilferufe oder Protestschreie seiner Mutter ausdrückt. Das Doltosche Infans ist auch von Anfang an von sozialen Beweggründen geleitet. Diese formuliert sie in ihrer Theorie von der 'genetischen Solidarität' und dem 'ethischen Ursprung der Krankheit'.(ZMK 179ff) Doch auch bei dem Ausdruck seiner sozialen, humanen Absichten bedarf das Infans der Übersetzung durch den Erwachsenen. Seine Ausdrucksmittel stehen auch hier in einem radikalen Mißverhältnis zu seinen Absichten. Der Schrei bedarf der Deutung, der Spiegelung, der Annahme durch den anderen, sonst verhallt er im Leeren oder bewirkt das Gegenteil seiner Absicht.

Ohne Unterstützung, ohne Anleitung, ohne das Aussprechen von Verboten gibt es keine Menschwerdung. Erziehung setzt sich zusammen aus einer bejahenden Grundhaltung der erwachsenen Bezugspersonen und punktuellen Verboten, Einschränkungen und Erklärungen, wenn sie gelingen soll.

Doltos Erziehungstheorie ist insofern eine utopische Erziehungstheorie, als sie Bedingungen entwickelt, unter denen Erziehung gelingen kann. Ihr häufig in Konditionalform geschriebenes Buch zeigt die Bedingungen auf, unter denen Kinder und Erwachsene gemeinsam und konfliktbeladen den Weg in die zukünftige Unabhängigkeit voneinander antreten und gehen können. Wenn der Weg der Menschwerdung voller regressiver Fallen für das Kind ist, so ist auch der Erwachsene nicht davor gefeit, sein Glück in der Abhängigkeit seines Kindes zu finden. Mutterschaft und Vaterschaft sind voller Fallen, ihrerseits oder seinerseits in einen verlassenen paradiesischen Zustand von fusioneller Einheit mit dem anderen zurückzukehren oder einen Zustand von vollständiger, perverser Beherrschung eines infantilen Liebesobjektes zu genießen. Insofern bezieht sich der Kastrationsbegriff auf die zu Erziehenden und die Erziehenden gleichermaßen. Immer wieder betont Dolto, daß der Erwachsene sich seinerseits dem Triebverzicht unterwerfen muß, den er dem Kinde abverlangt.

Da die Identifizierung, die Inkorporation des Ideal-Ichs, das durch die Eltern und die älteren Geschwister repräsentiert wird, das Hauptmotiv für das Fortschreiten der kindlichen Entwicklung sind, müssen die Eltern sozialisierte Vorbilder sein. Sonst entwickelt sich das Kind qua Identifikation zu einem dissozialen, oder um die dissozialen Tendenzen auszuschließen, zu einem extrem gehemmten Erwachsenen. Erziehung stellt also, wenn sie gelingen soll, sehr hohe Ansprüche an die Erziehungspersonen. Die Kindheit ist für alle Beteiligten so voller Gefahren, daß man die Frage fast umkehren müßte: Wie kommt es, daß sie in den meisten Fällen dennoch gelingt, daß halbwegs normal-neurotische Erwachsene aus ihr hervorgehen?

Vielleicht ändert sich das aber auch, vielleicht zeigen die Klagen von Lehrern, Politikern, Erziehern und Eltern an, daß Erziehung tatsächlich nicht mehr unreflektiert, selbstverständlich zum Ziele führt? Vielleicht thematisiert Dolto mit ihren Abhandlungen die Krise der familiären und institutionellen Pädagogik der Moderne?

Der Doltosche Erwachsene muß im wesentlichen mit seinem Kind sprechen, um ihn in der Entwicklung seiner Reifungspotentialitäten zu unterstützen. Er muß ihm Mut machen, Hindernisse zu überwinden, das Vertrauen in seine Fähigkeiten nicht zu verlieren. Er muß ihm erklären, was ihm zustößt, und er muß vor allem immer wieder die zukünftigen Fähigkeiten und Möglichkeiten aufzeigen. Die Sprache versöhnt das Kind mit den Unwägbarkeiten seiner Entwicklung, hilft ihm, die Unzulänglichkeit seines Körpers zu ertragen und diese unerträgliche Diskrepanz zwischen Vorstellungen und Wünschen einerseits und den Ausdrucks- und Realisierungsmöglichkeiten andererseits auszuhalten. Sie befreit das Kind auch von der schuldhaft erlebten Allmacht seiner Wünsche und von der masochistisch erlebten Allmacht der elterlichen Wünsche. Erziehung heißt bei Dolto auch, das Kind durch Worte dabei zu unterstützen, seine aus der Omnipotenzvorstellung entstehenden imaginären Schuldgefühle abzubauen und in ein Verantwortungsgefühl zu überführen. Schuldgefühle und in ihrer Folge Selbstbestrafungstendenzen führen zu dissozialem Verhalten. Das magische Denken, das die reale Ohnmacht kompensiert, muß überwunden werden. Der Doltosche Kastrationsbegriff beinhaltet auch diese Dimension der Anerkennung der eigenen Grenzen. Den Körper annehmen heißt auch, seine räumlichen und zeitlichen Begrenzungen zu akzeptieren.

Die Übernahme von Verantwortung beinhaltet den Verzicht auf die Konstruktion magischer Kausalzusammenhänge, in denen die handelnde Person entweder zur alleinigen Causa alles Geschehens wird. Dementsprechend hat sie alle Risiken und Folgen ihrer Handlungen in imaginären Schuldzusammenhängen allein zu verantworten. Oder aber im anderen Extrem wird sie zum willenlosen Opfer zerstörerischer Fremdeinflüsse und bleibt hinsichtlich eigener Intentionen subjektiv vollkommen unbeteiligt an den Ursachen und Folgen ihrer Handlungen.

> „Verantwortungsgefühl entstammt natürlich dem Bewußtsein von der genitalen Reife unseres Körpers. Zur Entstehung des Verantwortungsgefühls kommt es auf unbewußtem Wege, wenn eine absichtlich ausgeführte Handlung unmittelbar und langfristig, bis in künftige Generationen hinein Früchte tragen kann.

> Schon vom Alter der Vernunft an, ab acht oder neun Jahren, vermag jedes Kind zu begreifen, daß es für Wirkungen, die sein eigenes Verhalten bei anderen auslöst, die teilweise oder volle Verantwortung trägt. Die Erziehung sollte den Menschen und vor allem den Kindern helfen, zwischen Schuld-gefühlen und Verantwortung zu unterscheiden. Die Verwirrung ist unvermeidlich, wenn man beim einzelnen nicht frühzeitig Kritikfähigkeit und ein ethisches Verantwortungsgefühl entwickelt."(cde 397; ZMK 181)

Dieses Zitat gibt das Dilemma wieder, in dem sich Doltos gesamte Erziehungskonzeption befindet. Einerseits postuliert sie ein natürliches Gefühl für Verantwortung, das aus den möglichen Folgen der Geschlechtsreife entsteht, andererseits muß dieses Verantwortungsgefühl durch die Erziehung entwickelt und vorbereitet werden. Die Erziehung muß dem Menschen helfen, zwischen imaginärer Schuld und Verantwortungsgefühl zu unterscheiden. Dolto setzt die Soziabilität beim Kleinkind voraus und sagt zugleich, daß sie das Werk der Erziehung ist.

Das Ziel von Doltos Erziehungskonzeption ist ein Mensch, der seine Geschichte als die seine anerkennen kann. Der versöhnt ist mit seiner Existenz und damit mit der Urszene und der Genealogie, aus der er hervorgegangen ist und der entsprechend seinerseits seinen Ursprung verlassen und Verantwortung für die Folgen seiner Handlungen und auch unbewußten Wünsche übernehmen kann, sich also seinerseits seinem Nachwuchs gegenüber verantwortlich zeigt. Diese Fähigkeit zur Verantwortung ist gebunden an die Bereitschaft seiner Vorfahren, seiner Erzeuger - zu antworten. Antworten heißt, Fragen zuzulassen, zu sprechen, für das Kind verdunkelte Zusammenhänge durch Worte transparent und einsichtig zu machen.

Sprechen kann Wunden nicht heilen, aber es verhindert Fixierungen an die Verwundung. Das Sprechen im Erziehungsprozeß hat für Dolto die Funktion, Bindungen herzustellen, die keine Fixierungen sind. Bindungen, die es ermöglichen, daß man sich aus ihnen löst, um später ohne Schuldgefühle andere Bindungen einzugehen.

III. Das Präventionskonzept

„Son truc, c'était la prophylaxie ... et elle y croyait mordicus en disant : „Ça ne fait rien, meme si on est dans l'outrance, après, au moins, on saura que les enfants ça s'écoute, que les enfants ça souffre, que les enfants ça existe..
Elle avait peut-etre raison après tout."[1]

„Salomo war ein weiser König.
Ich weiß alles, nursagen kann
ich es nicht. Erst mit dem Schreiben.
Ich bin oft erschreckt worden,
denn die Leute haben nicht
gewußt, daß ich alles verstehe."[2]

„Wenn das Kind auch noch nicht am
Sprachstadium angekommen ist,
hört es doch alles. Es versteht alles."[3]

Im Alter von 8 Jahren hat Françoise Dolto zum ersten Mal einen überlieferten Berufswunsch geäußert, nämlich 'Ärztin für Erziehung' ('médecin d'éducation') zu werden.(EK 46f) Als die Eltern und Brüder ihr entgegneten, daß es diesen Beruf ja gar nicht gebe, antwortete sie im Brustton der Überzeugung: „Dann muß es ihn eben geben." Sie erzählt, daß dieser Berufswunsch aus der häufig gemachten Erfahrung entstanden sei, daß die jüngeren Geschwister mit Erbrechen, Bauchschmerzen oder Durchfall auf Streitigkeiten zwischen dem Personal reagiert hatten, der herbeigerufene Arzt in Unkenntnis der Vorgeschichte, Bettruhe und eine Diät verschrieb, Maßnahmen, die die Spielmöglichkeiten unter den Geschwistern einschränkten und von den betreffenden Kindern immer leidvoll hingenommen wurden. Sie hatte gesehen, daß körperliche Symptome von etwas ausgelöst wurden, das außerhalb des Körpers stattfand. Ihrer Familie erklärte sie ihren Berufswunsch damit, „daß die Ärzte nicht wüßten, daß Kinder durch Dinge gestört sein könnten, die in ihnen seien, die aber keine Bakterien seien."(SP 40) Sie, die selbst von ihren Eltern, vor allem von ihrer Mutter oft nicht verstanden wurde, von ihr als eine Art Fremdkörper der Familie angesehen wurde, wollte durch ihren noch zu erfindenden Beruf Eltern dabei helfen, ihre Kinder zu verstehen. „..meine Vorstellung, 'Erziehungsärztin' werden zu wollen, zielte nicht in erster Linie darauf ab, Kindern helfen zu wollen. Vielmehr hatte ich die Idee, den Eltern zu helfen, ihre Kinder zu erziehen, sie zu verstehen."(SP 43) Diese Aussage ist der Kern des Doltoschen Präventionsgedankens. Es geht darum, Eltern, bei ihrer Aufgabe, ihre Kinder zu erziehen, zu helfen, ihnen zu helfen, die Äußerungen ihrer Kinder zu verstehen. Das von ihr beobachtete und selbst empfundene Leid des Kindseins wollte sie anderen Kindern ersparen, indem sie den Eltern andere Verständigungsmöglichkeiten eröffnete.

Ganz sicher hat, abgesehen von dieser frühzeitigen Determination, ihre klinische Erfahrung, die Häufigkeit ähnlicher Konstellationen in der Pathogenese infantiler Erkrankungen zu ihrer späteren Hinwendung zur Neurosen- und Psychosenprophylaxe beigetragen. Die Frustration, oft erst eingreifen zu können, wenn es schon zu spät ist, die Begrenztheit der therapeutischen Möglichkeiten bei schweren Störungen, auch wenn sie durch ihre 'Wunder' diese oft aufzuheben schien, ihre Überzeugung, daß viele chronischen Störungen in der frühen Kindheit entstanden sind, brachte sie mit fortschreitendem Alter dazu, sich mehr und mehr Erziehungsfragen und eben damit auch der Prävention psycho-sozialer Störungen zuzuwenden.

Alain Vanier stellt die Vermutung an, daß die unerwartet große Resonanz auf ihre Radiosendungen zur Erziehungsberatung, die Flut von Briefen, die sie erhielt und die Einflußmöglichkeiten, die sie dadurch entdeckte, sie quasi dazu gezwungen hat, die ihr zugetragene Rolle voll und ganz zu spielen, zur national bekannten und anerkannten Expertin für Erziehungsfragen zu werden. Auch Marie-Hélène Malandrin äußert diese Vermutung. Sie sieht einen Zusammenhang zwischen dem Erfolg der Radiosendungen und der Gründung des Maison Verte.

> „Sie (Dolto) hat vorher zwei Jahre lang ihre Sendung 'Lorsque l'enfant parait' im Radio gemacht. Sie war überrascht von der starken Wirkung dieser Kommunikation mit allen möglichen Eltern, mit Eltern, die letztendlich diese Möglichkeit besaßen, in dem Moment, in dem es nötig war, Fragen zu stellen und selbst fast zu Therapeuten ihrer Kinder zu werden, wenn man es so bezeichnen darf. Die zumindest diese Sensibilität hatten, und ihrem Kinde zuhören konnten, wenn es ihnen die notwendigen Fragen stellte."(Interview)

Dieses Kapitel über das Präventionskonzept Doltos folgt der Chronologie der Ereignisse. Es beginnt mit einer Analyse der Erziehungsberatungssendungen im Radio. Es folgt die Wiedergabe von Korrespondenzen zwischen Eltern bestimmter Kinder und Dolto, die sich aus den Sendungen ergeben hatten, einem Kind mit Down-Syndrom und Kleinkinder, die in einem autistischen

Rückzug leben. In ihren letzten Lebensjahren hat Dolto eine Konsultation für Kleinkinder, die im Heim leben, durchgeführt und aus diesen Erfahrungen allgemeine Ratschläge für die Arbeit mit Adoptiv- und Pflegekindern entwickelt. Darauf folgt eine Analyse der Arbeit in den Maisons Vertes, in denen sich Doltos Präventionsgedanke in einer neu für diesen Zweck geschaffenen Struktur vollendet.

Im Vorwort zur Veröffentlichung der Erziehungsberatungssendungen führt Dolto ihren Präventionsgedanken aus:

> „Wie konnte man etwas für diejenigen tun,... die die Zukunft einer Gesellschaft sind, von der sie aber niemals angehört werden? Schließlich stimmen die Verantwortlichen von Beratungsstellen darin überein, daß sie feststellen, daß die Verhaltensstörungen, aufgrund derer die Kinder zu ihnen gebracht werden, häufig auf die frühe Kindheit zurückzuführen sind. Neben den unmittelbar reaktiven Störungen aufgrund von schulischen oder familiären Ereignissen gibt es in der Kindheit richtige Neurosen oder Psychosen, die mit Störungen anfingen, die man hätte beheben können, wenn den Eltern und den betroffenen Kindern dabei geholfen worden wäre, sich ohne Angst und Schuldgefühle von beiden Seiten besser zu verstehen.“(5J 9 Hervorhebung von mir C.B.)

Dies ist ihr zugestandenermaßen unprätentiös formulierter Präventionsgedanke: Hilfe bei der Verständigung zwischen Eltern und Kindern. Wesentlich ist der Abbau von Angst und Schuldgefühlen, beide Affektzustände sind Antagonismen von Sicherheit. Das Gefühl der Sicherheit ist die Basis, die unbedingte Voraussetzung für eine störungsfreie oder störungsarme Entwicklung, für die Entstehung und Aufrechterhaltung des primären Narzißmus. Aufgabe der Prävention ist es Angst und Schuldgefühle abzubauen, und das auf beiden Seiten der Beziehung, bei den Eltern und bei den Kindern. Das Mittel, durch das Angst und Schuldgefühle gemindert werden sollen, ist unschwer, nach all dem, was bisher über Doltos Erziehungstheorie gesagt wurde, zu erraten. Es ist das Sprechen, nicht mehr und nicht weniger als das Sprechen.

In Bezug auf das Maison Verte formuliert Dolto den Präventionsgedanken folgendermaßen:

> „Das Maison Verte ist ein Ort der frühen Begegnung für Kinder. Ich hatte schon seit langem diese Idee, die ich mit befreundeten Analytikern, die Kinder im Alter der Schulpflicht oder schon mit drei-vier Jahren behandeln, geteilt habe. Wir hatten oft den Eindruck, daß wenn die Eltern jemanden hätten treffen können, als diese Kinder noch klein waren, es nicht zu so schlimmen Störungen gekommen wäre.“(MV 79)

Es geht bei der Prävention also um die Verhinderung schwerer Störungen durch die Einflußnahme auf die Beziehung, auf die Kommunikation zwischen Eltern und Kindern und zwar wesentlich in der Phase der frühen Kindheit. Bei der Arbeit mit Heim- und Pflegekindern, deren Erziehung nicht oder nur teilweise von den leiblichen Eltern übernommen wird, gilt es eine besondere Art der Prävention darzustellen, die die symbolischen Folgen dieser 'Elternlosigkeit' aufzufangen sucht.

Sendungen zur Erziehungsberatung

Das Selbstverständnis der Sendung und die Intention der Veröffentlichung

Von 1976 bis 1979 hat Françoise Dolto regelmäßig fünfmal in der Woche in einer Radiosendung von France-Inter, einem staatlichen Rundfunksender, auf die Briefe von Eltern und teilweise von Kindern und Jugendlichen geantwortet. Die Sendung hieß: „Lorsque l'enfant parait" - „Wenn das Kind zur Welt kommt" und wurde von montags bis freitags täglich von 9.30h bis 10.00h ausgestrahlt.

Schon während die Sendung noch lief, fing sie an, die bearbeitete Transkription der Sendung herauszugeben. Die drei Bände erschienen zwischen 1977 und 1979 unter dem gleichnamigen Titel. Die deutschen Ausgaben erschienen 1982 und 1984. Durch diese Sendung hat Françoise Dolto die Möglichkeit bekommen, ihre Vorstellung von einer gelungenen Erziehung und der bestmöglichen Entwicklung des Kindes auf nationaler Ebene vorzutragen. Die überarbeitete Ausgabe der Bücher zur Sendung stellt ein einmaliges Dokument dar, in dem Françoise Dolto in vivo, also an konkreten Alltagsproblemen von Eltern und Kindern als Erziehungsberaterin tätig wird.

Im Vorwort berichtet sie von der Vorgeschichte der Sendung und legt ihre Intentionen dar. Nach anfänglicher kategorischer Ablehnung, da sie sich als Psychoanalytikerin ohnehin ausgelastet fühlte, stimmt sie auch dank der Hartnäckigkeit von Pierre Wiehn, dem Programmdirektor von France-Inter schließlich doch zu, zumindest an dem Konzept zu einer solchen Sendung mitzuarbeiten. Schließlich wird ihr Interesse bei diesen Vorgesprächen so groß, daß sie ihre Einwilligung gibt, allerdings unter der Voraussetzung, daß die Eltern schriftlich von den Schwierigkeiten, die sie mit ihren Kindern haben, berichten.

> „Ich sah ein, daß man sich der Kinderwelt annehmen sollte, zumal die Nachfrage von seiten der Öffentlichkeit wirklich groß war. Doch wie konnte man Antworten geben, ohne zu schaden, ohne zu indoktrinieren, wie konnte man die Zuhörerschaft nutzen, um etwas für diejenigen zu tun, die die Zukunft

einer Gesellschaft sind, von der sie aber niemals angehört werden? Schließlich stimmen die verantwortlichen Beratungsstellen darin überein, daß sie feststellen, daß die Verhaltensstörungen, aufgrund derer die Kinder zu ihnen gebracht werden, häufig auf die frühe Kindheit zurückzuführen sind. Neben den unmittelbar reaktiven Störungen aufgrund von schulischen und familiären Ereignissen gibt es in der Kindheit richtige Neurosen und Psychosen, die früh anfingen, die man hätte beheben können, wenn den Eltern und den betroffenen Kindern dabei geholfen worden wäre, sich ohne Angst und Schuldgefühle von beiden Seiten besser zu verstehen."(5J 9)

Sie beklagt dann, daß viele Entwicklungsverzögerungen und -störungen nicht rechtzeitig von den Eltern beachtet werden und oft erst Hilfe gesucht wird, wenn schon so etwas wie eine Chronifizierung der Störungen stattgefunden hat, also zu spät.

„Man müßte also viel früher eingreifen, nämlich sobald bei der Erziehung des Kindes Probleme in seinem Verhältnis zur Mutter auftauchen. Aber wie?"(5J 11) Viele Eltern erkennen oft die Störungen ihrer Kinder bzw. die Störungen in der Kommunikation mit ihrem Kind, „probieren dann alles, wie sie sagen, bleiben aber hilflos. Gleichzeitig verliert das Kind an Lebenslust, weil es ihm nicht gelingt, sich gerade denjenigen gegenüber verständlich zu machen, von denen es - von Natur aus, weil es ein Kind ist - alles erwartet, und an deren Hilfe es gerade durch seine Entwicklungsstörungen appelliert."(5J 11)

Diesen Appellcharakter der Störungen will Françoise Dolto ernst nehmen und den Eltern durch ihre Anregungen und Informationen dabei behilflich sein, zu verstehen.

„Es gibt für Eltern nichts Schlimmeres, als ihre Ohnmacht gegenüber dem physischen oder psychischen Leid ihres Kindes festzustellen, und ebenso geht es dem Kind. Wenn es das Gefühl hat, seine existentielle Sicherheit zu verlieren, dieses Gefühl des natürlichen Vertrauens, das es aus dem Erwachsenen schöpft. Alles in allem ginge es also darum, die Eltern zu informieren, auf ihren Hilferuf eine Antwort zu geben, festgefahrene Situationen aufzulösen, dem einen oder anderen die Schuld abzunehmen, um letztlich Denkprozesse in Gang zu setzen; es ginge darum, Väter und Mütter in ihrem Verständnis zu unterstützen, daß auch sie zu der gestörten Entwicklung beigetragen haben."(5J 11/12)

Dolto möchte durch ihre Ratschläge und Informationen zur besseren Verständigung zwischen Kindern und Eltern beitragen. Dazu bedarf es erst einmal des ruhigen Nachdenkens, um übereilte, heftige Reaktionen auf die

Störungen der Kinder zu verhindern oder zumindest im Nachhinein zu hinterfragen. Teil dieses Nachdenkens ist die schriftliche Formulierung der Probleme.

> „Seine Schwierigkeiten schriftlich zu formulieren ist für sich genommen schon ein gutes Mittel, um sich selbst zu helfen. Das war eine erste Idee... Zu berücksichtigen wäre weiterhin die familiäre Lebensweise, die Anzahl der Kinder, das Alter, das Geschlecht, der Platz, den das Kind in der Geschwisterreihe einnimmt, denn von diesen Faktoren hängen eine Reihe von emotionalen Faktoren beim Kind ab."(5J 13)

Die Ziele von Dolto sind weitergesteckt. Sie möchte nicht nur die unmittelbar betroffenen, sich an sie wendenden Eltern zum Nachdenken auffordern, sondern alle Erwachsenen dazu ermuntern, über die Verantwortung der zukünftigen Generation gegenüber, nachzudenken.

> „Die Zuhörer,... und schließlich die, die hier meine Antworten lesen - sollten nicht denken, daß ich über ein wahres Wissen verfüge, das sie nicht in Frage zu stellen hätten. Es geht mir darum, sich den aktuellen Problemen der heutigen Kinder zu stellen. Diese sind in vielen Fällen Erfahrungen ausgesetzt, die sich stets verändern und ständig Situationen schaffen, die für alle neu sind. In den Antworten, die ich gebe, setze ich mir zum Ziel, die Eltern, die Schwierigkeiten haben, zu bewegen, ihre Probleme unter einem anderen Blickwinkel zu betrachten, jene Zuhörer, die sich nicht unmittelbar angesprochen fühlen, zum Nachdenken über die Stellung, die der Kindheit um uns herum eingeräumt wird, zu bringen, diese Kindheit, die wir Erwachsene, die wir neben ihr hergehen, zu empfangen und zu unterstützen haben, damit die Kinder in aller Ruhe den Sinn ihrer Verantwortung verstehen lernen."(5J 16)

Dieser Satz ist entsprechend Doltos Devise gebildet, daß das Entscheidende bei der Weiterangabe an die nächste Generation der Vorbildcharakter der Haltung der Erwachsenen ist. Nur das Gewahrwerden der eigenen Verantwortung durch die Erwachsenen ermöglicht es den Kindern ihrerseits, wenn es an ihnen ist, die Verantwortung für ihre Haltung zu übernehmen.

In den Schlußzeilen ihrer Einführung macht Françoise Dolto deutlich, um welchen Blick es ihr geht, wenn sie die Eltern auffordert, die Probleme ihrer Kinder aus einem anderen Blickwinkel zu sehen. Der Blick der Erwachsenen auf Problemkinder und Problemfamilien sollte kein urteilender, kein abspaltender, kein aussondernder Blick sein:

> „Ich hoffe auch, daß dieses Buch viele ermutigt, sich anderen Familien zu

nähern. Es mag dann dazu beitragen, in Leidsituationen geratene Eltern und ihre Kinder anders zu betrachten, so wie die Reaktion der Kinder mit anderen Augen zu sehen, ob man sie nun auf den Spielplätzen miteinander spielen sieht, ob es sich um Kinder handelt, die sich in der Schule schwer tun, oder um Kinder, die uns einfach in unserer Ruhe stören. Vielleicht kann es den Erwachsenen helfen, mit solchen Kindern anders zu sprechen, als wir es jetzt tun. Nicht zu schnell über sie zu urteilen, durch ihr Nachdenken Antworten auf alltägliche Probleme, die man ihnen anvertraut, und von denen hier so viel die Rede sein wird, zu finden. Vielleicht werden sie besser als ich, die hilfreichen Worte zu dem schwierigen menschlichen Dasein der Eltern und dem nicht minder schwierigen Dasein der Kinder bei denjenigen finden, denen sie begegnen und die sie um Rat bitten.ì(5J 17/18)

Detaillierte Lektüre einiger Sendungen

Im ersten Beispiel handelt es sich um Anfragen von Eltern von Säuglingen und Kleinkindern. Es geht um das Problem von Geräuschen, die auf die kleinen Kinder oft angstauslösend wirken. Der Dialogpartner von Françoise Dolto, ein Redakteur von France-Inter, der die von Catherine Dolto zusammengefaßten Fragen der Eltern vorträgt, fragt: „Viele junge Eltern möchten wissen, wie man Babys an Geräusche gewöhnen und sie mit bestimmten Klängen vertraut machen kann, die sie tagtäglich hören, fast jede Minute neu entdecken und sie manchmal beängstigen."(WKÄ 95) Françoise Dolto rät, den Kindern die Geräuschquellen, durch die sie am häufigsten beunruhigt werden, den Staubsauger, die Haushaltsgeräte und die Klospülung zu erklären, während man sie im Arm hält und das schon im Alter von ein paar Tagen, weil je kleiner ein Kind ist, desto empfindlicher es auf Geräusche reagiert. „Die Mutter könnte das Kind mit diesen alltäglichen Geräuschen vertraut machen, indem sie es dabei auf ihrem Arm hält. Die Geräusche würden auf diese Weise mamaisiert." - „Mamaisiert?" Ein etwas seltsamer Ausdruck, wirft der Sprecher ein. Dolto antwortet:

> „Ich benutze solche Neologismen gern. Und alles, was im Leben eines Kindes oder im Familienleben mamaisiert wird, bedeutet Sicherheit für das Kind. Denn auf diese Weise gehört dann alles zur vertrauten Umgebung der Mutter."(WKÄ 95/96)

Das Kind empfindet bei all dem Sicherheit, was von ihm als zur Mutter gehörig erkannt wird. Was zur Mutter gehört, was mamaisiert wird, weckt Vertrauen in ihm. Sicherheit und Vertrauen sind Schlüsselworte für eine gesunde Entwicklung des Kindes. Auch an anderer Stelle, bei der es um sehr kleine Kinder geht, z. B. Säuglinge, die häufig weinen oder viel erbrechen, rät Françoise Dolto, die Kinder auf den Arm zu nehmen und herumzutragen:

> „Bei dieser Gelegenheit möchte ich einmal sagen, daß Kinder, die häufig erbrechen, besonders viel auf den Arm genommen werden müssen... Angeblich soll man sie (kleine Kinder) nicht hin- und hertragen oder zu dicht am Körper tragen, um ihnen keine falschen Gewohnheiten beizubringen. Aber das ist falsch, denn genau das muß man tun... Es ist absolut notwendig, daß das Baby fühlt, daß es 100%ig in Sicherheit ist."(WKÄ 153)

Françoise Dolto erklärt auch, warum das Kind sich in Sicherheit fühlt, sobald es getragen wird. Bei der Frage ging es wieder darum, ob man das Kind schreien lassen soll. Dolto antwortet:

> „Nicht zu lange, eher es wiegen, d.h. ihm seinen Rhythmus wiedergeben. Warum es sich dadurch beruhigt? Weil es der gleiche Rhythmus ist, den es im Körper der Mutter verspürte, wenn sie mit ihrem Kind im Bauch überall herumging. Dann sollte sie beim Wiegen mit ihm sprechen. 'Sieh, Vater ist da, Mutter ist da. Sieh doch wir sind doch da für Dich.' So in dieser Art sollte man mit ihm sprechen. Dann wird sich das Kind, wenn es weinen möchte, an die Schwingungen der Stimmen der Eltern erinnern und wieder beruhigt sein." (WKÄ31)

Das Weinen der Säuglinge, das häufige Erbrechen sind Appelle an die Eltern. Das Kind möchte in Kommunikation mit ihnen sein, sich im Zustand der Sicherheit wiederfinden. Auf keinen Fall, so Dolto, sollte man das Kind anschreien, um das Kind zur Ruhe zu bringen. Die im Weinen sich ausdrückende Angst wird dadurch stumm, aber sie verschwindet nicht. Das Wiederherstellen der Sicherheit ist also die erste Maxime im Umgang mit erregten oder verängstigten, kurz leidenden Säuglingen.

Kehren wir zu den Geräuschquellen zurück, die das Sicherheitsgefühl der Säuglinge beeinträchtigen. Die Mutter sollte das Kleinkind auf dem Arm nehmen, ihm das laute Gerät zeigen und seine Notwendigkeit erklären und es, wenn es alt genug dafür ist, selbst das Gerät an- und ausschalten zu lassen. Das Kind erlangt so die eigene Beherrschung der feindselig erlebten Gegenstandswelt und ist ihr nicht mehr passiv unterworfen.

Auf die angstauslösende Toilettenspülung kommt Françoise Dolto extra zu sprechen. Hierbei geht es nicht nur um den Lärm, den das Kind als störend und verunsichernd erlebt, sondern auch die Wirkung der Spülung ängstigt es:

> „Das Kind bekommt Angst, weil es nicht weiß, was aus seinen Ausscheidungen wird. Denn es empfindet sie im frühen Alter ja als ein Teil von sich selbst und

> hat Angst, zusammen mit dem, was zu ihm gehört auch selbst heruntergespült zu werden. Es ist sozusagen ein Geräusch, daß das Kind mit sich forttragen will."(WKÄ 96)

Die gleichen Ängste haben viele Kleinkinder, wenn der Stöpsel der Badewanne herausgezogen wird, sie befürchten, mit dem ablaufenden Badewasser weggespült zu werden. Françoise Dolto empfiehlt folgendes zur Verhinderung dieser Ängste:

> „Man muß sie die Vorgänge erst einmal beobachten lassen. Und mit der Zeit werden sie sich daran gewöhnt haben. Man sollte niemals ein Kind auslachen, das vor irgend einem Geräusch Angst hat. Man muß ihm alles mit den passenden Worten erklären und es beruhigen."(WKÄ 96/97)

Immer wieder bittet Dolto die Eltern darum, ihre Kinder, die für nach der Beurteilung der Eltern inadäquate Reaktionen zeigen, nicht auszulachen. Man sollte sich auch nicht über es lustig machen: „Gerade in dieser Beziehung reagiert ein Kind sehr sensibel, selbst wenn es sich nichts anmerken läßt."(5J 336) Spricht Dolto diese Bitte so oft aus, weil die Kinder das Auslachen als demütigend empfinden? Die Reaktion zeigt ja schon an, daß sie verunsichert sind. Entscheidend an dieser Bitte ist sicher die Kritik der Haltung, die darin zum Ausdruck kommt. Das Auslachen schafft eine Ungleichheit in der Beziehung, derjenige, der den anderen auslacht, erniedrigt ihn, indem er selbst dadurch seine Überlegenheit zum Ausdruck bringt. Das Kind, das seine Unsicherheit zeigt, bedarf aber eines Erwachsenen, der ihm die kurzzeitg verlorene Orientierung zurückgibt. Das ist nur möglich, indem er ihm unverständliche Sachverhalte zeigt und erklärt. Der Erwachsene vermittelt dem Kind von diesem nicht durchschaute Zusammenhänge und trägt auf diese Weise dazu bei, daß es sich nicht als Spielball willkürlicher, also fast magischer Empfindungen und Eindrücke empfindet. So wird die Fragmentierung der Körperwahrnehmung und des Körperbildes verhindert, die auf dieser frühen Ebene, wie am Beispiel der Toilettenspülung gezeigt wurde, sehr leicht auftritt.

In der frühen Lebenszeit sind es also die tragenden Arme der Mutter, ihre beruhigende Stimme und die erklärenden Worte, die die Sicherheit des Säuglings oder Kleinkindes bei Störungen wiederherstellen, und die kurzfristig als feindselig erlebten inneren und äußeren Wahrnehmungen in einen vertrauten, „mamaisierten" Gesamtzusammenhang zurückführen. Die körperliche Integrität und das Zugehörigkeitsgefühl zur Umgebung werden dadurch wiederhergestellt. Diese Erfahrung von der Umwandlung eines feindseligen Erlebnisses in ein integrierbares hinterläßt Erinnerungsspuren, die bei einer Wiederholung der gleichen Situation wirksam werden: „Dann wird sich das

Kind, wenn es weinen möchte, an die Schwingungen der Stimmen seiner Eltern erinnern und wieder beruhigt sein."(WKÄ 31)

Die am häufigsten genannten Schwierigkeiten der Eltern mit ihren Kindern haben deren Aggressivität zum Gegenstand: Aggressivität der Geschwister untereinander, Aggressivität gegen Eltern oder erwachsene Bezugspersonen. Die eigene Aggressivität wurde nur von zwei Elternteilen thematisiert. An zwei verschiedenen Fallbeispielen möchte ich Doltos Interventionsmodi darlegen. In den ersten beiden Fällen, die beide in der selben Sendung zur Sprache kamen, geht es um die Aggressivität zwischen Geschwistern. Eine Mutter von drei Söhnen, 14, 12, und 8 Jahre alt, möchte wissen, wie sie sich verhalten soll, da sich ihre Söhne ständig prügeln und sie deswegen des öfteren die Nerven verliert.

> „Der Vater hat seinerseits genau den Vorgang beobachtet und meint, daß die Kinder ihre Prügeleien mit Absicht veranstalten würden, damit die Mutter außer sich gerät. Die Frage lautet wörtlich: 'Stimmt es, daß sich Kinder derart pervers verhalten können, nur um sich über den Nervenzusammenbruch ihrer Mutter lustig zu machen?'" Françoise Dolto antwortet, daß das mit Perversität nichts zu tun hat, aber „es ist so lustig, an der Strippe zu ziehen, und die Glocke läutet."(5J 97)

Sie rät der Mutter, falls mehrere Zimmer in der Wohnung vorhanden sind, sich in eins davon zu begeben, sich Watte in die Ohren zu stecken und sich dann um nichts mehr zu kümmern. Eventuell könnte sie auch die Wohnung verlassen: „Alles wird sich in ihrer Abwesenheit beruhigen, auf keinen Fall aber schlimmer werden und ihr selbst wird es besser gehen."(5J 98) Dolto rät ihr noch, den Kindern vor ihrem Rückzug zu sagen: „Hört mal, wenn jemand zu Schaden kommt, bringe ich euch ins Krankenhaus, aber ich möchte mich nicht mehr um euch kümmern."(5J 97) Dolto rät dieser Mutter also, mehr Distanz zu ihren Kindern zu finden. Das ist eine sehr häufig von ihr ausgesprochene Empfehlung an die Eltern, unabhängiger von ihren Kindern zu werden. „Sie sollte aufhören, sich in die Auseinandersetzung zwischen ihren Kindern einzumischen."(5J 98) Die Mutter soll zwischen sich und ihren Kindern die Zimmertür zumachen oder noch besser die Wohnungstür. Dadurch wäre ihnen das Hauptmotiv zur Auseinandersetzung genommen: Nämlich die Mutter als Hauptadressatin ihrer Kämpfe 'außer sich zu bringen'. Auch ihr wird es Doltos Prognose zufolge dann besser gehen. Auch sie leidet ja, wenn sie die Kontrolle über sich verliert, und in die ihr von den Kindern gestellte Falle hineinläuft. Abstand zu den Kindern, eine größere Autonomie ihrem unerträglichen Verhalten gegenüber wird verlangt.

> Sie rät dieser Familie aber auch anderes: „Ich denke, daß es von Vorteil wäre, wenn der älteste Sohn soviel wie möglich aus dem Hause ginge, um mit älteren Kindern oder Gleichaltrigen zusammenzusein. Mit 14 Jahren müßte er wirklich soweit sein, sein eigenes Leben zu leben, mit Freunden zusammen zu sein; und natürlich wird er auch noch nach Hause kommen, um mit seinen Eltern gemeinsam zu essen und die Schulaufgaben zu machen.“(5J 98)

Diese Kategorie von Empfehlung wird am häufigsten von Dolto gemacht. Sie führt offensichtlich viele innerfamiliäre Schwierigkeiten auf eine zu große Isolation der einzelnen Kinder bzw. der Eltern zurück. Immer wieder rät sie Müttern kleiner Kinder, die zu Hause sind, andere Frauen, ob mit oder ohne Kinder, aufzusuchen, um nicht tagsüber ausschließlich mit dem Kind zusammenzusein. Eltern von Einzelkindern werden aufgefordert, Freunde einzuladen, andere Kinder ins Haus zu holen, damit ihr Kind nicht nur mit ihnen zusammen ist. Den Eltern wird immer wieder empfohlen, dafür Sorge zu tragen, daß ihre Kinder ein Leben außerhalb der Familie leben: sich mit Gleichaltrigen treffen, in Ferienlager fahren, bei Freunden schlafen, etc. Jeder soziale Kontakt nach außen verringert die gegenseitige Abhängigkeit der Familienmitglieder und wirkt dadurch konfliktreduzierend.

Anschließend gibt Dolto noch einen ihrer praktischen Ratschläge, um den Kindern, die sich aus den ständigen Streitereien mit den Geschwistern zurückziehen möchten, die Möglichkeit dazu zu geben:

> „Wenn man Glück hat, ist es sehr gut, ein zusätzliches Zimmer zu haben, in dem die Kinder nach ihrem Wunsch ruhig arbeiten oder sich von den anderen zurückziehen können. Man sollte auch an die Möglichkeit einer Art ‘passiven Verteidigung’ denken, die aus einem Schloß an der Tür besteht, so daß sich derjenige, der sich zurückziehen will, einfach einschließen kann. Läßt er dann die Tür offen, möchte er sich anscheinend gern mit den anderen streiten. So könnte es funktionieren. Zumindest hat man aber demjenigen, der seine Ruhe haben will, die Möglichkeit dazu gegeben, sich zurückzuziehen.“(5J 98)

Wieder ein topographischer Vorschlag zur Distanznahme und Ruhefindung. Doch dieser Vorschlag ist nicht nur ein praktischer, er gibt die Verantwortung für die Auseinandersetzung auch an die Kinder zurück. Den potentiellen ‘Opfern’ dieser Geschwisterstreitigkeiten wird somit die ‘Schuldlosigkeit’ an den Auseinandersetzungen genommen. Lassen sie die Tür des Rückzugszimmers auf, zeigen sie also, daß sie sich durchaus streiten wollen, dann können sie nicht mehr nur als anklagende Opfer auftreten, die in der Regel von dem Erwachsenen, also hier der Mutter, den Schiedsspruch erwarten. Die Verantwortung für die Auseinandersetzung wird den Kindern gegeben, die Mutter aufgefordert, sich herauszuhalten. Die Kinder, um die es bei diesem Beispiel ging, waren 14, 12 und 8 Jahre alt. Ganz anders fallen Doltos Ratschläge bei einer ähnlichen Konstellation von drei rivalisierenden Kindern, die aber bedeutend jünger sind, aus:

Es handelt sich wieder um drei Jungen, die 7 1/2, 4 1/2 und 2 1/2 Jahre alt sind. Die Mutter klagt über die Wutanfälle des jüngsten Sohnes.

> „Seitdem der Jüngste laufen kann, ist er anscheinend sehr reizbar und sehr anspruchsvoll geworden. Er möchte seine Brüder den ganzen Tag lang ärgern. Diese Mutter fragt Sie, welche Haltung man einem solchen Wutanfall gegenüber einnehmen sollte: 'Was soll man tun, um einen kindlichen Wutanfall zu beendigen? Kann man versuchen, diese Szenen dadurch zu verhindern, indem man sehr nachgiebig ist? Vielleicht wird man dann aber zu nachgiebig werden?"(5J 98)

Die Mutter hat sich, im Gegensatz zu der vorher erwähnten Mutter, bis jetzt keine großen Sorgen gemacht, da es dem Kind ansonsten sehr gut geht, ist aber aufgrund der Vorwarnung einer Nachbarin in Sorge geraten. Diese, die die Wutanfälle akustisch mitbekommen hatte, hatte der Mutter nämlich Krampfanfälle prognostiziert.

Als erstes beruhigt Dolto die Mutter: „Wutausbrüche können bei Kindern durchaus dramatisch sein, aber zu Krampfzuständen führen sie nicht." Sie fügt dann eine Analyse der Situation hinzu, die sich offensichtlich auf den Zeitpunkt bezieht, an dem die Wutanfälle anfingen: „Seitdem er laufen kann, hat der Jüngste Wutanfälle". Durch diese Fähigkeit ist er aber zu einer größeren Bedrohung für den Mittleren in der Geschwisterreihe geworden:

> „Ich denke mir, daß in dieser Familie das zweite Kind, ohne dabei aufzufallen, dem Kleinen auf die Nerven geht, bzw. selbst diese Wutanfälle provoziert, da er wahrscheinlich auf den kleinen Bruder immer noch eifersüchtig ist... Es ist auch nicht einfach, das zweite Kind in der Familie zu sein. Denn dieses wünscht sich einerseits ein bevorzugtes Verhältnis zu dem Älteren und will einerseits den Jüngeren von ihm isolieren.. Das zweite Kind in der Geschwisterreihe muß, ohne daß man es merkt, dem jüngeren Kind die Rolle des 'Allerkleinsten' aufzwingen. Und dieser ist dann ständig in eine minderwertige Position gedrängt, weil ihn die anderen nicht mitspielen lassen. Die Mutter könnte dadurch für einen Ausgleich sorgen, daß sie sich mehr dem Kleinen widmet, nicht um 'nachgiebig' zu sein, sondern um ihn in seiner Entwicklung zu bestärken."(5J 99)

Es wird dann noch die zusätzliche Information gegeben, daß der Vater selbst, als er Kind war, unter seinem Jähzorn gelitten hat und ähnliche Wutanfälle bekam, wie jetzt sein jüngster Sohn. Dolto rät also dem Vater, seinem Sohn folgendes zu sagen: „Als ich klein war, war ich so wie Du; ich wurde sehr leicht wütend. Ich habe mit der Zeit verstanden, daß ich dadurch keine Freunde bekam und mußte mir große Mühe geben, mich zu überwinden."(5J 99) Sie rät dem Vater überhaupt, sich mehr um diesen Sohn zu kümmern, da er sich ja offensichtlich in ihm wiedererkennen kann. Es folgt ein verständnisvolles Wort für die Nachbarn: „Aber natürlich sind Wutanfälle auch störend für die Nachbarn."(ebenda)

> Der Redakteur fragt Dolto: „Wenn ich Sie also recht verstanden habe, sollte man bei einem Wutanfall des Kindes zuerst sprechen, anstatt selber laut zu schreien oder zu schimpfen?" Dolto antwortet: „Am allerwenigsten sollte man sich über es lustig machen. Mit ihm während des Wutanfalls zu sprechen, ist quasi unmöglich. Aber man sollte nicht mit ihm schimpfen und auch nicht mit den Größeren, die ihn in Wut versetzt haben. Im Grunde sollte man wie ein Dirigent sein: Die Großen ein wenig beruhigen und dann sollten alle schweigen. Und wenn der Vater zu Hause ist, fände ich es nicht schlecht, wenn er das Kind in ein anderes Zimmer bringt und dort beruhigt. Danach sollten sich alle wiedertreffen: 'Jetzt ist es vorbei. Wenn er groß ist, wird er seine Wut alleine beherrschen; aber er ist noch zu klein, das ist alles.' Und der Vater könnte zu den anderen sagen: 'Es ist weder angenehm noch unangenehm, solch eine Natur zu haben; ich weiß es, ich bin früher wie er gewesen.'"(5J 100)

So wird der Vater mit einbezogen. Er soll bei den anderen Kindern für die Wutanfälle des Jüngsten Verständnis schaffen und diesem gleichzeitig mitteilen, daß diese Wut mit zunehmendem Alter beherrschbar sein wird und er nicht Zeit seines Lebens darunter wird leiden müssen. Die Notwendigkeit der Beherrschung wird von Dolto mehrfach thematisiert. Immer fordert sie die Eltern auf, nicht zu schimpfen, nicht zu sanktionieren, sondern durch verständnisvolle und eventuell auch Grenzen setzende Worte dem Kind dabei zu helfen.

Im Fall eines 6-jährigen Jungen, der schon mehrfach als kleiner Brandstifter tätig war - eine Decke und der Inhalt einer Mülltonne wurden von ihm in Brand gesetzt - rät sie den Eltern, mit ihm zusammen Feuer zu machen, den Gasherd anzuzünden, ein Kaminfeuer anzufachen. Der Vater sollte ein Grillfeuer mit ihm vorbereiten und ihm mit Worten erklären, wie man ein Feuer fachgerecht entzündet, so daß er es selbst dabei lernt und auch selbst die nötigen Verrichtungen vornimmt. Auf diese Weise soll seine Feuerleidenschaft sozialisiert und beherrscht werden. Dolto beendet den Bericht mit folgenden Worten: „Statt ihn zu bestrafen, sollte man sich ihm und seinen Problemen zuwenden und mit ihm über das Feuer sprechen. Man muß ihm beibringen, diese Faszination, die das Feuer auf ihn ausübt, zu beherrschen."(WKÄ 147)

In den beiden letztgenannten Fällen wird der Vater aufgefordert, sich mit den Problemen seiner Kinder auseinanderzusetzen und ihnen bei der Bearbeitung des Problems zu helfen. Diese Einbeziehung des Vaters ist eine andere, immer wiederkehrende Aufforderung Doltos. Obwohl fast alle Briefe von Müttern geschrieben wurden, bezieht Dolto die Väter immer wieder mit ein und fordert sie auf, wie in den hier wiedergegebenen Fällen, den Kindern etwas Bestimmtes zu erklären oder ihnen bei der Bewältigung praktischer Probleme zu helfen. Die Väter werden auch aufgefordert, mit einzelnen Kindern allein etwas zu unternehmen oder mit ihnen allein zu sprechen. Besonders wenn ein jüngeres Geschwister geboren wurde, das die Mutter in der ersten Lebenszeit am meisten braucht und wenn es um Probleme in der Sexualentwicklung oder überhaupt um die Fortpflanzung, die Genitalien betreffenden Fragen geht und es sich dabei um einen Jungen handelt, gibt Dolto systematisch den Rat, daß der Vater sich dieses Kindes mit seinen speziellen Fragen und Sorgen annehmen soll. So rät Dolto den Eltern eines 18 Monate alten Jungen, der mit 9 Monaten wegen einer Vorhautverengung operiert wurde, daß der Vater noch einmal mit ihm über diese Operation spricht: „Und man sollte diesem kleinen Jungen über die Operation in Zusammenhang mit der Phimose erzählen und warum er damals operiert wurde. Das sollte möglichst der Vater tun, da diese Dinge die zukünftige Männlichkeit des Jungen berühren."(5J 153)

Bei dem 2 1/2-jährigen Jungen, der häufig Jähzornsanfälle bekommt, gibt Dolto noch einen Rat, den sie im Zusammenhang mit aggressiven Kindern mehrmals wiederholt:

> „Das jähzornige Kind, das wie eine aufgeladene Batterie ist, muß sich beruhigen. Wasser beruhigt die Kinder sehr, ich habe es schon gesagt. Wenn man solange mit Wasser spielen darf, wie man will, macht es Spaß und beruhigt auch. Ein Kind, das einen Wutanfall gehabt hat oder im Begriff ist, einen zu bekommen, weil es schon lange keinen mehr gehabt hat, (was man spürt) sollte ein ausgedehntes und angenehmes Bad haben." Sie schlägt noch vor, mit ihm ins Schwimmbad zu gehen und zum Schluß folgt der typische Dolto-Rat: „Und er sollte mit gleichaltrigen Kindern zusammenkommen. Er ärgert seine Brüder, weil er keine Freunde hat."(5J 100)

In einem anderen Bericht geht es um ein aggressives 4-jähriges Mädchen. Es gibt noch 2 Geschwister in der Familie, einen 14-jährigen Jungen und eine 7-jährige Tochter. Die Mutter hatte während der Schwangerschaft aufgehört zu arbeiten und ist seither zu Hause geblieben:

> „Sie (die jüngste) wurde also unter den besten Bedingungen erzogen, da ich immer für sie da war. Mit der Zeit ist sie aber immer schwieriger geworden und jetzt macht sie uns allen das Leben unerträglich. Ich versuche, es zu verstehen und Geduld zu haben, doch dieses Kind deprimiert mich, es bringt mich um meine Ruhe, es erschöpft mich... Seit einiger Zeit schlägt sie ihre Schwester und beißt sich anschließend selbst zur Strafe."(5J 196)

Dies ist einer der wenigen Fälle, in denen sich Dolto bestürzt zeigt und auch am Text spürt man, wie heftig sie reagiert. Nicht nur das Verhalten der Jüngsten, daß sie die 3 Jahre ältere Schwester schlägt und sich anschließend selbst zur Strafe beißt, auch die Unfähigkeit der Älteren, die Schläge abzuwehren und der Kleinen Einhalt zu gebieten, scheint sie als sehr besorgniserregend zu empfinden. „Wahrscheinlich beißt sie sich doch nur selbst, weil sie eine Mutter hat, die sich durch ihr Verhalten entmutigen läßt und eine Schwester, mit der man machen kann, was man will. Ich denke, daß es gar nicht diese Kleinste ist, die in der Familie die größten Schwierigkeiten hat." Sie fährt dann mit ihrer Einschätzung der Situation fort und macht dabei weitgehende Bemerkungen zum Zusammenhang zwischen einer mütterlichen Depression und der Aggressivität eines Kindes:

> „Die Mutter sollte jetzt wieder ein eigenes Leben beginnen, d. h. vielleicht jetzt ihre Arbeit wieder aufnehmen, und aus diesem Abhängigkeitsverhältnis zu ihrer kleinen Tochter wegkommen. Dieses Kind und seine 7-jährige Schwester scheinen einen sehr schlechten Start erwischt zu haben. Man muß sich schließlich die Frage stellen, welche Rolle dabei der Vater und der Sohn spielen. Wenn eine Mutter deprimiert ist, gibt es für sie immer ein Kind in der Familie - meist ist es das lebenslustigste - das ihr unerträglich wird. Man könnte es mit einer Elektroschockbehandlung für arme Leute vergleichen, denn dieses Kind dient als Instrument zur Verhinderung einer Depression bei der Mutter. Man gewinnt den Eindruck, daß das Kind sich dagegen wehrt, mit einer depressiven Person zusammenzusein und dieses ganze Spektakel um seine Person nur inszeniert, damit es Leben um sich spürt; beim Verzicht auf dieses Spektakel würde es nicht genug Leben um sich empfinden."(5J 197/198)

Dolto rät der Mutter nicht nur, die Arbeit wieder aufzunehmen, sondern auch, eine Psychoanalyse zu machen, um den Sinn ihrer Depressionen zu verstehen. Auch in einigen anderen Fällen rät sie Eltern oder dem Kind zu einer Psychotherapie. Im Anhang des Buches gibt sie eine psychotherapeutische Behandlung wieder und beschreibt auch sehr ausführlich, für welche Fälle eine Psychotherapie die geeignete Behandlungsmethode ist. Mit ihrer sehr verständlichen Art, die Methoden darzulegen, will sie bei den Eltern die

Schwellenangst einem Psychotherapeuten gegenüber reduzieren und sie ermutigen, diesen Schritt zu tun, wenn sie das Gefühl haben, ihrem Kind bei seinen Schwierigkeiten nicht mehr selbst helfen zu können.(WKÄ 247ff) Catherine Dolto-Tolitch, die Tochter Françoise Doltos, die während ihres Studiums der Mutter bei der Vorbereitung der Sendungen half, indem sie einen Teil der Briefe las und inhaltliche Schwerpunkte herausarbeitete, hat mir in einem Interview erzählt, daß bei schwerwiegenden Problemen, bei denen Dolto eine Therapie für angezeigt hielt, dieses den Eltern in einem persönlichen Brief nahegelegt wurde und ihnen Adressen von Therapeuten vermittelt wurden. Da diese schwerwiegenderen Störungen eher ganz persönliche waren und nicht von allgemeinem Interesse, sind diese Fälle nicht in die Sendung aufgenommen worden.

Im Anschluß an die Empfehlung an die Mutter, eine Analyse zu machen, fordert sie den Vater und den Großvater auf, sich mehr um dieses heftige Mädchen zu kümmern und ihr Grenzen zu setzen. Sie gibt allen Beteiligten aber auch die Hoffnung, daß sie in der Lage sein werden, die entstandene, schwierige Situation zu bewältigen und zu beenden:

> „Die bestehenden Schwierigkeiten werden sich durchaus beheben lassen; so sollten sich auch der Vater und der Großvater um die Kleine kümmern und sie bei dem, was sie tut, nicht immer gewähren lassen. Dieses Mädchen sagt 'man' statt ich, weil in ihm ein Bedürfnis die Oberhand gewonnen hat, das weder für ein Mädchen noch für einen Jungen typisch ist. Es leidet selbst und läßt andere leiden. Es fühlt sich schuldig. Es ruft nach Hilfe und 'man' lamentiert darüber."(5J 198)

Die letzten Zeilen mögen erklären, warum Dolto so heftig reagiert und die Mutter ja ersteinmal sehr in Frage stellt, dann aber auch gleich eine Lösung für sie aufzeigt. Die Tochter hat kein Gegenüber mehr, das sich ihr gewachsen zeigt und muß sich durch die Bisse selbst bestrafen. Außerdem läßt ihre Gewohnheit, im unpersönlichen 'man' zu sprechen (Zitat aus dem Brief der Mutter: „Und wenn ich versuche, mit ihr ganz ruhig über ihr Verhalten zu sprechen, antwortet sie: 'Also gut, man wird sich bemühen, lieb zu sein.'(5J 196) auf ihre Unfähigkeit schließen, sich als getrennte Person wahrzunehmen und sich, wie Dolto es formuliert, mit dem Genie seines Geschlechts zu identifizieren. Dolto sieht also sie und ihre Schwester in größter Gefahr, und versucht der Familie die Schwere der Situation vor Augen zu führen.

Doltos Bemerkungen zu diesem Fall scheinen eine Flut von Leserbriefen provoziert zu haben. Nicht die Tatsache, daß sie der Mutter eine Psychoanalyse nahegelegt hat, war dafür ausschlaggebend, sondern die Aufforderung an die Mutter, wieder berufstätig zu werden und ihre Tochter also anderweitig betreuen zu lassen. Als Antwort auf diese kritischen Nachfragen begründet Dolto noch einmal ausführlich ihren Rat:

> „Für ein Kind ist es schädlich, zu Hause zu bleiben, wenn es dort nicht glücklich ist und die anderen Familienmitglieder nicht glücklich macht. Wenn Mutter und Kind zu Hause sind, so doch deshalb, ...um Freude am Zusammensein zu haben. Sonst hat es doch keinen Sinn: Wenn ein Kind ab 3 Jahren seine Mutter nicht mehr braucht, wäre es doch in diesem Fall wirklich das Beste gewesen, daß sie sich tagsüber getrennt hätten. Dieses Kind war zu Hause nicht glücklich, zerstört sein eigenes Leben und vor allem das seiner Schwester. Und was ist schließlich aus dem großen Traum der Mutter geworden, nach Hause zurückzukehren, um dort glücklich mit ihren Kindern zu leben?"(5J 267)

Diese Bemerkung ist beispielhaft, um Doltos Leitmotiv in ihren Ratschlägen anzugeben: Die häusliche Atmosphäre. Es geht weniger darum, wie sich die Eltern im einzelnen zu einem bestimmten Problem zu verhalten haben, sondern das Entscheidende ist die Wiederherstellung einer angenehmen Lebensatmosphäre. Dementsprechend ist es in ihren Augen absurd, von einer Frau zu erwarten, zu Hause zu bleiben, wenn ihre Unzufriedenheit damit offensichtlich ist. Gerade am Beispiel der Ernährungsfragen kann man diese Haltung Doltos aufzeigen. In mehreren Fragen, in denen sich Mütter oder Väter über die Eßgewohnheiten oder die Tischmanieren ihrer Kinder Sorgen machen, stellt sie heraus, daß die Atmosphäre beim Essen entscheidender ist, als das wie, was oder wieviel der Eßgewohnheiten der Kinder. Sie geht davon aus, daß die Kinder selber am besten wissen, wieviel Nahrung und welche Nahrung sie brauchen.

> Der Vater eines 3-jährigen Jungen fragt: „Ist es für ein 3-jähriges Kind wichtig, regelmäßige Mahlzeiten zu sich zu nehmen?" Doltos Antwort: „Ganz und gar nicht. Das Wichtigste ist, daß die Mahlzeiten in einer angenehmen Atmosphäre stattfinden. Die Eltern sollen am Tisch selbst Spaß haben."(5J 307) Sie fügt dann noch hinzu: „Ich wiederhole, daß die Mahlzeiten vor allem für die Eltern schön sein sollten, das halte ich für alle am wichtigsten... Die Mutter sollte also die Diskussion über die Eßmanieren ihrer Tochter lassen und nicht die Stimmung zwischen sich und ihrem Mann am Tisch verderben, bzw. die Lebensfreude ihres Kindes."(5J 308)

Ein ähnlich gelagertes Problem sind die Schlafgewohnheiten der Kinder. Ähnlich gelagert, da es offensichtlich vielen Kindern gelingt, durch ihre Eßgewohnheiten bzw. -störungen während der Mahlzeiten und durch ihre Zubettgeh-Gewohnheiten die Eltern im ersten Fall durch immer neue Streitereien darüber zu spalten bzw. im zweiten Fall die abendliche Ruhe der Eltern durch lange Zu-Bett-Geh-Rituale bzw. den Anspruch, ein Elternteil für sich zu haben, zu trennen. Auch hier rät Dolto den Eltern zu mehr Unabhängigkeit von den Kindern und appelliert im gleichen Zuge dafür, ihnen die Schlafenszeit selber zu überlassen: Es geht um einen 3-jährigen Jungen, der seit der Geburt des jüngsten Bruders erst abends mit den Eltern ins Bett gehen möchte, und nur bereit ist, vorher einzuschlafen, wenn die Mutter sich zu ihm legt.

> „Der Vater fragt auch noch: 'Vielleicht braucht er seit der Geburt seines Bruders mehr Zuwendung?' - 'Sicherlich, aber man sollte ihn weder wie ein Baby noch wie eine erwachsene Person behandeln... Man sollte ihn als großen Jungen, der sich in seinem Zimmer allein schlafen legt, betrachten - ich habe es schon öfter hervorgehoben - sein Vater könnte auch, wenn er nicht sehr früh ins Bett gehen will, noch einen Augenblick mit ihm spielen, z.B. Domino, was viel Spaß macht oder mit ihm ein Puzzle legen oder ihm eine Bildergeschichte erzählen. Er könnte dann eine bestimmte Uhrzeit festlegen - 9.00 Uhr oder halb zehn, das hängt von den Kindern oder Eltern ab - und ihn dann mit den Worten in sein Zimmer schicken: 'Jetzt ist Schluß! Du läßt mich jetzt bitte mit meiner Frau in Ruhe. Du kannst Dich hinlegen, wann Du willst. Wenn Du nicht müde bist, dann kannst Du spielen. Aber wir wollen unsere Ruhe haben, sonst werde ich sauer.'"(5J 309)

Dieser Ratschlag beruht auf der Erfahrung, daß für Eß- und Einschlafstörungen wieder die Eltern die eigentlichen Adressaten sind. Dolto plädiert für eine gewisse Abstandnahme vom Symptom, wenn nicht für seine Nichtbeachtung, um der Beziehung der Eltern willen bzw. um der häuslichen Atmosphäre willen. Diese Haltung erlaubt es den Kindern außerdem, für sich und die Belange des eigenen Körpers allmählich selbst die Verantwortung zu übernehmen und nicht jeweils ein Elternteil mit seinen Schwierigkeiten zu absorbieren. Die häusliche Atmosphäre, das emotionale Klima der elterlichen Beziehung ist entscheidend für die Entwicklungsmöglichkeiten des Kindes, nicht die Frage, wieviel es ißt oder wann es ins Bett geht. Dolto rät dem Vater, zu seinem Sohn zu sagen: „Jetzt ist Schluß, Du läßt mich bitte mit meiner Frau in Ruhe!" Dolto legt den Eltern übrigens immer wieder nahe, meine Frau, bzw. mein Mann zu sagen, um dem Kind klar zu machen, daß es die Eltern nicht mit seinen ödipalen Wünschen auseinanderdividieren kann. Sie erklärt die Schwierigkeiten dieses Sohnes nämlich folgerndermaßen:

> „Er ist im Zweifel, was besser ist, sich mit einem Erwachsenen (und wenn welchen Geschlechts?) zu identifizieren oder mit einem Baby. Oder soll er seiner Mutter gegenüber den tyrannischen Ehemann spielen oder doch besser das

Baby, indem er in seiner Entwicklung weiter zurückgeht? Es liegt an diesen Zweifeln, daß er versucht, seine Mutter ängstlich zu machen, indem er mit dem Baby konkurriert, das regelmäßig gestillt, an- und ausgezogen und trockengelegt werden muß. Und mit seinem Vater konkurriert er, indem er von seiner Mutter verlangt, sich beim Schlafengehen neben ihn zu legen.“(5J 310)

In den Briefen der Eltern werden immer wieder Probleme mit 8-jährigen Kindern angesprochen. In den nachfolgenden zwei Beispielen geht es um die Selbständigkeit der Kinder, bzw. den mühsamen Weg von Müttern und ihren Söhnen, zu einer „Gebietsabtrennung“ zu kommen. Die Einschulung und die Ansprüche der Eltern hinsichtlich des schulischen Erfolges ihrer Kinder verführt die Mütter immer wieder dazu, sich mehr als nötig und gut um die Angelegenheiten der Kinder zu kümmern. Dolto tritt rigoros dafür ein, daß die 8-Jährigen ihre Aufgaben selbständig bewältigen, es sei denn, sie bitten selbst um Hilfe. Eine Mutter beklagt sich darüber, daß ihr Sohn nicht auf seine Sachen aufpaßt, Hefte verliert, die Hausaufgaben nicht richtig einträgt, bei Regenwetter den Regenmantel in der Tasche läßt, statt ihn anzuziehen etc. Dolto bedauert in der Antwort, daß die Mutter scheinbar „allein für die Erziehung dieses lebendigen und dynamischen Jungen zuständig ist.“(WKÄ 12) Der Vater meint zwar, daß sie sich zu sehr um die Erziehung des Kindes gekümmert hat, scheint aber auch nicht eingegriffen zu haben. Sie fährt fort:

„... nach meiner Meinung hätte sie schon vor zwei Jahren damit aufhören sollen, ihm ständig zu sagen, was er zu tun und zu lassen hat. Statt: ‘Paß doch auf!’ (d. h. letztlich tue alles so, wie ich es Dir gezeigt habe) sollte sie ihm sagen: ‘Ab jetzt mußt Du allein zurechtkommen. Wenn Du Schwierigkeiten hast, kannst Du gern zu mir kommen und ich werde Dir helfen.’ Entscheidend ist, daß das Kind die Mutter von sich aus um Hilfe bittet. Ansonsten soll sie ihn in Ruhe lassen, und ihm nicht dauernd Vorhaltungen machen. ÑUnd sie fügt hinzu: „Er stößt auch ständig seine Tasse um, wenn er am Tisch sitzt. Ich denke, die Arme und Hände der Mutter haben zu lange an seiner Stelle gehandelt. Die beste Hilfe wäre für ihn, fortan nichts mehr zu sagen. Wenn er irgendwelche Dummheiten anstellt, wird er vielleicht von sich aus kommen und sie erzählen. Die Mutter könnte ihm daraufhin sagen: ‘Ich glaube, ich habe Dich zu sehr beschützt, als Du klein gewesen bist. Aber Du wirst es schon schaffen.’“(WKÄ 12)

Mit diesem letzten Satz wird eine dialektische Wende angestrebt: Diese Mutter hatte mehr und mehr Zweifel, ob dieser Sohn jemals selbständig werden würde. Er wiederum hat durch sein Verhalten diese Einschätzung der Mutter immer wieder bestätigt, also die ‘self-fulfilling-prophecy’ bewahrheitet und ihr überfürsorgliches Verhalten provoziert. Die dialektische Wende soll nun diesen Teufelskreis durchbrechen. Dolto fordert die Mutter dazu auf, ihre Überfürsorglichkeit einzugestehen, um ihm endlich die Verantwortung für seine Angelegenheiten zu übergeben und sein Selbstvertrauen zurückzugeben. „Du wirst es schon schaffen."

Auch im zweiten Fall geht es um einen 'lebendigen, dynamischen Jungen', der von seiner Mutter zu stark bevormundet wird. Doltos Kommentar zum Brief der Mutter: „Ich finde den Brief sehr interessant, er zeigt, wie eine Frau nicht versteht, die Mutter eines 8-jährigen, begabten Jungen zu werden."(WKÄ 15) Der Junge wird von seiner Mutter als fröhliches Kind beschrieben, das auch in der Schule einen unbekümmerten Eindruck macht.

> „Aber seine Hefte sind nicht ordentlich gehalten und ich will versuchen, von ihm zu erreichen, daß er sie zumindest sauber hält." Der Anlaß für den Brief der Mutter war folgender morgendliche Zwischenfall: ŃDem Jungen war beim Frühstück eingefallen, daß er noch einen Brief an einen von der Schule vermittelten Austauschschüler schreiben müsse. Er hatte das dann schnell gemacht und die Fehler in dem mit Bleistift geschriebenen Brief noch schnell mit Kugelschreiber korrigiert. Da verlor die Mutter, die offensichtlich schon vorher sehr verärgert war, vollends die Fassung über dieses unvorhersehbare Vorkommnis. Sie verlangte von dem Sohn, den Brief sofort noch einmal zu schreiben: 'Das hast Du davon, wenn Du alles in letzter Minute erledigst. 'Er hat sich darüber sehr aufgeregt und fing an zu weinen. Plötzlich sagte er: 'Nein, Mutti, das mache ich nicht, ich werde doch zu spät kommen... Bitte.' Da ich nicht nachgab, sagte der dann: 'Ich werde mich umbringen.' Ich hörte meinen Sohn das erste Mal so sprechen, worauf ich es mit der Angst zu tun bekam." Sie hat dann eingelenkt und ihn beruhigt und er ist in die Schule gegangen. Ihre Sorge ist nun die folgende: „Nun befürchte ich, daß er diesen Satz 'Ich werde mich umbringen' bei der nächsten Gelegenheit wieder anbringt, weil er sich bestimmt darüber Gedanken macht, wie er bei mir angekommen ist. Wenn man so will, könnte er mich fortan mit diesem Satz erpressen. Was kann ich tun, wenn eintrifft, was ich befürchte?" Dolto antwortet: „Ab 7 oder 8 Jahren muß ein Junge wissen, ob die Mutter ihm vertraut. Ich denke, es wäre für sie jetzt das Beste, wenn sie die Aufpasserrolle, die sie ihrem Sohn gegenüber einnimmt, endlich ablegt. Denn sie verdirbt damit nur die Beziehung, die sie zueinander haben. Andererseits wäre es für den Jungen vielleicht besser, nach der Schule in einen Hort zu gehen und dort seine Schulaufgaben zu machen. Dann bräuchte seine Mutter nicht länger seine Hefte zu kontrollieren. Sie könnte ihm sagen: 'Ich hoffe, daß Du jetzt allein zurechtkommst... Ich habe Dich lange genug geärgert, damit Du Deine Hausaufgaben ordentlich machst... Von jetzt an will ich Dir vertrauen.' Es ist höchste Zeit, daß dieses Kind selbst-

ändig wird und für sich selbst sorgt." Françoise Dolto ist entsetzt über das Verhalten der Mutter bezüglich des Briefes an den Austauschschüler: „Ich finde es wirklich schockierend, daß diese Frau den Brief des Kindes an ein anderes Kind korrigieren will bzw. einen fehlerlosen Brief verlangt."(WKÄ 14-16)

Die Mutter hatte den Brief an Dolto erst abgeschickt, nachdem der Junge aus der Schule zurückgekommen war um ihr seine Reaktion mitteilen zu können: „Das Kind ist nach Hause gekommen, hat sie lange angeschaut. Dann hat es gesagt: 'Jetzt bist Du aber viel ruhiger als heute morgen.'" Die Mutter hat nach wie vor Angst, daß er sie mit seiner Selbstmorddrohung erpressen wird. Der Rundfunksprecher fragt:

> „Wie sehen Sie eigentlich das Verhalten des Kindes? Halten Sie es für intelligent oder für gestört?"(WKÄ 16) Dolto antwortet: „Sein Verhalten beweist ganz einfach, daß der Junge nicht mehr weiß, was er tun soll, um seine Mutter loszuwerden, damit er selbständig werden kann. Das deprimiert ihn so sehr, daß er nicht mehr zu sich selbst stehen kann, da sie ihn mit dem Bild eines Selbst konfrontiert, das immer im Unrecht ist und ständig getadelt werden muß. Er fühlt sich durch sie einfach in die Enge getrieben. Er mag ein wenig unbekümmert sein, aber darin sehe ich nichts Schlechtes. Im Gegenteil, würden wir alle ein wenig unbekümmerter sein, würden wir uns viel besser fühlen. Auch er wird irgendwann seine Probleme haben. Im Moment ist er aber noch nicht in einem Alter, um ständig über Probleme nachzudenken. Warum muß ihm seine Mutter welche schaffen? Sind denn Rechtschreibfehler wirklich so wichtig?"(WKÄ 16)

Nachdem Dolto den Jungen auf diese Weise als Vorbild für seine Mutter und viele Erwachsene hingestellt hat, geht sie doch noch auf die Sorge der Mutter ein, daß der Sohn sie erpressen wollte oder dies in Zukunft wieder tun würde. Dolto wertet seine Selbstmorddrohung nicht als Erpressung, sondern als Ausdruck seiner Hilflosigkeit und Verzweiflung:

> „Also ich finde den Brief schrecklich. Ich hoffe, daß die Mutter die Lektion, die ihr der Sohn erteilt hat, verstanden hat. Ich glaube nämlich nicht, daß der Junge davon gesprochen hat, sich umzubringen, nur um seine Mutter zu erpressen. Er hat es gesagt, weil er allmählich zu der Überzeugung kam: 'Es ist anscheinend nichts mehr zu machen. Und wenn so das Leben sein soll, bedeutet es mir nichts.' Ich wiederhole, mit 8 Jahren muß er für sich selbst leben, er muß für sich selbst sorgen können, auch um den Preis, in der Schule schlechtere Noten zu bekommen... Er sollte seine Hausaufgaben in einem Hort machen. Es ist wichtiger, daß die Familie abends in guter Stimmung zusammensitzt, als daß es ständig heißt: 'Geh an die Arbeit, mach Deine Hausaufga-

ben fertig usw.' Die Mutter sollte für den Jungen nicht noch eine zusätzliche Lehrerin sein." Dolto rät der Mutter, noch einmal mit dem Sohn über den Vorfall zu reden: „Sie sollte versuchen, mit ihm zu reden. Warum hat sie auf seine Bemerkung 'Du bist jetzt viel ruhiger' eigentlich nicht geantwortet: 'Ja, ich habe nicht damit gerechnet, daß mein Verhalten bei Dir zu solch einem Satz führen würde. Aber weißt Du eigentlich, daß ich Dich sehr lieb habe?' Denn er weiß nicht, daß sie ihn lieb hat."(WKÄ 17)

In dieser Passage wird die Grundhaltung deutlich, die sich Dolto für alle Eltern wünscht: Nämlich ihren Kindern in Liebe zu vertrauen. Ständige Ermahnungen, Kritik und Zweifel an den Kindern beeinträchtigen ihr Selbstwertgefühl und untergraben ihr Selbstvertrauen. Eltern sollten ihren Kindern eigene Ressourcen zugestehen und Vertrauen in sie setzen, auch wenn das Kind andere Schwerpunkte setzt, als sie selbst. Die Mutter wird aufgefordert, ihre Leistungsanforderungen zu reduzieren und anzuerkennen, daß diesem Jungen anderes wichtig ist, als ein exzellenter Schüler zu sein. Auch hier impliziert das wieder den Appell an die Mutter, den Jungen die Verantwortung für sich selbst übernehmen zu lassen und sich nicht in seine Schulangelegenheiten einzumischen. Die 'Selbstmorddrohung' wird von der Mutter als Gefährdung ihrer Machtposition gewertet, sie könnte dadurch erpressbar werden und ihrerseits abhängig von ihrem Sohn. Dolto fordert sie auf, die Hilflosigkeit, der die Drohung entsprang, wahrzunehmen und ihre Einstellung zu ihrem Sohn ernsthaft zu revidieren.

Zusammenfassung

Die von Dolto in den Sendungen gegebenen Erziehungsratschläge lassen sich folgendermaßen zusammenfassen:

1. Die Schwierigkeiten eines Kindes oder schwierige Situationen sind in einem sozialen Kontext anzusiedeln. Das Verhältnis zu den Geschwistern, der Platz in der Geschwisterabfolge, strukturelle Krisen nach der Geburt von weiteren Geschwistern, scheinen den entscheidenden Faktor beim Auftauchen von Schwierigkeiten in Mehrkindfamilien auszumachen. Bestimmend für die Interpretation der Schwierigkeiten ist auch der Zeitpunkt ihres erstmaligen Auftretens.

2. Das emotionale Klima, das ein Kind in den ersten Lebensjahren umgibt, prägt seine Persönlichkeitsentwicklung entscheidend. Vorrang bei der Erziehungsberatung hat daher die Wiederherstellung eines freundlichen, entspannten Klimas. Dieses Ziel ist wichtiger, als das der Verhaltensänderung des Kindes. (Es ist nicht entscheidend, ob das Kind sich richtig ernährt, sondern ob das Essen Spaß macht.)

3. Das affektive Wohlbefinden der Eltern ist entscheidender als zieladä-

quates Erziehungsverhalten. Bei Kindern bis zu 3 Jahren sollte dieses zusammen mit dem Kind hergestellt werden (Müttergenesungsheim oder nur vorübergehende Unterbringung in einer Kinderkrippe, damit die Mutter ihr seelisches Gleichgewicht wiederfindet). Von 3 - 6 Jahren ist die Unterbringung des Kindes in einer Kindertagesstätte durchaus sinnvoller, als ein nur unter Streß geteiltes Leben zu Hause. Ab dem Alter von ca. 8 Jahren kann sogar die zeitweilige Trennung, Unterbringung in einem Internat, nützlich sein, um allen Familienmitgliedern den Abstand zu erlauben, den sie brauchen.

4. Die Harmonie des Elternpaars ist entscheidender für die Entwicklung des Kindes als einzelne Erziehungsmaßnahmen. Diese sollten dem ersten Ziel dienen. Das Wohlbefinden des Kindes, das an seinen Platz als Kind eines Elternpaares verwiesen wird und nicht als Partnerersatz und Partnerkonkurrent angesehen wird, ist ein erwünschter Nebeneffekt dieser Haltung.

5. Doltos Ratschläge bewegen sich auf verschiedenen Ebenen. 1. Die Eltern sollen mit den Kindern sprechen (siehe die häufig benutzte wörtliche Rede in ihren Antworten). 2. Die Eltern sollten mit den Kindern zusammen etwas tun: Spielen, Vorlesen, sie auf ihre politischen oder kulturellen Veranstaltungen mitnehmen, je nach Alter. Sie sollen die Kinder an ihrem Leben teilhaben lassen, sie sollen den Wünschen der Kinder nachkommen und an deren Leben durch gemeinsames Tun teilhaben. Einseitige Forderungen verletzen das Kind. Nur wenn Eltern bereit sind, sich auf die Wünsche ihrer Kinder einzulassen, können sie erwarten, daß die Kinder auch auf ihre Erwartungen eingehen. Das Kind hat altersspezifische Bedürfnisse und Wünsche, denen die Eltern in ihrem Zusammenleben mit den Kindern Rechnung tragen müssen.

6. Erziehung ist ein gegenseitiger Prozeß. Eltern erziehen ihre Kinder, müssen aber auch bereit sein, sich von ihnen erziehen zu lassen.

7. Die Haltung ist entscheidender als einzelne Verhaltensweisen. Die von Dolto erwünschte Haltung impliziert folgende Ver- und Gebote: 1. Das Kind niemals demütigen. Dazu gehören Schlagen, Ausschimpfen, Auslachen, Bestrafen, d. h. nie die reale Macht und Überlegenheit dazu benutzen, die Würde des Kindes zu verletzen. 2. Das Erhalten oder die Wiederherstellung des Sicherheitsgefühls des Kindes. Bei kleinen Kindern impliziert das die Wiederherstellung der körperlichen Integrität durch Wiegen, auf den Arm nehmen. Bei Kindern jeden Alters ist der sprachliche Austausch das entscheidende Medium zum Erlangen dieses Ziels. Verständliche Erklärungen geben dem Kind sein Vertrauen in die Bewältigbarkeit seines eigenen Lebens zurück. Die Eltern sollen ihr Kind als gleichwertigen Gesprächspartner ansehen und bereit sein, aus seinen Schwierigkeiten zu lernen. Die Störung eines Kindes sind Aufforderungen an die Eltern, ihr erzieherisches Verhalten zu überdenken. Die Eltern sollten sich dann aber nicht schuldig fühlen (das ver-

unsichert und belastet ein Kind), sondern sich souverän für ihre Fehler entschuldigen und. diese in Zukunft nicht mehr machen.

8. Bedeutender als das bewußte, absichtsvolle, zieladäquate Verhalten der Eltern, also als einzelne Erziehungsmaßnahmen, ist der Vorbildcharakter der Eltern. Identifikation ist der entscheidende Vorgang bei Reifungsprozessen, von daher ist die Haltung der Eltern entscheidender als ihre bewußten Absichten.

9. Die Identifizierung ist überhaupt der zentrale Begriff, den die Psychoanalyse pädagogischer Forschung zur Verfügung stellt. Viele der bearbeiteten Störungen oder Verhaltensauffälligkeiten werden von Dolto auf Identifikationskrisen zurückgeführt. „Das Kind ist in Zweifel, mit wem es sich nach der Geburt eines Geschwisters identifizieren soll."

10. Eine zu enge und ausschließliche Mutter-Kind-Beziehung wirkt sich nachteilig auf die Entwicklungsmöglichkeiten des Kindes aus. Dem Vater als Dritten für die Mutter-Kind-Beziehung kommt eine entscheidende Bedeutung für die Entwicklung zur Unabhängigkeit bei. Dem Kind erlaubt er, sich aus der Identifizierung mit einem Teilobjekt der Mutter zu befreien, der Frau erlaubt er, sich nicht nur als Mutter, sondern sich nach wie vor als Frau mit den entsprechenden Befriedigungsmöglichkeiten zu erleben.

11. Vom Beginn des Ödipus-Komplexes an erhält der Vater entscheidende Bedeutung, um den Kindern beim Hineinwachsen in ihre jeweilige Geschlechtsrolle zu helfen. Die Identifikation mit dem je eigenen „Geschlechtsgenie"ist beeinträchtigt, wenn der Vater nicht als Garant des Inzestverbots das Versprechen auf zukünftige Lust und Autonomie unterstützt.

12. Da das Kind von Anfang an ein soziales Wesen ist, braucht es sehr früh Kontakt zu Gleichaltrigen. Das soziale Umfeld der Familie, die Bereitschaft der Eltern, die Familie nach außen zu öffnen, wirkt sich positiv auf die Entwicklung eines Kindes aus.

13. Doltos Vorschläge können als eine angestrebte Dezentrierung der Eltern in bezug auf das Kind angesehen werden. Sie scheint mit ihren Vorschlägen, einer Tendenz der gegenwärtigen Kleinfamilie, sich nämlich um das Kind herum zu strukturieren, entgegenwirken zu wollen: „Aber das ganze Leben der Eltern sollte sich nicht nur um das Kind drehen, und sie sollten sich von diesem nicht völlig vereinnahmen lassen."(5J 335) Das Kind, das zum Zentrum der Familie wird, muß offensichtlich zuviel 'zahlen' als Gegenleistung für die Abhängigkeit der Eltern von seinem Wohlergehen; 'Zahlen' im Sinn von Verzicht auf eigene Wünsche, auf autonome Zukunftsvorstellungen und Beziehungsmöglichkeiten. Eltern, für die ihr Kind schlechthin zur Repräsentation der Zukunft wird, belasten das Kind. Eines der Ziele von Dolto ist es, Kinder und Eltern aus einer zu großen gegenseitigen Abhängig-

keit zu befreien. Paradoxerweise scheint ein Kind mehr Entwicklungsmöglichkeiten zu haben, wenn die Aufmerksamkeit der Elternteile jeweils auf den Partner gerichtet ist oder auf außerfamiliäre Beziehungen. Das Kind im Zentrum erlebt sich eher belastet als gefördert durch die Erwartung der Eltern. Individuationsprozesse werden dadurch erschwert.

14. Zeitgenössische Gesellschaften unterliegen einem solchen Wandel, daß heutige Eltern nicht mehr wie die Eltern vorangegangener Generationen wissen können, für welche Zukunft sie ihre Kinder erziehen. Was sie ihnen darum auch „nur" mitgeben können, und das ist meiner Einschätzung nach die weitestgehendste Forderung Doltos an die Eltern: Selbstvertrauen, d. h. Vertrauen in ihre Kreativität bei der Bewältigung von unvorhersehbaren zukünftigen Situationen. Liebe und Vertrauen sind die Haltungen der Eltern, die dem Kind die größtmögliche Sicherheit in bezug auf die eigene Zukunft geben.

15. Das Zusammenspiel von Triebhaftigkeit und Verantwortung charakterisieren den Menschen nach Dolto. Erziehung wird von ihr verstanden als Prozeß der allmählichen Übernahme von Verantwortung für die Auswirkung des eigenen Handelns. Das impliziert die Sozialisierung der triebhaften Komponenten des menschlichen Wesens, die von ihr aber nicht als konflikthaft gedacht werden. Da der Mensch von Anfang an ein soziales Wesen ist, ist sein Triebleben auch von Anbeginn an sozial vermittelt und nicht im Widerspruch zu sozialen Anforderungen. Triebbefriedigung wird von Anfang an vermittelt durch andere gesucht, der Doltosche Säugling ist kein autoerotischer Säugling. Asoziales Verhalten entspricht nicht der Natur des Menschen sondern fehlgeleiteten Erziehungsprozessen. Auch hier ist der Vorbildcharakter der Eltern der entscheidende Faktor. Handeln sie verantwortlich, d. h. werden sie der Folgen ihres Tuns inne, erziehen sie auch Ihre Kinder zur allmählichen Übernahme von Verantwortung für ihr eigenes Handeln.

16. Die Eltern sollen bei der Erziehung von ihrem konkreten Kind ausgehen und nicht von ihrer Vorstellung eines idealen Kindes. Die Erziehung darf „der Natur nicht in die Quere kommen... Es darf niemals der Sinn einer Erziehung sein, Kinder anzuhalten, andere Kinder zu imitieren; vielmehr soll man ihnen helfen, das Beste aus sich zu machen."(WKÄ 38) „Man muß die Kinder für das lieben, was sie sind. Und nicht für das, was sie sein sollen."(WKÄ 48)

17. Der Respekt vor der Persönlichkeit dieses einzelnen Kindes ist die Voraussetzung für die positive Aufnahme der an es gestellten elterlichen und sozialen Erwartungen. Das natürliche Empfinden des Kindes für seine Würde sollte unterstützt und nicht verletzt werden.

Brief- und Gesprächskontakte mit den Eltern eines Mädchens mit Down-Syndrom

Auf besondere Schwierigkeiten ging Dolto nicht innerhalb der Radiosendungen ein, sondern schrieb persönlich an die Eltern, die ihr ihre Fragen oder Probleme übermittelt hatten. Dolto gibt in ihrem Buch 'Alles ist Sprache'[4] den Fall eines Mädchens mit Down-Syndrom wieder, dessen Mutter sich kurz nach der Geburt brieflich an Dolto gewandt hatte. Die Mutter war, als sie erfuhr, daß sie eine behinderte Tochter auf die Welt gebracht hatte, depressiv geworden und weinte viel. In ihrer Hilflosigkeit wandte sie sich an Dolto. Dolto antwortete postwendend:

> „Sagen Sie Ihrer Tochter, wenn Sie weinen, daß sie Trisomie 21 hat und daß Sie deshalb weinen, weil sie nicht so ist, wie die anderen Kinder, von denen man weiß, wie man sie aufziehen kann. Sie weinen, ..weil Sie nicht recht wissen, wie Sie mit dieser genetischen Störung umgehen können: 'Diese genetische Störung macht mich unsicher, ich weiß nicht, wie ich mich Dir zuwenden kann und habe Angst, daß Du unglücklich bist.'"(tel 84;AIS 105/106)

Beide Eltern haben den Brief gelesen, waren sehr gerührt und haben Doltos Ratschlag befolgt. Mutter und Kind waren noch im Krankenhaus, als sie mit ihrer Tochter sprachen. „Sie (die Eltern) haben das außergewöhnliche Lächeln ihres fünf Tage alten Babys gesehen und von diesem Moment an war zwischen ihnen eine unglaubliche Kommunikation entstanden, das Baby war sehr intelligent."(AIS 106) Die Eltern blieben erst in Briefkontakt mit Dolto, später machten sie von ihrer Stadt in der Provinz gelegentlich Reisen nach Paris, um mit ihrer Tochter und dem später geborenen Sohn ins Maison Verte zu gehen. Wenn es später Schwierigkeiten mit der Tochter gab, griff die Mutter den ursprünglichen Rat Doltos wieder auf und sagte zu ihrem Kind: „'Du allein weißt es, Du mußt mir erklären, was ich für Dich tun kann."(AIS 106)

Die Geburt eines behinderten Kindes bedeutet für fast ausschließlich alle Eltern eine schwere Prüfung. Jedes Kind ent-täuscht erst einmal, weil es so wenig mit den Phantasien, die die Eltern während der Schwangerschaft hatten, übereinstimmt. Ein neugeborenes Kind ist immer 'anders'. Das Geschlecht, sein Aussehen, seine Art zu sein, alles stimmt nur mehr oder auch weniger mit den vorherigen Vorstellungen der Eltern überein. Das noch zu gebärende Kind reflektiert in der Regel die Bilder von Vollkommenheit, die imaginäre Illusion der absoluten Fülle seiner Eltern. Die objektive Behinderung eines Kindes, seine Unvollkommenheit, seine Nichtübereinstimmung mit dem Wunsch nach einem 'ganzen', gesunden Kind stürzen alle Eltern, die nicht schon durch eine Ultraschalluntersuchung oder andere pränatale Diagnoseformen darauf vorbereitet sind, in eine große Verzweiflung. Die Orientierungslosigkeit, diese nachgeburtliche 'Auflösung' einer Frau, von der noch die Rede sein wird, diese Grunddepression wird von der Mitteilung, daß das Kind 'anders' ist, noch vergrößert. Gerade die Form der Mitteilung, mit welchen Worten der Arzt ihr das Kind nach der Untersuchung zurückgibt, wirkt so schicksalsmächtig, wie kaum andere Worte im Leben wirken können. Sowohl die Erfahrungsberichte von Eltern, als auch die von Maud Mannoni untersuchten Fälle machen das deutlich.[5] Die unvorstellbare narzißtische Kränkung, die die Geburt eines behinderten Kindes bedeutet, kann durch die Worte von Ärzten, Hebammen, Verwandten, Freunden oder auch Nachbarn aufgefangen oder aber verstärkt werden. Von diesen Worten und natürlich auch von vorangegangenen Erfahrungen hängt die Beziehung ab, die diese Eltern zu ihrem Kind haben werden, hängt ab, wie sie ihr Kind sehen werden. Eine große Gefahr ist, daß die medizinische Diagnose zur Beantwortung aller Fragen wird, daß sie identitätsstiftend wird. Das Kind hat dann nicht mehr eine Behinderung, die Behinderung oder Krankheit ist eine von vielen Attributen des Subjekts, sondern es ist 'mongoloid'. Die Diagnose wird zur Identität, und die Eltern führen jedes Verhalten ihres Kindes auf die Krankheit zurück. Nach der Diagnose gibt es keine Fragen mehr, die das Subjekt konstituieren, die Antwort der Diagnose ist die Antwort auf alle Fragen, diese Antwort füllt die Lücke, den Mangel, der in der Behinderung im Realen erscheint. Das genetisch kranke oder behinderte Kind ist für alle sichtbar gezeichnet, mit Mängeln behaftet, unvollkommen.[6] Es gibt sicher so viele Beziehungsformen zwischen Eltern und behinderten, oder genetisch kranken Kindern, wie es Einzelschicksale gibt, doch vielen Beziehungsformen ist gemein, daß das Kind als Objekt gesehen wird, daß die Unsicherheit der Eltern nicht mit dem Kind geteilt wird, sondern daß es durch die Diagnose 'entmündigt' wird. Von nun an werden andere über es sprechen und seinem Verhalten Sinn verleihen. Hier setzen Doltos Ratschläge an.

> „Frage aus dem Publikum (des Grenobler Kongresses): 'Wie soll man sich psychotischen oder mongoloiden Kindern gegenüber verhalten?' Antwort von Dolto: 'Ich möchte vor allem auf die mongoloiden Kinder eingehen. Gleich nach der Geburt sollte man ihnen ihre Behinderung sagen."(AIS 105)

Dann folgt die Fallgeschichte als Exempel, als Modell, wie betroffene Berufsgruppen Eltern und Kindern bei der Bewältigung der Prüfung helfen können. Dolto rät den Eltern, dem Kind ihre Unsicherheit mit Worten mitzuteilen. 'Wir wissen nicht, was wir für Dich tun können, wir sind auf Deine genetische Krankheit nicht vorbereitet gewesen, Du mußt uns helfen.' Das Kind, dessen Krankheit bis zu diesen Worten ein absoluter Grund für die Depression der Mutter gewesen ist, absolut, heißt unausweichlich, das der Enttäuschung seiner Mutter passiv und hilflos ausgesetzt war, bekommt durch diesen Satz einen völlig anderen Status. Es ist nicht mehr Objekt und Grund der Verzweiflung, sondern der Grund der Verzweiflung wird in den Eltern selbst angesiedelt, sie wissen nicht.. Es ist noch nicht alles beantwortet. Die Beantwortung der durch die Krankheit aufgeworfenen Fragen wird in das Kind selbst hineinverlegt, es muß den Eltern helfen. Durch diese Wendung erhält es seinen Subjektstatus zurück. Es wird aufgerufen, seinen Eltern beizustehen. Sie, ihre Hilflosigkeit ist das Problem, nicht das Kind mit seiner Krankheit. Der Mangel wird bei den Eltern angesiedelt, nicht im Realen des Körpers des Kindes. Sie sind die Verwundeten, nicht das Kind ist die klaffende Wunde ihres Narzißmus, die Verstümmelung im Realen. Das Kind wird aufgerufen, seinen Eltern zu helfen. Die imaginäre Schuld, der Grund für die Verzweiflung seiner Eltern zu sein, wird in ein Verantwortungsgefühl verwandelt. 'Du, der fünf Tage alte Säugling, mußt den Eltern bei der Ausübung ihrer Erziehungsaufgabe helfen.' 'Nur Du weißt, was Du brauchst, Du mußt es uns zeigen.' Das Kind wird als Subjekt angesprochen, es wird befragt. Fragen werden offengehalten, nicht alles ist schon beantwortet. Der Grund der Verzweiflung liegt nicht in der Krankheit des Kindes, sondern im Nicht-Wissen der Eltern. Dem Kind wird die Möglichkeit durch die Benennung der Krankheit gegeben, mit der Differenz, die es von anderen Kindern unterscheidet, umzugehen. Sie wird nicht geleugnet, doch der Schlüssel für den Umgang wird ihm selbst in die Hand gelegt. Es wird aufgerufen, eigene Antworten zu finden. Die Position der Eltern, ihre Sichtweise, ihre Einstellung und ihre Haltung ihrem Kind und seiner Krankheit gegenüber verändert sich entsprechend auch. Sie sind Bittsteller, sie sind auf ihr Kind angewiesen. Es ist nun nicht mehr nur Objekt ihres Mitleids und ihrer Sorge, es hat für sie einen anderen Status, es bleibt eine Frage, ein Rätsel, wie auch jedes gesund geborene Kind, über das auch niemand schon alles weiß. Diese Wendung öffnet für alle Betroffenen einen Horizont, eine Zukunft, die nicht von der Absolutheit der Krankheit überschattet ist, die aber dennoch der Tatsache Rechnung trägt, daß ein Kind mit Trisomie 21 anders ist als ein Kind, das ohne genetische Krankheit geboren wurde. Das Kind muß lernen, mit dieser Krankheit umzugehen. Die Krankheit selbst bekommt für alle Betroffenen den Status einer Frage, nicht den einer Antwort.

Die Fallgeschichte berichtet von der weiteren Entwicklung dieses Kindes, und von anderen Interventionen und Kommentaren Doltos. Das Kind kam mit zwei Jahren in eine Art Laufkrippe, in der sie von den anderen Kindern toleriert wurde. Sie war bedeutend kleiner als die anderen. Einmal hörte sie, wie eine Frau über sie sagte: „'Die Kleine hat wirklich ein komisches Gesicht.' Sie ging dann zu ihr und sagte ihr in ihrem Kauderwelsch - denn sie hatte damals

Sprachschwierigkeiten: 'Ich bin so, weil ich Trisomie 21 habe.'"(AIS 106)

Als sie zweieinhalb war, war ihre Mutter wieder schwanger. Als die Eltern von einer Untersuchung im siebenten Monat der Schwangerschaft zurückkamen, fragte sie ihren Vater, ob das Kind so sein würde wie sie. Er verneinte und sagte ihr außerdem, daß es ein Junge werden würde. „'Es ist ein Junge, das ist schön, aber ich bin trotzdem traurig, daß er nicht wie ich sein wird.'"(AIS 107)

Dolto sah die Familie gelegentlich im Maison Verte. Als das Mädchen fünf war und der Bruder zweieinhalb machte sie auf Grund ihrer Beobachtungen eine Intervention. Das Mädchen war genau so groß wie sein Bruder, also immer noch extrem klein, und Dolto fand, daß die Mutter ihrer Tochter zuviel Aufmerksamkeit schenkte, ihr auf Grund der Krankheit eine besondere Fürsorge zukommen ließ. Dolto wählte die Tochter als Ansprechpartnerin:

> „'Hör zu, ich finde, daß Deine Mutter Dich zu sehr, und Deinen Bruder zu wenig beachtet; ich finde Deinen Bruder genauso interessant wie Dich, obwohl er nicht mongoloid ist; vielleicht ist das der Grund, daß Du so klein bist. Es ist schon so, daß viele Kinder, die wie Du Trisomie 21 haben, nicht so schnell wachsen. Aber bei Dir sehe ich, daß Du den Platz Deines kleinen Bruders einnehmen möchtest, daß Du vielleicht deshalb nicht wachsen möchtest, damit Du so aussiehst, als wärest Du zweieinhalb Jahre jünger, als Du bist.' Sie schaute mich giftig an und sagte: 'Ich hasse Dich,' und lief weg."(AIS 108)

Die Mutter gibt den Gesprächsinhalt an ihren Mann weiter und die beiden gestehen selbstkritisch ein, daß Dolto Recht hat, daß sie ihre Tochter immer wie jemand Besonderes behandeln.. Das Mädchen wechselt im darauffolgenden Sommer zwei Mal die Schuhgröße...

Im Alter von sechs Jahren kam sie auf eine Privatschule, die Lehrerin der ersten Klasse hatte sie akzeptiert. Die Lehrerin der zweiten Klasse „wollte sie nicht in ihrer Klasse haben. Sie sagte: 'Ich kann solch ein Gesicht nicht in meiner Klasse ertragen, mir blutet das Herz, wenn ich solche Kinder sehe.' Die Mutter war erschüttert. Ich habe zu ihr gesagt: 'Sie haben Glück gehabt, daß diese Lehrerin das gesagt hat... Ich habe das vor dem Kind gesagt: 'Deine Mutter und Du, Ihr habt Glück gehabt, daß diese Lehrerin gesagt hat, sie wollte Dich nicht nehmen, weil Du Trisomie 21 hast - wie Du weißt; Du bist nun mal nicht wie die anderen Kinder. Aber es liegt an Dir, Deinen Platz zu finden, indem Du Dich beliebt machst. Mit dieser Lehrerin wirst Du es kaum schaffen, das ist ihr Pech. Deine Mutter wird schon eine andere Schule für Dich finden.'"Die Mutter fand schließlich auch eine andere Schule, aber inzwischen.. „hatten meine Worte ihre Wirkung gehabt: Innerhalb von drei Monaten, hatte sich für das Kind etwas getan. ..Man kann mit Leuten, die große Widerstände haben, aber in der Lage sind, diese Widerstände zu sagen, sehr gut zusammenarbeiten. Diese Lehrerin der zweiten Klasse hatte es sich inzwischen anders überlegt und folgendes gesagt: 'Wissen Sie, ich habe dieses Kind in der Pause beobachtet, ich finde sie erstaunlich, aber auch sehr rührend, weil sie niemandem gegenüber nachtragend ist, wenn sie angegriffen wurde. Sie will sich immer der Gruppe anschließen und allmählich wurde sie aufgenommen. Sie ist sogar ein bißchen der Führer der Gruppe. Ich habe es mir überlegt, ich möchte sie doch in meiner Klasse haben. Ich möchte mich für das entschuldigen, was ich Ihnen am Anfang gesagt hatte.'"[7]

Welches ist Doltos Botschaft, die sie mit dieser Geschichte vermitteln will, die fast zu schön ist, um wahr zu sein? Dem Kind soll die Behinderung gesagt werden, um damit umgehen zu können, wie dieses kleine Mädchen es tat, als sie auf die Bemerkung hin, sie habe ein komisches Gesicht, zu der betreffenden Person sagen konnte: 'Das ist, weil ich Trisomie 21 habe.' Dem Kind wird von Anfang an nicht vorenthalten, das es anders ist. Es darf um seine Differenz wissen, um den dadurch entstehenden Verletzungen begegnen zu können.

Doltos Aussage in Bezug auf die Bemerkung der Lehrerin, die 'einen solchen Anblick' nicht in ihrer Klasse ertragen kann, wirft die Frage auf, an wen sie sich damit wendet. Sie sagt gleich danach, man kann mit Menschen arbeiten, die ihre Widerstände offen sagen. Hat Dolto also vermittelt über das Mädchen mit der Lehrerin gearbeitet, oder war es eine Parenthese, mit der sie sich an ihr Publikum von Ärzten, Psychologen und Sozialarbeitern wendete, um sie aufzufordern, bei offenen Widerständen nicht zu resignieren. Die Wirkung der Worte bezog sich doch offensichtlich auf die Einstellung des Mädchens. Wieder hatte sie sie nicht als Opfer angesprochen und mit ihr und ihrer Mutter zusammen die intolerante Lehrerin beklagt, sondern hatte beide zu der Erfahrung der Diskriminierung beglückwünscht. Eine solche 'épreuve' ist dazu da, Nutzen aus ihr zu ziehen, nicht dazu, in Mitleid oder Selbstmitleid zu verfallen. Behinderte werden nun einmal oft abgelehnt, das ist die Realität, der muß man ins Auge sehen und damit umgehen. Ihr Ratschlag zum Umgang mit der Diskriminierung besteht wieder darum, den aktiven Part an das Mädchen zu übergeben: „Aber es liegt an Dir, Deinen Platz zu finden, indem Du Dich beliebt machst." Mit anderen Worten, 'Du darfst Dich nicht in Dein Leid verkriechen, das Dir aus Deiner Behinderung erwächst, Du mußt alles dafür tun, daß Du trotz oder mit Deiner Behinderung geliebt wirst. Du hast andere Mittel, andere Ausdrucksmöglichkeiten, durch die Du Deine Behinderung vergessen lassen kannst, oder durch die sie zumindest für die anderen nicht mehr vorrangig ist '. Wieder wird ihr der Schlüssel für den Umgang in die Hand gelegt und das Handikap der Krankheit wird als nebensächlich betrachtet, 'Du als Person hast andere Ressourcen, versteif'

Dich nicht auf die Behinderung.' 'Du kannst damit leben, und wirst dafür sorgen, daß auch die anderen damit leben können.' Es ist wieder das schon aufgezeigte Doltosche Prinzip am Werk, ihren Gesprächspartner nicht in seiner Rolle als Opfer zu bemitleiden, sondern ihm zu helfen, seine Beziehungen aktiv zu gestalten. Ihm gegenüber wird das Vertrauen ausgedrückt, seine Rolle verändern zu können. Das hat das Mädchen dann auch in der Klasse getan, durch die Worte Doltos ermutigt.

Doltos Botschaft an Eltern, Pädagogen, Psychologen und Ärzte ist, daß Kindern, die sich durch Krankheit, Behinderung, Hautfarbe von anderen unterscheiden, durch das Aussprechen der Differenz die Möglichkeit gegeben wird, aktiv damit umzugehen. Die Differenz und die damit verbundene Diskriminierung darf nicht geleugnet werden, sondern muß ausgesprochen und dadurch bearbeitbar gemacht werden. Sie kann unter der Voraussetzung, daß darüber gesprochen wird, überwunden werden. Gleich im Anschluß an die Geschichte des Mädchens mit Trisomie 21, geht Dolto zum Problem des Rassismus über.

> „Den Rassismus sollten wir ernst nehmen, denn viele Kinder haben unter ihm zu leiden. Man sollte nicht so tun, als würde man die rassistischen Äußerungen überhören, sondern ihnen im Gegenteil die Wahrheit sagen: 'es ist wahr, es ist für Dich ein Handicap.'" Mit der Konsequenz: „Du mußt Dich beliebt machen und sie werden sehen, daß sie sich geirrt haben und dumm gewesen sind."(AIS 110)

Doltos Haltung ist pragmatisch. Der Rassismus existiert, die Diskriminierung existiert. Sie heißt sie nicht gut, sie sagt ja dem betreffenden Kind, daß die Rassisten dumm sind, aber sie gibt dem Betroffenen den Schlüssel zur Überwindung der Diskriminierung in die Hand, indem sie an seine diesbezüglichen Fähigkeiten apelliert. Das Problem muß aber auch mit der ganzen Gruppe besprochen werden:

> „Auf diese Weise kann man Kindern helfen, wenn sie behindert sind, oder wenn sie von ihrem Aussehen her in eine marginale Rolle gedrängt werden. Sie können mir gegenüber natürlich einwenden: 'Aber was nutzt das?" Ich antworte Ihnen: 'Man kann nur auf der Basis der Wahrheit etwas aufbauen, nie auf der Basis der Heuchelei. Und es ist Heuchelei, so zu tun, als wäre es leicht, diese Kinder in die Gruppe zu integrieren; als ob dies geschehen könnte, nur weil die Lehrerin helfen könnte. Das stimmt überhaupt nicht. Man muß das Problem des Rassismus, der überall (urbi et orbi) existiert, in der Gruppe besprechen, selbst wenn es sich um eine Gruppe von ganz kleinen Kindern handelt. Man muß die richtigen Worte für das finden, was das Kind erlebt."(AIS 110)

Nicht Vogel-Strauß-Politik ist das Motto von Dolto, sondern das An- und Aussprechen der Diskriminierung, um allen Kindern einen anderen Umgang mit der Differenz zu ermöglichen.

In Bezug auf körperbehinderte Kinder fordert sie die Möglichkeit, über das, was das Kind motorisch nie können wird , daß es aber sieht und sich wünscht, zu sprechen. Die Grenzen, die eine Behinderung dem Körper auferlegt, brauchen im Vorstellungsvermögen und in der Sprache nicht zu existieren:

> „So ist es für ein gelähmtes Kind... nötig, mit seiner Mutter verbal zu spielen, indem sie über Rennen, Hüpfen, also über Dinge reden, von denen sie beide wissen, daß es sie nie wird tun können: Es entwirft so ein gesundes Körperbild, das durch Worte, in zeichnerischen Darstellungen und in Phantasien über erotische Befriedigung, im Austausch von Subjekt zu Subjekt symbolisiert wird. Daß diese Wünsche jemandem, der mit ihm dieses projektive Spiel akzeptiert, mitgeteilt werden können, erlaubt es dem Subjekt, seine Wünsche trotz der Realität eines behinderten Körpers in die Sprache einzubeziehen. Und die Sprache eröffnet ihm die Entdeckung persönlicher Kommunikationsmittel. Ein Kind, das ohne Beine oder Arme geboren wird, besitzt ein behindertes Körperschema. Trotzdem kann sein Körperbild ganz gesund sein und ihm eine zwischenmenschliche Kommunikation ermöglichen, die ebenso vollständig und befriedigend ist, wie die von nicht behinderten Individuen."(iic 19/21; UBK 17/18)

Wieder ist nicht das Faktum, die Realität des Körpers ausschlaggebend für die psychischen Entwicklungsmöglichkeiten, sondern die Bedeutung, die das Stigma, die Beeinträchtigung im intersubjektiven Austausch bekommt. Gibt es in diesem die Möglichkeit, die körperlichen Grenzen zu überschreiten, dann kann das Kind, weil es nicht auch im Sprechen ständig auf die Tabuzone seines Körpers verwiesen wird, ein gesundes Körperbild und die damit verbundenen Ausdrucksmöglichkeiten entwickeln. Dolto gibt als überzeugende Parallele die Phantasie des Fliegens für gesunde Menschen an. Auch ein gesunder Körper kann nicht fliegen, und dennoch ist es ihm erlaubt, in seinen Phantasien und im Sprechen die Schwerkraft zu überwinden. Auch dem behinderten Kind soll es gestattet sein, im Symbolischen die Beeinträchtigung seines Körpers zu überschreiten.

Briefwechsel mit Eltern von Kleinkindern, die in einem autistischen Rückzug leben.

Dolto führt den primären, also den früh auftretenden Autismus auf eine Trennung zurück, den Verlust eines Objektes, die für das Kind den partiellen Verlust seiner selbst, einen partiellen Tod bedeutet. Das Objekt ist meistens die Mutter, es kann aber auch der Vater, ein Geschwister, die Wohnung selbst oder ein Haustier sein. Das Kind verliert das, was ihm seine existentielle Sicherheit gegeben hat, und erzeugt sich diese hinfort in Empfindungen seines Körpers, durch stereotype Bewegungen, oder durch den Umgang mit einem bestimmten Objekt, oder mehreren, (mit den von Frances Tustin so bezeichneten und analysierten autistischen Objekten), die in der Besetzung an die Stelle des verlorenen Objektes treten. Die Trennung wird wie ein Verlust eines Teils der eigenen Wahrnehmungen erlebt, die Autauschmöglichkeiten, die es durch den Ausdruck dieser Wahrnehmungen gab, verschwinden. In seiner Not besetzt das Kind eine andere Wahrnehmung, einen Körperteil seiner selbst, ein unbelebtes Objekt, das ihm immer zur Verfügung steht, das es also nicht verlieren kann und zieht sich vom Austausch mit anderen Lebewesen zurück. Seine Mimik wird starr, oder scheint nur noch von Halluzinationen auszugehen, von 'inneren Objekten', die Kommunikation mit den Menschen seiner Umgebung wird abgebrochen. Die Leere die, durch den Verlust des Objekts und der vertrauten Kommunikation mit ihm eingetreten ist, wird durch andere Wahrnehmungen gefüllt. Von dem 'grenzenlosen Zeichenbedarf' war schon an anderer Stelle die Rede.

> „Beim Kind ist nämlich alles Sprache, und fehlt die Kommunikation mit der Mutter, dem Vater,.. dann baut es mit den im Raum befindlichen Objekten eine enge Beziehung auf und schafft sich eine innere Sprache halluzinatorischer Art, wodurch es die Worte und die Äußerungen lebender Menschen weder vernimmt, noch interessant findet. Autistische Kinder stehen in einer außergewöhnlich vielfältigen und sinnvollen Kommunikation mit dem, was wir nicht wahrnehmen... Sie sind wie Musiker ohne Ohren und Maler ohne Augen. Ihr schöpferischer Geist ist ununterbrochen tätig, aber er gelangt nie in das Stadium einer schöpferischen Leistung für einen anderen. Sie sind Seher, Maler, Dichter, aber ohne Möglichkeit, die Gefühlswelt, die sie mit Lust oder Schmerz überwältigt, mitzuteilen. Der andere wird immer fehlen.“[8]

Dies ist ein allmählicher Prozeß, das von Dolto beschriebene autistische Universum ist das Ergebnis einer Entwicklung. Ausgelöst wird er jedoch von einer Trennung, die traumatisch erlebt wird, und das in einem solchen Ausmaß, daß, auch wenn das verlorene Objekt wieder auftaucht, es nicht mehr als das ehemals bekannte wahrgenommen wird, weil auch das wahrnehmende Kind durch den Verlust ein anderes geworden ist. Wenn das verlorene Objekt zum Beispiel die Mutter war, die für eine Woche ins Krankenhaus kam, dann ist sie nicht mehr dieselbe, wenn sie wiederkommt. „Es ist eine Kluft entstanden zwischen dem, was er eine Woche zuvor war, nämlich 'Seine Mutter-Er', und dem, was während der abgelaufenen Woche aus ihm geworden ist, nämlich 'er-eine andere Person.'"(PK 147) Ein Band ist zerrissen, die Identifizierung mit der verlorenen Mutter führt zu einer völligen Veränderung des Menschen, der den Verlust erlebt hat und seiner Wahrnehmung von dem anderen, dem verlorenen Objekt, wenn es wieder auftaucht. Es gibt kein Wiederfinden, kein Wiedererkennen mehr.

Doltos Grundthese lautet, daß eine Trennung traumatische Auswirkungen haben kann, wenn sie nicht vorbereitet wird, wenn das Kind ihr unvorbereitet ausgesetzt wird. Nicht jede Trennung, auch nicht jede unvorbereitete in früher Lebenszeit führt zum Autismus, es sind die Empfindsamsten unter den Menschen, die, bei denen der Wunsch nach Kommunikation am weitesten entwickelt ist, die von dieser Krankheit heimgesucht werden. Auf die präventiven Konsequenzen dieser These werde ich im Abschnitt über das Maison Verte eingehen, hier sollen die Konsequenzen ihrer Autismustheorie für ihre Ratschläge an betroffene Eltern wiedergegeben werden. Ich stütze mich dabei sowohl auf ihre Angaben dazu in 'Praxis der Kinderanalyse', als auch auf meine Erinnerungen an einen Kommentar Doltos zu einem Vortrag von Geneviève Haag, einer Kleinianerin und Bionianerin, über ihre Säuglingsbeobachtungen und ihre Arbeit mit autistischen Kindern. Im Anschluß an den Vortrag hatte Dolto in einem Redebeitrag ihre Differenz zu der Konzeptualisierung Haags kurz hervorgehoben und dann von ihren 'Radio-Erfahrungen' mit den Familien autistischer Kinder berichtet.[9] Dolto hatte Müttern persönlich geantwortet, die sich über den Rückzug ihrer kleinen Kinder beklagt hatten, indem sie sie zunächst aufforderte, sich an den Zeitpunkt zu erinnern, an dem der Rückzug anfing.

> „Den ungefähr zehn Müttern autistischer Kinder, die mir bei France-Inter in diesem Zusammenhang geschrieben hatten, antwortete ich, sie sollten in ihren Erinnerungen oder auf Photos nachforschen, bis ungefähr zu welchem Alter ihr Kind durch Blicke, Lächeln oder Weinen mit ihnen in Kontakt stand und dem Augenblick entsprechend seine Lebenslust oder -Unlust äußerte." Die Mütter, bei denen das Verfahren gelang, konnten sich erinnern und es stellte sich heraus, daß es immer eine Veränderung im Leben der betroffenen Familie gegeben hatte. „Als sie exakt den Zeitpunkt, zu dem die Kommunikation abbrach herausgefunden hatten, regte ich sie dazu an, das, was sich zu jenem Augenblick zugetragen hatte, ausfindig zu machen. Es hatte immer ein Ereignis stattgefun-

> den: der Tod eines Menschen, ein Umzug, der Verlust der Anwesenheit der Mutter für mehrere Tage, die Trauer um Vater oder Mutter, das unangekündigte Verschwinden eines Haustieres, der Eintritt von Bruder oder Schwester in den Kindergarten, eine plötzliche Veränderung in der Umgebung.. oder sogar eine schwierige emotionale Belastungsprobe für die Mutter."(PK 150/51)

Dolto forderte daraufhin die Mütter brieflich auf, sich genau an die Umstände zu erinnern. Ich werde das Beispiel eines Umzugs herausgreifen: sich zu erinnern, wo das Kind vorher geschlafen hatte, wie sein Bett aussah, sein Zimmer, zu wem es während des Umzugs gegeben worden war, wie es dorthin gekommen war, mit wem, wann es das alte Zimmer das letzte Mal gesehen hatte, welches die letzte Mahlzeit war, die man in der alten Wohnung eingenommen hatte, welche Kleidung das Kind trug, was sich ereignet hatte zwischen ihr und dem Kind, als sie noch zusammen in der alten Wohnung waren, Brief für Brief, Stück für Stück, forderte Dolto die Mütter auf, in ihrer Erinnerung zunächst die alte, verlorene Welt wiederzuerschaffen und die Beziehung, die sie darin mit ihrem Kind gehabt hatte, inklusive der Lieder, die sie ihm vorgesungen hatte. Desgleichen bei einer temporären Trennung von der Mutter, z.B. weil diese in ein Krankenhaus kam, oder wenn das Kind zu den Großeltern gebracht worden war.

> Hatte sie sich an all das erinnert, „so bat ich die Mutter, dem Kinde das, was sich ereignet hatte, ohne daß sie sich der Folgen für ihr Kind bewußt gewesen war, zu erzählen.., am besten vor dem Einschlafen und ohne es liebkosend zu berühren... Ich regte sie an, zu versuchen, erneut Mittel und Wege zu finden, um die speziellen Wahrnehmungen jener Zeit, als das Kind seinen Halt an der Realität verlor, neu zu beleben. Ich sagte ihr, sie solle sich bei ihm entschuldigen, daß sie seinen Schmerz nicht verstanden habe, und solle ihm ihren eigenen Schmerz verständlich machen und gleichzeitig dem Kind sagen, sie sei gezwungen gewesen, sich von ihm zu trennen, habe aber nicht begriffen, daß es Erklärungen nötig hatte, auch weil sie glaubte, so schwer zu sagende Dinge würde es noch nicht verstehen."(PK 51)

Dolto ermutigte die Mütter auch, die Erzählung der Ereignisse öfter zu wiederholen, da die Kinder sicher nicht beim ersten Mal darauf reagieren würden. Die Mütter folgten ihren Ratschlägen und nach einigen Tagen stellte sich das Wunder ein: Ein Blick, ein Lächeln, einige Mütter berichteten Dolto bewegt, daß ihre Kinder zum ersten Mal seit Monaten wieder die Arme nach ihnen ausgestreckt hatten. Die Mutter von damals war wiedergefunden worden, das Band, das gerissen war, war durch die Wiederbelebung der Erinnerung an die Zeit vor der Trennung wiedergeknüpft worden. „Unter diesen

Umständen kann das Kind mit Hilfe der Mutter das regressive Körperbild von damals wiederfinden, als das Kind noch gesund und mit derselben Mutter von einst in Kommunikation stand."(PK 151/152)

Leider kann ich mich nicht mehr genau erinnern, was Dolto gesagt hat, bis zu welchem Zeitraum zwischen dem Ereignis des Verlustes und dem Wiederbeleben der Erinnerung diese Wiederanknüpfung möglich ist. Sicher hängt das auch vom Alter des Kindes bei dem Verlust ab. Schriftlich dokumentiert ist nur das Alter, bis zu dem dieses 'Verfahren' funktionieren kann: „Unglücklicherweise ist das nur möglich, wenn das Kind nicht älter als drei Jahre ist, von da an scheint es sehr schwierig zu sein, daß eine Mutter ohne Hilfe eines Therapeuten, das Kind aus dem Autismus herausholen kann."(PK 152)

Diese Geschichten evozieren auch die erste überlieferte Kinderanalyse, die „Phobie eines fünfjährigen Knaben". War es doch eine Analyse, die der Vater durchführte und sich dabei auf die Ratschläge Freuds stützte. Der Unterschied ist sicher, daß der kleine Hans Freud kannte, von ihm wußte und es ein bedeutendes Gespräch zwischen ihm und Freud selbst gab. Außerdem machte der kleine Hans eine Übertragung auf Freud, bat er doch den Vater, ihm bestimmte Dinge zu erzählen: 'Der Professor wird es verstehen.' In diesen Fällen fand sicher keine Übertragung der Kinder auf Dolto statt, aber die Übertragung der Mütter auf sie war massiv. Hatten sie ihr doch geschrieben, weil sie nicht weiter wußten, und Dolto das Wissen unterstellt. Dolto hat diese Übertragung angenommen, und sich, wie es Alain Vanier einmal in einem Seminar formuliert hat, nicht nur als jemand gesehen, dem Wissen unterstellt wird, sondern als jemand, der weiß. Sie hat ihre Überzeugung, daß das Kind an dem Abbruch der Kommunikation leidet, und daß es darum geht, symbolisch in die Zeit vor dem Abbruch zurückzukehren, an die Mütter, die sich um Rat an sie wandten, weitergegeben. Sie hat den Müttern nicht nahegelgt, ihr Kind wieder so zu behandeln, wie sie es damals taten, also sie wieder zu wickeln, oder ihnen die Flasche zu geben, oder sie in einer Karre spazieren zu fahren. Sie hat keine faktische Regression nahegelgt, also eine symbolische Wiederbelebung, die Reproduktion der Ereignisse durch Worte. Sie hat sogar gefordert, daß es bei dem Aussprechen der Ereignisse keinen Körperkontakt geben dürfe. „Man muß nämlich mit feinster stimmlicher Intonation sein Herz ansprechen, nicht seinen Körper."(PK 149) Außerdem hat sie die Anerkennung durch die Mutter gefordert, daß dem Kind Schmerzen zugefügt worden waren, und die sich in der Entschuldigung ausdrückende Anerkennung, daß die Mutter ihr Kind unterschätzt hatte, weil sie dachte, es könnte die Ereignisse noch nicht verstehen. Wunden werden bei Dolto auf symbolische Weise 'geheilt', nicht durch das Zulassen einer Regression. Nicht das Verhalten kann etwas gutmachen, etwas reparieren, die Worte erkennen an, daß es eine Wunde gibt und ermöglichen eine Wiederanknüpfung an die Zeit vor der Verletzung.

Ob es sich bei diesen Kindern um Autisten im klassischen medizinischen Sinne handelt, ist offen. Es ist die Frage, ob diese Diagnose überhaupt so früh gestellt wird. Fest steht nach den Erzählungen, daß die Mutter den Eindruck hatten, keinen Kontakt mehr zu ihrem Kind zu haben, und daß sich dieser Eindruck an der fehlenden Reaktion auf sie festmachte. Wenn die Kinder erst nach den wiederbelebenden Worten ihre Mütter wieder ansahen, lächelten, ihr ihre Gefühle zeigten, so muß man doch davon ausgehen, daß sie in einem sehr massiven Rückzug gelebt hatten, was für die Richtigkeit der Doltoschen 'Ferndiagnose' spricht. Wieder zeigt sich auf alle Fälle, daß ihre 'Methode' wirkt, wenn es sich bei den Symptomen um Reaktionen auf Ereignisse handelt, auf rekonstruierbare Fakten, auf etwas, was in der äußeren Realität des Kindes stattgefunden hat und zu einer Veränderung seiner Wahrnehmungen geführt hat. In diesen Fällen hat Dolto die absolute Überzeugung, daß es erinnerbar ist, daß es ein Anknüpfen geben kann, so wie sie in ihrer Analyse Eindrücke aus der rue Vineuse in ihren Träumen reproduzierte. Es gibt ein Trauma, das von außen einbricht und die psychische Struktur eines Menschen vollkommen verändert. Die von Dolto per Korrespondenz gemachte Erfahrung, daß Mütter ihren Kindern helfen können, und daß dies um so mehr zutrifft, wenn die Kinder noch klein sind und das traumatische Erlebnis noch nicht weit zurückliegt, diese Erfahrung hat ihren Niederschlag in der Gründung des Maison Verte gefunden. Die von Dolto kurz und knapp getroffene Mitteilung, 'Ich werde Ihnen erzählen, wie auf Grund meiner Ratschläge einige Mütter selber ihre Babys aus dieser Art von Autismus herausholen konnten,' und ihre Feststellung 'In den Fällen, die ich auf diese Weise wieder in Ordnung bringen konnte, war die Heilung innerhalb weniger Tage vollständig,' wirken absolut und lassen denken, daß sie um die Wirkungen des Verfahrens wußte, daß sie die Folgen kalkuliert hatte.(tel 141,143; AIS 150,152) Der experimentelle Charakter des Verfahrens, der Probiercharakter wird nicht wiedergegeben. Durch die Briefe wurden große Schwierigkeiten von Müttern mit ihren Kindern an sie herangetragen, verbunden mit der Hoffnung, daß sie, Dolto wisse, wie die Mütter ihren Kindern helfen können. Wie schon 40 Jahre zuvor, als sich der Vater der kleinen Agnès an sie wandte, setzt ein solcher Anspruch Doltos gesamte Kreativität in Bewegung.[10] Sie denkt nach, hat klinische Erfahrungen über die Bedeutung von Trennungen, hat eine Theorie des unbewußten Körperbildes, die ihr erlauben, für die konkreten Fälle, Hypothesen aufzustellen. Entsprechend dieser Hypothesen fordert sie die Mütter zu den geschilderten Erinnerungen und Gesprächen auf. Die Ratschläge tun ihre Wirkung, die gewünschte Veränderung stellt sich ein, die abgebrochene Beziehung zwischen Müttern und Kindern wird wiederhergestellt. Diese Wirkung war gewünscht, aber nicht geplant. Sowohl Alain Vanier als auch Marie-Hélène Malandrin teilten mit, daß Dolto von der

Resonanz und den Wirkungsmöglichkeiten der Radiosendungen überrascht war. Sie hat durch sie die Erfahrung gemacht, daß man Müttern auch bei massiven Schwierigkeiten aus der Entfernung helfen kann. Diese Überraschung geht in der Wiedergabe verloren. Sie hat bei den durch die Radiosendung hervorgerufenen Briefwechseln die Möglichkeit entdeckt, in frühem Alter der Kinder auf die Beziehungen zwischen Eltern und Kindern Einfluß zu nehmen. Auch diese Entdeckung hat sie zur Gründung des Maisons Vertes bewogen.

Präventive Arbeit mit Kleinkindern aus einem Heim

Von 1973 bis einige Wochen vor ihrem Tod hat Dolto eine spezielle einmal wöchentlich stattfindende Sprechstunde für die Kinder eines Heimes durchgeführt. Diese Konsultation hatte den Namen 'Séminaire pratique de psychanalyse des troubles relationels précoces' (Praktisches Seminar für die Psychoanalyse früher Beziehungsstörungen). In einem Vortrag hat Juan-David Nasio die Bedeutung dieses Namens herausgearbeitet:

> „In diesem langen Namen sind die drei Absichten der Konsultation enthalten: Das Wort 'Seminar' beinhaltet die Absicht der Ausbildung für die Analytiker, die daran teilnahmen; in dem Ausdruck 'Psychoanalyse von Beziehungsstörungen' ist eine therapeutische Absicht enthalten für Kinder, die an Störungen leiden, die sich alle auf eine kranke Beziehung beziehen. Erinnern wir daran, daß in der Theorie Doltos diese gestörte, kranke Beziehung zwischen dem Kind und den anderen eine der möglichen Bedeutungen dessen ist, was sie das unbewußte Bild des Körpers nennt.. Und schließlich das letzte Wort der Benennung 'früh' enthält die dritte Absicht, die präventive und soziale dieser Sprechstunde, die sich durch therapeutische Akte materialisiert, die sehr früh in dem Leben des Subjekts stattfinden.“[11]

Auch wenn diese Interpretation etwas gewaltsam wirkt, bezieht sich das Wort früh, précoces, also im Plural grammatikalisch nicht auf die Psychoanalyse sondern auf das Auftreten der Beziehungsstörungen, so glaube ich Nasio dennoch, wenn er auch an anderer Stelle betont, daß Dolto diese Arbeit als präventiv ansah:

> „Auf diese Benennung legte sie großen Wert, weil sie die Konsultation nicht nur als Therapie ansah, sondern als Prophylaxe. Alle Kinderanalytiker erkennen an, daß die Arbeit mit Kindern immer prophylaktisch ist. Und für sie war das ein genau definiertes Ziel. Sie wollte mit Kindern arbeiten, die aus Heimen

> kamen, also mit Kindern mit einer Geschichte, bzw. mit einem tragischen Schicksal außerhalb der Familie."(AK 14, 10)

Meine sich an Nasios Auslegung des Wortes Wort 'früh' festmachende Kritik reflektiert auch ein Dilemma oder zumindest ein Problem des Doltoschen Präventionskonzeptes. Wenn therapeutische Arbeit mit Kindern auch immer prophylaktisch ist, wo ist dann der Unterschied zwischen Therapie und Prophylaxe? Therapie bezieht sich auf schon entstandene Störungen, die in einem spezifischen Setting behandelt werden. Prophylaxe ist die Vorbeugung, die Verhinderung von Störungen in der Zukunft. Für Dolto hatte die Therapie der Kleinkinder aus dem Heim auch einen präventiven Charakter, sollte doch durch die sehr frühe Bearbeitung ihrer Störungen deren Chronifizierung verhindert werden. Letztendlich ist beides richtig, die grammatikalische Bedeutung des Namen von Doltos Sprechstunde und Nasios Auslegung: Es geht um die frühe Therapie von früh auftretenden Beziehungsstörungen mit dem Ziel, deren Chronifizierung zu verhindern.

Dolto selbst hat nichts über diese Arbeit mit Heimkindern, die sie in ihren letzten Lebensjahren durchführte und die noch ihre einzige analytische Arbeit war, veröffentlicht.[12] Es gibt den Vortrag Nasios dazu, der sich allerdings mehr auf die Darstellung des Rahmens inkl. des Titels beschränkt, das Interview, das ich mit Nasio gemacht habe und einige Seiten von Jean-François de Sauverzac, der Dolto in seiner Funktion als Lektor des Seuil-Verlags kennenlernte, ihr dann bei Publikationen auch in anderen Verlagen geholfen hat, und schließlich eine Biographie über sie schrieb.[13] Er schreibt:

> „Die Fragen der Pädagogik und der Rehabilitation (rééducation) interessieren Dolto nur in dem Maße, als sie sich mit der Prävention neurotischer oder psychotischer Störungen bei Kindern verbinden lassen. Nun ist es die Prophylaxe von Störungen, seien sie nun schlimm oder nicht, des Kindes im Alter vor dem Kindergarteneintritt, die ihre ganze Energie beanspruchen wird, sobald sie aufgehört hat, als Psychoanalytikerin zu arbeiten. Sie wird sich dann prioritär dieser Nicht-Institution, die das Maison Verte ist, widmen und andererseits dieser Sprechstunde für Säuglinge in der rue Cujas."(de Sauverzac 375)

Auch in der Aussage de Sauverzacs gibt es diese Ambiguität von Therapie und Prävention. Auch er siedelt ihre psychoanalytische Arbeit mit den Säuglingen aus dem Heim im Bereich der Prophylaxe an. Dolto selbst hat also, wenn man den Aussagen Nasios und de Sauverzacs folgt, diese Arbeit als präventive Arbeit angesehen.

Dolto selbst hat über diese Arbeit nichts mehr geschrieben. Nun gibt es ein Buch von Caroline Eliacheff, das die psychoanalytische Arbeit mit Kleinkindern aus demselben Heim und mit annähernd gleichen Rahmenbedingungen zum Inhalt hat. Außerdem bezieht sich Caroline Eliacheff explizit auf die Doltosche Theorie des unbewußten Körperbildes als theoretische Grundlage ihrer Arbeit.[14] Einige Annahmen und Beispiele habe ich schon im Abschnitt über die Genese der Körperbilder - die Metapher der Mutter wiedergegeben, so die Wichtigkeit, mit dem Kind über seine Todeswünsche zu sprechen, wenn seine Symptome und seine Widerständigkeit gegen die medizinische Behandlung auf die Stärke eines solchen Wunsches hinweisen. Dabei ist es bedeutsam, daß nicht das Wissen z.B. über Abtreibungsversuche der Mutter zum Ausgangspunkt der Deutung wird, sondern die Symptome des Kindes. Seine Äußerungen werden als Wunsch zu sterben gedeutet. Daran knüpft eine zweite wesentliche Grundannahme Doltos, die ich im genannten Kapitel schon erwähnt habe, nämlich diejenige, daß die Serie der Wiederholungen mit der Geburt beginnt, d.h. daß es ein unbewußtes Gedächtnis für 'Ereignisse' während der Schwangerschaft gibt. Das Kind wiederholt in seinen ersten Lebensmonaten etwas, was sich während seines intrauterinen Lebens ereignet hat. Das folgende Beispiel zeigt, daß es sich dabei unter Umständen um eine signifikante Zahl handelt, die nicht unbedingt mit einem parallelen Zeitraum übereinstimmt. Zoéist drei Monate alt, als sie zum ersten Mal in Eliacheffs Sprechstunde kommt, sie wird von der leitenden Erzieherin ihrer Gruppe begleitet.[15] Zoé ist die Tochter von drogenabhängigen Eltern, die Mutter hatte vor der Geburt eines ersten Kindes mehrere Abtreibungen machen lassen, und vor der Geburt Zoés noch einmal zwei Abtreibungen. Auch während der Schwangerschaft mit Zoéhatte sie wegen ihrer HIV-Infektion an eine Abtreibung gedacht, schließlich darauf verzichtet. Zoéist unter Vollkarnose entbunden worden, sie hat ihre Mutter auf deren Wunsch nie gesehen. Ihr Vorname wurde von dem Personal der Entbindungsstation ausgesucht. Da die Mutter auch während der Schwangerschaft weiter Heroin genommen hat, hatte Zoégleich nach der Geburt Entzugserscheinungen und hat eine Entziehungskur gemacht. Im Alter von 18 Tagen kam sie danach ins Heim. Sie trank ihre Flaschen gut und wirkte auf die Säuglingsschwestern ausdrucksstark.

Als sie *fünf* Wochen alt ist, hört sie nach dem Baden plötzlich auf zu atmen, läuft blau an und hat einen verminderten Muskeltonus. Die Maternante schüttelt sie, sie fängt daraufhin wieder an zu atmen und schläft ein. Nach diesem beunruhigenden Vorfall kommt sie für zehn Tage zur Untersuchung ins Krankenhaus, weil ein plötzlicher Kindstod befürchtet wird. Als sie ins Heim zurückkommt, hat sie ganz wunde Pobacken und muß wegen der Ansteckungsgefahr zum ersten Mal mit Handschuhen gewickelt werden, was für die Säuglingsschwestern 'den Kontakt mit dem Mädchen nicht gerade erleichtert'. Ihr Verhalten hat sich sehr verändert, sie schläft viel, verlangt nicht mehr nach der Flasche, trinkt aber gut, wenn man sie ihr gibt und nimmt allmählich zu. Das Motiv für die Therapie ist ein anhaltender Durchfall, der sich gegen jede medikamentöse Behandlung als resistent erweist und der die Wundheit ihres Hinterns immer schlimmer werden läßt. Der Durchfall wird von Eliacheff als Entzugssyndrom gewertet, doch auf welchen Entzug reagiert Zoé?

„Du kommst zu mir, damit wir zusammen versuchen zu verstehen, warum Du einen so hartnäckigen Durchfall hast, daß die Ärzte ihn nicht behandeln können. Dieser Durchfall kommt von Deiner Mutter, die Dich nie angesehen hat. Während Du in ihrem Bauch warst, hat Deine Mutter eine Droge genommen und Du hast sie auch mitbekommen. Als Du geboren wurdest, haben Deine Eltern für Dich beschlossen, daß Du von einer anderen Familie erzogen werden würdest, einer Adoptivfamilie. Sie waren in Kontakt mit einem Virus, der sehr krank machen kann und sie wissen nicht, ob sie noch lange leben werden. Dir ist die Mutter entzogen worden und auch die Droge, die sie genommen hatte. Du bist medizinisch wegen des Drogenentzugs gut behandelt worden, aber vielleicht nicht wegen des Mutterentzugs. Ich glaube Du leidest unter dem Mutterentzug und ich möchte Dich gerne wiedersehen."(EL 29,30) Während Caroline Eliacheff so mit ihr sprach, hatte Zoé nur mit Mühe die Augenlider gehoben und sie wieder geschlossen, wenn sie schwieg.

Wegen der Sommerpause kommt Zoé erst zwei Monate später wieder zu ihrer Analytikerin, ist also fünf Monate alt. Die Säuglingsschwester berichtet, daß sie manchmal lächelt und Interesse an dem zeigt, was um sie herum vorgeht. In der Therapie hingegen kann man davon nichts merken. Zoé hängt schlaff in den Armen der 'Maternante' und reagiert auf keinen Kontaktversuch seitens ihrer Analytikerin.

„Ihre Hände sind warm, aber regungslos, ihr Blick folgt keiner Geste. Ich erzähle ihr, was ich von ihrer Geschichte weiß, von der Geschichte ihrer Eltern. Nur, als ich das Wort leibliche Mutter 'mère de naissance - Geburtsmutter' ausspreche, sieht sie mich an und richtet sich ein wenig auf. Ich will die Sitzung eigentlich gerade beenden, als sie anfängt, heftig zu weinen. 'Ich glaube, Du weinst, weil sich im fünften Monat der Schwangerschaft Deiner Mutter etwas ereignet hat. Ich weiß nicht, was passiert ist, Du weißt es sicher, aber Du kannst auch nicht fragen, weil Du Deine Geburtsmutter nie wieder sehen wirst. Vielleicht hat Deine Mutter in dem Moment wieder stark an die Möglichkeit einer Abtreibung gedacht... Aber jetzt, wo Du doch geboren wurdest, wo Du da bist, kannst Du beschließen, wirklich zu leben.' Zoé hört auf zu weinen, schließt wieder ihre Augen und ich sage ihr 'Auf Wiedersehen'."EL 30/31)

Einen Monat später ist sie auch in ihrer Analysesitzung sehr präsent, sieht ihre Analytikerin direkt an, lächelt und ist lebhaft. Da sie bei der letzten Untersuchung HIV-negativ war, wird jetzt eine Adoptivfamilie für sie gesucht. „Ich spreche mit Zoé über ihre zukünftige Adoptivfamilie, die schon seit langem an ein Kind denkt, aber noch nicht weiß, daß sie es sein wird, Zoé. Auch sie kann schon an ihre Adoptivmutter und an ihren Adoptivvater denken, die sie noch nicht kennt."(EL 31) Zwei Monate später wird Zoé adoptiert.

Eliacheff kommentiert: „Da sie unter Vollnarkose entbunden hat, war die Mutter abwesend, als die Nabelschnur durchschnitten wurde. Da sie darum gebeten hatte, das Kind nicht zu sehen, hat sie es in seinem Geschlecht nicht anerkannt und hat ihm keinen Namen gegeben, ihm dadurch das Nichtvorhandenseins des Wunsches, daß sie leben möge, ausgedrückt. Da ihr (eigenes) Leben nur noch eine aufgeschobene Frist bedeutet, hat sie das ernährende Band weder abgeschnitten, noch geknotet; Zoé ist physisch nur ungenügend von ihrer Mutter getrennt (die Droge wirkt in ihr weiter) und symbolisch überhaupt nicht, da sie nicht benannt worden ist. Der Atemstillstand mit fünf Wochen, als sie aus der Badewanne genommen wird, dem eine Veränderung ihres Verhaltens folgt,(ohne dabei die Trennung, die durch ihre Krankenhauseinweisung stattfindet zu vernachlässigen,) zeigt, daß Zoé in diesem Stadium weder leben noch sterben kann. Sie scheint in dem Realen ihres Körpers zu aktualisieren, wie ihre Geburt gewesen ist: das Verlassen des Wassers (die Entbindung) bringt sie in ein Nicht-Leben (der Atemstillstand). Bestimmt Öffnungen ihres Körpers (ihre Augen, was die Sinnesorgane angeht, ihr Mund und ihr Anus, was die Schließmuskeln angeht) spezifizieren sich nicht in einer symbolischen Funktion: ihre Lider öffnen sich kaum mehr als die ihrer Mutter, die sie niemals angesehen hat, und zeigen damit den Mangel eines Bezugs zum anderen; der Verdauungsapparat bleibt klaffend geöffnet: sie schluckt die Flaschen, wenn man sie ihr gibt, aber verlangt nicht danach und leert sich ständig durch den Anus. Zoé hat den Drogenmangel überlebt, kann aber den Mangel einer Mutter, die ihr Leben weder durch ein Sprechen, noch durch ihr Begehren gegeben hat, nicht symbolisieren. Im Alter von fünf Monaten kann Zoé, da sie von dem offensichtlichen Wunsch der gesamten Institution, daß sie leben möge, dabei unterstützt wird, das was es an Lebendigem in ihr gibt, auf die Maternantes übertragen. Der Kontrast zwischen dem, was die Säuglingsschwester erzählt und dem, was ich beobachte, erinnert mich daran, wenn es dessen überhaupt bedarf, daß es sich um eine Sitzung handelt: Mit dem Analytiker in der Übertragung muß die Trennung (rupture) wiedererlebt werden."(EL 31/32) Eliacheff bezieht sich zur Begründung ihrer Deutung explizit auf Dolto: „Françoise Dolto hat uns gelehrt (transmis), uns bei jedem Symptom, das in den ersten neun Lebensmonaten auftritt, uns (und wenn möglich die Eltern) zu befragen,

> was sich im gleichen intra-uterinen Alter ereignet hat. Es ist diese Befragung, die ich an Zoé in diesem Zusammenhang gerichtet habe: ist es möglich, daß die Mutter in der fünften Woche der Schwangerschaft und/oder im fünften Monat eine Abtreibung versucht oder eine solche zumindest stark in Erwägung gezogen hat und daß sowohl die Episode des 'plötzlichen Kindstodes' im Alter von fünf Wochen und diese Verzweiflung im Alter von fünf Monaten in meiner Gegenwart die Reaktualisierung davon darstellen? Aber diese Deutung (die Wirkung des Sinns) kann nicht gegeben werden, wenn das Verhalten des Kindes von einem dritten berichtet wird, wenn es nicht von dem Kind in die Sitzung eingeschrieben wird... Nur das Hören der Übertragung erlaubt die Formulierung der Deutung an das Kind."(EL 33)

Die anderen drei Fälle von Säuglingen, die Eliacheff in ihrem Buch wiedergibt, haben mit Zoé gemeinsam, daß sie nach einem kürzeren oder längeren Zeitraum zur Adoption freigegeben werden. Die französische Gesetzgebung fordert den mindestens drei Monate währenden Heimaufenthalt, da dieses der Zeitraum ist, in dem die zur Adoption bereiten Mütter ihre Entscheidung widerrufen können. Diese Säuglinge haben also alle eine Trennung von ihrer 'Geburtsmutter' erlebt, die allerdings nicht immer so symbolisch deprivativ war, wie die von Zoé. Oliviers Mutter hat seinen Namen ausgesucht und sich regelmäßig nach seinem Befinden im Heim erkundigt und Wünsche in Bezug auf die Auswahl der Adoptivfamilie geäußert. Flore wurde einige Tage nach der Geburt in einem Park gefunden, die Eltern sind also unbekannt und wurden auch später nicht gefunden.

Auch Bellas Mutter ist drogenabhängig und HIV-positiv. Sie hat ihr Kind nach der Geburt kurz angesehen, dann aber schnell die Trennung verlangt, der Name wurde vom Personal der Entbindungsstation gegeben. Bei fast allen Kindern ist der auf die Geburt und eventuelle Entziehungskur folgende Heimaufenthalt durch zeitweilige Krankenhausaufenthalte unterbrochen, die durch die Verschlimmerung ihres körperlichen Zustandes notwendig werden. Es sind Kinder, die in Institutionen ihre ersten Lebenswochen- wenn nicht Monate verbringen und es liegt nahe, sich die Frage zu stellen, ob nicht ein Teil ihrer Symptome Hospitalismuserscheinungen sind. Auf den Verlust der Mutter folgen die Verlusterfahrungen von Krankenschwestern und Säuglingsschwestern. Schon die Schichtarbeit in Krankenhäusern und Heimen führt zu zahlreichen Verlusterfahrungen. Bei den Kindern, von denen Eliacheff berichtet, war immer im Alter von vier bis fünf Wochen eine gravierende Verschlechterung ihres Gesundheitszustandes aufgetreten, vielleicht ist ein Monat der Zeitraum, in dem die Kinder in der Erinnerung eine Kontinuität bewahren können, die es in ihrem faktischen Leben nicht mehr gibt. Danach, nach dem Abreißen der Erinnerung kommt es zum physischen Zusammenbruch.

Der Verlust, auf den bezogen, alle Symptome interpretiert werden, ist der Verlust ihrer 'Geburtsmutter' oder leiblichen Mutter,[16] die sie neun Monate lang getragen hat, und der sie trotz allem ihr Leben verdanken. So wie bei Zoé, deren Durchfall als ein Entzugssymptom gedeutet wird, da der Entzug der Mutter bei ihrer Geburt keine symbolische Einschreibung in eine Beziehung gefunden hat, so werden auch bei den anderen Kindern die Symptome in Bezug auf diesen Verlust interpretiert. Olivier kommt im Alter von zweieinhalb Monaten in Behandlung, weil er eine Hautkrankheit und eine schwere Bronchitis hat. Bei seiner zweiten Sitzung erzählt die Kinderpflegerin im Beisein Oliviers, daß die Familienkommission demnächst tagen wird, um über seine Adoptierbarkeit zu entscheiden, nachdem seine Mutter die Adoptionsfreigabe nicht widerrufen hat.

> „In diesem Augenblick öffnet Olivier seine Augen mit einem ins Leere gehenden Blick und schläft wieder ein, wobei er durch den Mund atmet, was er vorher nicht gemacht hat. Ich spreche mit ihm, während ich durch seine Kleidung hindurch seinen Bauchnabel mit einer Hand streichle. 'Als Du im Bauch Deiner Mutter warst, hast Du nicht geatmet. Deine Mutter hat Dich durch den Mutterkuchen ernährt, mit dem Du durch Deine Nabelschnur verbunden warst. Diese Nabelschnur kam da an, wo jetzt meine Hand liegt; die Nabelschnur ist bei Deiner Geburt durchgeschnitten worden. Was ich berühre ist der Bauchnabel, das ist die Narbe von dem Schnitt, der dabei gemacht wurde. Als Du geboren wurdest, hast Du geatmet, die Nabelschnur wurde durchgeschnitten und Du bist von Deiner Mutter getrennt worden, so wie sie es beschlossen hatte. Du atmest sehr schlecht, vielleicht um Deine Mutter von vor der Trennung wiederzufinden, als Du in ihr drin warst und noch nicht geatmet hast. Aber wenn Du beschlossen hast zu leben, kannst Du nicht leben ohne zu atmen. Deine Mutter von vorher, die hast Du in Dir drin, in Deinem Herzen. Es ist nicht so, daß Du von ihr getrennt worden wärst, weil Du geatmet hast, und Du wirst sie auch nicht wiederfinden, wenn Du aufhörst zu atmen.' So spreche ich mit Olivier, während er schläft. Allmählich lassen die Geräusche seines verstopften Atmungsapparates nach. Als ich aufhöre zu sprechen, stelle ich, sehr ergriffen und vollkommen überrascht fest, daß er durch die Nase atmet, seine Atemwege sind frei geworden, kein Geräusch mehr außer einer regelmäßigen Luftbewegung beim Atmen."(EL 25)

In Bezug auf die unter diesen Umständen stattgefundene Geburt wird von Eliacheff die Unwiderruflichkeit einer Trennung benannt. Zu Zoésagt sie, daß sie ihre Mutter nie wird nach den Abtreibungsgedanken fragen können, da sie sie nie wieder sehen wird. Zu Olivier sagt sie, daß seine Bronchitis einen Versuch darstellt, die Mutter von vor der Geburt wiederzufinden, daß er diese Mutter aber nicht wiederfinden wird, auch wenn er aufhört zu atmen. Die Geburt ist ein endgültiger 'Ab-Schnitt', die Regression auf eine Zeit vor der Geburt, als die Wahrnehmung von Fruchtwasser in seinen Atmungsorganen zu seinem Leben gehörte, ist nicht möglich. Er kann sich zwar mit Hilfe seiner Krankheiten die gleichen Wahrnehmungen schaffen, die Mutter ist dennoch nicht mehr da. Dieser Verlust, der bei diesen Kindern auch auf Grund der französischen Gesetzgebung unwiderruflich ist, wird ausgesprochen, wird benannt. Gleichzeitig wird eine Mutterrepräsentanz aufgerichtet. Symbolisierung heißt die Ersetzung des verlorenen Objektes durch ein Symbol, durch ein Wort. 'Deine Mutter von vorher, die hast Du in Dir drin, in Deinem Herzen.' Die libidinöse Beziehung zur Mutter wird anerkannt, eine Instanz wird aufgerichtet, die Mutter wird repräsentiert. Aber das konkrete Objekt Mutter ist verloren und kann auch durch regressiv motivierte Krankheiten nicht wiedererschaffen werden. Das symbolische Band, das dieses Kind an seine Mutter bindet, wird anerkannt, es trägt sie in sich, hat sie inkorporiert, das Band des Realen, daß sich durch die Manifestationen des Körpers zeigt, wird bei diesem Vorgang zerschnitten. 'Auch wenn Du aufhörst zu atmen, wirst Du sie nicht wiederfinden.'

Diese Kinder leiden an Brüchen in ihrer Lebensgeschichte, an Verlusten, durch die die Entwicklung ihrer Identität, ihres basalen Narzißmus gravierend beeinträchtigt wird. Die Symptome sind Ausdruck einer Regression auf eine vormals bekannte Etappe von erlebter Sicherheit in einer Beziehung zum anderen, bei den vier von Eliacheff dargestellten Säuglings-Fällen, einer in utero erlebten Sicherheit, die durch symptomatische Wahrnehmungen wiederhergestellt wird. Die Tätigkeit des Analytikers besteht darin, das was er von dem Säugling beobachtet, was er wahrnimmt, was er empfindet - auch in und durch seinen Körper - und last not least, das, was er durch Akteneinsicht und das, was die Maternante erzählt, für das Kind in Worte zu fassen. Das Entziffern der Symptome, der Körpersprache des Kindes ist eine Übersetzungsarbeit. Es gibt ein Koordinatensystem, auf das sich diese Übersetzungsarbeit bezieht - die Theorie des unbewußten Körperbildes. Die Brüche, die das Kind in seiner Geschichte erlebt hat, manifestieren sich in Symptomen seiner Sinnesorgane. Diese Organe bewahren eine Art Nostalgie des Objektes, das durch sie wahrgenommen wurde.

Das Sprechen trennt, es benennt die Unmöglichkeit der Rückkehr, es bezeichnet aber auch den Wunsch nach Rückkehr, nach dem Wiederfinden des verlorenen Objektes. Das Sprechen ermöglicht die Trauerarbeit, es zerstört das verlorene Objekt als Reales und errichtet aber zugleich ein tragendes, introjeziertes Objekt, die Erzeuger, 'die das Kind in sich hat.' 'Du brauchst Sie nicht mehr an den Ein- und Ausgängen Deines Körpers zu suchen, Du hast Sie in Dir.' 'Deine Eltern, die Dich gezeugt haben, sind in Dir, in Deinem Herzen.'

Außerdem wird bei beiden hier kurz vorgestellten Kindern an ihre Entscheidung appelliert, wird ihnen sozusagen die Verantwortung für ihre Existenz übergeben. Zu Olivier sagt Eliacheff: 'Aber wenn Du beschlossen hast zu leben, kannst Du nicht leben ohne zu atmen.' Zu Zoésagt sie in Bezug auf die vermuteten Abtreibungswünsche der Mutter: 'Aber jetzt, wo Du doch geboren wurdest, wo Du da bist, kannst Du beschließen, wirklich zu leben.' Das wünschende Subjekt darin zu stärken, diesen Beschluß zu leben auf sich zu nehmen, diese Unterstützung des basalen Narzißmus ist eine der wesentlichen Aspekte dieser Arbeit. Sie beinhaltet das Aussprechen der sich in den Krankheiten äußernden Regressions- bzw. Todeswünsche und den Appell an die eigene Fähigkeit zu wünschen, dieses Leben zu wünschen, was bedeutet, die damit verbundenen Verzichtleistungen und Verlusterfahrungen zu ertragen. Diese Kinder sind vielleicht wie keine Kinder sonst darauf angewiesen, diesen Wunsch zu leben selbst zu übernehmen, da ihre erste Bezugsperson, allerdings aus unterschiedlichen Gründen und mit verschiedener Intensität, diesen Wunsch, daß es leben möge, nicht vermittelt haben, außer durch den Akt des Austragens. Mit der Aufforderung, 'Du kannst beschließen zu leben' wird dieser basale Narzißmus hergestellt, der durch die traumatischen Erfahrungen dieser Kinder zutiefst beeinträchtigt war. Sie müssen ihren Wunsch zu leben auf sich nehmen, auch um vor der Gefahr gefeit zu sein, ihr Heil immer wieder in regressiven Beziehungen und Krankheiten zu suchen oder sich später in Grübeleien, Idealisierungen oder haßerfüllten Leidenschaften in Bezug auf die nie gekannten leiblichen Eltern zu verlieren. Dies ist die präventive Hauptfunktion dieser psychoanalytischen Arbeit mit den Kindern in diesem Übergangsstadium.

Der Großteil dieser Kinder lebt ja nur vorübergehend im Heim, sie werden alle früher oder später adoptiert, so daß ihnen eine neue Trennung bevorsteht und damit eine totale Veränderung ihrer Lebensbedingungen. Eliacheff hatte Zoéauf die anstehende Adoption vorbereitet und damit versucht, ein neues Band zu knüpfen. 'Es gibt Eltern, die sich schon lange ein Kind wünschen, aber noch nicht wissen, daß Du es sein wirst, Zoé.' 'Du kannst schon an Deine Adoptivmutter und Deinen Adoptivvater denken, die Du noch nicht kennst.' In Worten und Gedanken wird die Veränderung vorbereitet, wird Zoédazu aufgefordert, in ihrem Herzen schon einen Platz für die neuen Eltern freizumachen. Die Trennung von der leiblichen Mutter wurde 'nachbereitet', das bevorstehende Kennenlernen der Adoptiveltern wird vorbereitet.

Bei Bella wird die leitende Krankenschwester ganz massiv in die analytische Arbeit mit einbezogen. Als Bella mit viereinhalb Monaten in Eliacheffs Sprechstunde kommt, war ihr Heimaufenthalt schon zwei Mal durch Krankenhausaufenthalte unterbrochen worden. Schon davor, also nach der Geburt hatte auch sie eine Entziehungskur machen müssen, außerdem ist auch sie nach der Geburt HIV-positiv. Im Alter von fünf Wochen wurde ihr ein Eierstock entfernt, an dem sie einen Leistenbruch hatte. Mit zwei Monaten hat sie ein asthmatische Bronchitis verbunden mit chronischem Durchfall. Es wurde festgestellt, daß ihre Krankenhausaufenthalte mit den Urlaubszeiten ihrer zuständigen Säuglingsschwester korrelieren, daß die Krankheiten Bellas Reaktion auf deren Abwesenheit darstellen. Außerdem erzählt die Maternante, daß Bella der Star der Institution ist, daß sich ihrem Lachen niemand entziehen kann, und daß jeder, der sie nur von weitem sieht, von ihr angezogen ist und Späßchen mit ihr macht, um ihr ein neues Lachen zu entlocken. Nach der ersten Analysestunde kommt Bella erneut ins Krankenhaus. Sie hat eine schwere Bronchitis und im Krankenhaus hat sich ihr Gesundheitszustand so verschlechtert, daß sie mit dem Notarztwagen auf die Intensivstation eines anderen Krankenhauses gebracht wird, wo sie künstlich beatmet wird. Die Erzieherin informiert Eliacheff telefonisch über das Vorgefallene. Diese schlägt nach einer Rückerinnerung an den Verlauf der einzigen Sitzung und ihre Gegenübertragungsreaktionen vor, daß die Erzieherin mit Bella über ihre permanente Verführung sprechen solle, und sie ermutigen solle, ihren Schmerz auszudrücken.

„Ihre Revolte und ihren Schmerz konnte sie nur ausdrücken, indem sie plötzlich schwer krank wurde, der einzige Zustand, in dem sie sich erlaubte, 'wahr' zu sein, d.h. ihre körperlichen Funktionen freien Lauf zu lassen und dabei gleichzeitig sicher zu sein, daß man sich pflegerisch um sie kümmern würde. Man hatte mir Bella vorgestellt als jemanden, der entweder 'sehr kommunikativ' ist oder 'sehr krank', zwischen diesen beiden Zuständen gab es... nichts.“(EL 45/46) Als die Erzieherin zu Bella geht, wird sie von ihr mit einem breiten Lachen empfangen, inzwischen wird sie schon nicht mehr künstlich beatmet. Die Erzieherin „begann sogleich damit, ihr zu sagen, daß sie nicht gezwungen sei zu lachen, damit man sich um sie kümmere. Und sie hat hinzugefügt, daß sie nicht gezwungen sei, sehr krank zu werden, um ihr Leid auszudrücken. Daß man sie verstehen könne und bei ihr bleiben würde, auch wenn sie traurig sei. Bella hat daraufhin eineinhalb Stunden nur geweint, was sie niemals vorher getan hatte. Die Gruppenleiterin hat nicht versucht, sie zu trösten, sondern hat weiter mit ihr gesprochen und war bei ihr, was sehr hart ist.“(EL 46) Die leitende Erzieherin vertrat die Analytikerin am Krankenbett, sie übernahm deren Haltung: „Das Sprechen wendet sich direkt an den Säugling, sie bezeichnen ihn als Subjekt und bieten ihm die Möglichkeit, seinen Körper zu bewohnen: es handelt sich nicht darum, zu trösten, noch viel weniger darum, etwas wiedergutzumachen, sondern darum, das Leiden zu symbolisieren.“(EL 21)

Von der Erzieherin wurde verlangt, die Haltung der Analytikerin zu übernehmen, um dem Kind, das sich in dieser Konstruktion des 'falschen Selbst' als immer lächelnde, charmante, verführerische Person verloren hatte und ihren Schmerz nur in Form von schweren Krankheiten ausdrücken konnte, aus dieser Sackgasse zu befreien. Die Erzieherin hat nicht getröstet, nicht versucht etwas wiedergutzumachen, sondern hat durch ihre Worte den Ausdruck des Leidens erlaubt.

Auch Flore bekommt die für ihre Gruppe verantwortliche Maternante ans Krankenbett geschickt. Sie ist im Alter von wenigen Tagen in eine Decke und eine Mülltüte eingehüllt in einem Park gefunden worden. Mit dreizehn Tagen kommt sie im Säuglingsheim an. Einen Monat später bekommt sie eine schwere Lungenentzündung mit plötzlichem Zusammenbruch ihrer Atmung und wird mit einem Nottransport auf eine Intensivstation gebracht.

> „Eine Maternante, die sie dort täglich besucht, findet sie sehr müde. Außerdem liegt sie oft in der Position wie jemand, der eine Brücke macht, halbkreisförmig nach außen und kann wegen der Sonde keinen Ton von sich geben. Am sechsten Tag des Krankenhausaufenthaltes kommen die leitende Krankenschwester und eine Maternante zu mir, um zu besprechen, wie man Flore helfen könne. Nachdem ich ihnen zugehört habe, habe ich die Erzieherin gebeten, daß, wenn sie sich dazu in der Lage fühlt, sie mit Flore folgendes besprechen solle:
>
> - ihr von ihrer Geburt erzählen (wegen ihrer Körperhaltung mit Kopf nach hinten wie während des Geburtsvorgangs) um ihr zu sagen, daß wir nicht wüßten, unter welchen Umständen sie geboren sei und ihr erzählen, wie sie gefunden wurde;
>
> - ihr sagen, daß ihre Geburtsmutter sie lebendig der Gesellschaft (société) überlassen hat und daß sie am Leben geblieben ist;
>
> - daß wir nicht wüßten, ob sie eines Tages ihre Mutter wiedersehen würde, die von der Polizei gesucht wird;
>
> - daß wir den Eindruck hätten, daß sie im Moment nicht wüßte, ob sie leben oder sterben wolle; daß ihre Entscheidung respektiert werden würde, aber nicht im Krankenhaus, weil das ein Ort ist, wo die Aufgabe der Ärzte darin besteht, das Leben zu erhalten;
>
> - daß sie ihre Mutter in sich trage und daß wir glaubten, daß sie mit ihrer Lungenentzündung sie wieder in sich lebendig machen wolle, wie zu der Zeit, als sie noch nicht atmete und durch die Plazenta mit ihrer Mutter verbunden war.

Die leitende Erzieherin ist nach diesem Gespräch zu mir gekommen und hat mir erzählt, daß sie Flore all das gesagt habe, während sie schlief. Sie ist wach geworden, als die Erzieherin zu sprechen aufgehört hatte und gehen wollte und hat sie sehr intensiv angesehen. Es ging ihr dann in relativ kurzer Zeit sehr viel besser und sie konnte zur großen Überraschung der Ärzte nach zwei Tagen die Intensivstation verlassen. Als ihr angekündigt wurde, daß sie das Krankenhaus bald verlassen würde, mit großem Enthusiasmus der Maternantes, bekam sie Durchfall und trank nur noch mit Mühe ihre Flaschen, so daß der Entlassungstermin verschoben werden mußte. Nach einem telefonischen Beratungsgespräch ging die leitende Krankenschwester zu ihr und teilte ihr mit, daß wir den Eindruck hätten, daß das Verlassen des Krankenhauses sicher ein schwieriger Moment für sie sei und daß sie vielleicht wegen des Enthusiasmus der Maternantes befürchten würde, daß ihre Entscheidung nicht respektiert werden würde. Daß die Maternante aber dafür bezahlt werden würden, daß sie sich um sie kümmern und ihr helfen zu leben; daß ihre Mutter bis zum heutigen Tag nicht gefunden worden sei, daß sie sie vielleicht zuerst in ihren Lungen bewahren wollte und sie jetzt mit dem Durchfall ausstoßen wollte, daß sie aber in jedem Falle in ihr sei. Sie hat der Erzieherin sehr aufmerksam zugehört und dabei die Stirn gerunzelt und ist eingeschlafen, als von ihrem Durchfall die Rede war.“ Flore kommt dann vierzehntägig in Caroline Eliacheffs Sprechstunde, und brüllt dort voller Wut, obwohl die Maternantes finden, daß sie im Heim oft ein bißchen schlaff wirkt. „Einige Tage vor dem Zusammentreten der Familienkommission hat sie erbrochen. An dem Tag, an dem man ihr mitteilt, daß an eine bestimmte Adoptivfamilie gedacht wird, bekommt sie 39 Grad Fieber. Während der Sitzung, in der die Maternante mir das erzählt, bleibt Flore nach wie vor sehr ernst. Ich spreche mit ihr über ihre Möglichkeit, eine Familie zu adoptieren und auch, daß wir auf sie zählen, um uns zu zeigen, ob ihr die Familie gefällt. 'Du bist in der Lage zu wissen, ob das eine gute Familie für Dich ist oder nicht, genauso wie Du Dich auch zwischen Tod und Leben entschieden hast. In diesem Augenblick sieht Flore mich an, in einem Mundwinkel hat sie ein verschmitztes Lächeln und wirkt auf mich absolut gewinnend, sie richtet sich dabei auf.“(EL 35ff) Flore hat dann ihre Familie adoptiert, alle zusammen kamen nach regelmäßigen Kontakten im Heim vor Flores endgültigen Einzug in die Adoptivfamilie noch einmal in die Sprechstunde Eliacheffs: „Bei der Ankunft war sie in den Armen ihres Vaters, der sie während des Gesprächs der Mutter gegeben hat. Sie sitzt sehr bequem auf dem Schoß der Mutter und hat ihren Blick in den der Mutter versenkt. Mich würdigt sie keines Blickes mehr. Die Eltern sind sehr bewegt und erzählen mir von den ersten Begegnungen mit Flore. Ganz spontan sprechen sie über die Dankbarkeit, die sie Flores Mutter gegenüber empfinden, weil deren Weggeben es ihnen erlaubt, mit Flore zu leben.“(EL 38)

Mit Flore ist über ihren Wunsch zu sterben gesprochen worden, mit einem 'Trick', wurde ihr doch erst versprochen, daß sie zwar nicht im Krankenhaus sterben könne, weil es dort die Aufgabe der Ärzte sei, Leben zu erhalten, daß im Heim dieser Wunsch anerkannt sein würde, und doch wird ihr auch, als sie wieder im Heim ist, von Eliacheff gesagt, daß es die Aufgabe der Mitarbeiter des Heims ist, sich um sie zu kümmern und ihr beim Leben zu helfen. Mit Hilfe dieses 'Tricks' kann die Verbesserung von Flores Zustand, die ihre Rückkehr ins Heim erlaubt, als Folge ihrer persönlichen Entscheidung zu leben von ihrer Analytikerin gedeutet werden, und diese Entscheidung in Zusammenhang mit ihrer Adoption gebracht werden. Da, sie in der Lage war sich für das Leben zu entscheiden und diese Entscheidung auch anderen gegenüber zu zeigen, wird sie auch in der Lage sein, den anderen zu zeigen, ob die vorgeschlagene Adoptionsfamilie ihren Wünschen entspricht, ob sie gut für sie ist. Diese Familie wird ihr nicht aufgezwungen, sondern sie kann entscheiden, ob sie gut sind und ob sie sie adoptieren wird. Ihr als Subjekt wird die Folge der Ereignisse und der daraus entstehenden Beziehungen in die Hand gegeben. Sie ist nicht passives Opfer von Entscheidungen leiblicher Eltern, Ärzten, Heimleitungen und Familienkommissionen, sondern sie selbst kann und darf die Verantwortung übernehmen. Sie wird zeigen können, ob sie diese Familie adoptiert.

Diese Kinder werden sehr früh mit der Bedeutung staatlicher Gesetze konfrontiert. Gelten sie doch, wenn die Mutter inkognito entbunden hat (accoucher sous X), oder wie bei Flore unbekannt ist, juristisch als Waisen des Staates (pupilles d'état), ehe das Adoptionsverfahren eröffnet wird. Sie sind Objekt juristischer Entscheidungen, die der Staat, der die Verantwortung für sie übernommen hat, trifft. Diese Entscheidungen werden dem Kind mitgeteilt, damit es sie nicht nur erleidet:

> „Wenn die Maternante Informationen mitteilt, die den sozialen Status des Kindes betreffen (Adoption, Veränderung des Aufenthaltsortes, eine juristische Entscheidung), dann hat die direkte Formulierung dieser Entscheidungen (an das Kind) , die es in seinem Körper und in seiner Beziehung zur Gesellschaft betreffen, die Funktion, es zum Subjekt dieses Diskurses zu machen und es die Wirkungen davon annehmen zu lassen.“(EL 34)

Ich möchte kurz auf die deutsche Adoptionsgesetzgebung eingehen, die den betroffenen Kindern einen großen Teil des hier geschilderten Leidens erspart.[17] Die deutschen Kinder, die zur Annahme freigegeben werden, haben vom ersten Lebenstag an Kontakt zu ihren Adoptiveltern, die sie auch nach dem Krankenhausaufenthalt zu sich nach Hause nehmen. Das Kind kommt also nicht erst ins Heim, sondern lebt von Anfang an bei seinen Adoptiveltern. Da aber die rechtsgültige Einwilligung der Eltern zur Annahme ihres Kindes erst acht Wochen nach der Geburt erfolgen kann, lebt die betroffene Familie in diesem Zeitraum in der Furcht, daß die leiblichen Eltern oder die Mutter letztendlich ihre Einwilligung versagten. Sie haben ihr Kind noch nicht ganz. Trotz dieser Unsicherheit halte ich die deutsche Gesetzgebung für kinderfreundlicher, um es milde zu formulieren. Dennoch bleibt das Problem des Übergangs, auch ein sofort nach der Geburt angenommenes Kind hat den Verlust seiner leiblichen Mutter erlebt, wechselt von der in Utero und eventuell in den ersten Lebensstunden gekannten Mutter zu anderen Menschen. Der symbolische Übergang, den Dolto und Eliacheff den von ihnen behandelten Kindern ermöglicht haben, findet nicht statt. Daß er auch innerhalb der deutschen Gesetzeslage nicht überflüssig ist, mögen zwei Äußerungen von Experten zeigen: Die erste Aussage stammt von der Leiterin der Adoptionsvermittlungsstelle des Berliner Senats. Sie sagt, daß die Kinder, die gleich nach der Geburt zur Adoption freigegeben werden, also sofort in ihre Adoptionsfamilie kommen, dennoch nicht die gleichen Startchancen haben, wie die in ihrer Familie geborenen Kinder, weil sie oft durch den Verlauf ihrer Schwangerschaft schon gezeichnet sind. Die Bedingungen ihres intrauterinen Lebens beeinträchtigen ihre späteren Entwicklungsmöglichkeiten. Die Rate der nicht ärztlich begleiteten Schwangerschaften, wenn nicht sogar der bis zur Geburt verleugneten Schwangerschaften ist bei den später zur Adoption freigegebenen Kinder verhältnismäßig hoch, um nur ein Beispiel für die Besonderheit dieser Schwangerschaften zu nennen. Die andere Aussage bezieht sich auf die Adoptiveltern. Marie Mertens, eine Mitarbeiterin der Berliner Adoptionsvermittlungsstelle des Caritas-Verbandes hat mir erzählt, daß ihr Anruf bei den entsprechenden Adoptiveltern, daß ihr Kind geboren sei, in der Regel einen Schock auslöst. Auch wenn sie das ganze Verfahren hinter sich haben und ihnen in der Regel auch der Zeitraum, in dem sie ungefähr mit der Geburt ihres Kindes rechnen können, angekündigt wurde, sind sie doch zum Zeitpunkt X völlig überrascht, wenn nicht bestürzt. Die Realisierung eines lange gehegten Wunsches, eine Vorstellung, die real wird, löst erst einmal nicht Freude, sondern Panik aus. In dieser Panik wird das Kind empfangen.[18] Das sind zwei der Gründe, warum auch bei einer anderen Gesetzgebung und Handhabung der Gesetze die von Dolto praktizierte Begleitung der Säuglinge nicht überflüssig wäre. Auch nach deutscher Gesetzgebung vermittelte Säuglinge erleben einen Bruch in der Kontinuität ihrer Bezugspersonen. Auch sie müssen mit der Tatsache leben, daß sie zwei Elternpaare haben. Auf die in Deutschland inzwischen immer häufigere Praxis der offenen Adoption, bei der angenommene Kinder und ihre Adoptiveltern weiterhin Kontakt zu ihren leiblichen Eltern haben, kann an dieser Stelle nicht eingegangen werden.

Doch nun zurück zu Eliacheffs Gesprächen mit den Säuglingen: Es ist auffällig, daß sowohl mit Flore, als auch mit Olivier gesprochen wird, obwohl sie schlafen. Erstens wird davon ausgegangen, daß sie auch im Schlaf hören und zweitens, daß das Sprechen Wirkungen zeigt, was beide Kinder durch ihre Reaktionen bestätigen. Dolto hat immer auf der großen Rezeptivität gerade der Ohren während des Schlafes bestanden. Von daher fordert sie auch eine akustische Mauer zwischen Elternbett und Kinderbett, da die Kinder gerade im Schlaf sehr rezeptiv für akustische Sinneswahrnehmungen sind und durch die Geräusche ihrer Eltern zu stark miterregt werden. Es gibt auch eine berühmte Geschichte von ihr, daß sie einem Ehemann, dessen Frau kurz nach der Entbindung, als sie das Geschlecht ihres Kindes erfuhr, in ein Koma eingetaucht war, empfohlen hat, die ihm in diesem Zusammenhang von den Schwiegereltern erzählte Geschichte ihrer eigenen Geburt seiner komatösen Frau zu erzählen. Mit dem Ergebnis, daß sie wieder aufgewacht ist.(PK 122f) Dolto kommentiert ihre Erfahrungen:

> „Nicht mit dem Bewußtsein, mit dem Unbewußten arbeiten wir, das selbst im Schlaf anwesend ist. Ich glaube, für viele von Ihnen ist das eine neuartige Vorstellung. Das Studium der Psychologie bereitet nicht darauf vor, das zu verstehen, aber wir arbeiten auch gut mit jemandem, der schläft oder bewußtlos oder sogar im Koma ist. Die Sprache erreicht einen Menschen im Koma, ohne daß wir wissen, wie."(PK 121/122)

Auch die medizinische, nicht psychoanalytisch orientierte Komaforschung ist zu dem Ergebnis gekommen, daß die Patienten hören, was in ihrer Gegenwart gesagt wird.

Doch nicht nur, daß mit Patienten, die schlafen, oder gar im Koma sind, gesprochen wird, ist für viele überraschend und unvorstellbar, sondern die Tatsache, daß mit Säuglingen sprechend kommuniziert wird und davon ausgegangen wird, daß sie diese an sie gerichteten Worte verstehen können. Die 'Spiegel'-Autorin, Barbara Supp, die das Buch von Caroline Eliacheff vorstellt und vor Ort, also sowohl in der Sprechstunde, als auch in dem Kinderheim von Antony, einem Pariser Vorort, recherchiert hat, ist durchaus repräsentativ für die die 'deutsche' Rezeption Doltos und Eliacheffs charakterisierenden Zweifel:

> „Jeder erfährt, wer seine Eltern sind und was sie getan haben und daß sie Menschen und nicht Monster sind, die man lieben darf, wenn man will. Er hört Wörter wie 'Gefängnis' oder 'Trennung' oder 'Pflegefamilie'. Macht nichts, wenn er die Vokabeln nicht versteht: daß man ihm ernst nimmt, das versteht er schon."[19]

Immer wieder wird die bei den Säuglingen beobachtete Wirkung nicht auf die Worte, sondern auf die Stimme und die Haltung des Erwachsenen zurückgeführt. Die Kleinkinder würden nicht auf das Gesprochene sondern auf die Zuwendung reagieren, die ihnen vom Erwachsenen entgegengebracht wird. Die Skepsis eines Teils der deutschen Lacanianer bezieht sich auf die unterstellte Übereinstimmung von Signifikat und Signifikant, als würde Dolto und in ihrer Folge Eliacheff die von Lacan in der Umkehrung de Saussures herausgestellte Willkürbeziehung zwischen Signifikant und Signifikat wieder aufheben. Dolto wird der Häresie bezichtigt. Nun habe ich auch schon im zweiten Kapitel meiner Arbeit hervorgehoben, daß Dolto in diesem Sinne eine Empirikerin ist. Sie leitet das Verständnis der Kinder aus ihrer Erfahrung ab, daß die Worte Wirkung zeigen und es dabei nicht beliebig ist, welche Worte gesagt werden. Ganz sicher spielen die Stimme und die Haltung desjenigen, der so mit dem Kind spricht, dabei auch eine Rolle. Ich kann mich an eine Veranstaltung im CFRP[20] erinnern, als Dolto unter anderem auf die Frage einging, wie es kommt, daß die Kleinkinder verstehen. Auch sie betonte das Willkürverhältnis von Signifikat und Signifikant und sagte sinngemäß: 'Natürlich weiß ein Säugling erst einmal nicht, was ein Großvater ist, doch wenn er dieses Wort öfter, d.h. in wiederholten Erfahrungen mit einer bestimmten Person in Verbindung bringen kann, dann weiß er auch in dessen Abwesenheit, auf wen sich dieses Wort bezieht.' Das Sprechen hat antizipatorische Funktion, das Kind, daß durch Worte auf eine zukünftige Erfahrung vorbereitet wird, kann die Worte, wenn die Erfahrung eintritt memorieren. Es erlebt nachträglich eine Kohäsion zwischen dem vormals Bezeichneten und den aktuellen Wahrnehmungen. Es wird sprachlich auf das Auftreten eines Signifikats vorbereitet. Bei diesen von Eliacheff behandelten Extremfällen geht es nicht um diese antizipatorische Funktion des Sprechens. Wenn Zoé, die ansonsten auf nichts reagiert, Eliacheff ansieht und sich leicht aufrichtet, als diese das Wort Geburtsmutter sagt, handelt es sich dabei ausschließlich um ein 'Signifikat', das Zoébis zum Eintritt ins Leben gekannt hat. Wie funktioniert die Verknüpfung zwischen Zeichen und Bezeichnetem, wie funktioniert das Memorieren einer nur bis zur Geburt erlebten Erfahrung und das Wiedererkennen dieser Erfahrung durch das Aussprechen des Signifikanten? Auch Eliacheff, wie schon Dolto bekennt, daß sie die Antwort auf diese Frage schuldig bleiben muß.

> „Sie werden ahnen, daß ich, selbst wenn ich andere Wissenschaftsbereiche als die Psychoanalyse heranziehe, keine direkte Antwort auf die Frage geben kann, die sich bei der Lektüre all dieser Beobachtungen stellt: Wie ist es möglich?"(EL 183) Eliacheff kehrt dann die Fragestellung um: „Indem man das Kind von Anfang an als ein Subjekt ansieht, das durch seine Existenz beginnt und nicht

> durch seine Reaktionen (qui commence par exister et non par réagir), als ein Mensch, der von seiner Zeugung und schon vorher durch die Sprache geprägt ist und nicht als ein kleines, unreifes Tier, dann erlaubt die Psychoanalyse eine wesentliche Umkehrung der Frage, die nun nicht mehr lautet: Wie versteht es? sondern: Wie und warum haben wir uns so lange einbilden können, daß es nicht versteht? Die Wege dieses Verstehens, wie auch diejenigen der infantilen Amnesie, sind uns gegenwärtig quasi unzugänglich, aber wir haben dank der analytischen Theorie und der analytischen Praxis mit Erwachsenen und Kindern gelernt, eine Vorstellung von der psychischen Aktivität der allerkleinsten Kinder zu entwickeln."[21]

Es ist bemerkenswert, daß Eliacheff die Rätselhaftigkeit der infantilen Amnesie mit der Rätselhaftigkeit der infantilen Gedächtnisleistung in Verbindung bringt. Es geht um das Auslöschen und die Bahnung von Erinnerungsspuren. Beide Vorgänge können im nachhinein festgestellt werden, sind aber in ihrer Entstehung, in der psychischen Aktivität ihrer Bildung nicht zu erfassen. Die Amnesie ist genauso wenig beobachtbar, wie die Entstehung von Erinnerungen. Welches sind die Wahrnehmungen, die von einem Ereignis memoriert werden? Warum wird memoriert? Auch Nietzsche hat sich mit dieser Eigenart der menschlichen Spezies beschäftigt.

> „Er wunderte sich aber auch über sich selbst, das Vergessen nicht lernen zu können und immerfort am Vergangenen zu hängen: mag er noch so weit, noch so schnell laufen, die Kette läuft mit... Fortwährend löst sich ein Blatt aus der Rolle der Zeit, fällt heraus, flattert fort - und flattert plötzlich wieder zurück, dem Menschen in den Schoß. Dann sagt der Mensch: 'Ich erinnere mich' und beneidet das Tier, welches sofort vergißt und jeden Augenblick wirklich sterben, in Nebel und Nacht zurücksinken und auf immer verlöschen sieht. So lebt das Tier unhistorisch... kurz angebunden mit ihrer Lust und Unlust, nämlich an den Pflock des Augenblicks."[22]

Für Dolto ist die Historizität des Menschen eingebunden in seine Sprachlichkeit. Beides unterscheidet ihn von den Tieren. Die Säuglinge zeigen durch ihre Krankheiten, daß sie in Utero gemachte Wahrnehmungen reproduzieren. Das ist ihre Historizität, ihre Gedächtnisfähigkeit oder vielmehr ihre Gedächtnis-Notwendigkeit. Der Not des Augenblicks, der ihnen immer neue Wahrnehmungen aufzwingt, entziehen sie sich durch die Wiederherstellung vertrauter Wahrnehmungen, z.B. läßt eine Bronchitis die Wahrnehmung eines mit Flüssigkeit gefüllten Nasen- und Rachenraums wiedererleben. Sie wenden die Not der Einsamkeit, des Verlassenseins durch die Reproduktion vertrauter Wahrnehmungen. Dort wird die Verbindung zu einem verlorenen

Objekt memoriert, das nunmehr durch die Materialität der Wahrnehmung wiedererschaffen wird. Das Fruchtwasser ist eines der 'Verbindungsstoffe' zwischen Embryo und Mutter. Solange keine Symbolisierung des verlorenen Objektes stattgefunden hat, wird es durch Sinneswahrnehmungen von 'selbstgeschaffenen' Wahrnehmungen wiederhergestellt. Der Körper des Kindes, vor allem dessen Ein- und Ausgänge, als Nahtstellen in der Beziehung zum Objekt, aber auch der Verdauungstrakt als Aufnahme- und Ausscheidungsorgan des Objektes wird zum Ort, wo Spuren des verlorenen Objektes festgehalten werden. Das Sprechen mit diesen Kindern, das Aussprechen des Verlustes und die Benennung des Objektes schaffen ein neues 'Ersatzobjekt'. Die Sprache auch in ihrer Materialität als subtile Wahrnehmung ersetzt das verlorene Objekt. Die Benennung schafft eine Struktur außerhalb des Körpers, ein signifikantes Netz von Bedeutungen, das es erlaubt, die Gedächtnisfunktion vom Körper auf die Symbole und auf die sprechende Person zu verlagern. Symbolische Verknüpfungen ersetzen die auf der Ebene des Körpers agierten Verknüpfungen. Diese frühen von Dolto als psychosomatische Ausdrucksweisen verstandenen Krankheiten stellen auch eine Art von auto-erotischer Aktivität dar. Das verlorene Objekt und die durch es hervorgerufene Lust wird mittels des eigenen Körpers reproduziert. Das Sprechen über diese Mechanismen erzeugt eine Struktur, die außerhalb des Körpers ist, das Subjekt, das unbewußte Sprachwesen ist nicht identisch mit diesem Körper. Diese Spaltung, diese Aufteilung erzeugt auch eine Trennung zwischen dem Körper und dem Objekt. Das Objekt und sein Verlust werden symbolisiert. Die Gedächtnisfunktion, die Erinnerung wird von der Sprache übernommen. Diese sprachlich vorgenommene Spaltung unterläuft nicht die Lacansche Konzeption der Willkür der Sprache, sondern sie bewegt sich in ihr. Der Signifikant ist willkürlich, erst durch seine Wiederholung stellt sich eine signifikante Beziehung her. Die sich immer in Sprache vollziehende Herstellung eines Sinns raubt dem Säugling sein Genießen, die sprachliche Sinnkonstruktion entfremdet seinen Körper in die Sprache, in Bedeutungszusammenhänge, die außerhalb seiner selbst liegen, deren Causa er nicht mehr ist. Die Lust des Körpers wird unterbrochen. Die Sprache schafft Grenzen. Auch die Öffnungen des Körpers unterliegen der Skandierung. Die Benennung der Abwesenheit des Objekts verschließt den Körper: der Mund schluckt nicht mehr willenlos alles, was in ihn hinein gegeben wird, der After scheidet nicht mehr pausenlos das Aufgenommene wieder aus. Die Benennung des verlorenen Objektes, die Symbolisierung schreibt auch diesen Körper in die Zeit und ihre Skandierungen ein. Kein grenzenloser Genuß, sondern ein befristeter. Der Wechsel von An- und Abwesenheit eines Objektes wird markiert. Die Ortlosigkeit und die Zeitlosigkeit dieses Körpers werden beendet. Die Sprache benennt die Grenzen. Dem diffusen Körper wird eine Struktur überstülpt, die der Sprache. Der Säugling wird in eine signifikante Struktur übernommen, die er von einem anderen erhält. Die Worte sind immer die Bedeutungen des anderen. Die an den Säugling gerichteten Worte schreiben ihn in eine Intersubjektivität ein, die ihn aus der Hölle der Selbstreproduktion befreit. Das ist das Doltosche oder Eliacheffsche 'Verfahren', eine Sinnkonstruktion zu schaffen, in der es den verlorenen anderen symbolisch gibt, wenn der reale Verlust nur noch den Bezug auf die eigenen Körperwahrnehmungen zuläßt. Die somatischen Äußerungen werden in einen symbolische Historizität überführt. Für Dolto ist die Historizität und die Notwendigkeit des Symbolischen quasi 'angeboren', sie spezifiziert den Menschen. Das sind Sinnkonstruktionen. Die Historizität, die Einschreibung in eine Geschichte wird durch das Sprechen mit den Kindern erst geschaffen. Die Entfremdung in die Sprache und in die von ihr vermittelten Gesetze macht diesen Körper zu einem Historischen, hebt seine Zeit- und Ortlosigkeit auf. Wer sagt, ob diese Kinder nicht so lange, bis ihren körperlichen Symptomen in der Analyse ein Sinn, ein Aussagegehalt unterstellt wurde, an den Pflock des Augenblicks gebunden waren, um Nietzsches Metapher wiederaufzugreifen, an den Pflock des Augenblicks, wie die Tiere, allerdings eines endlosen Augenblicks, bis ihnen die Sprache ein Ende in Aussicht gestellt hat?

Es geht in dem von Dolto geprägten präventiven Verständnis Eliacheffs, das an dieser Doltoschen Entdeckung der Sprachfähigkeit der Kinder anknüpft, darum, diesen Kindern, deren Lebensbedingungen in den ersten Wochen und Monaten schon für den Leser dieser Fallgeschichten unerträglich sind, durch die Symbolisierung den direkten Ausdruck ihres Leidens zu erlauben, damit sie dieses überwinden können und in der Lage sind, andere Beziehungen zu knüpfen, als diejenigen, die sie mit vielen Verlusterfahrungen gekannt haben.

> „Die psychoanalytische Kur mit Säuglingen erlaubt vor allem, diesem den Ursprung der Trennung zu erzählen, Worte für das zu sagen, was er erlebt, weil alles Nicht-Gesagte einen Bruch im Prozeß der Symbolisierung erzeugt, einen Bruch, der sich zunächst in den Symptomen äußert... Es handelt sich nicht darum zu trösten, noch weniger darum, etwas wiedergutzumachen, sondern das Leiden zu symbolisieren, indem die Geschichte neu geordnet wird, um dem Kind seine Identität vermittelt durch seine Herkunft zu geben und ihm zu erlauben, seine Vorrechte als Subjekt wahrzunehmen." (EL 21/22)

Der reale Bruch, der im Leben des Kindes stattgefunden hat und die Bindung an seine Herkunftseltern werden symbolisiert, damit sie nicht in Wiederholungen fortwährend agiert werden müssen. Auch bei Eliacheff findet sich wieder die Aussage, daß es nicht das Reale ist, das Trauma des Ereignisses, das die zukünftige Entwicklung beeinträchtigt, sondern das Nicht-Gesagte, das Nicht-Symbolisierte dieser Trennung erzeugt einen Bruch im Prozeß der Symbolisierung. Das Kind leidet nach dieser Auffassung dann nicht so sehr an der realen Trennung, als an dem Versagen der Anerkennung, das damit verbunden war. Zoéhatte Mühe, ihre Augen zu öffnen, weil sie von ihrer Mutter nie angesehen worden war. Die im Blick und in der Namengebung stattfindende Anerkennung war ihr versagt worden. Die Verleugnung der Trennung durch die von der Mutter gewünschte Anästhesie hatte sie in ihrem basalen Narzißmus, ihrem Wunsch zu leben, zutiefst verletzt. Die Worte der Analytikerin sprechen diesen Mangel aus und damit erkennen sie diesen Menschen als Subjekt an, als Subjekt, das in seinem Wunsch nach Anerkennung verletzt worden ist. Wieder geht es um die Verletzungen, die im Symbolischen stattgefunden haben und die auf die physische Gesundheit Auswirkungen haben. Diese Verletzungen werden ausgesprochen und damit wird das Subjekt, das sie erlitten hat, anerkannt. Die präventive Wirkung besteht in diesem Aufbau des basalen Narzißmus und in der Anerkennung dieses Kindes als symbolischer Träger seiner Geschichte, die nun nicht mehr partiell oder vollkommen verleugnet zu werden braucht. Sie werden, so die Hoffnung der betroffenen Analytiker, nicht zu wiederholen brauchen, was ihnen angetan wurde, sondern sie können das Leben, in das sie getreten sind, als Subjekte auf sich nehmen. Daß es sich gerade in diesem Bereich oft um generationsübergreifende Wiederholungen handelt, braucht wohl nicht noch extra erwähnt zu werden. Im Grunde geht es bei dieser Arbeit auch um die Erlaubnis, daß sie eines Tages, wenn sie selbst Mütter oder Väter werden, ihre Mutterschaft und Vaterschaft annehmen können, und nicht mit ihren Kindern wiederholen müssen, was sie selbst in ihrer Kindheit erlebt haben. Ob das so sein wird, darüber ist es zu früh jetzt eine Aussage zu machen. Doch für Dolto war die generationsübergreifende Perspektive sehr präsent. Ich kann mich erinnern, daß sie in ihrem Kontrollseminar davon sprach, daß sich der Erfolg einer analytischen Arbeit mit Erwachsenen letztendlich an den Enkelkindern des Analysanten erweisen würde. Auch in dieser Aussage steckt wieder die Identität von Analyse und Prävention in der Konzeptualisierung Doltos, diesmal sogar in einer sich über zwei Generationen erstreckenden Prävention. Die Prävention würde dann in einer Art Filter bestehen, daß die analytische Arbeit generationsübergreifende Wiederholungen verhindert, in einer Selektion dessen, was Eltern an ihre Kinder weitergeben. Sie sind in der Lage, in der von Generation zu Generation weitergegeben Übermittlung das herauszufiltern, was ihnen selbst zu sehr geschadet hat.

In dem 'Handbuch für Kinder mit schwierigen Eltern', einer witzigen und zugleich klugen Parodie von Erziehungsratgebern, zu dem Dolto das Vorwort geschrieben hat, wird diese Funktion des Filterns von der Autorin 'Jeanne Van den Brouck' herausgehoben:

„Die Eltern haben auch eine andere, komplexere Funktion, die wir die Funktion des absorbierenden und lösenden Filters nennen. Diese Funktion besteht darin, die familiäre Pathologie zu filtern, deren Wirkungen sich von Generation zu Generation übermitteln, und die größtmögliche Quantität davon zu absorbieren und aufzulösen. Es gibt gute und schlechte Filter. Die guten Filter sichern dem Kind gute Ausgangsmöglichkeiten. Die schlechten halten so gut wie nichts zurück und lassen massive Mengen von Pathologie passieren: das Kind startet dann mit einer ernsthaften Beeinträchtigung und sollte seine Chancen aufmerksam abwägen, bevor es sich auf seine Geburt einläßt. Natürlich kann man nicht hoffen, daß eine Abfolge von guten Filtern eine Familie von jeglicher Art von Pathologie befreit. In jedem individuellen Leben ereignet sich genug, um einen neuen Vorrat davon anzusammeln. Indessen erlaubt das effiziente Filtern jeder neuen Generation, das Leben mit guten Erfolgschancen zu beginnen, während beschädigte, sich wiederholende Filtervorgänge eine Linie so weit verunreinigen können, daß sie vollkommen erlöscht. Auch diese Funktion findet wesentlich vor der Geburt statt, wenn nicht sogar vor der Empfängnis.“[23]

Diese ironisch formulierte Aussage, die sich der Metaphorik von Autoreperaturwerkstätten bedient, um eine wesentliche elterliche Funktion darzulegen, greift in ihrer übertragenen Bedeutung Doltos generationsübergreifendes Präventionskonzept wieder auf. Die Eltern müssen schon vor der Geburt, wenn nicht vor der Empfängnis einen Teil der familiären Pathologie aufgelöst haben, um sie nicht von Anfang an das Kind weiterzugeben. Diese Funktion wird von Jeanne Van den Brouck als Filtern bezeichnet. Es stellt sich die Frage, ob nicht da Doltos Präventionskonzept ansetzt. Dabei handelt es sich darum, den Eltern und Kindern oder in den hier genannten Fällen nur den Kindern bei der Aufgabe des Filterns beizustehen, indem durch die Symbolisierung dafür Sorge getragen wird, daß die Geschichte der vorhergegangenen Generationen nicht wiederholt zu werden braucht.

Doltos Anregungen zu Adoptionsfragen

Dolto ist durchaus von der Übertragbarkeit der in der psychoanalytischen Behandlung gewonnen Erkenntnisse auf andere Bereiche, zum Beispiel dem der Sozialarbeit überzeugt gewesen. Ihre Anregungen richten sich nicht nur an Psychoanalytiker und Eltern, sondern auch an Sozialarbeiter und Juristen, also an alle, die unmittelbar mit den betroffenen Kindern arbeiten oder mittelbar sie betreffende Entscheidungen fällen.

Im vorhergehenden Kapitel wurde die direkte analytische Arbeit mit

Kleinkindern, die zur Adoption freigegeben werden, dargestellt. Dolto hat auch Anregungen für Sozialarbeiter entwickelt, die Adoptionsverfahren begleiten und in direktem Kontakt mit den von der Adoption betroffenen Kindern, den leiblichen Eltern und den Adoptiveltern stehen. Eine Grundregel ist, daß die abgebenden Eltern nie abgewertet werden dürfen. Da der Narzißmus des Kindes, sein Selbstwertgefühl untrennbar ist von dem Erleben seiner leiblichen Eltern, wird mit deren Verurteilung sein eigener Wert nachhaltig beeinträchtigt. Dolto rückt nicht das Versagen dieser Eltern, ihre Kinder zu erziehen oder sich ausreichend um ihr leibliches Wohl zu kümmern, in den Vordergrund, sondern ihre Großzügigkeit. Sie sind in der Lage, sich von ihrem Kind zu trennen und auf alle ihnen vom Gesetzgeber zugestandenen Rechte zu verzichten, und das zum Wohle ihres Kindes und zum Wohle eines anderen in der Regel sterilen Paares. Dank ihrer Freigebigkeit ermöglichen sie anderen Menschen ein Glück, das diesen sonst vorenthalten worden wäre. Dolto weiß aus Erfahrung, daß die Weggabe eines Kindes immer, selten nur unbewußt, mit großem Leid für die weggebende Mutter verbunden ist. Sie honoriert, daß diese Frauen diesen Schmerz auf sich nehmen, um ihren Kindern ein 'besseres' Leben zu ermöglichen, als sie es selbst gekonnt hätten.

> „Es sind sehr weit entwickelte Mütter, die sagen können: 'Ich weiß, daß ich diesem Kind nicht das geben kann, was für einen Menschen lebensnotwendig ist, ich gebe es darum lieber der Gesellschaft, ich möchte es zur Adoption freigeben. Die Freigabe bedeutet immer Schmerz, für das Unbewußte einer Mutter, es nicht behalten zu können für seine Erziehung, dieses Kind, das sie ausgetragen hat und dem sie das Leben geschenkt hat."(ees 216/217)

Die leiblichen Eltern werden dank dieser Auffassung von der gesellschaftlichen Ächtung befreit, die oft ihre Entscheidung begleitet und bei allen Betroffenen Schuldgefühle zurückläßt, bei den abgebenden Eltern und den Kindern. Ein gesellschaftlicher Makel wirkt sich psychisch, das ist eine der wesentlichen Erkenntnisse Doltos, als Schuldgefühl aus. Diese Kinder fühlen sich doppelt abgelehnt, einmal von ihren Eltern, die sie ja de facto nicht annehmen. Außerdem beziehen sie die gesellschaftliche Verurteilung ihrer leiblichen Eltern, diese Ablehnung, die ihren Eltern von der Gesellschaft zuteil wird auf sich selbst. Um diesen Ausgang der Selbstentwertung durch Schuldgefühle zu verhindern, fordert Dolto, daß den Kindern, von den Personen, die sowohl in Kontakt mit ihnen sind, als auch an der Adoptionsvermittlung beteiligt sind, also in der Regel Sozialarbeiter, diese ehrenhafte Motivation mitgeteilt wird.

Nun weiß Dolto auch, daß es in der Regel die Not ist, sei sie materiell oder psychisch oder beides, die es leiblichen Eltern unmöglich macht, ihr Kind anzunehmen. Auch diese Not soll dem Kind mitgeteilt werden, aber nicht als Versagen des Elternteils. Die Mutter hat dem Kind das gegeben, was sie konnte, sie hat es neun Monate lang getragen und es so ausgetragen, daß es am Leben geblieben ist, also hat sie ihm alles gegeben, was es brauchte. Mehr konnte sie ihm nicht geben. Darum gibt es von der Gesellschaft dafür bereitgestellte Personen, die andere Menschen suchen, die ihm das geben können, was es in der Gegenwart und der Zukunft braucht, nämlich Pflege- oder Adoptiveltern.

Dolto betont immer wieder, daß eine Adoption ein gegenseitiger Vorgang ist, der Zeit braucht. Den Kindern muß mitgeteilt werden, daß sie selbst ihre neuen Eltern adoptieren müssen. So wie in einer der Fallgeschichten das neun Monate alte Mädchen aufgefordert wurde zu zeigen, ob die vorgeschlagenen Adoptiveltern die richtigen sind, so muß in anderen Fällen, bei denen kein Analytiker involviert sind, der Sozialarbeiter das Kind auffordern, seinen Beitrag zum Gelingen der Adoption zu leisten. Dolto führt den Fall eines Mädchens an, das panische Angst vor dem Hund ihres zukünftigen Adoptivvaters hatte, so daß die zuständige Sozialbehörde dessen Abschaffung als Adoptionsvoraussetzung gefordert hatte. Dolto, die das Mädchen im Hopital Trousseau behandelt hatte, forderte sie auf, das ihrige zum Gelingen der Adoption beizutragen, was in diesem Fall hieß, den Hund zu akzeptieren, da er nun einmal zum Leben seines Adoptivvaters gehörte. Dolto: „Entweder Du akzeptierst diesen Hund oder Du mußt auf diese Familie verzichten, dieser Hund gehört zu diesem Herrn."(ees 220) Das Mädchen verlor dann in der Tat seine Angst, beziehungsweise konnte sie beherrschen. Dolto richtet in diesem Zusammenhang den Appell an Sozialarbeiter den zukünftigen Adoptiveltern zu vermitteln, daß eine Adoption nicht die Umstellung ihres gesamtes Lebens bedeutet. Dieser Ratschlag soll wieder eine ausschließliche Zentrierung der neu gebildeten Familie um das Kind zu verhindern.

Außerdem fordert Dolto, daß adoptionsbereiten Eltern die Auflage gemacht wird, vorher in Kontakt zu Kindern zu treten, um deren Ansprüche kennenzulernen und auf die Umstellung ihres Lebens vorbereitet zu sein, beziehungsweise zu überprüfen, ob sie dazu in der Lage sind. Wie diese Forderung praktisch realisiert werden soll, ob den Eltern nahegelegt wird, sich die Kinder ihrer Freunde oder Verwandten 'auszuleihen', oder mit einer anderen Familie in Urlaub zu fahren, bleibt offen. Vielleicht meint Dolto es auch nur als Ratschlag von Sozialarbeitern an adoptionswillige Eltern, um späterem Schaden für alle Betroffenen vorzubeugen.

Dolto hebt außerdem hervor, daß ein Adoptionsvorgang nicht nur ein Paar betrifft, sondern daß zwei Familien, nämlich die Herkunftsfamilien beider Elternteile davon betroffen sind und entsprechend auf das Ereignis vorbereitet werden müssen. Das Kind bekommt eine neue Verwandtschaft und nicht nur neue Eltern.

Sie schlägt auch vor, daß adoptierte Kinder auch weiterhin gelegentlichen Kontakt zu ihren leiblichen Eltern haben sollten, wahrscheinlich um Mystifizierungen zu verhindern, und um einen totalen Beziehungsabbruch mit den ihm eigenen Wunden und Spätfolgen zu verhindern. Auch wenn Kinder vorher in Pflegefamilien waren, sollte die Adoption nicht zu einem vollständigen Kontaktabbruch führen, sondern die Adoptiveltern sollten es dem Kind ermöglichen, weiterhin mit seinen Pflegeeltern in Kontakt zu bleiben.

Für eine Reform der Weggabe und Adoptionsregelung schlägt Dolto die Bildung regionaler Kommissionen vor, an denen außer Politikern, Juristen, Sozial-Arbeitern und -Wissenschaftlern auch Betroffene aus verschiedenen sozialen Schichten, also sowohl ehemalige Adoptierte, als auch Adoptiveltern zu beteiligen wären. Um Adoptionsregelungen zu finden, die den geringsten Schaden nach sich ziehen, muß den Erfahrungen dieser Menschen, die auf Grund ihrer Geschichte zu Experten geworden sind, Rechnung getragen werden. Und dennoch kann eine noch so gute gesetzliche Regelung nicht alle Schwierigkeiten beseitigen. „Vor allem ist hier Geschmeidigkeit (souplesse) angesagt. In diesem Bereich können die Dinge nicht verordnet werden... Es gibt auf diese Fragen keine allgemein gültige Antwort. Jedes Kind ist von einem anderen verschieden, jede Adoptivfamilie ist anders.“(ees 224)

Die bei der Ankunft in einer Adoptivfamilie häufig auftretenden Regressionserscheinungen, wie erneutes Bettnässen, Einkoten, Sprachstörungen, Veränderung der Ernährungsgewohnheiten deutet Dolto als Ausdruck des Wunsches, diese Familie zu adoptieren. Das Kind regrediert auf ein vergangenes Alter und drückt damit seinen Wunsch aus, in diesem Alter in Kontakt zu der Adoptivfamilie getreten zu sein. Durch sein Verhalten realisiert es diesen Wunsch, der zwar nicht mit dem objektiven Verstreichen der Zeit übereinstimmt, aber mit der subjektiv gewünschten Chronologie der Ereignisse. Das Wissen um diese Mechanismen kann es den betreffenden Sozialarbeitern erlauben, die Situation zu entdramatisieren und den Adoptiveltern beim Ertragen dieser Symptome zu helfen.

Auf der schon zitierten Konferenz für Sozialarbeiter, Psychologen, Ärzte, Erzieher etc. in Grenoble wurde Dolto von einem Teilnehmer gefragt, ob es nicht wichtig ist, „den Adoptiveltern zu empfehlen, den Kindern zu sagen, daß sie nicht die wirklichen (vraies) Eltern sind.“ (AIS 146) Dolto empört sich über diese Ausdrucksweise, da sie ausdrückt, daß nur die biologischen Eltern wirkliche Eltern seien. Die wirklichen Eltern sind diejenigen, die diese Rolle in der Wirklichkeit für ein bestimmtes Kind übernehmen.

> „Man sollte Kindern nie sagen: ‘Sie sind nicht Deine wirklichen Eltern.’ Vielmehr sollte man sagen, sie sind Deine Adoptiveltern, so wie Du ihr Adoptivkind bist. Sie sind so wie Du, sie haben Dich adoptiert und Du sie. Ihr seid

> also eine wirkliche Adoptivfamilie. Zwei andere Menschen, die Du nicht kennst, sind Deine Zeuger gewesen. Du bist von Deiner Geburtsmutter zur Welt gebracht worden, sie konnte Dich nicht großziehen und deshalb gab sie Dich zur Adoption frei. Du bist als gesundes und starkes Kind von Deiner Mutter geboren worden, sonst hättest Du die Trennung von ihr nicht überlebt. Wichtig ist, daß die Adoptiveltern sagen, wie dankbar sie gegenüber den zeugenden Eltern sind. Oft fehlt diese Bezugnahme. Aber wenn sie diese Zusammenhänge zum Ausdruck bringen, verbindet das Kind symbolisch seine Adoptivelten mit seinen Zeugern. 'Ich bin Deiner Mutter sehr dankbar, daß sie Dich geboren hat, denn dadurch gab sie mir die Möglichkeit Dich großziehen zu können, was für mich eine große Freude ist. Deine Mutter und Dein Vater haben Dich, aus welchen Gründen auch immer, nicht behalten können, aber sie haben uns auf jeden Fall eine große Freude gemacht, indem sie uns solch ein schönes Kind, wie Du es bist, gegeben haben.'"(AIS 147/148)

Das sind Doltos Ratschläge an Adoptionsvermittler. Wie so oft, stellt sie der normativen Interpretation der Wirklichkeit eine Umkehrung entgegen. Die verlassenen Kinder, denen von Anfang an große Defizite unterstellt werden, oder die tatsächlich großen emotionalen Entbehrungen ausgesetzt waren, werden zu Gaben mit besonderem Wert. Stammen sie doch von großzügigen Eltern ab und haben sie doch auf Grund der Tatsache, daß sie an den Verhältnissen nicht zerbrochen sind, gezeigt, daß sie von ihren leiblichen Eltern mit großen Kräften ausgestattet wurden, die ihnen helfen, die Hindernisse, denen sie begegnen, zu überwinden. Dolto setzt einer objektiven Realität eine narzißtisch aufwertende Umwertung entgegen, die es den Kindern erlaubt, die Verluste, die sie erlitten haben, symbolisch zu verarbeiten. Die von ihr geforderte Dankeserklärung verändert auch den Status der Adoptiveltern. Sie sind nicht mehr die 'Retter' von Kindern, die 'schlechte' leibliche Eltern gehabt haben, sondern diese Eltern haben diesem defizienten Paar dieses Kind als eine Gabe überlassen. Dolto setzt einer Defizienz-Ökonomie, einer normativen Mangelinterpretation eine Logik der Gabe entgegen. Das Leben selbst und der Austausch sind entscheidend, nicht die biologischen Bindungen. Die sozialen und erzieherischen Defizite von Eltern sind in bezug auf ihre Fähigkeit, Leben zu schenken und es zudem in einem juristischen Akt zu verausgaben nebensächlich. Diese Logik schafft einen neuen Mythos, der dem Kind einen anderen Status als den des Opfers gibt. Dolto konstruiert damit einen Mythos 'guter Eltern' auch und gerade für die Kinder, die von ihren Eltern weggegeben wurden, um die Identifizierung mit den Handlungen der Eltern zu vermeiden, und um ihnen eine symbolische Abstammung zu verleihen, deren Hauptmerkmal nicht die Unfähigkeit ist, den Nachwuchs großzuziehen.

Das Maison Verte

Accueillir - aus den Anfängen

Das Maison Verte ist eine Erfindung Doltos, es ist ihr originellster Beitrag innerhalb der Geschichte der Begegnungen von Psychoanalyse und Pädagogik. Und dennoch ist das Selbstverständnis weder ein pädagogisches, noch ein therapeutisches. Im Gegenteil, sowohl Dolto selbst, als auch die Mitarbeiter, die Zeugnis von ihrer Arbeit abgelegt haben, betonen, daß sie weder erziehen oder eine Erziehungsberatung durchführen, noch behandeln.

> „Damit die Eltern nicht glauben, gezwungen zu sein, ein Symptom ihres Kindes vorzuschieben, eine Störung, wegen der sie um Rat fragen, haben wir spezifiziert, daß es sich nicht um eine Beratungsstelle handelt - was man denken könnte, weil da ja Psychoanalytiker arbeiten - noch um einen heilpädagogischen Ort, was man glauben könnte, weil da ja Erzieher arbeiten.“(ddv 416)

Marie-Hélène Malandrin spricht von zwei Gefahren, die bei der Arbeit im Maison Verte zu vermeiden sind. Das Team muß es vermeiden,

> „Antworten zu geben, die dem Pädagogismus verfallen oder der wilden Deutung, das sind nämlich die zwei Klippen dieses Ortes: die eine ist, den Psychoanalytiker zu spielen, der alles weiß, und dann wird man zum ‘Supermann’ für Erziehungsfragen, oder aber man wird zum Erzieher der Eltern: ‘Nein, so dürfen Sie es nicht machen’, oder ‘Sie sollten sich Ihrem Kind gegenüber so verhalten.’ Das sind die beiden Klippen des Maison Verte.“(Interview)

Es geht also weder darum, die Kinder oder deren Eltern zu erziehen, noch aus einer Position des Wissens heraus zu deuten. Zu Beginn war das Selbstverständnis des Maison Verte eher ein negativ formuliertes. Bei den Finanzierungsverhandlungen mit der ‘Fondation de France’ haben die Initiatoren eher über das gesprochen, was ihre Einrichtung nicht sein würde:[24]

> „1979, als Françoise Dolto, Marie-Noelle Rebois und einige andere sich bemühten, uns zu überzeugen, bestand die konkreteste Beschreibung des Maison Verte darin, uns mitzuteilen, was es nicht sein würde: weder eine Krippe, noch eine ‘Halte-garderie’[25] , noch ein Zentrum für Frühdiagnose. Nichtsdestotrotz teilte man uns mit, daß es ein Ort der Prophylaxe infantiler Neurosen sein würde. Wir sollten doch sehen, wozu es dienen würde. Es würde dazu dienen, die Mißverständnisse der frühen Kindheit zu entwirren, dem Kind helfen, sich als Subjekt zu konstituieren, als Sprechwesen, an das man sich direkt mit

> seinen Worten wendet, dem Kind dabei helfen die brutale Trennung vorzubereiten, die der Eintritt in die Kinderkrippe oder den Kindergarten oft bedeutet. Aber um ehrlich zu sein, waren wir nicht sicher, daß es funktionieren würde, und noch weniger sicher, daß es außerhalb des magischen Umkreises des 'Doltoschen Sprechens' funktionieren könnte."(mv 5)

Das sind die Eröffnungsworte der stellvertretenden Direktorin der Fondation de France, Sylvie Tsyboula, die für das Maison Verte und für einen Teil der Nachfolgeeinrichtungen die Anschubfinanzierung übernommen hat, zu einem Kongreß der 1989 in Paris stattfand. Dieser Kongreß wurde von der Fondation de France organisiert und sollte einem ersten Erfahrungsauswertung von Mitarbeitern vergleichbarer Einrichtungen nach zehn Jahren Existenz des Maison Verte dienen. Was soll dieses es sein, das Sylvie Tsyboula hervorgehoben hat, dieses es, das eher durch das definiert ist, was es nicht ist, und das dennoch einen weitgehenden Präventionsanspruch erhebt. Diese Worte drücken noch einmal gut aus, daß am Anfang niemand, auch nicht die Initiatoren selbst so genau wußten, was das Maison Verte werden würde. Es ähnelt keiner der bestehenden Einrichtungen, die es im Bereich der frühen Kindheit gibt. Im Gegenteil, es sollte die Schwierigkeiten, die durch die Funktionsweise dieser Institutionen entstehen, reduzieren, wenn nicht sogar verhindern. Auch das Initiatorenteam war sich bei der Planung nicht einig. So dachten einige der Mitarbeiter bei der Planung der Raumgestaltung noch an die Einrichtung kleiner separater Räume, wo Eltern in Ruhe und allein mit einem Therapeuten über ihre Erziehungsschwierigkeiten reden können. Die Gründung des Maison Verte stellte eine Pionierleistung dar. Es war eine Einrichtung, die ihresgleichen auf der Welt vergeblich suchen konnte und die darum gezwungen war, um ihr Selbstverständnis zu ringen, da sie auf nichts als auf ihre Zielsetzung zurückgreifen konnte: Entwirrung von Mißverständnissen in der frühen Kindheit, Unterstützung des Subjekts, Vorbereitung von Trennungserlebnissen. Auch wenn es von der Eröffnung an klar war, daß niemand dort so würde arbeiten können, wie es seinem herkömmlichen Berufsbild als Psychoanalytiker oder Erzieher entspricht, so galt und gilt es als unabänderliche Regel, daß an jedem Öffnungstag mindestens ein Analytiker anwesend ist und daß die pädagogischen Mitarbeiter zumindest eine Analyse gemacht haben. Außerdem ist in jedem dreiköpfigen Tagesteam mindestens ein Mann. Von Annie Grosser, die sich einige Jahre nach der Gründung um eine Stelle bewarb, kenne ich die Fragen, die Dolto ihr stellte, um ihre Eignung herauszufinden: „Haben Sie Kinder? Gehen Kinder von sich aus auf Sie zu?" Die Bejahung beider Fragen genügte, um Doltos Zustimmung zu ihrer Einstellung zu bekommen. Daß Annie Grosser als langjährige Mitarbeiterin der 'Versuchsschule Bonneuil' und als praktizierende Analytikerin mit der

Psychoanalyse vertraut war, konnte Dolto voraussetzen. Um Mißverständnissen vorzubeugen, soll gesagt sein, daß Dolto nicht die Direktorin der Einrichtung war und eine Einstellung nicht allein von ihrer Zustimmung abhing. Das kollektive Selbstverständnis des Gründungsteams macht ein einstimmiges Votum aller Mitarbeiter für die Einstellung eines neuen Mitarbeiters zur Bedingung. Eine Mitarbeiterin der Fondation de France hat die Prinzipien des Teams aus einigen Gesprächen mit Mitarbeitern eruiert:

> „Ein Team ohne Chef, ohne Hierarchie, wo jeder als einzelner zählt. Jeder 'accueillant' ist zwar mit seiner Geschichte, seiner Ausbildung, seinem Beruf ausgestattet und arbeitet als ganze Person, aber eingebunden in die Logik des Teams. Auch wenn es Kontroversen gibt, werden einige Prinzipien von allen geteilt: die Anerkennung des Unbewußten, die Fähigkeit in Bezug auf die ansonsten ausgeübte Berufstätigkeit auf eine 'dekonstruierte' Art zu arbeiten, also mit der Möglichkeit, sich überraschen zu lassen, sich stören, wenn nicht sogar, sich irreführen zu lassen, letztendlich, seine Abwehr aufzugeben."(mv 102/103)

In diesem Zitat taucht zum ersten Mal eine positiv formulierte Aussage über das Selbstverständnis der Mitarbeiter auf. Sie arbeiten nicht als Analytiker, nicht als Erzieher, sondern als 'accueillants'. Da bis dato nur eine der Schriften, die sich mit den Maisons Vertes befassen, ins Deutsche übersetzt wurde[26], und der Begriff darin nicht vorkommt, hat mir auch kein Übersetzer die Arbeit abgenommen, für diesen zentralen Terminus einen adäquaten deutschen Begriff zu finden. 'Accueillir' wird von 'Sachs-Villatte' übersetzt mit 'aufnehmen, empfangen'. 'L'accueil' entsprechend mit 'Aufnahme, Empfang' und in extensiver Bedeutung mit 'Betreuung'. Die zweite Übersetzungsmöglichkeit ist 'Offenheit, Aufgeschlossenheit'. Im 'Petit Robert' stehen 'recevoir' und 'admettre' als Synonyme für 'accueillir'. 'Annehmen' wäre also die entsprechende deutsche Bedeutung. 'Accueillant' gibt es in den Wörterbüchern nur als Adjektiv. Bezieht sich dies auf eine Person, dann ist sie nach dem 'Sachs-Villatte' 'liebenswürdig, freundlich', bezieht sich das Adjektiv auf einen Ort oder ein Haus, dann ist es 'gastlich, gemütlich'. Der 'Petit Robert' gibt als Synonyme für das Adjektiv 'accessible, aimable, cordial, hospitalier' an, also 'ansprechbar, liebenswürdig, herzlich, gastfreundlich'. Nun steckt in diesem Begriff das positiv definierte Selbstverständnis des Maison Verte. Ein Tagesteam, also die drei bis vier Personen, die für die Dauer eines bestimmten Nachmittags einer Woche regelmäßig zusammenarbeiten, nennt sich 'équipe d'accueil', Empfangsteam. Die Bezeichnung für die eigene 'dekonstruierte' Berufstätigkeit, die im Maison Verte stattfindet, ist 'accueillant'. Die Mitarbeiter arbeiten als 'accueillants'. Das ist ein Neologismus, da es bis zur

Gründung des Maison Verte dieses Wort nur als Adjektiv gab. Die Wörterbuchauslese hat einen Überblick über den Bedeutungsrahmen gegeben, in dem die Mitarbeiter ihre Tätigkeit ansiedeln. Was dieses 'accueillir' genauer heißt, was die Mitarbeiter in diesem Bedeutungsrahmen genauer tun, wird in diesem Kapitel herausgearbeitet werden. Die zentrale Stellung des Begriffes in der Abgrenzung von einer erzieherischen und psychoanalytischen Tätigkeit mag noch einmal in dem Titel eines Vortrages von Michel Malandrin zum Tragen kommen: „L'accueil à la Maison Verte: quelle pratique entre intervention éducative et intervention psychanalytique."[27]

Das Maison Verte wurde 1979 von einem Gründungsteam, zu dem Françoise Dolto, einige Mitarbeiter des Centre Étienne-Marcel, Bernard This und Pierre Benoit, und zwei Erzieherinnen, Marie-Hélène Malandrin und Marie-Noelle Rebois gehörten, nach einer zweijährigen Planungs- und Vorbereitungsphase gegründet. Der erste Standort war der Place St.Charles im 15.Arrondissement von Paris. Im Laufe der Jahre wurden sowohl in Paris selbst, als auch in anderen Städten Frankreichs ähnliche Einrichtungen gegründet. In Paris wurde 1989 auch eine derartige Einrichtung für gehörlose oder gehörgeschädigte und hörende Kinder eröffnet. Das Projekt geht auf eine Arbeitsgruppe der Ecole Freudienne de Paris zurück, die von Dolto für Menschen angeboten worden war, die mit Gehörlosen arbeiten. Im 'Maison Arc-en-ciel' arbeiten Gehörlose und hörende Mitarbeiter und eine 'Übersetzerin', also jemand, der sowohl die gesprochene Sprache, als auch die Gebärdensprache beherrscht.[28] Inzwischen gibt es vom Pariser Maison Verte inspirierte 'Schwesterneinrichtungen' auch in Montréal, in Brüssel, in Venedig und in Jerusalem.

Jede Einrichtung hat übrigens einen eigenen Namen: in Straßburg 'La Maisonnée', in Lyon 'Le Jardin couvert', in Brest 'La Ribambelle', in Aix en Provence 'La Passerelle', in Rennes 'Le Ballon rouge' etc. Diese Vielzahl der Eigennamen und die daraus resultierende Unmöglichkeit einer umfassenden Pluralbildung entspricht der Furcht der Gründer vor einer staatlichen Vereinnahmung und Institutionalisierung ihres Projekts. Ich werde dennoch der Einfachheit halber alle derartigen Einrichtungen mit der Pluralbildung von 'Maison Verte' bezeichnen. Es ist die von Dolto gegründete erste Einrichtung dieser Art, an der sich alle Nachfolgeeinrichtungen in ihren Grundsätzen orientiert haben, auch wenn es lokale Unterschiede gibt. Der Ursprung des Namens ist nicht eindeutig ableitbar, da der erste Laden, in dem es seinen Sitz hatte, keinesfalls grün gestrichen war. Der Ursprungsmythos des Namens lautet, daß es in der Planungsphase von den Gründungsmitgliedern 'Maison ouverte' genannt wurde, 'offenes Haus', aus dem die Kinder dann 'Maison Verte' gemacht haben, 'grünes Haus". Das Werbeblatt für die Einrichtung enthält folgende Informationen:

„Für ein Leben in der Gemeinschaft (vie sociale) von Geburt an, für Eltern, die manchmal sehr allein sind mit den Schwierigkeiten des Alltags, die sie mit ihren Kindern erleben.

Weder eine Krippe, noch eine 'halte-garderie', noch eine Behandlungseinrichtung, sondern ein Haus, wo Mütter und Väter, Großmütter und Großväter, Tagesmütter und Babysitter empfangen werden .. und wo ihre kleinen Kinder Freunde treffen können. Schwangere Frauen und ihre Partner sind auch herzlich willkommen.

Das Maison Verte empfängt montags bis freitags von 14-19h, samstags von 10-13h und von 14-17h. 13, rue Meilhac, Paris 15e."(ddv 403)

Trennungsvor- und Nachbereitung

Im Eingangsraum ist immer eine Person des Teams, um die Neuankömmlinge zu begrüßen. Begrüßt wird das Kind, da das 'Haus' in erster Linie für die Kinder da ist, die Erwachsenen gelten als seine Begleiter. Ihm wird also 'Guten Tag' gesagt. Anschließend wird es, wenn es zum ersten Mal kommt und man seinen Vornamen noch nicht kennt, nach diesem gefragt. Einige Mütter begreifen schneller, daß sie diesen mitteilen müssen, da das Gros der Kinder noch gar nicht sprechen kann, andere müssen dazu aufgefordert werden, den Vornamen mitzuteilen. Dann wird dem Kind gezeigt, daß sein Vorname an die Tafel geschrieben wird, zu den Vornamen der anderen Kinder, die vor ihm angekommen sind. Anschließend wird dem Kind die Grundregel des Hauses mitgeteilt, daß es hier mit anderen Kindern und mit seinen Eltern zusammensein wird, daß seine Eltern diesen Ort nicht ohne ihn verlassen werden, sondern genauso lange da bleiben werden, wie es selbst. Dies wird allen neuankommenden Kindern mitgeteilt, wie jung sie auch sein mögen. Das reguläre Alter der Kinder ist 0 bis 3 Jahre, bei der Geburt von Geschwisterkindern dürfen auch vierjährige das Maison Verte besuchen.

In dieser Grundregel verdichtet sich eines der Hauptanliegen des Maison Verte, nämlich Kinder im Beisein ihrer Bezugspersonen auf ein Leben in der Gemeinschaft vorzubereiten. Meistens macht ein Kleinkind die Erfahrung, daß wenn ein anderer Erwachsener, der nicht zur Familie gehört, sich ihm verbindlich zuwendet, dieses die Ankündigung des Verschwindens seiner Mutter bedeutet. Seien es nun Tagesmütter, Krippenerzieherinnen oder Babysitter, ihre Ankunft oder die Ankunft der Kinder bei ihnen bedeutet die Trennung von der Mutter. Auch der Anblick vieler anderer Kleinkinder in der Krippe z.B. ist Zeichen für die anstehende Trennung. Die sofortige Mitteilung an alle neuankommenden Kinder, daß ihre Begleitpersonen bei ihnen bleiben werden, soll von vornherein die Trennungsangst verhindern. Die Kinder haben die Möglichkeit mit anderen Kindern und Erwachsenen, die hauptsächlich für sie da sind, zusammenzusein, ohne daß dies den Verlust der Bezugsperson bedeutet. Eine der wesentlichen Funktionen des Maison Verte ist es, Kinder auf Trennungen vorzubereiten, damit sie diese nicht traumatisch erleben, sondern damit umgehen können.

> „Das Prinzip ist, daß das Kind sich mit der Gemeinschaft vertraut macht, indem es mit Kindern seines Alters und mit Erwachsenen zusammen ist, und zwar in der Sicherheit, die ihm durch die Erwachsenen, die es kennt, gegeben wird und die für ihn Garanten seiner Identität sind. Diese vertrauten Erwachsenen verkehren in seiner Gegenwart mit Erwachsenen ihres Alters und mit anderen Kindern. Es ist ein Ort, den die Erwachsenen nicht verlassen werden, nicht einmal für eine Sekunde. Das Kind weiß das. Es ist ein Zwischenraum, Übergangsraum zwischen seinem Zuhause und etablierten Orten, wie den Krippen oder Beaufsichtigungsorten (garderies) oder dem Kindergarten, diesen Orten der Sozialisation, die ein Kind unter der Bedingung der Trennung von seiner Sicherheit im Raum, der Zeit, von dem, was in seinem Dasein (existence) seiner Herkunft und seiner Geschichte entspricht, versorgen. Und das, bis das Kind um seine Identität und die Bedeutung dieser Beziehung zu seiner Person, von den Menschen, deren Aufgabe es ist, sich in der Abwesenheit seiner Eltern um es kümmern werden, weiß. Es wird, von dem, was seine Sicherheit ausmacht, getrennt, bevor es sie vollkommen erreicht hat, während er im Maison Verte im Beisein seiner Eltern mit der Gesellschaft in Kontakt tritt, so daß alle Belastungsproben, die es dort durchmacht, ihm vom Aufnahmepersonal, das wir sind, erklärt werden und gleichzeitig, wenn es schwierigen Situationen ausgesetzt ist, kann es seine Eltern finden, in deren Armen es die Integrität seiner sozialen Person wiederfinden kann, die es kurzzeitig verloren hatte."(sol 377/378)

Claude und Nicole Schauder, die das 'Maisonnée' in Straßburg mitgegründet haben, betonen einen anderen Aspekt des Umgangs mit der Trennung im Maison Verte. Es kann eine progressive Trennung geben, da das Kind selbst den Rhythmus seiner Entfernungen von der Mutter bestimmt. (Da die Kinder meistens von den Müttern begleitet werden, werde ich in Zukunft sie als stellvertretend auch für andere mögliche Bezugspersonen setzen, den Vater, die Tagesmutter, die Großeltern oder eine Babysitterin.) Die Mütter nehmen in der Regel auf einem der Sofas Platz, während die Kinder, sobald sie sich allein fortbewegen können, selbst entscheiden, ob sie in ihrer Nähe bleiben oder in welchem Rhythmus und auch für welche Dauer sie sich von ihnen fortbewegen. Das meinen die Schauders mit einer progressiven Trennungserfahrung.

> „Indem wir den Erwachsenen verbieten, ihr Kind allein im 'Maisonnée' zu lassen, wollen wir den Ganz-Kleinen erlauben, sich nach eigenem Ermessen von ihren Eltern zu entfernen, ihrem Rhythmus entsprechend und so lange, wie sie es wünschen, und dies, um ihnen das Leiden durch zu brutale und zu frühe Trennungen zu ersparen, die so oft Gefühle der Reue, der Rache und andere negative Nachwirkungen haben. .. Es kann, wenn es dies wünscht, dem Blick seiner Mutter oder seines Vaters entgehen, und wiederkommen, um sich zu vergewissern, daß sie (oder er) immer noch da sind, sie auffordern mit ihm zu kommen, oder ihr/ ihm seine Entdeckungen mitteilen, oder einen Sieg für sich selbst oder über andere. Ganz allmählich und entsprechend seiner eigenen Möglichkeiten, kann es sich und sei es auch nur für einen Augenblick lebendig erleben (s'expérimenter vivant) außerhalb des Blickes desjenigen, der durch seine nahe Präsenz doch immer der Garant seiner Identität bleibt."(mv 37)

Das Kind darf die Trennung von seiner Mutter und den Kontakt mit anderen riskieren mit der Garantie, daß derjenige, von dem in diesem Alter die Sicherheit abhängt, in seiner Nähe ist und ihn bei Zwischenfällen trösten kann. Das Kind kann mit Nähe und Distanz experimentieren, es wird nicht, wie es sonst der Fall ist, der Trennung ausgesetzt.

> „Es lernt mitten unter anderen zu leben und es entdeckt die Sicherheit in der Gemeinschaft, genau wie seine Mutter. Am Anfang ist es noch an ihrem Rockzipfel, ganz allmählich kümmert es sich nicht mehr um sie und kehrt nur noch zu ihr zurück, um etwas zu essen oder um sich von einem schwierigen Streit mit einem oder einer anderen zu erholen."(sol 378/379)

Dieser Weg von Mutters Rockzipfel in die Kindergemeinschaft hängt natürlich auch von dem Haftpotential dieses Rockzipfels ab, also von der Fähigkeit der Mutter, die Trennung zuzulassen. Diese Fähigkeit wird nun den Erfahrungsberichten zufolge von der affektiven Atmosphäre im Maison Verte erleichtert. Es gibt andere Frauen dort, die gerade ein ähnliches Schicksal erleiden, daß sich ihre Kinder von ihnen ab- und anderen Kindern zuwenden, und es gibt eben das Betreuungspersonal, das Müttern dabei helfen kann, ihre Angst zu reduzieren.

> „Müttern, Vätern und Kindern, die sich hier begegnen, wird geholfen, sich untereinander zu verstehen und im Kontakt mit anderen zusammenzuarbeiten. Das kann verhindern, daß die Angst (Ängstlichkeit) der Eltern - woher immer sie auch kommen mag, wenn sie isoliert sind - ihr Baby und ihre größeren Kinder buchstäblich durchdringt."(ddv 403)

Abbau von Angst, Vergrößerung der Sicherheit ist das Ziel sowohl für Kinder, als auch für deren Eltern. Nicole und Claude Schauder geben ein Beispiel für die Mütter, die es nicht ertragen können, wenn ihr Kind sich von ihnen entfernt und den Umgang damit im sozialen Kontext des 'Maisonnée'. Die Mutter des 11 Monate alten Xavier ist unfähig, ihr Kind sich entfernen zu lassen ohne ihm sofort zu folgen oder ihn zurückzurufen. Sie rechtfertigt sich:

> „'Ich kann nicht anders, das ist stärker als ich.' Wenn ihre Nachbarin auch darüber scherzt und sich liebevoll über sie lustig macht, so ist eine andere Frau, deren Blick sie in diesem Moment kreuzt, bereit, sich ihre Klagen anzuhören.. Eine Diskussion entsteht. Xavier profitiert davon und schleicht sich sofort in den angrenzenden Raum. Als ihr das einige Minuten später auffällt, beruhigt durch die Tatsache, daß sie hat sprechen können, und ermutigt durch eine Atmosphäre, in dem auch sie sich in Sicherheit fühlt, und dank dessen sie 'sich hat erzählen' können, geht sie zu ihm hin, kommt aber gleich wieder zurück, ohne ihn in seinem Spiel zu stören."(mv 38)

Die Atmosphäre der Maisons Vertes wird als konvivial beschrieben. In einem Raum des Akzeptiertwerdens können auch Mütter ihre Schwierigkeiten zur Sprache bringen, ohne Angst zu haben, verurteilt oder abgelehnt zu werden. Das heißt nicht, daß alles akzeptiert wird, die eine der Nachbarinnen machte sich ja über sie lustig, aber sie durfte über ihre Unruhe und ihre Angst sprechen. Dieses Gefühl des Angenommenwerdens und die Möglichkeit über die eigenen Schwierigkeiten zu sprechen, verringert die Ängstlichkeit der Mütter und gibt den Kindern damit eine größere Freiheit.

> „All dies, diese Arbeit der Erziehung im Alter bis zu drei Jahren, die in der Öffnung für die Kommunikation besteht, die wir im 'Maison Verte' hervorzurufen suchen, trägt wirklich ihre Früchte. Das Kind macht die Erfahrung seiner Freiheit zu handeln und Initiativen zu übernehmen bei Spielen, die es mit anderen oder allein macht, und die niemals angeleitet werden.. Also, man sieht wirklich, wie sich auch die Eltern verändern, wie sie weniger ängstlich auf die Schwierigkeiten und Niederlagen, die ihr Kind in den Freundschaften mit den anderen Kindern erlebt, reagieren."(sol 378)

Es gilt nicht nur, Trennungen von Mutter und Kind zu ermöglichen und vorzubereiten, sondern auch vergangene Trennungserfahrungen, die traumatisch verlaufen sind, noch einmal durchzuarbeiten. Wenn ein Kind zum Beispiel panisch auf den Eintritt in die Kinderkrippe reagiert hat, wird die Erfahrung mit ihm und seiner Mutter noch einmal besprochen. Auch die in vielen Krankenhäusern noch herrschenden Geburtsbedingungen, z.B. die Trennung von

Mutter und Kind nach der Geburt, werden im Maison Verte Gesprächsgegenstand. Bei Frühgeburten ist diese Notwendigkeit besonders groß, ist die sich an sie anschließende oft lange Trennung doch für Eltern und Kind gleichermaßen traumatisch, auch wenn sie sie unterschiedlich erleben. Das Kind verliert schlagartig sämtliche Wahrnehmungen von seiner Mutter und muß sie durch solche einer perfekten medizinischen Technik ersetzen, Mütter neigen in solchen Situationen zu Depressionen und ausgeprägten Schuldgefühlen, daß sie ihrem Kind diese leidvollen Erfahrungen nicht ersparen konnten. An die Stelle des erwarteten Abenteuers, das Miteinander mit dem lange erwarteten Säugling auszukosten und das Zusammensein mit ihm zu genießen, tritt eine Leere, die gefüllt wird mit zum Teil berechtigten Ängsten um das Überleben und die Zukunft des Kindes und Mitleid mit dem Kind im Krankenhaus, das von starken Schuldgefühlen gekennzeichnet ist. Die Ankunft des Kindes zu Hause nach der langen Trennung verläuft oft nicht so glücklich, wie sie noch während der Schwangerschaft erträumt war. Begegnen sich doch alle Betroffenen zuerst einmal in einer großen Verunsicherung. Das Maison Verte bietet die Möglichkeit, über diese Erlebnisse zu sprechen.

> „Es scheint, daß Worte, die dem Kind all diese Ereignisse (épreuves) erklären, von den Eltern oder einer dritten Person in Gegenwart der Eltern zu dem Kind gesagt werden, nachträglich ein heilsames Mittel für die schädigenden Wirkungen dieser Trennungen sind, indem sie eine Brücke der Kommunikation zwischen diesen Menschen schaffen, die vor diesen Ereignissen eng miteinander verbunden waren. Diese Hypothese wird durch das, was wir im Laufe einiger Monate im Maison Verte beobachten konnten, bestätigt."(ddv 406)

Das Präventioskonzept beinhaltet die Verhinderung von langfristigen negativen Auswirkungen früher traumatischer Erlebnisse und die Vorbereitung von Trennungen, um ihnen den traumatisierenden Charakter zu nehmen.

Aggressionen

Eine Mitarbeiterin der Fondation de France hat mehrere Tage im 'Jardin couvert' in Lyon hospitiert. Sie erzählt den Umgang mit einer Mutter, die auf die Aggressionen ihres Kindes gegen andere Kinder ihrerseits aggressiv reagiert hat. Dieses Beispiel veranschaulicht, daß es auch Konflikte und Mißstimmungen gibt, die in den von den Mitarbeitern veröffentlichten Berichten nur selten Erwähnung finden. Dem Bericht zufolge scheint es Denis Vasse gelungen zu sein, den Konflikt zu entdramatisieren:

> „Die Rolle des Psychoanalytikers besteht darin, ein 'Schwamm für die Angst' zu sein, und die Fähigkeit zu haben, gespannte Situationen zwischen Eltern und

> Kindern zu dedramatisieren, anläßlich der Zwischenfälle des Tages, so, wie sie auftreten."(ddv 410)

Hier nun also ein solcher Zwischenfall, bei dem ein Analytiker des 'personnel d'accueil' interveniert ist. Julien hat einen anderen Jungen geschlagen und geboxt, der schluchzend Trost in den Armen seiner Mutter sucht und findet.

> „Julien selbst kommt nicht zur Ruhe, er schreit und seine Mutter fragt ihn voller Zorn: 'Warum machst Du das, warum schlägst Du?' Julien antwortet nicht. 'Du willst es wohl nicht sagen,' fährt ihn die Mutter an. D.Vasse wendet sich vom Sofa aus ihm zu, er ist in Gesichtshöhe des Kindes und nimmt die Frage der Mutter auf: 'Du machst das, weil Du eifersüchtig bist.' Das Geschrei hört auf, Julien hört zu. 'Du weißt nicht, warum, aber Du hast eine Verwirrung in Deinem Herzen (trouble dans le coeur).' Dann wendet er sich der Mutter zu. 'Er hat eine Verwirrung in seinem Herzen, er findet keine Worte für diese Verwirrung. Aber er spürt sie und darum schlägt er zu.' Und zum Kind gewandt: 'Nicht wahr, Du spürst die Verwirrung und Du schlägst?' Der Gesichtsausdruck des Jungen ist weicher geworden, er wirkt weniger angespannt. Die Mutter lächelt und zieht das Kind, das, sein Gesicht noch Denis Vasse zugewandt weitergeht, mit sich. Sie sind jetzt an der Schwelle. Bevor die Tür hinter ihnen ins Schloß fällt, ruft Denis Vasse der Mutter noch zu: 'Seien Sie ihm nicht böse.'"(mv 96)

Aufgabe der Mitarbeiter ist es, eine gespannte Situation zu entschärfen, zu dedramatisieren. Denis Vasse rügt weder das Verhalten des Kindes, noch das der Mutter, sondern wirbt bei der Mutter um Verständnis für ihren Sohn. 'Er schlägt, weil er keine anderen Mittel, sprich Worte hat, um die Verwirrung in seinem Herzen, auszudrücken.' 'Er kann im Moment nicht anders, seien Sie ihm deshalb nicht böse.' Die Eifersucht nagt in ihm. Denis Vasse fungiert auch als Dritter in einer gespannten dualen Beziehung. Die Mutter, die durch das aggressive Verhalten ihres Kindes selbst außer sich gerät, ist hilflos und ohnmächtig und läßt sich von der Anspannung ihres Sohnes anstecken. Keiner der Protagonisten wird bei diesem Vorgang verletzt oder gedemütigt. Allein die Tatsache, daß jemand anders zu dem Kind spricht und eben nicht aus der gleichen Affektlage heraus, wie die Mutter, beruhigt das Kind, das aufhört zu schreien und zuhört, was er zu sagen hat. Denis Vasse greift die vorwurfsvollen Worte der Mutter auf: 'Warum machst Du das.' Dem Kind erklärt er zugleich, daß die Eifersucht sein Motiv war, daß er es aber nicht weiß, welche Verwirrung an seinem Herzen nagt. Es gibt Motive für jedes Verhalten, solange sie nicht in Worte gefaßt sind, werden sie agiert. Dieses Wissen und die Zuversicht, daß es etwas herauszufinden gibt, teilt er seinen Gesprächspartnern mit, die beide, Mutter und Kind seine Intervention annehmen und etwas gelöster als noch einige Minuten zuvor den Raum verlassen können. Entdramatisieren, das Zügeln der Leidenschaften in der Mutter-Kind-Beziehung ist eine der Aufgaben des Betreuungspersonals. Die Mitarbeiter wirken als Dritte in der Beziehung zwischen Mutter und Kind, die oft tagelang zu zweit aufeinander angewiesen sind, während der Vater berufstätig ist. Übersetzen wird auch als eine der Tätigkeiten der accueillants genannt. Denis Vasse hat die Motive der Aggression genannt, hat das Schlagen in Worte übersetzt. Die Sprache des Agierens oder bei jüngeren Kindern die Körpersprache wird in Worte übersetzt.

Dolto spricht noch von einer anderen Konfliktart, bei der die Mitarbeiter bei den Müttern um Verständnis für die Kinder werben und den Müttern das Aushalten und Zulassen eines Konflikts erleichtern. Es sind dies die Konflikte zwischen den Kindern. Die Mütter von 'Tätern', also von Kindern, die die Tendenz haben, andere Kinder anzugreifen, fühlen sich oft für ihre Kinder schuldig und reagieren mit Vorwürfen und Verboten, die bekanntlich keine großen Wirkungen auf das aggressive Verhalten der Kinder haben. Die alltägliche Aggressivität der Kinder wird von den Mitarbeitern als positive Äußerung im Sinne von 'ag-gredi' 'zugehen auf', 'heranschreiten' gewertet. Es ist die Art bestimmter Kinder, Kontakt mit anderen aufzunehmen, ihr Interesse an einem anderen Kind zu bekunden. Dieses Verhalten wird von den Kindern selbst oft nicht negativ gewertet. Wenn ein Kind von einem anderen Kind umgestoßen wird und wenn es dann weint, sofort von einem Mitarbeiter zu seiner Mutter gebracht wird, um von ihr getröstet zu werden, dann, so hat Dolto beobachtet, kehrt es häufig zu dem 'Angreifer' zurück. Die Mütter können das oft nicht verstehen und wollen ihr Kind warnen und bezeichnen das andere Kind als 'böse'. Das umgestoßene Kind will trotzdem zu dem anderen Kind zurück, weil es das Ereignis als Kontaktaufnahme gewertet hat.

> „Beide, der Angreifer, wie der Angegriffene, sehen diese Erfahrung als positive Erfahrung an, weil es ja die Restitution *ad integrum* des Körperbildes gab, die veranlaßt, daß der Angegriffene zum Ort zurückkehrt: 'Was ist mir denn da passiert, ich gehe wieder hin, um es zu begreifen.' Eine Begrenzung ist also überwunden wurden, die des Falls... Die Mütter wollen die Kinder oft daran hindern, diese Art von Risiko einzugehen. Sie haben nicht unrecht, wenn es zu häufig passiert. Aber ohne jegliches Risiko, das man in der Begegnung mit dem anderen eingeht, gibt es kein Erlernen des Lebens in der Gemeinschaft. Die werdende Fähigkeit, sozial zu sein, erfordert diese Art von Erfahrung, die wenn sie sich mit dem gleichen Kind wiederholt, zeigt, daß die Kinder eine Affinität zueinander haben. Und eine Affinität ist nach einigen Begegnungen am Schluß immer etwas positives.“(sol 96/97)

Den Müttern wird dabei geholfen, es zuzulassen, daß die Begegnungen unter Kindern eine gewisse Risikobereitschaft erfordern und daß ihre Kinder mitunter eine Situation anders erleben und bewerten, als sie selbst.

Doch auch im Maison Verte wird nicht jede aggressive Begegnung zwischen zwei Kindern als Kontaktaufnahme gewertet, die sich in eine Freundschaft verwandelt. Es gibt dort auch das Phänomen der festgelegten Rollen, die des Kindes, das immer angreift und die des Kindes, das Angriffe provoziert und sucht, und zwar bei jedem Kind. Diese Konflikte zwischen angreifenden und angegriffenen Kindern werden im Beisein der Eltern aufgegriffen.

> Wir haben auch gesehen, wie das Sprechen die Angst mindern konnte, die von gleichaltrigen Spielkameraden hervorgerufen wurde, mit denen die Beziehungen sich a priori nach dem Vorbild des ständigen passiven Opfers der anderen organisiert hatten (das Kind, das sich beißen und schlagen läßt), oder im Gegenteil nach dem Vorbild des Aggressors der anderen; das Ergebnis war in beiden Fällen das gleiche, ihre Isolierung auf Spielplätzen und in Kindergruppen. Alles war mit diesen Kindern zu kompliziert. Ihr Verhalten der Selbstverteidigung, das archaischen Phantasien entsprang, genau wie ihr unbewußt provozierendes Verhalten als masochistische Opfer, konnte in dieser sozialen, annehmenden Atmosphäre allen gesagt werden, im sicheren Beistand durch die Präsenz der Mutter. Für diese Frauen war dann der Sinn dieser Opfer- oder Angreiferhaltung ihres Kindes nicht mehr schuldbeladen oder Schuldgefühle hervorrufend, von dem Moment an, wo sie die Selbstschutzfunktion dieses Verhaltens für ihr Kind erkannten, Selbstschutz für eine Identität, die schon sehr lange gefährdet war, schon lange bevor ihr Kind in der Gemeinschaft anderer Kinder zu einem Individuum wurde. Das, was ihr Kind nicht ausdrücken konnte, von dem, was es erlitt, zeigte sich durch eine Sprache des Verhaltens, so lange, wie die Gefahr, die von dem Kind vorgestellt wurde, nicht in Worte übersetzt war, in der Anwesenheit seiner Mutter oder seines Vaters, die Garanten seines Auf-der-Welt-Seins sind."(ddv 408)

Der Aggressivität und dem Masochismus wird in Statu nascendi begegnet, diese Verhaltensweisen verlieren die sich in ihnen ausdrückende libidinöse Bedeutung. Die heftige Reaktion der Erwachsenen auf das aggressive Verhalten ihrer Kinder führt zur libidinösen Besetzung des Verhaltens. Dieser 'Teufelskreis' soll durch die repressionsfreie Annahme der Aggressivität und die sprachliche Übersetzung der Motive beendet werden.

> „Wenn ein Kind, wegen seiner Aggressivität einem anderen Kind gegenüber sehr heftig ausgeschimpft wird, kann es für ihn erotisch besetzt werden, einem anderen zu schaden. Weil die Erwachsenen davon so ein Aufheben machen,

dann doch, weil das so wichtig zu sein scheint. Wenn man aber ein aggressives Kind nicht seinerseits angreift, und versucht zu verstehen, was es durch dieses Verhalten sagen will, den unterstellten Sinn zu entziffern sucht, und es ihm mit Worten mitteilt, die es nicht tadeln, dann ist das nicht mehr erotisch bzw. erotisierbar. Es handelt sich um einen Sinn, der ein Begehren übersetzt. Welches? Dem Kind darf nicht durch die Aggressivität des Erwachsenen geantwortet werden, weil der Erwachsene ein Vorbild ist, des Ich-Ideals und des idealisierten Es. Man kann den Angreifer nur von seinen Spannungen befreien, wenn man von seiner Aggressivität kein Aufheben macht, sondern den Sinn seines Verhaltens für seinen Narzißmus zu entschlüsseln sucht: 'Was willst Du mir damit sagen, oder diesem anderen?', indem man einen Sinn darin findet."(sol 100)

In der folgenden Passage gibt Dolto den Schlüssel für das Selbstverständnis der Maison Vertes: Jedes Verhalten, und sei es auch noch so störend, ist für die Betreuer zunächst einmal eine Frage: ÑDie von dem Kind ausgeübte Aggressivität ist fast immer eine Frage, es gibt da was, was das Kind nicht versteht. Er drückt seine Frage mittels seines Körpers aus, und wird dabei durch das Körperbild, das dabei im Spiel ist, unterstützt. Das Verhalten ist eine Körpersprache, die sich an einen wirklichen anderen oder einen vermuteten anderen richtet. Aggressivität ist eine Art zu fragen, eine Art sein Interesse für eine unverständliche Differenz zu zeigen, für ein ungewöhnliches Ereignis. Sie will den anderen auffordern etwas zu erklären.ì(sol 100)

Das Aussprechen der Motive für das aggressive Verhalten im Beisein seiner Eltern, die ihm durch ihren Beistand die nötige Sicherheit geben, hat für Dolto präventiven Charakter. „Darin besteht die Prävention seiner Gewalttätigkeit, in dieser frühen sozialen Annahme, die die Kinder nicht von denjenigen trennt, von denen die Sicherheit seiner Existenz abhängt."(ddv 409)

Ich möchte in diesem Zusammenhang noch eine eigene Erfahrung hinzufügen. Ich war einmal im Maison Verte Zeuge, als ein Kind sämtliche Kinder, die gleich groß oder kleiner als es selbst waren, umgestoßen hat. Es raste durch den Raum und warf alle um, wie Spielfiguren in einem Spiel. Ein Mitarbeiter nahm sich des Kindes an, sie setzten sich an den Spieltisch und der Mann schlug dem Jungen vor, dicke Filzstifte aufrechthinzustellen. Der Junge tat es und alle anderen Kinder hielten gebührenden Abstand, keines stieß im Spiel gegen den Tisch, und es gelang ihm tatsächlich, einen Stift nach dem anderen aufrechthinzustellen. „Siehst Du, Du kannst etwas machen, was aufrecht bleibt, was hält,' sagte der Erzieher zu ihm. Ganz konnte der Junge das nicht annehmen: Als er den letzten von 12 Stiften hinstellen wollte, 'gelang' es ihm, alle anderen dabei umzuwerfen. Annie Grosser teilte mir mit, daß sie dem Jungen vorher diskret mitgeteilt hatte, daß er das Maison Verte für den heutigen Tag verlassen müsse, wenn er weiter so mit den anderen Kindern umginge. Ganz repressionsfrei geht es also doch nicht zu. Bestimmte Grenzen werden gelegentlich auch mit der Drohung von einem zeitweiligen Ausschluß durchgesetzt. Ich erzählte Annie von einem Erlebnis mit einem Kind, das in die kinderärztliche Ambulanz eines Krankenhauses gekommen war, als ich dort selbst mit meiner Tochter im Wartezimmer saß. Der Junge, etwa 2 Jahre alt, raste in den Raum hinein, warf alle Kinder um, die ihm in dem Weg kamen. Schon bei seinem Eintritt guckten die Schwestern voller Entsetzen auf das Kind und machten Bemerkungen, aus denen hervorging, daß er bekannt und nicht gerade beliebt war. Alle Mütter sammelten mit bösen Blicken ihre Kinder ein und sahen die Mutter, die sich verschreckt auf einen Stuhl setzte, vorwurfsvoll an. Diese Mutter hatte offensichtlich nicht den geringsten Einfluß auf das Verhalten ihres Sohnes. Sie tat mir leid und ich bedauerte, daß ich nicht die Adresse des Maison Verte dabei hatte. Als ich Annie Grosser davon erzählte, antwortete sie mir mit ihrer Erfahrung, daß es einer regelmäßigen Arbeit von mehreren Monaten bedürfe, um derart aggressiven Kindern, die anfangs vollkommen unansprechbar sind, dabei zu helfen, eine andere Ausdrucksweise und andere Möglichkeiten der Kontaktaufnahme zu finden. Diese Bemerkung zeigt, daß es auch eine langfristige Arbeit gibt und daß Symptome nicht immer in einem blitzartigen Verständnis entschlüsselt und ausgelöst werden, wie so oft in den Fallgeschichten Doltos. Auf einer Informationsveranstaltung erzählte ich als betroffene Mutter von dem Kind, das alle anderen im Maison Verte umgestoßen hatte.[29] Die Antwort eines Mitarbeiters zeigt, welche Solidarität und welche Aufmerksamkeit den 'ausgeschlossenen Kindern' entgegengebracht wird: 'Für Ihr Kind ist das doch nicht so schlimm, es findet doch sofort Trost bei Ihnen und erhält seine Sicherheit zurück. Aber versetzen Sie sich doch mal in ein Kind hinein, in dessen Umfeld alles umfällt, der in seiner Umgebung nur Zerstörung zurückläßt, das ist doch schrecklich für das Kind, dieses Kind ist in sehr großer Not.' Auch für sehr schwierige Kinder ist das Maison Verte 'ouverte'.

Übersetzen

Die accueillants belegen ihre Tätigkeit häufig mit dem Begriff 'übersetzen', so Marie-Hélène Malandrin: „Manchmal ist es eine Arbeit der Übersetzung. Manchmal wird auch einfach ein Sprechen getragen, das nicht verstanden wurde."(Interview) Die mimischen, gestischen und auch symptomatischen Ausdrucksweisen des Kindes werden in die Sprache der Worte übertragen, übersetzt. Hier einige Beispiele für diese Übersetzungsarbeit: Nicole und Claude Schauder erzählen den Fall des 20 Monate alten Julien, der nachts alle zwei Stunden aufwacht.

„Diese Verwechslung der Menschen (confusion des etres) erhält in manchen Fällen dramatische Aspekte und die Geschichte wiederholt sich so, wie ein Saphir auf einer kaputten Schallplatte. So kommt es zu Kindern, die, als wären sie von einer unbewußten Mission besetzt, unendlich 'etwas' wiederholen, was von ihnen erwartet wird. Julien kommt erschöpft im Maisonnée an. Seit mehr als einem Jahr weckt er seine Mutter alle zwei Stunden. Diese, die genauso erschöpft ist, wie er, braucht immer eine halbe Stunde, um ihn wieder zu beruhigen, so daß er einschlafen kann.. Wenn die Mutter an sieben Nächten im Monat wegen ihrer Arbeit nicht da ist, wacht er zwar zwei bis dreimal auf, wenn sein Vater zu ihm sagt, daß die Mutter nicht da ist, schläft er sofort wieder ein. Und doch, wenn seine Mutter da ist, hilft gar nichts: Weder die vom Kinderarzt verschriebenen Schlafmittel, noch die Drohungen des Vaters, noch Deutungen wie: 'Du bist ein eifersüchtiger Bursche, der seine Mutter davon abhalten will, mit ihrem Mann zusammen zu sein.' Wir haben sie gefragt, ob sie als Kind gut geschlafen hat. Und sie hat das bejaht und dabei präzisiert, daß man in ihrer Familie 'gut schlief, wenn nicht zu gut.' Wissend, daß 'zu' oft die Kehrseite von 'sehr' bedeutet, haben wir dieser Mutter unser Erstaunen mitgeteilt. Sie hat uns also erzählt, daß ihre Mutter eines Morgens ihren neun Monate alten Sohn tot in seinem Bett gefunden hat, daß sie selbst zu jener Zeit ein Kind war, und eine unauslöschliche Erinnerung an die Ereignisse und eine tiefe Angst bewahrt. Darüber war nie gesprochen worden, bis auf ein einziges Mal, als ihr Sohn neun Monate alt war. Da hatte sie zu ihrem Mann gesagt: 'In diesem Alter ist mein Bruder gestorben.' Sorgfältig verdrängt, existierte die Angst noch immer und es war zu fragen, ob sie sich nicht seit jenem Zeitpunkt stark genug zeigte, daß Julien sie verstand und auf seine Art darauf antwortete. Hatte er nicht seine Schlafstörungen, auch wenn sie sehr störend waren, in den Dienst seiner Mutter gestellt, und gelang es ihm nicht, sie zu beruhigen, indem er ihr auf gewisse Weise durch sein Schreien sagte: 'Mach Dir keine Sorgen, ich bin ganz lebendig..'?' Julien wurde für seine sympathische Hilfe und seine Art, eine Mutter, die fürchtet, ihn eines Morgens tot im Bett aufzufinden, aktiv zu unterstützen gebührend beglückwünscht. Außerdem hat er dadurch auch seine Geschichte von der des kleinen Bruders seiner Mutter unterschieden, und konnte durch sie endlich von dieser seiner 'mission' befreit werden. Julien konnte endlich einen ruhigen Schlaf wiederfinden."(mv 28/29)

Diese Fallgeschichte zeigt, wie der unbewußte Knoten einer Mutter, in den qua Projektion ihr Kind eingebunden war, allein durch das Sprechen gelöst wurde und wie die Mitarbeiter des Maison Verte die Aussage der Mutter an das Kind weitergeben. Der Mechanismus der Umkehrung von einem passiv die Projektionen erleidenden Kind in ein aktives Subjekt durch die Aussage des Therapeuten ist schon an anderer Stelle erläutert worden. Julien wird nicht bemitleidet, weil er solchen schrecklichen Befürchtungen ausgesetzt ist, eines Morgens tot in seinem Bett zu liegen, sondern er wird zu seiner Antwort beglückwünscht, die er für diese Befürchtungen gefunden hat, die eine zweifache Bedeutung haben. Einerseits schreit er seiner Mutter alle zwei Stunden entgegen, daß er noch lebendig ist, zum andern zeigt er ihr und auch sich selbst, daß er nicht ihr kleiner verstorbener Bruder ist. So wurden seine Symptome übersetzt und konnten verschwinden.

Die Symptome haben einen Sinn, der entschlüsselt werden muß. Nicht jede Störung wird von den Eltern erzählt, die Mitarbeiter beobachten auch die Kinder während ihres Aufenthaltes im Maison Verte. Marie-Hélène Malandrin berichtet von einem 18 Monate alten Mädchen, das eine extreme Hemmung hatte, ihre Hand in den Wasserstrahl zu halten. Sie wollte mit dem Wasser spielen, war dort hingegangen, streckte auch immer wieder die Hand hin, um sie dann mit einem angsterfüllten Gesicht wiederzurückzuziehen. Marie-Hélène Malandrin setzte sich zur Mutter und fragte sie, ob ihre Tochter schlechte Erfahrungen beim Baden gemacht habe und erklärte ihr, warum sie ihr die Frage stelle, was sie beobachtet hatte. Es stellte sich heraus, daß der Vater des kleinen Mädchens einige Monate zuvor während des Urlaubs in der Bretagne bei einem Sprung ins Meer durch Herzstillstand gestorben war, und daß die Mutter, um ihre Tochter zu schonen, nie mit ihr darüber gesprochen hatte. Der Mutter wurde durch das Gespräch mit Frau Malandrin klar, daß nicht nur sie eine Tragödie erlebt hatte, sondern auch die Tochter, und daß diese durch ihr Verhalten zeigte, daß auch sie, die angeblich noch nichts verstanden hatte, davon betroffen war. Sie wurde ermutigt, zu Hause allein mit ihrem Kind noch einmal über die Ereignisse zu sprechen, vielleicht indem sie gemeinsam die Familienphotos aus der Zeit von vor dem Tod des Vaters ansahen. Mutter und Tochter kamen einige Zeit später wieder und die Mutter erzählte, daß sie zusammen geweint hatten. Die Trauer, die der Tochter durch das Schweigen vorenthalten war, durfte endlich stattfinden und hatte beide verbunden. Hier erweist sich ein relativ harmloses Symptom als Schlüssel zu einem schmerzhaften Verlust, zu einer Tragödie. Marie-Hélène Malandrin, die als Erzieherin eine der drei Initiatorinnen des Maison Verte ist, erklärt ihre Arbeit so, daß es darum geht, den Eltern klar zu machen, daß ihre Kinder durch ihr Verhalten Fragen an sie stellen. „Manchmal ist es eine Arbeit der Übersetzung, manchmal geht es nur darum, ein Sprechen, das nicht gehört wurde, zu tragen. .. Ich glaube im Maison Verte gibt es ein Hören mit den Augen, das sehr, sehr wichtig ist, und daß sich vom analytischen Hören unterscheidet. Es ist ein Anhören des Kindes mit den Augen... Da die Eltern präsent sind, kann man mit ihnen über das Beobachtete sprechen. Ich bin überzeugt, daß die Eltern die Antwort auf die Frage des Kindes haben, aber daß sie die Frage nicht hören. Was wir vorher nur nicht wissen können, ist, ob sie bereit sind, die Frage zu hören... Meine Rolle als Zeuge brachte mich in die Position, die Frage des Kindes gegenüber der Mutter zu unterstützen. Ich hatte ja gesehen, daß es da eine Frage gab." Ein Symptom, ein bestimmtes Verhalten ist eine Frage des Kindes an seine Eltern. Die Mitarbeiter des Maison Verte werden zu Zeugen des Verhaltens und stellen die vom Kind agierte Frage an die Eltern. Die Eltern haben oft den Schlüssel zum Verständnis der Symptome, die Mitarbeiter müssen ihnen dabei helfen, bereit zu sein, eine andere Haltung als die der Angst, der Indifferenz oder der Repression gegenüber dem Verhalten ihres Kindes einzunehmen.

Dolto berichtet von einem Jungen, der eine für das soziale Leben bedeutend schwerwiegendere Symptomatik aufwies. Er riß anderen Kindern büschelweise die Haare aus. Die Mutter war wegen dieses Verhaltens ins Maison Verte gekommen, da sie mit ihrem Kind nirgendwo mehr hingehen konnte, weder auf Spielplätze, noch in den Supermarkt, noch in Restaurants. Er war zum Schreckgespenst aller anderen Kinder geworden. Doch, wie Dolto beobachtet hat, nicht aller Kinder. Sie stellte nämlich nach einiger Zeit fest, daß er in einer Art Zwangshandlung allen Kindern, die blonde, gekräuselte Haare hatten, und die, während er spielte, in Augenhöhe vorbeikamen, die Haare ausriß. Er selbst wirkte dabei erschrocken, die anderen Kinder fielen schreiend um. Dolto befragt dann die Mutter, die selbst blond ist, nach der Haarfarbe ihres Mannes, der auch blond gelockte Haare hat. Sie befragt dann die Mutter, die sich als FKK-Anhängerin erweist, ob sie und ihr Mann sich nackend vor ihrem Sohn zeigen. Die Frage wird bejaht und Dolto rät ihr, daß ihr Mann abends den Jungen über die Beschaffenheit der Schamhaare aufklären soll und mit ihm über den Unterschied zwischen Kopfbehaarung und Schambehaarung sprechen soll. Der Vater ist zwar, nach dem Bericht der Mutter entsetzt über diesen Rat und vermutet, daß 'die Dame wohl nicht mehr alle Tassen im Schrank hat', beschließt aber angesichts der Schwierigkeiten, die durch das Symptom ihres Sohnes im Alltagsleben entstehen und angesichts der eigenen Hilflosigkeit, den Rat zu befolgen. Beim nächsten Besuch im Maison Verte, an einem anderen Wochentag, also mit anderen Betreuern, die die ganze Vorgeschichte nicht kennen, sagt der Junge zu allen Erwachsenen: 'Mein Vater hat gesagt, Schamhaare sind nicht Kopfhaare.' Etwas verwundert wird ihm von allen Erwachsenen die Aussage seines Vaters bestätigt. „Das war, muß man es noch erwähnen, zutreffend und das Symptom verschwand sofort."[30]

> „Es gehört zu den interessantesten Dingen, bestimmten Müttern zu begegnen: die, deren Kinder beißen, diejenigen, deren Kinder anderen die Haare ausreißen und Mütter von Kindern, die ständig andere Kinder umwerfen. - 'Gibt es Kinder, die Haare ausreißen?' - Ja, und jedes Mal muß man dafür eine ande-

re Erklärung finden. Man muß beobachten, wie das abläuft. Das ist nicht zufällig, das sind bestimmt Haare. Das ist immer selektiv. Letztendlich ist das sehr genau. Das ist eine Beziehungssprache, die oft eine stumme Frage ausdrückt, auf die keine Antwort gefunden wurde, und das hat seinen Grund. Nur, immer versteht man sie nicht."(sol 85/86)

Diese stumme Frage wurde von Dolto verstanden und die Beantwortung in den Mund des Vaters gelegt, da bei Jungen die Väter für die Fragen, die das Geschlecht betreffen, zuständig sind. Das Beobachten der vom Kind vorgenommenen unbewußten Selektion der Wahrnehmungen verdankt sich natürlich auch wieder Doltos an anderer Stelle herausgearbeiteten Fähigkeit, sich an die Stelle der Sinnesorgane des Kindes zu versetzen. Der Junge konnte den Anblick bestimmter Haare in Augenhöhe nicht ertragen. Nun befinden sich aber in einem bestimmten Alter gerade die Schamhaare in Augenhöhe der Kinder. Diese Wahrnehmung war für den Jungen zu einer Frage geworden, die er durch seine Zwangshandlung ausdrückte.

Dolto ist in den Vorgang nicht involviert. Sie kann es sich erlauben zuzusehen, wie in ihrem Maison Verte immer wieder kleine Kinder brutal angegriffen werden, ohne zu intervenieren, ohne zu kritisieren. Sie beobachtet, sie ist Zeugin, so lange bis sie etwas herausgefunden hat. Dann wendet sie sich an die Mutter, um die Bedeutung zu verstehen. Und gibt ihr einen Ratschlag.

Prävention oder Therapie - Die Krise der Erziehung

Bei all diesen Fallgeschichten drängt sich die Frage auf, inwiefern sich denn die Arbeit im Maison Verte von einer analytischen Arbeit unterscheidet. Die Grundannahmen sind die selben, daß ein Symptom eine Frage ausdrückt, daß es darum geht, die Frage zu symbolisieren, daß ein Kind als Subjekt angesprochen wird, und nicht nur als passives Opfer der elterlichen Projektionen oder Vorlieben, daß der Analytiker nicht bewertet, sondern versucht, zu verstehen, all das charakterisiert ja die von Dolto entwickelte Konzeption der Kinderanalyse. Inwiefern unterscheidet sich die Prävention von der Therapie? Die drei genannten Fälle, der Junge mit den Schlafstörungen, das Mädchen mit der Wasserphobie und der 'Haarausreißerjunge' verdankten das Verschwinden ihrer Symptome einem therapeutischen Eingriff, in den, und das ist vielleicht ein kleiner Unterschied zur 'reinen Therapie' die Eltern massiv einbezogen wurden. Sie wurden befragt und ihnen wurden, zumindest in den letzten beiden Fällen, Ratschläge gegeben. Überspitzt könnte man formulieren, daß die Eltern zu Co-Therapeuten gemacht wurden. Ihnen wurde nahegelegt, mit den Kindern über bestimmte Dinge zu sprechen. Die Symbolisierung sollte das Agieren beenden.

Wie schon bei der Arbeit mit den Heimkindern ist es eindeutig, daß ein Teil des Doltoschen Präventionsverständnisses das einer frühzeitigen Therapie ist. Es ist dann nur eine Frage des Alters und des Ortes, wann es sich um Therapie und wann um Prävention handelt. Dann wären die Handlungen, beziehungsweise die Worte, die von einem Analytiker in frühem Alter, also bis zu drei Jahren an ein Kind oder deren Eltern in Bezug auf eine Symptomatik gesagt werden, präventive Maßnahmen. Sie finden statt, um eine Chronifizierung der Symptome, eine Fixierung auf eine somatische oder agierende Ausdrucksweise der Probleme, die ein Kind bedrängen, zu verhindern. Das Alter des Kindes und der Rahmen unterscheiden die Prävention von der Therapie. Das Maison Verte hat ein ganz anderes Setting als eine Beratungsstelle oder eine therapeutische Einrichtung für Kleinkinder.

Die Arbeit, die vom Maison Verte geleistet wird, wird von Dolto aber auch als eine Erziehungsarbeit aufgefaßt: „Diese Arbeit der Erziehung im Alter bis zu drei Jahren, die in der Öffnung für die Kommunikation besteht, die wir im 'Maison Verte' hervorzurufen suchen, trägt wirklich ihre Früchte."(307) Die Öffnung für die Kommunikation, die Übersetzung von Symptomen in Sprache, das versteht Dolto auch als Erziehung. Eltern werden ermuntert oder ermutigt, mit ihren Kindern zu sprechen. Vielleicht impliziert das Doltosche Präventionsverständnis diesen Aspekt der Erziehung der Eltern. Diese Aufforderung an Eltern mit ihren Kindern zu sprechen, mit ihnen gemeinsam nach dem Schlüssel für ihre 'Symptome' zu suchen. Symptom ist in diesem Sinne nicht ein medizinisches Symptom, sondern ein bestimmtes Verhalten, eine Funktionsstörung, die vom Kind selbst oder von seinen Eltern als störend empfunden wurde. Ein Student hat mir in einem Seminar über Dolto die Frage gestellt, mit welchem Recht die Mitarbeiter des Maison Verte intervenieren? Mit welchem Recht sie ein bestimmtes Verhalten als befragenswürdig ansehen? Das ist eine grundlegende Frage. Hintergrund dieser kritischen Frage war sicher die Gefahr einer universellen Pathologisierung. Daß ganz normale Eltern eines professionellen Beistands bedürfen, um ihre Kinder zu erziehen, dieser Gedanke war dem Studenten zu Recht, meine ich, suspekt, beziehungsweise der Gedanke, daß es vielleicht ganz normale Eltern, die diese Aufgabe ohne allzugroße Schwierigkeiten erfüllen, nicht mehr gibt.

Nun würde sich jedes Team eines 'Maison Verte' gegen nichts mehr wehren, als gegen die Anklage, sie würden an einer allgemeinen Pathologisierung teilnehmen. Das „Anonymat"[31] hat gerade die Funktion, Familien davor zu schützen, registriert zu werden, als auffällig in irgendwelche Sozialamtsakten einzugehen. Das „Anonymat" oder „Prenominat" beinhaltet eine absolute Schweigepflicht der Mitarbeiter der Maisons Vertes gegenüber amtlichen Stellen. Dieses Schweigerecht muß bei jeder Gründung auch immer wieder gegenüber den finanzierenden Kommunen oder Krankenkassen durchgesetzt werden, da diese natürlich gern von den Informationen profitieren würden. Auch in einem Scheidungsverfahren begriffene Eltern haben wiederholt versucht, Gutachten von Mitarbeitern des 'Maison Verte' zu bekommen, um damit ein Sorgerechtsverfahren zu ihren Gunsten zu entscheiden. Es versteht sich von selbst, daß das Maison Verte sein Selbstverständnis untergraben würde, wenn es darauf einginge.

Bei dem Kongreß der Fondation de France hat eine Teilnehmerin aus dem Publikum die Frage gestellt, ob die Mitarbeiter nicht gelegentlich mit dem Gesetz in Konflikt kommen und sich unterlassener Hilfeleistung schuldig machen. Ein Mitarbeiter aus Rennes hat darauf geantwortet, daß ein Vater, dessen Kind in einer Pflegefamilie lebte, und der das dortige Maison Verte für seine Besuchserlaubnisse nutzte, also seinen Sohn aus der Pflegefamilie abholte und mit ihm ins Maison Verte ging, Spuren von Mißhandlungen auf dem Körper seines Kindes feststellte. Die Mitarbeiter haben ihn daraufhin ermutigt, sich selbst an den zuständigen Sozialarbeiter zu wenden. Denis Vasse erläuterte in diesem Zusammenhang, daß, wenn es wirklich gravierende Schwierigkeiten gibt, die betroffenen Eltern es wissen, und daß die annehmende Atmosphäre des 'Jardin couvert' es ihnen ermöglicht, sich dieses Wissen auch einzugestehen und sie psychisch dabei unterstützt werden, selbst die notwendigen Schritte zu unternehmen. Die Mitarbeiter legen sich also eine absolute Abstinenz in Bezug auf Handlungen auf. Sie melden niemanden, sondern helfen durch ihre Worte und durch ihre Haltung den betreffenden Eltern dabei, selbst etwas zu unternehmen.

Diese Zurückhaltung in Bezug auf die Weitergabe von Informationen kann zu Schwierigkeiten führen, wenn ein Mitarbeiter des Maison Verte zugleich eine offizielle Funktion innerhalb desselben Einzugsbereichs bekleidet. In Rennes haben diese Konflikte für zwei Säuglingsschwestern, die zugleich in der staatlichen Fürsorgestelle gearbeitet haben, dazugeführt, daß sie ihre Tätigkeit im 'Ballon rouge' aufgaben.(mv 63, Jean Travers)

Das Selbstverständnis der Maisons Vertes ist also weit davon entfernt, sich in ein umfassendes psychohygienisches Kontrollnetz einzuschreiben. Im Gegenteil, sie verstehen sich als subversiv in Bezug auf staatliche Maßnahmen der Frühdiagnostik und Behandlung von Störungen. Es geht ihnen nicht um die Früherkennung im Sinne einer Fest-Stellung von 'Risikokindern' oder 'Risikofamilien', sondern um eine unorthodoxe Hilfe für jeden, die gerade nicht selektiv ist, also nicht einzelne Kinder oder Familien herausstellt.

Wenn man sie selbst befragen würde, worin sie den Sinn ihrer Arbeit sehen, würde es ihnen um die Minderung von Leiden gehen. Nicht um die Diagnose von Störungen im medizinischen Sinne, auch nicht um die Vervollkommnung eines selektiven Zugangs in Hinsicht auf Prognosen. Die absolute Freiwilligkeit ist natürlich ein Grundpfeiler, obwohl sie, wie Marie-Noelle Rebois es formuliert, nichts dagegen haben, daß Kinderärzte oder auch soziale Stellen bestimmten Familien raten, zu ihnen zu kommen.

„This: Es sind doch nicht immer schreckliche Dramen. Es geht mehr um das Vergnügen, zusammen zu sein. Man kommt doch nicht ins Maison Verte, weil ein Kinderarzt gesagt hat: 'Sie sind ein komplizierter Fall, Sie müssen unbedingt Spezialisten aufsuchen.'.. - Rebois: 'Das stimmt, und doch müssen wir anerkennen, daß man auch deswegen zu uns kommt. Wir versuchen immer, das Kind erst einmal zu empfangen und nicht seine Probleme, und unsere erste Antwort wird nicht sein, seine Symptome festzustellen. Aber wir sagen auch niemals: 'Kommen Sie nicht hierher, wir nehmen keine von Kinderärzten geschickten Problemkinder.' Man darf nicht vergessen, daß es uns darum ging, bei den Kinderärzten bekannt zu sein, weil wir doch an unsere Arbeit glauben."(mv 19/20)

Diese gegensätzlichen Aussagen zweier Teammitglieder des Maison Verte bezeichnen ein Dilemma, das der Bedeutung oder der Definition des Symptoms. Es geht dabei nicht um einen segregativen Blick, und dennoch visiert der beobachtende Blick der Mitarbeiter natürlich auch die Störung an, das, was anders ist, als bei anderen Kindern. Er ist auch symptomzentriert und dennoch verurteilt er nicht und diagnostiziert oder, was noch schlimmer wäre, prognostiziert und sondert aus. Auch große Schwierigkeiten sind willkommen, weil sie eine Herausforderung darstellen und weil gerade bei ihnen die Notwendigkeit der Prävention besonders groß ist..

Es geht also nicht so sehr um die Definition des Symptoms, als um den Umgang damit. Dieser ist geprägt von einer nicht-medizinischen Lesart der Psychoanalyse. Symptome werden als Fehlleistungen gelesen, als stumme Fragen, sie sind zu entziffern. Nicht eine medizinische Definition des Symptoms hat bei der Entwicklung des Konzepts Pate gestanden, sondern eher 'Die Psychopathologie des Alltagslebens'. In diesem Sinne muß auch der Verdacht des oben erwähnten Studenten zurückgewiesen werden, daß das Maison Verte sich in eine universelle Pathologisierung aller Alltagsbeziehungen einschreibe. Ihr Symptomverständnis ist fast ein textuelles, die Sprache des Verhaltens wird entziffert und in Worte überführt. Diese Übersetzungsarbeit ist zwar eine professionelle und dennoch gehen Dolto und ihre Mitarbeiter davon aus, daß Eltern in der Lage sind, ihre Kinder zu verstehen und ihnen zu helfen, wenn man ihnen erlaubt, eine andere Haltung einzunehmen.

Der zweite Aspekt der Frage des Studenten, ob nicht der Arbeit der Maisons Vertes ein Zweifel an der Erziehungsfähigkeit der Eltern zugrundeliegt, kann nicht ganz zurückgewiesen werden. Nicole und Claude Schauder haben den Aspekt der gesellschaftlichen Bedingungen in einem Vortrag hervorgehoben:

„Das, was Orte wie das Maison Verte und das Maisonnée in Straßburg im

> Bereich der Sozialisation und der Prävention zu realisieren suchen hat seinen Ursprung direkt in bestimmten Feststellungen und der Lehre der Psychoanalyse und insbesondere in jenen, die sich auf das beziehen, was Françoise Dolto 'die symbolische Lepra' genannt hat. Sie besteht aus Entmenschlichung, aus Einsamkeit, aus dem Bruch familiärer Beziehungen, aus dem Verschwinden von Traditionen und Orientierungen, die damit verbunden sind. Diese Lepra betrifft die Gesamtheit unserer sogenannten modernen Gesellschaften und beeinträchtigt ganz besonders den sehr jungen Menschen (le petit d'homme) insofern, als von diesem 'Symbolischen' all das abhängt, was ihn zum vollständigen Subjekt werden läßt, ein Wesen der Abstammung (filiation) und der Sprache, Verbindungsglied zweier Linien, die ihre Geschichte in der seinen kreuzen und die aus ihm das Glied einer Gruppe machen, der er angehört und von der er abhängt.. Erinnern wir daran, daß es von seiner Einschreibung ins Symbolische abhängt, ob es ihm gelingt sich als Einer zu konstituieren, als einzigartig unter den anderen, aber auch ob es ihm gelingt, sich zu sozialisieren, d.h. seinen Platz unter seinesgleichen zu finden."(mv 25)

Leider konnte ich den Begriff der 'symbolischen Lepra' in Doltos Werk selber nicht finden, sei es, daß sie ihn in einem internen Arbeitspapier verwendet hat, sei es, daß sie den Ausdruck in einem Gespräch verwendet hat, aber die von den Schauders gelieferte Definition dafür stellt die Gesellschaftsanalyse, die der Öffnung der Maison Vertes zugrunde liegt, richtig dar. Die Einsamkeit der Mütter kleiner Kinder war zweifelsohne eines der Motive der Gründer. Hier wird sie in den Kontext einer Krise der Moderne gestellt, die vor allem das Verschwinden von Traditionen, also von haltenden Überlieferungen und Orientierungen beinhaltet. Dieser Mangel des Symbolischen, der sowohl Eltern als auch ihre kleinen Kinder betrifft, soll durch die Arbeit der Maisons Vertes aufgefangen werden. Die Haltlosigkeit, der Verlust von Orientierungen und Bindungen soll durch das spezifische Angebot ausgeglichen werden. Mit diesem Zitat sollte gezeigt werden, daß die Fähigkeit 'normaler' Eltern, ihre Kinder 'einfach' zu erziehen, tatsächlich von Dolto in Frage gestellt wird. Die Öffnung der Maisons Vertes für ausnahmslos alle Kinder und ihre Eltern macht deutlich, daß es ihren Beobachtungen zufolge nicht darum geht, einige besondere Familien bei der Erziehungsarbeit zu unterstützen, sondern daß potentiell alle Familien der Unterstützung bedürfen. Die Öffnung der Maisons Vertes ist Doltos Antwort auf die Krise der Familie, auf die Krise der Erziehung. Nicht einzelne Familien werden pathologisiert, sondern extrem formuliert, die Gesellschaft. Die gesellschaftlichen Bedingungen haben zur Verunsicherung von Eltern geführt, die nicht mehr wissen, was sie ihren Kindern vermitteln können, dürfen oder müssen. Dolto kritisiert aber nicht nur global, sondern gerade die Institutionen, die die Gesellschaft für den 'Empfang' der Kinder bereitstellt, sind von ihr eingehend analysiert und kritisiert worden. Diese Kritik beginnt, wie sollte es anders sein, bei den in Krankenhäusern üblichen Geburtsbedingungen. Auch bemängelt sie die Notwendigkeit der Trennung von dem Kind bei Berufstätigkeit der Mütter - sie schlägt vor, daß in Fabriken, Schulen, Universitäten, Büros also dort, wo Frauen arbeiten, Krippen und Kindergärten eingerichtet werden und die Arbeitszeiten so eingeteilt werden, daß die Frauen zwischendurch bei ihren Kindern sein können. Weitergehend fordert sie, daß die Erziehungsprinzipien und Organisationsformen von Krippen, Kindergärten und Schulen radikal verändert werden[32] Das Maison Verte versteht sich auch als lebendige Utopie eines anderen Ortes der Erziehung, sowohl als kompensatorische Antwort auf die Mängel des staatlichen Erziehungswesens, als auch als konkrete Alternative für den Bereich der frühen Kindheit.

Das Selbstverständnis der Maisons Vertes beinhaltet allerdings den Grundsatz, daß es sich um ein absolut freiwilliges Angebot handelt. Keine Stelle kann Eltern den Besuch verordnen. Sie allein - und ihre Kinder[33] - entscheiden, ob und wie häufig sie diesen Ort aufsuchen.

Die absolute Freiwilligkeit stellt eine Besonderheit der Arbeit dar. Sie hat nämlich zur Folge, daß kein accueillant weiß, ob das Kind und die Mutter, mit denen er Kontakt aufnimmt, wiederkommen. Statistische Untersuchungen haben ergeben, daß ein Drittel der Benutzer einmalig kommen, ein Drittel gelegentlich, und ein Drittel regelmäßig. Hinzu kommt, daß durch den täglichen Wechsel des Teams, die Benutzer die Möglichkeit haben, mit anderen die begonnene Arbeit fortzusetzen. Dieser Wechsel wurde von den Initiatoren damit begründet, daß es darum gehe, Fixierungen auf bestimmte Bezugspersonen zu verhindern, und daß die Benutzer das 'Maison Verte' als ihre Einrichtung ansehen sollten, da sie unter Umständen täglich dorthin kommen, während die Mitarbeiter nur einmal in der Woche da sind. Außerdem wurde die Möglichkeit der Relativierung ins Feld geführt, da jeder Benutzer, wenn er das gleiche Problem an verschiedenen Tagen erörtert, auch verschiedene Antworten erhält. Die Antwort eines Mitarbeiters wird dadurch relativiert, dadurch sollen Fixierungen an bestimmte accueillants verhindert werden. Meines Erachtens stimmen diese Gründe nur zum Teil mit der Realität überein. Nach meinen Beobachtungen mag es zu Beginn so sein, daß jemand sich das Maison Verte an verschiedenen Wochentagen ansieht, um die verschiedenen Teams kennenzulernen, daß aber mit der Zeit doch eine Übertragung auf eine bestimmte Person stattfindet, zu deren Arbeitsweise das größte Vertrauen da ist, so daß der Wochentag, an dem dieser acceuillant da ist, zum bevorzugten Besuchstag wird. Es gibt aber auch Benutzer aus der näheren Umgebung, die das Maison Verte, wie einen besonderen Spielplatz oder als Begegnungsstätte nutzen und täglich kommen. Die nicht genannten

Gründe für die Regelung bestehen sicher zum Teil in der 'Schwere' der Arbeit: das Eingehen auf bis zu 80 Kinder und ihre Eltern pro Tag in diesem unorthodoxen Rahmen könnte sicher niemand als tägliche Arbeit machen, ohne dabei die dafür notwendigen Fähigkeiten zu verlieren. Der andere Grund dürfte die relativ geringe Bezahlung sein, im Vergleich zu den Stundenhonoraren von Ärzten, Psychoanalytikern und Psychologen, wodurch für viele eine gravierende Einkommensbuße mit einer täglichen Arbeit im Maison Verte verbunden wäre.

Finanzierung

An dieser Stelle soll auf die Finanzierung des Projekts eingegangen werden. Die Fondation de France leistete die Anschubfinanzierung, also die Kosten für die Einrichtung und die Grundausstattung. Die ersten zwei Jahre, also von 1979 bis 1981 wurden die laufenden Kosten des Projekts vom Gesundheitsministerium übernommen. Zu jener Zeit war Simone Weill Gesundheitsministerin und ihr Staatssekretär Fragonnard verwaltete ein neu gegründetes Budget für 'soziale Innovationen'. Aus diesem Budget wurde das Projekt zwei Jahre lang finanziert. Die Abrechnung erfolgte pro 'Fall': die Summe betrug 70 F, also umgerechnet 23 DM. Es mußten 25 Kinder pro Tag kommen, um das Projekt finanzieren zu können. Zu Beginn gab es eine Aufteilung der Honorare in drei Gruppen. Die Psychoanalytiker, die eine medizinische Ausbildung hatten, erhielten 110 F (36 DM), die Analytiker, die Psychologen waren, 70F (23 DM) und die Erzieher 45F (15 DM) pro Stunde.

Nach Ablauf der zwei Jahre wurde das Projekt im Rahmen eines Präventionsbudgets weiterhin vom Gesundheitsministerium finanziert. Seit 1986 wird es von der Kommune getragen, im Rahmen der Aufwendungen für die PMI (Protection Maternelle und Infantile). Die Abrechnung findet jetzt nicht mehr pro Kind statt, sondern es wird ein globales Budget bezahlt. 1984 hat das gesamte Team bis auf zwei der dort arbeitenden 'Psychoanalytiker-Ärzte', Bernard This und Pierre Benoit die Gleichbezahlung eingeführt, das heißt, daß die eingehende Summe zu gleichen Teilen auf alle Berufsgruppen verteilt wurde. Bernard This hat erst 1992 der Gleichbezahlung zugestimmt, so daß jetzt alle Mitarbeiter unabhängig von ihrer Ausbildung das gleiche Honorar bekommen: 100 F (30 DM) pro Stunde, also, bei vier fünfstündigen Arbeitstagen 600 DM im Monat.[34] Allein diese Summe sorgt dafür, daß wirklich nur engagierte Mitarbeiter dort arbeiten. Es geht ihnen tatsächlich um eine 'soziale Innovation': um die Realisierung eines unorthodoxen Präventionskonzeptes und um die Herausforderung durch einen neuen Arbeitsstil. Aus finanziellen Erwägungen wird niemand sich um eine Mitarbeit im Maison Verte bewerben, wenn es auch in anderen Bereichen eklatante bi-nationale Unterschiede in der Bezahlung von psychoanalytisch ausgebildeten Psychologen gibt, die in französischen Beratungsstellen und Krankenhäusern oft kaum mehr verdienen, als hier eine in Ausbildung befindliche Einzelfallhelferin.

Das Ringen um die gleiche Bezahlung für alle Teammitglieder ging einher mit der Revision des ursprünglichen Konzepts, das eine strikte Trennung zwischen den accueillants-psychanalystes und den anderen accueillants vorsah. Zu Beginn sah das Konzept so aus, daß die accueillants-analystes im Hintergrund bleiben, sie waren auch nur drei von den fünf Öffnungsstunden da, und nur in schweren Fällen intervenieren. Außerdem sollten die anderen accueillants die reguläre Begrüßungsarbeit machen, präsent sein, aber die 'Interventionen' den Analytikern überlassen. Für Marie-Hélène Malandrin, die das Projekt als Erzieherin mit aufgebaut hat, und bis heute als militante Erzieherin darauf verzichtet hat, in den Akten als Analytikerin bezeichnet zu werden, bleibt ein bitterer Nachgeschmack an diese Zeit.

> „Ich hatte diesen Ort nicht mit der Erziehungsfunktion konzeptualisiert, wie sie in der Gesellschaft wahrgenommen wird, sondern mit der Vorstellung einer Revolutionierung der Erziehung. Ich fing auf sehr gewaltsame Art an, diese Aufteilung zwischen Analytikern und Erziehern in Frage zu stellen, ich fühlte mich durch diese Aufteilung aus meiner eigenen Schöpfung evakuiert und konnte das wirklich nicht gut verdauen. Ich fing also an mich zu wehren: 'Was soll diese Aufteilung, entweder ich höre etwas, und dann weiß ich nicht, warum ich den Analytiker herbeirufen soll, um das zu hören, was ich gerade höre oder ich höre nicht, und dann würde ich ihn auch nicht holen. Wir waren doch schließlich alle hier, alle drei 'personnes d'accueil', als Subjekte, um die Frage eines anderen Subjektes, sei es ein Kind oder ein Erwachsener, zu unterstützen, aber jeder mußte die Frage von dem Platz aus, den er hier einnimmt, auf sich nehmen. Das bleibt sehr wichtig für mich, ich habe diesen Kampf noch nicht aufgegeben, um es genau zu sagen, bin ich damit noch ziemlich am Anfang. Weil, diese Aufteilung, ich weiß nicht, wie das in Deutschland ist, aber die registrierte Aufteilung der Funktionen zwischen denen, die dem Kind zuhören, und denen, die zu ihm sprechen ist in unserer Gesellschaft in Frankreich extrem getrennt. Es gibt diejenigen, die hören und die, die taub sein müssen."(Interview)

Marie-Hélène Malandrin ist es allmählich gelungen, die Analytiker, allen voran Dolto zu überzeugen. Wenn diese in den Informationsveranstaltungen am Anfang sagte, daß die accueillants die accueillants-analystes bei einem wichtigen Gespräch dazuholen, so hat sie später auf die Unterscheidung verzichtet und gesagt, daß jeder als Person auf die ihm gestellten Fragen antwortet.

Die Aufgabe der Funktionsunterscheidung und das Ringen um die Gleichbezahlung war also ein langer Prozeß, der die ersten 13 Jahre des Funktionierens begleitet hat. Auch daran zeigt sich die innere Veränderungsbereitschaft des Projekts, die Möglichkeit, die selbst geschaffenen Rahmenbedingungen in Frage zu stellen, die ihrem Anspruch eine neuartige Institution zu schaffen, die Verkalkungserscheinungen widersteht, gerecht werden.

Noch eine Anmerkung zu der objektiv geringen Bezahlung der Mitarbeiter. Ein Vater, der an dem Kongreß der Fondation de France teilnahm, hat in Bezug auf den Fall seines Sohnes eine Kosten-Nutzen-Aufstellung für die Krankenversicherung gemacht:

> „Ich war nur ein einziges Mal im Maison Verte, aber ich möchte Ihnen diese Erfahrung mitteilen. Ich komme aus Paris und bin Vater von vier Kindern. Letztes Jahr im September erfuhren wir ganz plötzlich, daß unser jüngster, der gerade zwei geworden war, eine Mißbildung des Herzens hat, die eine schwierige Operation am offenen Herzen erforderlich machte. Wir haben uns selbstverständlich vorgenommen, ihn auf diese Operation vorzubereiten, die Mitte Januar stattfinden würde. Und dann war unser Sohn jedes Mal, wenn wir ihn darauf ansprachen, und versucht haben, ihm zu erklären, was mit ihm geschehen würde, vollkommen gleichgültig und wir hatten den Eindruck, daß er alles, was wir ihm sagten, nicht hörte. Nun dachten wir aber, daß von dieser Vorbereitung seine Fähigkeit, mit dem, was auf ihn zukam, fertig zu werden, abhing. Wir sind also im Januar ins Maison Verte gegangen. Wir wurden von einer accueillante empfangen, die uns zugehört hat, die unserem Jungen zugehört hat, und die sich dann an ihn gewendet hat, und gesagt hat, daß sie verstanden hätte, daß er das nicht hören wolle, daß er es aber unbedingt anhören müsse. Und zu unserer großen Überraschung hat unser Junge zu spielen aufgehört und hat ihr direkt in die Augen gesehen. Sie hat ihm gesagt, daß er mit etwas sehr schwierigem konfrontiert werden würde, etwas, was grundlegend für ihn sei, und daß seine Eltern darauf angewiesen wären, daß er mutig sein würde, daß er kämpfen würde und daß das sehr, sehr wichtig sei. Und er, der zu jener Zeit noch keinen großen Wortschatz hatte, sagte zum ersten Mal, gleich zwei Mal hintereinander: 'D'accord. D'accord. Einverstanden.' Und dann hat er weitergespielt. Zwei Tage später, am 12. Januar wurde er operiert. Am folgenden Tag ging es ihm schon wieder sehr gut. Zwei Tage später tobte er schon auf dem Flur herum, und nach einer Woche gab man ihn uns wieder, ehe er noch weitere Mauern der Klinik einriß... „(88/89, Xavier Dalberto)

Der Vater erzählt dann, daß die Ärzte beim Nachgespräch ihre Zufriedenheit über die ungewöhnlich schnelle Wiederherstellung ausgedrückt hatten, und sie auf den Besuch im Maison Verte zurückgeführt wurde. Der Vater fügt dann eine Kostenrechnung hinzu, was die Arbeit des Maison Verte an Einsparung für die Krankenkassen bedeutet, wenn man in Rechnung stellt, daß der Tagessatz für diese Station zwischen sechs und zehntausend F (zwei und drei Tausend DM) beträgt.

Dies ist zugleich ein Beispiel für die Motivierung eines einmaligen Besuches im Maison Verte. In einer akuten, konkreten Situation bitten Eltern um die Hilfe der Mitarbeiter bei einem Problem, das sie selbst nicht lösen können. Es gibt also bei dem Drittel einmaliger Besuche nicht nur diejenigen, die nicht wiederkommen, weil es ihnen nicht gefallen hat oder weil sie sich brüskiert gefühlt haben, es gibt auch diesen Dienstleistungscharakter der einmaligen Intervention. Das Beispiel dieses Vaters macht auch deutlich, wie weit das Doltosche Denken in Frankreich 'Fuß gefaßt' hat: War es diesen Eltern doch selbstverständlich zu denken, daß ihr knapp zweijähriger Sohn auf die chirurgische Intervention vorbereitet werden mußte. Sie waren überzeugt davon, daß von dieser Vorbereitung wenn nicht der Verlauf der Operation, so doch die Genesung ihres Sohnes abhing. Die accueillante hat dem Kind als erstes mitgeteilt, daß sie versteht, warum er nicht zuhören wolle. Sie hat seinen Widerstand und seine Beweggründe dazu anerkannt. Diese Anerkennung hat ihm das Zuhören ermöglicht. Als letztes soll noch der schon bei dem mongoloiden Kind beschriebene Mechanismus erwähnt werden, daß dem Kind mitgeteilt wird, daß die Eltern auf seine Kooperation angewiesen sind. Das Kind wird als aktives Subjekt angesprochen, das mit seinem Mut, seiner Kampfbereitschaft dem Wagnis der Operation begegnen muß. Es wird ihm damit auch deutlich gemacht, daß seine Eltern sein Überleben wünschen, daß sie um seinetwillen auf die Vorbereitung setzen. Sicher hat ein solches Gespräch auch eine beruhigende Wirkung auf die Eltern, können doch alle Beteiligten vertrauensvoller, und vielleicht weniger ängstlich dem Tag X entgegensehen.

Die Erfahrung der Differenz

Doch es wäre falsch zu meinen, daß im Maison Verte immer unter dramatischen Umständen interveniert wird und es immer, sei es in der Vorgeschichte der Eltern oder in der akuten Situation um Leben und Tod geht. Ein Aspekt des Maison Vertes als Begegnungsstätte ist die Erfahrung der Differenz. Kinder und Eltern erleben andere Erziehungsformen, andere Umgangsformen miteinander, als die eigenen. Diese Erfahrung relativiert und bereitet die Kinder zugleich auf die Erfahrung in der Gemeinschaft vor.

> „Es ist wichtig, daß es den Kindern sehr früh gelingt, die Unterschiede untereinander zu ertragen: Ein Kind hat seine Nachmittagsvesper (goutter), es will aber die des anderen Kindes. Das ist überall gleich! Dann genügt es zu sagen: 'Aber Du hast nicht die selbe Mutter, wie das andere Kind. Eine andere Mutter

denkt auch anders. Du würdest doch auch nicht das Kind einer anderen Mutter sein wollen.' - 'Nein, das nicht.' - 'Siehst Du, darum hast Du ein anderes Vesper.' Und so akzeptieren sie die Unterschiede, die unterschiedlichen Spielmöglichkeiten, die unterschiedlichen Ernährungsgewohnheiten, die Unterschiede des Geschmacks, der Kultur."(mv 80)

Die Differenzen werden gesprochen. Den Kindern wird vermittelt, daß es ein Recht auf die Differenz gibt, daß Familien sich unterscheiden und daß das ein Teil des Lebens ist.

Nicole und Claude Schauder erwähnen die Begegnungen zwischen Kindern unterschiedlicher Nationalität und unterschiedlicher kultureller Herkunft.

„Für die Kinder, die von anderswo (d'ailleurs) kommen, findet die Begegnung mit kleinen und großen Franzosen in einem warmherzigen Kontext statt, der, von dem, was sie sonst so oft erleben, sehr verschieden ist. So sind Leila und Zaida, die kurz nach ihrer Ankunft in Frankreich mit ihrer Mutter ins Maisonnée gekommen sind, in Panik und brüllen, wenn ein Mann des Teams oder der Vater eines anderen Kindes in ihre Nähe kommt. Ihr Vater, der schon seit einigen Monaten in Frankreich war, hatte entschieden, daß sie an diesen Ort gehen dürften. Er hatte präzisiert: 'Sie sprechen nicht französisch, aber das macht nichts.' Das stimmte. Sie kamen also alle drei fast täglich, ihr Vater gesellte sich manchmal gegen Ende der Öffnungszeit zu ihnen. Im Laufe von zwei Jahren haben Leila und Zaida festgestellt, daß die Welt, in der sie gegenwärtig leben, nicht ganz so gefährlich ist, wie es scheint. Lachend und frei in ihrem Körper und in ihren Worten entwickeln sie sich gegenwärtig im Maisonnée, in welchem sie gelernt haben, unsere Sprache zu sprechen. Sie empfangen Neuankömmlinge und zeigen ihnen die Räumlichkeiten. Eine kleine Schwester und ein kleiner Bruder haben die Familie vergrößert und kommen jetzt ihrerseits ins Maisonnée, um Freundschaften zu schließen, sich über Siege zu freuen, Niederlagen zu beweinen, mit anderen zu sprechen .. und ihre Unterschiede zu zeigen. In diesem Sinne ähneln sie Juan, dessen Mutter auch nicht französisch spricht, Nadia, deren Vater von ihr sagt, daß 'sie nicht von hier ist', und David und seinem Bruder Daniel mit ihren langen chassidischen Schläfenlocken. Alle, ohne Ausnahme, haben ihren Platz im Maisonnée und alle bereichern sich und ihre Eltern durch ihre Gegenüberstellungen (confrontations)."(mv 35/36)

Das Maison Verte ist ein Ort, an dem das andere, das Fremde seinen Platz hat, Kinder Unterschiede kennenlernen und mit ihnen leben lernen. Die Xenophobie oder im Gegenteil die abgrenzende 'Xeno-Identität' ihrer Eltern kann dadurch überwunden werden. Die Unterschiede werden auch nicht geleugnet, sondern zur Sprache gebracht. Die Dolto eigene Umwertung üblicher Werte zeigt sich in ihren an ein dunkelhäutiges Kind gerichteten Worten. Es kam mit seiner weißen Mutter ins Maison Verte und es stellte sich heraus, daß sein Vater Schwarzafrikaner war und wieder nach Afrika zurückgekehrt war, wo er eine Familie hatte. Gelegentlich kam er allerdings wieder nach Frankreich und war dann heimlich mit ihr zusammen. Ihr Sohn hatte ihr des öfteren berichtet, daß er im Kindergarten von den anderen Kindern als kakaofarben gehänselt wurden. Die Mutter hatte ihm daraufhin erklärt, daß seine Hautfarbe die Folge starker Sonneneinstrahlung während des Urlaubs wäre. Dolto griff natürlich diese Erklärung auf und betonte die Notwendigkeit, diesen Jungen über den Ursprung seiner Hautfarbe also über die Beziehung zwischen seinen Eltern aufzuklären. Sie selbst sagte dann zu ihm, daß seine Eltern etwas gemacht hätten, was heute noch von vielen abgelehnt würde, nämlich einen Menschen mit einer anderen Hautfarbe zu lieben, daß sie aber in gewisser Weise fortschrittlicher, also besser seien als andere, da sie als einzelne einen zukunftsweisenden Weg gegangen seien, auf dem ihnen in der Zukunft viel mehr Menschen als heute üblich folgen würden. Sie hat damit wieder einen „Makel" in eine Auszeichnung verwandelt, eine negative Stigmatisierung in eine positive verwandelt, und damit in diesem Fall zugleich der Mutter und dem Sohn Schuldgefühle abgenommen und sie narzißtisch aufgewertet. Das, was ihn von anderen auf unabänderliche Weise unterschied, seine Hautfarbe wurde aufgewertet, wurde zum Zeichen des besonderen Verdienstes seiner Eltern.

Nun gibt es Unterschiede, die auf andere Weise konfliktträchtig sind. Es handelt sich um den Besitz des Nachbarn. Diese Einübung in das Gemeinschaftsleben, die im Maison Verte praktiziert wird, beinhaltet auch eine Auseinandersetzung mit diesem zentralen Problem. Im oben genannten Beispiel mit dem „goutter" des anderen Kindes verzichtete das erste darauf, weil es nach den Worten von Dolto begriff, daß der Unterschied zwischen den Müttern sich offensichtlich auch an verschiedenen Ernährungsgewohnheiten festmacht. Nun gibt es aber auch unterschiedliche Spielzeuge, und oft ist gerade das Spielzeug, mit dem der andere gerade spielt, bedeutend attraktiver als das gleiche, mit dem keiner spielt. Im Maison Verte sind natürlich alle Spielzeuge und Fahrzeuge mehrmals vorhanden, was bekanntlich nicht zur Vermeidung von Konflikten ausreicht.

> „Michael will den Lastwagen von Marcel haben. Neben ihm steht ein anderes Spielzeugauto, genau das gleiche. Er könnte einfach dies nehmen, das will er jedoch nicht. Er will unbedingt den Lastwagen von Marcel. Wir sprechen mit ihm darüber, ohne ihm Vorwürfe zu machen: 'Verstehst Du, Du möchtest die-

sen Lastwagen dort, weil Marcel auf ihm sitzt und dort mit ihm hin- und herfährt..obwohl doch genauso ein Lastwagen hier steht und nicht benutzt wird. Du kannst ihn Dir nehmen, wenn Du diesen Lastwagen möchtest.. Möchtest Du vielleicht Marcel sein oder möchtest Du mit dem Lastwagen spielen? Falls Du mit dem Lastwagen spielen möchtest - dort steht er, falls Du Marcel sein möchtest - das wird Dir nie gelingen, weil Du du selbst bist.' Das Kind hört aufmerksam zu, es denkt nach, ein erstaunlicher Vorgang. Man kann ihm in dieser Situation aber auch sagen: 'Wenn Marcel Dich kennt und wenn Du ihn kennst, dann wird er Dir vielleicht seinen Lastwagen leihen. Marcel hört auch, was wir sagen: 'Marcel sitzt dort auf seinem Lastwagen, aber vielleicht hätte Marcel an dem anderen Lastwagen genau so viel Spaß. Marcel, ob nun dieser oder jener Lastwagen, sie machen Dir doch beide gleich viel Spaß...' Marcel guckt den anderen Lastwagen an, und weil es ihm sprachlich vermittelt worden ist, steigt er von seinem Lastwagen herunter und geht zum anderen. Michael will jetzt den Lastwagen, auf den sich Marcel gerade gesetzt hat. In diesem Augenblick wird nun deutlich, daß er im Grunde Marcel sein möchte.. Er möchte sein großer Bruder sein, wenn er schon einen hat, und es ist Sache der Erwachsenen, ihm zu sagen: 'Weißt Du, bei mir war das genauso, als ich klein war, und bei Deinem Papa auch, als er klein war.. wir täuschten uns, wir wußten nicht, ob wir wir selbst sein wollten, oder ob wir ein anderer sein wollten. Bei den Menschen ist es eben so kompliziert."

Diese lange Darstellung bezieht sich auf einen grundlegenden Konflikt, der an jedem Ort, wo sich mehr als ein Kind aufhält, alltäglich ist. Ist es Neid oder Eifersucht? Bezieht sich dieser Konflikt auf das Haben oder das Sein? Dolto zeigt an diesem Beispiel auf, daß es augenscheinlich um das Haben geht und doch die Frage des Seins betrifft. Michael möchte das Attribut des anderen, weil er so sein möchte wie er oder der andere sein möchte. Doch das ist eine Unmöglichkeit, sie verweist auf eine unauflösbare Differenz. Und doch ist dieser Wunsch dem Menschsein inhärent, wird er von den dem Erwachsenen nahegelegten Worten auch als der eigene zumindest in der Kindheit anerkannt. Das Kind wird ob dieses Wunsches nicht kritisiert, sondern der Erwachsene erkennt ihn an und bekennt seine eigene Vertrautheit damit. Diese Anerkennung der Wünsche der Kinder, dadurch daß sie ausgesprochen werden, ist eine der grundlegenden Modi der Arbeit im Maison Verte, vermittelt durch eine Übersetzungsarbeit. Der manifeste Wunsch ist derjenige, den Lastwagen des anderen zu haben, der latente, der andere zu sein. Der manifeste Wunsch wird übersetzt analog dem Vorgang der Traumdeutung, der latente Wunsch wird anerkannt. Der Wunsch nach einem Gegenstand bezieht sich auf eine Person, so wie die ständige Forderung Katjas nach einer Medaille den unbewußten Wunsch nach der Identifizierung mit der Großmutter als Liebesobjekt des Vaters zum Ausdruck brachte.[35] Der Wunsch, einen Gegenstand zu haben, drückt den Wunsch aus, so wie sein Besitzer zu sein.

Beachtenswert ist sicher auch, daß diese Art von Konflikten in der Regel sehr schnell zu einer Erregung der betroffenen Eltern oder Erzieher führt. An der Eigentumsfrage entzünden sich die pädagogischen Leidenschaften sehr schnell. Sie wird auch im Kinderzimmer schnell zu einer Grundsatzfrage - für die Erwachsenen. Die Mitarbeiter des Maison Verte haben die Leidenschaftlichkeit in dieser Frage abgelegt, die Kinder werden bei ihnen nicht unter Druck gesetzt, sich so oder so zu verhalten, auch wenn die an Marcel gerichtete Bemerkung, es sei ihm doch sicher egal, auf welchem Lastwagen er sitze, schon einen suggestiven Anklang hat. Es geht bei diesem Beispiel darum zu zeigen, wie es weitergeht, wenn Michael nun endlich den so lange geforderten Lastwagen haben kann. Die Mitarbeiter können aus Distanz heraus mit diesen Konflikten umgehen, sind nicht mit Leidenschaft involviert, wie die Eltern. Sie haben aber auch nicht die entgegengesetzte Haltung der Leidenschaftslosigkeit aus Gleichgültigkeit heraus, oder aus der Einstellung heraus, daß die Kinder solche Konflikte allein lösen müssen. Sie intervenieren, weil es ein grundlegender Konflikt ist, dessen Lösung zum Paradigma für ähnlich gelagerte Konflikte in Krippe und Kindergarten werden kann. Das neidische oder eifersüchtige Kind wird desillusioniert. Den Besitz eines anderen zu nehmen, bedeutet nicht, daß man dadurch zu diesem anderen wird, weil das unmöglich ist. Aber der psychische Vorgang wird verstanden, das Motiv des 'haben Wollens, der Wunsch jemand anders zu sein, wird anerkannt, auch indem über die Unmöglichkeit seiner Realisierung gesprochen wird.

An anderer Stelle erwähnt Dolto ein anderes Motiv für einen derartigen Konflikt. Ein Spielzeug, das von einem anderen Kind benutzt wird, ist 'lebendig', der andere gibt ihm Leben, darum ist es attraktiv. Wieder liegt diesem Mechanismus eine Identifizierung zugrunde, das fordernde Kind spricht sich selbst die Fähigkeit ab, 'Leben einzuhauchen', es möchte so sein wie das andere. Auch darüber wird mit den Kindern gesprochen. So auch, wenn ein älteres Kind immer das Spielzeug von jüngeren Kindern wegnimmt:

> „'Du glaubst vielleicht, daß Du wieder klein wirst, wenn Du mit dem Gegenstand spielst, den das kleine Kind gerade hat. Wenn es Dir Spaß macht, spiel" ruhig damit, aber Du wirst trotzdem so groß bleiben, wie Du nun einmal bist.' Der Junge hat mich angesehen, es war genau das, was gesagt werden mußte. Er hat nie wieder die Spielzeuge von kleineren Kindern weggenommen. Ohne Unterlaß lehren uns die Kinder Dinge, die so einfach sind, daß wir sie bei uns selbst nicht mehr wahrnehmen. Sehr früh im Leben werden die Gegenstände eines anderen Menschen mit einem Wert belegt, den wir diesem anderen Men-

schen zusprechen... mit Worten können wir die Kinder von diesen Mechanismen des Neides und der Eifersucht befreien, und ihnen dabei helfen, den Zugang zu ihrem eigenen Begehren zu finden. Im Alltag findet so das statt, was wir als 'Prävention von Störungen' bezeichnen."(MLSK 60/61)

Es gibt noch eine andere Differenz, die den Kindern im Maison Verte vermittelt wird, es ist die zwischen ihren Eltern und anderen Menschen, die für ihre Betreuung zuständig sind. Den Kindern wird erklärt, warum sie in eine Krippe oder zu einer Tagesmutter oder in den Kindergarten gehen müssen, und daß die Menschen, die dort arbeiten, für ihre Arbeit bezahlt werden. Außerdem haben sie in Bezug auf das Kind eine andere Funktion als seine Eltern.

„Eine Mutter kommt mit ihrem dreijährigen Kind, bei dem der Eintritt in den Kindergarten schwere Störungen ausgelöst hat und beklagt sich, daß ihr Kind nicht an den Angeboten des Kindergartens teilnimmt. 'Es mag die Erzieherin (maitresse) nicht. „Wir sagen dem Kind: 'Du spielst im Maison Verte sehr gerne, Deine Mutter ist auch hier, wie zu Hause, und hier sind auch andere Menschen. Im Kindergarten kann Deine Mutter nicht dabei sein, sie überläßt es der Erzieherin, Dir interessante Dinge beizubringen und sich um die Kindergruppe zu kümmern.' - 'Die Lehrerin ist häßlich, sie ist nicht wie Mama.' - 'Die Erzieherin hat nicht schön oder häßlich oder wie Deine Mama zu sein, sie ist eine Erzieherin und wird dafür bezahlt, den Kindern etwas beizubringen. Im Kindergarten ist es nicht wie zu Hause. Diesen Unterschied mußt Du erkennen.' Wir relativieren die Situationen. Es ist sehr wesentlich, den Kindern gegenüber etwas zu relativieren, ihnen aufzuzeigen, wie sich Rollen und Funktionen in der Gesellschaft verteilen. Jeder hat seinen bestimmten Platz inne. 'Die Schule ist nun einmal so. Du mußt Dich damit abfinden und darfst von der Erzieherin nicht erwarten, daß sie Dir Deine Mutter ersetzt, oder daß sie so ist, wie Du sie gerne hättest.' Solche Unterredungen haben eine erstaunliche Wirkung! Wie viele Mütter hätten die Erzieherinnen gern nach ihrem Geschmack, wünschten sich, sie sei allen Kindern gegenüber gleichermaßen 'lieb.'"(cde 559; MLSK 59)

Diese Intervention betrifft die Differenz zwischen Erzieherinnen und Eltern und richtet sich gleichermaßen an das Kind, das Schwierigkeiten im Kindergarten hat und an dessen Mutter. Auch der Mutter wird vermittelt, daß der Kindergarten nicht eine Verlängerung der Familie ist, sondern eine staatliche Einrichtung, die nicht dazu da ist, persönliche Vorlieben und Sympathien zu pflegen. Viele Eltern ertragen die Differenz zwischen sich und mit Erziehungsaufträgen betrauten Personen nicht und sehen die Einrichtungen, die ihre Kinder besuchen, als Verlängerung der Familie oder der häuslichen Erziehungsvorstellungen an. Die Worte an das Kind, die ihm den Unterschied verdeutlichen, sind daher auch eine Aufforderung an die Mutter, dem Kind bei dem Umgang mit den Unterschieden zu helfen und selbst diese zu ertragen.

So konsequent Dolto das französische Erziehungswesen kritisiert und auch konkrete Alternativen, beispielsweise im Schulbereich unterstützt und begleitet hat, so vehement setzt sie sich den Kindern gegenüber für das Ertragen der staatlichen Institutionen ein. Den Kindern gegenüber ergreift sie die Partei der Anpassung. Um ihnen Anpassungsschwierigkeiten und damit einhergehendes Leiden zu ersparen, plädiert sie für die Unterwerfung unter die Regeln. An anderer Stelle, als schreibende und kämpferische 'citoyenne' bemüht sie sich um eine Veränderung der Schule, um deren Anpassung an die Kinder. Die Aussage, daß die Erzieherin weder hübsch noch häßlich zu sein habe und auch die Mutter nicht ersetzen könne, fordert das Mädchen auf, familiäre Leidenschaften nicht in den Kindergarten hineinzutragen. Es geht weder darum die Erzieherin zu hassen, noch sie zu lieben, sondern von ihr zu lernen, und das möglichst gefühlsneutral. Diese Haltung erspart viele Konflikte, und erlaubt es die Energien für sublimatorische Zwecke einzusetzen, statt für regressive Ansprüche der Institution oder ihren Vertretern gegenüber. Die Anregung zu einer solchen 'vernünftigen' Haltung gibt Dolto damit auch der Mutter, weil Mütter oft mit ihrer Unfähigkeit, die Eigengesetzlichkeit von Institutionen, die sich ihrer persönlichen Kontrolle entziehen, zu ertragen, die Möglichkeit ihrer Kinder, sich an einem solchen Ort wohlzufühlen, zutiefst beeinträchtigen und damit natürlich die Anpassungsmöglichkeiten des Kindes. Wie auch in den vorher genannten Beispielen, lernen Kinder und Eltern im Maison Verte gleichermaßen den Umgang mit der Differenz.

Geschwisterrivalität und „Utopien von morgen"

Es gibt eine Verwandtschaftsbeziehung die absolut paradigmatischen Charakter für soziale Konflikte hat, es ist dies die Rivalität unter Geschwistern. Kein Ereignis im Leben eines Kindes erschüttert in einem solchen Maß das psychische Gleichgewicht eines Kindes, wie das der Ankunft eines Geschwisters. Aus der Anzahl der veröffentlichten Falldarstellungen, könnte man schließen, daß die Hauptfunktion des Maison Verte darin besteht, Kindern und ihren Eltern bei der Überwindung der mit diesem Ereignis verbundenen Konflikte zu helfen. Die Meisterung dieser 'épreuve' reduziert sämtliche zukünftig auftretenden sozialen Konflikte im Leben eines Menschen, das scheint die Wette, le pari der Maisons Vertes zu sein. Explizit hat Bernard This diese Aussage gemacht. „Das Maison Verte ist kein idyllischer Ort, wo es keine Schreie gäbe. Von Zeit zu Zeit ist es auch voller Leiden des Hasses, der Aggression."(mv 22) An anderer Stelle präzisiert Bernard This, wo dieses

Leiden seinen Ursprung findet:

> „Was ist die Basis 'des Unbehagens in der Kultur'? Es gibt Konzentrationslager und es gibt Bomben. Das alles ist der Haß und wo fängt der Haß an? Von dem Augenblick an, wo es einen Bauch gibt, der dicker wird, von dem Augenblick an, wo da dieser Fremde, dieser Unbekannte ist. Wenn wir den Kindern helfen wollen, sich zu sozialisieren und das Leben anzunehmen, müssen wir sie auf diesem Weg begleiten, nicht nur auf dem der Liebe, sondern auch auf dem des Hasses. Wenn nämlich ein Kind fühlt, daß da ein Baby im Bauch ist, wird es sich ausdrücken, eine Pflanze ausreißen, einer Puppe die Glieder ausreißen, alle Ballons platzen lassen, die es findet. Kurz, eine ganze Serie von Verhaltensweisen, die man entschlüsseln und verstehen muß, um ihm zu helfen, das zu artikulieren, was es empfindet. Es will dieses Baby nicht liebhaben, weil liebhaben für es heißt, so tun wie, sich identifizieren, also regredieren, das ist Caca-Pipi. Dann muß man ihm helfen bis zum Ende seiner Aussage zu gelangen: 'Ich will nicht, daß es die Flasche bekommt.' - 'Was wird dann aus ihm werden?' - 'Es wird sterben.' Es ist unnütz, da moralische Vorwürfe zu erheben. 'Und wenn es dann tot ist, was wird aus seinem Körper?' - 'Zu den Abfällen, in den Müll mit ihm!' - 'Aber die Abfälle, wo kommen die hin?' - 'Auf ein Feld' - 'Und dann auf dem Feld?' - 'Verfaulen sie.' - 'Wozu dient das Verfaulte?' - 'Daraus wachsen Gräser.' - 'Gute Gräser oder Unkraut?' - 'Nur Unkraut. Disteln!' Nachdem es das gesagt hat, nachdem es diesen vorgestellten Toten (mort imaginaire) zu Grabe getragen hat, ist es mit sich selbst in Frieden. Es wird jetzt anders weiterleben können. Wenn wir ihm keine Schuldgefühle gemacht haben, für das, was er nur zögernd sagen konnte, diese Gedanken, die ihm durch den Kopf gehen, dann haben wir sein Leben gerettet. Weil es die blockierte und verdrängte Schuld ist, die unsere Gesellschaften vergiftet und Atombomben erfinden läßt, die so explodieren, wie man es vom Bauch der Mutter erwartet, und die den Tod bringt."(mv 82)

So weit Bernard This' mit Verve vorgetragene kurze Analyse der Ursprünge, sowohl des 'Unbehagens in der Kultur' als auch gewaltsam ausgetragener internationaler Konflikte, als auch des Rassenwahns. Der erste 'Fremde' wird in Mutters Bauch lokalisiert. Nicht alle Mitarbeiter teilen dieses universelle Pathos von Bernard This, und dennoch gibt es einen kleinen Einblick in den geheimen Anspruch der Maison Vertes, nicht nur Leiden zu mindern, sondern Pionier zu sein auch in der Entdeckung neuer Beziehungen. Eines der Kapitel in Doltos 'La cause des enfants' (die Sache der Kinder) trägt den Titel 'Utopies pour demain' (Utopien für morgen), der Abschnitt über das Maison Verte im gleichen Buch steht im anschließenden Kapitel 'Die Revolution der kleinen Schritte'. Das Maison Verte ist also eines dieser kleinen Schritte und sicher nicht der unbedeutendste auf dem revolutionären Weg zu den Utopien von morgen. This hat dieses Anliegen, Wegbereiter für veränderte, friedlichere soziale Beziehungen gerade in Bezug auf die Eigentumsfrage etwas naiv, aber darum nicht mit weniger Pathos ausgedrückt:

> „Der kleine bewunderte Freund hat einen Gegenstand in der Hand und man will ihn. Also nimmt man ihm ihn weg. ..Welches ist der Moment, wo die Sozialisation ins Spiel kommt? Die ganze Zukunft der Menschheit liegt in diesem Gegenstand, so banal er auch sein mag. Im Maison Verte das Zusammenleben lernen, heißt da zu sein, nicht um sich die Gegenstände wegzunehmen, sondern, und das ist das ganze Geheimnis der sozialen Beziehungen - um zusammen zu sein und den Gegenstand jeder zu seiner Zeit und abwechselnd zu benützen. Darum sind die Worte, die für dieses Leiden der Kinder gegeben werden, so wichtig, wenn sie damit konfrontiert werden: 'Ich will es haben, Du hast es mir weggenommen.' Diese Phase des Wegnehmens scheint mir in dem, was im Maison Verte hinsichtlich der Begründung des sozialen Lebens, in seiner politischen Dimension gelebt wird, sehr, sehr wichtig zu sein. Die Maisons Vertes sind höchst politische Orte, wo niemand einer Partei unterworfen ist. Die einzige Partei, die wir zu ergreifen haben, ist die des Menschen, der geboren wird, der noch werden wird, weil man manchmal den Eindruck hat, daß die Menschheit noch geboren werden muß. Wir nehmen Teil an der Entdeckung anderer Formen der Konvivialität, des Zusammenlebens. Über diese Idee der Prävention müssen wir nachdenken, weil das nicht die Prävention der Art ist: 'Kommt ins Maison Verte und dann wird es keine Neurosen und Psychosen mehr geben.' Das ist es nicht, was wir versprechen. .. Wir sind ein Ort, wo jeder den Eindruck haben kann, daß die Menschen zusammen die Zukunft erfinden dürfen. Darum ist es so wichtig, daß es diese Orte gibt und daß es mehr werden."(mv 22)

Die Maisons Vertes haben also nicht nur den Anspruch, individuelles Leiden zu mindern, sondern zur Wiege für veränderte zwischenmenschliche Beziehungen zu werden, und dies auch durch die Begleitung bei der Durcharbeitung des Hasses, bei der Symbolisierung des Hasses. Bernard This hat in dem vorherigen Zitat ein Beispiel für die Artikulierung der Todeswünsche gegen den Eindringling gegeben. Auch hier geht es um den Abbau von Schuldgefühlen. Der Todeswunsch gegen das Geschwisterkind wird gesprochen und bis zum Ende bis zur phantasmatischen Umwandlung dieses Babys in Unkraut 'durchgespielt'. Diese symbolische Tötung, diese 'mise à mort' erlaubt es auch, sich von der imaginären Identifizierung zu befreien, die Differenz zu ertragen ohne die eigene Identität dadurch bedroht zu sehen.

Nach diesen mehr programmatischen Vorreden werden jetzt konkrete Fallbeispiele herangezogen, Berichte von Beobachtern und von Müttern, um zu analysieren, wie mit diesem zentralen Problem der Geschwisterrivalität im Maison Verte umgegangen wird. Eine Mitarbeiterin der Fondation de France hat im Maison Verte hospitiert: „'Mama hat ein Baby im Bauch.' Céline macht sich Sorgen. Sie zeigt ihren kleinen Finger, so klein, dann streckt sie ihren Arm aus. 'Ja, die Babys wachsen', bestätigt ihr Annie Grosser. 'Aber es wird Dir Deinen Platz im Herzen von Mama nicht wegnehmen.'"(mv 102)Celine stellte mimisch ihre Sorge dar, daß Baby könnte zu groß werden, so daß für sie gar kein Platz mehr bleiben würde. Annie Grosser greift ihre Sorge mit Worten auf, das Baby wird zwar immer größer werden, aber der Platz in Mutters Herzen ist ihr sicher. Die Liebe der Mutter wird es ihr nicht wegnehmen. Bei Blandine ist der Neuankömmling schon geboren worden:

> „Ein Vater hat seinen neugeborenen Sohn im Arm, küßt ihn zärtlich und merkt nicht, daß die vierjährige Tochter ihm die Arme entgegenstreckt und sagt: 'Jetzt bin ich aber dran.' Annie Grosser sagt: 'Gleich wird Papa mit Dir schmusen, noch einen kleinen Moment Geduld.' Die Blicke der Erwachsenen begegnen sich, die Botschaft ist angekommen. Simon wird in Mamas Arme gelegt, und der Papa nimmt Blandine hoch. 'Auch mir tut es weh, gibt Annie Grosser kurze Zeit später zu. Es ist so schmerzhaft. Fast vier Jahre lang ist sie die kleine Königin gewesen. Aber der Vater ist zur Stelle!"(mv 101)

Beatrice Steiner, eine Mutter, berichtet, welche Bedeutung das Maison Verte für sie und ihre Tochter hatte, als ein weiteres Kind geboren wurde:

> „'Als meine zweite Tochter (das erste Kind war gestorben) ein Jahr alt war, und ich das dritte Kind erwartete, brauchte ich einen Ort, wo ich mit ihr zusammen sein konnte, aber auch nicht zu sehr. Im Maison Verte habe ich erfahren, was authentisches Sprechen bedeutet. Ich habe den Sinn von Worten verstanden, die nicht aufgesetzt waren, weil man mir zuhören konnte. Meiner Tochter Judith konnte dort auch geholfen werden, als ihre Schwester zur Welt kam. 'Wann stirbt sie? Wann ist sie endlich wieder weg? Ich hasse sie.' Und sie sprach von Kindern, die überfahren werden. Man mußte dieses Leiden akzeptieren, ohne Schuldgefühle zu entwickeln. Ich auch, ich mußte das auch lernen, zu akzeptieren, daß sie so leidet. Und das jemand das anerkennt und ihr sagt: 'Ja, es ist hart.' Das war sehr wichtig.'"(mv 87)

Hier wird wieder deutlich, welche Funktion die Mitarbeiter haben, sie können das Leiden anerkennen, ohne selbst allzusehr betroffen zu sein. Sie haben die Distanz, die eine Mutter in dem Moment nicht unbedingt hat, es zu ertragen, daß das ältere Kind das neugeborene wegwünscht und das Leiden, das durch diese tödliche Eifersucht ausgelöst wird. Mütter haben die Tendenz, sich Vorwürfe zu machen, wenn sie ihren Kindern großes Leiden zumuten, sie fühlen sich schuldig, daß sie ihrem Kind dieses Leiden nicht ersparen konnten. Diese Mutter hat die Hilfe sowohl für sich als auch für ihre ältere Tochter erlebt. Jemand anders, jemand drittes, der nicht so sehr in die Situation involviert ist, kann das Leid der Tochter anerkennen und hilft der Mutter 'es zu akzeptieren, ohne Schuldgefühle zu entwickeln.' Eltern und Kindern wird dabei geholfen die Tatsache zu akzeptieren, daß leidvolle Situationen zum Leben gehören, ohne daß jemand daran 'Schuld' ist. Die Tochter durfte die Todeswünsche gegen ihre Schwester ausdrücken, ohne verurteilt zu werden. Auch diese Möglichkeit dient der Verhinderung von Schuldgefühlen.

Im folgenden Fall ging es darum, Mutter und Tochter in ihren völlig unterschiedlichen Reaktionen auf ein bestimmtes Ereignis zu unterstützen. Isabelles Mutter hatte eine Fehlgeburt im 7. Schwangerschaftsmonat. Die Mutter hat sich mit ihrer zweijährigen Tochter in der hintersten Ecke hinter der Rutsche im 'Jardin couvert' 'verkrochen'. Denis Vasse geht zu ihr und fragt, ob es ihr gut geht.

> „'Nein'. Und sie erklärt: 'Das Kind ist weg. Das ist ein schwerer Schock.' Isabelle greift ihre Worte auf: 'Es ist weg, mit der Regel.' 'Ich habe es ihr erklärt, sagt die Mutter. Sie war übrigens sehr krank. Sie hatte Bauchschmerzen.' 'Bauchschmerzen an Mamas Bauch, nicht wahr, Isabelle?' sagt Denis Vasse. Isabelle, die vorher auf der Erde lag, richtet sich auf und nickt. 'Aber das ist ja toll, daß das Baby weg ist,' fügt er hinzu. Das Mädchen wendet sich ihm zu, sie sehen sich in die Augen. Isabelle strahlt über das ganze Gesicht. 'Ja, sie ist sehr zufrieden', sagt die Mutter. 'Sie ist die einzige, die sich darüber freut.' 'So ist das eben.' sagt Denis Vasse."(mv 94)

Hier wird dem Kind das Recht zugestanden, sich über ein Ereignis, das bei der Mutter großen Schmerz ausgelöst hat, zu freuen. Es braucht nicht aus Schuldgefühlen die Schmerzen seiner Mutter in seinem Bauch übernehmen. Es darf den Triumph, daß sich seine Wünsche realisiert haben, genießen. Ein dritter gibt ihr dieses Recht.

Bei der folgenden Episode führt die Unerträglichkeit der Eifersucht in die Kindheitsgeschichte der Mutter zurück: Die Eltern von Lucienne und Claude kommen zusammen ins Maison Verte, Lucienne, die schon früher oft dort war, ist noch nicht ganz drei Jahre alt, ihr Bruder Claude drei Monate alt. Lucienne wirft sich gleich auf die Erde und bedeckt sich mit dem Ledermantel des Vaters. Sie liegt reglos da, 'stellt sich tot.' Die Mutter beklagt sich über die Eifersucht ihrer Tochter, die seit der Geburt des Bruders wie verwandelt ist. Sie hat die erworbene Sauberkeit verloren und ist sehr quengelig. Dolto:

„'Ich beruhige die Mutter: 'Lassen Sie sie doch, sie macht ihr fötales Leben noch einmal durch, weil sie versucht, ihren kleinen Bruder liebzuhaben und nicht weiß, wie; vermutlich wollten Sie selbst schon bei ihrer Geburt einen Jungen.' Sie erwiderte mir: 'Genau. Wie können Sie das wissen?.' - 'Nun, auf Grund der Reaktion Ihrer Tochter. Sie haben bei der Geburt dieses kleinen Bruders Ihre Freude gezeigt; sie hat sich dann gefragt, ob man ihr die gleiche Freude entgegengebracht hat, als sie selbst zur Welt gekommen ist, und zwar als Mädchen.' Ich sprach dies aus, wohl wissend, daß jenes 'Paket' unter dem Ledermantel des Vaters alles mitbekam: 'Gab es denn in Ihrer eigenen Familie ein jüngeres Kind?' - 'Ja, ich habe eine jüngere Schwester und meine Mutter hat mir erzählt, meine Eifersucht sei schrecklich gewesen." 'Und wie verstehen Sie sich heute mit ihrer Schwester?' - ' Sie ist für mich wie eine Fremde.' Sie sprach in einem kalten, fast aggressiven Ton. Unmittelbar danach warf sie sich an die rechte Schulter ihres Mannes, der neben ihr saß und den kleinen Claude auf den Knien hatte. Sie brach regelrecht zusammen, schluchzte an der Schulter ihres Mannes, in jäher Rückerinnerung und neuerlichem Durchleben der Eifersucht ihrer eigenen Kindheit, der Eifersucht auf ihre Schwester, während ihre Tochter dalag und sie diese extrem schmerzliche Erfahrung in der Umgebung des Maison Verte noch einmal erleben konnte. Diese Frau war selbst erschüttert über jene unvermittelte Verzweiflung, die sie überflutet hatte. Ihr Mann blickte mich an, versuchte sie zu beruhigen. Sie verharrte in dieser schluchzenden Haltung an der Schulter ihres Gatten, der zugleich Mama, Papa, Großmutter und Großvater war.. Im Alter von 25 Jahren durchlebte sie in Geborgenheit noch einmal die Eifersucht auf ihre Schwester."(cde 571/572; MLSK 71/72)

Der Mutter wurde durch dieses karthatische Wiedererleben ihrer eigenen Eifersucht ermöglicht, die Eifersucht ihrer Tochter zu tolerieren. Sie brauchte die von ihr so stark verdrängten Gefühle nicht mehr in der Tochter abwehren, konnte sie zulassen und entspannter damit umgehen. Der Tochter hatte sie durch ihre eigene Reaktion gezeigt, daß die Eifersucht ein Existenzrecht hat, nicht unterdrückt werden muß und nur in regressiven Erscheinungsformen ausgedrückt werden darf. Die häusliche Situation entspannte sich und Lucienne konnte ihre regressive Position überwinden. Die Gespräche und das annehmende Klima des Maison Verte erlauben es, daß Abgewehrtes zugelassen werden kann. Todeswünsche und starke Eifersucht, das Leiden sind anzuerkennende Begleiterscheinungen bei der Ankunft eines Geschwisters. Allen Familienmitgliedern wird geholfen, diese Phänomene zu ertragen und damit umzugehen. Das verhindert langfristige regressive Fixierungen und eine andauernde Erschütterung der Identität der älteren Kinder. Die Eifersucht wird anerkannt, sie wird nicht unterdrückt sondern überwunden, wenn alles gut geht und alle Betroffenen zur Lösung des Knotens bereit sind.

Um zum Ausgangspunkt dieses Abschnittes zurückzukehren, zur paradigmatischen Bedeutung des Umgangs mit der Geschwisterrivalität für die sozialen Beziehungen, so hat This beobachtet, daß die Überwindung der Eifersucht hilft, das aggressive Potential zu reduzieren. Die Kinder, denen es gelungen ist, ihre Eifersucht durchzuarbeiten, neigen weniger zu Gewalthandlungen, sie verhandeln:

> „Wenn ein Kind diese Eifersucht überwunden hat, kann man diese Veränderung der aggressiven Herrschaft beobachten, dann lernt es abzugeben, zu verhandeln, etwas ohne Gewalt zu nehmen, dann kann es durch seine Erfahrung etwas Wichtiges an die Kindergruppe weitergeben. - Darum ist es wichtig, daß die Kinder bis zum Alter von vier Jahren kommen können, damit sie einen Ort haben, wo ihnen geholfen wird, diese zerstörerische Eifersucht zu überwinden."(mv 82)

Sicher spielt die Erwartungshaltung der Eltern und die Übertragung auf das Maison Verte oder auf einzelne seiner Mitarbeiter bei diesem Ausgang eine Rolle. In allen genannten Fällen waren die Familien gekommen, weil sie eine Unterstützung erwarteten, weil sie schon wußten, daß die zukünftige oder stattgehabte Geburt eines Geschwisters eine Krise bedeutet, für die das Maison Verte zuständig ist. Sie kamen mit der Erwartung, daß ihnen geholfen wird, und waren bereit, diese Hilfe anzunehmen und zu nutzen. Sicher gibt es viele Fälle, bei denen diese diskrete oder auch spektakuläre Hilfe ausbleibt und ein oder mehrere Besuche im Maison Verte keine erleichternden Wirkungen zeigt, doch von den Fällen wird aus verständlichen Gründen nicht berichtet. Auch erfahren die Mitarbeiter, zum Beispiel bei einmaligen Besuchen, nichts von den Wirkungen ihrer Worte oder ihrer Haltung. Aber es ist klar, daß nicht alle Benutzer in gleicher Weise vom Angebot des Maison Vertes profitieren. Es ist ein Angebot, die Benutzer entscheiden, ob und in welchem Maße und für welche Zwecke sie diese Einrichtung nutzen.

Beziehungskrisen - der Vater - Symbolisierungen

Das Maison Verte bietet seinen Beistand, seine Begleitung nicht nur bei der Überwindung von familiären Konflikten an, die durch die Vergrößerung der Familie herbeigeführt werden, sondern auch bei den Krisen, die die Entstehung einer Familie auslösen kann. Nicht jedes Paar verkraftet die Geburt eines ersten Kindes ohne größere Beziehungskrisen. Wenn aus Frauen Mütter, aus Männern Väter werden, führt dies unter Umständen bei einem von ihnen, wenn nicht bei beiden zu einer Identitätskrise.

Die Krise betrifft zunächst einmal die Frauen. Eines der wesentlichen Anliegen der Maison Vertes ist die Aufhebung der Isolation von Müttern kleiner Kinder. Die fusionelle Beziehung, die sie länger als notwendig aufrechterhalten, wird oft nur durch die Tatsache hervorgerufen, daß die Mütter wegen der Geburt ihre Berufstätigkeit unterbrechen und durch die Geburt und die Mutterschaft ihre vorherigen sozialen Kontakte und ihre Orientierungspunkte verlieren. Für Dolto ist das Maison Verte eine Antwort auf die moderne Kleinfamilie und die damit einhergehende Isolierung der Mütter.

> „Wir haben bemerkt, daß viele Frauen, wenn sie Kinder haben, vergessen, daß sie auch Bürgerinnen (Citoyennes) sind und sich absolut auf ihr Kind zentrieren. Das Kind wird dann, in dem Augenblick, wo es seine Autonomie ergreifen muß, von dieser Mutter zurückgehalten, die das Leben der Frauen um sich herum aufgegeben hat, das Leben, das sie führte, bevor sie Mutter geworden ist. Es gibt eine Art Vergraben in ein Leben regressiver Mütterlichkeit."(mv 79)

Immer wieder die zentrale Aussage Doltos, daß die Freiheit eines Kindes von der Freiheit abhängt, die die Mütter für sich beanspruchen. Nur eine Dezentrierung der Mütter in Bezug auf ihre Kinder erlaubt es diesen, sich ihre Welt zu erobern.

Eine Benutzerin, Jacqueline Sudaka-Benazeref, hat ein Buch über ihre Erfahrungen im Maison Verte und den sozialen und psychoanalytischen Kontext seiner Entstehung geschrieben. Sie beschreibt auf sehr feine Art die völlige Umwälzung, die mit der Erfahrung der Entbindung bei einer Frau einhergeht und die unter Umständen zu der oben erwähnten Regressionsbereitschaft führen kann:

> „Fangen wir mit der Geburt an, wenn wir zum Ursprung wollen. Die Geburt eines Kindes ist durchaus eine kopernikanische Wende: Leben und Tod finden darin gemeinsam statt (s'y jouent conjointement). Die Mutter ist ein 'deplatziertes' Subjekt, die ihr gesamtes ökonomisches und Triebsystem umstellen muß, wenn sie überleben und das Überleben erlauben will. Das Erscheinen des Kindes ruft in ihr sehr gegensätzliche Wirkungen hervor. Die Phase, die der Entbindung folgt, findet, auch wenn sie nicht bis zu einer Kindbettpsychose führt, in einer Art Auflösung der Gedanken statt, einer Schwäche, die die Ärzte in der Regel als Depression bezeichnen, die aber eher ein kreatives Gefühl ohne Worte ist, visuell, taktil, eine laue, schmelzende, verschmelzende Empathie, die den Säugling begleitet. Diese Erfahrung siedelt sich außerhalb des Raumes, außerhalb der Zeit an, sie ist überflutend und enteignend; sie läßt alle gewöhnlichen Orientierungspunkte als überholt ansehen. Mit dieser stammelnden Verwirrung und dieser orientierungslosen Liebe wird eine Frau zur Mutter."[36]

Aber die Mutter muß aus dieser zeit- und ortlosen Verschmelzung wieder auftauchen, muß allmählich eine Distanz finden, muß die schwere Arbeit der nachgeburtlichen Trennung vollziehen, nicht nur weil sonst die Entwicklung des Kindes zur Autonomie gefährdet ist, sondern weil diese Verschmelzung, wenn die Frau sich nicht aus ihr löst, die Zusammengehörigkeit des Paares selbst bedroht. Das Kind wird zum Auslöser von Konflikten, die seine Existenz von Anfang an mit Schwierigkeiten, mit Ängsten behaften.

> „Eine Angst .. kommt von der plötzlichen physiologischen und affektiven Veränderung (mutation), die durch die Mutterschaft oder die Vaterschaft bei den Erwachsenen hervorgerufen wird. Ihre neue Verantwortung, die Begrenzung ihrer Freiheit durch die Ankunft dieses Kindes, mit seinen körperlichen Besonderheiten und seinem Geschlecht, all das geschieht nicht nur in der Realität, sondern auch in der Begegnung zwischen der Wirklichkeit dieses Kindes und vorherigen Vorhaben, mit den Phantasmen der Eltern von vor der Geburt des Kindes. Ein Kind, das nie mit ihren vorherigen Phantasmen übereinstimmt, ein Leben, das nie mit den Plänen, die einzuhalten sie sich vorgenommen hatten, übereinstimmt. Der Platz, den dieses neue Wesen in einem Paar einnimmt, verändert immer die Beziehung zwischen den Partnern, erschüttert sie manchmal so, daß es zum Bruch kommt, wenn einer von beiden die neue Art der Beziehung des anderen zu ihm als frustrierend empfindet, oder die Veränderung beim anderen durch seine neue Art zu sein, oder auch die Beziehung seines Partners zu dem Neugeborenen, die er kritikwürdig findet."(ddv 406)

Annie Grosser teilte auf einer Informationsveranstaltung mit, daß das Maison Verte zunehmend von Elternpaaren aufgesucht wird, die schon 10 bis zwanzig Jahre zusammen waren, ehe sie sich zu einem Kind entschlossen. Plötzlich werden sie mit einem Partner konfrontiert, wie sie ihn vorher nicht kannten. Und plötzlich spielt die jeweilige Kindheit des anderen in ihrer Beziehung eine ungeahnte Rolle. Die jahrelang erprobte Beziehungsstabilität wird erschüttert.

Das Kind leidet unter den Spannungen, die es ohnmächtig erlebt, beziehungsweise versucht auf seine Art darin einzugreifen. Dolto spricht von Kindern, deren häufiges nächtliches Aufwachen durch ihren Wunsch motiviert war, die Mutter zu trösten, deren Fragilität sie tagsüber wahrgenommen hatten. Sie weckten die Mutter also, um ihren Beistand auszudrücken, ihre Präsenz mitzuteilen. Wenn sie im Maison Verte dazu beglückwünscht werden, daß sie so aufmerksam sind, ihnen aber zugleich mitgeteilt wird, daß der größte Gefallen, den sie ihrer Mutter tun können, darin besteht, sie schlafen zu lassen, dann tun sie es. Sie werden aus der Rolle befreit, ihre Mutter trösten zu müssen.

Es gibt aber auch jene Kinder, deren nächtliches Aufwachen dadurch motiviert ist, daß sie den Platz des Partners bei der Mutter einnehmen möchten. Sie versuchen die körperliche Nähe der Mutter zu erhalten und den Vater zu vertreiben. Der Vater wird durch die Worte der Mitarbeiter präsent gehalten, und die unterschiedlichen Rollen, die die gleiche Person gegenüber ihrem Kind und gegenüber ihrem Mann innehat. 'Du möchtest Deinem Vater die Frau wegnehmen.' Für das Kind ist es die Mutter, für ihren Partner ist sie die Frau. Diese Worte werden an das Kind und an die Mutter gleichermaßen gerichtet: Dem Kind wird klar gemacht, daß es im Leben der Mutter noch einen anderen gibt, der Mutter wird diskret zu verstehen gegeben, daß sie nicht nur Mutter ist, daß sie das Recht hat, auch weiterhin die Frau ihres Mannes zu sein. Daß bei Dolto das Wort 'Recht', wenn es sich auf Erwachsene bezieht, fast synonym für 'Pflicht' gebraucht wird, ist schon erörtert worden.

Das Maison Verte versteht sich als ein Ort, an dem es Müttern ermöglicht wird, sich aus der völligen Zentriertheit auf ihr Kind zu befreien, und sei es dadurch, daß sie mit anderen Müttern ins Gespräch kommen und ihr Kind dann nicht mehr durch ihre ständige Aufmerksamkeit lähmen. Sie sind nicht mehr nur allein mit ihrem Kind und können sich entspannen, und damit auch die Beziehung zu ihrem Kind. Diese Entspannung der Mutter-Kind-Beziehung hat positive Wirkungen auf die Paarbeziehung der Eltern. Die Mutter ist nicht mehr völlig entnervt, wenn ihr Mann abends nach Hause kommt, sondern kann sich gelöst ihm zuwenden... Der Abstand, den das Maison Verte Mutter und Kind in ihrer Beziehung läßt, öffnet für den Dritten eine Bresche. Er, ihr Mann, der Vater des Kindes, darf wieder einen Platz im Leben seiner Frau einnehmen, und dient nicht nur dazu, ihr abends das Kind abzunehmen.

Die Mütter werden auch direkt aufgefordert, die Väter in die Erziehung einzubeziehen. Der berühmte Satz von Dolto, der sicher in Deutschland nicht ohne Protestrufe gesagt werden könnte: 'Nachts gehört meine Frau mir,' ist ein häufiger Ratschlag an übernächtigte Eltern. Dieser Satz muß natürlich vom Vater ausgesprochen werden. Er soll schon eine entscheidende, glückliche Wende im Leben vieler übernächtigter Eltern kleiner Kinder herbeigeführt haben. So erzählt Catherine Mathelin von den für sie erschreckenden Erfahrungen, die sie durch die Kontrolle mit Dolto in ihrer eigenen Arbeit gemacht hat:

> „Sie hatte systematische Tips, und am Schlimmsten ist, daß es funktioniert. Es stimmt, daß wenn Du zu einem kleinen 18 Monate alten Kind sagst: 'So, jetzt ist Schluß, nicht Du bestimmst zu Hause, Du gehst ins Bett, wenn es von Dir verlangt wird, Papa ist der Mann Deiner Mutter, nicht Du,' das funktioniert. ÑIch warf ein, daß es Familien gibt, in denen der Vater diesen Satz nicht sagen kann, weil er nicht zutreffend ist. Mathelin erwiderte darauf: „Dolto hätte

> gesagt, 'das ist egal, ob es zutrifft oder nicht zutrifft. Sie sagen diesen Satz, weil das Kind diese Struktur braucht, um sich entwickeln zu können. Der Rest, das ist Ihr Problem, damit müssen Sie klarkommen. Aber zu ihrem Kind müssen Sie das sagen."[37]

Das Aussprechen des Satzes verändert in der Tat auch die Position dessen, der ihn ausspricht. Auch wenn er ihn nicht glaubt oder wenn er nicht mit der Beziehungsrealität des Paares übereinstimmt, drückt er doch den Wunsch des Mannes aus, daß es so sein möge. Vielleicht zeigt ja dieser Wunsch auch Wirkungen bei den beiden anderen Betroffenen, bei dem Kind und bei seiner Frau. Dennoch ist die Aussage Mathelins über Dolto verblüffend, wird doch immer wieder die Wichtigkeit des authentischen Sprechens im Maison Verte betont. Offensichtlich scheint die beabsichtigte Wirkung doch gelegentlich Vorrang vor der Authentizität zu haben.

Dem Maison Verte geht es also darum, dem Kind von Geburt an eine Triangulierung zu ermöglichen. Die Voraussetzung dafür ist, daß das Kind nicht zum einzigen Liebesobjekt der Mutter wird, und in ihrer Zuneigung und Aufmerksamkeit an die Stelle des Vaters tritt. Die Arbeit des Maison Verte besteht darin, den Müttern eine allmähliche Loslösung von ihren Kindern zu erlauben, die, so wird es zumindest gewünscht, Folgen für die Paarbeziehung hat. Andererseits wird der Vater, wenn er nicht selber zugegen ist, im Sprechen präsent gehalten. Oft wird den Müttern geraten, so wie im oben zitierten Fall des 'Haarausreißerkindes', ihrem Mann zu sagen, was er dem Kind mitteilen soll. Die Mitarbeiter des Maison Verte versuchen den Vater einzubinden, daß auch er sich für die Belange des Kindes interessieren möge und in der dualen Beziehung zwischen Mutter und Kind einen Platz einnehmen möge. Oft geht es auch 'einfach' darum, dem Vater zu zeigen, daß auch er wichtig ist für sein Kind, daß er das Recht hat, sich für seine Belange zu interessieren und das Feld nicht nur seiner Frau überlassen darf.

Wenn der Vater de facto abwesend ist, es sich also um Kinder von alleinerziehenden Müttern handelt, gerade dann wird er thematisiert. Nicole und Claude Schauder berichten von einer Mutter, die von ihrem Kind sagt, daß es keinen Vater habe. Diese Aussage wird sofort dem Kind gegenüber richtig gestellt: „'Ah? Deine Mama sagt, daß Du keinen Vater hast. Sie will damit sicher sagen, daß Du ihn nicht kennst, daß er nicht mit Euch zusammenlebt. Aber wir haben alle einen Vater und eine Mutter, sonst wären wir nicht auf die Welt gekommen.'"(mv 30) In jedem Fall wird der Vater erwähnt. Seine Notwendigkeit für die Geburt aufgezeigt, um dem Kind das Phantasma einer parthenogenetischen Herkunft, einer alleinigen Zugehörigkeit zu seiner Mutter zu ersparen.

Das Präventionskonzept des Maison Verte besteht auch darin, den Folgen der Desymbolisierung der familiären Beziehungen zuvorzukommen. Das, was von den Schauders als 'symbolische Lepra' bezeichnet wurde, der Verlust an Orientierungen, an Traditionen, an einer generationsübergreifenden Übermittlung soll durch die Arbeit des Maison Verte aufgefangen werden. Im Sprechen wird der Generationsbezug wieder hergestellt, der real oder symbolisch abwesende Vater wird sprechend evoziert, dies, um die Möglichkeit der Triangulierung zu erlauben.

Doch schon allein durch das Sprechen der Mütter mit den Mitarbeitern wird der Körper zu etwas symbolischen, kann das, was die Kinder mit ihrem Körper in Form von Durchfällen, Erbrechen, Bauchschmerzen oder Mittelohrentzündungen sagen, in einen symbolischen Sinn überführt werden, in einen Sinn, der nicht innerhalb der Eigengesetzlichkeit des Körpers angesiedelt wird, wie in der Medizin, sondern in einer Beziehung. Die Doltosche Konstruktion, daß jede somatische Äußerung einer Beziehungssprache angehört, eine Aussage innerhalb einer Beziehung ist, diese Konstruktion wirkt auf das Kind. Seine Somatisierungen werden in eine Sinnkette eingebunden, die zwar mit ihm zu tun hat, ihn aber auch auf den anderen verweist. Wenn das Kind seiner Mutter etwas sagt, ist es schon nicht mehr mit ihr identisch. Jedes im Maison Verte gesprochene Wort, könnte man überspitzt formulieren, soll der fusionellen Verschmelzung von Mutter und Kind entgegenwirken. Das Sprechen stellt beide in einen Sinnzusammenhang, der sie betrifft, aber in dem sie nicht als eins aufgehen. Das Sprechen schafft eine Differenzierung. Beide, Mutter und Kind sehen einander verändert.

Doltos Subjektkonstruktion zielt darauf ab, dem Kind eine Eigenständigkeit zu garantieren, die Identifizierung mit der Mutter als Ganzes oder mit einem ihrer Teilobjekte zu verhindern. Auch im Maison Verte wird jedes Kind in seiner Eigentümlichkeit, seiner Differenzierung von der Mutter anerkannt, beziehungsweise wird diese durch das Sprechen hergestellt. Die Tatsache, daß man sich beim Empfang an das Kind wendet und es begrüßt und von seiner Mutter in der dritten Person spricht: 'Du bist mit Deiner Mutter gekommen, sie begleitet Dich heute hierher,' weist dem Kind den Status des Subjekts zu. Im Maison Verte ist es im Mittelpunkt, aber auf andere Art und Weise als in der Beziehung zur Mutter. Es ist ein Wesen der Sprache. Es wird anerkannt, mit ihm wird gesprochen. Wenn es im Sprechen der Mutter den Status des Objekts hat, über das gesprochen wird, so ist es eine Grundregel der Maisons Vertes, das von der Mutter Gesagte an das Kind weiterzugeben, es anzusprechen, es aufzufordern, seine Meinung zu dem Gesagten kund zu tun. Das Kind hat das Recht auf die Differenz, es darf das Gesagte der Mutter kommentieren, beurteilen, sich davon distanzieren. Das Kind geht nicht im Sprechen der Mutter auf.

„An der Ankunft im Maison Verte kann man schon die entscheidende Charak-

> teristik dieses Ortes erkennen: Wir wenden uns zuerst an das Kind, welches auch immer sein Alter sei. 'Wir sprechen zu seiner Person', sagte Françoise Dolto. Ihm wird die Empfangsperson sich vorstellen und es wird sie nach seinem Vornamen fragen. (Wenn es noch nicht sprechen kann, wird die Mutter für es antworten, aber sein Vorname wird auf die Tafel im Eingang geschrieben.) Wir zeigen ihm diese Inschrift, Spur seiner einzigartigen Präsenz und verschieden von allen anderen an diesem Ort... Schließlich zeigen wir ihm die Räume und erklären seine Bedeutung und die Regeln, die darin herrschen. Die ganze Zeit über, in der er da ist, wenden wir uns an es, und beteiligen es, wenn er nicht zu sehr mit etwas anderem beschäftigt ist, an dem Gespräch, das der für es verantwortliche Erwachsene (adulte tutélaire) mit uns führt. Es kommt auch vor, daß wir es holen, um es teilhaben zu lassen, an dem, was über es gesagt wird oder um es an dem Gespräch über den Sinn einer verfehlten Beziehung oder einer Schwierigkeit, die seine Mutter mit ihm hat, zu beteiligen."(mv 27, Nicole u. Claude Schauder)

Das Kind wird aus dem Gespräch, das über es geführt wird, nicht ausgeschlossen,. Im Gegenteil, es wird zum Adressaten einer Rede, dessen Objekt es gewesen ist. Im Maison Verte wird nicht über das Kind, sondern mit ihm gesprochen. Das ist die Hauptcharakteristik dieses Ortes. Es ist nicht Objekt eines Diskurses, sondern Subjekt.

Bernard This weist daraufhin, daß es im Grunde immer ein Sprechen zu dritt ist, schon allein das bedeutet eine Triangulierung. In der Regel sprechen nur die Mütter mit ihren Kindern, oder die Väter, aber es gibt selten ein Gespräch zu dritt. Im Maison Verte findet ein Sprechen von dreien statt.

> „Mit dem Kind sprechen heißt, über das zu sprechen, was es uns sagt oder was es uns zu verstehen gibt. Das bedeutet auch, weil die Eltern mit uns über ihr Kind sprechen, mit ihm die Worte seiner Eltern wieder aufzugreifen, dadurch wird sofort eine dritte Person eingeführt: 'Hörst Du, was Dein Papa (oder Deine Mama) mir gerade erzählt hat.' Da sind immer drei Personen, die sprechen, das ist schon eine Triangulierung. In der Grammatik, in den Konjugationen gibt es drei Personen. Es geht darum, diese permanente Triangulierung ins Spiel zu bringen, diese Beziehung von drei Personen zu erleben." (mv 17)

Oft ermöglicht dieser Dritte überhaupt, das etwas Wichtiges gesagt werden kann. Wenn die Affekte zu stark sind, das Leid zu groß war oder ist, dann brauchen die Eltern jemanden, der das erträgt, einen Zeugen, der nicht involviert ist, der nicht in dem gleichen Ausmaß von der Situation betroffen ist. Er erlaubt die für das Sprechen notwendige Distanz. Marie-Noelle Rebois, eine der Mitbegründerinnen des Maison Verte berichtet:

> „Ich habe verstanden, daß dieser Mittler, der wir manchmal zwischen Eltern und Kindern sind, notwendig ist, weil er nicht so mit Angst beladen ist. Seinem Kind etwas sehr schmerzhaftes mitzuteilen, ist oft zu sehr mit großer Angst beladen, oder mit einer großen Trauer, und dann können die Worte nicht ankommen. Es kommt oft vor, daß es besser ist, wenn das von jemandem gesagt wird, der ohne zu starke Affekte davon sprechen kann."(mv 18)

Der Dritte, der hier als Vermittler zwischen Eltern und Kind bezeichnet wird, ermöglicht das Sprechen. Er ist Garant einer Symbolisierung, die sonst in Tränen oder stummen Leid erstickt wäre und das Kind in seinen Entwicklungsmöglichkeiten beeinträchtigt hätte. Eine der wesentlichen Funktionen des Maison Verte ist es, die Symbolisierung zu ermöglichen.

Doch nicht jedes Sprechen der Eltern betrifft das Kind. Die Mitarbeiter haben die Erfahrung gemacht, daß sie anfangs davon ausgegangen sind, daß es genügt, über eine bestimmte Erfahrung zu sprechen, dem Kind etwas bestimmtes aus seiner Geschichte mitzuteilen, um eine Störung, ein Symptom zum Verschwinden zu bringen. Die Ideologie des 'dem Kind alles sagen' wird von ihnen selbstkritisch in Frage gestellt. Die Wahrheit des Kindes deckt sich nicht mit der seiner Eltern. Patrick Bouland sagt an Bernhard This gewandt [38]:

> „'Du sagst, daß man das Sprechen nicht vergöttlichen darf. Ich glaube in der Tat, daß man aufpassen muß, nicht alles, was die Eltern erzählen, oder was sich im Maison Verte abspielt, zu kommentieren. Manchmal führt das zu einer Art Ideologie, daß man dem Kind alles sagen kann, daß das Kind alles hören kann, und von dem Moment an, wo man ihm alles gesagt hat, versteht man nicht, warum es ihm nicht besser geht. Ich glaube, das liegt ganz einfach daran, daß man ihm nicht zugehört hat, dem, was es zu sagen hatte, und daß man seine eigenen Symptome da hineingelegt hat, seien es jetzt die der Eltern oder der Mitarbeiter.' - Laura Prémat: 'Das stimmt, ..sprechen heißt nicht, alles sagen, die Ohren und den Kopf der Kinder mit dem anzufüllen, was sie in der Tat nicht betrifft, oder noch einfacher, wonach sie gar nicht gefragt haben. Mit dem Kind sprechen, heißt ihm zuzuhören und eventuell antworten, wenn sich eine Frage stellt, es in seinem Begehren zu fragen unterstützen, auch wenn es keine Antwort gibt. Für mich hat sich das, seitdem ich im Maison Verte bin, sehr verändert.' - Michael Malandrin: 'Ja, weil dieses 'alles sagen', als es vor einigen Jahren von Françoise Dolto formuliert worden ist, war das ein Satz von durchschlagendem Erfolg, da war das revolutionär, aber wenn diese treffende Formulierung zu einer Losung wird und jeder anfängt, alles zu sagen, dann produziert das einen Brei, in dem sich niemand mehr erkennen kann. Das 'alles sagen' heißt doch nicht 'egal was' sagen... Das muß differenziert werden."(mv 17/18)

Die Losung von Dolto, daß das Sprechen der Eltern und das Sprechen mit den Kindern dieses befreie, hat sich bei undifferenzierter Anwendung als Irrtum herausgestellt. Dem Kind wird wieder kein eigener Platz zugestanden, sondern es wird nun durch Worte vermittelt in die Phantasmen und Ängste der Eltern eingebunden. Die Absicht verkehrt sich in das Gegenteil, das Kind wird nicht mehr nur von den Ängsten seiner Eltern überschwemmt, sondern auch von deren Worten, ist in dem Netz der Worte gefangen. Die angestrebte Differenzierung bleibt aus und das Kind bekommt nunmehr mit Worten die Last seiner Eltern aufgebürdet. Die verbale Traumabewältigung der Eltern entspricht nicht unbedingt den Vorstellungen, Wünschen und Bewältigungsformen der Kinder.[39]

Das Klima - Die Haltung der Mitarbeiter

Trotz dieses Risikos, daß die gesprochenen Worte dem Kind nicht nützen, bleibt das Aussprechen von belastenden Situationen, von den Fragen, die das Kind durch sein Verhalten stellt, die entscheidende Arbeitsweise der Maison-Verte-Mitarbeiter. Es sei noch hinzugefügt, daß es für kein Elternteil einen Zwang zum Sprechen gibt. Niemand muß mehr sagen, als er wünscht. Die Mitarbeiter gehen auch nicht auf jeden Neuangekommenen zu und fragen ihn. Ein Gespräch ergibt sich oder auch nicht. Es wird auch nicht jedes Elternteil, dessen Kind Probleme aufwirft, nach seiner Vorgeschichte oder nach seiner eigenen Kindheit befragt. Die Arbeitsweise ist sehr diskret. Die Mitarbeiter halten sich zur Verfügung, oder begrüßen einen schon bekannten Besucher nach dem Empfang des Kindes mit dem in Frankreich geläufigen Gruß: 'Ca va?'- 'Wie geht's?' Diese unverbindliche Frage läßt es dem so Gegrüßten offen, wie detailliert und weitgehend er sie beantworten möchte. Es gibt auch Benutzer, die die Beschäftigung ihres Kindes nutzen, um in Ruhe die Zeitung oder ein Buch zu lesen. Es gibt auch Freunde, die sich im 'Maison Verte' verabreden, um sich relativ ungestört, aber in der Nähe der Kinder zu unterhalten. Das Maison Verte wird auch von geschiedenen Elternteilen, bei denen das Kind nicht lebt, genutzt, um dort mit ihrem Kind zusammenzusein. Es gibt also auch Kontakte unter den Benutzern, an denen kein Mitarbeiter beteiligt ist. Sie sind da, wenn man sie anspricht, beziehungsweise, wenn sie nicht gerade mit jemand anderem in ein Gespräch vertieft sind, oder gerade mit einem Kind spielen, aber es gibt keinen Zwang zu einem Gespräch mit den Mitarbeitern.

Dieser lockere Rahmen erfordert von den Mitarbeitern ein Fingerspitzengefühl, eine Feinheit des Umgangs, eine Fähigkeit zur Diskretion, die Laura Premat mit folgenden Worten beschreibt: „Ich habe das einmal 'die ausreichend gute Distanz' genannt, das stimmt. Das heißt, wie schafft man das, da zu sein, verfügbar (disponible) zu sein, ohne aufdringlich (envahissant) zu sein, zuhören zu können, ohne zu vertraut zu sein, entdramatisieren zu können ohne zu banalisieren?."(mv 15) Patrick Bouland fügt hinzu, daß auch wenn der Besuch der Eltern durch eine große Sorge oder Angst motiviert ist, die Mitarbeiter dafür Sorge tragen müssen, daß sich das Kind wohl fühlt, daß es selbst im Maison Verte etwas anderes sucht, als seine Eltern, daß man es ihm ermöglicht, in Kontakt mit den anderen Kindern zu treten. Als notwendige Eigenschaften der Mitarbeiter gibt er eine „enorme Verfügbarkeit, eine enorme Anpassungsfähigkeit (plasticité)" an.(MV 15) Auch Denis Vasse spricht von der Diskretion, der Zurückhaltung und von der Leichtigkeit:

> „Die Leichtigkeit durchzieht unsere Arbeit, die sich auch nicht um die etabliertesten Widerstände kümmert, wie diejenigen des sozialen Milieus. Sie nimmt sie von der Flanke her auf und zeugt von einer Präsenz, die keine Angst hat und keine Angst einflößt... Wenn wir mit dem Kind in Kontakt treten, ohne uns auf eine soziale Hierarchie zu beziehen, ohne Bezugnahme auf eine pathologische Familiengeschichte, dann ergibt das, wenn man es nur wagt, eine diskrete Freiheit. Erhellt von der Psychoanalyse ist diese Freiheit, so glaube ich, eines der Geheimnisse dieser Art von Arbeit."(mv 48)

Diese 'Leichtigkeit' bezeichnet die Nonkonformität dieser Arbeit, die sich nicht-normativ versteht, in der nicht jeder Gesprächspartner über den Kamm der sozialen Anpassung geschoren wird. Jeder Benutzer wird erst einmal so empfangen und akzeptiert und respektiert, wie er ist.

Es besteht die Gefahr, daß man sich in Anbetracht der großen Absichten, die mit der Gründung des Hauses verbunden waren und sind, dieses als 'schwere' Institution vorstellt, die unter der Last des Vorhabens fast zusammenbricht und in der alle erwachsenen Benutzer unter dem Zwang stehen, nun endlich alles, was sie bisher verschwiegen und eventuell auch nicht gewußt haben, auszusprechen, um es ihren Kindern verfügbar zu machen. Das ist ein falscher Eindruck. Es versteht sich von selbst, daß die Zielsetzungen nicht in jedem Gespräch präsent sind. Die Mitarbeiter sind sehr präsent, aber ihre Absichten müssen hinter der alltäglichen Arbeit zurücktreten. Michael Malandrin hat die Aussage, daß eine analytische Arbeit Verbesserungen erzielt, positive Veränderungen des Analysanten, unter der Voraussetzung, daß es nicht ihre Absicht ist, auf das Präventionsverständnis des Maison Verte dahingehend abgewandelt, daß es um „eine Prävention geht, die Wirkungen zeigt, unter der Bedingung, daß man sie nicht um jeden Preis anstrebt."(mv 103)

Die accueillants arbeiten im 'Hier und Jetzt' sehr unterschiedlicher Situationen und müssen die Fähigkeit besitzen, sich immer wieder auf neue, andere Situationen und Gesprächspartner einzustellen. Last not least müssen sie die Fähigkeit besitzen, im Beisein ihrer Kollegen und mit ihnen zusammenzuarbeiten, eine Fähigkeit, die gerade von Analytikern sonst nirgendwo gefordert ist. Dazu ist ein Konsens nötig, dessen Inhalte schon erwähnt worden sind.[40] Dazu gehört auch, daß die Arbeit nicht normativ ist, es werden keine 'schlechten' Eltern ausgesondert. Schon Doltos Ursprungsmythos, daß jedes Kind seine Eltern gewählt habe, beinhaltet die Auffassung, daß Eltern qua Geburt des Kindes nicht nur zu Eltern werden, sondern die Fähigkeit haben, sie zu erziehen. Die Existenz des Maison Verte selbst zeigt, daß Dolto dennoch eine Notwendigkeit sieht, ihnen zu helfen, dieser Aufgabe gerecht zu werden. Die Haltung des Maison Verte ist nicht segregativ. Dolto hebt die Unterschiede zwischen der dort vorherrschenden Einstellung und den staatlichen Institutionen hervor:

> „Vor allem bei den sogenannten 'Sozialfällen' ist die Haltung der Verwaltung gegenüber den Eltern völlig anders. Die Sozialarbeiter erklären mit Bestimmtheit, diese Eltern hätten einen nachteiligen Einfluß, seien unfähig, ihre Kinder großzuziehen (was sie jedoch nie oder nur in Ausnahmefällen sind, denn schließlich haben sie das Kind ja in die Welt gesetzt). In dieser Situation nimmt sich der Staat der Kinder an, .. und durchtrennt die affektive Bindung zwischen Eltern und Kindern. Im Maison Verte zeigen wir den Eltern in sehr behutsamer Weise auf, zu welch besitzergreifenden, kastrierenden und frustrierenden Haltungen sie gegenüber ihren Kindern neigen, ohne daß wir sie verurteilen."(MLSK 67)

Dolto spricht hier von einem behutsamen Umgang mit den Eltern, der ihr selbst nicht immer nachgesagt wird. Wie immer dieser Umgang von den einzelnen Mitarbeitern auch gestaltet wird, und ganz sicher ist er von den persönlichen Eigenschaften eines jeden geprägt, jeder arbeitet schließlich mit seiner Persönlichkeit, so möchte ich ihn nach meinen eigenen Erfahrungen als solidarisch bezeichnen. Den Eltern wird eine solidarische Kritik zugemutet, sie ist nicht verletzend und trägt der Persönlichkeit des Elternteils, an das sie gerichtet wird, Rechnung. Eltern und Kinder werden nicht verurteilt, es wird ihnen auch nichts aufgezwungen, aber wer ins Maison Verte geht und sich auf ein Gespräch einläßt, der muß sich auch unter Umständen auf eine Infragestellung einlassen. Die Mitarbeiter verstehen sich nicht als Träger einer grenzenlosen Toleranz. Diese Mischung aus einer primären Haltung der Annahme eines jeden und der Aufforderung sich und sein Erziehungsverhalten in Frage zu stellen, läßt sich meines Erachtens mit dem Begriff der solidarischen Kritik am besten erfassen. Die Aussage einer Mutter mag diesen Abschnitt über das besondere Klima des Maisons Verte und die Haltung der Mitarbeiter abschließen. Christine Rohmann besuchte das Maison Verte, weil ihre Tochter mit acht, neun Monaten große Schlafstörungen hatte und sie und ihr Mann 'am Ende waren':

„Es ist wichtig, mit anderen Müttern zu sprechen, mit anderen Kindern, mit den accueillants. Eine Bresche hat sich geöffnet. Diese Öffnung zu den anderen hin ist für immer möglich geworden. Ich fühle mich jetzt viel besser mit den anderen, richtig wohl. Das hängt mit diesem Lernen im Maison Verte zusammen. In diesem Sinn ist das Maison Verte eine Lehre für die Demokratie, zusammengesetzt aus Reife, aus Bescheidenheit und aus Authentizität. Wir sind dort ein Stück Weges zusammengegangen, in Großzügigkeit und in Freiheit."(mv 87)

Leiter - Wasserbecken - roter Strich
Einrichtungsgegenstände und Regeln

Die von Dolto so oft erwähnte Haushaltsleiter, an deren Benutzung man erkennen kann, ob das Kind die für die Sphinkterbeherrschung neuro-physiologische Reife erlangt hat, fehlt in keinem Maison Verte. Dem Kind wird so die Möglichkeit gegeben, sich in der Beherrschung seiner Muskeln zu üben, auf lustvolle Weise seinen Körper, seine Motorik zu erproben. Wenn es die Leiter allein herauf und wieder heruntergehen kann, dann ist der Zeitpunkt gekommen, ihm einen Topf neben die Toilette der Erwachsenen und älteren Geschwister zu stellen. Entscheidend ist dabei allerdings, daß das Kind diese Leistung allein, ohne fremde Hilfe vollbringt.

„'Die Technologie der Leiter' aktualisiert das, was das Kleinkind gerne machen möchte, von dem er aber noch nicht weiß, wie. Es ist wichtig, daß es selbst durch eigene Anstrengung die Fähigkeit dazu erlangt. Aber das ist nur in einem positiven affektiven Kontext möglich. Es fühlt, daß es die Erlaubnis und die Ermutigung von jemandem hat, den es stark besetzt: 'Es wird Dir gelingen. Hör mir zu! So mußt Du das machen...' Es kann dann, wenn es den anderen Babys zusieht, wie sie hinauf- und hinunterklettern, feststellen, daß es genauso abläuft, wie der Erwachsene es ihm erklärt hat. Es nimmt den Zusammenhang zwischen den Gesten und den Worten wahr."(mv 16)

Im Maison Verte wird jedes Kind ermutigt, etwas zu tun, aber ihm wird nicht körperlich assistiert, geschweige denn an seiner Stelle gehandelt. Mit Worten wird ihm Mut gemacht, und es wird bei seinen Versuchen durch technische Ratschläge unterstützt.

Oberhalb der Leiter, an deren Spitze, befindet sich ein Podest, von dem aus sich das Kind im Spiegel erblicken kann. In keiner Publikation wird auf die Bedeutung dieses Spiegels eingegangen. Aber es gibt ihn. Und er befindet sich an dieser Stelle. Wenn das Kind mit seinem Kopf in Höhe der Erwachsenen angekommen ist, beziehungsweise den Erwachsenen, der ihm bei seiner

Eroberung verbalen Beistand geleistet hat, überragt, darf es sich im Spiegel erblicken. Vielleicht, damit ihm der Erwachsene dann sagen kann: 'Das bist nicht Du, das ist nur Dein Spiegelbild.' Und doch gibt es in Doltos Werk eine enge Verknüpfung zwischen der Beherrschung der Motorik, der analen Kastration und dem Spiegel: „Was dem Subjekt die motorische Integration seines eigenen Körpers erlaubt ist dieser narzißtische Moment, den sie psychoanalytische Erfahrung erlaubt hat, als Spiegelstadium zu isolieren."(UBK 132) Die motorische Beherrschung des Körpers korreliert im Doltoschen Verständnis mit dem Erkennen des eigenen Spiegelbildes. Beide Erfahrungen isolieren das Subjekt in der Tat auf je eigene Art, die eine vom körperlichen Beistand und der Körperpflege des Erwachsenen, die andere raubt die Illusion identisch mit dem anderen zu sein. Vielleicht ist diese in der Entwicklung zeitliche Kontingenz im Maison Verte in eine räumliche Kontingenz gebracht. Auf der Plattform, über den verantwortlichen Erwachsenen schwebend, isoliert in der schwindelnden Höhe des Allein-Machens, was auch ein Alleinsein bedeutet, sieht sich das Kind im Spiegel und erkennt die Differenz seines Spiegelbildes zu denen der anderen.

Ein Topf steht neben dem Wasserklosett in der Toilette der Erwachsenen. Der Wickeltisch befindet sich in deren Nähe in einer abgeschirmten Ecke. Für Dolto gelten die in unserem Kulturkreis üblichen Diskretionsgewohnheiten für die Körperentleerung auch schon für kleine Kinder, darum darf der Topf nicht in den Gemeinschaftsräumen aufgestellt werden und darum findet das Wickeln der Säuglinge nicht unter den Blicken der anderen Benutzer statt. Die reale Entblößung des Körpers des Kindes in der Öffentlichkeit sieht Dolto als einen Akt der Demütigung an, als eine Entblößung im metaphorischen Sinne. Diese Einrichtung ist also Ausdruck einerseits von dem Respekt, der dem Kind entgegengebracht wird, andererseits von der Gleichstellung von Erwachsenen und Kindern hinsichtlich kultureller Schamgrenzen.

Zu der Einrichtung gehören eine große Wandtafel, an der die Kinder malen können, ein Tisch mit Filzstiften, Buntstiften, Papier und Knete. Diverses Spielzeug für Kinder dieser Altersstufe befindet sich in den Regalen und in Körben auf dem Fußboden. Hier ein kurzes Beispiel dafür, daß es auch von den accueillants benutzt wird:

> „Benjamin wußte nicht, was es heißt, Hunger zu haben. Zu festgesetzten Zeiten wurde er gefüttert, er hat sich mittels kleiner Spielchen, Tricks und manchmal auch Drohungen füttern lassen. Während der Mahlzeiten wurde er traurig und wirkte abwesend. Er guckte woanders hin und verschloß hartnäckig seinen Mund. Niemals bis zum Alter von zwei Jahren hat er, sei es mit den Händen, sei es mit einem Löffel die Nahrung genommen, die in seinem Teller vor

> ihm stand. Mutlos und verzweifelt habe ich F.Dolto gefragt, wie ich meine Fehler wiedergutmachen könnte. Sie hat mir nicht geantwortet. Sie hat sich ihm zugewendet und gesagt: 'Benjamin, Du hast vollkommen recht, nur zu essen, wenn Du Lust dazu hast. Nur Du allein kannst wissen, wann Du Hunger hast.' Sie hat mit ihm mit dem Puppengeschirr gespielt. Benjamin, zur Flucht bereit, hat sie angesehen, als ob er sich fragen würde, ob er es diesmal einen Verbündeten hätte oder einen weiteren Feind. Sie hat mir und sich im Spiel Tee in einer Kanne angeboten und festgestellt, daß er für sich nichts genommen habe. Er hat sich eine Tasse geholt und wir haben alle drei angestoßen. Als wir wieder zu Hause waren, hat er sich auf seinen Vater gestürzt: 'Papa, gesagt, nicht essen.'"(mv 73)

Das Ganze endete damit, daß er wirklich nichts zu essen brauchte, mit leerem Magen ins Bett gegangen ist, sich nachts mehrfach übergeben hat, er tagelang seine Kuscheltiere zum Essen zwingen wollte und dabei die Worte wiederholt hat, die er oft von den Erwachsenen gehört hatte, bis er eines abends, nachdem die Eltern ihm wieder die Erlaubnis erteilt hatten, in seinem Zimmer zu spielen, statt am gemeinsamen Essen teilzunehmen, von dort zurückkam und sagte: 'Will essen.' Auch das Spielen kann kathartische Wirkung entfalten. Im Maison Verte wird nicht nur gesprochen, auch gespielt. Gelegentlich sitzt auch ein Mitarbeiter am Kindertisch und malt mit einem Kind. Wie schon erwähnt, gibt es die diversen Fahrzeuge. Im Eingangsraum steht ein großes, grünes Spielhaus aus Holz, in dem sich die Kinder verstecken können und aus dessen Fenster heraus sie die Umstehenden und Umsitzenden begrüßen können. Die ganzen Einrichtungsgegenstände befinden sich in einem ca. 50m^2 großen Hauptraum und einem ca. 15m2 großen Eingangsraum. Bei gutem Wetter wird im Hauptraum eine Tür zu einem winzigen Garten mit Plastikrasen geöffnet und eine Rutsche aufgestellt. Vor dem Eingang gibt es einen abgeteilten geschützten Bereich, in dem die Kinderwagen abgestellt werden. Dieses ist der bescheidene Rahmen in der rue Meilhac, in einem Neubaugebiet im 15.Arrondissement von Paris, in welchem das Experiment einer neuartigen Prävention erprobt wird.

Das Wasserbecken mit Fläschchen, Tassen, Kannen, Schiffchen und Puppen ist elementarer Bestandteil jedes Maison Verte. Es erlaubt das Füllen und Leeren von diversen Behältern, was, so wird gesagt, nicht ohne Bezug auf die 'Sauberkeitserziehung' ist. Das Becken selbst kann geleert und gefüllt werden, die Puppe gebadet, man kann ihr ein Fläschchen geben, oder dem anderen Kind, das gerade neben einem steht - wenn es damit einverstanden ist. Diese Spiele mit dem Wasser ermöglichen die allmähliche Beherrschung der Urinierfunktion. Es darf auch getrunken werden, das Kind entscheidet, wann und wie es sich 'füllt'. Die Spiele mit den Puppen ermöglichen die aktive Ausübung der 'maternage', des Bemutterns. Das Kind führt die Tätigkeiten aktiv aus, die es sonst selbst erlebt, oder die es im Umgang seiner Mutter mit jüngeren Geschwistern beobachtet. Das Wasser ist auch das Element der primären Sicherheit in utero. Der Kontakt mit ihm beruhigt. Auch Müttern von leicht erregbaren und aggressiven Kindern hatte Dolto in den Erziehungsberatungssendungen immer wieder nahegelegt, den Kindern ein Bad zur Entspannung einlaufen zu lassen. Mit Wasser zu spielen macht auch einfach Spaß. Es gilt dabei allerdings zwei Regeln zu beachten. Die Wasserecke ist auch durch die das Becken umgebenden Kacheln abgetrennt vom Rest des Raumes. Die Wasserspiele dürfen sich nicht auf den ganzen Raum ausdehnen, sondern finden in dem dafür bestimmten Bereich statt. Die zweite Regel ist die Pflicht zur Benutzung der Plastikschürzen. 'Wer am Wasserbecken spielt, muß eine Schürze anziehen, um sich nicht naßzumachen.' Die Begründung für die Regel ist eher nebensächlich, sie hat wie die anderen auf die Kinder bezogenen Regeln die Funktion, eine Arbeit mit und am Verbot zu ermöglichen. Claude Schauder berichtet von seiner Auseinandersetzung mit Florence (22 Monate):

> „In unzähligen Fällen lösen diese Verbote spannende Diskussionen aus, wo, in einer für das kleine Kind ganz neuen Art, sich von Angesicht zu Angesicht auseinanderzusetzen, Beziehungen entstehen, die seinen Eintritt in eine 'größere Welt' markieren. So hat ein sehr ernsthafter Zusammenstoß uns, Florence und mich, gegen Ende eines Nachmittags zusammengeführt. Mein Mangel an Vorstellungsvermögen und meine engstirnige Geisteshaltung eines Erwachsenen hatten in der Tat ihr so lustvolles Projekt beenden wollen, daß darin bestand, das schon völlig gefüllte Wasserbecken mit den umliegenden Handtüchern zu füllen, die doch eher dazu da sind, die Kinder abzutrocknen.. Sicher war mir der wahre Jubel nicht entgangen, den das allmähliche Eintauchen und das plötzliche Untergehen der Wäschestücke bei meiner Gesprächspartnerin auslösten. Da unser Vorrat an Handtüchern dem Ende nahte, mußte ich diesem aufregenden Wasserspiel allerdings ein Ende setzen, was nicht wirklich dem Geschmack der kleinen Person entsprach. Meine Erklärungen und auch die der Mutter bewirkten nichts und Florence verließ uns genäßt - von Tränen. Obwohl ich von der Notwendigkeit meines Aktes überzeugt war, war ich doch um so unzufriedener. Wem macht es schon Spaß, die Rolle des Spielverderbers zu übernehmen. Ich war ärgerlich, daß ich jemanden so verärgert hatte und hatte Befürchtungen wegen meiner Beziehung zu Florence. Es dauerte jedoch nicht lange, da begriff ich, daß eine neue Beziehung zwischen uns entstanden war. Und was für eine! In der darauffolgenden Woche war die Tür kaum geöffnet, da stürzte eine kleine Mademoiselle auf mich zu, lachend, erhobenen Hauptes, um mir geradewegs in die Augen zu sehen und sagte: 'Guten Tag,

Herr Nein, Nein, Nein.' Die ganze Woche lang hatte Florence voller Überzeugung ihrer Mutter gegenüber diese Worte wiederholt. Ich war für sie 'Herr Nein' geworden und diese wenigen Worte bezeichneten etwas Wesentliches für.. uns beide. Wir hatten einander anerkannt. Eine Beziehung war geboren."(mv 31)

Die 'Schürzenregel' und die zweite Regel, die, daß man mit den Fahrzeugen nicht über die rote Linie fahren darf, die rote Linie trennt nämlich den Liege- und Krabbelbereich vom Eingangs- und Fahrzeugbereich, haben aber nicht wesentlich die Funktion, daß die Mitarbeiter sich im 'Nein-Sagen' üben, sondern die Eltern. In Deutschland ist es im Moment im pädagogischen Diskurs Mode, von der Notwendigkeit der Fähigkeit 'Nein zu Sagen' für Kinder allgemein und für Mädchen insbesondere zu sprechen. Die Mitarbeiter der Maisons Vertes orten diese Schwierigkeit, wenn nicht Unfähigkeit eher bei den Eltern. Es ist dort üblich, wenn die Regeln dem Kind einmal erklärt worden sind und es sie immer wieder überschreitet, die Eltern aufzufordern, ihrem Kind die Regel noch einmal zu verdeutlichen.

„Was das Funktionieren unseres Dispositivs, unseres Rahmens angeht, gibt es für die Kinder die zwei Regeln, die Schürzenregel und die Regel der roten Linie mit der Perspektive, die Fragen, die sich daran knüpfen zu unterstützen. Es geht darum, für die Eltern, da zu sein, die ihre Kinder dabei unterstützen müssen, eine Regel anzunehmen, und sich nicht wie ein Erzieher zu verhalten, der das Überfahren der Linie verbietet. Es ist vollkommen verschieden, ob man zu einem zweijährigen Kind sagt: 'Nein, Du darfst diese Linie nicht überfahren,' oder ob man zu der Mutter geht und zu ihr sagt: 'Erinnern Sie ihn daran, daß er nicht darüber fahren darf' und die Fragen zu unterstützen, die sich daraus ergeben, wenn es sich herausstellt, daß eine Mutter das nicht kann, oder wenn das Kind die Art und Weise, in der es gesagt wird, nicht verstehen kann, oder wenn eine Mutter sofort sehr autoritär wird... Das, was sich daraus ergibt, ist interessant, nicht das Verbot an sich."(Marie-Hélène Malandrin, Interview)

Die Regeln sind nicht Selbstzweck oder entsprechen einer rationalen Notwendigkeit - das tun sie auch, aber diese ist zweitrangig - sondern Mittel zum Zweck. Ein Zweck besteht darin, Kindern und Eltern mit der Notwendigkeit von Regeln und der damit einhergehenden Begrenzung der eigenen Freiheit vertraut zu machen, und den Eltern bei der Vermittlung dieser Notwendigkeit zu helfen.

„Einigen Eltern geben die im Maisonnée gültigen Regeln die Gelegenheit, sich in der mühsamen Aufgabe, die in der Frustration ihres Kindes besteht, zu üben.

> Ernstlich leidend, daß sie intervenieren müssen, um ihr 'Nein' zu zeigen, manchmal, weil sie dabei ihre eigene Gewalt oder ihre Ambivalenz befürchten und aus Angst zu handeln, weil sie dann befürchten würden, daß ihre Phantasien Wirklichkeit werden, benutzen sie dieses Angebot des Maisonnée und seinen herzlichen Gruppenkontext um ihre Stimme erklingen zu lassen. Sie 'üben' ihre neue Elternfunktion und probieren ihre neue Rolle, des 'Bösen, der nein sagt', aus. Auf verschiedene Arten können die Eltern so ihre eigene Beziehung zur Frustration, zum Verbot, zum Gesetz ausdrücken. Wenn man sich an die Verbindung erinnert, die zwischen der Frustration und dem Inzestverbot besteht, dann kann man auch diesen kleinen 'Haustyrannen' zu Hilfe kommen, denen es, da sie zu Hause auf eine mehr oder weniger passive Komplizenschaft rechnen können, gelingt, ein Terrorsystem zu errichten, dessen erste Opfer gerade ihre Komplizen sind."(mv 32)

Claude und Nicole Schauder berichten von dem Fall des drei Jahre alten Alexis, dem sie damit gedroht haben, daß er das Maisonnée verlassen muß, wenn er eine bestimmte Regel nicht einhält. 'Non, Alexis, c'est non. C'est pas oui. Wenn Du das nicht akzeptieren kannst, kannst Du nicht mehr ins Maison Verte spielen kommen und ich werde Deine Eltern bitten, Dich mit nach Hause zu nehmen.' Alexis wirft ihm einen giftigen Blick zu und verzieht sich in die entgegengesetzte Ecke des Raumes. Die Eltern, die die Auseinandersetzung verfolgt haben, erzählen, daß er auch zu Hause nicht hört, daß es seit einiger Zeit höllisch mit ihm ist. Die Verbindung zwischen Inzestverbot und Frustration erweist sich als zutreffend:

> Die Frage, seit wann, kann der Vater genauestens beantworten, seit seiner Rückkehr von einem mehrwöchigen Auslandsaufenthalt. Alexis hatte in der Zwischenzeit seinen Platz im elterlichen Ehebett eingenommen und wollte ihn nicht wieder räumen. „Monsieur hätte die Tendenz böse zu werden, Madame ist für eine allmähliche Umgewöhnung ihres kleinen Ersatzmannes. 'Nimm doch mal seinen Platz ein,' sagt sie zu ihrem Mann. Das ist keine schlechte Idee und mehr verlangt der Mann auch nicht. Diese Übereinstimmung des Paares läßt positiv in die Zukunft blicken. Nun muß nur noch Alexis der Sinn erklärt werden, daß es sich dabei um ein universelles Gesetz handelt, dem sein Vater, seine Großväter und alle männlichen Vorfahren vor ihm gleichermaßen unterworfen waren."(mv 32)

Die banalen Regeln des Maison Verte haben also eine sehr weitgehende Bedeutung, handelt es sich doch auch darum, mit ihrer Hilfe das Inzesttabu ins Spiel zu bringen. Schauder bezeichnet die Regeln, die des Maison Verte wie die an anderen Orten geltenden als 'soziale Metaphorisierungen des

Inzestverbotes'. Sozialisierung bedeutet, daß das Kind die den verschiedenen sozialen Orten eigentümlichen Regeln anerkennt und auf die Ausübung seiner Allmacht verzichtet, die Frustration der Beschränkung seiner Handlungsfreiheit akzeptiert.

Dolto hat bemerkt, daß oft die Mütter damit Schwierigkeiten haben, die Notwendigkeit der Regeln und die Einschränkung ihrer Kinder einzusehen. „Mit den Müttern ist es manchmal schwieriger. Sie verstehen nicht, warum es diese Linie gibt, warum sind es denn nicht zehn Zentimeter mehr? Sie verstehen absolut nicht, daß diese Linie wichtig ist, damit die Kinder sich sozialisieren.“(mv 80) Nicole und Claude Schauder geben ein Beispiel für die Arbeit mit einem Kind und seiner Mutter, die den Trotz ihres Sohnes, der sich weigert, die Plastikschürze anzuziehen, offensichtlich genießt. Patrick, der nicht spricht, aggressiv ist und nie zu hören scheint, will am Wasserbecken spielen, ohne die Schürze anzuziehen. Er versucht es immer wieder von neuem, und jedes Mal wird es ihm verboten.

> „'Er ist starrköpfig, mein Patrick,' sagt die Mutter plötzlich und ihr Lachen läßt keinen Zweifel aufkommen, sie ist sichtlich stolz auf ihn. 'Es wird Ihnen nicht gelingen, ihn zum Nachgeben zu bringen. Schließlich ist er mein Sohn!' Für sie handelt es sich um einen Machtkampf, aus dem Patrick als Sieger hervorgehen muß. Ihre eigenen Affekte haben sicher an seinem 'passiven Widerstand' ihren Anteil und sicher hat sie auch Gründe, um ihren Sohn, der mit ihr identifiziert ist, dazu zu ermutigen, sich aus dem Gesetz aller auszuschließen. Sie scheint unsere Erklärungen nicht hören zu wollen und wir fordern Patrick auf, sich zu uns zu gesellen und erklären ihm, daß wir verstanden haben, daß er seine Mutter nicht enttäuschen will, die ihm nicht mitgeteilt hat, daß er gehorchen müsse. Sie hört ja auch nicht auf jeden und zeigt, daß sie stark ist! Patrick hat aber immer noch große Lust mit dem Wasser zu spielen und hat Mühe, der Versuchung zu widerstehen. Er fängt leise an zu weinen. Die Mutter realisiert vielleicht plötzlich, in welche Situation sie ihn gebracht hat: Eingeklemmt zwischen ihrem Begehren (daß er nicht nachgibt) und seinem Begehren (mit dem Wasser zu spielen) und dem Verbot, das für alle im Maisonnée Gültigkeit hat, kann er dieses nicht übertreten, ohne sich außerhalb der sozialen Gruppe zu stellen. Bewegt gibt sie ihm die Erlaubnis, eine Schürze anzuziehen. Patrick zieht beglückt ab, um sich eine zu holen.“(mv 32)

Dieses Beispiel zeigt, wie reichhaltig und vielfältig die Arbeit an und mit der Regel ist. Die Motivationen beider, der Mutter, wie die des Kindes wurden von den accueillants angesprochen und haben das Verlassen einer starren Opposition ermöglicht.

Die Regeln des Maison Verte gelten als Paradigmen anderer Regeln, die das

Kind in seinem Leben antrifft und die von denen, die zu Hause gelten, unter Umständen verschieden sind. Auch in diesem Sinne will das Maison Verte den Krippen- oder Kindergarteneintritt vorbereiten. Im Maison Verte kann sich das Kind im Beisein seiner Eltern mit den Regeln eines anderen Ortes vertraut machen und bekommt Hilfestellung, wie im obigen Fall, wenn die Opposition und Nichtanerkennung sozialer Regeln zum häuslichen Regelwerk gehören. Auch hier versteht sich das Maison Verte als Übergangsort (lieu intermédiaire) zwischen der Familie und anderen, gesellschaftlichen Orten. Im Beisein der Eltern werden dem Kind die Bedeutung von Regeln erklärt und es erhält, wenn alles gut geht, ihre Erlaubnis, sich ihnen zu unterwerfen.

> Diese Arbeit „erlaubt, daß die Eltern auch gegenüber ihrem Kind unterstützen, daß es Regeln gibt, die in der Familie Gültigkeit haben, daß sich sozialisieren aber bedeutet, von den familiären Regeln zu den Regeln überzugehen, die Gesetzeskraft haben für alle Menschen einer Gemeinschaft. In diesem Bereich machen wir eine Arbeit der Prävention für das Kind vor seinem Eintritt in den Kindergarten. Dann muß es diesen nicht in einer Zerreißprobe erleben, zwischen der Sicherheit, die es zu Hause hatte, den ihm bekannten Regeln und plötzlich den Forderungen dieses Mannes oder dieser anderen Frau, die etwas von ihm verlangen, aber nicht seine Eltern sind. Plötzlich befindet es sich allein im Kindergarten und muß Befehle, Anforderungen, Wünsche anderer Personen akzeptieren. Viele Kinder, die Schwierigkeiten haben, können diesen Übergang nicht verkraften. Dann wird der Kindergarten entweder zu einem Über-Ichhaften Monster oder zu einer Welt, in der sie vollkommen verloren sind, die für sie jeden Sinn entbehrt. Sie erleben den Eintritt in diese neue Welt in einer solchen Angst, daß sie nichts begreifen können oder aber ihre Art der Kontaktaufnahme wird die Opposition, sie gelten dann als verhaltensgestört. Dabei ist es nur ihre Art des Selbstschutzes gegenüber einer Welt, deren Sinn sie nicht begreifen. Wenn es aber diesen Übergang gegeben hat, diesen Ort, der vermittelt, das heißt die accueillants, die die Eltern und ein Kind dabei unterstützen zu begreifen, daß sie anderen Regeln begegnen werden, und wenn die Eltern damit einverstanden sind und ihrem Kind die Erlaubnis geben, diese Tatsache zu akzeptieren, dann wird das Kind mit einer Erzieherin, wie schlecht sie auch immer sei, was durchaus manchmal vorkommt, ganz anders klarkommen. Es hat dann eine ganz andere innere Autonomie."(Marie-Hélène Malandrin, Interview)

Die soziale Anpassungsfähigkeit des Kindes wird gefördert, seine Fähigkeit, mit unterschiedlichen Normensystemen zu leben und umzugehen. Das ist die Voraussetzung für die Aneignung der Kulturtechniken, deren Übermittlung in einem relativ starren Rahmen stattfindet, der Schule. Das Maison Verte begreift sich als Ort, an dem sozialen Anpassungsschwierigkeiten vorgebeugt wird, die in der Regel den Namen 'Verhaltensstörung' oder 'Lernbehinderung' erhalten und den betreffenden Kindern einen normalen Schuldurchlauf unmöglich machen, obwohl sie durchschnittlich intelligent sind. Ihre Unfähigkeit, sich den Regeln zu unterwerfen oder ihre Orientierungslosigkeit wird zum Auslöser ihres Schulversagens. Das ist ein sehr weitgehender Anspruch des Maison Verte, der sich an die Arbeit mit zwei banalen Regeln knüpft: die Schürzenregel und das Verbot, die rote Linie zu überfahren. In dem Umfeld dieser Regeln siedelt sich auch das Sozialisationsverständnis an, das von den Schauders in wenigen Worten formuliert das Doltosche Erziehungskonzept kondensiert:

> „Das Maisonnée gibt sich also als ein Ort des Übergangs zwischen der Familie mit ihren eigenen Grenzen und dem 'Sozialen' mit seinen spezifischen Regeln. Unmerklich realisiert sich für die ganz Kleinen der Übergang zwischen dem Inzestverbot und seinen sozialen Metaphorisierungen. Man versteht so, wie das Ziel der Sozialisierung und der Prävention sich in eine Praxis des Sprechens einschreiben kann, die dem Handeln Grenzen übermittelt, nicht aber dem Begehren und seinem Sagen, und wie das Kind, indem es das Nicht-Handeln auf sich nimmt, seinen Körper beherrscht und das Subjekt befreit."(mv 33)

Die Gleichsetzung von Sozialisierung und Prävention sollte hier festgehalten werden. Prävention heißt Erziehungsarbeit, heißt das kleine Kind auf seinem Wege der Menschwerdung zu begleiten. Mensch sein heißt bei Dolto die Einschränkung der Triebe in seinem Handeln, nicht in seinen Wünschen auf sich zu nehmen. Das Mittel, mit dem dieses Ziel erreicht wird, ist das Sprechen, in Bezug auf die Regeln das Aussprechen des Verbots.

Um nicht den falschen Eindruck zu erwecken, daß die équipes der Maisons Vertes sich um eine Anpassung um jeden Preis bemühen, und um zu zeigen, daß derjenige, der mit und am Verbot arbeitet, auch um den Wunsch und die realisierten Versuche der Transgression weiß, soll zum Abschluß Annie Grosser zitiert werden: „Man kann doch auch mit einem unerhörten Glücksgefühl der Übertretung über die Linie fahren und feststellen, daß die Welt nicht zusammenbricht."(mv 21)

Zusammenfassung

1. Accueillir, (d.h. empfangen, annehmen) entdramatisieren, relativieren, übersetzen, d.h. das Aussprechen des Ungesagten sind die primären Tätigkeiten der Mitarbeiter. Störungen, unverständliche somatische oder Verhaltensäußerungen der Kinder werden in Fragen an seine Bezugspersonen übersetzt. Mögliche Beweggründe für das Verhalten von Eltern und Kindern wer-

den ausgesprochen.

2. Abbau von Schuldgefühlen und Minderung von Ängsten in den Beziehungen zwischen Eltern und Kindern sind die herausragenden Ziele der Arbeit in den Maisons Vertes. Schuldgefühle und Ängste blockieren, führen zu rigiden Abwehrformen. Diese Abwehr soll aufgeweicht werden, Situationen und Mißverständnisse sollen 'deblockiert' werden.

3. Die Vor- und Nachbereitung von Trennungen ist ein wesentlicher Bestandteil der Arbeit. Ablösungsprozesse werden ermöglicht und begleitet, um allen Betroffenen die Erfahrung einer existenziellen Unsicherheit zu ersparen. Wenn diese Erfahrung schon stattgefunden hat, dann wird sie durch das Aussprechen der schmerzhaften Erfahrungen und der damit verbundenen Ängste und Schuldgefühle durchgearbeitet.

4. Die Maisons Vertes sind Orte für die Bearbeitung familiärer Krisen, die durch die Geburt eines Kindes sowohl bei den Eltern, als auch bei den älteren Geschwistern ausgelöst werden können.

5.Die Risiken, die der Gemeinschaft mit anderen Kindern inhärent sind, werden im Beisein der Sicherheit spendenden Eltern erprobt. Konflikte, die zu diesem Gemeinschaftsleben gehören, aber den sich in ihren Kindern spiegelnden Narzißmus der Eltern bedrohen, werden für diese annehmbar gemacht. Es wird versucht, festgelegte soziale Rollen innerhalb von Kindergruppen aufzuweichen, indem über die Motive für die Fixierung auf diese Rollen gesprochen wird.

6. Das Erziehungsverhalten der Eltern wird mehr oder weniger behutsam hinterfragt, ihnen wird bei der Ausübung der durch die Elternschaft entstandenen Aufgaben beigestanden. Wesentlich ist dabei der Platz, den sie sich selbst, ihrem Partner und ihren Kindern in den interfamiliären Beziehungen geben.

7. Das Maison Verte fördert die Dezentrierung der Mütter von ihren Kindern erst einmal durch die Bereitstellung eines Rahmens für soziale Kontakte mit anderen Erwachsenen, dann durch ein Gesprächsangebot für die bei der Autonomisierung der Kinder entstehenden Ängste.

8. Liebe allgemein ist besitzergreifend, Mutterliebe innerhalb der Kleinfamilie im besonderen. Liebe beinhaltet Affekte, die der Unabhängigkeit eines Kindes zuwiderlaufen, die es in einer Beziehungskonstellation fixieren. Die Arbeit der Mitarbeiter besteht darin, als Dritte die Exzessivität von Affekten zu neutralisieren und das Fortschreiten der Entwicklung des Kindes zu ermöglichen. Die Mitarbeiter sind nicht in affektgeladene familiäre Konflikte involviert. Sie können als Nicht-Betroffene auch den Beteiligten die Distanzierung ermöglichen.

9. Oberstes Ziel der Maison Vertes ist die Unterstützung der Autonomisierungsprozesse der Kinder. Sowohl Gleichgültigkeit als auch übertriebene

Ängste, die zur Überbehütung führen, beeinträchtigen die Entwicklungsmöglichkeiten der Kinder. Beiden Tendenzen wird durch die Interventionen des Maison Verte begegnet. Interfamiliären Beziehungen, in denen das Kind als Objekt angesehen wird, wird eine von Subjekt zu Subjekt gehende Intersubjektivität entgegengesetzt. Das Kind ist der Ansprechpartner der Mitarbeiter.

10. Voraussetzung von Autonomie ist die Triangulierung, das Überwinden einer dualen Beziehung zum andern. Die Mitarbeiter fördern die Triangulierung durch die direkte oder symbolische Bezugnahme auf den Vater des Kindes.

11. Die Integration von Verboten, von sozialen Regeln wird exemplarisch an den Regeln des Maison Verte erprobt. Der Zusammenhang vom Inzestverbot und seinen 'sozialen Metaphorisierungen' in Form von untersagenden Regeln ist präsent. Das Verbot bezieht sich auf die Handlung, nicht aber auf ihre Vorstellung und ihre Symbolisierung im Sprechen.

12. Der Rahmen selbst bestimmt die in ihm ablaufenden Interaktionen, die Struktur selbst, die nicht kontrollierend und nicht segregativ, sondern annehmend ist, sorgt für den Abbau von Schuldgefühlen und Ängsten.

13. Die Haltung der Mitarbeiter - die Fähigkeit zu Distanz und zu Betroffenheit - zu Disponibilität ohne Vereinnahmung - die Offenheit, die nicht orientierungslos ist - die Fähigkeit auf dekonstruierte Weise professionell, d.h. unprofessionell zu sein, ermöglicht die besondere Art der Arbeit im Maison Verte. Das Kind ist nicht Mittel zum Zweck, es ist nicht Objekt, es ist Subjekt.

14. Das Präventionsverständnis bezieht sich im wesentlichen auf die Verhinderung der Folgen nicht oder nur unzureichend stattgefundener Autonomisierungsprozesse. Das Erlangen von Autonomie hängt ab von der Einschreibung des Subjektes im Symbolischen. Der Aufbau einer tragfähigen symbolischen Struktur, das Einschreiben des Kindes in einen Sinnzusammenhang, in ein symbolisches Netz, das außerhalb seiner selbst ist, das Sprechen, ist sowohl das Ziel als auch die Methode der Arbeit in den Maisons Vertes.

Zusammenfassung: Das Doltosche Präventionskonzept

Doltos Präventionsverständnis bezieht sich wesentlich auf die ersten vier Lebensjahre. In dieser Zeit ist es noch möglich, die Chronifizierung von Störungen zu verhindern. Die erzieherische oder therapeutische Begleitung des Kindes in den Krisen, die es in seinen ersten Lebensjahren durchlebt, erlaubt es ihm, diese zu überwinden und nicht in Regressionen Zuflucht zu vorher gekannten Zuständen von Sicherheit zu suchen. Die Anerkennung der Schwierigkeiten, die das Kind durch seine Symptome ausdrückt, das Aussprechen von Verlusterfahrungen, erlaubt das symbolische, nicht das agierte Anknüpfen an Zustände von Sicherheit, die es vor dem Verlust gekannt hat. Im Zentrum des Doltoschen Präventionsverständnis stehen Trennungs- und Verlusterfahrungen, die das Kind passiv erlitten hat, und die ihm in unterschiedlichem Ausmaß seine Orientierung genommen haben. Die Nacharbeitung oder wenn möglich, die Vorbereitung von Trennungen, von grundlegenden Veränderungen in seinem Leben sind der Kernpunkt der Prävention. Die Veränderungen, um die es geht, können auch erst einmal nur seine primäre Bezugsperson betreffen. Da das Kind eng mit ihr verbunden ist, betreffen sie auch es selbst. Eine Mutter, die ein weiteres Kind bekommt, ist nicht mehr dieselbe für es, wie vor der Geburt des zweiten Kindes. Eine Mutter, die enttäuscht über die Krankheit oder Behinderung des neugeborenen Kindes ist, gibt ihm nicht mehr die gleiche Sicherheit wie die, die es in Utero gekannt hat. Das Wiederherstellen von Sicherheit, der Abbau von Angst und Schuldgefühlen, sind wesentliche Ziele Doltoscher Prävention. Es geht darum, Bedingungen herzustellen, in denen das Kind das Vertrauen in die eigenen Möglichkeiten nicht verliert, beziehungsweise dieses zurückgewinnt. Auch hier ist Doltos Subjektkonzeption von Bedeutung. Diese beinhaltet den Appell an seine Fähigkeit, Schwierigkeiten, denen es begegnet, zu bewältigen und sogar seinen Bezugspersonen dabei zu helfen. Ganz deutlich wird dies in dem Fall des kleinen mongoloiden Mädchens, aber auch in der Arbeit mit den Säuglingen, die in naher Zukunft in Adoptivfamilien vermittelt werden. Prävention heißt, dem Kind bei der Bewältigung der durch Veränderungen in seinem Leben herbeigeführten Schwierigkeiten zu helfen, in dem diese erst einmal als solche ausgesprochen werden. Die Anerkennung der Veränderung und des damit verbundenen Verlustes und Schmerzes zeigt dem Kind, daß es nicht allein ist und sein Heil nicht in einem Rückzug mit nur vorgestellten oder somatisch agierten Objektbezügen zu suchen braucht. Die Wiederherstellung seiner Sicherheit durch den Halt, den ihm der andere gibt, gibt ihm das Vertrauen in die Beziehung zu anderen und in die Kommunikation mit dem anderen zurück. Die Vereinsamung ist für Dolto ein wesentlicher, wenn nicht sogar der entscheidende Faktor überhaupt für die Auslösung von

Störungen. Das Gefühl, in seinen Schwierigkeiten gehalten zu werden, wird dem Kind durch die körperliche Präsenz des anderen vermittelt und durch dessen Worte. Säuglinge werden beruhigt, indem sie umhergetragen werden, also im konkreten Sinne des Wortes gehalten werden. Diese Haltefunktion der Erziehungspersonen wird aber auch sprachlich vermittelt. Kinder werden auch durch erklärende Worte getragen. Ziel der Prävention ist die Wiederherstellung der kommunikativen Fähigkeiten des Kindes. Der Austausch mit dem Kind über das, was ihm widerfährt, die Anerkennung des Schmerzes, die damit verbunden ist, der Appell an seine Fähigkeit, diese Schwierigkeiten zu bewältigen, vermittelt ihm das Vertrauen in die Beziehung zu dem anderen. Die Mitteilbarkeit von Schwierigkeiten bedeutet zugleich die Sicherheit der gemeinsamen Bewältigung. Störungen sind Ausdruck eines Kommunikationsabbruches. Es geht bei der Prävention darum, diesen rückgänig zu machen, oder zumindest die Kommunikation wiederherzustellen. Je nach Dispositiv geschieht dies durch die Arbeit mit den Kindern allein in der Konsultation für 'Sozialwaisen', oder durch die Arbeit mit den Eltern, wie dies bei den durch die Radiosendungen ausgelösten Briefwechseln der Fall war. Im Maison Verte wird mit beiden gearbeitet, mit den Kindern und ihren Eltern.

Wie wichtig die Atmosphäre und das allgemeine Klima für das Gelingen von Eltern-Kind-Beziehungen sind, ist von Dolto immer wieder unterstrichen worden. Die Gründung des Maison Verte trägt dieser Erfahrung Rechnung. Es ging darum, einen Ort zu schaffen, in dem nicht normativ gearbeitet wird. Normen schaffen Schuldgefühle, wenn die Anpassung an sie nicht gelingt. Die Bereitstellung von Rahmenbedingungen, in denen nicht gewertet und beurteilt wird, in der ein allgemeiner Zustand von Entspannung zumindest angestrebt wird, erlaubt es Kindern und ihren Eltern, lockerer mit ihren Konflikten umzugehen und starre Oppositionshaltungen abzubauen. Wesentlich ist dabei aber auch die Präsenz von dritten, seien es andere Eltern oder Mitarbeiter, die Eltern und Kindern dabei helfen, eine duale Beziehung zu verlassen und andere Auswege aus sich wiederholenden Konfliktkonstellationen zu finden. Die Wichtigkeit von sozialen Beziehungen für das Gelingen der familiären Beziehungen, die Dolto in ihren Erziehungsberatungssendungen immer wieder herausgestellt hat, findet in der Bereitstellung der Rahmenbedingungen des Maison Verte Ausdruck. Hier werden Nachbarschaftsbeziehungen, die es in vielen Wohngebieten nicht mehr gibt, ermöglicht. Der sozialen Isolation von kleinen Kindern und ihren Müttern, die oft zu einer zu großen gegenseitigen Abhängigkeit führen, wird entgegengearbeitet. Auch das ist ein wesentlicher Aspekt des Doltoschen Präventionsverständnisses.

Ein weiterer bedeutsamer Bestandteil ist der Umgang mit Regeln und Gesetzen. Regeln sind Regeln des Zusammenseins in größeren Kollektivitäten als derFamilie. Der Begriff Gesetz bezeichnet die grundlegenden Verbote jeder Kultur: das Verbot des Kannibalismus, das Verbot zu töten und das Inzestverbot sowie die jeweiligen 'sozialen Metaphorisierungen'. Der Doltosche Kastrationsbegriff findet hier seine Anwendung. Der Begriff Gesetz umfaßt noch mehr. Es geht darum, dem Kind die juristischen Entscheidungen, die es betreffen, zu vermitteln. Seien es Scheidungsverfahren oder Adoptionsregelungen, sei es die Tatsache, daß Beauftragte des Staates seine Vormundschaft haben, dem Kind, auch dem Kleinkind müssen diese Vorgänge transparent gemacht werden. Die juristischen und sozialen Bedeutungen der Personen, die sich um das Kind kümmern, werden ihm in Bezug auf seine Eltern vermittelt, die nach Dolto Garanten seines primären Narzißmus sind. diese Bezugnahme auf Regeln, Gesetze und juristische Entscheidungen hat die Funktion, das Kind aus imaginären Abhängigkeiten und Verstrickungen herauszuführen und ihm dabei zu helfen, eine fusionelle und oft schuldhaft erlebte Abhängigkeit von seinen Bezugspersonen zu überwinden. Dem Kind wird vermittelt, daß es Gesetze und Regeln gibt, die allgemeine Gültigkeit haben daß die ihm auferlegten Verbote aber auch die bereitgestellten Möglichkeiten nicht von willkürlichen Entscheidungen seiner Bezugspersonen abhängen. Gesetze beinhalten Verbote, aber auch Garantien, die nicht durch die willkürliche Entscheidung einer Person widerrufen werden können. Auch mit diesem Vorgehen wird das Doltosche Erziehungsziel umgesetzt: Die Verhinderung von Schuldgefühlen, die aus magischen Allmachts- und Ohnmachtsvorstellungen entspringen. Erwachsene und Kinder sind gleichermaßen Gesetzen unterworfen, die ihre Macht beschränken. Der Abbau von Schuldgefühlen und die Relativierung von Machtzuweisungen dienen dem Hauptziel der Erziehung und der Prävention: nämlich der Fähigkeit des Subjekts, verantwortlich zu handeln.

Ein anderer wesentlicher Aspekt des Präventionskonzeptes ist die die Anerkennung der subjektiven Beweggründe. Jedes Kind hat eigene Gründe für sein Verhalten. Diese Tatsache wird erst einmal anerkannt. Sein abweichendes Verhalten, seine Krankheiten bergen einen Sinn. Diesen subjektiven Sinn gilt es herauszufinden und im Gespräch mit ihm in Worte zu übersetzen. Da Dolto das Kind immer in Beziehungen denkt, sind seine Symptome, ist sein Verhalten immer auch eine Ausage über eine Beziehung. Das Kind wendet sich an jemanden. Es will etwas sagen. Diejenigen, die im Sinne der Doltoschen Prävention arbeiten, stellen sich der Rätselhaftigkeit des anderen und lassen sich befragen. Das Kind hat erst einmal das Recht so zu sein, wie es ist. Es wird nicht „hinterfragt" oder in Frage gestellt, sondern es stellt eine Frage an seine erwachsenen Gesprächspartner. Mit ihm gemeinsam wird versucht, herauszufinden, was es sagen will. Das Kind wird in seiner Rätselhaftigkeit anerkannt.

Schlußbemerkungen

I. Doltos bedeutendste und zugleich umstrittenste Entdeckung ist die der Sprachfähigkeit des Kindes von Geburt an. Diese Sprachfähigkeit bedeutet bei ihr, daß ein Kind Verknüpfungen zwischen Worten und seinem persönlichen Erleben herstellen kann. Dieses Erleben ist einerseits durch unbegrenzte Rezeptivität gekennzeichnet, einer absoluten Teilhabe am Erleben der Mutter und andererseits, das ist die Kehrseite der Doltoschen Konstruktion, durch eine ursprüngliche Differenzierung, die schon in Utero einsetzt.

Doltos Körperbildkonstruktion beinhaltet eine Gedächtnisfähigkeit quasi von der Zeugung ab. Die Geburt wird bei ihr als entscheidender Einschnitt gedacht, nicht als Anfang des Kindseins. Das Unbewußte speichert auch vorgeburtliche Wahrnehmungen. Das kleine Kind drückt sein Erleben und seine Erinnerungen durch den Körper aus. Die Übersetzung seiner Wahrnehmungen in die Wortsprache soll die Fixierung an traumatische Erlebnisse verhindern und errichtet eine Struktur, nämlich die der Sprache, die seinem Körper den `Erinnerungszwang' abnimmt.

Das Sprechen mit den Säuglingen hat nicht nur eine benennende Funktion. Es impliziert die Anerkennung als Subjekt. Doltos Subjektethik beinhaltet die oben genannte ursprüngliche Differenzierung als Recht des Kindes auf seine Differenz zu den (Wunsch-)Vorstellungen des Erwachsenen von ihm. Das Kind ist nicht nur Produkt der elterlichen Vereinigung. Es hat qua eigenem Begehren seiner Konzeption zugestimmt. Auch diese ursprüngliche Zustimmung ist Teil ihres Subjektbegriffes. Sie beinhaltet eine Art eigenständigen Kern der Persönlichkeit, der nicht in den Zuschreibungen, Projektionen und Plänen seiner Eltern aufgeht. Das Kind ist nicht nur Objekt seiner Bezugspersonen. Es ist von Anfang an aktives Subjekt, das Einfluß auf die Gestaltung der Beziehungen nimmt. Seine körperlichen Äußerungen sind schon immer durch eine persönliche Geschichte motiviert. Aufgabe des Erwachsenen ist es, diese persönlichen Motive zu erkennen und anzuerkennen.

Es gibt bei Dolto einen ursprünglichen Wunsch nach Austausch. Das Kind lebt immer schon in der Intersubjektivität. Diese Aussage ist in ihrer Konzeption des Begehrens enthalten. Es gibt immer schon ein jenseits des Körpers. Das Begehren ist an den anderen gerichtet. Das Bedürfnis hat die Erhaltung des Körpers zum Inhalt, das Begehren richtet sich an den anderen, ist Ausdruck einer Entäußerung. Das Begehren ist bei Dolto letztlich der Wunsch nach Kommunikation, nach einem Austausch mit dem anderen.

Die Theorie des unbewußten Körperbildes enthält auch Aussagen über die

Entwicklung des Kindes in seinen ersten Lebensjahren. Die Erforschung der Wahrnehmungen, die dem Eintritt in das Spiegelstadium vorausgehen, die Beschreibung von Wahrnehmungen anderer Sinnesorgane nimmt einen großen Raum in ihren Studien ein. Geruch, Stimme, taktile Wahrnehmungen - Dolto hat die Aufmerksamkeit auf die Formen der Sinnlichkeit gelenkt, die mit der Unterwerfung unter das Primat des Auges und des Sehens verdrängt oder zurückgedrängt werden oder verloren gehen.

Ein anderer Aspekt ist die Eroberung des Raumes. Die Integration der Schwerkraft, die lange Kindheitsphase, in der das Kind allmählich seine Motorik und damit den Umgang mit der Gegenstandswelt beherrschen lernt, ist von ihr ausgiebig untersucht worden. Dolto ist auch eine Alltagsforscherin der frühen Kindheit. So hat sie die für den Erwachsenen oft kleinen und unbedeutenden Schritte zur motorischen Autonomie hervorgehoben.

Dolto hat versucht, die Entdeckung der Welt aus der Perspektive des Kindes darzulegen. Der Blick von unten charakterisiert ihr Vorgehen. Die partielle Identifizierung mit den Kindern liegt ihrer Theorie zugrunde. Die kindliche Logik hat andere Parameter als die der Erwachsenen. Dolto hat, ausgehend von einer Rekonstruktion der Sinnlichkeit in der frühen Kindheit, diese Logik zu erfassen gesucht. Lieben bedeutet in jeder Entwicklungsphase etwas anderes. Sie hat ausgehend von den in jeder Lebensphase vorherrschenden Lust- und Wahrnehmungsformen versucht, die Beziehungssprache des Kindes zu erfassen.

Der Kastrationsbegriff ist zentral für Doltos Konzeption der psychoanalytischen Therapie und für ihre Erziehungstheorie. Die Exzessivität des Kindes muß beschnitten werden. Ohne Verbote gibt es kein Begehren. Es scheint einen infantilen Hang zum Verweilen bei bekannten und vertrauten Lustformen zu geben, eine Tendenz des Triebes, an seinem Objekt festzuhalten. Die psychoanalytische Therapie versucht retroaktiv, diese Fixierungen zu lösen. Die Erziehung versucht in der Gegenwart, auf den Verlauf der Objektbeziehungen Einfluß zu nehmen. Es gilt bei beiden, Verschiebungen und Repräsentationen zu ermöglichen. Die Möglichkeit der Symbolisierung entsteht aus der Versagung des Objektes, aus seinem Fehlen. Dolto plädiert nicht für die bloße Triebunterdrückung. Sie hat keine repressive Erziehungstheorie entwickelt. Erziehung muß, wenn sie gelingen soll, Ersatzobjekte bereitstellen. Sie muß dem Kind die Verschiebung seiner Triebregungen auf andere Objekte ermöglichen. Bei Dolto sind das sowohl materielle Objekte, die an den Mund geführt werden oder später solche, die das Kind im Raum umherschieben darf, etc. als auch „subtile Objekte" wie die Stimme, Erlebnisse des Rhythmus und vorrangig die Worte. Doltos Erziehungstheorie ist eine Sublimierungstheorie. Die Triebregungen des Kindes werden auf sozial und kulturell anerkannte Objekte umgeleitet.

Das Verbot ist konstitutiv für die Möglichkeit der Metaphorisierung. Das Genießen des Kindes muß beschnitten werden, um seine Sozialisierung zu ermöglichen. Das Verlassen der Dyade mit der Mutter hängt vom Aufbau einer triangulären Struktur ab. Die infantile Psychose und schwere psychische Störungen sind Ausdruck von fehlgelaufenen oder unmöglichen Autonomisierungsprozessen. Die Autonomie ist gebunden an den Verzicht auf die parasitäre Teilhabe am Körper der Mutter. Ohne Symbolisierungsmöglichkeiten gibt es keine Autonomie. Der Vater, als Dritter der Beziehung, der Mutter und Kind aus einer Beziehung der unendlichen gegenseitigen Verfügbarkeit befreit, ist Garant des Loslassenkönnens, des Verzichts auf die parasitäre Beziehung zum anderen. Gesetze und Regeln übernehmen diese Funktion. Sie entlassen das Kind aus der dualen Beziehung. Gesetze und Regeln schränken die Willkür ein. Sie entstammen nicht einer Person, sondern geben eine Ordnung vor, in der jeder einen Platz hat. Die Bezugnahme auf den Dritten, den Vater und die Gesetze, die das Genießen einschränken, die dem Handeln des Kindes und dem seiner Eltern Verbote auferlegen, charakterisieren Doltos Konzeption der psychoanalytischen Therapie, ihre Erziehungstheorie und ihr Präventionskonzept.

Doltos Präventionskonzept setzt auch an dieser Notwendigkeit der Trennung von der Mutter an. Es beinhaltet die Vorbereitung, die Nachbereitung und die Begleitung von Trennungserfahrungen. Die Symbolisierung von Verlusterfahrungen soll zur Anerkennung von imaginär verleugneten Trennungen führen. Die durch Krankheiten hervorgerufenen Körperwahrnehmungen sind Versuche, den vormals gekannten Kontakt mit der Mutter zu reproduzieren. Die Benennung des verlorenen Objektes und die Anerkennung des Schmerzes, der mit dem Verlust verbunden war, ermöglichen den Verzicht auf die symptomatische Wiederbelebung einer verlorengegangenen Beziehung. Die Erforschung der Körperbilder beinhaltet bei Dolto auch das Wissen um die Körperstellen, an denen der Verlust erlebt wird und an denen er eventuell negiert wird. Es gilt, die Spuren, die sich in Krankheiten oder in Verhaltensstörungen äußern, zu entziffern und in eine symbolische Einschreibung zu überführen. Der Wunsch, in Sicherheit zu sein, Sicherheit zu empfinden, ist bei Dolto ein primärer Wunsch, der ihrer Interpretation von Regressionserscheinungen zugrunde liegt. Regressionen sind immer Versuche, in einen vormals gekannten Zustand von Sicherheit zurückzukehren. Das Symbolisieren dieses Wunsches, das Wiederanknüpfen an vorherige Zustände durch Worte erlaubt es, Brücken zu bauen. Das Kind kann symbolisch an vergangene Erfahrungen anknüpfen und es kann damit in die Gegenwart zurückkehren, die Präsenz des anderen wahr- und annehmen und in einen aktuellen Austausch zurückkehren.

Der primäre Narzißmus ist unabdingbar für die Entwicklung der im Körperschema angelegten Möglichkeiten. Seine Unterstützung oder seine Wiederherstellung bei tiefgreifenden Verletzungen charakterisieren Doltos Vorgehen in Therapie, Prävention und Erziehung. Da der primäre Narzißmus an die Herkunft des Kindes gebunden ist, an seine Entstehung in der Urszene, gilt es, diese zu rehabilitieren. Wenn seine Herkunft mit einem gesellschaftlichen Makel behaftet ist, greift Dolto zur Umkehrung oder Neu-Interpretation bestehender Werte, um dem Kind mit der Wertschätzung seiner Eltern auch das eigene Selbstwertgefühl zurückzugeben.

Doltos manchmal paradox klingende Interpretationen dessen, was ein Kind erlebt hat, haben eine ähnliche Funktion. Je tiefer die vom Kinde erlebte Verletzung ist, desto einfallsreicher wird sie, um seinen Narzißmus wiederherzustellen. Sie versucht, den von ihm erlebten „Gesichtsverlust" oder die Zerstörungswünsche, denen es ausgesetzt war, zu mildern, indem sie seine passive Verstrickung in eine aktive Haltung umdeutet. Ihr Anliegen ist es, dem Kind das Vertrauen in seine Bewältigungsmöglichkeiten zurückzugeben. Es gibt einen Begriff, den sie selbst zwar nicht oft verwendet, der aber in ihrer Ethik sicher eine zentrale Rolle spielt. Es ist die Würde. Sie kann zwar mit ihren Worten grausam sein, ihre Kastrations-Theorie und Praxis haben sicher auch grausame Komponenten, wird das Kind doch bei jedem Phasenwechsel in seinen Befriedigungsmöglichkeiten eingeschränkt. Aber es gibt im Zusammenhang mit ihrer Subjektkonstruktion und ihrer Herausstellung der Bedeutung des primären Narzißmus so etwas wie einen unauslöschlichen Kern, der ihrer Theorie und ihrem Verhalten den Kindern gegenüber zugrundeliegt: Es ist der Respekt vor ihrer Persönlichkeit. Ihre Ethik beinhaltet diesen Schutz der Würde des Kindes. Sein Verhalten wird eingeschränkt, seinen Handlungen werden Grenzen auferlegt, aber seine Beweggründe werden anerkannt.

Doltos Interpretationen beinhalten eine Aufspaltung. Sie vermag es, die Wirkungen von den Intentionen zu unterscheiden und vielleicht auch, den Kindern diese Unterscheidung zu vermitteln. Sie unterstellt für jedes Verhalten ehrenwerte Intentionen. Die Auswirkungen mögen destruktiv sein, aber das drückt nur die Ungeschicklichkeit des betreffenden Menschen aus, seine Absichten adäquat darzulegen. Die Destruktivität oder „das Böse" gehören nicht in Doltos Anthropologie. Es gilt, den Kindern Wege und Mittel aufzuzeigen, um für das, was sie nur in auto-destruktivem oder überhaupt destruktivem Verhalten sagen können, sozial anerkannte Ausdrucksweisen zu finden. Ihre Intentionen sind bei Dolto immer ehrenwert und bedürfen des Respektes. Die Aufspaltung von Verhalten und persönlichen Motiven, die Rückführung auch von destruktiven Tendenzen auf gutgemeinte Absichten, die Bereitstellung eines Interpretationsrahmens, der das Kind und seine Eltern nicht verletzt und seinen und ihren Äußerungen einen intersubjektiven, sozialen Wert unterstellt, das ist, so glaube ich, das Geheimnis, der Kern ihrer

Körperbildtheorie und seiner Anwendungen in Therapie, Erziehung und Prävention. So hat sich zum Schluß der Begriff des primären Narzißmus als zentral erwiesen. Bei infantilen Erkrankungen geht es darum herauszufinden, welche Schutzfunktion die Symptome haben, um den primären Narzißmus oder seine Reste zu bewahren. In Therapie, Erziehung und Prävention geht es um die Erhaltung und Unterstützung des primären Narzißmus.

Es bleibt noch die Frage, wie die drei Bereiche Therapie, Erziehung und Prävention gegeneinander abzugrenzen wären. Für Therapie und Erziehung habe ich die Unterscheidung schon dargelegt: Die Therapie ist die nachträgliche Durcharbeitung von fehlgeleiteten Autonomisierungsprozessen. In der analytischen Übertragungssituation werden frühere Konfliktsituationen reaktualisiert und die Fixierungen auf regressive Positionen werden nach und nach abgetragen. Die Erziehung vermittelt in der Gegenwart die Kastrationen und die Sublimierungsmöglichkeiten, die das Kind für seine Weiterentwicklung braucht. Wenn sie gelingt, erspart sie dem Kind regressive Lösungen von aktuellen Konflikten. Analytische Therapien werden von Analytikern durchgeführt, für die Erziehung sind Eltern, Erzieher und Lehrer zuständig. Das Material, das Feld der analytischen Therapie ist die psychische Realität des Kindes, sie arbeitet mit und an unbewußten Prozessen. Erziehung hat Einfluß auf den Verlauf unbewußter Prozesse, aber sie kümmert sich nicht um sie. Sie trägt an das Kind die Forderungen der Realität heran, belegt die Handlungen des Kindes mit Verboten und stellt ihm die Mittel zur kreativen Sublimierung bereit. Durch die Verbote unterstützt sie das Begehren. Sie begleitet das Kind in den *épreuves* seiner Entwicklung und den Zufällen seiner Geschichte, stärkt sein Selbstvertrauen, hilft dem Kind, seine Abhängigkeit zu verringern und entläßt es schließlich in eine verantwortungsvolle Freiheit. Erziehung baut magische Verarbeitungsmuster und damit einhergehende Allmachts- und Ohnmachtspolarisierungen und imaginäre Schuldgefühle ab und ersetzt sie durch eine Ethik der Verantwortung, die um die Alterität des anderen weiß und sie anerkennt.

Therapie und Erziehung sind also klar voneinander abzugrenzen. Wie sieht es nun aber mit dem Doltoschen Präventionskonzept aus. Es beinhaltet zugleich die analytische Arbeit mit Sozialwaisen, als auch die Erziehung durch die Eltern. Prävention wäre danach alles, was in der frühen Kindheit mit dem Ziel stattfindet, langfristige pathologische Folgen, also die Chronifizierung von Störungen zu verhindern. Das Präventionskonzept beinhaltet die analytische Behandlung von frühen Störungen in Folge von traumatischen Erlebnissen und die professionelle Begleitung von Eltern und Kindern im Bereich der frühen Kindheit. Die Maisons Vertes sind aus einer Gesellschaftsanalyse entstanden, die deutlich macht, welche pathologischen Folgen die Isolation von Müttern und Kindern und die damit einhergehende affektive Verstrickung hat. Diese Gesellschaftsanalyse setzt auch an den gravierenden Folgen von abrupten Trennungen zwischen Müttern und Kindern an. Vor-, Nachbereitung und Begleitung von Trennungen nehmen einen wichtigen Platz in Doltos Präventionskonzept ein. Im Maison Verte wird die Sozialisierung des Kindes, die Durcharbeitung der in der Kindergemeinschaft entstehenden Konflikte im Beisein der Eltern ermöglicht. Das Kind wächst im familialen Beistand in soziale Beziehungen hinein. Die professionelle Unterstützung besteht darin, die Last der elterlichen Wünsche und Ängste für das Kind zu mindern. Ein anderer wichtiger Bereich des Präventionskonzeptes ist die Begleitung von Krisen, die durch die Ankunft eines Kindes in Paaren und Familien ausgelöst werden. Entdramatisieren und Übersetzen sind die Haupttätigkeiten der Mitarbeiter in den Maisons Vertes. Es bleibt die Frage, ob nicht zumindest das Übersetzen eigentliche eine neue Umschreibung für das Analysieren in einem anderen Setting ist, also ob die Maisons Vertes nicht neue Tätigkeitsfelder für Analytiker sind, die es ihnen erlauben mit kleinen Kindern unter Einbeziehung der Familienangehörigen analytisch zu arbeiten. Ganz sicher ist die Erfahrung der eigenen Analyse, also die retroaktive Durcharbeitung der eigenen Kindheit und die damit einhergehende Reaktualisierung von Lust- und Leiderfahrungen Voraussetzung für die Tätigkeit in den Maisons Vertes, wie sie von Dolto konzeptualisiert wurde. Die partielle Identifizierung mit den Kindern und auch mit den Eltern, wie sie für die Ausübung einer solchen unkonventionellen Tätigkeit notwendig ist, erfordert die Revision eigener Abwehrmechanismen und Normierungen, wie sie tiefgreifend vielleicht nur in einer persönlichen Analyse stattfindet. Die Frage ist, ob die Umsetzung von Doltos Präventionskonzept von anderen Menschen als von Analytikern und Pädagogen mit der Erfahrung einer persönlichen Analyse geleistet werden könnte.

II. Im Anschluß an die zuletzt offen gebliebene Frage möchte ich kurz auf den sozialen Kontext eingehen, in dem die Öffnung des Maisons Verte und die ihr folgende Öffnung vergleichbarer Einrichtungen in vielen anderen Städten Frankreichs möglich war. Es geht um die Bedeutung der Psychoanalyse in den Sozialwissenschaften, in sozialen Berufen, in den Kulturwissenschaften und auch in der Öffentlichkeit. Diese Bedeutung ist mit der, die die Psychoanalyse in Deutschland hat, kaum mehr zu vergleichen. Die in den 20er Jahren im deutschsprachigen Raum entstandenen Ansätze psychoanalytischer Reformpädagogik sind vom Nationalsozialismus zerstört worden. Ihre Vertreter wurden zum großen Teil zur Emigration gezwungen oder sind diesen Weg freiwillig gegangen. Die Psychoanalyse hat sich als Behandlungsmethode nach dem zweiten Weltkrieg rehabilitiert. Die „Frankfurter Schule“ mit ihren Hauptvertretern Horkheimer und Adorno hat der Psychoanalyse zumindest in den 60er und 70er Jahren auch zu einer Rehabilitation in den

Kultur- und Sozialwissenschaften verholfen. Daran hat sicher auch die Studentenbewegung entscheidenden Anteil gehabt. Von den Erziehungswissenschaften wird die Psychoanalyse kaum beachtet. Ihre Relevanz für die Analyse und Bearbeitung von Konflikten, die sich aus gegenwärtigen gesellschaftlichen Umbruchsituationen für die Erziehung ergeben, scheint als sehr geringfügig eingeschätzt zu werden. Ein kleines Indiz dafür ist zum Beispiel das Fehlen des „Jahrbuches für psychoanalytische Pädagogik" in der Bereichsbibliothek des Fachbereichs Erziehungswissenschaften der Freien Universität Berlin. Innerhalb der deutschen psychoanalytischen Vereinigungen gibt es eine klare Unterteilung zwischen Erwachsenen- und Kinderanalytikern, die sich auch an den unterschiedlichen Zulassungsbedingungen zur Ausbildung und an unterschiedlichen Ausbildungsgängen äußert. Es besteht nicht nur eine klare Unterteilung, es besteht auch eine Hierarchie. Erwachsenenanalytiker sind die eigentlichen Analytiker, die Kinderanalyse und diejenigen, die sie durchführen, gelten weniger.

In Frankreich ist der wissenschaftliche, der öffentliche und vielleicht auch der politische Kontext, in dem zum Beispiel die Maisons Vertes entstehen konnten, ein völlig anderer. Dank Dolto und Lacan, um die Hauptvertreter zu nennen, hat die Psychoanalyse einen solchen Stellenwert in den verschiedenen Diskursen bekommen, daß die Verhältnisse in Frankreich und Deutschland kaum noch vergleichbar sind. Ein Indiz mag z.B. die Anzahl der psychoanalytischen Periodika sein, deren Anzahl in Frankreich und der französischsprachigen Schweiz auf 30 zu beziffern ist, Anfang 1990 gab es in französischen Verlagen 52 psychoanalytische Verlagsreihen.[41] Für die verhältnismäßig geringen Berührungsängste von Politikern in bezug auf die Psychoanalyse möchte ich zwei Beispiele geben: In den 80er Jahren sprach bei internationalen Kongressen der „Ecole de la cause", der mitgliederstärksten lacanianischen Vereinigung der französische Außenminister Dumas die Eröffnungsworte und ein Teil der Kosten wurden vom Außenministerium übernommen. Zu dem internationalen Kongreß über die Maisons Vertes im November 1994 in Straßburg kam eine der stellvertretenden Bürgermeisterinnen (Maire-adjoint) und hielt nicht nur einen kurzen Vortrag, sondern blieb einen halben Tag lang und nahm an den Debatten teil. Die Psychoanalyse ist in Frankreich anerkannt und es gab sicher zwischen 1965 und 1990 in Frankreich nur wenige Erzieher, Psychologen, Sozialarbeiter und Psychiater, die sich nicht während ihrer Ausbildung intensiv mit der Psychoananlyse auseinandergesetzt haben. In Frankreich braucht sich kein Lehrender zu legitimieren, wenn er seinen Schülern oder Studenten psychoanalytische Konzepte vermitteln möchte. Die Psychoanalyse hat in Frankreich einen anderen Stellenwert als in Deutschland. Die Ursachen dafür zu untersuchen, wäre ein eigenes Forschungsthema. Hat Dolto diese unterschiedliche Einstellung in

Frankreich ursächlich mit hervorgebracht? Oder sind Doltos Veröffentlichungen in einem solchen Ausmaß rezipiert worden, weil es nicht die in Deutschland üblichen Vorurteile und Ressentiments gab? Ich vermag diese Frage nicht zu beantworten. Es erschien mir wichtig, da diese Arbeit in Deutschland geschrieben wurde, aber mit der Kenntnis der französischen Verhältnisse, den unterschiedlichen Hintergrund noch einmal zu verdeutlichen.

Einen Aspekt möchte ich noch hinzufügen: Die Psychoanalyse hat nicht nur zwischen 1960 und 1990 einen großen Zuwachs an Bedeutung in den Sozialwissenschaften erlebt, sondern sie hat auch so etwas wie einen Wertewandel bewirkt: Die allgemeine Anerkennung der Arbeit mit den 'Schwächsten' der Gesellschaft. Die Aufteilung zwischen Erwachsenen und Kinderanalytikern ist abgeschafft worden und damit natürlich die Hierarchie zwischen ihnen. Ein solidarisches Interesse für diejenigen, die am schwersten gestört sind und sich der gesellschaftlichen Integration am hartnäckigsten verweigern, ist entstanden oder verstärkt worden. Die Psychose ist als Infragestellung angenommen worden. Dolto, und in diesem Bereich auch Maud Mannoni haben dazu beigetragen, daß das Einlassen auch auf die verrücktesten Diskurse nicht nur gesellschaftsfähig ist, sondern einen persönlichen und allgemeinen Wert hat. Ihr Kampf gegen die Segregation hat nicht nur in den von ihnen geschaffenen und betreuten Strukturen stattgefunden, sondern hat Auswirkungen auf den öffentlichen Diskurs über die Psychose und den Umgang mit Psychotikern gehabt. Diese Auswirkung zu untersuchen, wäre wiederum eine eigene Forschungsarbeit. Die Psychoanalyse hat sich in Frankreich in bezug auf bestehende Verhältnisse subversiv verstanden, das hat vielleicht nicht die gewünschten Auswirkungen auf bestehende Strukturen gehabt, aber die Art und Weise, wie von gestörten Kindern gesprochen wird, und die Art, wie man nun auch mit ihnen spricht und nicht nur über sie, die hat sich in Ansätzen zumindest geändert.

III. Es bleibt die große Frage der psychoanalytischen Pädagogik, ob das, was in der Psychoanalyse als therapeutischer Prozeß retroaktiv an Erkenntnissen gewonnen wird, also die Erhellung unbewußter Prozesse, die determinierend für den Verlauf der Lebensgeschichte geworden sind, ob diese Erkenntnisse auf die Erziehung übertragen werden können und von ihr genutzt werden können, um pathogene Situationen zu verhindern. Pointiert formuliert heißt die Frage: Ist das Unbewußte programmierbar? Können Erziehung und ihre Auswirkungen geplant werden? Welche Antworten würde Dolto auf diese Fragen geben? Wären sie zutreffend?

Sicher nimmt Dolto nicht die Planbarkeit des Unbewußten an. Es entzieht sich qua Definition jedem planerischen Zugriff. Sie würde von der Notwendigkeit des Aufbaus einer triangulären Struktur sprechen, die auch Auswirkungen auf das Unbewußte hat. In welchen Signifikanten sich diese Struktur niederschlägt, wie sie sich einschreibt, das entzieht sich jedem Zuriff. Aber der Aufbau einer triangulären Struktur verhindert zumindest die Psychose und schwerste andere Störungen. Die entscheidende Frage ist die nach der „Erziehung der Erzieher". Dolto gibt Bedingungen an, unter denen Erziehung gelingen kann, beschreibt, wie Eltern sein müßten, um ihre Kinder erfolgreich auf dem Weg in die Autonomie zu begleiten. Eltern sind aber in der Regel unzulänglich, schon gar, wenn man sie an den Doltoschen Idealen mißt. Dolto hat selbst unterstrichen, daß absichtsvolles pädagogisches Verhalten nicht so wirkungsvoll ist, wie die unbewußten Absichten, die sich zum Beispiel auch in der Atmosphäre äußern, die zu Hause herrscht. Zugespitzt formuliert müßte es dann heißen, Erziehung müßte an der Beeinflussung des elterlichen Unbewußten ansetzen. Auch das ist unmöglich, Eltern sind so, wie sie mit ihrer auch libidinösen Geschichte geworden sind. Heißt das dann, daß psychoanalytische Pädagogik sich darauf beschränken muß, Bedingungen anzugeben, Eltern zu entwerfen, die diese Bedingungen herstellen können und ansonsten immer nur retrospektiv sagen kann, wodurch Störungen entstanden sind? Ich glaube nicht.

Was Doltos Erziehungstheorie angeht, hat sie zweifelsohne neue oder auch alte Ideale geschaffen. Das Ideal der Mutter, die sich nicht zu leicht ängstigen läßt, die ihrem Kind in Liebe vertraut und es ermutigt, immer weitere Schritte in Richtung Autonomie zu gehen und - das ist der Aspekt des Ideals, der nicht auf das Kind bezogen ist - der Mutter als Frau, die sich weiterhin auf ihren Mann bezieht, ihn begehrt und ihr Glück nicht nur im Zusammensein mit ihrem Kind sucht und findet. Das ideale Bild des Vaters, das sie entwirft, wäre ein Mann, der seinen Kindern in Liebe vertraut, sie auf dem Weg in die Autonomie ermutigend begleitet, der Konflikte zwischen seiner Frau und dem Kind entdramatisiert, der die Verstrickung zwischen Mutter und Kind als Dritter lockert, der seine Frau begehrt und sein Begehren auch gegen die Ansprüche der Kinder durchzusetzen weiß. Das ideale Kind Doltos ist das allseitig entwickelte, originelle, kreative und solidarische Kind, das seine Interessen in der Kindergemeinschaft aushandelt und sie nicht anderen aufzwingt und das sich zudem für die „Schwächsten" der Gruppe einsetzt. Ideale schaffen Schuldgefühle, wenn man selbst oder das Kind ihnen nicht Genüge tut. Das ist die Crux jeder Erziehungstheorie, die immer Ideale schafft. Aber bei einer psychoanalytischen Erziehungstheorie und zumal der Doltoschen stellt sie ein besonderes Dilemma dar, weil es Dolto gerade auch um den Abbau von Schuldgefühlen in Eltern-Kind-Beziehungen geht.

Dolto hat ihrem Präventionskonzept einen Ausweg aus dem Dilemma entworfen. Mit ihren verschiedenen Ansätzen, die sie unter dem Begriff Prävention subsumiert, hat sie versucht Wege aufzuzeigen, wie Dritte Eltern und

Kindern helfen können, sich nicht in repetitiven affektiven Verstrickungen zu verlieren. Die Unzulänglichkeit der Eltern, ihren Kindern das zu geben, was sie für ihren Weg in die verantwortungsbewußte Autonomie brauchen, wird durch die Interventionen der präventiv Wirkenden ausgeglichen. Eltern wird dabei geholfen, daß sie ihre eigene Pathologie nicht ungefiltert auf ihre Kinder übertragen und daß sie ihre Kinder nicht für ihre eigene libidinöse Ökonomie mißbrauchen.

Der Aspekt der anfangs gestellten Frage, ob pathogene Situationen verhindert werden könnten, ist in Doltos Augen falsch gestellt. Für Dolto sind nicht Situationen, Ereignisse, traumatische Erlebnisse an sich pathogen, sondern pathogen ist der Mangel an Symbolisierung. Das Trauma wird erst dann zum Trauma, wenn es keine Anerkennung des Schmerzes, des Verlustes gibt. Das Ereignis in sich birgt alle Potentialitäten, sowohl positive der Bereicherung aus einer überstandenen épreuve, als auch negative der Involution, der Rückentwicklung und Fixierung auf Wahrnehmungen der Sicherheit, die vor dem Ereignis lagen, also die Rückkehr zu einem Zustand vor dem Einbruch. Die Symbolisierung, die symbolische Teilnahme kann die Rückkehr verhindern, kann die épreuve zum Ausgangspunkt einer größeren Reife machen. Nicht ein Ereignis an sich ist von Bedeutung für die Zukunft eines Menschen, sondern die Möglichkeit oder Unmöglichkeit eines Austausches über das Ereignis. Der Mangel an Symbolisierung wirkt pathogen, nicht das Ereignis an sich. Symbolisierungen, Austauschprozesse zwischen zwei Subjekten, nicht zwischen zwei Körpern sind determinierend für die Wirkungen einer Erfahrung. Nach Dolto gibt es nichts pathogeneres als die Einsamkeit und die Stummheit. Einsamkeit und Schweigen sind tödlich für das Begehren. Nicht die sensorische Deprivation, die auch, sondern die symbolische Deprivation beeinträchtigt die Entwicklungsmöglichkeiten eines Menschenkindes. Seine Entwicklungsmöglichkeiten hängen wesentlich davon ab, ob es als anderer anerkannt wird, ob der Blick, die Worte die Haltung des Erwachsenen diesen Respekt vor seiner Persönlichkeit, vor seiner Differenz ausdrücken. Diese Haltung des Erziehenden erfordert ein Begehren, dessen Objekt nicht das Kind ist, womit ich wieder beim oben genannten Punkt bin, der von Dolto angestrebten Dezentrierung der Eltern von ihren Kindern.

Doltos Präventionskonzept beinhaltet das Sprechen über traumatische Ereignisse. Sie geht von einer universellen Sagbarbeit aus. Und das ist meines Erachtens ihr entscheidender Irrtum. Das Unbewußte ist auch qua Definition nicht gewußt, also unsagbar. Die Transparenz, die Dolto einfordert, gibt es nicht. Die Rätselhaftigkeit, deren Anerkennung sie für die Kinder einklagt, besteht auch für die Erwachsenen. Das Begehren, das die Eltern sich hat vereinigen und sich fortpflanzen lassen, ist unergründlich. Die Urszene ist nicht rekonstruierbar. Worte können immer nur einen Teil der Wirklichkeit wiedergeben. Sinngebungen sind nachträgliche Rekonstruktionsversuche. Die absolute Sinnfülle, die es bei ihr gibt, mag in der Arbeit mit Kindern, denen nichts bedeutet wurde, oder die ihre eigene Bedeutung als Nichts erleben, eine Hilfe sein, um Bedeutungen zu konstruieren, mit denen es sich besser leben läßt. Aber der Mangel in Doltos Theorie ist die Sinnfülle. Das Unbegreifliche, die Sinnleere als Notwendigkeit und nicht als Mangelerscheinung, die Unsagbarkeit werden von ihr nicht gedacht.

Und dennoch und das ist vielleicht ihre bedeutendste Botschaft, hat sie gezeigt, daß Kinder Erklärungen brauchen und verstehen. Erwachsene können Kindern Leiden nicht ersparen, auch sie müssen in dieser Hinsicht einen Teil ihrer Omnipotenzvorstellungen abbauen. Wenn sie aber dieses Leiden anerkennen und den Kindern bei der Bewältigung helfen und gelegentlich eigene Fehler zugeben und sich dafür entschuldigen, dann entwickelt sich eine Belastungsprobe zum Ausgangspunkt einer größeren Reife. Punktuelles Leiden ist nicht vermeidbar, es gehört zur Entwicklung dazu, weil der Mensch ein Beziehungswesen ist, darum ist er verletzbar. Aber langfristiges Leiden und die langfristigen Folgen von Schmerzerfahrungen können verhindert werden, wenn die Persönlichkeit des Kindes geachtet wird und wenn ihm Signifikanten zur Verfügung gestellt werden, die es ihm erlauben, sein Selbstwertgefühl auch in schwierigen Situationen zu bewahren.

Anmerkungen

Der Fall Dominique

1 Jacques Lacan, Schriften I, S.143; écrits, 299

2 Centre medico-pédagogique, wörtlich übersetzt medizinisch-pädagogisches Zentrum

3 Ich benutze die Schreibweise Analysant mit t und nicht wie in Deutschland meist üblich mit d. In dieser Schreibweise drückt sich die strukturalistische Analysekonzeption aus, daß der Analysant *nicht der* vom Analytiker *zu analysierende ist, sondern der Analysierende selbst,* der bei seinem Analytiker seine Analyse macht. Analysant ist also die Aktivform.

4 Sylvie, s'il vit, wenn er lebt. Dolto sagt zu Beginn ihrer Ausführungen, daß sie alle Eigennamen abgeändert habe, aber so, daß ihre Bedeutungsträchtigkeit nicht verloren gehe: „Es versteht sich von selbst, daß aus Gründen des Berufsgeheimisses einige Änderungen an den Personen- und Ortsnamen notwendig waren. Sie beeinträchtigen jedoch nicht ihren für das Subjekt signifikanten assoziativen Wert." FD 11

5 Catherine Mathelin, Die Frage nach dem Ende der Analyse bei der Behandlung von autistischen und psychotischen Kindern in: AK 14, 1991 S.94/95 'Il pleut', es regnet, ähnelt im Klang der Worte 'il pleure', er weint.

6 Maud Mannoni, Le premier rendez-vous avec le psychanalyste, S.179

7 a.a.O. S.179/80

8 Vorwort von Françoise Dolto zu Maud Mannoni, Le premier rendez -vous avec le psychanalyste, S.11/12

9 Centre de formation et de recherches psychanalytiques, von Maud Mannoni gegründete Psychoanalytikerorganisation. Diese Geschichte ist von mir aus dem Gedächtnis wiedergegeben.

10 Sitzung vom 18.2.82, persönliche Notizen

11 ebenda

12 ebenda

13 Seminar zur Kinderanalyse vom 18.2.82, persönliche Notizen

14 iic 47;UBK 42 Siehe auch das Interview mit Nasio AK 14, S.7-9

15 Siehe dazu das Vowort von ihrer Tochter Catherine Dolto-Tolitch in SP 10

16 siehe Laplanche,Pontalis, Das Vokabular der Psychoanalyse S.575ff und von den gleichen Autoren: Urphantasie - Phantasien über den Ursprung, Ursprünge der Phanasie und Christiane Buhmann, Der Eigensinn des Buchstaben - Erinnerungsspuren, Urszene und Urverdrängung in drei Fallgeschichten der psychoanalytischen Literatur in:AK 5/6 und7/8

17 Françoise Dolto, Questions de transfert. Entretien avec François Peraldi et Chantal Maillet in: Etudes Freudiennes, 23 1984, S.104f

18 Françoise Dolto, Questions de transfert, Interview mit F.Peraldi et Ch.Maillet in: Etudes freudiennes 23, S.107

19 S.Freud, Massenpsychologie und Ich-Analyse, GW XIII S.116

20 J.F. de Sauverzac, Françoise Dolto - Itinéraire d'une psychanalyste S.278

21 Christiane Buhmann, Penisneid und Kastrationsangst im Werk von Françoise Dolto, in: AK 15, S.40

22 FD 59 Knetfigur, Deutung S. 92

23 Lore Schacht, Kinderanalyse - methodische Aspekte in: Materialien aus dem Sigmund-Freud-Institut No 3, 1986, S.135

24 J.D. Nasio, Françoise Dolto und ihre psychoanalytische Konsultation für Kinder, S.8 unveröffentlichtes Manuskript

25 Seminar zur Kinderanalyse, persönlich Notizen

26 Die Funktion der Gruppe der anwesenden Analytiker in diesem Setting ist von Dolto selbst und von den betroffenen Zeugen oft mit dem des Chors in der antiken Tragödie verglichen worden.

27 alle Zitate PK S.52-60 Hervorhebungen von mir, C.B.

28 FD S.65, bei der zeichnerischen Wiedergabe der Knetfigur handelt es sich um die Darstellung von Fötus, Nabelschnur und Mutterkuchen.

29 Octave Mannoni, La désidentification in: Maud Mannoni (Hg.), Le Moi et l'autre, S.61-79

30 A.Descargues, La ferveur du désir (Die Glut des Begehrens) in: Le Coq Héron Nr.111/112, 1989 S.27

31 D.Vasse, Le poids du réel, la souffrance S.77

32 Alain Vanier, Marie-Antoinette Descargues, Claude Boukobza

33 Gérard Séverin ist der Co-Autor des dreibändigen Werkes 'L'Évangile au risque de la psychanalyse'

34 Dokument der 'École de la propédeutique à la connaissance de l'inconscient' 'Françoise Dolto, un an après' S.19, Herausgeber Gérard Bonnet, Intervention von Gérard Séverin am 7.Oktober 1989

35 Guillerault ist der Autor des Buches: Le corps psychique, Essai sur l'image du corps selon Françoise Dolto

36 Françoise Dolto, un an après S.18/19

37 Françoise Dolto, un an après S.19

38 Françoise Dolto, un an après S.19

39 J.Lacan, Leeres und volles Sprechen in der psychoanalytischen Darstellung des Subjekts, Kapitel I von 'Funktion und Feld des Sprechens und der Sprache in der Psychoanalyse'. Schriften I, S.84f

40 Françoise Dolto, Questions de transfert, Interview mit F.Peraldi und Ch.Maillet in: Etudes freudiennes 23, S.111

Das unbewußte Bild des Körpers

1 Caroline Eliacheff, A corps et à cris, S.43 Gedanke, den sie nach einer Therapiesitzung hatte, nachdem sie mit einem vier Monate alten Mädchen über ihre Möglichkeit gesprochen hat, zu zeigen, ob sie die Adoptiveltern, die sie in den nächsten Tagen kennen lernen würde, ihrerseits adoptieren könnte. „'Du bist in der Lage zu wissen, ob es eine gute Familie für Dich ist oder nicht, genau wie Du in der Lage warst zu entscheiden, ob Du leben oder sterben wolltest.' In diesem Augenblick sieht Fleur mich an, deutet in einem Mundwinkel ein absolut entwaffnendes Lächeln an und richtet ihren Kopf auf." a.a.O. S.40 Die Intelligenz in dem obigen Zitat meint sicher das, was Dolto die 'Intelligenz des Herzens' nennt.

2 Claude Halmos, Entre enfants et analystes in: Jenny Aubry u.a. Quelques pas sur le chemin de F.D., S.86

3 „So wäre es nicht undenkbar anzunehmen, daß da, wo Lacan das entscheidende Konzept einer väterlichen Metapher geprägt hat, die Theorie des unbewußten Körperbildes uns eher zu einer mütterlichen Metapher führt." Gérard Guillerault, Le corps psychique 105/106

4 Die Cité Universitaire ist ein großes Gelände im Süden von Paris, auf dem sich ca 40 von verschiedenen Ländern verwaltete Studentenwohnheime befinden. Muriel Cahen ist also mit ihrem Zettel in das indische Wohnheim gegangen.

5 F.D. Conversation geführt mit A. Vanier und C. Mathelin in: L'enfant et la psychanalyse S.587

6 Françoise Dolto hat leider nur sehr spärliche Mittteilungen über diese „Psychoanalytische Konsultationen für frühe Störungen des Kindes", die sie von 1982 bis kurz vor ihrem Tod 1988 durchführte, gemacht. Mit den vorhergehenden Aussagen beziehe ich mich weitgehend auf das Buch 'A corps et à cris - etre psychanalyste avec les tout-petits' von Caroline Eliacheff, die parallel zu Dolto und über ihren Tod hinaus mit den Kindern des gleichen Heims, also mit der gleichen Konzeption der

Heimleitung als Behandlungsauftrag solche Konsultationen durchführte. Siehe eine ausführliche Analyse dieser Erfahrungen im letzten Kapitel dieser Arbeit.

7 S.Freud, Drei Abhandlungen zur Sexualtheorie GW V, S.82

8 siehe dazu den Erfahrungsbericht von Catherine Mathelin: 'Coeur de coeur' et 'coeur de viande'... Le désir de vivre in: L'enfant et la psychanalyse, Paris 1993

9 Diese Aussage nimmt Bezug auf den Aufsatz von Jacques Lacan 'Das Spiegelstadium als Bildner der Ich-Funktion' in: Schriften I, S.61ff

10 ebenda

11 Edm S.22/23 Dolto richtet sich hier gleichzeitig an das Publikum ihrer Konferenz und an Juan-David Nasio, der sie eingeladen hatte, um mit ihr öffentlch über ihr Körperbildbuch zu diskutieren.

12 so von Axel Hillig in MLK mit Bewährungsprobe, von Elisabeth Widmer in UBK mit Prüfung

13 F.Dolto, La cause des adolescents S.14 la mue bezeichnet sowohlden Stimmbruch, als auch die Häutung der Schlangen und Krebse, als auch das Mausern der Vögel. Der wissenschaftliche Terminus ist die Mutation, nach Sachs-Villate S.621

14 a.a.O. S.16

15 Parole pour adolescents ou le complexe de hommard p .13; Von den Schwierigkeiten, erwachsen zu werden S.13/14

16 a.a.O. S.96/97

17 la langue bezeichnet im französischen sowohl die Zunge als auch die Sprache

18 Kontrollseminar zur Kinderannalyse, eigene Notizen

19 Seminar zur Kinderanalyse 4.3.82, persönliche Notizen

20 mündliche Mitteilung auf einer Arbeitstagung zum Lacanschen Aggressivitätsaufsatz in Kassel, die von Françoise Samson im Juni 1994 geleitet wurde

21 Franz Kafka, Sämtliche Erzählungen Ffm.1978 S.59/60

22 Die Aufzeichnungen Birger Sellins, aus denen ich die „Vorworte" zum folgenden Kapitels zitiere, belegen beide Teile dieser Aussage in erschreckender Weise: Die Exzessivität seines Körpers während seiner Brüllanfälle, die er selbst als dämonisch erlebt und sein unsägliches nur auf dem Computer schreibbares Leiden daran, daß er nicht sprechen kann.

23 siehe die ‹berlegungen der Verfasserin zu diesem Thema in: C.B. 'Ein Gespräch mit Juan-David Nasio über Françoise Dolto' in Arbeitshefte Kinderanalyse 14, 1991 S.19f (Unterschiede zwischen Dolto und Lacan)

24 siehe die Ausführungen zur etymologischen Ableitung des Begriffs Pädagoge bei Rita Marx, 'Was ist das Pädagogische der psychoanalytischen Sozialpädagogik in Werkstattberichte Sozialpädagogik 4', 1993 S.12 und die etymologische Ableitung des Begriffes 'Lehren' bei Karl-Josef Pazzini, Über die Aggressivität des

Lehrens und die 'ästhetische Nötigung', unveröffentlichtes Manuskript 1994

Das Präventionskonzept

1 „Ihre Sache, das war die Prophylaxe, und sie glaubte steif und fest daran, wenn sie sagte: „Das macht nichts, selbst wenn es übertrieben wird, hinterher wird man zumindest wissen, daß man den Kindern zuhören muß, daß die Kinder leiden, daß die Kinder existieren.. Vielleicht hatte sie letztendlich sogar recht." Interview mit Catherine Mathelin vom 23.9.92

2 Birger Sellin, Ich will kein inmich mehr sein, S.78, geschrieben am 13.12.1990 dreieinhalb Monate, nach der Anschaffung des Computers, auf dem sich der siebzehn - jährige stumme Autist zum ersten Mal schriftlich artikulieren konnte.

3 Cde S.557

4 Dieses Buch ist die übearbeitete Reproduktion eines Vortrags, den Dolto im Rahmen eines Kongresses für Psychologen, Ärzte und Sozialarbeiter 'Das Sagen und das Handeln, alles ist Sprache; die Wichtigkeit der Worte, die an das Kind gerichtet oder in seinem Beisein gesagt werden' gehalten hat, und zwar im Oktober 1984 in Grenoble.

5 siehe dazu: Kinder mit Down-Syndrom, ein Ratgeber für Betroffene, geschrieben von einer Elterngruppe, Stuttgart 1993 und Maud Mannoni, Das zurückgebliebene Kind und seine Mutter, Olten 1972; Paris 1964. Die in diesem Buch wiedergegebenen Fälle gehen auf analytische Erfahrungen mit zum Teil behinderten Kindern und ihren Müttern zurück, die auf Anregung Doltos stattfanden und von ihr supervidiert worden sind. Interview mit Maud Mannoni

6 siehe dazu auch Catherine Mathelin, Raisins verts et dents agacées, Paris 1994

7 tel 87; AiS 109/110 (In Frankreich ist es üblich, daß mit dem Wechsel in die nächste Klasse auch ein Lehrerwechsel verbunden ist.)

8 PK 152; der schon zitierte autistische Autor Birger Sellin widerlegt Doltos Worte zum Teil, ist es ihm doch gelungen, auf sehr poetische Weise das Inferno, in dem er oft lebt, zu beschreiben. Und doch stellt sich die Frage, ob es in seinem Universum einen anderen gibt. In seiner Wahrnehmung existiert er, das geht aus seinen Äußerungen hervor, aber nicht in einem Austausch, kann er doch das Erlebte nur schriftlich am Computer kommentieren, nicht aber direkt an den anwesenden anderen, z.B. seine Mutter richten. Sein größtes Leid besteht nach wie vor darin, daß er nicht s p r e c h e n kann. Das tragische Schicksal Birger Sellins bestätigt auch Doltos Hypothese, daß eine Trennung zum Auslöser des Autismus werden kann. Siehe in Birger Sellin, Ich will kein inmich mehr sein, die Einführung

von Michael Klonovsky S.19 und den über ihn und der mit ihm gedrehte Film:

9 siehe auch Geneviève Haag, Réflexions sur les premiers niveaux d'identification in Maud Mannoni (Hg.),Travail de la étaphore, Paris 1984. Das Buch geht auf die Reproduktion von Vorträgen zurück, die 1982/83 im Rahmen des von Maud Mannoni gegründeten CFRP stattgefunden haben. Dolto war auf Einladung Mannonis zu der Konferenz von Geneviève Haag gekommen. Im Unterschied zu den anderen Diskussionsbeiträgen konnte Doltos Kommentar leider 'technisch' nicht reproduziert werden. Sie hat dann einen schriftlichen Kommentar nachgeliefert, der jedoch ihre mündlichen Aussagen mein Thema betreffend nicht wiedergibt. Als Spur davon findet sich nur Frau Haags Antwort auf Dolto: „Ich danke Ihnen sehr. In den Beispielen, die Sie (von abrupten Trennungen, die dem Kind nicht erklärt wurden) geben, haben Sie die Mutter unterstützt, damit sie das Kontinuum, das es vor der Trennung gab, wiederaufnimmt und dem Baby dabei hilft, die Kontinuität wiederherzustellen." ebenda S.181 Diese lange Fußnote verdankt sich meinem Bedauern über das 'Versagen der Technik', da Dolto an jenem Abend so ausführlich über die Korrespondenz mit den Müttern berichtet hat, wie in keiner ihrer Veröffentlichungen.

10 Dieses erfolgreiche Eingehen auf die Hilfegesuche der Eltern hat auch biographische Gründe: Doltos einzige Schwester, die sechs Jahre älter war als sie, erkrankte mit 17 Jahren an Krebs. Die Mutter teilte diese Diagnose am Vorabend ihrer Kommunion der elf-jährigen Françoise mit und bat sie, bei der Kommunion für die Genesung der Schwester zu beten. Es war nicht nur eine Bitte, sondern ein Anspruch. Sie sei die einzige, die durch die Reinheit ihres Gebetes die Schwester erretten könne. „Das Schlimmste für mich ist gewesen, daß meine Mutter mir mitteilte, daß meine Schwester schwer krank sein und die Ärzte sie nicht retten könnten; daß jedoch Gott ein Wunder vollbringen könnte,.. wenn ein sehr reines Kind zu ihm beten würde."EK 34; (Dieser Anspruch der Mutter resultiert nicht nur aus der persönlichen Verzweiflung, sondern gibt auch einen im19.Jh weit verbreiteten Mythos von der Kraft des Gebetes 'reiner, unschuldiger Kinder' wieder, siehe Ph. Ariès, Geschichte der Kindheit. Als die Schwester einige Monate später starb, hat die Mutter in dem pathologischen Wahn, der dem Tod ihrer Tochter folgte, Françoise dafür verantwortlich gemacht. Sie hatte versagt. Françoise Dolto wird also zeitlebens in anderen Familien das wieder gut machen, was ihr in der eigenen Familie versagt blieb. Sie ist also nicht ganz 'unschuldig' an diesen massiven Hilfegesuchen, die an sie herangetragen wurden, geben diese ihr doch die Möglichkeit eine alte 'Schuld' zu sühnen. siehe EK 34 u.72 u.AP 67f

11 Juan-David Nasio, La consultation d'enfants avec Françoise Dolto in G.Bonnet (Hg.), Françoise Dolto, un an après S.40

12 1978, also im Alter von 70 Jahren hörte sie auf, als Analytikerin zu arbeiten. Sie arbeitete weiter als Kontrollanalytikerin, führte ihre öffentlichen Kontroll-Seminare durch, arbeitet im Maison Verte und außerdem sind die meisten ihrer Monographien in ihren letzten 10 Lebensjahren entstanden.

13 „Schließlich füge ich, um den Leser besser uber meine Erblindung aufzuklären folgendes hinzu: Fünfzehn Jahre lang war ich in einem großen Pariser Verlagshaus willentlich aber auch auf einem persönlichen Irrweg der Wachhund einer lacanianischen manchmal auch dogmatischen Orthodoxie... Dolto in einer besonderen Arbeitssituation zuzuhören, gab mir frischen Wind, der eine gleiche Leidenschaft für die Analyse nur neu beleben konnte, aber auf einer anderen Ebene, als der des Konzepts." Jean-François de Sauverzac, F.D. Itinéraire d'une psychanalyste S.20

14 Eliacheff, Das Kind, das eine Katze sein wollte S.13ff Das Vorwort Eliacheffs ist auch eine Hommage an Dolto, die sich auf ihre Kenntnis als Teilnehmerin der Säuglingskonsultation in der rue Cujas stützt.

15 Zum Setting gehört, daß der Analytiker sich niemals an den Ort begibt, an dem das Kind lebt. Die Sprechstunde findet also an einem anderen Ort statt. Die Kinder werden von den für sie zuständigen Säuglingsschwestern begleitet, in deren Armen sie liegen oder auf deren Schoß sie sitzen. Die Maternantes berichten, warum sie für dieses Kind eine Therapie wünschen und erzählen nach Aufforderung, was sie von der Vorgeschichte des Kindes wissen. Ich beschränke mich hier auf Fälle von Kindern, die kurze Zeit nach der Geburt in das Heim kamen. Zum Setting gehört es auch, daß der Analytiker sich vorstellt und bei Dolto, daß sie auch die anderen Teilnehmer des 'Seminars..' vorstellte: „Beim ersten Gespräch wurden wir von Françoise Dolto als 'Herren und Damen Psychoanalytiker wie ich' vorgestellt, 'die hier sind, um zu lernen'." EL S.19

16 Ich benutze in der Regel den von Dolto erfundenen Terminus 'Geburtsmutter', 'mère de naissance', den sie und auch Eliacheff im Gespräch mit den Kindern verwenden. Das französische Wort für leibliche Mutter wäre 'propre mère' oder 'mère germaine', nach Sachs-Villatte.

17 BGB ß 1741-1746 Annahme Minderjähriger. Hier ist besonders ß 1747 von Bedeutung. (1) Zur Annahme eines ehelichen Kindes ist die Einwilligung der Eltern erforderlich. (2) Zur Annahme eines nichtehelichen Kindes ist die Einwilligung der Mutter erforderlich... (3) Die Einwilligung kann erst erteilt werden, wenn das Kind acht Wochen alt ist...

18 Die Aussage der Leiterin der Adoptionvermittlungsstelle habe ich einem Interview entnommen, das mir Jörg Maywald, der Interviewer, freundlicherweise zur Verfügung gestellt hat. Die anderen Angaben beziehen sich auf ein Gespräch mit Marie Mertens, das ich zur Vorbereitung eines Seminars zu diesem Thema mit ihr

geführt habe. Auf ihre Angaben stützen sich auch meine Ausführungen zm Risiko von generationsübergreifenden Wiederholungen bei der Weggabe von Kindern.s.u.

19 'Dich gibt es, du mußt lernen, daß du existierst', Barbara Supp über die Baby-Analytikerin Caroline Eliacheff in Spiegel 13, 1994 S.108 Schon allein der Titel drückt das Unverständnis für die Grundannahmen Eliacheffs aus. Der Begriff 'lernen' ist antinomisch zur Konzeption des Unbewußten, wie sie sich in Eliacheffs Arbeit zeigt. Die Psychoanalyse, zumindest die strukturalistische Doltoscher Prägung ist keine Lerntheorie.

20 Die von Maud Mannoni gegründete psychoanalytische Vereinigung, der Dolto nicht angehört hat, an deren Veranstaltungen sie aber gelegentlich auf Einladung Mannonis teilnahm. Dieser Organisation hat Dolto, sicher als Akt der Anerkennung Maud Mannonis, ihre Bibliothek vererbt.

21 EL 183; ebenda ŇDie Wege dieses Verstehens sind unbekannt.ì Eliacheffs Umkehrung der Frage ist noch keine Antwort. Die Frage nach der infantilen Gedächtnisleistung ist mit diesen Beobachtungen eröffnet worden. Die Erklärung dafür steht noch aus und bedarf weiterer Forschung.

22 Friedrich Nietzsche, Vom Nutzen und Nachteil der Historie für das Leben, Werke I, S.211

23 Jeanne Van den Brouck, Manuel à l'usage des enfants qui ont des parents difficiles p.140/141 dt.Ausgabe S.91

24 Die 'Fondation de France' ist eine Stiftung öffentlichen Rechts, die Einnahmen aus Spenden, auch in Form von Erbübertragungen und Bußgeldern für soziale und kulturelle Zwecke zur Verfügung stellt und selbst Projekte in diesen Bereichen kreiert. Ihre finanzielle Unterstützungsfunktion ähnelt der der deutschen Klassenlotterien.

25 Halte-garderies sind in Frankreich Einrichtungen, in denen Säuglinge und Kleinkinder bis in das Alter des Kindergarteneintritts stundenweise regelmäßig oder unregelmäßig je nach Bedarf der Eltern und Unterbringungs- und Betreungskapazität betreut werden.

26 „Ein Besuch im Maison Verte" in MLSK S.41-88

27 „Die Annahme im Maison Verte: welche Praxis zwischen erzieherischer und psychoanalytischer Intervention." Vortragstitel von Michel Malandrin im Rahmen des Kongresses „Journées Européennes des Structures type Maison Verte - Quelles pratiques de la parole?", der im November 1994 im Plenarsaal des Europaparlamentes in Straßburg stattfand.

28 siehe auch der Artikel 'S'entendre avec les sourds (Sich mit Gehörlosen verstehen) im Maison Arc-en-ciel' von Jacqueline Chaumeil-Cru in MV 71ff

29 Diese ca vierteljährlich stattfindenden Informationsveranstaltungen dienen u.a. der Weitergabe der Erfahrungen an interessierte Sozialarbeiter, Therapeuten, Erzieher und kommunale Entscheidungsträger, die selbst an der Planung oder dem Aufbau eines Maison Verte beteiligt sind. Sie sind Bestandteil der Öffentlichkeitsarbeit des Maison Verte und werden von allen Mitarbeitern abwechselnd durchgeführt.

30 Claude Halmos in 'Quelques pas sur le chemin de F.D.' S.87

31 Das „Anonymat" oder „Prenominat", wie die Mitarbeiter des Jardin Couvert in Lyon es nennen, beinhaltet, daß die Benutzer anonym bleiben. Außer dem Vornamen des Kindes wird nichts von ihrer offiziellen Identität bekannt.

32 siehe dazu 'Babys am Arbeitsplatz' in MLSK 168f

33 Eine Mitarbeiterin der Fondation de France hat mit einer Mutter gesprochen, die erzählt hat, daß ihr Sohn den Besuch im 'Jardin couvert' fordern würde. Da der Junge relativ klein war, hatte sie Zweifel an seiner Fähigkeit, diese Forderung zu stellen. Antwort der Mutter: „'Er wird unerträglich, bis ich ihm vorschlage: 'Willst Du in den Jardin couvert?' Dann läuft er und holt seinen Mantel." (mv 93)

34 Alle Angaben beziehen sich auf das Interview mit Marie-Hélène Malandrin. Die Zahlen waren also 1992 gültig.

35 Fallgeschichte von Katja im ersten Kapitel dieser Arbeit.

36 Jacqueline Sudaka-Benazeraf, Libres enfants de la Maison Verte 96/97

37 ebenda

38 Bei der Tagung der Fondation de France hatte das Maison Verte den Modus der 'Table ronde' zur Selbstdarstellung und zur Mitteilung des eigenen Reflektionssprozesses gewählt.

39 siehe zum Thema des 'alles sagens' auch Christiane Buhmann, 'Dolto au risque de Dolto', Vortag veröffentlicht von der Organisation 'OREE', Mulhouse 1994

40 „die Anerkennung des Unbewußten und die Fähigkeit in Bezug auf den sonst ausgeübten Beruf 'dekonstruiert' zu arbeiten, also die Möglichkeit, sich überraschen, sich stören, sich irreführen zu lassen." mv 102

41 Serge Leclaire (Hg.), Etat des lieux de la psychanalyse, S.166f

Bibliographie

Schriften von Françoise Dolto

Die am häufigsten verwendeten Schriften Doltos habe ich mit Abkürzungen versehen, hier die Liste davon: Wenn in den Fußnoten zwei Referenzen angegeben sind, die französische und die deutsche, bedeutet das, daß meine Übersetzung von der deutschen Ausgabe abweicht.

AIS Alles ist Sprache, Weinheim, Berlin 1989, Übers. von Sylvia Koch

tel Tout est language, Paris 1987

ddv La difficulté de vivre, Paris 1986

edm Françoise Dolto, Juan David Nasio, L'enfant du miroir, Paris, 1987

ees Françoise Dolto, A propos de séparations in: Dolto,Rapoport,This (Hg.) Enfants en soufrance, Paris 1990

EK Erinnerungen in die Kindheit, Weinheim; Berlin 1987 Übers. von Sylvia Koch

e Enfances, Paris 1986

FD Der Fall Dominique, Frankfurt 1973

cd Le cas Dominique, Paris 1985, Übers. von Eva Mollenhauer

FK Fallstudien zur Kinderanalyse, Stuttgart 1989 Übers. von Werner Damosn

Sp2 Séminaire de psychanalyse d'enfants 2, Paris 1985

5J Die ersten fünf Jahre, Weinheim, Basel 1986

WKÄ Wenn die Kinder älter werden, Weinheim, Basel 1984 beide Ausgaben übersetzt von Sylvia Koch

Lorsque l'enfant parait I, Paris 1977

Lorsque l'enfant parait II, Paris 1978

Lorsque l'enfant parait III, Paris 1979

id Inconscient et destins - Séminaire de psychanalyse d'enfants 3, Paris 1988

MLSK Mein Leben auf der Seite der Kinder, München 1989, übersetzt von Axel Hillig

cde La cause des enfants, Paris 1985

PK Praxis der Kinderanalyse, Stuttgart 1985 Übers. von Werner Damson und Bettina Runge

Spe Séminaire de psychanalyse d'enfants, Paris 1982

sol Solitude, Paris 1985

SP Selbstportrait einer Psychoanalytikerin, Weinheim; Berlin 1991,
Übers. von Sylvia Koch; Autoportrait d'une psychanalyste, Paris 1989
ÜDB Über das Begehren, Stuttgart 1988, Übers. von Werner Damson und Sabine Mehl
ajdd Au jeu du désir, Paris 1981
UBK Das unbewußte Bild des Körpers, Weinheim Berlin 1987, übersetzt von Elisabeth Widmer; L'image inconsciente du corps, Paris 1984
ZMK Zwiesprache von Mutter und Kind, München 1988, übersetzt von Axel Hillig
cde La cause des enfants, Paris 1985

Die folgenden Bücher und Zeitschriften stammen zwar nicht von Françoise Dolto, wegen der Häufigkeit der Zitate sind sie in den Anmerkungen jedoch auch durch eine Abkürzung vertreten:

AK Arbeitshefte Kinderpsychoanalyse Hg.: Wissenschaftliches Zentrum II, Gesamthochschule Kassel
EL Caroline Eliacheff, Das Kind, das eine Katze sein wollte, Psychoanalytische Arbeit mit Säuglingen und Kleinkindern, München 1994, übersetzt von Susanne Farin Caroline Eliacheff, À corps et à cris, Etre psychanalyste avec les tout-petits, Paris 1993
mv Maisons Vertes. Dix ans après. Quel avenir? Hg. von der Fondation de France, Paris 1991

weitere Monographien von Françoise Dolto

La cause des adolescents, Paris 1988
Les chemins de l'éducation, Articles et conférences 2, Hg. von Claude Halmos, Paris 1994
Conversations sur la libido féminine o.O. 1990
Correspondance 1913-1938, Hg. von Colette Percheminier, Paris 1991
Dialogues québecois, Paris 1987
L'échec scolaire - essais sur l'éducation, Paris 1989
L'enfant dans la ville, Nizza 1987
Les étapes majeurs de l'enfance, Articles et conférences 1, Hg. von Claude Halmos, Paris 1994
Psychanalyse et pédiatrie, Paris 1971

Psychoanalyse und Kinderheilkunde, Frankfurt am Main, 1973, Übers. von Eva Moldenhauer
Quand les parents se séparent, Paris 1988
Scheidung, wie ein Kind sie erlebt, Stuttgart 1990,Übers. von Sabine Mehl
Sexualitéféminine, Paris 1982

mit Catherine Dolto-Tolitch:

Parole pour adolescents ou le complexe de hommard, Paris 1989
Von den Schwierigkeiten, erwachsen zu werden, Stuttgart 1992, übers. von Regine Hermannsdörfer und Eva Feuersee

und Nazir Hamad:

Destins d"enfants; adoption, familles d"acceuil, travail social
Entretiens Hg. von Colette Manier

mit Gérard Séverin:

L'vangile au risque de la psychanalyse I, Paris 1977
L'évangile au risque de la psychanalyse II, Paris 1977
Ein neuer Weg zum Evangelium, Olten 1981, Übers. von Beata Brunner und Ines Buhofer
La foie au risque de la psychanalyse, Paris 1981
Dynamik des Evangeliums, Olten 1980 übers. von Beata Brunner

mit D.Rapoport und B.This (Hg.):

Enfants en souffrance, Paris 1990

mit Antoinette Muel:

L'éveil de l'esprit, Paris 1988

Aufsätze von Françoise Dolto:

A propos d'enfants psychotiques in: Lettres de l'école 24, 1975
L'alimentation au sein de la famille in: Les bloc-notes de la psychanalyse 9,1989/90
Heures et jours qui suivent l'accouchement, période sensible pour la dépendance de la mère aux dires des soignants, in: Les cahiers du nouveau-né1/2, 1989
La maison verte in: Esquisses psychanalytiques 5, 1986

Vorworte von Françoise Dolto zu:

Didier Dumas, L'ange et le fantome, Paris 1985

Maud Mannoni, Le premier rendez-vous avec le psychanalyste, Paris 1965

Nachworte von Françoise Dolto zu:

Jeanne van den Brouck, Handbuch für Kinder mit schwierigen Eltern, Stuttgart 1993 übersetzt von Rainer Redies

Interviews mit Françoise Dolto:

Interview mit F.D. von Pierre Boncenne, in: Écrire, lire et en parler, Hg. von Bernard Pivot, Paris 1985

Interview de Françoise Dolto par Jacques Hassoun et Monique Tricot, in: Patio 2, Paris 1984

Françoise Dolto, Ma vie et la psychanalyse in: Antoine Hess, Les analystes parlent, Paris 1981

Françoise Dolto, Conversation, Entretien avec Catherine Mathelin et Alain Vanier in: C.F.R.P. (Hg.), L'enfant et la psychanalyse, Paris 1993

Françoise Dolto, Questions de transfert. Entretien avec François Peraldi et Chantal Maillet in: Etudes Freudiennes, 23 u.24, 1984

Diskussionsbeiträge von Françoise Dolto

Le non-dit des origines, questions à Françoise Dolto in: Cahiers du nouveau-né7, 1988

Schriften zu Françoise Dolto

I.et R.Barande, Histoire de la psychanalyse en France, Toulouse 1975

Willy Barral (Hg.), Enfant de droit - La révolution des petits pas, Paris 1990

P.Benoit, B.This u.a., Françoise Dolto vue et lue par ses collègues et amis,

Le coq Hèron 111/112 1989

Claudie Bolzinger, De Dolto à Lacan. L'image inconsciente du corps et le signifiant in: Esquisses Psychanalytiques 13, 1990

Christiane Buhmann, Ein Gespräch mit Juan-David Nasio über Françoise Dolto in: Arbeitshefte Kinderanalyse 14, 1991 dies. Penisneid und Kastrationsangst im Werk von Françoise Dolto, in: Arbeitshefte Kinderanalyse 15, 1992

Eva Burkhard, Kinderanalyse, Rezension zu F.Dolto, Das unbewußte Bild des Körpers in: Psychologie Heute 15.Jg. Heft 1, Januar 1988

Antoinette Descargues, La ferveur du désir in: Le Coq Héron Nr.111/112, 1989

dies. A propos de la théorie des 'images inconscientes du corps' in: L'enfant et la psychanalyse, Paris 1993

Catherine Dolto-Tolitch Présentation de l'Association des Archives Françoise Dolto in: C.F.R.P.(Hg.) L'enfant et la psychanalyse, Paris 1993

Caroline Eliacheff, Vorwort zu: A corps et à cris. Etre psychanalyste avec les tout-petits, Paris 1993

Das Kind, das eine Katze sein wollte. Psychoanalytische Arbeit mit Säuglingen und Kleinkindern, München 1994, übersetzt von Susanne Farin

Solange Faladé, Ce que Françoise Dolto m'a enseigné in: L'enfant et la psychanalyse, Paris 1993

Yannick François, Françoise Dolto: De l'éthique à la pratique de la psychanalyse d'enfants, Paris 1990

Cl.und P. Geissmann, Histoire de la psychanalyse de l'enfant, Paris 1992

Gérard Guillerault, Le corps psychique, Essai sur l'image du corps selon Françoise Dolto, o.O. 1989

Claude Halmos, Entre enfants et analystes in: Jenny Aubry u.a., Quelques pas sur le chemin de Françoise Dolto, Paris, 1988

dies. La planète Dolto in: L'enfant et la psychanalyse, Paris 1993

Peter Hamann, Dolto, Das unbewußte Bild des Körpers; Dolto; Enfances - Erinnerungen in die Kindheit: Rezension in Arbeitshefte Kinderpsychoanalyse 9, 1988

Roland Jaccard, Histoire de la psychanalyse 2, Paris 1982

Michel H. Ledoux, Conceptions psychanalytiques de la psychose infantile, Paris 1984

ders. Introduction à l'oeuvre de Françoise Dolto, Paris, Marseille 1990

Anne Marie Mairesse, F.Dolto et l"image du corps dans sa dimension symbolique in: B.Golse, C.Bursztejn, Penser,parler, représenter. émergences chez l'enfant, Paris 1990

Maud Mannoni, Quarante ans d"une parole in, D'un impossible à l'autre, Paris 1982

Ginette Michaud, La notion d'image du corps dans la clinique psychanalytique in: Esquisses Psychanalytiques 7, 1987

J.-A.Miller (Hg.), La scission de 1953, Paris 1990

Juan-David Nasio, La consultation d'enfants avec Françoise Dolto in: G. Bonnet (Hg.)

Françoise Dolto - un an après, Paris 1989

ders. Zu Kindern gesprochene Worte, Nachruf auf Françoise Dolto in: Arbeitshefte Kinderanalyse 10, 1989

F. d'Ortoli, M.amram, L'école avec Françoise Dolto - Le role du désir dans l'éducation, Paris 1990

Ginette Raimbault, Interview de Gérard Guillerault, in: Apertura 6, 1991 - Actualitéde la psychanalyse avec l"enfant

Xavier Renders, Le jeu de la demande - Une histoire de la psychanalyse d'enfants, Bruxelles 1991

Elisabeth Roudinesco, La bataille de cent ans, Histoire de la psychanalyse en France 2, Paris 1986

dies. Jacques Lacan - Esquisse d'une vie, histoire d'un système de pensée, Paris 1994

J.F. de Sauverzac, Françoise Dolto - Itinéraire d'une psychanalyste, Paris, 1993

J.Sudaka-Benazeraf, Libres enfants de la Maison Verte, Paris 1987

Andere Schriften

Karl Abraham, Schriften II, Frankfurt am Main 1982

Theodor W. Adorno, Erziehung nach Auschwitz, in: Stichworte, Kritische Modelle 2, Frankfurt am Main 1980

August Aichhorn, Psychoanalyse und Erziehungsberatung, Frankfurt am M. 1974

ders. Verwahrloste Jugend, Stuttgart, Wien 1974

M.aly, G.aly, M.Tumler, Kopfkorrektur oder der Zwang gesund zu sein, Berlin 1985

AGJ (Arbeitsgemeinschaft für Jugendhilfe) (Hg.), Rechte der Kinder und Jugendlichen in Europa, Bonn 1994

Philippe Aries, Geschichte der Kindheit, München, 1978

Association Freudienne, La Psychanalyse de l'enfant No 8, 1990: Le dessin à la lettre

dies. La psychanalyse de l'enfant No 9, 1991: Le dessin,l'image et la lettre

Stephan Becker (Hg.), Psychose und Grenze, Tübingen 1991

Walter Benjamin, Über Sprache überhaupt und über die Sprache des Menschen, in Gesammelte Schriften Bd.I Frankfurt/Main 1978

Pierre Benoit, Chroniques médicales d'un psychanalyste, Paris, Marseille 1988

Siegfried Bernfeld, Sisyphos oder die Grenzen der Erziehung, Frankfurt/Main 1973

Bruno Bettelheim, Kinder brauchen Bücher, Stuttgart 1982

ders. Ein Leben für Kinder. Erziehung in unserer Zeit. Stuttgart 1987

ders. Der Weg aus dem Labyrinth, Frankfurt/M.,Berlin,Wien, 1978

Claude Bizet, Parler pour exister, Créer des espaces de parole, Lyon 1993

A. Bouchart, D.Raport (Hg.), Origines, Les cahiers du nouveau-né7, 1988

A.Bouchart, D. Raport, B.This (Hg.) Délivrances ou le placenta dévoilé, Cahiers du nouveau-né8, 1989

John Bowlby, Trennung, München 1976

Verlust - Trauer und Depression, Frankfurt a.M. 1983

Tobias Brocher, Wenn Kinder trauern, Zürich 1980

Jeanne van den Brouck Handbuch für Kinder mit schwierigen Eltern, Stuttgart 1993 übersetzt von Rainer Redies

C.Büttner, D.Elschenbroich, Au.Ende (Hg.), Aller Anfang ist schwer, Die Bedeutung der Geburt für psychische und historische Prozesse, Jahrbuch der Kindheit, 8 Weinheim, Basel 1991

Christiane Buhmann, Der Eigensinn der Buchstaben - Erinnerungsspuren, Urszene und Urverdrängung in drei Fallgeschichten der psychoanalytischen Literatur in: Arbeitshefte Kinderpsychoanalyse 5/6 1986 und 7/8 1987

dies. Maud Mannoni und die Versuchsschule Bonneuil - Biographische Hintergründe der gesprengten Institution in: Arbeitshefte Kinderanalyse 18, 1994

mit U.Keimig, Trennungen - ein Briefwechsel über eine besondere psychoanalytische Praxis in der Versuchsschule Bonneuil in: St.Becker (Hg.), Psychose und Grenze, Tübingen 1991

Hermann Bullinger, Wenn Männer Väter werden, Reinbek 1983

ders. Wenn Paare Eltern werden, Reinbek 1986

Pierre Clastres, Chronik der Guayaki, München 1984

R.Crossley, A.McDonald, Licht hinter Mauern. Die Geschichte der Befreiung eines behinderten Kindes, München 1990

Johannes Cremerius, Psychoanalyse und Erziehungspraxis, Frankfurt/Main 1973

Antoinette Descargues, Les consultations psychanalytiques dans un centre de jour pour adolescents, in: Esquisses Psychanalytiques 13, 1990

Laura Dethville, Das braucht nicht wiederholt zu werden. Eine Fallgeschichte zum Thema Trauer und primärer Narzißmus in: Arbeitshefte Kinderpsychoanalyse 9, 1988

Elterngruppe, Kinder mit Down-Syndrom, Stuttgart 1993

Bernard, M., La croisée des liens, Des lieux d'accueil nouveaux pour les 0-6 ans, 1993

Reinhard Fatke(Hg.), Ausdrucksformen des Kinderlebens, Bad Heilbrunn 1994

Helmuth Figor, Kinder aus geschiedenen Ehen: Zwischen Trauma und Hoffnung, Mainz 1991

Fondation de France (Hg.), La croisée des liens, Paris o.J.Enfants, Parents, Prison, Paris 1992

Jean Florence L"idenrtification dans la théorie freudienne, Bruxelles 1984

Sigmund Freud, Analse der Phobie eines fünfjährigen Knaben, GW VII Frank-

furt/Main 1976
ders. Drei Abhandlungen zur Sexualtheorie, GW. V Frankfurt/Main 1972
ders. Eine Kindheitserinnerung des Leonardo da Vinci, GW VIII, Frankfurt/ M.1978
ders. Erinnern, Wiederholen und Durcharbeiten, GW X, Frankfurt/Main 1973
ders. Massenpsychologie und Ich-Analyse, GW XIII, Frankfurt/Main 1976
ders. Neurose und Psychose, GW XIII, Frankfurt/Main 1976
ders. Der Realitätsverlust bei Neurose und Psychose, GW XIII, Frankfurt/Main 1976
ders. Die Traumdeutung, Über den Traum, G.W. II/III, Frankfurt/Main 1976
ders. Triebe und Triebschicksale, GW X, Frankfurt/Main 1973
ders. Über Deckerinnerungen, GW I, Frankfurt/Main 1977
ders. Das Unbewußte, GW X, Frankfurt/Main 1973
ders. Vorlesungen zur Einführung in die Psychoanalyse, GW XI, Frankfurt/Main 1978
ders. Zur Psychopathologie des Alltagslebens, GW IV, Frankfurt/Main 1978
Jacques G., Lis, Die Geburt. Volksgalube, Rituale und Praktiken von 1500-1900, München 1989
mit M.Laget, M.-F.Morel, Der Weg ins Leben. Geburt und Kindheit in früherer Zeit, München 1980
Dieter Geulen (Hg.), Kindheit. Neue Realitäten und Aspekte, Weinheim 1994
Micheline Glicenstein u.a., Les enfants de la D.D.A.S.S. in: C.F.R.P. (Hg.), L'enfant et la psychanalyse, Paris 1993
B.Golse, C.Bursztejn, Penser, parler, représenter. émergences chez l'enfant, Paris 1990
Thomas Gordon, Familienkonferenz, München 1993
Georg Groddeck, Krankheit als Symbol. Schriften zur Psychosomatik, Frankfurt/Main 1990
H.-M. Grosse-Oetringghaus, Kinder haben Rechte - überall, Berlin, 1993
Geneviève Haag, Réflexions sur les premiers niveaux d'identification in: Maud Mannoni (Hg.),Travail de la métaphore, Paris 1984.
John M. Hull, Im Dunkeln sehen, Erfahrungen eines Blinden, München 1992
Journal de la psychanalyse d'enfants 2, Le cadre, Paris 1986
Franz Kafka, Sämtliche Erzählungen, Frankfurt am Main 1978
Hilde Kipp, Über das schwierige Verhältnis von Psychoanalyse und Pädagogik in: Arbeitshefte Kinderanalyse 16, 1992
Melanie Klein, Das Seelenleben des Kleinkindes, Reinbek 1972
Jürgen Körner, Auf dem Wege zu einer psychoanalytischen Pädagogik, in: H.-G.Trescher, Chr.Büttner, W.Dattler (Hg.), Jahrbuch für psychoanalytische Pädagogik 4, 1989
Janusz Korszak, Wie man ein Kind lieben soll, Göttingen 1969

Bernadette Krausener (Hg.) Structures type Maison Verte: Quelles pratiques de la parole, Le coq héron 140, 1996

Dieter Lenzen, Mythologie Der Kindheit, Reinbek 1985

ders. Vaterschaft, Vom Patriarchat zur Alimentation, Reinbek 1991

Jacques Lacan, Les complexes familiaux dans la formation de l'individu, Paris 1984

ders. Schriften I, Olten 1973 übers. von R.Gasché, N. Haas, K.Laermann, P.Stehlin crits, Paris 1966

ders. Le séminaire III, Les Psychoses, Paris 1975

Maria Landau, Histoire de la pratique de la consultation psychanalytique, in: L'enfant et la psychanalyse, Paris 1993

J. Laplanche, J.-B.Pontalis, Das Vokabular der Psychoanalyse 1 und 2, Frankfurt a. Main 1982

dies. Urphantasie - Phantasien über den Ursprung, Ursprünge der Phantasie, Frankfurt a. Main 1992

Serge Leclaire, Der psychoanalytische Prozeß, Frankfurt am Main 1975

ders. On tue un enfant, Paris 1975

ders. (Hg.) Etat des lieux de la psychanalyse, Paris 1991

Daniel Lemler, Des droits de l'enfant à l'enfant de droit in: Apertura 6, 1991

Jean Losserand, La psychanalyse d'enfant. Le début en France.

S. Morgenstern et G. Heuyer; Le coq Hèron 119,1991

M.-H. Malandrin u.a., 'Maison Verte' et découVerte des autres lieux d'accueil enfants- parents, Le coq-Héron 132, 1994

Maud Mannoni, Amour, haine, séparation, Paris 1993

dies. Bonneuil, seize ans après, Paris 1986

dies. Ce qui manque à la véritépour etre dite, Paris 1988

dies. D'un impossible à l'autre, Paris 1982

dies. L'enfant sa maladie et les autres, Paris 1967

dies. Ein Ort zum Leben, Frankfurt am Main o.J. Un lieu pour vivre, Paris 1976

dies. Le premier rendez-vous avec le psychanalyste, Paris 1965

dies. Le psychiatre, son 'fou' et la psychanalyse, Paris 1970, Der Psychiater, sein Patient und die Psychoanalyse, Olten, Freiburg 1973, übers. von Katharina Bischoff und Hans-Jürgen Grune

dies. Un savoir qui ne se sait pas, Paris 1985

dies. 'Scheißerziehung', Von der Antipsychiatrie zur Antipädagogik, Frankfurt am Main 1976 übersetzt von Grete Osterwald, Éducation impossible, Paris 1973

dies. (Hg.) Le symptome et le savoir, Paris 1983

dies. La théorie comme fiction, Paris 1979

dies. Das zurückgebliebene Kind und seine Mutter, Olten 1972, übers. von Katharina Bischoff und Hans-Jürgen Grune: L'enfant arriéréet sa mère, Paris 1964

Octave Mannoni, La désidentification in: Maud Mannoni (Hg.), Le Moi et l'autre, Paris 1985

Rita Marx, Was ist das Pädagogische der psychoanalytischen Sozialpädagogik, in: Werkstattberichte Sozialpädagogik 4, 1993, Hg. Institut für Soziaädagogik FU Berlin

Catherine Mathelin, Die Frage nach dem Ende der Analyse bei der Behandlung von autistischen und psychotischen Kindern in: Arbeitshefte Kinderanalyse 14, 1991

dies. 'Coeur de coeur' et 'coeur de viande'... Le désir de vivre in: L'enfant et la psychanalyse, Paris 1993

dies. Raisins verts et dents agacées, Paris 1994

W.Melzer, H. Sünker (Hg.), Wohl und Wehe der Kinder, Weinheim/München 1989

AndréMichels, Den Text beleben. Zur Metapher, in: Arbeitshefte Kinderanalyse 13, 1991

ders. Désir „de l'enfant in: Actualitéde la psychanalyse de l'enfant, Apertura 6, 1991

Ministère de la solidarité, de la santéet de la protection sociale, Sécrétariat d"Etat chargé de la famille, Les Maisons Ouvertes, Des lieux d'accueil parents-enfants, Vanves 1989

Alexander Mitscherlich, Auf dem Weg zur vaterlosen Gesellschaft,München 1973

Irmgard Moosmann, Krisen im ersten Lebensjahr, in: Arbeitshefte Kinderanalyse 11/12 1990

Sophie Morgenstern, La structure de la personnalitéet ses déviations , in: Revue francaise de Psychanalyse X,4 1938

dies. Le symbolisme et la valeur psychanalytique des dessins infantiles, in: Revue francaise de psychanalyse, XI, 1939

Juan-David Nasio (Hg.) Enseignement de 7 concepts cruciaux de la psychanalyse, Paris, Marseille 1988

ders. L'inconscient à venir, Paris 1980

Alexander S. Neill, Erziehung in Summerhill, München 1966

Friedrich Nietzsche, Vom Nutzen und Nachteil der Historie für das Leben, in: Werke I, Frankfurt Main, Berlin, Wien 1979

L'O.R.E.E., Questions autour de l'annonce du handicap d'un jeune enfant, Mulhouse 1990

dies. Parler à l'enfant, Mulhouse 1991

Karl-Josef Pazzini, Über die Aggressivität des Lehrens und die 'ästhetische Nötigung', unveröffentlichtes Manuskript 1994

M. P.Senti-Irrmann, L'enfant pré-texte in: Apertura 6, 1991

Achim Perner, Psychoanalyse und Pädagogik in: Arbeitshefte Kinderanalyse 14, 1991

Wolfgang Pelzer, Janusz Korczak, Reinbek 1989
Neil Postman, Das Verschwinden der Kindheit, Frankfurt a. M. 1994
Jutta Prasse, Sexualität und Wissen in: Arbeitshefte Kinderanalyse 10, 1989
Ginette Raimbault, Clinique du réel. La psychanalyse et les frontières du médical, Paris 1982
dies. L'enfant et la mort, Toulouse 1975
dies. Médecins d'enfants, Paris 1973, Arzt, Kind, Eltern, Frankfurt a. Main 1977 übers. von Julian Kühner
mit Caroline Eliacheff, Les indomptables - Figures de l'anorexie, Paris 1989
mit Radmilla Zygouris, Corps de souffrance, corps de savoir, Lausanne 1976
Fritz Redi, Erziehung schwieriger Kinder, München 1971
Lore Schacht, Kinderanalyse - methodische Aspekte in: Materialien aus dem Sigmund-Freud-Institut No 3, 1986
Scuola di Barbiana, Die Schülerschule, Berlin 1973
Birger Sellin, Ich will kein inmich mehr sein - Botschaften aus einem autistischen Kerker, Köln 1993
Gérard Séverin, Françoise Dolto et la foi chrétienne, in: G. Bonnet (Hg.), Françoise Dolto , un an après, Paris 1989
ders. Papa, Maman, dites-moi pour de vrai. Les clefs du dialogue entre parents et enfants, Paris 1991
René A.Spitz, Vom Säugling zum Kleinkind, Stuttgart 1969
Marlene Stein-Hilbers, Wem 'gehört' das Kind? Neue Familienstrukturen und veränderte Eltern-Kind-Beziehungen, Frankfurt/New York 1994
Anne-Lise Stern, Enfant 'pas comme les autres' et déni de la castration, in: Maud Mannoni (Hg.), Enfance aliénée, Paris 1984
Jochen Storck, Überlegungen zu der ersten Begegnung von Mutter und Säugling in: Arbeitshefte Kinderanalyse 13, 1991
Bernard This, Naitre et sourire, Paris 1983
ders. Le père: Acte de naissance, Paris 1980
Leo N. Tolstoi, Die Schule von Jasnaja Poljana, Telgte-Westbevern 1976
Frances Tustin, Autisme et psychose de l'enfant, Paris 1977
dies. Autistische Zustände bei Kindern, Stuttgart 1989
Brigitte Trillat (Hg.), Abandon et adoption, liens du sang, liens d'amour, Revue autrement 96, 1988
Laurent Le Vaguerese(Hg.), Un enfant prématurément, Les cahiers du nouveau-né6, 1983
Alain Vanier, Der Begriff des Objekts in der Theorie von Jacques Lacan, in: Arbeitshefte Kinderanalyse 13, 1991

Denis Vasse, Le poids du réel, la souffrance, Paris 1983
ders. L'ombilic et la voix, Paris 1974
Verein für psychoanalytische Sozialarbeit (Hg.), Innere Orte -Äußere Orte. Die Bildung psychischer Strukturen bei ich-strukturell gestörten Menschen, Tübingen 1993
I. Weber-Kellermann, Die helle und die dunkle Schwelle. Wie Kinder Geburt und Tod erleben, München 1994
dies. Die Kindheit - eine Kulturgeschichte, Frankfurt am Main 1979
Daniel Widlöcher, Was eine Kinderzeichnung verrät, Frankfurt a.Main 1993
Irmela Wiemann, Pflege- und Adoptivkinder, Reinbek 1991
D.W.Winnicott, Aggression, Stuttgart 1988
ders. Der Anfang ist unsere Heimat, Stuttgart 1990
ders. Das Baby und seine Mutter, Stuttgart 1990
ders. Piggle, eine Kinderanlyse, Stuttgart 1980
ders. Die therapeutische Arbeit mit Kindern, München 1973
ders. Vom Spiel zur Kreativität, Stuttgart 1979
ders. Von der Kinderheilkunde zur Psychoanalyse, Frankfurt/Main 1983
L.Winterhager-Schmid, 'Wählerische Liebe' - Plädoyer für ein kooperatives Verhältnis von Pädagogik, Psychoanalyse und Erziehungswissenschaft in: Trescher, Büttner, Datler (Hg.), Jahrbuch für psychoanalytische Pädagogik 4,1989

Liste der Interviewpartner

Claude BOUKOBZA am 24.September 1992
Marie-Antoinette DESCARGUES am 25.September 1992
Catherine DOLTO-TOLITCH am 28.September 199
Solange FALADÉ am 21. September 1992
Annie GROSSER am 27.November 1989
Maria LANDAU am 22. September 1992
Serge LECLAIRE am 26. September 1992
Marie-Hélène MALANDRIN am 23.September 92
Maud MANNONI am 22. September 1992
Catherine MATHELIN am 23.September 1992
Juan-David NASIO am 5.Januar 1989
Bernhard THIS am 17.Februar 1990
Alain VANIER am 24.September 1992